漢語哲學新視域

汪文聖 主編

臺灣學生書局印行

紀念曾參與

「漢語哲學新視域」論述的

張鼎國教授逝世一周年

（1953/2/16－2010/9/9）

前言──「漢語哲學新視域」的理念與義涵

壹

「漢語哲學」的概念在今日興起至少源於兩個時代脈絡，一個是近來「漢語神學」的概念所引伸出的討論，另一個是西方學者研究中國哲學時所激盪出的議題。

我們應先瞭解一下「漢語神學」是什麼意義。根據維基百科的記載：「不論撰者的國籍或地域，凡以漢語為敘述載體的基督宗教學術論文或著作，一律統稱為漢語神學」，這被稱為廣義的漢語哲學遂被追溯至唐代的景教碑文典；另外狹義的漢語神學則是指「自二十世紀八十年代末以來，在中國大陸湧現的對基督教研究有興趣以至崇尚基督信仰的學者群體，他們立足于人文社會學界而專注於基督信仰的研究，發展出有別于教會傳統的漢語神學。」不論是廣義或狹義的漢語神學概念是在二十世紀的八十年代末由何光滬、楊熙南與劉小楓為代表所提出的。九十年代成立的香港基督教文化研究所則扮演著推動漢語神學運動的重要角色。❶

一年多前孫周興曾將「漢語神學」與「漢語哲學」兩個概念並列來思索，他一方面指出西方的神學與哲學是對超越性的不同追問方式，另一方面鑒於西方超越性的思維和超越性的語言正相應這種追問，而反過來質疑漢語的「關聯性的思維」和「關聯性的語言」是否可從事西方的哲學與神學活動。孫周興的質疑是順著美國當

---

❶ 參考 http://zh.wikipedia.org/wiki/%E6%BC%A2%E8%AA%9E%E7%A5%9E%E5%AD%B8（維基百科：「漢語神學」條目）。

代哲學家和漢學家安樂哲（Roger T. Ames）的提問而來，但他進一步思索的是：是否當代的漢語經過現代化的洗禮，已具備超越性思維與表達的能力，以至能使漢語哲學或漢語神學這兩概念不再是由兩個矛盾的語詞所組合。❷

　　孫周興與安樂哲所指出的西方語言與漢語的區別是一種談論方式，漢娜鄂蘭（Hannah Arendt）曾有另一種區別方式：她以為西方的語言為隱喻式的，中國的語言是圖像式的。鄂蘭對於隱喻（metaphor）一詞回到原初希臘字 metapherein 所表示的「傳遞」或「轉嫁」（übertragen; transfer）的意義去瞭解，她指出「傳遞的是更深遠的意義，代表的是對於感官毫不能接觸到的理念」。她認為西方語言以聲音為主，能抽象地掌握概念，自希臘以來已發展出重視對言談做辯解（logon didonai）的西方哲學；西方的語言與哲學因同具隱喻的功能而結合在一起。西方人以抽象語言概念表達的抽象思維，對中國人而言卻具體地呈現在具體的圖像式語言裡。❸故同樣的問題出現了：圖像性的漢語是否能從事具隱喻性功能的哲學？圖像與隱喻兩者的異質組合，是否也導致了漢語哲學成為矛盾的表述？

　　鄂蘭之論點所引發的問題是：哲學是否只是隱喻的？西方的語言是否也只是隱喻的？對這兩問題的答案皆是否定的，因為基督教哲學就不是隱喻的，對於超越性的追問不只是人從具體圖像轉化至抽象理念而上達，而更需要上帝之象（imago de）之指引，因此一些基督教哲學的表達就是圖像的。中國傳統哲學因語言的圖像性質是否也已塑造了另一種屬圖像性的哲學呢？

　　唐君毅曾引用章太炎的一段話：「西人多音一字，故成念遲，華人一字一音，故成念速。」據此，唐君毅強調中國人的兩種能力：一是將意境或觀念融鑄，另一是遊心寄意於文字的能力；它們一起表示思維具體化的過程與能力，讓概念的整體

---

❷　孫周興：〈漢語神學與漢語哲學〉，《研究所通訊》：「文章分享」欄，漢語基督教研究文化所，2009 年秋。

❸　Arendt, Hannah. *The Life of the Mind – The groundbreaking investigation of how we think*. San Diego / New York / London: Harcourt inc.1976, pp. 31, 98-100; Arendt, Hannah. *Vom Leben des Geistes*. Herausgegeben von Mary McCarthy; aus dem Amerikanischen von Hermann Vetter, München: Piper1979, S. 40, 103-106.

性以文字來呈現。❹事實上，唐君毅所刻劃的思維具體化過程更顯露了中國人固有的創造性理解或智的直覺能力，它本潛藏於中國人心靈裡，而能被教化顯示出來。中國人具有的是從儒家的「誠」來看的能規定自然之創造性理解能力，或從道家的「遊」來看的法自然之創造性理解能力；它們從西方的角度來看，反而不是隱喻式的哲學，卻更近於圖像式的基督教哲學；但其往超越性追問的方式不是基督教上帝之象的指引，卻是建立在人本身可將思維具體化的創造性理解能力上面。

從鄂蘭論點所引發的問題，以及我們藉唐君毅的見解所做的回應，就可對於孫周興與安樂哲的看法做些補充：哲學是否有以隱喻式和圖像式的兩種不同方式去追問超越性？就歷史的發展來看，前者是西方哲學之路，而後者是中國哲學以及西方基督教哲學之路，雖然中國哲學和西方基督教哲學的圖像式進路並不相同。

故漢語哲學的成立並不需要漢語本身的現代化或西化；漢語本身的現代化反而可能定隱喻式的哲學於一尊，以至喪失了其原先以圖像式語言所成就的圖像式中國哲學的特色。或許就漢語神學運動而言更需要保存圖像式的漢語，以和西方的基督教神學有個對應，但是否將西方以上帝之象為指引轉化為中國之重視創造性理解能力，作為漢語神學的詮釋內涵，這是另一個問題，不在我們的討論範圍內。

但漢語的現代化與否不是個應然的問題，而是件實然的現象，特別是有愈來愈多的華人或其他國籍人士，在西方重邏輯性與明確文法的語言系統薰陶下，轉而以較明晰的漢語來進行表達，而常被評價為優於傳統重境界性的漢語表達方式。惟決定漢語哲學的不只是語言的形式面，更需語言所關涉的事物內容。前述唐君毅就中國圖像式語言指出中國人具有融鑄意境或觀念，以及遊心寄意於文字的能力，就不只是掌握語言的能力，更是讓人能成聖成德的能力，這是在縱使漢語被現代化時仍能保存下來的中國文化遺產。

近年臺灣逐漸有一些西方學者研究中國哲學，他們也激發了另一股討論漢語哲學的風潮。對此概念較為積極倡導的以德國學者何乏筆（Fabian Heubel）為代表，雖然他所主張的漢語哲學有其特殊意義。他基本上以為傳統的中國哲學過於意識形態化與國族化，而欲創立漢語哲學一詞與之相對立，且以具跨文化性的內涵來開展

---

❹　唐君毅：《中國文化之精神價值》，臺北：正中書局，1974^9（1953），頁 236。

之。這個主張可見於其收集於本書的一篇文章裡。

　　何乏筆以為在臺灣因深受中國大陸、日本與歐美文化三大影響，具備發展跨文化性漢語哲學的特殊處境。他所提出中國哲學中具跨文化內涵的是儒家的修養工夫論，因為他以為這可和西方後基督宗教探究工夫論如何可能的思想相呼應。我們暫不論其主張漢語哲學的出發點是否為多數人所認同，但其最後的立論卻和我們之前討論的問題相關連，從而我們可這樣提問：工夫論是否在西方後基督宗教以及儒家皆是以圖像式的哲學與語言進路向超越性追問？故何乏筆所提出的漢語哲學內涵反而避開了圖像與隱喻性的異質性組合。

　　然而，從超越或關聯性、隱喻或圖像性的不同角度來思索漢語哲學，至今留下來的問題性仍多於其明確的答案。

貳

　　從 2008 年四月開始，國立政治大學哲學系受到校方「邁向頂尖大學」計畫的資助，執行了一項三年期計畫：「中國哲學的現代詮釋」。之所以有這樣的計畫，是因為本系向來以現象學、詮釋學所主導的歐陸哲學為教研重點，加以中國哲學與分析哲學取向的同仁皆有意將中西哲學的方法與內涵做一連結，故而導致「中國哲學的現代詮釋」主題為本系未來至少三年的發展方向。

　　三年來，經過多次的工作坊與講座、三屆夏日學院的課程，特別是 2009 年底本系舉辦的第五屆「兩岸三地四校南北哲學論壇」學術會議，我們一步步邁往此計畫所設定的目標：帶動國內外學者對於漢語文化的哲學進行現代的詮釋、轉譯的整合與創新工作。

　　猶記得在籌備第五屆南北哲學論壇之初，為了替該次會議定調，去年不幸辭世的本系張鼎國教授、當時在本系客座的復旦大學林宏星教授與我，一起在臺北市動物園旁的龐德羅莎西餐店內討論，因而有了後來的會議主題：「新『漢語哲學』論衡——對中西倫理學的表述、轉譯及詮釋為例」。

　　幾年來國內外與兩岸三地的學者們，曾從不同的角度對我們的計畫有了具體的貢獻。我們對他（她）們最好的謝禮即是將這些成就集結成冊出版，公諸於世。因

而在以南北哲學論壇的學術論文為基礎之下，我們向過去參與工作坊的講者及參與者廣徵稿件，從 2010 年春開始，經過一年收件、外審、修訂的過程，終於可接洽出版的事宜了。而我們之所以將此論文集定為「漢語哲學新視域」的一部專書，乃經過本系幾位同仁包括林鎮國、何淑靜與詹康等教授的建議與討論。

前面我們已從中西哲學間可能從超越或關聯、隱喻或圖像性來看的區別，對於漢語哲學的概念是否成為異質組合，或如何可能成立做了討論。但若按照作為本書基礎的南北哲學論壇會議主題來看，漢語哲學實以對於中西哲學進行漢語的表述、轉譯及詮釋來瞭解，它呼應了對於漢語神學界定的廣義觀點。就表述、轉譯及詮釋而言，我們強調的是漢語哲學的詮釋一面，但實已蘊涵了以漢語進行表述與轉譯就是在進行一種詮釋的主張。基於詮釋的角度，我們將全書三十一篇論文以四種問題視野作為詮釋的立場來分類，這些立場可能是作者本人已明顯預設的，或者是他（她）於行文中隱而未發的。這四種問題視野同時構成了本書四個部份：

第一部份：以今人的問題視野來看過去的中國哲學

第二部份：以中國哲學的問題視野來看西方哲學

第三部份：以西方哲學的問題視野來看中國哲學

第四部份：以具普世性的問題視野來看西方哲學

鑒於本書之以不同的問題視野進行詮釋來開展漢語哲學，底下我們對於其背後的理由再做些說明。

不可否認的，這是以漢語來表達的一部書；語言的確不只是工具，它更承載著文化。常為人所引用的海德格一句話：「語言是存有之家。」依然可幫助我們為漢語哲學做進一步的解釋：漢語本身指涉華人代代相傳的經驗累積，它也指向華人所嚮往的不同理想層面；而這裡所說的華人實已漸延伸到使用漢語的所有人。針對每個人的談話，已為一般人所注意到的話語脈絡或語境實有經驗性與觀念性兩層面；這可簡單的以文化的廣度與高度來表示。存有一詞具體而言即包括了文化，即使它不完全等於文化。因而當我們以漢語來表達不論是中國還是西方哲學時，它所論述的對象固然是哲學的內涵，卻更讓語言所勾連到的漢語文化滲透到哲學的內涵裡去。

我們也不宜忽略，當每個人對於特定的哲學進行理解或詮釋時，所使用的語言

也有屬於個人具經驗性與觀念性的脈絡或語境，這呼應著每個人所已塑造成的思想形態乃至人格形態。思想與文化由語言來反映，它們棲居在語言裡。當我們每個人用漢語詮釋各自所關切的中國哲學或西方哲學時，屬於較整體的文化無時無刻不滲透到屬於部份的思想裡，這也包括漢語使用者所處的非漢語文化。

上述這四種問題視野反映了各個作者在關切的哲學問題中，個別所使用的漢語語境以及其思想；故這四種分類未嘗不歸納了作者們的四種思想形態：從今論古、以中論西、以西論中、以普遍性問題來論西。這些雖是本書所呈現的漢語哲學架構與內涵，但各種思想型態所勾連到的或滲透於其中的文化義涵依然且始終有其隱而未顯的一面，這包括之前所討論的超越或關聯性、隱喻或圖像性的中西文化及語言的同異問題。在本書中，我們確實也從不少論文中發現到對於這些議題的直接討論，而可助益於我們對於漢語哲學所提出的幾層意義做一綜合的把握。

參

首先在第一部份「以今人的問題視野來看過去的中國哲學」包括有：

王中江的〈孟子的「天賦權利」思想——以「天爵」、「良貴」和「民意」為視點〉固然以為「完全」用現代「人權」標準去衡量儒家，既不合理也不切實際；但作者以為在儒家的思想和學說中，確實能夠發現我們稱之為「人權」的某種東西，而這即是是有關「自然權利」或「天賦權利」的思想。

王靈康的〈典範人物與《論語》、《荀子》中的君子和聖人〉討論柯雄文以「典範人物」來詮釋儒家之「君子」在道德傳統中發揮的作用。作者一方面以「典範人物」來理解《論語》中之「君子」，以「聖人」為「典範人物」所據以實踐之抽象理想；另一方面將《荀子》中之「聖人」區分為「無名之聖」與「具名之聖」，以前者代表道德傳統之抽象理想，以後者代表該傳統之「典範人物」。

何乏筆的〈漢語哲學在臺灣：當代儒學與跨文化修養論的前景〉從中華文化跨文化的角度來思索漢語哲學的建立。作者以為臺灣在日本、中國大陸及歐美三大影響力下所具的的特殊處境，可以將中華文化去意識型態化及去國族化，而具備發展出這種漢語哲學之潛力。他並以為當代新儒學在修養工夫方面的探討，和西方近當

代處理後基督宗教工夫論如何可能的思想頗有呼應之處，而可引導出具跨文化性之漢語哲學的建立。

何懷宏的〈傳統概念與分析方法——以《良心論》為例〉是作者對於十五年前所著《良心論》的重新檢討。作者當時欲建構一部能夠適應於現代社會的個人倫理學體系的著作，今試以這部著作為例，來重新回顧和檢討一種兼顧傳統道德概念和現代分析的方法。作者即是就倫理學而思考當今漢語哲學的建立問題。

耿晴的〈「佛性」與「佛姓」概念的混淆：以《佛性論》與《大乘起信論》為中心〉指出在佛學中國化的過程中出現了「佛性」與「佛姓」兩個概念的混淆，其可能對於中國佛學甚至儒學產生了重大影響。作者以為在早先對於眾生皆有佛性的討論中，學者們較少注意在中國佛教對於「佛性」概念的接受過程中新譯介的印度佛教經典的角色。作者觀察到《大般涅槃經》中對於「佛性」概念界定的模糊後，進一步使得「佛性」與「佛姓」兩個概念混淆，更影響到《大乘起信論》對於「佛性」概念的詮釋開啟了新方向，這即影響後人對於佛學甚至儒學的理解。

張子立的〈試析牟宗三「道德的形上學」兩種創生型態：「本體宇宙論的創生」與「實現物自身的創生」〉以為「本體宇宙論的創生」之關鍵在於「性體」，其就創生存在而言，顯發為天道、乾道、寂感真幾及其神用；「實現物自身的創生」之關鍵在於「本心仁體」或「良知明覺」，這是康德所說的智的直覺，其所創生的也是康德所說的物自身。作者從牟宗三前後期著作中尋其思想的一致性，以這兩種既可區別又可統合的創生型態來表示。

黃冠閔的〈牟宗三的感通論：一個概念脈絡的梳理〉針對牟宗三的前後著作，強調與整理出在其中隱而未顯的感通概念。作者固然可藉此將牟宗三與唐君毅思想作比較，以及凸顯出當代新儒家哲學義理詮釋中的一種概念特質。但他更欲將感通的概念提升到哲學議題的範圍內，以激發更細緻與系統的討論，從而與從西方哲學如現象學的討論有做進一步比較的可能。

劉又銘的〈儒家哲學的重建——當代新荀學的進路〉有別於宋明新儒家與當代新儒家尊孟抑荀之進路，而欲從荀學的立場、理路來探索當代儒學的另一種可能型態。作者先就目前已在海峽兩岸開展出的這種研究風潮，去說明一種所謂「當代新荀學進路」的內涵，並接著對於這種進路的「接著明清自然氣本論

講」做進一步的闡釋。他歸結出理在欲中、理在氣中，以及理在事中幾個層面，以為這樣的哲學典範對於當代儒學之處理內聖到外王的關係實更為切合。

劉千美的〈傳移摹寫與真跡：中國書畫藝術的圖像美學問題之一〉指出「傳移模寫」所涉及的不只是對於真跡與贗品作辨識的討論，也涉及圖像藝術之虛與實的存有學意義，以及藝術創作的互文性問題。作者首先反省傳統書畫理論對「傳移模寫」觀念的偏狹解讀，其次探討「傳移模寫」作為畫品原理所涉及之真跡的美學問題，最後得出「傳移模寫」實具有臨摹他人的作品、摹寫在視覺經驗中顯現為真的事物、以及傳移模寫存有蹤跡的三個層次，即是具有仿古、法古與創新的三個階段。

肆

第二部份「以中國哲學的問題視野來看西方哲學」包括有：

王慶節的〈詮釋學、真理與文本解釋〉提出詮釋學的任務不在於傳統認為的對文本真理的追求，而在於文本道理的自身成形與彰顯的主張。作者以為在解釋講理的過程中，解釋者實際上是在不斷的澄清或試圖澄清自己所持的解釋之「理」所以成立和可能的前提條件和背景域，以即是「道理」。因此，就其本質而言，詮釋學是講道理的學問而非講真理的學問。作者續從中國思想傳統和生活實踐的情境出發，來檢討我們使用西方哲學正統中的的真理概念是否得當。他一方面批評西方真理絕對性的證明途徑，另一方面提出以「講道理」取代「講真理」的理由。

沈清松的〈從隱喻到崇高——中、法美學對話的幽徑之一〉透過隱喻和崇高這兩個概念，探闢或揉弄出一條幽徑，以開展中、法哲學，甚或中國哲學與其他歐洲哲學間的對話。作者先從語言、心理和形上三個層面來討論隱喻的意義，其中就形上學層面言實已轉向了象徵的意義。作者從隱喻中所含差異性延伸到當代藝術所嚮往的崇高概念，並區別了平面的、垂直的與在莊子所展現的三種崇高意義。作者特別期許於後者：當人面對崇高時不再自覺主體渺小，反而要與無窮來遊，使人在遊中得到自由和解放。

林鎮國的〈天台止觀與智的現象學〉試圖藉由非西方的範疇重新思考西方哲學

與宗教的議題，而提出兩個問題：第一、在何種情況下智顗的天台哲學可以被視為智的現象學？第二、胡塞爾的現象學可以何種方式進一步發展為在佛教哲學傳統所見的「智的現象學」？因而作者欲處理的問題是：第一、現象學家能否從智顗的佛教哲學中學習到新的事物？第二、佛教哲學到底有什麼可以增添現象學的多樣性？

　　孫小玲的〈道德情感與正義之德——從休謨的人為的德談起〉一方面指出休謨的情感主義倫理觀因不能排除道德的偏私性，而不能成為正義之根源；另一方面指出道德情感之不可或缺性，這在康德也不例外，即使他承認的是一種尊重法則的情感。作者嘗試尋找一種能夠與正義不違逆的道德情感，他借助於維爾納・馬克斯所展示的一種無偏私的仁愛，一種真正的道德情感，而提出一種非自然的，與我們的自然存在無涉的道德感情。她也將之與基督教的「鄰人之愛」與孟子所云的「老吾老以及人之老，幼吾幼以及人之幼」相比較。

　　幽蘭的〈中國美學現代詮釋的中西對話〉探討現代詮釋學應用於中國傳統藝術與美學範圍所涉及的問題。這首先涉及到如何為中國「美學」下定義，以及這樣下的定義是否恰當的問題；而作者認為中國的美學定義較廣，它除了涉及藝術形式之分析鑑賞、藝術創作與藝術理論之論述外，並兼具人類學、與社會學對藝術意義的論述。其次涉及到西方現代對美學的詮釋在對中國美學中的角色問題；這裡中國美學所用的詞彙就需特別和西方的區別開。最後涉及到中西文化中有關「美學神話」的問題；作者在此即說明了中國人文神化的特殊性。

伍

　　第三部份「以西方哲學的問題視野來看中國哲學」包括有：

　　汪文聖的〈海德格 Dasein 概念裡希臘與與猶太－基督宗教的背景——兼論一種東西方哲學可能的交會點〉就 Dasein 概念溯及西方希臘的背景，但也指出其蘊含了猶太－基督宗教的背景，具有《聖經》裡數處記載對於他者呼喚而以「我在這裡」作回應所顯示的意義。這是人對他主負責任的原初意義以及出發點。這個原初意義也為作者就儒家的經典去尋找是否有類似之處。

　　東方碩（林宏星）的〈「知默」與「知言」：荀子思想中「默」的體知面向〉

指出善辯如荀子者也講「知默」的一面，但這種「交談」的靜默，以及作為一種「體知」或認知是如何可能的？作者將透過身體之形動而被「說出」之知，和荀子樂論所展現的審美或趣味判斷關連在一起來理解，此即樂與舞所造就人們的「豐滿的感覺」，即是西方哲學如高達美所言及的「共通感」，可作為知默的可能性條件。

林維杰的〈知人論世與以意逆志：朱子對《孟子・萬章》篇兩項原則的詮釋學解釋〉闡明朱熹對於「知人論世」與「以意逆志」作為詮釋學解釋原則的理解。作者先以朱熹對「知人論世」理解為對古人之知除了要頌其詩、讀其書之外，還得論古人之行跡；即必須考慮作品之外的個人的、歷史的因素。而朱熹對「以意逆志」理解為「以讀者之意逆測詩人之志」，即以為讀者只就文本來對於作者的志來瞭解。作者從西方詮釋學的理論來理解此二原則，並評論近人與朱熹對於此二原則是否做彼此相關的理解。

信廣來的〈論「怒」：試論儒家的道德心理學〉以朱熹對怒的三個觀察做為起點──包括怒有適當與不適當的，及有意義的與無意義的怒，以探討一般儒家對此一概念的觀點，以及怒與其他概念──如恥、恨、恕、辱、樂、靜──間的關係。作者欲開發一種審視怒的方式，以求儒家能藉助一般的哲學議題來表達並能感動讀者。作者瞭解到當以外文的概念系統為架構來討論儒家思想中的概念，容易將不熟悉的東西化為熟悉的，但往往會喪失儒家思想的特殊意義，因而作者必須不時加入一些對於儒家思想特別關鍵的字彙，作為討論的依據。

馬愷之的〈朱熹的實踐哲學：從新亞里斯多德主義以及德行倫理學談起〉主要討論朱熹與新亞里斯多德實踐哲學的關係。作者首先指出亞里斯多德主義倫理思考在英美道德哲學領域的復興，接著在鑒於當代學者重新思考儒學的實踐觀和德行觀時，提出儒學與亞里斯多德式的倫理思考的可能理論關係。在方法上，作者對於朱熹實踐哲學的脈絡梳理，試圖說明亞里斯多德最核心的「實踐智」概念，是否與朱熹的倫理思考有相應之處；因此探索了朱熹在當代中國哲學脈絡中的可能位置。

郭朝順的〈語言、世界與一念心：智顗與高達美思想的比較〉對於高達美詮釋學的理論與天台學做比較，並以「世界」的問題來進行。此因二者各自所處理的問題，都與人在世界的存在活動息息相關：一是以人為「在世存有」的「此在」，另

一是以人為作為生存於世界的「眾生」；一是重視語言，另一是強調離言；一是揭露主體的有限性，另一是重視觀心。他們之間異同性遂為作者精心地刻劃出來。

艾斯克・莫卡德（Eske Møllgaard）的〈做為人學機制的儒學〉依從義大利哲學家阿岡本之將儒學視為一個人學的機制，據之人和禽獸之間的分別並非先天給定的，而是由人學機制在政治和哲學上製造出來的。他即在此立場上審視孟子之區分了人與非人，並從莊子的觀點批評這種儒家的人文主義，以為人無法主宰這個讓人成為人之具有無限潛力的整全性，而只能將之當作性和命來加以感受，進而以為成人反而是在保住既可作為也可不作為的潛在能力。作者最後以梅爾維爾所寫的〈抄寫員巴托比〉的故事，以及四川大地震時一位教師的行為，來反省人學機制的儒學。

張汝倫的〈義利之辨的若干問題〉從西方哲學問及善的標準是在其自身或就其結果，或是從西方倫理學對於義務論與後果論之爭議，來討論中國哲學義利之辨的問題。作者以為就全球倫理而言，若不討論義利之辨，就落為一種空談。故義利之辨不僅僅是中國哲學史上的一個命題，而也應該是一般道德哲學的基本命題。作者最後並對於義利之辨的現代意義做省察。

張祥龍的〈為什麼中國書法能成為藝術？——書法美的現象學分析〉以為漢字及漢字書寫方式、漢語的非屈折語的或語境化，以及漢字筆劃的多維豐富性和可變換性等特徵造就了水墨毛筆書法的藝術性。反之，書法的藝術也揭示了漢字的真理，這包括從胡塞爾來看的語意層次，從海德格來看的真理所在。作者並將此書法藝術歸於毛筆與吸墨紙的遭遇所導致的時機化書寫活動。

邁克爾・斯洛特（Michael Slote）的〈評萬百安《中國早期哲學的德行倫理學與結果論》〉以為萬百安將儒家倫理學和亞里斯多德式德行倫理學作比較，實更應該和休謨的英國道德情感主義者開創的德行倫理學作比較，因為休謨強調憐憫、同情和仁慈，至少和孟子之主張仁慈更為接近，特別是休謨和孟子皆重視移情以及羞愧的概念。作者續在王陽明哲學裡驗證儒家的移情概念。最後他指出墨子的思想與其和結果論相比，不如和以無私主義為動機的德行倫理學相比。這也是萬百安在此做中西哲學比較的著作中，為作者所批評之處。

劉若韶的〈對尼采系譜學兩種詮釋的探究：兼論勞思光先生《哲學問題源流論》是否為系譜學研究〉從勞先生的此書英文譯名為 Genealogy 出發，去釐清該字

一般譯為系譜學的意義。作者首先從解析傅柯的〈尼采、系譜學、歷史〉一文去闡明傅科對尼采之使用該字的詮釋，然後提出與之不同詮釋的意見，並以威廉斯為代表說明另一種系譜學的意義。作者以為他們分別從後現代主義與自然主義來對之作詮釋。作者最後以為勞先生的源流論係在展示哲學學說的理論架構與哲學史的發展趨向，與上述兩種系譜學的意義有所不同。

賴賢宗的〈智顗的天台佛教的詮釋學與「四句說無生」的詮釋理解〉從解脫論或實踐論的立場來解釋天台判教與圓教，並欲建立出天台宗的普遍意義和當代意義。故作者依西方的詮釋學，綜合了語言分析與文獻整理的研究方法，來發揮天台佛學裡的詮釋理論。具體而言，作者對比天台與龍樹四句，釐清印度大乘佛學轉化為中國佛學的關鍵，顯題化天台智顗以圓教的佛性論來闡明緣起的深意。在較具普遍哲學議題的觀點下，天台的判教理論不致落入獨斷論與以護教為目的，而是具開放溝通和批判之功能的。作者試題建立一種東亞佛教的解脫詮釋學。

陸

第四部份「以具普世性的問題視野來看西方哲學」包括有：

李翰林的〈康德與應用倫理學〉是將康德的倫理學應用在具體的道德議題上，他以為康德所告訴我們的人性公式（Formula of Humanity）並不能直接告訴我們在碰到困難的道德議題時該如何做，但我們可發展規範性論證，去解決應用倫理學中富爭議性的難題，而這可與康德本人的進路完全一致。

尚新建的〈文明何以腐蝕道德？──讀盧梭的《論科學與藝術》〉主要在提出論證與佐證，去說明盧梭在此書以及其他的著作，認為近代科學與藝術的復興非但無助於敦風化俗，反而導致了傷風敗俗。作者實鑒於中國目前開放改革、進入現代化，導致經濟迅速發展，但國民的道德水準卻亦迅速下降，做了如此的反思：難道真像盧梭所說，文明的發展將導致傷風敗俗？倘若如此，人類的出路究竟何在？

陳少峰的〈糾正正義與弱勢群體問題〉賦予糾正正義四個層面的內涵：法律正義上的懲罰的正義、對於其它不應得的糾正（包括給予和懲罰）、對於歷史上受到不公平對待的糾正或者補償、糾正優先的正義（即對痛苦的解除應優先於福利的增加）；並

以中國國情為背景，針對基於某些政策錯誤導致弱勢群體陷入惡性循環的特點，而提出如何實施上述糾正正義的基本方法及其若干具體的對策建議。

張國賢的〈倫理的閱讀：依據列維納斯構想的一種閱讀〉針對我們因文本的轉譯或詮釋所產生的當代漢語哲學，提出了在轉譯之前即應注意到的閱讀問題。如果轉譯是一種不同文化間的交流，那麼作為一種與他者對話方式的閱讀就是建立了讓這種交流成立的基礎，作者即從列維納斯注意他者的倫理思想來探討閱讀的倫理性。這種閱讀方式不是閱讀主體主動的去綜合所閱讀的字句的義涵，而是閱讀者被動的被感受；作者稱之為愛撫式的閱讀。它意味著被愛撫的文字強迫我，召喚我，命令我去回應。

蔡錚雲的〈傅柯的倫理技術〉詮釋傅科的倫理學不是在一規範之下判定善惡而已，更是讓生活變得更好；故為了美好的生活，我們才要學習控制自己，這即是傅科提出自我技術的本義；而傅科提出的情慾倫理學是和美好的生活有關，卻不是直接和情慾相關的。作者一方面就傅科的《性史》著作說明了自我技術的程序，另一方面區別了希臘與基督徒自我技術所構成的倫理之不同。最後作者在自我技術為倫理意涵的基礎上探討傅科的倫理知識屬性與知識的內涵，並指出其知識形式的有效性尚有檢驗的空間。

柒

時值溽暑，距本論文集開始運作已近一年半餘之光景。其中參與本書之編輯或校對之工作者曾有政大的張子立博士，以及劉鎧銘、林淑芬、紀金慶、陳淑惠、林俞安等諸同學。他（她）們的辛苦應可讓此書獲得該有的成果。本系同仁林鎮國、何淑靜、詹康老師幾年來時常給予漢語哲學計畫諸多寶貴的意見，他們對於此書的出版也貢獻良多。當然臺灣學生書局之肯首出版本書，以及編輯部門陳蕙文小姐的鼎力協助，更是促使我們對漢語哲學之新意或一些創見得以公諸於世的推手。

轉瞬間，將屆本系故同仁張鼎國老師九月九日的逝世週年。回想過去，在頂大計畫「中國哲學的現代詮釋」的籌劃與執行期間，鼎國始終是我們背後的支柱。我個人常常撥電話到其寓所，向他請益；我們就在鼎國沙啞的聲音中，討論著計畫的

內容、會議與工作坊的主題,以及與會的可能人選。故在最後,我願意以主編的身份將此書獻給鼎國,祝福他在上天的某個角落能安祥棲息;並祈求他護佑著我們始終能繼其未竟之業,仍為哲學盡一點綿薄之力。

汪文聖 2011 年 7 月於政大哲學系

漢語哲學新視域

目　次

孟子的「天賦權利」思想
──以「天爵」、「良貴」和「民意」為視點

王中江*

摘　要

在某些方面，儒家確實提供了有關「人權」的重要思想和資源，這從早期儒家代表人物之一孟子就可以看出。孟子人權思想的核心是「天賦權利」。人從超越的「天」獲得了平等的人性以及實現道德和人格的平等能力、人類不同於物和禽獸的「高貴性」和「尊嚴」、人民是國家的目的和「天意」來自「民意」的「民權」及人民的「反抗權」，等等，這些彼此相聯繫的方面，在共同構成了孟子「天賦人權」思想內核的同時，也顯示出人權言說的不同方式和個性風貌。

關鍵詞：天賦權利　平等　尊嚴　民意　反抗權

---

*　北京大學哲學系教授

儒家與「人權」這一話題引起的討論表明，儒家並非先天同「人權」格格不入。❶正像儒家是一個變化著的思想學說和體系那樣，「人權」也是一個變化著的概念，試圖「完全」用現代「人權」標準去衡量儒家，既不合理也不切實際。但在儒家的思想和學說中，確實能夠發現我們稱之為「人權」的某種東西，更準確地說是有關「自然權利」或「天賦權利」的思想。❷早期儒家已經不同程度地為我們提供了重要的思想資源和視域，在這一方面，孟子是頗有代表性的。下面筆者就以孟子的「天爵」、「民貴」和「民意」等觀念為中心具體考察一下他所展現的「自然權利」或「天賦權利」的思想及其特徵。❸

壹、「秉彝」和「天爵」：「人性」平等論

儒家有一些東西容易被看成是主張等級、不平等和差別待遇的。例如，儒家有明顯的精英主義色彩，這主要表現在它圍繞「士」和「賢人」而展開的精英文化和政治理性中。儒家從不忌諱人在智力和智慧上的差別，一般將之簡化為「智」－「愚」、「賢」－「不肖」之二分，孔子有「唯上知與下愚不移」（《論語·陽

---

❶ 有關儒家與人權這一問題的討論，參閱唐納德·J·蒙羅（即孟旦，Donald J. Munru）的《早期中國「人」的觀念》（莊國雄、陶黎明譯，上海：上海古籍出版社，1994 年）；狄百瑞（Wm. T. de Bary）編輯的《亞洲價值與人權》（*Asian Values and Human Rihgts*, Havard University press, 1998.）；國際儒學聯合會編的《國際儒學研究》第六輯「儒家人論國際學術研討會論文專集」（北京：中國社會科學出版社，1999 年）；陳明主編的《原道》第七輯「思想篇」（貴州人民出版社，2002 年）；陳啟智、張樹驊主編的《儒家傳統與人權·民主思想》（濟南：齊魯書社，2004 年）等。

❷ 有關世界人權「宣言」和「公約」，請參閱王德祿、蔣世和編的《人權宣言》（北京：求實出版社，1989 年）。有關「人權」、「自然權利」和「天賦權利」的一般討論，請參閱列奧·施特勞斯（Leo Strauss）的《自然權利與歷史》（彭剛譯，北京：三聯書店，2003 年）；大沼保昭的《人權、國家與文明：從普遍主義的人權觀到文明相容的人權觀》（王志安譯，北京：三聯書店，2003 年）；約翰·菲尼斯（John Finnis）的《自然法與自然權利》（董嬌嬌、楊奕等譯，北京：中國政治大學出版社，2005 年）。

❸ 這裏使用西方政治思想概念「自然權利」或「天賦權利」，只是作為一個相對的參照物來理解孟子的有關思想。也就是說，在某種意義上，孟子的有關思想是可以從「自然權利」的角度上來認識的。

貨〉）和「生而知之」與「學而知之」（《論語·季氏》）的說法；儒家認為人有不同的社會分工，《左傳·襄公九年》記載的「君子勞心，小人勞力，先王之制也」這種「勞心」、「勞力」之二分，❹又被孟子劃分為「治人」與「治於人」、「食人」和「食於人」（《孟子·滕文公上》）的兩種職能並作為「天下之通義」加以強調。儒家承認人享有不同的社會地位，也有貴賤和貧富之別；儒家常以「孝」和「親」來界定「仁」，使其仁愛思想表現出遠近、親疏甚至是等差之別；儒家在人格上區分君子與小人或大人與小人；儒家還有所謂「男尊女卑」、「刑不上大夫，禮不下庶人」的性別歧視和等級意識，這又是在儒家的「禮」和「名分」觀念中被合理化的。

　　以上這些，乍看起來，容易讓人產生這樣一種看法，即儒家同現代人的「平等」觀念和價值是不相容的。我們沒有必要在所有的方面都為儒家辯護，如儒家的「男尊女卑」的性別歧視。事實上，男女性別歧視程度不同地存在於不同地域的傳統社會中。除此之外，在看似是儒家不平等的主張中，有的是人類社會所不可避免的，如人在智力和能力上的差別，並由於這種差別，人在社會中獲得的社會地位、待遇和利益自然也不相同。儒家的愚－智、賢－不肖、尊貴－卑賤意識，主要也是與此聯繫在一起的。一般來說，儒家沒有人天生就有尊貴或卑賤的身份觀念，也不認為人天生就有「君子」和「小人」之別。在儒家看來，人的「後天」的實際德行和道德境界是不相同的，有的人有德行，有的人缺乏德行。正是基於此，儒家區分君子與小人。人的德行不同，他的社會地位相應的也不同，就像他的能力不同而有不同的職位那樣。在這方面，孟子和荀子都有清楚的說法。如孟子說的「賢者在位，能者在職」（《孟子·公孫丑上》）、「尊賢使能，俊傑在位，則天下之士皆悅而願立於其朝矣」（同上）和「惟仁者宜在高位」（《孟子·離婁上》）等是如此；荀子說的「我欲賤而貴，愚而智，貧而富，可乎？曰：其唯學乎」（《荀子·儒效》）、「圖德而定次，量能而授官，皆使民載其事而各得其宜」（《荀子·正論》）和「無德不貴，無能不官，無功不賞」（《荀子·王制》）等也是如此。儒家合情合理地設想了愚者事奉智者、不肖者事奉賢者、卑者事奉貴者、小人事奉君子的邏輯而不是相反，用

---

❹　《國語·魯語下》亦記載說：「君子勞心，小人勞力，先王之訓也。」

孟子的話說是：「天下有道，小德役大德，小賢役大賢。」（《孟子·離婁上》）用
荀子的話說是：「賤事貴，不肖事賢。」（《荀子·仲尼》）整體上，儒家沒有因
「出身」不同而劃分尊卑、貴賤的等級意識和身份意識。儒家的華夷之辨，主要是
用文明與野蠻的標準來劃分和處理中心國家與邊緣國家的關係。

　　因此，看上去似乎是不平等的儒家的一些觀念，嚴格來說，它們同現代社會所
說的人的「平等」並沒有根本上的矛盾。現代社會的平等觀，也不認為人的智力和
能力都是一樣的，或者試圖使之都一樣，它只是主張所有的人都有享受平等教育的
權利；現代的平等觀也不要求所有人的社會地位和待遇都是一樣的，它只是主張人
要有公平的機會，人人都有自由選擇職業和從事工作的權利並從中獲得報酬。至於
一個人實際上能夠獲得什麼機會，能夠從事什麼職業和獲得多少所得，這又是很不
相同的。即使是高調的平等觀，也無法使人都獲得完全一樣的機會和待遇。當代正
義論者羅爾斯（Rawls）提出的「沒有人應得他在自然天賦的分配中所佔有的優勢」
這一主張，是相當激進的平等觀。這種把人的先天智力及由此而來的收入差別納入
到分配領域中重新分配，真正實踐起來幾乎是不可能的。最多只能像他所說的那
樣，對處於不利社會地位的人給予一定補償（如對因先天或後天因素造成的「殘疾人」給予
社會救濟），以構成社會的整體合作。❺儒家給人留下的「不平等」印象，主要是有
關人在社會中獲得的實際「結果」上的「差異」。現代的「平等觀」，哪怕是平均
主義的平等觀，都不能完全消除這種差異。只是，儒家使用的「智－愚」、「賢－
不肖」、「君子－小人」、「貴－賤」和「勞心－勞力」等二分法，對世俗化的現
代人來說是太刺眼了。

　　真正講來，儒家是主張「平等」的，它擁有一種「人生而平等」的觀念和價
值。這是基於「人」具有共同的先天「本性」的「平等論」，孟旦稱之為「人格平
等」，並認為它不同於西方的「價值平等」。❻但如果說「人格」是一種價值理
想，那麼人格平等同時也是價值平等。在孟子那裏，我們一再被告知，「人」先天

---

❺　參閱羅爾斯的《正義論》，何懷宏、何包鋼等譯（北京：中國社會科學出版社，1988 年），頁
　　95-98。

❻　在這一點上，孟旦（Donald J. Munro）有較多的討論。參閱他的《早期中國「人」的概念》，莊
　　國雄、陶黎明譯（上海：上海古籍出版社，1994 年）。

具有「仁義禮智」等四種善良的道德本性，對於聖人和普通人來說，這都是完全一樣的。孟子引用《詩》和孔子的話，並論述說這「四種」善良的德性是「天」賦予給人的「德常」（「秉彝」）。告子堅持認為，人的自然欲望（「食色」）是人的本性，這種本性沒有善或不善。對此，孟子辯駁說：「乃若其情，則可以為善矣，乃所謂善也。若夫為不善，非才之罪也。惻隱之心，人皆有之；羞惡之心，人皆有之；恭敬之心，人皆有之；是非之心，人皆有之。惻隱之心，仁也；羞惡之心，義也；恭敬之心，禮也；是非之心，智也。仁義禮智，非由外鑠我也，我固有之也，弗思耳矣。故曰：『求則得之，舍則失之。』或相倍蓰而無算者，不能盡其才者也。《詩》曰：『天生蒸民，有物必有則。民之秉彝，好是懿德。』孔子曰：『為此詩者，其知道乎！故有物有則；民之秉彝也，故好是懿德。』」（《孟子·告子上》）

在這裏，孟子告訴我們的意思主要有：一，人可以為「善」的「才」是從人的真實情況而論的，這種「才」（能力）不是少數人的特權，而是所有的人都擁有的特質（「人皆有之」）。二，「人」的為善能力具體表現為人的四種「善良之心」（「四端」），這是沒有差別地分配給「人」的本性和相同的「心」，孟子也稱之為「理」和「義」。他說：「至於心，獨無所同然乎？心之所同然者何也？謂理也，義也。聖人先得我心之所同然耳。故理義之悅我心，猶芻豢之悅我口。」（《孟子·告子上》）三，人的先天善良本性和能力來源於「天」，是「天」不偏不倚地賦予給所有的人的，是人所稟的「常」。孟子稱這是「天」賜予給人的最高的「爵位」，它相對於人在人間社會中獲得的無常的官職：「有天爵者，有人爵者。仁義忠信，樂善不倦，此天爵也；公卿大夫，此人爵也。」（《孟子·告子上》）四，來源於「天」的人的善性一旦獲得，對於人來說它就是「固有」的東西，不是「人為地」從外面滲透到我身上的。五，人的先天道德本性，要通過後天的道德自覺和操守來保持，否則就會失去。

從彼此相聯的這些方面看，孟子完全肯定人在先天道德能力上的平等，肯定人的善良本性沒有高低之分。這樣的人性「平等論」稱得上是人的天賦和「本質上」的平等。前面我們談到，儒家的「君子」（或「大人」）與「小人」、或者「聖人」與「眾人」之別，都不是「天生的」結果。早期儒家沒有柏拉圖那種「人」天生由

金、銀、銅、鐵等不同材料造成的等級觀念，也沒有亞里士多德那種人天生被分為「自由人」和「奴隸」的做法，更沒有印度「四種姓」的思想。《左傳·成公四年》記載的「非我族類，其心必異」這種以「種族」論「人心差異」的意識，是非常罕見的。在世界不同的文明中，以「人種」高低之分和儘量擡高自己種族的說法五花八門，如印第安人想像上帝燒製的白人和黑人分別欠火和過火，只有他們被燒製得恰到好處；以色列的猶太教相信只有以色列人才是上帝的「選民」。近代民族主義之下而生成的「種族主義」（如所謂「高貴的亞瑞安人種」）和種族歧視，更是令人驚訝。但在儒家的人性論中，❼「人類」天生有高下之分的觀念是不存在的或者說是非常稀薄的，受儒家「人性善」影響而被中國化的佛教，其特性之一是普遍堅持「人人都有佛性」這一前提。

潛在不等於顯在，可能不等於現實，本質不等於表現。按照孟子的天賦人性「平等論」，先天的善良本性並不必然就「現實化」為後天的道德人格實踐，人要在現實社會中實現和保持「人格平等」，就依賴於人後天的「自我成就」和「自我證成」上，而這對所有的人也是開放和平等的。一般來說，在神聖與世俗、道德與功利、理想與現實之間，難免存在著緊張甚至是衝突。但儒家被認為是最能調和神聖與凡俗、理想與現實關係的學派，它相信凡俗可達到神聖，立足於現實可實現超越。孟子承認在實際生活中不同的價值是有衝突的，如義與利、天爵與人爵等，人們在不同的價值之間有不同的選擇方式。但他堅持認為道德價值是人的最高價值，成就自己的人格是人生的最佳選擇。《孟子·盡心上》說：「廣土眾民，君子欲之，所樂不存焉；中天下而立，定四海之民，君子樂之，所性不存焉。君子所性，雖大行不加焉，雖窮居不損焉，分定故也。君子所性，仁義禮智根於心，其生色也睟然，見於面，盎于背，施於四體，四體不言而喻。」上面談到，人格的自我實現，對於每個人來說都是「可能的」。現實化的堯、舜、禹等「聖人」人格，作為「人倫之至者」即完善的人，都是後天實踐的結果。從先天能夠成聖的能力即

❼ 後漢以後儒家中也有「性三品」等不同的人性論，這也許包括了「人」先天不平等的意識。有關這一點，參閱池田池久先生的《性三品說的形成與發展》，見王中江主編的《新哲學》第六輯（鄭州：大象出版社，2006年）。

「才」來說，普通的大眾同他們沒有任何不同，因為「聖人，與我同類者」。（《孟子·告子上》）這體現了儒家理想人格和自我實現的「世俗化」和「大眾化」特點。「聖人」既理想又神聖，但並不神秘。為了讓人們相信人人都能夠「成聖」，孟子用一個形象的例子說明「能不能」與「為不為」的不同，這是一個有名的類比。一個人要他折枝而他不折，這是他願意不願意做的問題；但如果讓他把泰山背到北海，這是他有沒有能力做的問題。在儒家那裏，不管「聖人」多麼偉大和神聖，對於大眾來說他們都不是可望不可及的。

問題是，天生都有「平等」道德稟賦和道德能力的「人」，為什麼會有「大人」與「小人」之分呢？孟子的弟子公都子請教孟子說：「鈞是人也，或為大人，或為小人，何也？」孟子回答說：「從其大體為大人，從其小體為小人。」公都子又進一步問：「鈞是人也，或從其大體，或從其小體，何也？」孟子進一步回答說：「耳目之官不思，而蔽於物。物交物，則引之而已矣。心之官則思，思則得之，不思則不得也。此天之所與我者。先立乎其大者，則其小者不能奪也。此為大人而已矣。」（《孟子·告子上》）人能不能在現實中實現人格平等，最終取決於他是否充分發揮了「心」的反思作用，而不是他的社會地位。孟子的「思」當然不是知識性的「思考」和「思慮」，它是指人的「道德自覺」、「道德意志」和「道德操守」。「先立乎其大」，就是說一個人要先確立作為人的根本的「道德意志」。孟子一直堅持說，人只要充分發揮他自己的「道德之心」（「盡心」），他就能夠成就同他人平等的的道德人格：「盡其心者，知其性也。知其性，則知天矣。存其心，養其性，所以事天也。夭壽不貳，修身以俟之，所以立命也。」（《孟子·盡心上》）

不管孟子的「平等」是人先天善良本性上的平等，還是人後天在道德上「自我實現」的平等，它們都是人在「道德主體」和「道德人格」上的平等，這可以稱之為人的「天賦權利」。它與近代歐洲像洛克的「人天生都是自由、平等和獨立的」、盧梭的「人生而自由」和美國《獨立宣言》的「人生而平等」等說法表達的「天賦權利」思想，並不是不相容的。儒家的這種思想，與人的「機會平等」和法律面前「人人平等」不僅不矛盾，而且還能夠為它們提供「人道」的基礎，有什麼理由為同是「一類」的「道德人」在法律和社會上設置差別和不平等的待遇呢？

貳、「良貴」和「幾希」：「人類」的「尊嚴」意識

從「自然與人的統一」來看儒家的「天人合一」，它既有人是自然的一部分的意義，也有人與萬物都具有共同性（如張載說的「物吾與也」）的「萬物一體」的意義，還有人與萬物有一個共同根源的意義（如根源於「道」或「天生庶物」的「天」）。第一種意義說的是人在整個宇宙中作為一部分被包括在宇宙整體之中的合一；第二種意義反映的是儒家對萬物的「普遍同情」以及人與萬物密不可分的「大類」的「合一」；第三種意義體現的是人和萬物都統一於最高的根源之中的「歸屬感」和「根源意識」。同「天人合一」相對應的是儒家的「天人相分」。「天人相分」所意味的不僅是「荀子式」的人對其「自然性」的加工和改造，而且還意味著「人物之辨」和「人禽之別」，這是儒家將人同物、人同動物區分開的「人類意識」，是以「人為萬物之靈」和「人為天下貴」表現出來的「人類高貴」和「優越」的意識。❽如果說這是「人類中心主義」的話，那它不是人類征服萬物及自然的中心主義，而是人類在萬物中能以「道德」彰顯自己的道德中心主義。帛書《五行》篇說：「循草木之性，則有生焉，而無好惡。循禽獸之性，則有好惡焉，而無禮義焉。循人之性，則巍然知其好仁義也。」❾這樣的說法表明，「人類」作為「類」的共同特質是他的道德理性──「仁義」，它迥然有別於只有生命而無好惡的草木和只有好惡而沒有仁義的禽獸。荀子的「人類」概念，綜合地擁有了其他物的性質而又能與其他物區分開的本質也是在於他的道德性（「義」）：「水火有氣而無生，草木有生而無知，禽獸有知而無義，人有氣、有生、有知，亦且有義，故最為天下貴也。」（《荀子·王制》）

儒家將人與萬物區別開以突出「人」的「類」本性的「人類意識」，既是對「人」之所以為「人類」的一種自我確認，也是為「人類」賦予的一種使命。楚國的隱士嘲諷孔子自找苦吃從事一種在他們看來是徒勞的行為，孔子的回答同時就包

---

❽　郭店楚簡中的《語叢一》亦說：「天生百物，人為貴。」（見李零：《郭店楚簡校讀記》，北京：北京大學出版社，2002年版，頁158。）

❾　見《馬王堆漢墓帛書（壹）》（文物出版社，1980年），頁23。

含了這兩個層面，一是人作為人不能混同於鳥獸；二是人有自己必須擔當的「天職」和「使命」：「鳥獸不可與同群，吾非斯人之徒與而誰與？」（《論語‧微子》）在儒家那裏，人的類本質和崇高使命這兩個方面共同構成了作為「人的尊嚴」的儒家第二種意義上的「人權」觀念，它也是孟子「天賦人權」思想的基本內涵之一。孟子談到事物的多樣性所說的「夫物之不齊，物之情也」（《孟子‧滕文公上》），我們首先需要從事物不同的「類」上去理解。每一種或每一類事物都有它之所以為這一種或這一類事物的本性，這就使事物具有了各不相同的多種多樣性（「不齊」）。但同一種類的事物則是相同的，孟子稱之為「類似性」。

　　孟子關心的是人類的「類本性」。他反問說，既然同類事物是「類似的」，為什麼要懷疑「人類」的「類似性」；既然承認人具有相同的感性，為什麼不承認人還具有共同的理性和德性。他推論說：「故凡同類者，舉相似也，何獨至於人而疑之？聖人，與我同類者。故龍子曰：『不知足者為屨，我知其不為蕢也。』屨之相似，天下之足同也。口之於味，有同耆也；易牙先得我口之所耆者也。如使口之於味也，其性與人殊，若犬馬之與我不同類也，則天下何耆皆從易牙之於味也？至於味，天下期於易牙，是天下之口相似也。惟耳亦然。至於聲，天下期於師曠，是天下之耳相似也。惟目亦然。至於子都，天下莫不知其姣也。不知子都之姣者，無目者也。故曰，口之於味也，有同耆焉；耳之於聲也，有同聽焉；目之於色也，有同美焉。……心之所同然者何也？謂理也，義也。」（《孟子‧告子上》）

　　也許是為了告誡人們不要麻痹大意，孟子提醒說人與禽獸的區別就那麼一點點，用他的話說就是「幾希」（《孟子‧離婁下》）。❿雖然是「幾希」，但卻非常實質，他是人之所以為人的本質，也是人之所以「尊貴」和具有「尊嚴」的根據，一般稱之為「人禽之辨」。如果說人人都具有善良的本性和具有完成自我人格的「道德能力」使人成為「平等」的話，那麼人有別於其他事物和禽獸的「德性」這種「類本質」，又使人成為萬物之中的尊貴者和崇高者，孟子說這是人的「良貴」。

---

❿　如孟子說：「人之所以異於禽獸者幾希，庶民去之，君子傳之。舜明於庶物，察於人倫，由仁義行，非行仁義也。」（《孟子‧離婁下》）孟子還說到人與野蠻人的差別也是很小的：「舜之居深山之中，與木石居，與鹿豕遊，其所以異於深山之野人者幾希。」（《孟子‧盡心上》）

「良貴」可以解釋為「尊貴」和「高貴」：「欲貴者，人之同心也。人人有貴於己者，弗思耳矣。人之所貴者，非良貴也。趙孟之所貴，趙孟能賤之。《詩》云：『既醉以酒，既飽以德。』言飽乎仁義也，所以不願人之膏粱之味也；今聞廣譽施於身，所以不願人之文繡也。」（《孟子·告子上》）「人」的尊嚴和道德價值上的尊貴，不同於隨著時空變化而變化的世俗生活標準中的「良貴」，它是恒常性的「尊貴」。

　　將天賦的「仁義」之德性確定為人人都具有的最可貴的東西，這不僅意味著人天生都是最高價值的擁有者，人天生都是尊貴的和有尊嚴的，而且也意味著人應該保持他的尊嚴和體面，應該以他的「高貴性」而生活。孟子說，人天生都有羞恥之心，這使人都有受到他人尊重的強烈願望：「一簞食，一豆羹，得之則生，弗得則死，嘑爾而與之，行道之人弗受；蹴爾而與之，乞人不屑也。」（《孟子·告子上》）從孟子的「士」的人格來說，「士」參與政治事務（「仕」）是合乎「義」的。士參與政治事務的目的也是追求「道」和「義」，因此「士」理應受到君王的尊重。如果他得不到君王的尊重，他就要拒絕「仕」。孟子理直氣壯地聲明，「士」不能屈從於君王的權勢，士的「道義性」要求士維護自己的尊嚴。從權利和義務的關係說，如果人受到他人的尊重是他的權利，那麼反過來說尊重他人就是他的義務，譬如尊重他人的名譽。不尊重他人或有意損害他人的名譽，就要受到道德上的譴責。相對於希望受到他人尊重的意識來說，孟子的人的尊嚴思想更注重的是人的「自重」和「自尊」，這同儒家強調「自我修身」和「自我完善」是一致的。孟子告訴我們說，沒有人不是因為「自侮」而受到他人侮辱的，放大到家庭和國家都是如此：「有孺子歌曰：『滄浪之水清兮，可以濯我纓；滄浪之水濁兮，可以濯我足。』孔子曰：『小子聽之：清斯濯纓，濁斯濯足矣。自取之也。』夫人必自侮，然後人侮之；家必自毀，而後人毀之；國必自伐，而後人伐之。《太甲》曰：『天作孽，猶可違；自作孽，不可活。』此之謂也。」（《孟子·離婁上》）反過來說，人要有「恥辱」的意識，如果沒有恥辱感，他就沒有尊嚴可言：「恥之於人大矣，為機變之巧者，無所用恥焉。不恥不若人，何若人有？」（《孟子·盡心上》）

　　孟子區別「義與利」、「大體與小體」、「生與義」很嚴格，但他並非不近人情地要求人們始終只能必選其一。道理非常簡單，如果兩者能夠並行和同時兼顧，

何樂而不為呢？就像魚和熊掌那樣。他說：「人之於身也，兼所愛。兼所愛，則兼所養也。無尺寸之膚不愛焉，則無尺寸之膚不養也。」（《孟子·告子上》）又說：「生亦我所欲也，義亦我所欲也。」（《孟子·告子上》）但問題是，在兩者不能兼顧的情況下，一個人如何做出合理的選擇。孟子給出的答案是，要毫不猶豫地選擇「道義」，因為只有這樣他才能保持人的尊嚴和高貴性：「二者不可得兼，舍生而取義者也。生亦我所欲，所欲有甚於生者，故不為苟得也；死亦我所惡，所惡有甚於死者，故患有所不辟也。如使人之所欲莫甚於生，則凡可以得生者，何不用也？使人之所惡莫甚於死者，則凡可以辟患者，何不為也？由是則生而有不用也，由是則可以辟患而有不為也，是故所欲有甚於生者，所惡有甚于死者。非獨賢者有是心也，人皆有之，賢者能物勿喪耳。」（《孟子·告子上》）但在實際生活中，人們也許放棄了道義而選擇利益，孟子說這是「因小失大」，是「不知類」。他的以下辨析清晰而有力，有令人不能不接受他的道理之感：

> 體有貴賤，有小大。無以小害大，無以賤害貴。養其小者為小人，養其大者為大人。今有場師，舍其梧檟，養其樲棘，則為賤場師焉。養其一指而失其肩背，而不知也，則為狼疾人也。飲食之人，則人賤之矣，為養其小以失大也。（《孟子·告子上》）

> 今有無名之指屈而不信，非疾痛害事也，如有能信之者，則不遠秦楚之路，為指之不若人也。指不若人，則知惡之；心不若人，則不知惡，此之謂不知類也。（《孟子·告子上》）

> 拱把之桐梓，人苟欲生之，皆知所以養之者。至於身，而不知所以養之者，豈愛身不若桐梓哉？弗思甚也。（《孟子·告子上》）

孟子所說的「失大」、「不知類」和「弗思」，都是指人喪失了人之所以為人的本質，喪失了人的尊嚴和高貴性。孔子昭示的「三軍可奪帥也，匹夫不可奪志也」（《論語·子罕篇》）、「志士仁人，無求生以害仁，有殺身以成仁」（《論語·衛

靈公》）的人格尊嚴之所以受到人們的推崇；孟子塑造的「富貴不能淫，貧賤不能移，威武不能屈」（《孟子·滕文公下》）的「大丈夫」人格和「浩然之氣」精神境界之所以被人們傳頌，皆是因為人類在心靈深處都有保持尊嚴和高貴的強烈意識。在孟子看來，這種意識和自覺，不僅促使人在人間要做一個堂堂正正的人，而且還促使他面對蒼天也是無愧的：「仰不愧於天，俯不怍於人」。（《孟子·盡心上》）

參、「民貴」和「民意」：「生命權」和「反抗權」

作為儒家德治論一個基本論題的「民本論」，以《尚書·五子之歌》所說的「民為邦本，本固邦寧」為典型。《夏書》佚文「後非眾無與守邦」和《禮記·大學》所說的「得眾則得國，失眾則失國」，⓫共同表達了君王贏得了「民眾」就可以得到國家的緊密對應關係。⓬在民與邦的這種關係中，讓人有「民」是工具、政治和國家是目標的感覺。這也是「民本」與「民主」容易產生衝突的地方。⓭但在儒家的政治理性中，還存在著以「民」為目的、以政治和國家為手段的「民意論」和「民貴論」，它同「民本論」有所區別。按照「民貴論」，政治和國家本身都不是目的，它們是為了「人民」而被建立起來的；政治和國家是否正當、合法，也取決於它們是否能夠合乎「民心」和「民意」。這樣的政治理性恰恰合乎儒家的「天下為公」和「天下者天下之天下」的「公天下」思想，而同「溥（普）天之下，莫非王土；率土之濱，莫非王臣」和「富有天下，貴為天子」的「私天下」意識有緊張關係。

⓫　《國語·周語上》記載說：「內史過歸，以告王曰：『晉不亡，其君必無後。且呂、郤將不免。』王曰：『何故？』對曰：《夏書》有之曰：『眾非元後何戴，後非眾無與守邦』。在《湯誓》曰：『餘一人有罪，無以萬夫；萬夫有罪，在餘一人』。在《盤庚》曰：『國之臧，則惟女眾。國之不臧，則惟餘一人，是有逸罰』。如是則長眾使民，不可不慎也。」

⓬　「民」對於統治的重要性，既有「得民心者得天下，失民心者失天下」的說法，還有借助於水與舟的關係來說明「民」與「君主」的關係。

⓭　李明輝先生立足於「民本」，認為儒家確實有「人民是政治主體」、「人君之位要得到人民之同意」等思想。這是將「民本」與「民貴」和「民意」合在一起說的。參閱李明輝的《儒家傳統與人權》，見陳明主編的《原道》第七輯（貴州人民出版社，2002年）。

就孟子的政治理性而言，作為政治和國家根本的「民」和作為政治和國家的目的的「民」這兩個方面是同時並存的，也許在他看來這兩者不是對立的。《孟子·離婁上》載：「桀、紂之失天下也，失其民也，失其民者，失其心也。得天下有道：得其民，斯得天下矣。得其民有道：得其心，斯得民矣。得其心有道：所欲與之聚之，所惡勿施爾也。」孟子勸說齊宣王與庶民共同享受愉快的樂趣，共同追求勇敢、美色和貨財，是從「國家」和「天下」出發去設想對待「民」的方式，而不是從「民」出發去設想國家和天下。但在「民」、「社稷」和「君」等三者的關係中，孟子以「人民」為「尊貴者」或最高的價值，將國家和君王放在從屬的位置上。以「民」為立邦的根本和相對於「邦」和「君」來說，「民」是首要的，這兩者確實是有差別的。結合孟子的「民意論」，「民」的崇高性和目的性更容易看出來。問題的關鍵在於，孟子的「民意」不只是「民」的意願，它同時也是「天」的意願。這不是說「民意」來源於「天意」，而是說「天意」來自於「民意」。這種思想首先出現在《尚書》中，以「惟天地萬物父母，惟人萬物之靈。（……）民之所欲，天必從之」（《尚書·周書·泰誓上》）和「天視自我民視，天聽自我民聽」（《尚書·周書·泰誓下》）的說法為典型。❶❹在這種「民意論」中，「民意」被賦予了一種神聖性。既然「天意」來自「民意」，或者「天」的意志來自民的意志，那麼作為「天之子」的「天子」，在獲得「天」的任命的時候，同時就要接受來自「民意」的「天意」。

孟子接受並擴大了這種意義上的「民意論」。習慣上人們說，天子把天下轉移給別人，或者賢明的天子將天下禪讓給新的賢明者，但在孟子看來，天子是「無權」轉移天下的，哪怕是「禪讓」權力。不管是授與賢人還是授與子孫，授與天下的只能是「天」本身：「天與賢，則與賢；天與子，則與子。」（《孟子·萬章上》）「天」授與天下，當然不是「諄諄然命之」，而是「以行與事示之」。孟子解釋說：「天子能薦人於天，不能使天與之天下，諸侯能薦人于天子，不能使天子

---

❶❹　《尚書·皋陶謨》亦說：「天聰明自我民聰明，天明畏自我民威」。即使此篇與《泰誓》都是偽古文尚書，但由於《左傳·襄公三十一年》有引文「《大誓》云：『民之所欲，天必從之』」，《孟子·萬章上》有引文「《泰誓》曰：『天視自我民視，天聽自我民聽』」，因此，可證《尚書》中確有「天意」來自「民意」的重要思想。

與之諸侯；大夫能薦人于諸侯，不能使諸侯與之大夫。昔者堯薦舜於天而天受之，暴之於民而民受之。故曰：『天不言，以行與事示之而已矣。』曰：『敢問：薦之於天而天受之，暴之於民而民受之，如何？』曰：『使之主祭而百神享之，是天受之；使之主事而事治，百姓安之，是民受之也。天與之，人與之。故曰：「天子不能以天下與人。」『舜相堯二十有八載，非人之所能為也，天也。堯崩，三年之喪畢，舜避堯之子於南河之南，天下諸侯朝覲者，不之堯之子而之舜；訟獄者，不之堯之子而之舜；謳歌者，不謳歌堯之子而謳歌舜。故曰：『天也。』夫然後之中國踐天子位焉。而居堯之宮，逼堯之子，是篡也，非天與也。』《泰誓》曰：『天視自我民視，天聽自我民聽。』此之謂也。」（《孟子·萬章上》）照孟子的「天民一意」邏輯，「天」授與「天子」以天下，實際上是「民」授與天下給天子。換言之，天子的權力來源於天和民。既然如此，天子就義不容辭地要按照天意和民意來行事，❶❺使權力服務於天和民。這種意義上的「民意論」，也可以說是「民權論」。

在人民的權利構成中，「生命權」是最基本的權利。如果人的生命都不得到保護，遑論其他。人權論者將人權劃分為立足於人自身的「人身權」和基於法律之上的政治、經濟和社會等的「公民權」，孟子也許沒有這樣明確劃分，但他關注人的生命權和生存權是無疑的。如果說生存權同人的經濟和社會權利是不可分的，那麼孟子同時也要求人的經濟和社會權利，如生活保障和教育權。從人是目的出發，孟子認為統治者為了獲得天下即便殺害一位無辜者也是不能允許的：「行一不義，殺一不辜，而得天下，皆不為也」。（《孟子·公孫丑上》）在這一點上，荀子顯然是接受了他的論敵孟子的看法：「行一不義，殺一無罪，而得天下，仁者不為也。」（《荀子·王霸》）立足於「兼愛」和「互利」，墨子以「非攻」為旗幟的「反戰」

---

❶❺ 如在選擇賢人和懲治問題上，孟子主張廣泛聽取國人的呼聲，再進一步考慮後作出決定：「國君進賢，如不得已，將子卑逾尊，疏逾戚，可不慎與？左右皆曰賢，未可也？諸大夫皆曰賢，未可也；國人皆曰賢，然後察之；見賢焉，然後用之。左右皆曰不可，勿聽；諸大夫皆曰不可，勿聽；國人皆曰不可，然後察之；見不可焉，然後去之。左右皆曰可殺，勿聽；諸大夫皆曰可殺，勿聽；國人皆曰可殺，然後察之；見可殺焉，然後殺之。故曰：『國人殺之也。』如此，然後可以為民父母。」（《孟子·梁惠王下》）

言行引人注目。孟子激烈抨擊墨子沒有在父母之愛與他人之愛兩者之間加以分別，但孟子沒有批評墨子的「非攻論」，事實上，孟子也是一位非常具有道德勇氣的「反戰論者」。孟子不僅批評春秋時期的戰爭都是非正義的（如《孟子‧盡心下》說「春秋無義戰」），而且更嚴厲地譴責那個時代各國為了擴張版圖而發動的征服和掠奪戰爭。他描述了這樣一幅殘酷的戰爭場面：「爭地以戰，殺人盈野；爭城以戰，殺人盈城。」（《孟子‧離婁上》）在孟子看來，為了土地和城郭而殺害不計其數的生命，這就等於是飲食人民的血肉，無疑是犯下了不可饒恕的死罪。征服者總是鼓勵和獎賞那些英勇善戰者，然而孟子則認為要用「上刑」嚴厲地懲罰他們。

　　《孟子》中記載了一位和平主義者宋牼（即宋榮子）的反戰事蹟。宋聽說秦國和楚國都正在策劃一場針對另一方的戰爭，他要先到楚國試圖說服楚王停止下來，顯然這是一項非常困難的任務。他和孟子相遇於途中，當孟子得知他要以「不利」這一道理來說服楚王時，孟子指出楚秦兩國恰恰都是出於「利」而備戰的，用「不利」是說服不了他們的，❶⑥他立即建議宋要用仁義來說服他們。「仁義」是孟子一貫奉持的最高價值，他用「王道」反對霸道也是基於這種價值。對孟子來說，爭奪「利」是一切禍害之源，更是戰爭的根源，而戰爭使人的生命遭受塗炭。為了增加土地，梁惠王不顧他的人民的安全和生命甚至還驅使他所心愛的子弟奔赴戰場，孟子評論說：「『不仁哉梁惠王也！仁者以其所愛及其所不愛，不仁者以其所不愛及其所愛。』公孫丑問曰：『何謂也？』『梁惠王以土地之故，糜爛其民而戰之，大敗，將複之，恐不能勝，故驅其所愛子弟以殉之，是之謂以其所不愛及其所愛也。』」（《孟子‧盡心下》）

───────────────

❶⑥ 有關他們相遇和交流的具體情況，《孟子‧告子下》說：「宋牼將之楚，孟子遇於石丘，曰：『先生將何之？』曰：『吾聞秦楚構兵，我將見楚王說而罷之。楚王不悅，我將見秦王說而罷之。二王我將有所遇焉。』曰：『軻也請無問其詳，願聞其指。說之將何如？』曰：『我將言其不利也。』曰：『先生之志則大矣，先生之號則不可。先生以利說秦楚之王，秦楚之王悅於利，以罷三軍之師，是三軍之士樂罷而悅於利也。為人臣者懷利以事其君，為人子者懷利以事其父，為人弟者懷利以事其兄，是君臣、父子、兄弟、終去仁義，懷利以相接，然而不亡者，未之有也。先生以仁義說秦楚之王，秦楚之王悅於仁義，而罷三軍之師，是三軍之士樂罷而悅於仁義也。為人臣者懷仁義以事其君，為人子者懷仁義以事其父，為人弟者懷仁義以事其兄，是君臣、父子、兄弟去利，懷仁義以相接也，然而不王者，未之有也。何必曰利？』」

　　戰爭從來就是以巨大的破壞和對生命的殘殺為特徵的，孟子之所以不遺餘力地譴責戰爭，也主要基於戰爭對人民生命的大量剝奪。武王征服邪惡的紂王是受到儒家稱讚的，孟子也主張奉行王道的人有權利討伐殘暴的統治者，以便將受苦的人民解放出來，人民都會惟恐不及地歡迎「王者之師」的到來。讓孟子感到困惑的是，既然「仁者無敵」，何以武王討伐紂王還要付出那麼大的生命代價（血流成河），這引起了他對《尚書》記載真實性的懷疑：「盡信《書》，則不如無《書》。吾於《武成》，取二三策而已矣。仁人無敵於天下，以至仁伐至不仁，而何其血之流杵也？」（《孟子·盡心下》）孟子的想法是，奉行王道的仁者，具有春風化雨般的無限感化力，他不僅在治理國家和天下時不需要訴諸暴力，就是在討伐邪惡的暴君時，也會因暴君失道得不到支援（「得道者多助，失道者寡助」）而將迅速瓦解。孟子的反戰思想反映的是他對人的生命的尊重。

　　在「生命權」同人的具體生存和生命延續相聯繫時，它體現為人的生存權和繁衍權，更具體地說體現為人的經濟權和社會權。為了生存和繁衍，人們需要基本的物質生活條件，特別是食物和居住。儒家將血緣性的親情關係延伸到非血緣的君與民之間而提出的君為「民之父母」說法，主要不是要君王獲得對人民的支配權（如果有權利的話，那也是扮演作為監護人的「保民」、「愛民」角色），而是要君王充分承擔起對人民的義務和責任，保證人民能夠過上穩定的生活。孟子提出的「仁政」構想，就是為了讓人民過上一種有保障的生活而作的一種制度上的安排，這方面還有他理想化的「井田制」。人們可能會馬上想到孟子的「義利之辨」和「生死之辨」。孟子不以利益作為個人的最高價值取向，在義和利不可兼顧的情況下，他堅持說只能選擇「正義」；為了崇高的「正義」，為了人的道德和人格尊嚴，孟子還教導人們說要放棄生命，不能苟且偷生。但這與孟子主張保證人們的基本生活條件、保證人民的生存權，不是一個層面上的問題，就像孟子批評一位任國人問難他的弟子屋廬子提出的問題不在一個層面上那樣。❶

---

❶　《孟子·告子下》記載說：「任人有問屋廬子曰：『禮與食孰重？』曰：『禮重。』『色與禮孰重？』曰：『禮重。』曰：『以禮食，則饑而死；不以禮食，則得食，必以禮乎？親迎，則不得妻；不親迎，則得妻，必親迎乎？』屋廬子不能對，明日之鄒以告孟子。孟子曰：『于答是也，何有？不揣其本，而齊其末，方寸之木可使高於岑樓。金重於羽者，豈謂一鈎金與一輿羽之謂

　　孟子要求統治者保證人民有「恒產」，就是要保證人民的「生存」和「生命」。君王不能保證人民的基本生存條件，就會造成人民的越軌和違法，如果反過來又對其實施懲罰，在孟子看來，這都是「欺騙人民」的行為：「若民，則無恒產，因無恒心。苟無恒心，放辟邪侈，無不為已。及陷於罪，然後從而刑之，是罔民也。焉有仁人在位，罔民而可為也！是故，明君制民之產，必使仰足以事父母，俯足以畜妻子；樂歲終身飽，凶年免於死亡。」（《孟子·梁惠王上》）依照孟子的邏輯，君王作為人民的監護人而不能保證人民獲得基本的生活條件，使人民貧困饑餓甚至失去了生命，他無異於是殺害人民的兇手：「狗彘食人食而不知檢，塗有餓莩而不知發；人死，則曰：『非我也，歲也。』是何異於刺人而殺之，曰：『非我也，兵也！』王無罪歲，斯天下之民至焉。」（《孟子·梁惠王上》）這肯定是讓所有君王都深感不安的一個推論，如果君王缺乏承擔政治責任的勇氣，❶他也許會為自己辯護說他並不希望他的人民遭殃。但是孟子堅持認為，那只不過是說明殺人的方式不一樣罷了，君主難辭其咎：「梁惠王曰：『寡人願安承教。』孟子對曰：『殺人以梃與刃，有以異乎？』曰：『無以異也。』『以刃與政有以異乎？』曰：『無以異也。』曰：『庖有肥肉，廄有肥馬，民有饑色，野有餓莩，此率獸而食人也。獸相食，且人惡之；為民父母行政，不免於率獸而食人，惡在其為民父母也！仲尼曰：「始作俑者，其無後乎！」為其象人而用之也，如之何其使斯民饑而死也。』」（《孟子·梁惠王上》）

　　在儒家看來，君王作為政治責任的主體要敢於承擔政治責任，這樣的思想和意識在《尚書》中就看得很清楚。儒家的「德治」所要求的道德行為的主體，主要是相對統治者而言的。如果君王不能承擔起對人民的責任和義務，人民就有權拋棄

哉？取食之重者與禮之輕者而比之，奚翅色重？往應之曰：『紾兄之臂而奪之食，則得食；不紾，則不得食，則將紾之乎？逾東家牆而摟其處子，則得妻；不摟，則不得妻；則將摟之乎？』」

❶　君王勇於承擔政治責任的自信在《尚書》中可以看到的說法是：「其爾萬方有罪，在予一人；予一人有罪，無以萬方。」（《尚書·湯誥》）「百姓有過，在予一人。」（《尚書·泰誓中》）《墨子·兼愛下》有引文「湯曰：『萬方有罪，即當朕身；朕身有罪，無及萬方』」。《論語·堯曰》有引文「雖有周親，不如仁人；百姓有過，在予一人。」

他：「孟子謂齊宣王曰：『王之臣，有托其妻子於其友而之楚遊者，比其反也，則凍餒其妻子，則如之何？』王曰：『棄之。』曰：『士師不能治士，則如之何？』王曰：『已之。』曰：『四境之內不治，則如之何？』王顧左右而言他。」（《孟子·梁惠王下》）❶這指明了一個原則，即對於虐待和殘暴他的人民的暴君，人民有權利「反抗」他。❷這應該是朱元璋推行《孟子節本》的主要原因。政治哲學對已有的政治秩序一般持有兩種相反的立場，一是以保持和延續既存秩序為目標；一是以改變和顛覆既存秩序為目標。後者往往將「反抗權」和「革命」行為合理化。儒家的君臣名分論或者大義名分論，主張的是第一種立場，但儒家同時還包含著激進革命的立場。

　　西漢時期，轅固生和黃生在景帝面前圍繞「放伐」和「弒殺」有一個爭論，這

---

❶ 在孟子看來，君王是不能找藉口逃避政治責任的：「孟子之平陸，謂其大夫曰：『子之持戟之士，一日而三失伍，則去之否乎？』曰：『不待三。』『然則子之失伍也亦多矣。凶年饑歲，子之民，老羸轉於溝壑，壯者散而之四方者，幾千人矣。』曰：『此非距心之所得為也。』曰：『今有受人之牛羊而為之牧者，則必為之求牧與芻矣。求牧與芻而不得，則反諸其人乎？抑亦立而視其死與？』曰：『此則距心之罪也。』他日，見於王，曰：『王之為都者，臣知五人焉。知其罪者，惟孔距心。』為王誦之。王曰：『此則寡人之罪也。』」（《孟子·公孫丑上》）「鄒與魯鬨。穆公問曰：『吾有司死者三十三人，而民莫之死也。誅之，則不可勝誅；不誅，則疾視其長上之死而不救。如之何則可也？』孟子對曰：『凶年饑歲，君之民，老弱轉乎溝壑，壯者散而之四方者，幾千人矣；而君之倉廩實，府庫充，有司莫以告，是上慢而殘下也。曾子曰：戒之戒之！出乎爾者，反乎爾者也。夫民今而後得反之也，君無尤焉。君行仁政，斯民親其上，死其長矣。』」（《孟子·梁惠王下》）

❷ 《左傳·襄公十四年》記載，晉侯問對師曠，衛人趕走了他們的國君，不也太過分了嗎？師曠提出了完全相反的看法，認為也許是衛君太過分了，人民才反抗他：「師曠侍於晉侯。晉侯曰：「衛人出其君，不亦甚乎？」對曰：「或者其君實甚。良君將賞善而刑淫，養民如子，蓋之如天，容之如地；民奉其君，愛之如父母，仰之如日月，敬之如神明，畏之如雷霆，其可出乎？夫君，神之主而民之望也。若困民之主，匱神乏祀，百姓絕望，社稷無主，將安用之？弗去何為？天生民而立之君，使司牧之，勿使失性。有君而為之貳，使師保之，勿使過度。是故天子有公，諸侯有卿，卿置側室，大夫有貳宗，士有朋友，庶人、工商、皂、隸、牧圉皆有親暱，以相輔佐也。善則賞之，過則匡之，患則救之，失則革之。自王以下各有父兄子弟以補察其政。史為書，瞽為詩，工誦箴諫，大夫規誨，士傳言，庶人謗，商旅於市，百工獻藝。故夏書曰：『遒人以木鐸徇于路，官師相規，工執藝沈諫。』正月孟春，於是乎有之，諫失常也。天之愛民甚矣，豈其使一人肆於民上，以從其淫，而棄天地之性？必不然矣。」

一爭論就反映了儒家對既存秩序的兩種不同立場。最後，景帝從既存秩序考慮，大概要求迴避「放伐論」。❷❶然而，在孟子看來，對於邪惡的君王人民有權「放伐」，這不是「弒殺」，而是合乎的正義的「誅討」：「齊宣王問曰：『湯放桀，武王伐紂，有諸？』孟子對曰：『於傳有之。』曰：『臣弒其君可乎？』曰：『賊仁者謂之賊，賊義者謂之殘。殘賊之人，謂之一夫。聞誅一夫紂矣，未聞弒君也。』」（《孟子‧梁惠王下》）孟子走得更遠，一國人民不僅可以「討伐」他本國的君王，其他國家如果有邪惡的君主，另一國的人民也有權利去討伐他，這也許是在國際社會中公然主持「干涉主義」的先聲。❷❷宣王成功討伐燕國後，諮詢孟子如何面對國際社會的壓力，孟子認為這是正當的：「臣聞七十里為政於天下者，湯是也。未聞以千里畏人者也。《書》曰：『湯一征自葛始。』天下信之，東面而征，西夷怨；南面而征。北狄怨，曰：『奚為後我？』民望之，若大旱之望雲霓也。歸市者不止，耕者不變。誅其君而弔其民，若時雨降，民大悅。《書》曰：『徯我後，後來其蘇。』今燕虐其民，王往而征之，民以為將拯己於水火之中也，簞食壺漿以迎王師。」但孟子同時又規勸宣王，不要掠奪燕國的財富，要迅速還政於燕：「若殺其父兄，系累其子弟，毀其宗廟，遷其重器，如之其可也！天下固畏齊之強

---

❷❶　《史記‧儒林列傳》記載說：「清河王太傅轅固生者，齊人也。以治詩，孝景時為博士。與黃生爭論景帝前。黃生曰：『湯武非受命，乃弒也。』轅固生曰：『不然。夫桀紂虐亂，天下之心皆歸湯武，湯武與天下之心而誅桀紂，桀紂之民不為之使而歸湯武，湯武不得已而立，非受命為何？』黃生曰：『冠雖敝，必加於首；履雖新，必關於足。何者，上下之分也。今桀紂雖失道，然君上也；湯武雖聖，臣下也。夫主有失行，臣下不能正言匡過以尊天子，反因過而誅之，代立踐南面，非弒而何也？』轅固生曰：『必若所云，是高帝代秦即天子之位，非邪？』於是景帝曰：『食肉不食馬肝，不為不知味；言學者無言湯武受命，不為愚。』遂罷。是後學者莫敢明受命放殺者。」

❷❷　當然孟子為這種「干涉」加了限制：「沈同以其私問曰：『燕可伐與。』孟子曰：『可。子噲不得與人燕，子之不得受燕於子噲。有仕於此，而子悅之，不告於王，而私與之吾子之祿爵；夫士也，亦無王命而私受之於子，則可乎？何以異於是！』齊人伐燕。或問曰：『勸其伐燕，有諸？』曰：『未也。沈同問「燕可伐與？」吾應之曰：「可。」彼然而伐之也。彼如曰：「孰可以伐之？」則將應之曰：「為天吏則可以伐之。」今有殺人者，或問之曰：「人可殺與？」則將應之曰：「可。」彼如曰：「孰可以殺之？」則將應之曰：「為士師則可以殺之。」今以燕伐燕，何為勸之哉！』」（《孟子‧公孫丑下》）

也,今又倍地而不行仁政,是動天下之兵也。王速出令,反其旄倪,止其重器,謀于燕眾,置君而後去之,則猶可及止也。』」(《孟子・梁惠王下》)可以說,在孟子的革命思想甚至是「干涉主義」中,包含著人民有「反抗權」和人民有權自主作出政治選擇的前提。

<h1 style="text-align:center">參考文獻</h1>

專書

唐納德・J・蒙羅(Donald J.Munru)(1994)。《早期中國「人」的觀念》(*The Concept of Man in Early China*. Stanford: Stanford University Press, 1969),莊國雄、陶黎明譯,上海:上海古籍出版社。

王德祿、蔣世和編(1989)。《人權宣言》,北京:求實出版社。

列奧・施特勞斯(Leo Strauss)(2003)。《自然權利與歷史》(*Natural Right and Histroy*. Chicago: The University of Chicago Press, 1953.),彭剛譯,北京:三聯書店。

大沼保昭(2003)。《人權、國家與文明:從普遍主義的人權觀到文明相容的人權觀》,王志安譯,北京:三聯書店。

約翰・菲尼斯(John Finnis)(2005)。《自然法與自然權利》(*Natural Law and Natural Right*. Oxfod: Oxford University Press, 1980),董嬌嬌、楊奕等譯,北京:中國政治大學出版社。

羅爾斯(John Rawls)(1988)。《正義論》(*A theory of justice*. Cambridge Nass.: Harvard University Press, 1971.),何懷宏、何包鋼等譯,北京:中國社會科學出版社。

李零(2002)。《郭店楚簡校讀記》,北京:北京大學出版社。

國家文物局古文獻研究室(1980)。《馬王堆漢墓帛書(壹)》,北京:文物出版社。

專書論文

國際儒學聯合會編(1999)。《國際儒學研究》第六輯「儒家人論國際學術研討會論文專集」,北京:中國社會科學出版社。

陳明主編（2002）。《原道》第七輯，貴陽：貴州人民出版社。

陳啟智、張樹驊主編（2004）。《儒家傳統與人權・民主思想》，濟南：齊魯書
　　　　社。

期刊論文

池田池久（2006）。《性三品說的形成與發展》，王中江主編，《新哲學》第六
　　　　輯，頁 113-124，鄭州：大象出版社。

李明輝（2002）。《儒家傳統與人權》，陳明主編，《原道》第七輯，頁 36-55，
　　　　貴陽：貴州人民出版社。

Mengzi's Thought of "Connate Right": Focus on "Nobility of Heaven", "Good Honour" and "Public Opinion"

*Wang, Zhongjiang**

Abstract

It is estimated from Mengzi, the typical figure of early Confucians, that Confucianism actually provides important thought and resource of "human rights" in specific aspects. The central idea of Mengzi's thought of human rights is "connate right". From the transcendental "Heaven", Human achieved equal human nature, equal abilities of realization of virtues and personality and "nobility" and "dignity" which lets human different from animals. The welfare of people is the goal of state and "will of Heaven" comes from "public opinion", "human rights" and "right of rebellion". These interrelated opinions construct the central thought of "Connate right" of Mengzi and at the same time, display diverse method and individuality of discourse on human rights.

Keywords: Connate Right,   Equality,   Dignity,   Popular Will,   Right of the Revolt Against

---

*   Professor, Department of Philosophy, Peking University

典範人物與《論語》、《荀子》中的君子和聖人

王靈康*

摘　要

　　本文以《論語》和《荀子》為題材，討論柯雄文以「典範人物」來詮釋儒家之「君子」在道德傳統中發揮的作用。一道德傳統之存續，有賴「典範人物」將其抽象理想具體落實，並啟發其他人的道德創造力，或扮演道德行為與道德判斷的模範。在此詮釋之下，《論語》中的「聖人」可說代表抽象理想，「君子」則可理解為此種典範角色。本文將說明柯雄文所使用之「典範人物」的意義，並嘗試解決將此詮釋架構延伸至《荀子》可能發生的問題。

關鍵詞：典範人物　聖人　君子　《論語》　《荀子》

＊　淡江大學通識與核心課程中心助理教授

壹、前言

在某種現代倫理學的架構之下，道德傳統當中有種重要的角色，稱作「典範人物」；這個傳統當中的道德修養、道德教化、甚至延續下去的活力，都有賴「典範人物」將其所抱持之抽象理想具體轉化。若以這種架構來詮釋儒家道德哲學，則或許可以用「典範人物」的角色來講《論語》裡「君子」所展現的作用，而「聖人」則代表「君子」所秉持的抽象理想。在《論語》裡，「君子」是有德之人，不過在各方面都尚未達到完美，而且是有限地存在於具體的歷史脈絡中、甚至存在於一般人生活周遭的經驗裡；「聖人」完美，但卻不可得而見之，代表的是抽象理想。然而，在《論語》之後的儒家典籍，譬如《荀子》，「聖人」似乎不再遙不可及，開始以具體存在之歷史人物的身份出現，其中也包括孔子。如此，原本《論語》中「君子」和「聖人」兩者之間，具體和抽象的對比關係、以及有限與完美之間的對比關係就要發生變化了。在如此的改變之下，代表抽象理想的「聖人」不再抽象，那麼理想是否會因此受到侷限？儒家道德傳統秉持的理想，是否會因此受到影響？如此的改變之下，是否會將一般人推崇之「有德之人」的角色混淆於「君子」與「聖人」之間？這種混淆，對於儒家的道德修養和教化又會造成什麼影響？

本文將討論柯雄文（Antonio S. Cua, 1932-2007）以「典範人物」（paradigmatic individuals）詮釋儒家之「君子」的意義、以及這種詮釋可能遇到的問題，並嘗試提出解決的方式。文中除說明柯氏為「典範人物」在儒家道德裡所賦與的意義之外，也將檢視「典範人物」在《論語》和《荀子》裡的適用對象。以這個角色來詮釋《論語》中的「君子」確實有其畫龍點睛之妙，但它卻未必適用於《荀子》裡的「君子」，而可能另有所對。並且如果「典範人物」在《論語》和《荀子》裡與之對應的角色不同，其意義也可能因此發生改變，甚至可能因此失去它原本在修養和教化上應有的積極作用；本文將提出一種區分來處理這個問題。

本文分為三部份：第一部份說明柯雄文所使用之「典範人物」的來源與其在道德傳統中扮演的角色，並討論「典範人物」在道德修養和道德教化上之「啟發」與「作為模仿對象」兩種功能。第二部份將檢視柯雄文以「典範人物」詮釋《論語》之「君子」、並延伸其適用範圍至《荀子》的作法，在理論上可能發生什麼樣的問

題。最後，本文將《荀子》中的「聖人」區分為「無名之聖」與「具名之聖」，主張前者的意義基本符合《論語》中代表抽象理想的「聖人」，後者則切合「典範人物」之角色，並指出如此區分可以避免「典範人物」之兩重功能發生混淆而影響道德傳統的活力。

柯雄文詮釋的儒家，不僅在實質內容上包括《荀子》，在其個人一生的研究裡，《荀子》也佔了極為重要的份量。❶因此本文的討論暫以《論語》和《荀子》為題材範圍。

貳、道德傳統與「典範人物」的角色

「君子」這個議題在柯雄文畢生的儒家研究裡，可說自始至終都是核心。他從一九六〇年代就開始注意這個議題，❷此後許多研究都圍繞著這個核心。在他於二〇〇七年逝世之前，發表的主題又回到《論語》裡的「君子」。他這項研究不僅是為了詮釋儒家思想，也是為了廣泛地思考道德傳統之遞嬗與道德教化等問題。❸至於他以「典範人物」來詮釋「君子」，早在一九七八年出版的《道德創造力的面

---

❶　柯雄文發表的作品以英文為主，有關其《荀子》研究，參考王靈康，〈英語世界的荀子研究〉，《國立政治大學哲學學報》第十一期，2003 年 12 月，頁 1-38。

❷　「當我以一位西洋倫理學教授的身份開始嚴肅地研究中國思想時，我就被孔子對『君子』的想法所吸引。在一九六〇年代末期，孔子的此一想法，進而引發我更廣泛地研究典範人物在不同傳統中的角色、以及『君子』的角色在儒家倫理學中的意義。我認為孔子的『君子』觀念，將『典範人物』的觀念表陳為具體呈現傳統之精神與傳統之生命力的楷模〔……〕。」柯雄文著，劉若韶、王靈康譯，〈儒家倫理傳統的性質〉，《哲學雜誌》，17 期，1996 年 8 月，頁 138。該文先以中譯發表，修改增補之後成為 Antonio S. Cua, "The Confucian Tradition (*Tao-t'ung*)," Essay 12, *Moral Vision and Tradition: Essays in Chinese Ethics*, Washington D.C.: The Catholic University of America Press, 1998, pp. 225-266.

❸　「我在廣泛研究儒家的人性、禮、推理、論辯、儒家基本概念之結構、以及儒家哲學的知行合一等等議題之後，又回到了孔子對『君子』的看法。對我來說，這個看法對晚近德行倫理學之再起可以有所貢獻。更重要的是，此看法除了和道德哲學或規範倫理學目前的難處與議題有所關聯之外，它本身的義蘊更是舉足輕重。」見 A. S. Cua, "Virtues of *Junzi*," *Journal of Chinese Philosophy* 34:1, 2007, p. 137. 此外還有一篇主題相近的遺稿：A. S. Cua, "Ethical Exemplars: A Key to Understanding the *Analects* of Confucius," 2006.

向》一書就開始：❹他指出「典範人物」這個語詞原本是德國哲學家雅斯培（Karl Jaspers, 1883-1969）用來介紹蘇格拉底、耶穌、佛陀、孔子所使用的標題。❺在雅斯培的筆下，這四位在人類文明上的影響力無可比擬，因為「沒有人比這幾位更能夠以自己的一生來決定人類歷史的面貌」。❻

一、典範人物與傳統相互塑造

雅斯培此語並未具體說明「典範人物」為何能有如此深遠的影響，距離柯雄文要詮釋的儒家「君子」似乎也還很遠。不過在柯氏在《道德創造力的面向》裡，為道德哲學意義下的「典範人物」提出進一步的說法：

> 「人們的標準多半不是來自倫理學論述、甚至也不是來自聖典或格言，而是將真實人物的範例轉化為理想、並且身體力行。」若此說成立，那麼在某個意義下，我們可說有些人物是其他道德行動者實際行為的源頭。對於若干活的宗教，我們研究其創始人的一生，就可以瞭解這些人物在各自所屬的道德踐行傳統裡，是如何進入一般行動者生活當中的。❼

柯雄文如此補充「典範人物」在道德踐行傳統中的影響力、和它在道德哲學上的意義。麥肯泰爾（Alasdair McIntyre, 1929-）發表《追尋美德》一書後，柯氏則將其所說之「特性角色」的意義納入，再進一步闡釋「典範人物」。在麥肯泰爾的說法

❹ A. S. Cua, *Dimensions of Moral Creativity: Paradigms, Principles, and Ideals*, University Park, PA. : Pennsylvania State University Press, 1978. 以下稱為《道德創造力的面向》。在此之前他已有探討「典範人物」的專文：A. S. Cua, "Morality and the Paradigmatic Individuals," *American Philosophical Quarterly* 6:4, 1969, pp. 324-329.

❺ 柯雄文依據的是 Karl Jaspers, *Socrates, Buddha, Confucius, and Jesus: The Four Paradigmatic Individuals,* translated by Ralph Manheim, New York: Harvest Books, 1957.

❻ 前引書，p. 7.

❼ A. S. Cua, *Dimensions of Moral Creativity,* p. 35. 其中柯氏引用的是 Kai Nielsen 在 "Why Should I Be Moral?" 一文的說法，原始出處為：Paul Taylor, ed., *Problems of Moral Philosophy*, Belmont, Calif.: Wadsworth, 1967, p. 516.

裡，社會的成員可以分為「一般個人」、由「一般個人」所扮演的「社會角色」、以及「社會角色」當中格外醒目的「特性角色」。一個由「一般個人」扮演的「社會角色」，他所表達或預設的觀念、理論或學說，和扮演此角色之「一般個人」自己所相信的觀念、理論、或學說，可能會表裡不一；麥肯泰爾對此類情況所舉的例子是工會領袖和神職人員。在這種情況下，「一般個人」和「社會角色」之間就出現了不一致或者某種距離，因為此人真心相信的信念，和他所扮演之角色所表達和預設的信念是兩回事。但，「特性角色」就不會這樣了；其差別在於這種角色的意義是來自於外的，也就是說，它的意義是來自於大家看待它的方式、來自於大家如何藉著這種角色的特性來瞭解自己、評量自己。其他的「社會角色」，只需透過這角色之結構所屬的系統、以及透過這些系統與扮演該角色之個人所屬之系統間的關係，其意義就得以充分說明。可是，對「特性角色」來說這樣是不夠的，❽因為：

> 所謂「特性角色」乃是一文化之全體或重要部份的成員所關注的對象。眾人在文化和道德上的理想是來自於他。在這種情況下，他的角色和人格就得融合在一起，其社會性質和心理性質也必須疊合在一起。「特性角色」就是以這樣的方式在道德上為某種社會性存在的模式賦予正當地位。❾

以上是柯氏借用麥肯泰爾所說的「特性角色」來闡明「典範人物」對其道德傳統中其他成員的影響。至於「典範人物」與傳統之間的關係，則帶有「道德先鋒或改造者」的特質，❿並「以自己的方式將自己和傳統關聯起來，把傳統活進自己的生命裡；於是，他可說是和傳統相互塑造。」⓫如此看來，「典範人物」和他們所

---

❽ 本段說明採自 Alasdair McIntyre, *After Virtue: A Study in Moral Theory*, Notre Dame: University of Notre Dame Press, 1984, pp. 27-30. 其中「一般個人」原文作 individual，「社會角色」為 role，「特性角色」為 character。亦可參考 A. 麥金太爾著，宋繼傑譯，《追尋美德：倫理理論研究》（南京：譯林出版社，2003 年）；「特性角色」一詞之譯法即取自此版本。

❾ 柯雄文在 *Moral Vision and Tradition,* p. 241 引用這段，該文原始出處：Alasdair McIntyre, *After Virtue*, p. 29.

❿ A. S. Cua, *Dimensions of Moral Creativity*, p. 38.

⓫ 「相互塑造」原文 "transfiguration"，前引書，p. 37.

代表的傳統理想典範之間，關係似乎是若即若離，柯雄文是如此理解的：

> 典範，因為懸浮在抽象或理想的境域，因此可說是種象徵。典範，也可說是
> 種化身，因為它們找到了賦予其生命的落實之處。❷

懸浮的理想在「典範人物」身上找到了落實之處，所以「典範人物是理想和真
實世界之聯繫的例證，他們代表的是實現道德關懷的可能性。然而，他們既不是道
德的原型，也不是供人模仿的範式。」❸理想必須藉著「典範人物」方能落實；
「典範人物」則是因為實踐了理想，因此才跟同一傳統中其他道德行動者有所不
同。

二、典範人物的道德創造力

「典範人物」如何將理想與現實世界聯結在一起？這種將傳統內容活進自己生
命中、塑造自己也塑造傳統的「典範人物」，在什麼意義下也是道德傳統的改造先
鋒？原來，雅斯培介紹的四位「典範人物」，「他們自己抱持並且講傳之道德原
則，意義已經模糊，不足以提供行為的指引，因此需要加以詮釋方能回應時代的需
求。[⋯⋯]這些人具有道德領袖的獨特魅力和權威，可以感覺出他們獻身於某種使
命、並充分相信其使命之正當性，而且他們還能把這些特質在具體情境的踐行和磨
難當中展現出來。」❹這些人物對自己的傳統內容嫻熟、信仰堅定，並且能夠發現

---

❷ 前引書，p. 39.

❸ A. S. Cua, "Competence, Concern, and the Role of Paradigmatic Individuals (*Chün-tzu*) in Moral Education," *Philosophy East and West* 42:1, 1992, p. 57. 感謝本文審查人之一指出，此處「典範人物……，也不是供人模仿的範式」，與後文「典範人物」兼有「啟發」與「作為模仿對象」兩重功能的說法不一致，有必要加以說明。此處所強調的是「典範人物」能夠啟發其他人之道德創造力的這種積極功能。而「作為模仿對象」這一重功能，則是指「典範人物」憑藉其道德創造力將理想具體落實的行動或判斷，可以供其他人在遭遇相同或類似情境時作為自己的依據；在此意義下，可說是作為眾人仿效的對象，但對延續道德傳統之理想的活力而言，則並非積極主要的作用。

❹ A. S. Cua, *Dimensions of Moral Creativity*, p. 38.

道德實踐之具體問題所在，因此他們能夠察覺當下面臨的問題已非既有傳統所能有效解決。他們尋求解決的方式，是在傳統信念之下詮釋傳統，為之注入新的具體內容。

在柯雄文的想法裡，當傳統遇上必須詮釋才得以延續的關頭時，「典範人物」所展現的創造力在於產生判準。這又可分對內和對外兩方面來說：「他們的道德生活，對其傳統之內的人來講，是具體地展現出一套生活的判準；對不屬於同一道德傳統的人來說，則是向外人證成自己的道德判準。」❶「典範人物」的行為抉擇或道德判斷，在來自傳統內外的質疑與挑戰之下，他提出的答覆或辯護，若能成立並確實滿足當時的需求，則其意義與價值就能讓人明瞭並接受，而且可能匯入傳統傳至後代。

三、典範人物的兩種功能

「典範人物」在道德修養和教化上兼有「啟發」和「作為模仿對象」兩種功能，其中第二種功能還會讓他容易和另外一種角色混淆。在一個道德傳統裡，除「典範人物」外，還有一些人物也常常作為人們仿效的對象，我們且稱之為「樣板人物」（personal models）；❶這兩種角色的差別在本文所討論的詮釋架構中頗為重要。就此二者對一般道德行動者的作用而言，「典範人物」的主要作用是「啟發」，啟發道德創造力。但他也可能作為模仿對象，供人效法其言行或道德判斷，不過對道德傳統的活力而言，這只是次要功能。至於「樣板人物」的作用，則只是「作為模仿對象」，供人效法其言行或道德判斷。❶

---

❶　前引書，p. 40.

❶　前引書，p. 48. 此處 "personal models" 一詞原本大可譯作「楷模」、「榜樣」、「模範」，因為無論原文或中文，這幾個詞都含有作為眾人之正面示範的意涵。但是，本文將之譯作「樣板人物」，所要凸顯的是這類角色的示範作用一方面有可能流於盲目模仿、失去道德意義；另一方面，在道德修養和教化上更積極更重要的「啟發道德創造力」的功能，則非「樣板人物」所能勝任，仍須「典範人物」方能提供。

❶　柯雄文將「樣板人物」（personal models）和「典範人物」（paradigmatic individual）的不同，用「模仿的標準」（standard of aspiration）和「啟發的標準」（standard of inspiration）來區分；出處同前註。

「樣板人物」這種對象，有可能會造成大眾對某些人物盲目跟隨、一味模仿其言行，而忽略對道德判準的反思。並且，這種模仿是將「樣板人物」當作靜態的標的，而非將之視為道德創造力的代表。反觀「典範人物」，他對一般道德行動者來說，是個朝向理想前進中的動態角色，他提供的是方向，而非靜態的固定目標。所謂「啟發」作用，就是由「典範人物」激發我們自己的道德創造力，而其內容則是由我們自己決定，如雅斯培所言：「他們的思想內容不可能變成我們的，但他們思考的方式卻可以給我們方向。」⓲

這種「啟發」雖然重要，但如前所述，卻非「典範人物」唯一的作用，他也可能會像「樣板人物」那樣被人模仿。「典範人物」除了以其道德創造力啟發我們之外，他在具體情境需要下藉詮釋傳統而作出的決斷，也可以直接被眾人引為自己處在類似狀況下的行為指引；⓳不過這終究是「典範人物」的次要作用。

「典範人物」面對道德難題，無論是在種種既有的原則之間難以取捨、或是在某一原則之下不知哪種行動才算合宜，他都能夠憑著卓越的品德和智能作出妥當的決斷。這種成果對於眾人來說，除了可以在相同或類似的情境下直接模仿之外，更積極一層的意義，就是「典範人物」的表現可以激發眾人自己培養道德決斷所需的品德與智能。這種「啟發」的作用之所以比「作為模仿對象」更重要，還可能有另外一個理由，那就是：前人所遇過的情境固然可能再發生、也經常再發生，但人在歷史的路上永遠可能遭遇「法教之所不及，聞見之所未至」⓴的新情境或新事件。所以人們除了累積既有的行為指引之外，就道德傳統的延續與發展而言，比記取判例更重要的是培養道德決斷的能力。

然而，若我們不分辨清楚「典範人物」的主要作用是在於啟發道德創造力，則很可能會因為只直接擷取他們道德創造力的成果，而將他們變成了「樣板人物」。

⓲ 前引書，p. 40. 原始出處：Karl Jaspers, *Socrates, Buddha, Confucius, and Jesus: The Four Paradigmatic Individuals*, p. 96.

⓳ A. S. Cua, "Competence, Concern, and the Role of Paradigmatic Individuals (*Chün-tzu*) in Moral Education," *Philosophy East and West* 42:1, 1992, pp. 49-50.

⓴ 《荀子·儒效篇》語：見王先謙撰，沈嘯寰、王星賢點校，《荀子集解》（北京：中華書局，1997年），頁140。

也就是說，若我們分不清楚「典範人物」兩重功能之間的主從關係，則可能只偏重模仿靜態的道德榜樣，將道德修養和教化的目標只定在學習這些人物的言行，如此反而忽略了「典範人物」在永遠朝向抽象理想前進的路上有如路標的作用。

參、《論語》與《荀子》中的「典範人物」

在這一節本文將討論如何以抽象理想和「典範人物」的關係，來詮釋《論語》和《荀子》之「聖人」和「君子」的關係。首先，我們將檢視這種關係在兩部典籍裡是否都能適用。其次，上文提及「典範人物」在傳統中可以有兩重作用，但這兩重作用可能會發生混淆；我們在這節也將檢視《荀子》中是否會發生這種混淆。本文對《論語》和《荀子》的討論，主要目的在探討「聖人」和「君子」在道德傳統裡的作用，至於這兩個角色的實質內容則暫不在討論範圍之內。

《論語・述而篇》記載：「子曰：『聖人，吾不得而見之矣；得見君子者，斯可矣。』」朱熹對此註曰：「聖人，神明不測之號。君子，才德出眾之名。」[21]並且在孔子的說法裡，甚至連堯舜都還稱不上「聖」。[22]也有人因孔子多能而認為應當稱其為「聖」，[23]但孔子自己是不敢以此自居的。[24]

若我們順著柯雄文的詮釋，將《論語》中孔子所說可以得見的「君子」以「典

---

[21] 見朱熹，《四書章句集注》（北京：中華書局，2001年），頁99。

[22] 子貢曰：「如有博施於民而能濟眾，何如？可謂仁乎？」子曰：「何事於仁，必也聖乎！堯、舜其猶病諸！夫仁者，己欲立而立人，己欲達而達人。能近取譬，可謂仁之方也已。」《論語・雍也篇》見前引《四書章句集注》，頁91-92。朱熹在此的註釋說：「言此何止於仁？必也聖人能之乎？則雖堯舜之聖，其心猶有不足於此也。」在這裡的「堯舜之聖」似乎與「必也聖人能之乎」的「聖人」有所不同；同時，將歷史上的堯舜稱聖，似乎也與以「神明不測之號」來註釋「聖人，吾不得而見之矣」的想法有所不同。「不可得而見之」的「聖人」和此處朱熹所稱「堯舜之聖」的微妙差異，正是本文下一節希望探討的。

[23] 太宰問於子貢曰：「夫子聖者與？何其多能也？」子貢曰：「固天縱之將聖，又多能也。」子聞之，曰：「太宰知我乎！吾少也賤，故多能鄙事。君子多乎哉？不多也。」牢曰：「子云：『吾不試，故藝』。」《論語・子罕篇》前引書，頁110。

[24] 子曰：「若聖與仁，則吾豈敢？抑為之不厭，誨人不倦，則可謂云爾已矣！」公西華曰：「正唯弟子不能學也！」《論語・述而篇》前引書，頁101。

範人物」來理解，那麼不可得而見之的「聖人」，應該就可以代表「君子」所秉持的抽象理想。而孔子自己也可說是其所屬之道德傳統的「典範人物」。❷我們必須承認《論語》提供的論述實在有限，因此意義比較豐富的詮釋，都還需要藉著後世典籍裡的思想為之發展鋪陳才得以完成。或許這也印證了本文的主題，一個傳統之理想或原則，需要藉著「典範人物」的詮釋方能獲得豐富的具體內容。也許正因如此，雅斯培乃將孔子視為對人類文明影響最深的四位代表人物之一。

　　《荀子》裡也有「君子」和「聖人」，除了其內容較之《論語》所提者更為具體明確之外，意義也可能有些不同。大致說來，《荀子》主張「聖人」乃「人道之極」，所以是學習的最高目標；❷而學習的步驟，則是先從學作「士」開始循序漸進，最後以成為「聖人」作為終極目標。❷我們可以用〈儒效篇〉對「人」提出的四個等第，來闡釋其所主張之道德修養的四個階段：

> 以從俗為善，以貨財為寶，以養生為己至道，是民德也。行法至堅，不以私欲亂所聞，如是，則可謂勁士矣。行法至堅，好脩正其所聞以橋飾其情性，其言多當矣而未諭也，其行多當矣，而未安也，其知慮多當矣，而未周密也，上則能大其所隆，下則能開道不己若者，如是，則可謂篤厚君子矣。脩百王之法，若辨白黑；應當時之變，若數一二，行禮要節而安之，若生四

---

❷　感謝本文審查人之一指出「孔子是聖人或君子，須更深入討論」。但此處文意的確是指若將孔子視為儒家傳統之「典範人物」，則其應為「君子」而非「聖人」，這是依循《論語》中孔子自己所提「君子」與「聖人」之「可得而見」與「不可得而見」的區分而論。而儒家在《論語》之後的典籍，確實有將孔子等歷史人物稱「聖」的情形；本文下一節即對此進一步討論。本文將《荀子》中出現的「聖」區分為「具名之聖」與「無名之聖」，前者指傳統中的「典範人物」，後者仍指「抽象理想」。依《論語》裡孔子提出的區分，包括堯、舜以及孔子自己都還不算是「聖」。但在《論語》之後，儒家道德思想傳統已經逐漸發展，後代典籍作者對於貢獻卓著之「典範人物」以具名的方式稱其為「聖」，我們可以理解此為出自尊崇之意。但為避免混淆「抽象理想」與「典範人物」，故以「無名之聖」和「具名之聖」來區分其功能。

❷　「故天者，高之極也；地者，下之極也；無窮者，廣之極也；聖人者，人道之極也。故學者，固學為聖人也，非特學無方之民也。」《荀子‧禮論篇》，見《荀子集解》，頁357。

❷　「學惡乎始？惡乎終？曰：其數則始乎誦經，終乎讀禮；其義則始乎為士，終乎為聖人。真積力久則入。學至乎沒而後止也。」《荀子‧勸學篇》，前引書，頁11。

枝，要時立功之巧，若詔四時，平正和民之善，億萬之眾而摶若一人，如是，則可謂<u>聖人</u>矣。㉘

在這段裡以描述和期許並陳的方式，說明了道德修養進程可以分為四個等第。「民」、「士」、「君子」、「聖人」，分別代表的是：㈠順著欲望和眾人意見而行為的人；㈡謹守道德規範並嚴以律己，但尚無能力對規範進行反思的人；㈢謹守規範、反思規範，並自覺地以規範來改變自己的人，而其思想言行雖大致得當，但仍未臻完美；㈣對傳統極為熟稔，且在非常情境之下永遠應變自如，這可說是道德修養進程的極致境界、完美的理想。

上述這種區分，一方面保存了抽象的理想，另一方面增加了對各層次之「人」的實際描述。在《論語》裡，若順著本文討論的詮釋架構，我們只見到「君子」和「聖人」分別代表道德傳統裡的典範人物、和此傳統的抽象理想。若以同樣的架構來看《荀子》，則上引〈儒效篇〉的四個等級，可說進一步區分了道德修養的進程，且說明了最高理想之下三個等級各自的實況與展望。這個區分不僅分辨了理想和現實，而且鋪陳了從不明白道德規範、朝向能夠自己作出道德判斷之循序漸進的修養過程。其中對「民」的描繪，道出了這些人並非沒有自己重視的價值，不過他們重視的價值未經反思、也未必參照道德傳統的內容，可謂在思與學兩方面都欠缺，只是順著一般的習慣和個人的偏好作決定或下判斷；甚至或許可說，這樣的人其實還沒有加入或屬於任何一個特定的道德傳統。「士」，是受過教育且恪遵規範的人，他們學習了傳統的理想和規範，並且能夠力行。但是他們尚無能力對規範進行反思。「君子」也受過良好教育、也能實踐傳統理想，但是他們比「士」高明的地方，在於他能夠反思、能夠作出合宜的決定和判斷，但仍未能發皆中節。「聖人」則可說渾然天成，代表完美的抽象理想。如果我們以《論語》裡「聖人」的意義來理解《荀子·儒效篇》的這種「聖人」，那麼此處指的應該也是「不可得而見之」的完美的抽象理想，代表道德創造力的極致表現。

然而，若將柯雄文用於詮釋《論語》之「君子」和「聖人」的「典範人物」和

㉘　前引書，頁 129-130。

抽象理想，直接來詮釋《荀子》的「君子」和「聖人」，卻發生不能吻合的情況，理由有二：其一，是《荀子》裡除了上述之抽象完美的「聖人」之外，還有一種在歷史中實際存在的「聖人」；這些人物就其為實際人物而言，顯然不適合作為抽象的理想。第二個理由是：以上引文所見之「君子」，其智、其德、其功，顯然不能與「典範人物」等量齊觀。因此，以下本文將為《荀子》中的「聖人」提出一個區分，嘗試一方面保存《荀子》裡的抽象理想及其高度，一方面解決以「典範人物」詮釋《荀子》之「君子」的困難。

肆、「無名之聖」與「具名之聖」

柯雄文認為，在孔子之後的儒家思想裡，「聖人」已經成為一般道德行動者可能達致的修養目標，與《論語》說法已經有所不同。❷⁹如果「聖人」成為一般人可能達到的目標，那麼依柯氏的架構，它就不再是抽象理想，而可能只是「典範人物」或其他類型的楷模了。而且，如果孔子以後的儒家果如柯氏所言，將「聖人」視為可達到的目標，那麼這個道德傳統的抽象理想就可能和承載它的「典範人物」混為一談、抽象和具體混為一談、完美與有限混為一談。並且，如果具體的「典範人物」跟代表抽象理想的「聖人」混為一談，以致出現了「具體的聖人」，那麼在道德教化上，「具體的聖人」則可能因此著上完美的色彩，成為「具體而完美的聖人」。如此一來，「典範人物」原本具有之「啟發」和「作為模仿對象」的雙重功能，就可能順理成章地只剩下後者。至於啟發一般道德行動者培養道德創造力自己解決新問題的這個層面，則或許會被忽略，因為可能不再需要。

如此，延續這個傳統的詮釋性道德創造力就將面臨危機。因為假使我們已經擁有具體而完美的規範可供模仿遵循，就可以不再需要自己創造。可是在時間當中存在的人，永遠面臨著陌生狀況的挑戰；一個道德傳統的成員，如果因為認為傳統已

---

❷⁹　「孔子不同於孟子、荀子、以及宋明儒家，他並未將『聖』（sagehood）視為一般道德行動者可以實際達致的目標。」見 A. S. Cua, "Competence, Concern, and the Role of Paradigmatic Individuals (*Chün-tzu*) in Moral Education," *Philosophy East and West* 42:1, 1992, p. 56.

經提供了完美而易於遵守的規範，以致怯於嘗試、懶於思考，那麼這個道德傳統或許會因此失去活力。

　　柯雄文對儒家的觀察並非沒有根據。《荀子》裡就確實出現了一種角色，它在道德修養的進程中混淆了完美與不完美、混淆了抽象與具體、混淆了虛懸與現實，那就是《荀子》中屢屢出現在歷史中的「聖人」，❸諸如散見各篇的堯、舜、禹、仲尼、子弓。❸

　　為了處理這個問題，本文將嘗試把《荀子》提及的「聖人」區分為「無名之聖」與「具名之聖」。前者仍與《論語》中的「聖人」意義相仿，是虛懸的抽象理想，例如上文所引〈儒效篇〉修養四等級中的最高境界。後者則指在此道德傳統之歷史中曾發揮高度道德創造力的「典範人物」，例如孔子。

　　《荀子》裡的「具名之聖」，其事蹟在歷史中流傳，並且展現高明的道德創造力與貢獻。至於「無名之聖」，其智慧與成就均臻極致，但這個設想的境界沒有姓名、也不存在於歷史中。「無名之聖」的境界，應該也是堯、舜、禹、仲尼、子弓這些「具名之聖」所追求的。「具名之聖」受限於具體的時空，不可能完全符合抽象理想的條件。但是他們卓越的成就與出眾的能力，可以是「理想」的化身，他們的事蹟可以是「理想」在現實世界的安身之處；這也就是本文的主角「典範人物」。

　　《荀子》裡還有些理想性的境界，或許可以幫助說明道德創造力的抽象理想，例如：

---

❸　在《孟子》亦可說有此情形，例如《孟子·萬章篇·下》：「伯夷，聖之清者也；伊尹，聖之任者也；柳下惠，聖之和者也；孔子，聖之時者也。孔子之謂集大成。」見《四書章句集註》頁315。

❸　在《荀子》者例如：〈修身篇〉：「扁善之度：以治氣養生，則後彭祖；以修身自強，則配堯、禹。」《荀子集解》，頁21。〈榮辱篇〉：「堯、禹者，非生而具者也，夫起於變故，成乎修為，待盡而後備者也。」《荀子集解》，頁63。〈正論篇〉：「堯、舜至天下之善教化者也。南面而聽天下，生民之屬莫不振動從服以化順之。然而朱、象獨不化，是非堯、舜之過，朱、象之罪也。」《荀子集解》，頁336-337。〈非十二子篇〉：「在一大夫之位則一君不能獨畜，一國不能獨容，成名況乎諸侯，莫不願以為臣，是聖人之不得埶者也，仲尼、子弓是也。」《荀子集解》，頁96-97。

倚物怪變，所未嘗聞也，所未嘗見也，卒然起一方，則舉統類而應之，無所
儗怍，張法而度之，則晻然若合符節，是大儒者也。㉜

此處見到〈儒效篇〉提出的另一種區分，從「儒」這個道德傳統的角度，將人
分為俗人、俗儒、雅儒、大儒。㉝引文所敘述的是儒者的最高境界，或許也可以將
其理解為道德創造力的理想境界。以下這段也有類似意含：

其言有類，其行有禮，其舉事無悔，其持險應變曲當；與時遷徙，與世偃
仰，千舉萬變，其道一也，是大儒之稽也。㉞

這裡對於「大儒」的的說法，似乎也是敘述完美抽象的理想。將之與「聖人」
並觀，則可說是由不同角度來表達這個傳統最高的抽象理想。而在《荀子》所認識
的「儒」之傳承的歷史中，這個完美理想可以舉出仲尼、子弓作為「典範人物」。㉟
如果我們用「典範人物」來詮釋《荀子》中的「具名之聖」，那麼，《荀子》
中的「君子」又當如何理解？原本《論語》中的「君子」在柯雄文的詮釋下是「典
範人物」。到了《荀子》，本文認為「典範人物」應該是「具名之聖」；「君子」
雖也嘗試道德詮釋，因此高於僅能恪遵傳統規範的「士」，但是其成績也許只能說
是偶見佳作，不足以成為其道德傳統之創造力楷模，更遑論上文雅斯培所謂「把傳
統活進自己的生命裡」、「和傳統相互塑造」、「以自己的一生來決定人類歷史的
面貌」。因此在本文對《荀子》論人之等級的詮釋中，「君子」只是道德行動者當
中表現較為傑出者，而對於「典範人物」之名則須讓賢，將之歸於「具名之聖」。

㉜ 　《儒效篇》語，前引書，頁140。
㉝ 　前引書，頁138。
㉞ 　同前註。
㉟ 　仲尼、子弓這兩位「具名之聖」，在這段的脈絡裡可說是「無名大儒」理想之下的「具名大
　　儒」，因為就在這段引文之後緊接著是：「其窮也，俗儒笑之，其通也，英傑化之，嵬瑣逃之，
　　邪說畏之，眾人媿之。通則一天下，窮則獨立貴名，天不能死，地不能埋，桀、跖之世不能汙，
　　非大儒莫之能立，仲尼、子弓是也。」出處同前註。

伍、結論

在一個道德踐行的傳統裡，「典範人物」以詮釋固有理想或原則的方式，在特殊的具體情境中提出合宜的行為規範，展現其高度道德創造力，解決當下之道德疑難、並延續其所承繼之傳統。此種角色在道德修養和道德教化上的主要功能，是啟發一般行動者學習其道德創造力，其次要功能則是供一般行動者在正常情境下模仿其詮釋結果，將之作為行為規範或判斷依據。若以「典範人物」來理解《論語》中之「君子」，「聖人」則為「典範人物」所實踐之抽象理想。然而在《荀子》中，有些脈絡中的「聖人」似乎以歷史人物的身份落實於現實世界，但對於此傳統之抽象理想卻亦以「聖人」表達之。若將《荀子》中之「聖人」區分為「無名之聖」與「具名之聖」，以前者代表道德傳統之抽象理想，以後者代表該傳統之「典範人物」，則一方面可將此詮釋架構由《論語》順利延伸至《荀子》，另一方面則可避免「典範人物」因角色混淆而忽略其於道德修養與教化上積極的啟發作用。

參考文獻

期刊論文

Antonio S. Cua. (1969). "Morality and the Paradigmatic Individuals," *American Philosophical Quarterly* 6:4: 324-329.

Antonio S. Cua. (1992). "Competence, Concern, and the Role of Paradigmatic Individuals (*Chün-tzu*) in Moral Education," *Philosophy East and West* 42:1: 49-68.

Antonio S. Cua. (2007). "Virtues of *Junzi*,"*Journal of Chinese Philosophy* 34:1: 125-142.

專書

王先謙撰，沈嘯寰、王星賢點校（1997）。《荀子集解》，北京：中華書局。

朱熹撰（2001）。《四書章句集注》，北京：中華書局。

Antonio S. Cua (1978). *Dimensions of Moral Creativity: Paradigms, Principles, and Ideals*, University Park, PA.: Pennsylvania State University Press.

Antonio S. Cua (1998). *Moral Vision and Tradition: Essays in Chinese Ethics*,

Washington D.C.: The Catholic University of America Press.

Alasdair McIntyre (1984). *After Virtue: A Study in Moral Theory*, Notre Dame: University of Notre Dame Press.

Karl Jaspers (1957). *Socrates, Buddha, Confucius, and Jesus: The Four Paradigmatic Individuals*, trans., Ralph Manheim, New York: Harvest Books.

Paradigmatic Individuals, Sages, and *Junzi* in *the Analects and the Xunzi*

*Wang, Ling-Kang**

Abstract

Antonio S. Cua interprets the Confucian notion of *junzi* in terms of the role of "paradigmatic individuals," and understands "sagehood" as the abstract ideals of moral tradition. This role actualizes the abstract ideals it espouses, inspires moral creativity of peer practitioners in the tradition, and sometimes functions as model of deeds as well as moral judgments. This paper elucidates Cua's conception of this role, examines his extension of the scope of interpretation from *the Analects* to *the Xunzi,* and seeks to solve the possible difficulty of the extension.

Keywords: Paradigmatic Individuals,   Sages,   *Junzi,*   *the Analects,*   *the Xunzi*

*   Assistant Professor, Center for General Education and Core Curriculum, Tamkang University

漢語哲學在臺灣：
當代儒學與跨文化修養論的前景

何乏筆*

摘　要

　　本文對當代漢語哲學的探討從思考臺灣跨文化潛力出發。藉由臺灣在 20 世紀東亞歷史文化中的經歷，反思臺灣在日本、中國大陸及歐美三大影響力之下的特殊處境。對漢語哲學的跨文化潛力而言，臺灣的文化處境構成獨特的發展條件。筆者認為，關鍵在於，臺灣文化能否透過「中華文化」的去意識型態化及去國族化，展開後民族格局。此一可能性對漢語哲學在臺灣的發展是不得不思考的要素。第二節將討論批判理論與當代新儒家的跨文化關係。藉由歐洲批判理論（尤其是法蘭克福學派）對馬克思主義的反思，本文觸及中國馬克思主義與當代新儒家如何可能對話的問題。第三節將探討「新工夫論」（neue Asketik）與資本主義現代性的弔詭。筆者藉由韋伯、傅柯、斯洛特戴克等學者有關主體性與資本主義之關係的研究，展開儒學工夫論的跨文化視野。儒學工夫倫理的研究，在此一思考脈絡中可提供豐富的思想資源。第四節進一步探討能否透過前三節所探討的思考方向，建構跨文化修養論的共同問題。這方面「心學」與「氣學」的關係特別重要。此關係不僅代表兩岸二十世紀下半葉宋明儒學研究截然不同的切入點，另對儒學研究的跨文化發展具有關鍵意義。

關鍵詞：漢語哲學　跨文化研究　當代儒學　批判理論　修養論

---

*　中央研究院中國文哲研究所副研究員

壹、中華文化與民族認同

在 1919 年的五四運動中，中國皇朝崩潰與中華民國成立的效應在知識界強烈爆發，使得二十世紀漢語思想陷入傳統與現代、民族主義（包含反日情緒）與西化（民主、科學）的爭論中。然而，1949 年中華人民共和國成立，在思想上造成激化立場，對立分明，將冷戰的政治分裂意識型態強加在思想身上。冷戰的知識框架在海峽兩岸產生長久影響，直到今天依然如此。文化大革命結束後的改革開放（1979），以及臺灣的解嚴（1987）似乎使得意識型態的對立開始融冰，儼然因此奠基了療傷和溝通的歷史條件。但事實上，幾十年的交流互動仍無法撫平 1949 年的創傷。不可諱言，1949 對臺灣所產生的震撼一直沒有獲得充分的歷史清理，臺灣的文化創造力嚴重受損，甚至陷入癱瘓的危機。因為缺乏宏觀而深刻的文化意識與歷史意識，學術思想也很容易臣服於學術官僚的機制；如此創造力癱瘓的危機，卻被掩蓋於不得不適應全球知識經濟之形式程序的理由之下。從臺灣的「文化」意義反省 1949 年，即在於試圖從此文化癱瘓中尋求解套的可能。至少楊儒賓在〈一九四九的禮讚〉一文中的呼喚可做如是解。

他說：「隨著中國與東方在新世界秩序中的興起，臺灣會在歷史的新巨流中扮演更重要的角色的，這樣的歷史目的論不是玄想，而是臺灣人民很謙卑的一種祈求。因為經由血淚證成的創造性轉化，中國與東亞不必然再是臺灣外部的打壓力量，它們反而是臺灣內部創造力的泉源。我們不因懷舊而回首，我們的回首是為了迎向未來，回顧的雙眼與前瞻的雙眼是同樣的一對眼睛。歷史會證明：1949 是個奇妙的數字，臺灣人民將它從苦痛的記憶轉化為傲人的記號。」❶歷史或許可以拿來證明各種事項，只是通常不會證明某些熱誠知識份子對它的期待。或者說，提倡中華文化的學者在解嚴後從未充分反省過，威權政治與文化教育的共謀關係，從未充分思考過為什麼反而造成許多學生對中華文化深表反感，不僅視之為陳腔濫調，甚至記憶中將之等同於規訓與懲罰。在反省歷史的意願與能力嚴重不足的情況下，將回顧化為創造泉源的條件從何而來？

---

❶　楊儒賓，〈一九四九的禮讚〉，《思想》，第 12 期，頁 85。

　　眾所周知，在 1945 年後東亞與歐洲的歷史意識大為不同。兩個德國在 1949 年成立以來，被強烈的歷史意識及歷史責任感所銘刻。無論是西德在二戰後的經濟發展或德國的統一，都以西德參與推動歐盟的興起為先決條件。而且，歐盟的發展最初的形成動機即是慘痛的歷史意識，將來如何能夠避免再發生如同兩次世界大戰之災難。在民族認同（national identity）之外形成後民族式的歐洲認同，其艱難當然反應在跨國機構之建立，以及歐洲憲法的爭論上，也反應在文化與學術層面上。比如說，直到 1990 年代法國與德國哲學家的關係顯現嚴重的溝通障礙及難以化解的誤會。這些困難在很高程度上可歸結於不同的歷史文化經驗：在 1929 年出生的德國哲學家哈伯瑪斯（Jürgen Habermas）對法國的後結構主義或「後現代」思想家的嚴厲批判，都離不開尼采和海德格與德國「國家社會主義」的糾結。直到出生於 1945 年以後，甚至 1960 年代的批判理論思想家才出現一種透過當代法國思想，重新解讀這些具爭議性思想家的可能（如 Axel Honneth、Rainer Forst、Martin Saar 等）。在過去六十多年來，歐洲學者致力於徹底探索民族主義與極權專制的根源，藉以思索和解的條件。在二戰後的東亞，面對歷史的努力卻比較薄弱，未曾進入後民族的動態發展。

　　因為臺灣特殊的地理條件，以及二十世紀歷史經驗的複雜性，此一島嶼或許在東亞和解的歷程中，尤其在兩岸與日本的關係上，將會扮演或可能扮演重要的角色。為此，必須思考中國大陸的、日本的和歐美在二十世紀的三大影響勢力，如何能理解為既緊張又互補的歷史力量。若無法承認三者既緊張又互補的複雜結構，「新臺灣」很可能將停留於玄想。

　　筆者將從人文科學的，尤其是哲學的角度，粗略思考將外部的打壓力量轉換成內部創造力的觀點。今天，臺灣學術工作的衡量標準尤其以英美學術界為主要參照，評鑑時英語的出版比中文著作更受重視。這當然反應全球知識生產中的權力結構，其中臺灣不僅很難與西方學術界競爭，似乎也逐漸落後中國大陸的研究動脈。大陸學者的問題視域反應出，中國在全球文化體系中的重要性不斷地增長，此乃迫使大陸學者必須以全球的視野思考當代問題。大陸學者的研究，具有串連對當代問題意識與中國傳統資源的傾向。因而，長久被打壓或被看成過時的中華文化，顯然成為被忽視已久的巨擘。

　　如果當今中國大陸的「國學熱」與民族主義相連接，那麼在臺灣，本土意識與民族主義的增強，以及相關的「去中國化」傾向，似乎嚴重阻礙中華文化在臺灣成為創造力的內部資源。不過，此解讀或許過於淺薄。從今天的角度來看，擺脫大中華民族主義，可視為中華文化可能成為創造力資源的重要條件（過去為了對抗文化大革命的反傳統而宣揚「中華文化復興運動」，仍意圖維護民族主義與中華文化的緊密關係，但其在臺灣所造成的反效果歷歷可證）。筆者認為，中華文化在臺灣的「去意識型態化」與「去民族主義化」，有助於中華文化的創造性轉化，使中華文化、日本文化與歐美文化成為臺灣文化的共同資源。文化上的去中國化相對化了國民政府因抗戰經驗而帶到臺灣的反日立場，凸顯了不同族群的衝突緊張，不同的聲音浮上枱面：有人譴責「本省人」美化日本帝國主義對臺灣的侵略，有人譴責「外省人」輕視戒嚴（1949-1987）及白色恐怖的慘痛經驗。

　　此情形顯示，以不同歷史經驗為背景的世界觀，仍然處在難以和解的對立之中。從某些面向來看，1949 對臺灣而言，或許代表著與五十年之久的日本殖民時期之斷層。但實際上可以觀察到，在 1945 年前出生的老臺灣人身上，仍有許多對日本文化的記憶續存於日常生活之中。此外，對日本思想史的關注，無論是日本儒學、京都學派、日本學者對東亞現代性的反思，或對曾經以日文書寫的臺灣作家的研究都顯示，日本文化在 1949 年以後仍然是臺灣文化的一部份。臺灣的文化意識避開了文化大革命以暴力反傳統，又能透過去中國化，減輕中華文化成為民族主義意識型態的危險，對日治時期的探討也逐漸得出比較符合歷史複雜性的理解。另外，臺灣也少見強烈的反西方或反美情緒，而更是以一種開放的學習甚至模仿態度看待西方。

　　就筆者而言，中國、日本和西方影響之組合的變化狀態，以及這三種主要文化資源的複雜關係構成當代臺灣「主體性」的多元面貌及其內部的創造力資源。此創造力乃依據這三種資源的緊張與互補關係，而若其中的一種侵吞其他兩者，創造力便會受損減弱；此外，毫無互動的共存，或意識型態的分裂和敵意也不利於創造力的開發。楊儒賓指出：「在文化意義上，臺灣比任何華文地區更代表漢文化，因為漢

文化在這裡是生活中的有機成分，它仍在欣欣不已的創造。」❷問題是，此觀點是否已將三個資源的輕重過度地向中國的資源移動。儘管可能有此質疑，筆者仍然認為，臺灣跨文化潛力的重要發展條件乃是去意識型態化的、去國族主義化的「漢文化」（亦即以中國文字為核心的漢字文化）。漢語在學術與文學方面的特殊潛力接著而來。因為現代漢語至少間接地延續著古漢語，並且藉由通過日文或西方語文的翻譯，已形成了跨語言的性質，現代漢語似乎特別適合於讓三種文化資源產生活生生的關係，並使之開顯獨特的文化創造性。

換言之，跨文化思考突破異己分明、血統純正的民族主義意識形態，讓思想觸及哈伯瑪斯所謂「後民族組構」（postnationale Konstellation）。臆想以過去民族主義與國家文化融為一體的思維模式，不可能和平地解決海峽兩岸的問題。因此，中華文化能否展開後民族格局對當代東亞而言，是極為迫切的課題。的確，臺灣擺脫中華民族主義的同時，又陷入了臺灣民族主義的悲情與挫折。然而，倘若轉換思維，以既非中華民族主義，亦非臺灣民族主義的角度思考問題呢？這樣的可能似乎在艱難的政治與文化情境中萌生，促使另類思維與嶄新的文化想像。

貳、跨文化組構：批判理論與現代儒學

1949 年以後，在文化和學術方面，中華人民共和國與中華民國在臺灣的複雜關係強烈顯現在如何對待前現代中華文化之態度上，尤其在面對儒家傳統上。一方面，中國共產黨將近三十年提倡反傳統主義，在文化大革命的時候，爆發破壞一切傳統的暴力運動。然改革開放不僅帶來了對西方學術的開放，另也伴隨著對儒家的重建評估。雖然馬克思主義與社會主義作為國家基礎的主張從未被官方放棄，但重新肯定儒家的方向也大體上獲得共產黨的支持。另一邊，自 1949 年以後中華民國在臺灣，努力於營造繼承中華文化的形象，維護在中國大陸被破壞或遺忘的文化遺

---

❷　楊儒賓，〈一九四九的禮讚〉，頁 84。

產——臺北的國立故宮博物院則成為了正當化此一政治訴求的主要象徵。❸在哲學思想方面，當代新儒家的著作表現相似的訴求。雖然當代新儒家在臺灣和香港所提倡的文化民族主義，在臺灣的民主化過程中逐漸失色。牟宗三直到辭世之際（1995年），凸顯中華民國對中國文化之遺產的責任，以批評臺灣獨立的傾向。對他而言，中華文化的曲折性延續不僅意味著現代儒家的可能性，另也指涉「以自由民主統一中國」❹的希望。自從 1980 年代初期，牟氏有關兩岸關係及臺灣認同所撰寫的一系列小文章，尤其是報章雜誌的文章，主張中國的未來奠基在儒家與自由主義的關連上：馬克思主義當然被排除在外。❺ 1959 年所發表的新儒家宣言已清楚地勾勒出此一角度，連接對現代儒家及其曲折路線的認同與吸收民主科學的必要。❻當今，此趨向在中國大陸的知識份子中也獲得重視，被看成將在儒家與馬克思主義的融通以外，提供另一種出路。無論設想推動儒家與自由主義的結合或儒家與馬克思主義的結合，這兩種組合都促使儒家對中國未來的發展產生重大意義。

此處筆者並不預想兩岸關係的政治發展，反而擬初步探討當代新儒家與馬克思主義如何溝通，以及相關的哲學問題。可確定的是，如果牟宗三在世必定強烈反對這樣的思考方向，但在筆者看來，此乃是為了避開直到今天仍舊銘刻在當代新儒家身上的意識型態對立：此對立已成為當代新儒家或更廣泛的來說，現代儒學的障礙。❼為此，必須擺脫當代新儒家等同保守意識型態的狹隘傾向。在筆者看來，凸顯當代新儒家的跨文化色彩和潛力乃是產生這種效果的首要途徑。如此便試圖擺脫

---

❸　經過近期大規模整修工程，臺北故宮博物院才徹底的被去政治化。在此過程中，不僅撤除蔣介石在博物館內部和外部的銅像，另在博物館的核心空間所設的孫中山銅像，以及圍繞著銅像的青銅器也被移除。

❹　牟宗三，《牟宗三先生全集》，第 24 冊（《時代與感受續編》），頁 366。

❺　在一場演講中，牟宗三以浮淺及思辨能力不足解釋中國知識份子對馬克思主義的接受，並認為問題可回溯到明末清初的歷史情境。參閱牟宗三，《牟宗三先生全集》，第 24 冊（《時代與感受續編》），頁 304。

❻　參閱何乏筆（Fabian Heubel），〈跨文化批判與中國現代性的哲學反思〉，《文化研究》，第八期，2009 年春季，頁 125-147。

❼　自從 1930 年代，牟宗三保持著強烈的政治意識，思考中國農村問題，而在這方面與梁漱溟發生激烈爭論。參閱彭國翔，〈牟宗三早年對中國農村問題的研究〉，《清華學報》，新三十六卷，第一期（2006 年 6 月）頁 135-195。

中、西哲學的間文化差異，以積極開闢現代漢語哲學的當代潛力。同時也要試圖藉由當代歐美思想，尤其是批判理論，提出為何要深入研究二十世紀新儒家的充分理由，避免使有關中國現代性的理論探索集中在中國馬克思主義的發展上，也避免判定當代新儒家在政治上是天真的，在理論上是不足的，並且容易被意識型態所利用。❸對筆者而言，批判理論與當代新儒家之間的哲學交鋒，不得不包含有關中國馬克思主義與當代新儒家之關係的討論，因為中國馬克思主義直接的或間接的涉及馬克思的政治經濟批判，亦即現代批判理論的主要典範。

「改革開放」以來，中國知識分子對法蘭克福學派批判理論的接受歷程顯示，之所以能在中國發揮作用，其歷史條件與中國馬克斯主義告別革命有著密不可分的關係：「批判理論就是放棄信仰革命可能性的馬克斯主義代名詞。」❾在法蘭克福社會研究所於 1923 年成立的歷史情境中，俄國共產革命的極權傾向與西歐保守革命（法西斯主義）的極權潛力，已成為馬克思主義學者無法迴避的問題。在 1930 年代，形成無產階級、社會主義與國家社會主義的關係，使得社會主義的概念，在批判理論思想者眼裡，嚴重失去可信度。因此，法蘭克福學派的理論家在「跨學科唯物論」（interdisziplinärer Materialismus）的框架之下，尋找「批判性社會主義」的發展契機，並堅定地反駁馬克斯主義的極權傾向。❿這引起了將政治經濟批判擴展到探討「有關社會的經濟生活、個體的心理發展，及狹義文化領域之變化的關連性問題」⓫。藉此，霍克海默（Max Horkheimer）擺脫經濟主義與唯物史觀的封閉框架。然在 1960 年代，批判理論代表與學生運動發生爭論衝突，反應了此一「革命運動」在

---

❸ 參閱 Alain Badiou, *L'hypothése communiste*, Éditions lignes, 2009, pp.87-133; Slavoj Žižek, "Introduction: Mao Tse-Tung, the Marxist lord of misrule", in *Mao on Practice and Contradiction*, London: Verso, 2007, pp.1-28.

❾ Peter Sloterdijk, *Du mußt dein Leben ändern*, Frankfurt am Main: Suhrkamp, 2009, p.282.

❿ 參閱 Gunzelin Schmid Noerr, "Vollendete Negativität als Spiegelschrift der Erlösung: Über den kritischen Sozialismus der Frankfurter Schule," in Gunzelin Schmid Noerr, *Gesten aus Begriffen, Konstellationen der Kritischen Theorie*, Frankfurt am Main: Fischer, 1997, pp.89-115.

⓫ Max Horkheimer, "Die gegenwärtige Lage der Sozialphilosophie und die Aufgaben eines Instituts für Sozialforschung," in Max Horkheimer, *Gesammelte Schriften*, vol.3, Frankfurt am Main: Fischer, 1988, p.32.

霍克海默與阿多諾（Theodor Adonor）身上碰觸了創傷記憶，因為這使得他們憶起法西斯主義的運動性質。

在中國，毛澤東所推動的文化大革命，以及「不斷革命論」的殘酷實現，弔詭地瓦解對革命的信仰，促進了告別革命的趨勢（當時許多「68」學運的參與者對毛澤東和文化大革命表現熱烈崇拜，甚者，一代歐洲漢學家，因為被中國馬克思主義所吸引，而開始投入中國研究）。在此背景下，法蘭克福學派與港臺新儒家於 1980 年代同時引起廣泛的重視。這似乎早已構作了批判理論與新儒家可溝通的歷史條件。但實際上，此溝通並沒有發生。在 1980 年代末以來，中國大陸的儒學研究走出辯證唯物主義的思想框架（在 1949 年之後，此框架由張岱年、侯外廬等學者所建立），不再以唯心論、唯物論之類的概念作為詮釋儒家思想的主軸；此外，批判性知識分子擺脫了馬列主義的意識籠罩，卻不將儒學看成當代中國之批判分析的思想資源。由此可知，馬克思主義的儒學研究不易作為批判理論與當代新儒家的溝通管道（溝通的可能恐怕必須回溯到康德的批判概念，以及對康德式批判哲學的批判，才能找出共同的問題基礎）。

上述的情形觸及一種理論困境：直到今天，此情形深刻影響中華人民共和國與中華民國在臺灣的學術對話，因為涉及中國馬克思主義與當代新儒家之對立在歷史、政治和文化方面的深層結構和構成條件。批判理論與當代新儒家在理論上交流的可能性與不可能性，要求對此意識型態分裂的進一步反思：若不理解此分裂，中國在二十世紀的現代化及其災難性面貌也難以理解。面對中國現代化的弔詭與內部分裂，筆者的切入方式不是史學的、政治學的或社會學的，更試圖由文化哲學的角度關注一種「文化現象」，認為此現象對理解中國現代性極其重要，甚至構成中國現代性的「歷史先驗」（historical a priori）：此現象乃是主體的修養能力。

中華文化向西方學習的能力與儒家修養傳統的關係涉及中國現代化的深層思考。然而，當代新儒家對成聖的可能、內聖外王、或內修外修的強調，以及對本體論、工夫論和境界論的強調如何賦予當代哲學定位，仍然是難以回答的問題。雖然，筆者認為內在超越性的主題可當作當代儒學與批判理論之間的橋樑，當代儒學的修養哲學與哈伯瑪斯所謂「現代的哲學話語」顯得格格不入。換言之，筆者希望逐漸彌補當代儒學與當代歐洲哲學（尤其是批判理論）之間的鴻溝，但的確發現，與歐洲學者探討相關問題之時，不僅面臨對儒學（無論是古代或當代）的漠視，筆者也

必須承認自己還在尋找恰當的互動模式和交往的語彙。無論如何，面對西學的挑戰，以及現代轉化的強制性要求時，當代儒學有關修養論的探討試圖在現代條件之下重新樹立儒家的學習態度，並給予新的理論基礎。⓬

儒家的現代轉化還充滿許多不確定因素。在上述所描寫的情況下，筆者認為擺脫當代新儒家在修養論方面的唯心論窄化，並展開與中國馬克思主義的對話，乃是值得努力的方向。在這方面，探討心性論與儒學氣論的關係乃是重要的理論任務。⓭不過，筆者對當代新儒家未來發展的期待，並非要全盤否定過去所獲得的理論突破，尤其使得現代漢語思想進入跨文化動態的發展階段。在今天看來此突破顯得為重要的理論資源，但卻一再面臨陷入文化民族主義的陷阱。基於此，筆者對修養工夫的反思一方面要凸顯當代儒學的跨文化潛力，另一方面要避開心性論與中華文化民族主義所產生的共謀關係。

參、新工夫論與資本主義現代性的弔詭

馬克思的政治經濟批判以分析經濟因素（資本、勞動）、政治因素（國家、國際關係）及社會因素（家庭、階級）為焦點，卻忽略了主體因素。資本主義現代性的主體經濟（subjektive Ökonomie），在韋伯（Max Weber）宗教社會學探討基督工夫（christliche Askese）與資本主義精神中，成為研究焦點。接著，晚期傅柯進一步發展「工夫」（ascèse）的現代概念：傅柯（Michel Foucault）使之從工業時代及其紀律式工作倫理中

⓬ 熊十力對《大學》的解釋深刻影響了筆者對批判理論與新儒家之呼應的反思。熊十力指出：「八條目雖似平說。其實，以修身為本。君子尊其身，而內外交修。格致誠正，內修之目也。齊治平，外修之目也。家國天下，皆吾一身。故齊治平，皆修身之事。小人不知其身之大而無外也。則私其七尺以為身。而內外交修之功，皆其所廢而弗講。聖學亡。人道熄矣。向來說經者，似謂八條目只就君相言。庶人便無治平之事。此乃大誤。庶民不獨直接參預國政。而每一人之身，在其國為國民，同時，即在天下，為天下之人。〔即與全人類為一體。〕其精神與思想、言論、行事，皆有影響於天下。故治國、平天下、皆庶民所有事。」《讀經示要》（臺北：明文書局，1984 年），頁 199-200。

⓭ 可參閱楊儒賓在臺灣所開展的氣論與工夫論的研究。楊儒賓、祝平次編，《儒學的氣論與工夫論》（臺北市：臺灣大學出版中心，2005 年）。

解放出來，開拓了去精神化的創意工夫，使得新工夫論與新自由主義的創造性形勢產生複雜的呼應關係。❹傅柯促進了後基督宗教工夫論的萌生，並展開「自我技術之一般歷史」的研究方向。

　　一旦將傅柯新工夫的構想及其對自我技術在歐洲歷史的興趣，回溯到知識考古學與權力系譜學的理論脈絡，則能理解，他對知識的機制、權力的技術和工夫倫理的分析，在相當程度上促進資本主義現代性及其弔詭在個人層面的分析。❺諸種工夫與引導工夫實踐的知識機制和權力的運作緊密相關（權力的運作不僅牽涉到自我對自我的工作，另也涉及與他人的關係網絡，以及人與外在自然的關係：三者構成主體的結構）。資本主義現代性如同韋伯所描述的，首先促使「禁欲」的紀律工夫與工作倫理的接合，所謂修士工夫的世俗化（Säkularisierung der Mönchsaskese）。自 1970-80 年代以來，紀律不再是資本主義的主導價值，而跟著創意資本主義的發展，韋伯式的工夫模式雖然失去其典範地位，但工夫的重要性並非因此而消解。其乃經過去精神化及去紀律化的轉化，由此一方面反應出 1968 年學運打破紀律精神之訴求，另一方面，以創意生活為自由解放的主張，順利地被容納到資本主義的嶄新管理機制之中，並喪失了批判的力度。由此觀之，工夫的主題將提供一種從主體的角度切入當代資本主義弔詭的可能。❻因此，傅柯在研究古希臘、羅馬哲學及其自我技術之前，進行了對新自

---

❹　參閱何乏筆，〈內在超越重探──韋伯論「基督工夫」與資本主義精神的創造轉化〉。劉述先、林月惠主編《當代儒學與西方文化：宗教篇》（臺北市：中央研究院中國文哲研究所，2005年），頁 91-124。

❺　參閱 Axel Honneth (ed.), *Befreiung aus der Mündigkeit Paradoxien des gegenwärtigen Kapitalismus*, Frankfurt/New York: Campus, 2002; Axel Honneth, "Frei, aber abhängig: Zu den Paradoxien des Kapitalismus und der Zukunft des Instituts für Sozialforschung" (Gespräch mit Ulrike Jaspers), in Basaure/ Reemtsma/ Willig (eds.), *Erneuerung der Kritik, Axel Honneth in Gespräch*, Frankfurt/ New York: Campus, 2009, pp.39-47.

❻　參閱 Boltanski/Chiapello, *Le nouvel esprit de capitalisme*, Paris: Gallimard, 1999; Dardot/Laval, *La nouvelle raison du monde, Essai sur la société néoliberale*, Paris: La Découverte, 2009, S.420; Richard Sennett, *The Corrosion of Character, The Personal Consequences of Work in the New Capitalism*, New York: W.W. Norton, 1998; Richard Sennet, *The Culture of the New Capitalism*, New Haven: Yale University Press, 2005.

由主義的詳細分析，乃是特別值得注意的情形。**⑰**如此可清楚理解，生存美學與工夫倫理的連接，從質問對新自由主義治理性及其主體經濟的內在批判如何可能出發。

　　傅柯探討非宗教的、非壓抑的新工夫，以及自我技術一般歷史的傾向，被斯洛特戴克（Peter Sloterdijk）進一步推展：他要開拓「普遍的練習和工夫理論」。**⑱**此處，筆者僅提及斯洛特戴克《你必須改變你的生活》一書在「現代性的操練」（Exerzitien der Moderne）一章節中有關中國崛起的討論，特別強調「練習」（Übung）的重要性，因而觸及有關儒學工夫論及其當代意義的反思。斯洛特戴克指出：「如今，著重練習的四小龍已經跟上了，而在西方現代主義仍然對模仿和模擬持著傲慢藐視態度之際，世界各地的新競爭者，以最古老的學習原則作為自己成就的基礎。此一原則對中國，此一古老的著重練習的強權，所產生的助力，西方人可能必須等到新全球大權的孔子學院，滲透到地球各個角落後，才能有所理解。」**⑲**

　　引文的觀點顯然離不開文化競爭的框架，其中學習他文化總是以己文化的轉化和自強為目標。依此，學習態度和練習能力便是中國現代化的基本條件之一。斯洛特戴克針對有關孔子學院的說法，與其說是針對目前面臨許多困難的現實機構，不如說是針對中國重新肯定孔子的象徵意義而說的。在斯洛特戴克看來，對孔子的重新肯定等於「新的文化革命」**⑳**。此發展所引起的問題，不僅在於文化大革命對傳統的暴力破壞是否以極為辯證的方式，促進了儒家文化的復興，更是牽涉到文化大革命與儒家復興的複雜關係將如何影響中國的未來發展。

　　嚴格來說，「儒家文化革命」的說法僅是修辭學的表達，其能確切地呈現儒家在二十世紀的處境，即徘徊在破壞與再生之間的弔詭狀態，但基本上違背儒學的文化性質。儒家要求人們不斷進行練習與自我轉化，但在文化上從未提倡與傳統徹底斷裂的革命態度。儒學的現代命運也不例外。自從康有為《孔子改制考》以來，中

---

⑰　Michel Foucault, *Naissance de la biopolitique, Cours au Collège de France. 1978-1979*, Paris: Seuil/Gallimard, 2004.

⑱　Sloterdijk, *Du mußt dein Leben ändern*, p.210.

⑲　Sloterdijk, *Du mußt dein Leben ändern*, p.526.

⑳　Sloterdijk, *Du mußt dein Leben ändern*, p.526.

國的知識份子試著調和儒家與中國現代性的緊張關係。同樣地 1958 年的新儒家宣言已預測了儒家文化具有改革的必要，一方面放棄頑固的傳統主義，另一方面凸顯向西方學習的重要性：無論針對中國傳統或針對西方現代性，當代儒學避免採取一面倒肯定或否定的立場。

「學而時習之」是《論語》的第一句話，而王夫之的註解中提及：「故君子之學，有終生焉耳」❹。廣泛地來說，不斷學習和自我轉化的原則，不僅使得中國參與軸心時期的早期啟蒙階段，另也伴隨著中國兩段巨大的學習歷程，亦即與印度文化的交鋒（佛教的接受），以及與歐美文化的交鋒。兩者都造成了結構性的衝擊和轉折。儒家學習觀念能朝向一種系統性的與理論化的工夫論而發展，顯然與宋明儒學回應佛學挑戰息息相關。面對佛學的挑戰，儒學以長達幾百年的自我轉化過程來回應，並形成不同的、互相競爭和互相批評的學派。然而，所有的學派都承認「工夫」的重要性，並試圖藉此延伸社會政治的學說。宋明儒學對佛教的回應，在朱熹的思想體系中，獲得最完整的呈現：此體系在西方帝國主義的暴力之下才徹底崩潰。當代新儒家對宋明儒學的濃厚關注讓人設想，宋明儒學在未來有關中國現代性的哲學反思中，也應會扮演重要角色。尤其，在面對中國現代性與資本主義的關係問題時，對儒家工夫論及其多樣面貌的理解，將有助於探討資本主義現代性在中國的主體向度。關鍵在於，不能受限於類似基督宗教工作倫理及其紀律傾向的儒家版本，更要注意新工夫論與資本主義發展的複雜關係在儒家工夫論的現代轉化中，如何可獲得批判性的呼應。

肆、建構跨文化修養論的共同問題

資本主義對生活方式的徹底經濟化在主體性方面產生了深層結構的改變。此一改變應如何反應在修養論，以及在工夫實踐的探索之中，這是否就是當代修養論所面臨的一個跨文化問題？顯然提問的方式充滿當代歐洲哲學對自我修養所展開的研究方向，因為就當代儒學而言，不僅意味著主體性並非超越歷史而具有歷史性，更

---

❹　王夫之，《船山全書》（長沙：嶽麓書社：1990 年），冊 7，頁 246。

是涉及資本主義經濟所引發的生活方式，必須當作思考修養論的關鍵因素。在筆者看來，歐洲思想有關工夫論與現代性的討論（如尼采的《查拉圖司特拉如是說》和《道德系譜學》、韋伯的《新教倫理與資本主義精神》、阿多諾的《最低限道德》、哈道特的《精神練習》、傅柯《性特質史》第二至第三卷和晚期的法蘭西學院課程、斯洛特戴克《你必須改變你的生活》等），都試圖面對資本主義在主體性上所產生的深層變化。同時這些著作都涉及後基督宗教工夫論如何可能的問題。例如，傅柯對「欲望人」的分析，以及對「諸種生存美學與自我技術之漫長歷史」的思索（參閱《性特質史》第二卷的導論），明顯地展現出哲學的努力，要透過當代與古代的連接，去除基督宗教的束縛。在開拓修養工夫的當代可能方面，傅柯所獲得的理論突破特別顯著。但不容質疑，他脫離不了古代－基督宗教－現代性的三元架構。他充分掌握了工夫與資本主義在二十世紀歷史發展中所產生的深層革新，因而明確超出韋伯的思考範圍，不再停留於工業社會之紀律與規訓狀態的研究。然因為歐洲中心主義的狹窄眼光，他在後基督宗教工夫論的發展上，遇到無法克服的困難。換言之，在一種以革命的方式突破新自由資本主義不再可能或不再可期待的情況之下，傅柯和斯洛特戴克對現代工夫論的思考，無法提供改革的方向。對筆者而言，這樣的改革方向已萌生在當代漢語思想之中。這乃構成對主體性的探討必須涉及中國修養傳統的研究，及其在二十世紀漢語思想中所發生的轉化。如此，漢語思想不僅被視為探索中國現代性的切入點，不僅是提供解讀與重構中國古典文獻的角度，更是被看成研究主體性及其跨文化弔詭的重要場所。

問題是，當代新儒學在修養工夫方面的探討如何與上述的問題脈絡相連接？韋伯的宗教社會學構成重要的樞紐。過去有關儒家與現代性研究相當重視韋伯的宗教社會學，但不贊成他對儒家的負面評斷。相關研究特別強調，新教工作倫理與儒家工作倫理之相似性。於是，基督宗教與儒家的比較在儒學工夫論之現代轉化方面展開新的思想方向，但因為仍然過於著重基督宗教的脈絡，而顯得不足。相關的研究似乎順著某種東亞知識份子對西方挑戰的反射性回應，即要證明在歐洲文化存在的任何因素，在中國也曾經出現過，至少已存在其萌芽。因此，儒家與基督宗教的相似處，亦即儒家的宗教性特別被凸顯。但以工夫－資本主義－儒家的組合，取代工夫－資本主義－基督宗教的韋伯框架，還是集中在基督宗教與儒家的關係上，只強

調儒家的平等價值甚至優越性。筆者認為，在此之外應要試圖讓工夫－資本主義－儒家的組合，連接到工夫論與資本主義之關係所產生的當代轉化（此一轉化是伴隨著新自由主義理性的全球霸權）。問題是，中國的哪一些歷史文化資源與工夫論的當代形式相應？

本文無法回答此一問題，只能以初步提出相關研究方向來終結。港臺的當代儒學尤其著重「唯心的」心性論，而「唯物的」氣論乃提供了連接馬克思辯證史觀與儒學研究的橋樑。問題是，能否進行對理學、心學、氣學三學派及其修養論的歷史批判分析，以深入對儒家主體性典範的理解？然而，為了使得修養論的研究與中國現代性的問題相連接，在 1949 年以後所產生的意識型態分裂，亦即「心學」與「氣學」的對立，值得研究者特別關注。筆者揣想，氣論與工夫論的關係，對歐洲思想有關新工夫論的探討而言，將會成為跨文化思考的重要問題：能量主體的脈絡特別容易與歐洲思想所尋找的非宗教工夫呼應（當代法語漢學對王夫之的濃厚興趣支持這樣的預設，並且展現出深層的哲學意涵）。另外，就當代新儒家而言，心學對促使儒家的現代轉化具有關鍵意義，因為如此能充分吸收康德哲學的自律原則。藉此，中國與歐洲之間的文化交流可獲得發展方向，漢語思想也進入哲學現代性的跨文化動態。此動態關係將深刻影響「我們」對哲學及其未來的理解和想像。不過，筆者認為，中華文化的「去意識型態化」和「去民族主義化」乃是漢語哲學開發此一潛能的重要條件。

參考文獻

王夫之（1990）。《船山全書》，長沙：嶽麓書社。

牟宗三（2003）。《牟宗三先生全集》，臺北市：聯經。

何乏筆（2005）。〈內在超越重探──韋伯論「基督工夫」與資本主義精神的創造轉化〉，收錄於劉述先、林月惠主編，《當代儒學與西方文化：宗教篇》，臺北市：中央研究院中國文哲研究所。

何乏筆（2009）。〈跨文化批判與中國現代性的哲學反思〉，《文化研究》，第八期，頁 125-147。

彭國翔（2006）。〈牟宗三早年對中國農村問題的研究〉，《清華學報》，新三十

六卷，第一期，頁 135-195。

楊儒賓（2009），〈一九四九的禮讚〉，《思想》：「族群平等與言論自由」，第
12 期，頁 79-85。

楊儒賓、祝平次編（2005）。《儒學的氣論與工夫論》，臺北市：臺灣大學出版中
心。

熊十力（1984）。《讀經示要》，臺北：明文書局。

Badiou, Alain (2009). *L'hypothése communiste*, Éditions lignes.

Boltanski, Luc / Chiapello (1999). Eve, *Le nouvel esprit de capitalisme*, Paris: Gallimard.

Dardot, Pierre / Laval, Christian (2009). *La nouvelle raison du monde, Essai sur la société néoliberale*, Paris: La Découverte.

Foucault, Michel (2004). *Naissance de la biopolitique, Cours au Collège de France. 1978-1979*, Paris: Seuil / Gallimard.

Honneth, Axel (ed.) (2002). *Befreiung aus der Mündigkeit Paradoxien des gegenwärtigen Kapitalismus*, Frankfurt / New York: Campus.

Honneth, Axel (2009). "Frei, aber abhängig: Zu den Paradoxien des Kapitalismus und der Zukunft des Instituts für Sozialforschung" (Gespräch mit Ulrike Jaspers), in Basaure / Reemtsma / Willig (eds.), *Erneuerung der Kritik, Axel Honneth in Gespräch*, Frankfurt / New York: Campus.

Horkheimer, Max (1988). "Die gegenwärtige Lage der Sozialphilosophie und die Aufgaben eines Instituts für Sozialforschung," in Max Horkheimer, *Gesammelte Schriften*, vol.3, Frankfurt am Main: Fischer.

Schmid Noerr, Gunzelin (1997). "Vollendete Negativität als Spiegelschrift der Erlösung: Über den kritischen Sozialismus der Frankfurter Schule," in Gunzelin Schmid Noerr, *Gesten aus Begriffen, Konstellationen der Kritischen Theorie*, Frankfurt am Main: Fischer.

Sennet, Richard (2005). *The Culture of the New Capitalism*, New Haven: Yale University Press.

Sennett, Richard (1998). *The Corrosion of Character, The Personal Consequences of*

Work in the New Capitalism, New York: W.W. Norton.

Sloterdijk, Peter (2009). *Du mußt dein Leben ändern*, Frankfurt am Main: Suhrkamp.

Žižek, Slavoj (2007). "Introduction: Mao Tse-Tung, the Marxist lord of misrule," in *Mao on Practice and Contradiction*, London: Verso.

Taiwan and the Potential of Contemporary Philosophy in Chinese – On the Prospects of a Transcultural Theory of Cultivation

Fabian Heubel[*]

Abstract

My discussion of contemporary philosophy in Chinese takes its start from the transcultural potential of philosophy in Taiwan. Against the background of the development of East Asia in the 20th century, I reflect on the philosophical significance of a historical process in which Taiwan has been exposed to Japanese, Euro-American and Chinese influence. I connect the transcultural potential of philosophy in Chinese to the complexity of cultural experience which can be transformed into creative development. The crucial question is, in my point of view, whether philosophy in Taiwan is able to undergo a self-conscious process of de-ideologization and de-nationalization of "Chinese Culture" and, thereby, enter into a post-national constellation of thought. The second part of my paper deals with the transcultural relation between critical theory and contemporary Neo-Confucianism. Critical reflections on Marxism by European critical theory (especially Frankfurt School Critical theory) further provide a perspective to approach the question how Chinese Marxism and contemporary Neo-Confucianism may enter into fruitful dialogue. The third part is concerned with the idea of a "new ascetics"

---

[*]   Associate Research Fellow, Institute of Chinese Literature and Philosophy, Academia Sinica

and related paradoxes of capitalist modernity. I discuss Max Weber's, Michel Foucault's and Peter Sloterdijk's research into the relation between subjectivity and capitalism with the aim of clarifying new perspective in Confucian ascetics. My aim is to open up the possibility of a fruitful encounter with the cultural resources of Confucian ascetics. The forth part makes an attempt to explain why the so-called energetic school of Confucianism provides ideas which are especially important for a transcultural theory of cultivation. Therefore I touch upon the relation between the "heart school" and the "energy school" of Confucianism. This relation not only refers to very different approaches to Song-Ming-dynasty Neo-Confucianism but also reflects, in a philosophical way, the political and cultural split between Taiwan and the Chinese mainland after 1949. I suggest that this issue will be of major importance for the development of transcultural perspectives in the field of Confucian studies.

Keywords: Philosophy in Chinese,   Transcultural Studies,   Contemporary
                 Confucianism,   Critical Theory,   Theory of Cultivation

傳統概念與分析方法：
以《良心論》爲例

何懷宏[*]

摘　要

　　漢語倫理學能否在西方思想的籠罩性影響下另闢一徑：既主要使用傳統的思想資源和概念；但又不是主要使用傳統和當代新儒家常用的直覺方法，而是借重英美20 世紀以來有長足發展的概念和邏輯分析的方法？《良心論》是作者十五年前一部致力於構建能夠適應於現代社會的個人倫理學體系的著作，本文試以這部著作為例，來重新回顧和檢討一種兼顧傳統道德概念和現代分析的方法。

關鍵詞：方法　傳統概念　現代分析

---

[*]　　北京大學哲學系教授

壹

　　現代漢語世界的哲學、社會科學的學者幾乎無法不在這樣一種學術氛圍中吸收和思考：即我們使用的概念、慣用的方法多是來自西方。❶倫理學也不例外，包括學科的劃分、「倫理學」、乃至「哲學」正式作為一個獨立的學科出現，以及奠基倫理學科的「倫理」、「道德」這樣一些基本的概念，❷都是在近代才出現或流行的。並且，有許多概念是經由日本傳到中國，有許多漢語譯名是由日本人確定的。❸今天，離開了這些概念，學科知識的增殖和推進就幾乎無法措手，甚至難於進行有效的交流和溝通，而它們也的確為由中土傳統而來的思想學術開闢了新的天地，帶來了簇新的氣象。

　　但是，在經歷了一百多年的西學東漸之後，我們對西方思想學術的這種籠罩性影響或也應有所反省。幾千年來，中國人的思維所使用的語言概念畢竟和西方人不同，那麼，這種籠罩性影響會不會遮蔽一些我們先人的古老智慧和我們自己的問題意識？中華思想學術要取得自己獨立的地位，尤其是要獲得一種具有創造性的發

---

❶　我們所研究的內容也有很大的一塊是專門研究西方，並且，即便在有中文譯本的情況下，作為學術的作品，一般也還是要求直接根據外文原文的文獻進行研究，或直接使用原名。用外文寫的論文在中文世界裏更被承認。

❷　像「倫」、「理」、「道」、「德」這樣一些概念自然早就在中國歷史文獻中出現，甚至「倫理」、「道德」這樣的詞也曾出現，但用得很少，且不是作為固定的道德概念使用。

❸　「倫理」、「道德」、「倫理學」的譯名可能都是來自日人，這裏僅舉出一條資料：王國維在1902 年即翻譯出版了日本元良勇次郎所著《倫理學》，早於劉師培 1905 年出版的《倫理教科書》，而後者是中國第一本現代意義上的倫理教科書。其他諸如「人道」、「人權」、「自由」、「共和」、「革命」、「階級」、「動員」、「政治」、「法律」、「原則」、「規範」、「方法」、「批評」、「社會主義」、「資本主義」、「唯物史觀」等等，都是來自日人所確定的漢語譯名。當然，有許多漢語譯名是參照漢語原意或古義的，但也有些是不符原意的，如「民主」、「主義」。而且有意思的是，許多日人的漢語譯名最終取代了嚴復的譯名而得到流行，比如「社會學」（嚴譯作「群學」）、「經濟學」（嚴譯作「計學」）、「哲學」（嚴譯作「理學」）、「形而上學」（嚴譯作「玄學」）、「進化」（嚴譯作「天演」）。這是否和 20世紀最初十多年中國大量學生留日有關，譯名的約定俗成歸根結底還是數量因素在起作用？無論如何，我們對西方思想觀念的接受是在某種程度上經過了日本這一仲介的，這是值得研究的現象。

展，是否應在同時也借重中華文化的傳統資源？而我們也的確看到近數十年來有一種艱苦卓絕的思想努力，比如海外新儒家的努力。他們試圖改變中華文化「花果飄零」的狀況，使傳統的思想資源發揚光大，包括使一些本土的概念重新展現活力。❹

我感佩於這種思想努力。但又的確認為，這主要是一種精神上的應戰，為我們提供了一些寶貴的思想啟示和資源。而從學術和學科的觀點來看，尤其是從我所從業的倫理學的觀點來看，像牟宗三先生所取的「道德的形上學」的方向，卻和現代社會及現代倫理學的發展相當隔膜，甚至和現代規範倫理建設的可能方向有些格格不入。牟先生所使用的方法也主要是一種直覺體悟的方法，而沒有仔細地釐清和限定他所使用的概念。這在道德形而上學的領域內是一種富有意義的成果，但在規範倫理學的領域內卻要引起許多問題。

的確，我在十多年前著手寫作《良心論》❺時遇到的就是這樣一種兩難，甚至可以說牟宗三的《心體與性體》給了我寫作此書的一個直接刺激。我希望在西方思想觀念和思維方式的籠罩性影響下另闢一徑，比以前更加借重傳統的文化資源和試著使用傳統的思想概念；但我又不滿意於像牟宗三等學者所使用的方法，更直接地說，我希望更多地採取一種分析的方法，尤其是借鑒英美在二十世紀發展起來的一種分析倫理學的方法。❻從內容上來說，我希望《良心論》能夠承上世紀初梁啟超《新民說》的意緒，致力於構建一種能夠適應於現代社會的個人倫理學，我在這方面得到的主要思想路向的啟發是來自康德的義務論，但採用的概念和支持的資源卻

---

❹ 尤其是在被《劍橋哲學詞典》譽之為「當代新儒家那一代中最富原創性與影響力的哲學家」的牟宗三那裏，他重新對一些中國傳統的概念進行了有魄力的詮釋，包括從傳統思想資源引申出一些新鮮有力的思想觀念，諸如「智的直覺」、「良知坎陷」等等。

❺ 拙著《良心論》1994 年上海三聯書店初版，北京大學出版社 2009 修訂版。

❻ 從摩爾 1903 年出版的《倫理學原理》起，西方、尤其英美的倫理學學者就非常注意分析諸如「善」與「正當」、以及「義務」、「價值」、「應當」等概念的涵義，發展起一套精細分析的「元倫理學」（meta-ethics，或也譯作「後設倫理學」）的技術，他們努力澄清或區分道德概念的各種含義，務使其簡明清晰，並進而分析道德判斷的類型和道德推理。當然，分析倫理學或元倫理學發展到極端容易傾向於完全排斥對實質性的規範倫理學問題的研究。羅爾斯 1971 年出版的《正義論》或可說是英美道德和政治哲學的重心重新轉向實質性問題的一個明顯標誌，但羅爾斯在方法上又充分吸收了分析倫理學的豐富成果。我寫作《良心論》的方法可以說在從我翻譯和精讀羅爾斯《正義論》及諾齊克《無政府、國家與烏托邦》等著作中得益不少。

希望是主要來自我們自己的文化傳統。所以，下面我想不避譾陋，撝拾舊文，就以拙作《良心論》為例，來重新回顧和檢討我的這一試圖主要使用傳統道德概念、並採用現代分析方法來處理這些概念的嘗試，衷心希望得到大家的批評指正。❼

貳

我為《良心論》一書專門寫過一篇「跋：有關方法論的一些思考和評論」，它無異於是一篇微型的近代中國學術史評，在這篇「跋」中，我主要針對乾嘉以來的傳統考證學術（是精研的學問類型但非思想性的工作）、胡適所代表的新文化運動以來的新思想（有思想而欠系統）、以及海外新儒家的哲學（有系統而乏分析），談到我追求的一種思想學術工作希望是「一種面對真實的問題、尤其是當代的真實問題而思考的；以一種系統的眼光去考察、並希望形成對這些問題的一種系統看法的；致力於不斷限制、恰當區分和條分縷析的思想。」

我在《良心論》中，主要的、或第一級概念都是使用傳統的概念，它們構成了正文八章的題目：

1. 惻隱
2. 仁愛
3. 誠信
4. 忠恕
5. 敬義
6. 明理
7. 生生
8. 為為

其中前七個直接是來自傳統儒學經常使用的重要概念；但它們也常常分開作為單音詞使用。只有「為為」最接近於是一個自撰的概念，但形式上還是從傳統推過

---

❼　由於本屆四校南北論壇的主題為「新『漢語哲學』論衡：以對中西倫理學的表述、轉譯及詮釋為例」，我想這是一個很好的請益機會。

來的。❽我使用這些傳統的概念，包括使用一些次一級的傳統概念如「出入」「出處」等等，意在嘗試這些概念是否在今天仍可繼續保有巨大的活力。

這些概念並不是孤立和分散的。我還希望對這些概念的分析和論述持一種系統和聯繫的眼光，因為我的確想通過聯結這些概念構建一種現代社會的個人倫理學。在「緒論」中，我試圖通過一種中西倫理學在良心理論方面的歷史的、比較的導引，說明我的一個觀點：傳統良知理論以至傳統倫理學無法直接成為現代社會的倫理。正文的八章則又分成四個部分，並在每一部分都有一種兩兩對應。這樣，前兩章就是探討在我們的傳統中常被視為是良知或道德源頭的兩種感情：「惻隱」與「仁愛」（主要是五倫中的「親親之愛」）。第三、四章是從內在的角度探討兩種在我看來對現代社會來說是最有意義的基本義務：「誠信」與「忠恕」。第五、六章則又上升到一般的層次；分別地探討良心對義務的情感態度和理性認識，即「敬義」與「明理」。最後的第七、八章則轉而探討良心的社會根據和個人應用，即「生生」和「為為」。其中「敬義」與「明理」是全書比較關鍵的部分，尤其「明理」一章集中說明了我對轉化傳統道德理論路向的基本看法，即首先要從自我取向的前提觀點轉向社會取向的前提觀點（即由「為己之學」轉向「人人之學」），從特殊觀點轉向普遍觀點，如此才可達到社會道德義務體系的平等、適度和一視同仁。

總之，我嘗試構建的這種個人倫理學是試圖以惻隱、仁愛為道德發端之源泉；以誠信、忠恕為處己待人之要義；以敬義、明理為道德轉化之關鍵；以生生、為為為群己關係之樞紐。比較具體地說，我認為，一個人的道德動力的「發端」從根源上說是來自惻隱，而努力方向的「發端」傳統上是由近及遠的仁愛，惻隱和仁愛也最顯中國傳統倫理的特色。至於談到現代社會成員的基本義務，我認為一個人的基本立己之道是誠信，如此才能既保證自身的一貫和完整，而又達成一個守信互信的社會；而一個人的基本處人之道則是忠恕（和「寬容」最接近），如此才能保證價值趨於多元的現代社會的穩定結合與發展，也奠定現代人的一種基本人格。為此，再回到一般的情理層面，我認為一個現代人的道德情感應當主要是對義務的敬重；他的道德理性則應立足於一種普遍而非特殊的觀點，這種從特殊到普遍的觀點的轉換

---

❽　古人們一般不說「為為」，而是說「無為」、「有為」乃至「為無為」。

對傳統道德過渡到現代倫理來說至為關鍵。最後的兩章則主要是探討個人與社會的關係，我認為不僅個人倫理，乃至整個道德體系的社會根據和基本原則應當是一種生命原則——這一原則是可以打通個人義務與社會正義、打通個人倫理與制度倫理的；至於個人對社會的態度，個人與社會的距離與關係，雖然具體的處理將因人而異，但基本的態度則是積極有為而又為所當為。

的確，這種個人倫理學的基本傾向是義務論的，且是強調最基本的義務，所以，我後來將其性質界定為「一種普遍主義的底線倫理學」。它自然是深受西方近代以來的義務論倫理學的啟發，尤其是康德。但在某些方面，我也脫離了康德的路徑：我也許不是那麼強調理性以及理性的絕對性，而是也考慮到人，考慮到人性，考慮到人除了作為理性存在之外還具有的複雜性，以及人類內部人與人之間的差別性，尤其是在第二層次的道德實踐而非第一層次的道德根據的領域裏——比如說在對誠信義務的踐履中，我對人們是否在任何情況下都要絕對履行這一義務心存疑慮，因為這裏還有基本義務可能衝突的問題。更重要的一點不同是：在談到道德情感的問題時，我除了強調對義務的敬重之情，還特別強調一種孟子所點出的普遍的惻隱之情。這種感情不僅可以進一步解釋人為什麼會對道德發生一種關切，人為什麼會有一種道德的最初動力，還可以解釋道德的一個根基問題，即道德在人那裏、尤其是個人那裏的根基是什麼，人為什麼要有道德，也能有道德的問題。對於這個根基問題，我認為中國古代思想家比西方近代思想家有更好的理解和闡述，或至少有對我們更切近的解釋。❾

---

❾　法國哲學家弗朗索瓦·於連（François Jullien）在其 1995 年出版的《道德奠基》一書中認為，盧梭以感情（憐憫心）來為道德奠基，但他未能把道德從自憐自愛的基本視野中抽出來，從而無法擺脫道德動因的曖昧特點，不能確保其道義性；反過來，康德將道德奠基在理性（道德法則）的基礎上，確保了其道義性，但是，他無法說明道德是如何調動起我們來的。一邊是道德有「雜質」，而在另一邊，道德雖是純粹，卻再也不能感動我們。一邊是失去內容，而另一邊是失去原動力。道義還是憐憫？兩者的對立就此提出——甚至顯得不可逾越。道德的根基究竟是在於實踐理性之義無反顧還是在於人類天性之本情所趨？於連思索至此，說他亦為此問所懼，考慮要超越此一矛盾，還需要一個別的視角，一個新的起點，正因此他希望能夠重建與中國的對話，希望從孟子對「惻隱之心」的論述中得到啟發。他說，「中國」可以助我們進入道德問題。見該書北京大學出版社 2002 年版。

以上是講對傳統概念的使用，以及試圖在總體上使之聯繫為互相關照、互相印證、互相補充的一個系統。下面我要談到我具體處理這些傳統概念的方法，這種方法主要是一種分析的方法，我在《良心論》的「跋」中專門有一節談到「分析的方法」。這種方法就是不斷地致力於把不同的概念，一個概念的不同方面的涵義細緻地區別開來，清晰地劃分出來，總是優先考慮注意差別，給出規定，劃定界限，明確含義。❿

在我看來，我們傳統的思想學術乃至語言辭彙似乎更為重視「通」，重視「合」。只要稍微翻檢一下《經籍纂詁》一類辭典就會發現，對經典中的幾乎每一個重要字，經師們都提出了很多種解釋，這些解釋有些只是微殊，有些卻也是迥異，詞典的編纂者往往只是羅列出這幾十種詞義而不怎麼分析那是原義，那是引申義，那是主要義，那是次要義，所以，有時簡直讓我們感到無所適從，感到怎麼講都可以「通」，怎麼講也都可以被指責為「不通」。然而，思想清晰的一個基本條件就是要概念明確，其含義要有嚴格的規定，否則，不要說難於清晰地思考，有時甚至連簡單的邏輯推理也難以進行。

由語辭追溯到我們傳統思維方式的一個重要特點就是：這就是重視綜合性的直覺體悟。這種直覺體悟的優點是注意到對象的整體性，有一種直觀的生動性；弱點則是不能清楚地區分對象、辨別事物。這種直覺體悟對於藝術、文學乃至人生哲學、宗教信仰等一切相當依賴於個人的主觀性的領域可能很有意義，而對於一切直接涉及到客觀關係，比方說人與自然關係、人與人關係、社會與個人關係的領域卻看來沒

---

❿ 這種分析方法可以最多地從西方元倫理學中得到啟發，但兩者也並非等同。另外，我對這種分析方法的特別強調是在一種特定的語境中提出來的，即在與一種比較傳統的綜合直覺體悟方法的對照中提出來的，而且較限於社會規範的倫理學領域。至於廣義的倫理學或人生哲學，自然有可能更偏重其他的方法。而即便是在比較狹義的社會倫理學領域，一個學者也可能採取一些不同的方法，但像羅爾斯在建構他的正義理論時，最主要或最優先和直接的論證方法還是「原初狀態」（original position），然後是更後層次或更廣範圍的「反思的平衡」（reflective equilibrium），而在這些方法中，尤其是在前者，是相當具有我上面所說的分析方法的強烈特徵的：即優先考慮通過限制和區分來明確語義和進行推理。

有那麼大的意義。或者說,「合而觀之」、「統而論之」最好是在「分而析之」之後。

我使用上述傳統概念意在揭示和發揚這些概念中富有生命力的道德內涵。然而,我發現,若要從現代社會倫理的角度考察,幾乎對所有這些概念都要做出區分,把它們的傳統蘊涵中適合作為現代社會倫理的內容與不適合作為現代社會倫理的內容區分開來。我必須首先努力地做一種區分或剝離的工作,對我現在所用的傳統概念給出嚴格而清楚的規定,比方說,在「惻隱」一章中,我不取從宋儒到牟宗三對「惻隱」概念的解釋,因為他們一下就把最基本的與最崇高的合在一塊說了,認為「惻隱」也是萬化本體,也是形上根據;❶我則要把他們說的這層意思與「惻隱」的倫理學意思區分開來,或者說,至少把這層意思暫時擱置起來,而一心考察「惻隱」作為倫理學概念的含義,這樣,我就認為「惻隱」只是表示「對他人痛苦的一種關切」。並仔細地分析「惻隱」的這兩個基本特徵:即它所標示的「人生痛苦」意味著什麼;它所顯示的「道德關切」又意味著什麼,為什麼不宜將其和「自愛」混同,孟子將其視為「仁之端」的「端」的含義又可理解為什麼等等。

我在探討「誠信」與「忠恕」這兩種基本義務時也首先是致力於「分」,由於傳統自聖觀點的影響,在各種德目、各種義務中幾乎都把屬於社會基本規範的內容與屬於自我最高追求的內容混和在一起了,所以,我們今天就有必要把這兩種內容仔細地分離開來。於是,在「誠信」一章中,我首先嚴格地界定了作為道德概念的「誠信」,把它與本體之「誠」、天人合一之「誠」區別開來;把它與「真實」、「真誠」區別開來;也把它與作為明智慎思的「誠實」區別開來。在「忠恕」一章中,我也是努力地把「忠恕」作為一種社會的基本規範、基本義務來規定,把它嚴格地理解為「己所不欲,勿施於人」;把它與要求熱情助人乃至無限愛人的「己所欲,施於人」區別開來,也把它與逆來順受或完全放棄的品性區別開來,既不把它說高了,也不把它說低了。努力於劃分、區別確實是我規定這些道德義務的一個基

---

❶ 牟宗三先生在《道德的理想主義》中認為:道德的心,淺顯言之,就是一種道德感,經典地言之,就是一種生動活潑怵惕惻隱的仁。可以用「覺」與「健」來概括此心,「覺」與「健」是惻隱之心的兩個基本特徵。但此仁心又不僅涵「覺」、「健」之兩目,亦不只涵仁義禮智四端之四目,而是涵萬德,生萬化,儒家道德形上學即完全由此而成立。見《道德的理想主義》,臺灣學生書局,1978年修訂版。

本方法。另外，在「義」、「理」等概念上，我也都努力地在倫理學的意義與非倫理學的意義之間做出區別，在社會倫理規範與個人終極追求的意義之間做出區別。讀者只要稍微留意一下，就會發現我所說的「敬義」與「明理」與宋儒經常說的「敬義」與「明理」離得有多遠。

當然，我並不完全否定直覺體悟的意義。羅爾斯曾說過，他的正義理論也必須在一些作為前提的方面依賴直覺。比如說，我同意孟子所說的「惻隱之心人皆有之」的普遍命題，並對他為此提出的「孺子將入於井」的例證做了詳盡的、包括重新設置各種假設條件的分析，但是，對於為什麼會「惻隱之心人皆有之」的問題，我就覺得無法再往前走了。「惻隱之心人皆有之」的事實鮮明地呈現於我，我可以通過內心自省和觀察他人把握這一直覺，可以努力向他人說明這的確是一個普遍事實，但是，我的確不知道這一普遍事實的原因，或者說這原因已在理性分析的範疇之外。還有，我們在義務的根據方面追溯到「生生」，我們說「保存生命是善，戕害生命是惡」，但為什麼是這樣，我也提不出更進一步的、可供細緻分析的理由。而在我前面所說的系統觀照中，無疑也要借助於一種綜合性的直覺體悟。如果要繼續追溯人生的意義，生命的最終目標，超越的存在等等，更非理性的探討、尤其分析的理性所能囊括。然而，我想謹慎地使自己的思考限制在一種嚴格狹義的倫理學的領域之內，我的討論也就到此為止。❷

參考文獻

何懷宏（2009 修訂版）。《良心論》，北京：北京大學出版社。

羅爾斯（2009 修訂版）。《正義論》，北京：中國社會科學出版社。

於連（2002）。《道德奠基》，北京：北京大學出版社。

牟宗三（1978 修訂版）。《道德的理想主義》，臺北：臺灣學生書局。

---

❷　無疑，正如本文審稿人所指出的：「狹義的倫理學亦不能省略系統性的關照，否則就不成其為理論學說。」我在《良心論》的「跋：有關方法論的一些思考和評論」的第二節「系統的思考」中專門討論了這個問題，我只是認為，這種「系統性的關照」在現代社會的規範倫理學中似不宜採取直覺體悟的方法，而是還可以有其他的辦法（可參見本文第二節對我採取的系統觀點和方法的簡要說明）。不過，我要在這裏謝謝審稿人對本文細緻周到的批評。

Traditional Concepts and Modern Analysis: *A Theory of Consciense* as an Example

He, Huaihong[*]

Abstract

How does Chinese ethics explore a new way under the dominant influence of Western thought? Can it mainly Make use of traditional resources and concepts but not intuitional methods that were often used in traditional ethics? Can it rely on meta-ethical methods especially in concept and logical analysis? As a example, the author analyzes and reflects a his own work, *A theory of Conscience* which was published fifteen years ago, in order to discuss a method that can give consideration to both traditional and modern ethics.

Keywords: Methods,   Traditional Concepts,   Modern Analysis

---

*   Professor, Department of philosophy, Peking University

「佛性」與「佛姓」概念的混淆：以《佛性論》與《大乘起信論》爲中心*

耿　晴**

摘　要

　　本文指出在佛學中國化的過程中出現了「佛性」與「佛姓」兩個概念的混淆，並檢討其對於中國佛學甚至儒學產生的影響。早在漢譯《大般涅槃經》中已出現「佛性」概念著重原因義或是結果義的歧義。其次，《佛性論》將原因義的「佛（種）姓」等同於結果義佛性的「真如」。這個混淆在《大乘起信論》中得到了進一步的發展與確立。之後的中國佛學主流主張修行不假外求，因為一切眾生心中皆同具有原因義與結果義的佛性。筆者認為：這個架構對於中唐之後的佛學與儒學的發展，有深遠的影響。筆者的結論是：佛學中國化的過程中包含相當複雜的機制，因而不能以過份簡化的模型來充分解釋。

關鍵詞：佛性　種姓　本有　《大般涅槃經》　《佛性論》　《大乘起信論》

---

*　感謝兩位匿名審查人指出筆者初稿中的錯誤以及需要進一步釐清之處，在此謹致謝誠。如仍有錯誤及不夠明晰之處，文責由筆者自負。此外，本文雖觸及到《大乘起信論》，但是由於篇幅所限，無法一一探究更多與《起信論》相關的歷史與哲學議題以及背後龐大的二手文獻，這個部分的缺憾，有待於未來進一步的努力。

**　國立政治大學哲學系助理教授

壹、前言

　　佛性的問題在中國、甚至在整個東亞佛教傳統，一直是一個核心議題。早在南北朝時代，就已經出現了是否包括一闡提在內的一切眾生都具有佛性，以及佛性是本有或是始有的爭論。這些問題，學者們往往只從中國佛教發展史的角度加以研究，而比較少注意在中國佛教對於「佛性」概念的接受過程中新譯介的印度佛教經典的角色。❶本文嘗試指出，《大般涅槃經》中對於「佛性」概念界定的模糊為後來的不同詮釋預留了空間。而真諦（499-569）翻譯的《佛性論》在中國佛教對於「佛性」概念的理解發揮了重要的轉折角色。這個轉折，可能是後來中國佛典中出現的「佛性」與「佛姓」兩個概念的混淆的因素之一，也可能對於《大乘起信論》的出現有直接的啟發。進一步，本文主張以《大乘起信論》為代表的對於「佛性」概念的詮釋，開啟了新的方向，而且這個新方向不僅僅對後來的佛學思想有決定性的影響力，甚至對於後來新儒學理論架構之成形，可能也都發揮了深遠的作用。

貳、《大般涅槃經》的「佛性」概念

　　中文佛經裡面的「佛性」概念，最早要溯源到《大般涅槃經》（*Mahāparinirvāṇa-sūtra*；T374；T375；以下簡稱《涅槃經》）的翻譯。❷關於「佛性」概念的梵文原語，目前學者的多數意見是「佛界」（buddha-dhātu）或是「佛種姓」（buddha-gotra）。❸然而

---

❶　晚近作品之一例如廖明活，《中國佛性思想的形成和開展》（臺北市：文津出版社，2008）。

❷　關於《大般涅槃經》的傳譯，參見王邦維，〈略論大乘《大般涅槃經》的傳譯〉，《中華佛學學報》第 6 期（臺北：中華佛學研究所，1993），頁 103-128。

❸　參見高崎直道，《如來藏思想 I》（東京：法藏館，1988），頁 54，註 34。小川一乘比較了《寶性論》中關於佛性的譯語，發現三種不同的對應的梵文："buddha/tathāgata-dhātu," "buddha/tathāgata-garbha," "buddha/tathāgata-gotra." 換言之，中文佛經、論典中的「佛性」其梵文原語可能不僅僅只有一個。見小川一乘，《小川一乘佛教思想論集 第一卷 佛性思想論 I》（京都：法藏館，2004），頁 54 以下。下田正弘根據《涅槃經》前分與西藏譯的對比，在引文中列出所有重構的梵文，根據他的重構，「佛性」的原文也以 "buddha-dhātu" 為主。見下田正弘，《涅槃經の研究──大乘經典の研究方法試論》（東京：春秋社，1997），頁 274 以下。

要釐清《涅槃經》中「佛性」概念的明確意涵，檢討或重建其梵文原語似乎並不是根本的解決方法。因為如筆者在下文中嘗試指出的，「種姓」（gotra）的概念在印度佛學發展中的意涵並不是單一的，而且「界」（dhātu）的概念也是如此。❹

不論「佛性」一詞的梵文原文為何，筆者認為導致關於「佛性」概念論爭的主要關鍵是《涅槃經》中對於「佛性」概念並沒有做清楚的界定。誠如日本學者高崎直道所指出的：《涅槃經》一方面主張「佛性」（buddhadhātu）意味「佛的本性」（dhātu=svabhāva, dharmatā）；而另一方面又主張「佛性」意味「成佛的原因」（dhātu=hetu）。❺就前一方面來看，《涅槃經》常常把佛性等同於佛、如來，因而似乎指的是已經成佛的結果狀態。據此，我們必須主張佛性是無為法（asaṃskṛta-dharma）、是常（nitya），因為佛果（涅槃）是恒常不變的。例如《大般涅槃經》卷27說：

> 善男子！是故我於諸經中說：「若有人見十二緣者，即是見法。」「見法」者即是見佛，「佛」者即是佛性。何以故？一切諸佛以此為性。❻

> 「中道」者名為「佛性」。以是義故，佛性常恒、無有變易。無明覆故，令諸眾生不能得見。❼

然而另一方面，有時候《涅槃經》卻又主張「佛性」概念指的是成佛的原因（hetu）、種子（bīja）。這樣一來，由於種子總是在因果生滅序列中的有為法（saṃskṛta-dharma），於是又不得不承認佛性也是有為法（saṃskṛta-dharma），是無常（anitya）。例如《大般涅槃經》卷27中同時也說：

---

❹ 例如在唯識學論典中，當「界」（dhātu）單獨使用的時候，《瑜伽師地論》將其視為「種姓」、「因」（hetu）的同義語，因而是有為的。然而若提到「法界」（dharmadhātu）的概念時，則所有瑜伽行派的文獻一律將「法界」視為是恒常不變的無為法。

❺ 高崎直道，前揭書，頁49。

❻ 《大正藏》冊12，頁524上28-中1。

❼ 《大正藏》冊12，頁523中18-20。

善男子！「佛性」者，即是一切諸佛阿耨多羅三藐三菩提中道種子。❽（底線為筆者所加）

這樣看來，《涅槃經》中關於「佛性」概念的歧義，主要是由於《涅槃經》中對於「佛性」概念究竟指的是邁向成佛過程中的「因」的側面還是已經成佛的「果」的側面，尚未得到一個明確的主張。這點從以下《大般涅槃經》卷 27 的引文最能夠明白看出：

善男子！「佛性」者，有因有因因、有果有果果。「有因」者即十二因緣；「因因」者即是智慧；「有果」者即是阿耨多羅三藐三菩提；「果果」者即是無上大般涅槃。善男子！譬如無明為因，諸行為果，行因識果。以是義故，彼無明體亦因、亦因因，識亦果、亦果果。佛性亦爾。善男子！以是義故，十二因緣不出、不滅、不常、不斷、非一、非二、不來、不去、非因、非果。善男子！是因非果如佛性；是果非因如大涅槃；是因是果如十二因緣所生之法；非因非果名為佛性，非因果故常恒無變。❾（底線為筆者所加）

這裡一方面說佛性是因非果；然而接著馬上又說佛性非因非果，因而是常恒不變的。即便在同一個段落中，《涅槃經》都呈現出明顯的不一致，如此我們則不能不得到如下結論，即：《涅槃經》自身對於「佛性」概念究竟指涉邁向成佛的種子之「原因義」還是指涉已經成佛的狀態之「結果義」，尚未達到一個一致性的立場。

根據《涅槃經》中關於「佛性」概念的歧義，我們便容易了解為何在中國南北朝佛教，出現了佛性是本有還是始有的爭論。如果從「結果」義來理解「佛性」，則會出現以下的兩難：

(1)如果主張佛性本有，則有兩方面的困難：一方面，必須面對如果眾生的佛性

---

❽　《大正藏》冊 12，頁 523 下 1-2。
❾　《大正藏》冊 12，頁 524 上 5-15。

本有，則為什麼眾生現在不是佛的困難，因此必須主張眾生不具本有的佛性。❿另一方面，在眾生尚未成佛的狀態下主張佛性本有，則會犯了「因中有果」的謬誤。而且，如果眾生具本有佛性，則不待眾緣則就可以成佛了。⓫

(2)如果主張佛性始有，則意味著成佛的結果狀態在成佛的剎那才被新造。然而由原始佛教以來，即認為成佛的結果狀態是無為、不會變化的（常常被等同於四諦中的「滅」諦⓬，涅槃或虛空⓭的無為法），這就產生了牴觸。另一方面，如果成佛的結果狀態是始有的，則必須要尋求另外的原因或種子來解釋如果一個有情能夠成佛，而且這個原因還必須是具有普遍性的，否則無法證成「一切眾生皆能成佛」的命題。

另外一方面，如果從「原因」義來理解「佛性」，則也會出現以下的兩難：

(1)如果主張佛性本有，則比較容易能夠解釋何以一切眾生都能成佛，然而「本有」卻與「原因」的概念相衝突。「本有」意味恒常不變，不落於因果生滅的序列當中；然而「原因」的概念又蘊涵落在因果生滅的序列當中。要同時主張佛性既是原因又是本有，則會違背原始佛教以來「無為法」與「有為法」截然不同的區分。⓮

(2)如果主張佛性是始有，則雖然能夠與種子是「有為法」的傳統概念一致，但是作為種子的佛性之始有——即被造成——則必須受制於種種因緣條件，因而就不

---

❿ 例如《大般涅槃經》卷 28 中說正是由於眾生現在不具佛性，因此眾生未來能夠成佛。眾生成佛是由於「業、因緣」，而不是由於「佛性」。見《大正藏》冊 12，頁 532 下 11-16。

⓫ 例如《大般涅槃經》卷 26 中說若眾生本有佛性，則不待緣也可以成佛了。待緣方能成佛，足證眾生不具佛性。見《大正藏》冊 12，頁 519 中 22-下 3。

⓬ 例如《雜阿含經》卷 31，經號 890 中，將涅槃描述為「無為」，並且用「一切煩惱永盡」來描述「無為法」。見《大正藏》冊 2，頁 224 上 28-中 10。

⓭ 例如《大般涅槃經》卷 13 以佛性等同於「虛空」。見《大正藏》冊 12，頁 443 中 27-下 1。

⓮ 例如以《阿毘達磨俱舍論釋》（*Abhidharmakośabhāṣya*）為代表的傳統阿毘達磨的分類法，只有「虛空」和「擇滅」、「非擇滅」屬於無為法，其他一切在因果序列中的現象都屬於有為法。
一位匿名審查人在此質疑：在般若中觀學「一切假名、一切皆空」的立場下，是否並不接受有為法與無為法的嚴格區分？筆者的回應是：就較早的鳩摩羅什譯的《摩訶般若經》來看，經中明白提出「無為法」的概念（例如《摩訶般若波羅蜜經》卷 4，《大正藏》冊 8，頁 243 中 1-3。）而且常常並舉「法性」、「如」、「實際」等等（例如《摩訶般若波羅蜜經》卷 5，《大正藏》冊 8，頁 249 下 9-12），足見此經也接受「無為法」的概念。至於《般若經》、《心經》有名的「色不異空、空不異色」的主張，不過是為了強調不能將「無為法」視為任何意義的實體。無為法指涉的不過是作為一切現象本性的空性（*śūnyatā*）罷了。

必然是普遍的，不能保證一切眾生都能得到。但如此一來，則不能證成「一切眾生皆能成佛」的主張。

　　吉藏（549-623）很清楚「佛性」概念在《涅槃經》中的歧義與模糊不清。例如他指出，在討論佛性問題時，《涅槃經》的一些段落明白主張佛性是本有；但另一些段落卻主張佛果從妙因生，明白地反對因（眾生）中已經有果（佛）的看法。例如吉藏在《大乘玄論》中說：

> 問：佛性為是本有為是始有？答：經有兩文。一云：眾生佛性，譬如暗室瓶瓫、力士額珠、貧女寶藏、雪山甜藥，本自有之，非適今也。所以《如來藏經》明有九種法身義。二云：佛果從妙因生，責驥馬直，不責駒直也；明當服蘇，今已噎臭；食中已有不淨、麻中已有油，則是因中言有之過。故知佛生（按：「性」之誤）是始有。❶❺

這裡是說，《涅槃經》使用了許多譬喻來說明佛性。然而這些譬喻卻指向不同的「佛性」概念。例如所謂的「貧女寶藏」的譬喻，似乎指向佛性本有，因為「寶藏」在未被發掘之前就已經存在。❶❻然而與此相對，所謂母馬的價值不包含未來生小馬的價值等譬喻，則又反對「因中有果」的主張，認為佛果乃是因緣和合才能成就，眾生並不具本有佛性。❶❼

　　總結《涅槃經》中的「佛性」概念，筆者認為《涅槃經》自身對於「佛性」一詞的指涉不明確，仍然在「原因義」的「佛性」與「結果義」的「佛性」之間擺盪。這個不明確一方面造成後來的爭論，然而也給予後來中國佛教傳統以很大的詮釋空間。底下，我將簡單地回顧在印度唯識學傳統中關於「種姓」概念的轉變，以便更好地說明之後《大乘起信論》中蘊涵的新的關於「佛性」論題的主張。

---

❶❺　《大正藏》冊 45，頁 39 上 20-26。

❶❻　「貧女寶藏」的譬喻，見《大般涅槃經》卷 7，《大正藏》冊 12，頁 407 中 9-28。

❶❼　參見《大般涅槃經》卷 28，《大正藏》冊 12，頁 531 上 8-26。

參、《佛性論》中的「佛性」概念

真諦三藏（499-569 CE）所翻譯的《佛性論》卷四中提出佛性有兩種：「住自性佛性」以及「引出佛性」；⓱卷二則提出三種佛性、也就是「住自性性」、「引出性」、「至得性」的說法。⓲基本上，「住自性佛性」與「至得佛性」同樣都指涉真如（tathatā），兩者的差別只在於從原因或從結果的不同的觀點出發。⓳因此本文僅集中討論前兩種佛性。

《佛性論》中提到的兩種佛性，就其翻譯以及思想歷史來看，其梵文原語最可能是《瑜伽師地論・菩薩地》（或更早翻譯成中文的《菩薩地持經》與《菩薩善戒經》）中提到的 "prakṛtistha-gotra" 與 "samudānīta-gotra" 的兩種「種姓」（gotra）。⓴由此觀之，《佛性論》所討論的「佛性」概念，其對應的是「種姓」的概念而不是《涅槃經》中的「佛性」（buddha-dhātu）概念。

「種姓」一詞的原意是家族傳承（lineage），引申為類似今日的「基因」（gene）的意思，也就是基於前世業力而決定今世修行最高成果的原因。㉒所以在《瑜伽師地論・聲聞地》已經有這樣的說法：如果一個人屬於聲聞種姓，則儘管發

⓱　《大正藏》冊 31，頁 808 中 15-16。

⓲　《大正藏》冊 31，頁 794 上 21-24。

⓳　《佛性論》卷 2 解釋「如來」的「如性」為「從住自性性來，至至得，如體不變」。由此得知「至得」指的是「成佛的結果狀態」，與真如不異。參見《大正藏》，冊 31，頁 796 上 22-23。高崎直道推測「至得」的梵文原語可能是 "paripuṣṭa"。高崎直道並說明也許 "paripuṣṭa" 的意味與「引出」（samudānīta）不太遠，後一個部分的解釋筆者認為是錯的，因為「至得性」與「住自性性」一樣，皆指涉恒常不變、作為無為法的真如，而「引出」則意味有生滅的有為法。參見高崎直道，柏木弘雄《佛性論・大乘起信論（舊・新二譯）》（東京：大藏出版社，2005），頁 121，註 10。

⓴　高崎直道持相同看法。見高崎直道前揭書，頁 48 以下以及頁 237。關於兩種種姓，中文佛典有種種不同的譯名：《菩薩地持經》譯為「性種姓」與「習種姓」，見《大正藏》冊 30，頁 888 中 3。《菩薩善戒經》譯為「本性」與「客性」，見《大正藏》冊 30，頁 962 下 14-15。玄奘則翻譯為「本性住種姓」與「習所成種姓」，見《大正藏》冊 30，頁 478 下 12-13。

㉒　參見 Ruegg, David Seyfort (1976). "The Meaning of the Term 'Gotra' and the Textual History of the 'Ratnagotravibhāga,'" *Bulletin of the School of Oriental and African Studies*, vol. 39, no. 2: 341-363.

願追求獨覺菩提或無上正等菩提,最終還是不免捨棄這個願,而回到原本種姓所決定的聲聞乘中。❷❸

「種姓」蘊涵的前於此世生命的決定性,在《瑜伽師地論・菩薩地》中,有了進一步發展。前面已經提到,《瑜伽師地論・菩薩地》提出了兩種種姓的說法。前一種「本性住種姓」是「從無始世展轉傳來,法爾所得」,也就是非由個人修行所造成;後一種「習所成種姓」是「先串習善根所得」,也就是由於前世以及此世的修行而得到的。據此,「種姓」的概念就同時涵蓋基於一切可能的原因而具有的規定性/定向性。❷❹

不管是基於什麼原因而形成,《瑜伽師地論》中「種姓」概念的核心是其多元性。❷❺也就是說,「種姓」概念是被援引來解釋為何有些眾生沒有走向大乘成佛的道路,而只停留在聲聞、獨覺乘或甚至輪迴中的較低層次,例如有名的所謂「五種種姓」的說法。❷❻在唯識學主流的作品,例如《瑜伽師地論》、《佛地經論》等,「種姓」的多元性使得這個概念明顯屬於生滅變動的「有為法」。

將「種姓」視為「某些原因造成、對於修行方向及結果的規定性原因,因而是多元、變動的有為法」這樣的界定,在《佛性論》中卻出現了變化。如上所述,

---

❷❸ 例如《瑜伽師地論》卷 26,見《大正藏》冊 30,頁 426 中 14-下 2。

❷❹ 見《大正藏》冊 30,頁 478 下 12-17。

❷❺ 例如《瑜伽師地論・菩薩地》卷 49 提到有多種種姓,包含聲聞種姓、獨覺種姓、如來種姓以及不定種姓。見《大正藏》冊 30,頁 570 上 1-3。

❷❻ 「五種種姓」(聲聞種姓、獨覺種姓、如來種姓、不定種姓、無種姓)在唯識學派中似乎是一個相對來說比較後期的說法。最明白列舉出「五種種姓」的似乎是比較晚出的《佛地經論》,見《大正藏》冊 26,頁 298 上 12-15。

在較早的《瑜伽師地論》中似乎沒有五種種姓並列的說法。例如前註 25 中《瑜伽師地論・菩薩地》末尾只提到四種種姓(聲聞、獨覺、如來、不定)而沒有「無種姓」。又,《瑜伽師地論・攝抉擇分》只並列了四種種姓(無種姓、聲聞、獨覺、如來),而這裡又沒有提到「不定種姓」。見《大正藏》冊 30,頁 587 中 25-29。在《瑜伽師地論・攝抉擇分》的末尾則提到了「不定種姓」的概念,見《大正藏》冊 30,頁 749 中 22-25。此外,劉宋求那跋陀羅譯《楞伽阿跋多羅寶經》中提到了五種「無間種姓」,包含「聲聞乘無間種性、緣覺乘無間種性、如來乘無間種性、不定種性、各別種性」,但是卻沒有界定「各別種姓」是什麼,見《大正藏》冊 16,頁 487 上 8-中 9。

《佛性論》區分兩種「性」（種姓），即、「住自性性」與「引出性」。這裡最特殊的是：儘管援引了《瑜伽師地論》中的「種姓」概念，《佛性論》卻將兩種種姓中的一種，即「住自性性」，界定為無為的（asaṃskṛta）。如《佛性論》說：

> 佛性有二種：一者、住自性性；二者、引出性。諸佛三身，因此二性故得成就。為顯住自性故，說地中寶藏譬。此「住自性佛性」者，有六種德故如寶藏。一者、最難得。佛性亦爾，於無數時節，起正勤心，因福德智慧滿足莊嚴，方始顯現故。譬如意寶藏，由勝因乃感。二者、清淨無垢。由佛性與煩惱不相染故，是故譬如意寶，不為不淨所污。三者、威神無窮，明六神通等功德圓滿故。如意寶亦爾，隨意能辦，故說寶藏譬。四者、能莊嚴一切世間功德善根，於一切處相稱可故。如意寶亦爾，能為世間種種莊嚴具。五者、最勝，於一切法中無與等故。亦如如意寶，物中最勝故，說寶藏為譬。六者、八種世法中<u>無有變異</u>，為十種常住因故。真寶亦爾，雖燒打磨不能改其自性故，取寶藏以譬住自性佛性。㉗（底線為筆者所加）

這段引文提出「住自性性」有六種特別的屬性，其中最明白指出它是無為法的，是第六項說「住自性性」無有變異（avikāra）、是常住因。正由於它是無變異，因此它不能為煩惱所染。並且當一個有情（sattva）成佛的時候，這個「住自性性」並沒有被新造出來，而只是從被隱蔽的狀態開顯（prabhāvita）出來。㉘

「住自性性」是不變異的無為法這一點，還可以從《佛性論》連結「住自性性」與「法身」中可以看出。例如《佛性論》說：

> 一者、因住自性佛性故說法身。法身有四種功德，是故第七說敗帛裹真金譬。「四功德」者：一、<u>自性有，如金本有，非所造作</u>。二、清淨，如金本

㉗　《大正藏》冊 31，頁 808 中 15-下 1。

㉘　限於篇幅，本文無法對此詳加論述。請參見筆者博士論文第七章：Ching Keng, "Yogâcāra Buddhism Transmitted or Transformed? Paramârtha (499-569) and His Chinese Interpreters" (Cambridge, M.A.: Harvard University, 2009)，頁 401 以下。

淨，塵垢不能染污。三、為一切功德所依處，如金能感種種貴物故。四、平等所得，謂一切眾生並同應得，如金無的主，眾人共有，隨其功力，修者即得，故說法身猶如真金。❷❾（底線為筆者所加）

這裡明白指出法身是「自性有，非所造作」，因而是不變動的無為法。與此相對，另一個佛性，即「引出佛性」，則是會變動的有為法。《佛性論》說：

二者、因引出佛性故說應身。應身有四種功德，是故第八說如貧賤女人有轉輪王胎。「四功德」者：一、依止，「依止」者，三十七道品是所依止。二者、正生，謂欲得應得，即是未知欲知根。三者、正住，謂正得，即是知根。四、正受用，即知已根。合此四義，名為應身。如胎中轉輪王子，亦有四義。一、以宿業為依止；二、未得王位欲得，如初生；三、正得王位，如住；四、得已不失，如受用。是故應身以胎中轉輪王為譬。三者、因引出佛性復出化身。「化身」者，有三事。一、有相，如水中月，以影相為體故。二、由功力，以宿願所作故。三、有始有終故。第九立摸中佛像為譬。❸⓿

這段指出：根據「引出佛性」導出佛的應身（saṃbhogakāya；或譯「受用身」）與化身（nirmāṇakāya；或譯「變化身」）。由於應身與化身是需要依照說法對象的不同而有所改變的，我們可以推論「引出佛性」必然屬於有為法。另外一個理由是：應身以「三十七道品」，也就是種種修行方法作為依止。三十七道品本身是有為的修行方法，應身以此為依止，則當然同樣屬於有為法。類似的理由也由此段引文對於化身的描述得到證實：化身由宿願所作，而由於宿願是有為法，則化身以及「引出佛性」當然也屬有為法。

綜合上述，《佛性論》提出了兩種佛性的主張：「自性住佛性」與「引出佛性」。前者是不變動的無為法；後者則是有變動的有為法。這點與《瑜伽師地論》

---

❷❾　《大正藏》冊 31，頁 808 下 9-16。

❸⓿　《大正藏》冊 31，頁 808 下 16-28。

以及其他主流的唯識學著作將兩種「種姓」都界定為有為的，形成強烈的對比。**❸**

這裡提到的關於「種姓」概念兩種不同的界定，已經在傳為安慧（Sthiramati；約七世紀）所著的《中邊分別論疏》（*Madhyântavibhāgaṭīkā*）中指出來了：

> 有些〔學者〕主張此處的「種姓」（gotra）應當被理解為「真如性」（tathātva），因為〔他們認為〕在一切眾生中有如來種姓的緣故。**❸**

這裡所謂的「在一切眾生中有如來種姓」，也就是所謂的「如來藏」（Tathāgatagarbha）思想。也就是說，《中邊分別論疏》報導說傾向於如來藏思想的學者，將種姓理解為真如性，也就是普遍不變的真理。用大乘的術語來說，這個真如性也常常被等同於空（śūnyatā）、勝義（paramârtha）、實際（bhūtakoṭi）、法界（dharmadhātu）等等。這些全都是屬於無為法的範疇。由於這些無為法無生無滅，沒有時間方所的限制，因而不能說有任何眾生沒有分享這個真理。基於一切眾生都分享真理（如來種姓）來說，於是可以證成如來藏思想「一切眾生皆有佛／如來種姓（buddha-/tathāgata-gotra）」的主張。

將種姓理解為不變的「真如性」，這顯然符合《佛性論》對於「住自性（種）姓」的界定。如果我們進一步探索，則不難發現《佛性論》對於兩種佛種姓的區分

---

❸ 即使是被認為為日本如來藏學權威的高崎直道，也沒有清楚地指出「住自性性」與「引出性」的最重要差別在於：前者是無為的而後者是有為的。高崎直道認為「住自性性」是「在眾生中遍在的真如佛性的無自覺的狀態」，而「引出性」則是「真如發動追求菩提的狀態」。高崎直道認為「引出性」是「住自性性」的發動，兩者是一體的。這是誤解了兩種佛性之間的區別，並且以《起信論》的「真如隨緣作用」的架構來理解《佛性論》的兩種佛性。見高崎直道，柏木弘雄《佛性論・大乘起信論（舊・新二譯）》（東京：大藏出版社，2005），頁33。

❸ 梵文原文作："Sarvasattvasya tathāgatagotrikatvāt atra gotram iti tathātvam jñeyam ity anye." 見 YAMAGUCHI Susumu [山口益], *Madhyantavibhagatika; exposition systématique du Yogacaravijnaptivada* (Nagoya: Librairie Hajinkaku, 1934)，頁55。

——無為的與有為的——其實是遵循《寶性論》（*Ratnagotravibhāga*）的立場。❸❸

《佛性論》與《寶性論》將《瑜伽師地論》以來提到的兩種「種姓」（gotra）之一定義為「真如性」（tathātva）的做法其實偏離了較早的傳統中「種姓」一詞的原意。如前所述，所謂的聲聞種姓，就是指一個有情中存在某種基於之前的原因，驅使其走向聲聞乘的修行道路以及相應的修行終點（即，阿羅漢）。這樣的種姓概念總是蘊含了在因果序列中，而且是多元性的意思。現在《佛性論》拿作為普遍真理的「如來性」來界定「如來種姓」，並據此主張一切眾生都具有「如來種姓」，違背了「種姓」一詞在較古老的脈絡中的意涵。

肆、「佛性」與「佛姓」的混淆

從現存中文佛教大藏經來看，公元七世紀之後出現了一個有趣的變化，即，「佛性」與「佛姓」兩個中文詞彙出現了混用。❸❹從中文佛教詞彙的歷史來看，「佛性」源自於《涅槃經》，而「佛姓」則應該是「佛種姓」的簡稱，與瑜伽行派論典中的「種姓」概念相關聯。從現存中文佛典來看，「種姓」一詞在南北朝時代尚多所使用，與中文的「性」字混用的情形尚不明顯。然而到了南北朝後期之後，「種姓」與「種性」的混用，也就是說，中文使用「種性」一詞而事實上指涉梵文「種姓」（gotra）的狀況，大幅增加。也就是說，普遍義、無為的「性」（結果義的「佛性」）與多元義、有為的「姓」（種姓）在原本佛教脈絡中的區別，已經越來

---

❸❸ 例如《究竟一乘寶性論》卷 4 舉出「地藏」與「樹果」來譬喻兩種佛種姓；前者譬喻法身；後者譬喻其他二佛身。見《大正藏》冊 31，頁 839 上 1-10。真諦的《佛性論》與《寶性論》之間的密切關係，早已為學者所認識到。可參考高崎直道關於《佛性論》歷來學者研究的文獻回顧，見高崎直道、柏木弘雄《佛性論・大乘起信論（舊・新二譯）》（東京：大藏出版社，2005），頁 19 以下。高崎直道沒有明白認識到「住自性性」是無為的，可見他對於《寶性論》的理解也有問題，參見前註❸❶。

❸❹ 例如現存《大正藏》中玄奘翻譯的《瑜伽師地論》卷 21 中，出現了明顯的「種姓」與「種性」混用，然而在兩個詞彙背後的梵文詞彙卻同樣是「種姓」（gotra）。又，例如波羅頗蜜多羅翻譯的《大乘莊嚴經論》卷 1，也出現使用「種性」來翻譯「種姓」（gotra）的現象。感謝 Professor Dan Lusthaus 於 2005 年的提醒讓我注意到這個問題。

模糊。甚至一個很可能的狀況是：後來藏經編輯者也根據後來混淆了的「佛性」與「佛姓」的用法，而來篡改先前截然區分的這兩個字。例如，《佛性論》的標題原本很可能是《佛姓論》，而其中的核心概念——「住自性性」與「引出性」——也可能原本作「住自性姓」與「引出姓」，因為其中討論的核心概念是從《瑜伽師地論》所借用來的「種姓」，其對應的梵文字明顯是 "gotra"。在現存版本中作「佛性」而非「佛姓」，有可能是後來藏經編輯者的篡改。❸

對於這個有趣現象可能的解釋之一，筆者建議是由於《佛性論》中將其中一種「佛種姓」界定為「真如性」（tathātva），使得當時中國佛教學者混淆了多元義、有為的「（種）姓」與普遍義、無為的「（真如）性」的意涵。伴隨這個混淆的結果，是成佛的原因或根據（佛種姓以及原因義的「佛性」）被視為是像真如一樣普遍而無所不在的。換言之，《佛性論》中的「佛種姓」（即、「住自性性」），被等同於《涅槃經》中的作為「原因義」（hetu）的「佛性」（buddha-dhātu），而且兩者同樣被界定為是像真如一樣、遍在一切眾生中的無為法。

這個混淆的一個明顯的理論後果是：普遍的真如性被認為是成佛的種姓或成佛的原因。由於真如遍在於一切眾生中，因此成佛的原因也就遍在一切眾生當中。據此，則不難證成「一切眾生皆有佛性」的命題。

另一方面，將無為的「真如性」視為是有為的成佛的種姓，顯然違背了印度佛教思想中對此兩者的嚴格區分。這個泯除了無為法與有為法嚴格區分的新架構，筆者認為，正是在真諦之後出現的《大乘起信論》在理論上最重要的特色。而隨著中國佛教學者將《佛性論》中「佛種姓」誤讀為《涅槃經》中原因義的「佛性」，一個全然不同的對於「佛性」的理解也被醞釀成形。

對比於此，在作為印度佛教典籍的《佛性論》中，無為法與有為法的界限仍然相當嚴格。儘管主張「住自性（佛）性」是等同於真如，然而《佛性論》從來沒有主張真如直接作為眾生成佛的原因。相反地，眾生對於自己具有「住自性（佛）

---

❸ 這個問題牽涉很多，目前筆者無法進行完整的討論。主要的困難是：較早談到「佛性」的佛典，例如《涅槃經》以及《寶性論》提到如來的種姓（gotra）的時候，究竟原本使用的中文詞彙是「如來性」還是「如來姓」。未來必須再考察其他古版的中文藏經、以及敦煌文獻中，是否存在「如來姓」的詞彙。

性」產生的「信樂」（adhimukti），才是引導眾生走向成佛之路的動力。例如《佛性論》卷 2 說：

> 是故佛子有於四義：一、因；二、緣；三、依止；四、成就。初言「因」者有二：一、佛性；二、信樂。此兩法，<u>佛性是無為</u>；<u>信樂是有為</u>。信樂約「性得佛性」為了因，能顯了正因性故。信樂約加行為生因，能生起眾行故。❸❻（底線為筆者所加）

這裡明白指出：（住自性）佛性（即真如）是無為的，是成佛的「正因」。❸❼然而由於佛性是無為的，它不能作為成佛的動力。是對於佛性的信樂才是使得在眾生中隱藏的「正因」（真如）開顯的「了因」。這是因為信樂本身是佛教修行（加行）的生因，推動眾生走向修行的道，成就「引出佛性」，最終能夠去除隱蔽真如的煩惱，而使得真如開顯。這裡信樂、加行等等，無疑皆屬有為的領域。❸❽

伍、《大乘起信論》的「佛性」概念

《大乘起信論》（以下簡稱《起信論》）對於後世中國佛教思想發展的重要性，此

---

❸❻　《大正藏》冊 31，頁 798 上 6-10。

❸❼　無為的佛性如何能夠作為「正因」需要做一些解釋。簡單地說：住自性佛性是無為的，與真如同義。當成佛時，一切遮蔽此性得佛性的煩惱被除去，真如得以開顯（prabhāvita），而開顯了的真如即是「法身」。因此當成佛時，無為法——真如、法身、性得佛性——並沒有任何變化，也沒有被新造。被新造出來的是有為的應身（受用身）與化身（變化身）。因此嚴格說來，在因果序列的意義下，法身沒有外於自己的原因，最多只能說是以恒常不變的自己為原因，因此在這個意義下說發生自身為自己的「正因」。

❸❽　在《佛性論》的架構中，「住自性（佛）性」與「引出（佛）性」分別對應到無為的法身、真如，以及有為的應身（受用身）與化身（變化身）。這裡兩個領域仍然維持峻然有別的平行結構，並沒有出現混淆或互相攝入的狀況。無為法與有為法截然分別的狀況，到了《起信論》才發生了根本的改變。關於此點，本文無法做深入的討論，請參見筆者博士論文第 5 章第 2 節：Ching Keng, "Yogâcāra Buddhism Transmitted or Transformed? Paramârtha (499-569) and His Chinese Interpreters" (Cambridge, M.A.: Harvard University, 2009)，頁 291 以下。

處無需贅言。關於《起信論》的來源，自古以來即有疑義。**㊏**二十世紀初以來，日本學者對此多所爭論，迄今尚無定論。**㊵**印順法師對此議題亦有所著墨。**㊶**筆者在博士論文中指出，將真諦三藏在《攝大乘論釋》中使用的「解性」一詞，**㊷**解釋為《起信論》的「本覺」概念的詮釋進路，其實並非真諦原本的解釋。如果筆者的結論是正確的，則蘊涵的結果之一是《起信論》並非真諦三藏所譯，而很可能是中國人所造的。**㊸**底下，筆者則嘗試進一步指出，《起信論》誤解了真諦所譯《佛性論》中的「佛性」概念。

關於《起信論》中的「佛性」概念，首先要澄清的是：《起信論》本身並沒有明白地提到「佛性」的概念。然而我們卻可以藉由分析《起信論》的其他相關概念，來嘗試重構在《起信論》義理架構下的「佛性」概念的內涵。

《起信論》最獨特的理論架構，是它的所謂「一心開二門」的架構。根據「一心開二門」，眾生的心本來是清淨的（心真如門），然而心受到無明風吹，則起了擾動，而變現起虛妄的現象（心生滅門）。眾生在輪迴中受苦的狀態，正是由於更進一步執持那些虛妄現象為實有的進一步結果。據此，如果能夠透過修行而使得心回到

㊏ 例如隋代法經於公元 594 年編輯的《眾經目錄》即已將《起信論》列入「眾論疑惑」，見《大正藏》冊 55，頁 142 上 16。

㊵ 關於日本學者對於《起信論》起源爭論，最好的回顧之一請參見柏木弘雄（1981），《大乘起信論の研究：大乘起信論の成立に関する資料論的研究》，第一章，頁 61-182。

㊶ 印順法師對於《起信論》與真諦關係，曾經做過不同的判斷。印順早年主張《起信論》非真諦所作，但晚年的〈起信論與扶南大乘〉一文，卻主張《起信論》為真諦所譯，且與扶南（今柬埔寨）的大乘佛教思想有關，參見印順（1995），〈起信論與扶南大乘〉。

㊷ 關於真諦「解性」一詞的用例，見《大正藏》冊 31，頁 156 下 16；以及頁 175 上 25。

㊸ 例如許多學者已經指出，《起信論》的「一心開二門」的架構，顯然是受到了《楞伽經》以及地論宗思想的影響。這方面主張最力的是日本學者望月信亨以及竹村牧男。可以參見望月信亨《大乘起信論の研究》（東京：金尾文淵堂，1922）、竹村牧男〈地論宗と大乘起信論〉，收錄於平川彰《如来蔵と大乘起信論》（東京：春秋社，1990）、竹村牧男《大乘起信論読釈》（東京：山喜房，1993）等。柏木弘雄對於望月信亨的論點做過簡要的概述，見柏木弘雄《大乘起信論の研究：大乘起信論の成立に関する資料論的研究》（東京：春秋社，1981），頁 152 以下。歐洲學者方面，支持《起信論》與地論宗間存在密切關聯的著作，可參見：Liebenthal, Walter, "New Light on the *Mahāyāna-śraddotpāda śāstra*" in *T'oung Pao,* vol. XLVI (Leiden: E.J. Brill, 1958)，頁 155-216。

本然的清淨狀態，則也就是成佛了。

從成佛狀態的結果義「佛性」的角度來檢討《起信論》，則發現《起信論》主張的本來清淨的眾生心並不異於後來成佛的狀態。這樣一來，心的本體（真如門）也就具有無為的、結果義的「佛性」的意涵。因為眾生不過是這個本體受到擾動之後的狀態，「佛」與「眾生」在「體」（即本來清淨的眾生心）上來說是同一的。如此，則「佛性」本有、「一切眾生本有佛性」就能夠被證成。

換一個角度，如果我們從原因義的「佛性」來考察，則根據《起信論》的架構，什麼是眾生從迷轉悟的原因或根據呢？依照「一心開二門」的理論，根本上使眾生超脫痛苦，乃是基於眾生從來未曾離開心的清淨本體的事實。因為眾生迷的狀態，不過是本來清淨的狀態的擾動，因而即使在擾動狀態，眾生還是沒有片刻離開清淨的本體。就這個意義來說，眾生本來具有能夠成佛的潛能。最明顯表達這個想法的，就是《起信論》中的「本覺」概念，如《起信論》說：

> 「心生滅」者，依如來藏故有生滅心，所謂不生不滅與生滅和合，非一非異，名為阿梨耶識。此識有二種義，能攝一切法、生一切法。云何為二？一者、覺義，二者、不覺義。所言「覺」義者，謂<u>心體離念</u>。「離念相」者，等虛空界無所不遍，法界一相即是如來平等法身，依此法身說名「本覺」。❹（底線為筆者所加）

這個「不生不滅與生滅和合」的阿梨耶識，為何具有「覺」的意涵？因為「心體離念」。也就是說，由於心的本來狀態是清淨的，即使被「念」（煩惱）所擾動，其本體仍然是清淨的。就這個清淨的本體無時不在而言，說心具有本來的覺性，稱為「本覺」。另一段《起信論》的引文也發揮類似的觀點說「無明之相不離覺性」：

> 復次，本覺隨染，分別生二種相，與彼本覺不相捨離。云何為二？一者、智

---

❹　《大正藏》冊 32，頁 576 中 7-14。

淨相，二者、不思議業相。「智淨相」者，謂依法力熏習，如實修行，滿足方便故，破和合識相，滅相續心相，顯現法身，智淳淨故。此義云何？以一切心識之相皆是無明，<u>無明之相不離覺性</u>，非可壞非不可壞。如大海水因風波動，水相風相不相捨離，而水非動性，若風止滅動相則滅，濕性不壞故。如是眾生自性清淨心，因無明風動，心與無明俱無形相、不相捨離，而心非動性。若無明滅相續則滅，智性不壞故。❹❺（底線為筆者所加）

這是說，心識產生的「相」，皆是由無明擾動所產生。然而即使受到無明擾動，這個心識的相卻沒有離開覺性，也就是本覺，因為本覺就是心的本然清淨的本體。這裡引用《楞伽經》的海水波喻，❹❻來說明即便海水因風擾動，海本身的本性（濕性）並不會改變。

根據本具的清淨的體，《起信論》進一步主張真如（等同於清淨的體）可以由內熏習，使眾生發心修行，如《起信論》說：

真如熏習義有二種。云何為二？一者、自體相熏習，二者、用熏習。「自體相熏習」者，從無始世來具無漏法，備有不思議業，作境界之性。依此二義恒常熏習，以有力故，能令眾生厭生死苦、樂求涅槃，自信己身有真如法，發心修行。❹❼

這裡是說，由於心的本體是真如（心真如門），而這個真如本身即可以由內對自己——也就是被擾動的自己——進行往解脫的方向熏習，從而引領每一個有情發心修行。這個本體一方面永遠不離自己的清淨本性，而另一方面也能恒常發揮使眾生由迷轉悟的熏習作用。

這樣看來，在《起信論》的架構下，「心的本體」匯聚了好幾方面的「佛性」

---

❹❺ 《大正藏》冊 32，頁 576 下 5-16。

❹❻ 參見劉宋、求那跋陀羅譯，《楞伽阿跋多羅寶經》卷 1，《大正藏》冊 16，頁 484 中 9-25。

❹❼ 《大正藏》冊 32，頁 578 中 19-24。

概念的意涵。一方面，心的本體是最終的成佛的狀態，這與前述結果義的「佛性」相同。另外，「心的本體」同時又是能夠發動熏習，是有情由迷轉悟，朝向佛教修行的根源動力，這又與前述的原因義的「佛性」概念的意涵相同。

　　《起信論》的架構下與之前的《佛性論》以及其他印度佛教經典的主要差別是：《起信論》模糊、甚至抹殺了在印度佛學傳統中無為法與有為法峻然的區別。如前所述，即使在所謂的如來藏思想的代表作品的《寶性論》與《佛性論》中，無為法與有為法全然是兩個平行的領域，彼此不互相依屬。無為法不能變動，因此不能作為有為法的存有學根據。《起信論》全然忽視了這一個基本的區別，同時將結果義的「佛性」（無為法）與原因義的「佛性」（有為法）等同於真如（無為法、心真如門）；而且又將眾生（有為法、心生滅門）安立在真如的「體」上。尤有甚者，《起信論》甚至主張真如是可以被熏習的，例如《起信論》說：

> 云何熏習起染法不斷？所謂以依真如法故有於無明，以有無明染法因故即熏習真如。以熏習故則有妄心，以有妄心即熏習無明。❹

　　能被熏習即蘊涵能被改變。作為無為法的真如而能被熏習，這在印度佛教經典是不能被接受的。❹

　　凡此種種，都是忽略了在印度佛教傳統以來的無為法與有為法的峻然區別的產物。筆者以為，《起信論》違反了這個區別，標誌了中國佛教思想發展的一個分水嶺：《起信論》創造性的誤讀，帶領後來中國佛教思想走上一個與印度相當不同的方向！

---

❹　《大正藏》冊 32，頁 578 上 21-24。

❹　例如《成唯識論》卷 2 明白指出無為法乃不具「可熏性」，因而非「所熏」。見《大正藏》冊 31，頁 9 下 13-15。

陸、《起信論》之後的「佛性」

　　儘管《起信論》沒有明白討論「佛性」的概念，然而《起信論》「一心開二門」的架構卻對之後中國佛教對於「佛性」的看法，產生了巨大的影響。除了前面提到的混淆了無為的結果義的「佛性」與有為的原因義的「佛性」，另一個關鍵的側面是：《起信論》之後，本覺被認為是眾生心的本有屬性。換言之，眾生不但本來具有佛性，而且本來具有達到解脫的智慧。如《起信論》說：

> 復次，真如自體相者，一切凡夫、聲聞、緣覺、菩薩、諸佛，無有增減，非前際生、非後際滅，畢竟常恒。從本已來，性自滿足一切功德。所謂<u>自體有大智慧光明義故</u>，遍照法界義故，真實識知義故，自性清淨心義故，常樂我淨義故，清涼不變自在義故。具足如是過於恒沙不離、不斷、不異、不思議佛法，乃至滿足無有所少義故，名為如來藏，亦名如來法身。❺⓿（底線為筆者所加）

　　這裡所謂的「自體有大智慧光明義」，與「本覺」概念一樣，用意都在強調眾生其實已經本具解脫的智慧，無須要向外尋求。這個觀點，後來為華嚴宗所詳加發揮，例如唐代華嚴宗的法藏（643-712）已經使用「性得之智」或「本有菩提」的概念，也就是說，智慧是一切眾生本來具有。例如法藏在《大乘法界無差別論疏》中說：

> 《華嚴》〈性起〉中，一切眾生心中有無師智、無相智等，皆約真如、本覺、性得之智為出世法作正因，與《瑜伽》等宗並不同。以彼宗但約生滅有為明種姓，是故許有一分無性。今此宗中約真如無為明種姓，是故一切皆有佛性。❺❶

---

❺⓿　《大正藏》冊 32，頁 579 上 12-20。
❺❶　《大正藏》冊 44，頁 69 上 4-9。

「亦菩提即涅槃」者，諸說不同。一云：以智證理，同無分別，故名為即。非彼智法同理凝然。一云：菩提有二種。一、修起菩提，謂始覺之智；二本有菩提，謂本覺智也。❷

在第二段引文中提到了兩種主張，而如果我們參考這裡的第一段引文，則不難發現法藏對於《華嚴經》〈性起品〉的解釋接近於後一種主張。而前一種主張，則接近傳統的唯識學派認為當（無分別）智親證（真如）理的時候，兩者間並無能取、所取的分別，因而是無分別的。❸

除了法藏之外，一切眾生本有智慧的主張，也可見於稍晚的宗密（780-841）。宗密受到《起信論》的影響甚大，而他也同時對後世禪宗影響甚大。例如他在《原人論》中，即遵循《起信論》的架構來討論「佛性」：

五、「一乘顯性教」者，說一切有情皆有本覺真心，無始以來常住清淨，昭昭不昧，了了常知，亦名佛性、亦名如來藏。從無始際妄相翳之，不自覺知，但認凡質，故耽著結業受生死苦。❹（底線為筆者所加）

這裡宗密已經明白將心本來的清淨狀態認為是「昭昭不昧、了了常知」，即本來具有智慧。這個真心同時又被稱為「本覺」、「佛性」與「如來藏」。底下我要主張的是：這個智慧本有的模型，對後起的宋明儒學也產生了根本的影響。

柒、「回歸本性／本心」的思考進路

上述的由《起信論》「一心開二門」架構以及「本覺」概念開啟的本有解脫智慧的進路，我認為對於後來整個中國、甚至東亞哲學的「回歸本性」的理論框架，

---

❷ 《大正藏》冊 44，頁 74 下 9-13。
❸ 參見《成唯識論》對於《唯識三十論頌》第 28 頌的解釋，《大正藏》冊 31，頁 49 下 14 以下。
❹ 《大正藏》冊 45，頁 710 上 11-15。

有根本的影響。如前所述，《起信論》有兩個核心的理論基礎：一是心的本體是清淨的；而且這個清淨的本體本具有正確的認識，即所謂「本覺」。二是這個清淨的本體本具帶領自我由迷返悟的力量。明師善友，其實不過是這個心體的「用」。❺❺這就是說，儘管我們現在處在未解脫的狀態，然而我們的本性具有自我導向解脫的力量，而且一旦心回歸到本然的清淨——即未受擾動的寂靜狀態——則本具的對於真理的認識自然朗現。從迷轉悟的過程，因而（至少在理論上）可以是一個不假外求的過程。

這個架構用在後來的儒學傳統上，就形成了所謂「回歸本性」的架構。惡起源於情，然而由於我們的本性是善，則其具有自我修正的力量。只要透過適當的功夫，則可以去情而回到本善的性。這整個過程，都是一個不假外求的過程，可說是「萬物皆備於我矣」。

在儒學傳統中明顯採納「回歸本性」架構的例子之一是李翱（774-836）的《復性書》。《復性書》開宗明義說：

> 人之所以為聖人者，性也；人之所以惑其性者，情也。喜、怒、哀、懼、愛、惡、欲，七者皆情之所為也，情既昏，性斯匿矣；非性之過也，七者循環而交來，故性不能充也。水之渾也，其流不清；火之煙也，其光不明；非水、火清明之過，沙不渾，流斯清矣；煙不鬱，光斯明矣；情不作，性斯充矣。❺❻

這裡用水被沙混濁因而不清，來譬喻性被情所惑因而不能彰顯。儘管水被沙弄混濁，然而水的本性並沒有改變。在這樣的架構下，《復性書》也與《起信論》同樣主張當性不動的時候，本身即具備「明照」的作用：

---

❺❺ 參見《起信論》對於真如的「自體相熏習」以及「用熏習」的討論。明師善友被認為是的眾生外緣之力，不過是真如的「用」。見《大正藏》冊32，頁578中19-下29。

❺❻ 《四庫全書》，《李文公集》卷二。

是故誠者,聖人性之也;寂然不動,廣大清明,照乎天地,感而遂通天下之故,行止語默,無不處於極也。復其性者,賢人循之而不已者也,不已則能歸其源矣。❺❼

問曰:「不慮不思之時,物格於外,情應於內,如之何而可止也?以情止情,其可乎?」曰:「情者,性之邪也,知其為邪,邪本無有,心寂然不動,邪思自息,惟性明照,邪何所生?如以情止情,是乃大情也;情互相止,其有已乎?❺❽

聖人也不過就是保持本性之寂然不動、明照的作用。因此,一旦回到寂然不動的性,則明照作用自然朗現。這與《起信論》的「本覺」概念,幾乎是同出一轍。

在這個「回歸本性」的架構下,「主靜」就成為宋明儒家修養功夫的核心。在「主靜」的功夫之後,隱含的預設是一切對於善惡的知識原本就包含在本性中。向外推求的「格物」變成是次要的、輔助性的。返回寂靜而明照、先天具有明辨善惡能力的本性,就是開顯本具的良知良能的修養功夫。一言以蔽之,修養就是「返本」!

捌、「本有」的兩種意涵

對比於此,印度佛教經典卻從來未曾主張類似「本覺」的概念,更沒有主張「回歸本性」的修行模式。學者往往指出所謂「自性清淨心」(prakṛti-prabhāsvara-citta)、「佛性」或「如來藏」等等概念來支持印度佛教傳統中也支持「回歸本性」的修行方法。然而在印度佛教之如來藏系論典的《寶性論》以及《佛性論》中,所謂的「(住自性)佛姓」(prakṛtistha-[buddha]-gotra)本有,指的是真如或真理沒有變化,沒有界限,因而不能說任何一個眾生沒有分享真理。進一步來說,由於當

---

❺❼　同上。

❺❽　同上。

一個人認識到真理——即真如（tathatā）、亦即事物的本來樣貌——的時候，這個真理作為一種（無分別的）對象，與關於這個真理的智——即無分別智（nirvikalpa-jñāna）、亦即對於事物本來樣貌的正確的認識——之間是沒有區別的。❺❾因此既然真如／真理是恒常不變的，則關於真理的智，也不得不承認是恒常不變的。

在這樣的意義之下來看如來藏論典所主張的「本有智慧」，其意義指的是對於真理的認識（jñāna）是「恒常不變」的。這就是說，當一人見到真如／真理的時候，他所得到的智慧並不是在那一刻被新造出來，而只是在那一刻被顯現出來。因此與其說在彼時「人得到智慧」，不如說是「智慧向人顯現」、或說「人發現智慧」。因為智慧作為對於真理的認識，在那一刻前不能說不存在，而只是被人的煩惱無知所遮蔽，因而不對他顯現。這種情況有些類似於我們說萬有引力定律被牛頓發現，而當牛頓發現的那一刻，萬有引力的所指涉到的實在以及這個實在相對應的唯一種的「智」，並沒有被牛頓所新造出來。❻⓪

因此，儘管印度佛教的如來藏思想主張「智慧本有」，也和《起信論》一樣，認為本有智慧的朗現，有待於終極性地去除煩惱。然而印度佛教從來沒有主張只要「主靜」，讓意識中的紛亂思想止息，則解脫的智慧自然朗現。佛教修行並非只重視消除紛亂的意念。在傳統佛教修行法門中，去除紛亂的意念只相當於「止」（śamatha），而更重要的則是「觀」（vipaśyanā）。顧名思義，「觀」指的是向外觀察現象的生滅變化，並進而得到領悟一切現象皆是緣起（pratītya-samutpāda）、無自性（asvabhāva）、空（śūnyatā）。在朝向發心以及開始修行的過程中，向外尋求名師善友也是絕對必要的。聽聞佛法——也就是聽聞佛陀這一位名師的教導——造成的聞熏習（śrutavāsanā）的力量，則是走向佛教修行的第一步。❻❶凡此種種，皆是外求的

---

❺❾　簡單來說，當真如作為認識的對象時，主體或能取（grāhaka）與客體或所取（grāhya）之間的區別已經泯除，因而兩者之間無法區分。

❻⓪　參見筆者博士論文第 6 章第 8 節，Ching Keng, "Yogâcāra Buddhism Transmitted or Transformed? Paramârtha (499-569) and His Chinese Interpreters" (Cambridge, M.A.: Harvard University, 2009)，頁 395 以下。

❻❶　關於「聞熏習」在修行扮演的角色，請參閱玄奘譯，《攝大乘論本》，卷上，〈所知依分〉。另可參見維勤（Eyal Aviv）（2009）.〈對法充耳不聞——20 世紀中國關於聞熏（Śrutavāsanā）思想以及聞與思本質的辯論〉，《漢語佛學評論》，第 1 期，頁 85-112。

過程，而且外求是不可或缺的。根據印度大乘佛教的看法，如果不聽聞佛陀（在佛經中）的教導，想要憑自己觀察現象而得到超脫輪迴的智慧——也就是成為「緣覺」（pratyeka-buddha；或譯為「辟支佛」）——的成功機率是相當低的。換言之，終極性地斷除煩惱，不能只依賴消極性的離念，而必須聽聞佛法、據此觀察現象生滅而得到「緣起性空」的智慧，才是終極性地去除煩惱唯一可行的方法。因此在修行過程中，外求（向外尋求佛法、觀察現象）是絕對必要的，而不是像《起信論》所言，僅僅憑藉「心體離念」，本性的明照作用就自然朗現。

總結來說，我們可以概略地區分兩種關於「智慧本有」的主張。其一是印度的如來藏思想所主張的外求型的「本有智慧」：「本有」意味此解脫智慧是永恒不變的，如同萬有引力定理一樣。然而除非修行者經過長時間的聽聞佛法、觀察現象、仔細思維，這個「本有智慧」不能對修行者顯現。在外求型的模式之下，若說修行者只要去除雜念就能發現此「本有智慧」，就如同說牛頓只要在房間中保持清明的思緒，就可以得到關於萬有引力定律的智慧一樣荒謬。

另一種是以《起信論》為代表的不假外求型的「本有智慧」：「本有」意味心中本來具有，只是暫時被心中雜念、妄念遮蔽。這個「本有智慧」，原則上可以藉由一個不假外求的修行過程得到。只要能夠去除雜念、回到心本來寂然不動的狀態，則「本有智慧」自然顯現。這個「本有智慧」的模型，對唐代以後的中國佛學以及儒學都有深遠的影響。

玖、結語：佛教中國化的複雜因素

最後，讓筆者對所謂「佛教中國化」（Sinification of Buddhism）的論題作一個概略的評論，並以此為結語。過去數十年以來，有學者主張佛教傳入中國之後的變化，基本上是中國本土思想對佛教進行了轉化（Chinese transformation of Buddhism）。❻有學者甚至主張當時的中國佛教徒以及學者從來就不了解佛教思想，而只是被包在中文

---

❻　一個適當的例子是：Chen, Kenneth K.S. [陳觀勝], *The Chinese Transformation of Buddhism* (Princeton, N.J.: Princeton University Press, 1973)。

的隔膜裡瞎子摸象。❸相反與此，有學者則主張佛教中國化基本上是佛教思想對中國本土文化的「征服」（Buddhist conquest of China）。❹藉由對於「佛性」的概念的檢討，本文嘗試指出佛教傳入中國直到形成本土化的佛教思想，中間包含了許多複雜的因素。有佛教經典本身的模糊歧義性在內（例如《大般涅槃經》對於「佛性」概念的界定不清），有印度佛教思想的進一步發展而導致的混淆（例如《佛性論》將本來是有為的「佛種姓」概念解釋為無為的真如），以及有中國讀者基於誤解而進行的創造性詮釋（例如迥異於印度佛教的《起信論》「一心開二門」的革命性思想架構）。佛教的中國化，包含了這些種種因素一起發揮作用。過分簡化的「中國轉化」或「印度征服」的模式，並不足以提出充分的解釋。

參考文獻

玄奘譯。《瑜伽師地論》，《大正藏》冊 30。

玄奘譯。《佛地經論》，《大正藏》冊 26。

玄奘譯。《攝大乘論本》，《大正藏》冊 31。

吉藏。《大乘玄論》，《大正藏》冊 45。

佚名。《大乘起信論》，《大正藏》冊 32。

求那跋陀羅譯。《楞伽阿跋多羅寶經》，《大正藏》冊 16。

求那跋摩譯。《菩薩善戒經》，《大正藏》冊 30。

李翱。《復性書》，《李文公集》，《四庫全書》。

法藏。《大乘法界無差別論疏》，《大正藏》冊 44。

宗密。《原人論》，《大正藏》冊 45。

真諦譯。《佛性論》，《大正藏》冊 31。

勒那摩提譯。《究竟一乘寶性論》，《大正藏》冊 31。

曇無讖譯。《菩薩地持經》，《大正藏》冊 30。

---

❸　持此極端的立場的例如： Sharf, Robert H. *Coming to Terms with Chinese Buddhism: a Reading of the Treasure Store Treatise* (Honolulu: Hawaii Press, 2002)。

❹　這是著名的荷蘭漢學家許理和大作的標題：Zürcher, Erich, *The Buddhist Conquest of China: the Spread and Adaptation of Buddhism in Early Medieval China* (Leiden: Brill, 2007)。

曇無讖譯。《大般涅槃經》，《大正藏》冊 12。

王邦維（1993）。〈略論大乘《大般涅槃經》的傳譯〉，《中華佛學學報》，第 6
　　　期：103-127。

印順（1995）。〈起信論與扶南大乘〉，《中華佛學學報》，第 8 期：1-16。

廖明活（2008）。《中國佛性思想的形成和開展》。臺北市：文津出版社。

維 勤 [Eyal Aviv]（2009）。〈對法充耳不聞——20 世紀中國關於聞熏
　　　（Śrutavāsanā）思想以及聞與思本質的辯論〉，《漢語佛學評論》，第 1
　　　期：85-112。

小川一乘（2004）。《小川一乘佛教思想論集 第一卷 佛性思想論 I》。京都：法
　　　藏館。

下田正弘（1997）。《涅槃經の研究——大乘經典の研究方法試論》。東京：春秋
　　　社。

柏木弘雄（1981）。《大乘起信論の研究：大乘起信論の成立に関する資料論的研
　　　究》。東京：春秋社。

望月信亨（1922）。《大乘起信論の研究》。東京：金尾文淵堂。

竹村牧男（1990）。〈地論宗と大乘起信論〉，平川彰（編），《如来蔵と大乘起
　　　信論》，335-376。東京：春秋社。

竹村牧男（1993）。《大乘起信論読釈》。東京：山喜房。

高崎直道（1988）。《如來藏思想 I》。東京：法藏館。

高崎直道，柏木弘雄（2005）。《佛性論・大乘起信論（舊・新二譯）》（東京：
　　　大藏出版社）。

Chen, Kenneth K.S. [陳觀勝] (1973). *The Chinese Transformation of Buddhism*.
　　　Princeton, N.J.: Princeton University Press.

Keng, Ching (2009). "Yogâcāra Buddhism Transmitted or Transformed? Paramârtha
　　　(499-569) and His Chinese Interpreters." Unpublished doctoral dissertation,
　　　Harvard University, Cambridge, M.A. U.S.A.

Liebenthal, Walter, "New Light on the *Mahāyāna-śraddhotpāda śāstra*." *T'oung Pao*,
　　　vol. XLVI: 155-216.

Ruegg, David Seyfort (1976). "The Meaning of the Term 'Gotra' and the Textual History of the 'Ratnagotravibhāga,'" *Bulletin of the School of Oriental and African Studies*, vol. 39, no. 2: 341-363.

Sharf, Robert H. (2002). *Coming to Terms with Chinese Buddhism: a Reading of the Treasure Store Treatise*. Honolulu: Hawai'i Press.

YAMAGUCHI Susumu [山 口 益] (1934). *Madhyantavibhagatika; exposition systématique du Yogacaravijnaptivada*. Nagoya: Librairie Hajinkaku.

Zürcher, Erich (2007). *The Buddhist Conquest of China: the Spread and Adaptation of Buddhism in Early Medieval China*. Leiden: Brill.

The Confusion between "Buddha-nature" and "Buddha-*gotra*": Centering on the Foxing Lun and the Dasheng Qixin Lun

Keng, Ching*

Abstract

This paper argues that there existed a confusion between the notions of "Buddha-nature" and "Buddha-*gotra*" in the sinification of Buddhism, and tries to investigate the impacts of this confusion on Buddhism and Confucianism in China. To begin, as early as the *Mahāparinirvāṇa-sūtra* there already existed the ambiguity regarding whether "Buddha-nature" refers to the cause to or to the fruit of Buddhahood. Following this, the *Foxing lun* identifies the Buddha-*gotra*, i.e., the "Buddha-nature as the cause to Buddhahood," with Thusness, i.e., the "Buddha-nature as the fruit of Buddhahood." This confusion was further developed in the *Awakening of Faith*. Afterwards, the mainstream of Chinese Buddhism insisted that all sentient beings are endowed with both the "Buddha-nature as the cause" and the "Buddha-nature as the fruit," and for this reason, one does not need to look for anything outside of the mind to become a Buddha. I argue that this scheme has huge impact on the development of Confucianism as well as Buddhism after mid-Tang dynasty in China. I conclude by the observation that the sinification of Buddhism involves very complicated mechanism and cannot be adequately

---

*   Assistant Professor, Department of Philosophy, National Chengchi University

explained by oversimplified models.

Keywords: Buddha-nature,   Gotra,   Inherent,   Mahāparinirvāṇa-Sūtra,   Foxing
Lun,   Awakening of Faith

試析「道德的形上學」兩種創生型態：
「本體宇宙論的創生」與
「實現物自身的創生」*

張子立**

摘　要

　　本文焦點在於：簡別出牟宗三「道德的形上學」中解釋創生的兩種思路，本文分別稱之為「本體宇宙論的創生」與「實現物自身的創生」。

　　首先，就「本體宇宙論的創生」而言，創生之關鍵在於「性體」，性體在人表現出道德創造，至於就實現或創生存在而言，則顯發為天道、乾道、寂感真幾及其神用。人真正直接創造的是道德行為，道德創造之所以能擴及本體宇宙論上的創生，乃因踐仁盡性底無限擴大，因著一種宇宙的情懷而達致。或是由道德性當身所見的本源「滲透」至宇宙之本源，乃至以心「相應」、「形著」天道等方式。這些都在說明人可透過其仁心或良知與天道發生感應，進而契接天道，將生生之德落實於行為中。性體涵括天道與良知，天與人的關係乃是「內容的意義」相同，這是天

---

*　　在本文寫作過程中，李瑞全、李明輝二位教授均曾給予指教，其後並發表於「百年儒學與當代東亞思潮——紀念唐君毅、牟宗三先生百年誕辰」國際學術會議上，亦獲鄭宗義教授提供許多寶貴建議。於審稿過程中，並承蒙二位審稿人就文章之解釋與論證重點，點出需特別留意之處，在此一併致謝。

**　東海大學哲學系客座助理教授

與人在主體面實踐地說之一，藉由性體而在本質上、實踐上與天道或無限者之「合一」。道德創造與創生存在二者之間仍有區分。

　　但在「實現物自身的創生」型態中，「本心仁體」或「良知明覺」才是創生之關鍵。不論就道德創造或創生存在而言，人皆可參與其中，因為人具有智的直覺，由知體明覺為體所起之用並非現象，而是非現象之實事、實理、實物。亦即康德所謂物自身。天道成為「此直覺自身就能給出它的對象之存在」之智的直覺，不再是《心體與性體》中本體宇宙論之原理，心也不必再藉道德實踐以相應或形著性或天道，其智的直覺即可實現物自身，兼為實踐德行之道德的根據與存在之存有論的根據，而可統道德與存在而一之，成為「作用的意義」上之同。因為良知將性體、天道涵括在內，道德創造與創生存在二者之區分已泯。

　　牟宗三整合這兩種不同創生型態的理論發展為：將人與天同的思路徹底化，以「實現物自身的創生」融攝「本體宇宙論的創生」，貫徹「作用的意義」相同之論點，天人合一亦從道德主體實踐上的印證，轉移為理論推導上的邏輯結論。

關鍵詞：本體宇宙論的創生　實現物自身的創生　性體　智的直覺　內容的意義
　　　　　作用的意義

壹、前言：「道德的形上學」中兩種創生之意涵

在儒家學說中，「生」字表述的即是所謂存在，而非個體生命。牟宗三先生認為：「中國人從『生』這個地方說存在。儒家講『生生不息』，也是從『生』講存在。」❶依牟先生的詮釋，儒家生生的宇宙觀，並非西方重視自然因果法則的機械宇宙觀，亦非從無生有的上帝創世觀，更與適者生存、優勝劣敗的進化論大異其趣，而是走向生成化育的生成性的宇宙觀。且此中「生成」乃是「使存在之事永遠生息下去而不至於枯亡，這便是對於存在之創造。這就是中庸所謂天道之誠之『生物不測』也。」❷如此一來，作為天道內容之「生生」，其涵義應為存在之不斷創生與實現，並無永遠維持個體生命之意。❸而在牟先生對道德的形上學之論述中，其實可以發現對「生生」的兩種詮釋理路，二者未必可相互涵蓋，皆能自成一種說法。他曾如此解釋天道之創生：

> 我們可以籠綜天地萬物而肯定一超越的實體（上帝或天道）以創造之或創生之，這乃完全由人之道德的心靈，人之道德的創造性之真性，而決定成的。此即是說：天之所以有如此之意義，即創生萬物之意義，完全由吾人之道德的創造性之真性而證實。外乎此，我們絕不能有別法以證實其為有如此之意義者。是以盡吾人之心即知吾人之性，盡心知性即知天之所以為天。❹

這段話是牟宗三在解釋孟子盡心知性知天之「盡」與「知」為印證義時所說。指出道德的形上學是要藉由逆覺之體證，而對天地萬物進行一種價值上的解釋。在

---

❶ 牟宗三：《四因說演講錄》（臺北：鵝湖出版社，1997 年），頁 8。
❷ 牟宗三：《心體與性體（一）》（臺北：正中書局，1996 年），頁 367。
❸ 將易傳中的「生」字解釋為個體生命，「生生不息」為個體生命之不斷維持，是對儒學常見的誤解。勞思光先生提出「生」與「生之破壞」的背反問題以及「本性實現中之衝突問題」，即源自此種對「生」或「生生」概念之誤讀。因篇幅所限，無法在本文中多做交代。較詳細的討論請參張子立：《從逆覺體證到理一分殊新釋──試析現代新儒學之內在發展》，第一章第二節，國立政治大學哲學研究所博士論文（2008 年 7 月）。
❹ 牟宗三：《圓善論》（臺北：臺灣學生書局，1996 年），頁 133。

牟先生看來，天道創生萬物，是「對于天地萬物所作的道德理性上的價值的解釋」，孟子所謂萬物皆備於我，此中天之創生萬物之創造性完全由心之道德的創造性來證實。儘管天是一超越的實體，但「天所以為天之具體而真實的意義完全由心之道德的創造性而見也」❺。細究之，在這段說明中，牟先生同時運用了兩個詞語表述此道德理性上的價值的解釋，其一是以吾人之道德的創造性「證實」天之創生萬物之創造性，或是更進一步，以心之道德的創造性「決定」天之創生萬物之創造性，這可分別指涉兩種不同的創生理論型態。

首先，牟先生曾提出「道德的形上學」（moral metaphysics）與「道德底形上學」（the metaphysics of morals）之區分，他對兩者的說明是：

> 「道德底形上學」與「道德的形上學」這兩個名稱是不同的。〔……〕前者是關於「道德」的一種形上學的研究，以形上地討論道德本身之基本原理為主，其所研究的題材是道德，而不是「形上學」本身，形上學是借用。後者則是以形上學本身為主（包含本體論與宇宙論），而從「道德的進路」入，以由「道德性當身」所見的本源（心性）滲透至宇宙之本源，此就是由道德而進至形上學了，但卻是由「道德的進路」入，故曰「道德的形上學」。〔……〕。❻

「道德底形上學」與「道德的形上學」之差異，在於前者乃是對道德的形上解析，要找出道德的先驗形式與原理，康德倫理學正是一種「道德底形上學」；後者則以道德為進路，目的在通往形上學實體的理論，這是儒學之特色。其中道德與存在得以貫通之關鍵，是由仁心之無外，以明「本心性體不但只是吾人道德實踐之本體（根據），且亦須是宇宙生化之本體，一切存在之本體（根據）」。❼亦即由「道德性當身」所見的本源（心性）滲透至宇宙之本源，其中所謂「滲透」，乃比喻立

---

❺　同上，頁 134。
❻　《心體與性體（一）》，頁 139-140。
❼　《心體與性體（一）》，頁 8-9。

足道德界同時又涉入存在界而突破此兩界之範域。其進路是一種契接式的「證實」，基於人秉於天之本心性體，以道德實踐契接天之創生，藉以投入整個大化之流行中，使道德界與存在界相通而無隔閡。牟氏亦以「相應」、「形著」等詞語交互申說類似之意，為免辭贅，將留待後面做進一步解釋。

另外，在牟先生嘗試以智的直覺說明逆覺體證之後，又曾這樣解釋道德的形上學：

> 〔……〕良知明覺是實現原理也。就成己言，它是道德創造之原理，即引生德行之「純亦不已」。就成物言，它是宇宙生化之原理，亦即道德形上學中的存有論的原理，使物物皆如如地得其所而然其然，即良知明覺之同於天命實體而「於穆不已」也。在圓教下，道德創造與宇宙生化是一，一是皆在明覺之感應中一體朗現。〔……〕。蓋物之存有必在吾之行事中存有，吾之行事亦必在成物中完成也。❽

良知明覺作為人的道德意識，同於天命實體而為實現原理，既是道德創造之原理，亦為宇宙生化之原理，道德形上學中存有論的原理。牟先生在前面引文中強調，超越的實體（上帝或天道）乃完全由人之道德的心靈，人之道德的創造性之真性而「決定」成的，就在突顯這種道德心靈可發智的直覺之論點。所以說道德創造與宇宙生化是一，人與天非但於道德創造上，也在萬物之生化上可有相同的作用，天人之貫通就不必再藉由道德「滲透」至存在這種契接式的「證實」方式。

此種詮釋中的雙重性，肇因於在牟宗三的說明中，創造原則既為「心」也為「性」之雙重身份。由於著重點之不同，遂可以發展出兩種走向。一種是以道德的創造性「證實」天創生萬物之創造性，而由性體或天道作存有論意義的現象之創造，呈現出本體宇宙論的創生模式；至於以心之道德的創造性「決定」天之創生萬物之創造性，則為一種實現物自身之價值的創造、現象只有認知意義而無存有論意義。在此前言部分，筆者僅大致點出這兩種創生型態之分野，在下文即正式展開論述。

---

❽　牟宗三：《現象與物自身》（臺北：臺灣學生書局，2004 年），頁 444。

貳、「本體宇宙論的創生」型態

一、「性體」作爲創造實體

依據牟先生在《心體與性體》一系列書中對道德的形上學之說明，本心性體同時是道德實踐與宇宙生化之本體。此作爲創生實體、「於穆不已」的實體之乾道，「自身無所謂『變化』，『變化』者是帶著氣化以行，故假氣化以顯耳，變化之實在氣，不在此實體自身也」❾。此說明同時涉及存有論（天道、乾道）與宇宙論（氣化）兩個面向，氣化流行雖不等於天道，卻是天道的表現，天道作爲即存有即活動之本體宇宙論的實體，是氣化流行之根據。氣化流行之現象界在存有論上仍是真實意義的存在。

此外，天道亦即「性體」，是人道德實踐所以可能的超越根據，同時即通「於穆不已」之實體而爲一，由之以開道德行爲之純亦不已，以洞澈宇宙生化之不息。性體就成爲通道德與存在而一之的關鍵。其方式即是所謂道德理性三義中之第一、二兩義：

> 〔……〕在形而上（本體宇宙論）方面與在道德方面都是根據踐仁盡性，或更具體一點說，都是對應一個聖者的生命或人格而一起頓時即接觸到道德性當身之嚴整而純粹的意義（此是第一義），同時亦充其極，因宇宙的情懷，而達至其形而上的意義（此是第二義），〔……〕❿

在形而上（本體宇宙論）與在道德這兩方面都是根據踐仁盡性，而可見道德性當身之嚴整而純粹的意義以及其形上學的意義，就是在說明依據性體而起的道德實踐或道德創造，即爲貫通道德與存在之樞紐。「這爲定然地真實的性體心體不只是人的性，不只是成就嚴整而純正的道德行爲，而且直透至其形而上的宇宙論的意義，

---

❾　《心體與性體（一）》，頁 33。
❿　同上，頁 117。

而為天地之性，而為宇宙萬物底實體本體，為寂感真幾、生化之理」❶。

如此看來，性體無外，宇宙秩序即是道德秩序，道德秩序即是宇宙秩序。故成德之極必是「與天地合其德，與日月合其明，與四時合其序，與鬼神合其吉凶，先天而天弗違，後天而奉天時」，而以聖者仁心無外之「天地氣象」以證實之。此中「性體」一觀念居關鍵之地位，最為特出。❷在這個階段，是以「性體」觀念為主，因為牟先生強調「性」才是能起宇宙生化與道德創造之「創造實體」❸，本心是人在道德實踐中對此性體之自覺。所以「宋明儒所言之天道、天命、太極、太虛，其結穴只在性體。性體具五義是客觀地說；從天道、天命、太極、太虛而結穴於性體，所謂性與天道，性天之旨，亦皆是客觀地說。至心能盡性，心具五義，則是主觀地、實踐地說」❹此時既說天道乃結穴於性，所以客觀地創生萬物之作用亦落於性，並無本心仁體可實現對象之物自身的說法，而且心與性的關係是主觀與客觀、「對其自己」與「在其自己」對言，而無「智的直覺」一語出現。牟先生指出：

> 客觀地言之曰性，主觀地言之曰心。自「在其自己」而言，曰性；自其通過「對其自己」之自覺而有真實而具體的彰顯呈現而言則曰心。心而性，則堯舜性之也。性而心，則湯武反之也。心性為一而不二。
>
> 客觀地自「於穆不已」之天命實體言性，其「心」義首先是形而上的，自誠體、神體、寂感真幾而表示。若更為形式地言之，此「心」義即為「活動」義（activity），是「動而無動」之動。此實體、性體、本是「即活動即存有」者，故能妙運萬物而起宇宙生化與道德創造之大用。❺

心性為一而不二，是就心正是性對本身之自覺，或心是性之活動而為言。性體

---

❶　《心體與性體（一）》，頁 138。
❷　同上，頁 34-37。
❸　同上，頁 40。
❹　同上，頁 569。
❺　同上，頁 42。

作為起宇宙生化與道德創造之「創造實體」，創造且引發了宇宙之氣化流行，現象界於是取得在存有論上存在的意義。再者，牟氏強調「心性是一之宇宙論的模型以性為主，道德實踐之證實而貞定此模型，則須以心為主」⑯。在宇宙論的模型上須以性為主導概念，而性作為客觀性原則可建立天地萬物之自性，故能妙運萬物而起宇宙生化與道德創造之大用。可見創生天地萬物之實義落在性，而非心。此時「心」義著重在「活動」義（activity），是「動而無動」之動。⑰此形上之心可顯用於道德實踐上，以證實與貞定宇宙論的模型，就是說心之特性在於相應天道，從道德實踐中形著性之創造，成為性或天道之具體化。這即是前述由道德性當身所見的本源（心性）「滲透」至宇宙之本源。「滲透」代表由道德領域貫通至形上領域。道德意識之應物而當機顯發（此即易傳所謂「寂然不動、感而遂通」），即為性體或天道之當機顯發。形著天道就是使天道具體化，此具體化的方式即表現在人的道德行為、或對天地萬物顯現之仁心上。心之實在創生道德行為，而非天地萬物，但這種道德的創造可呼應或契合於性或天道之創造，成為其創生的一種表現或範例，故是證實與貞定性。所以牟先生在解釋張載「氣聚，則離明得施而有形」以及「盈天地之間者，法象而已。文理之察，非離不相覩也」兩句時，才宣示這些皆是「本體、宇宙論的」陳述，非認識論的陳述⑱。我們可以稱以上思路為「本體宇宙論的創生」型態。

二、天人關係：「內容的意義」相同

在「本體宇宙論的創生」型態中，天與人的關係表現為「內容的意義」相同。試看以下這段話：

> 「盡心知性知天」是自體上言。在此，心性天是一。「存心養性事天」是自
> 人為一現實存在言，天亦是帶著氣化說。在此，心性因現實存在之拘限與氣

---

⑯　同上，頁 532。

⑰　必須注意的是，所謂「動而無動」之「心」，在明此「心」為形上的道德本心，非實然性的心理學之心。因此，形上的動態自是動而無實然層或經驗層的動態相對之「動相」。

⑱　《心體與性體（一）》，頁 468-469。

化之廣大，而與天不即是一。自「一體而化」言，則此分別即泯。從體上說是一，帶著用說亦是一也。「立命」則是就現實存在與氣化之相順相違言，此不是說心性與天的事，而是說帶著氣化的天與吾人之現實存在間之相順相違的事。至「一體而化」之境，則一切皆如如之當然，亦無所謂「命」也。❶❾

這段話可以從三方面予以解析：

1.就存有論而言，講的是本體，亦即「盡心知性知天」一語。吾人之心性與實體義的天，以理言的天「內容的意義」相同，「此所謂『內容的意義』相同實即同一創生實體也」❷⓿。故心性天是一，人在「體」上「同於無限」。

2.就帶著氣化的天而言，即「存心養性事天」一語。此時心性天不即是一，從人道德修養的歷程來看，基於人為一種現實存在，「則不能不有一步謙退，因此顯出一層退處之『事天』義」❷❶。此帶著氣化的天與吾人現實存在之相順相違，亦形成吾人「命」的限制，而須「夭壽不貳，修身以俟之」的「立命」態度。凡此皆在強調現實存在的有限性。

3.就理想境界言。講的是「一體而化」之聖人境界，由人從心所欲而不踰矩，體現出純亦不已之德行，進入從體上說是一，帶著用說亦是一之「同於」無限的境界。質言之，此處所謂「同於無限」，首先是指在存有論上，人之心性與以理言的天「內容的意義」相同，同為創生實體，故心性天從「體」上說是一。因此牟氏詮釋「盡心知性知天」為：「此時天全部內在化，吾之性體即是天，天地亦不能違背此性體。此時天與人不但拉近，而且根本是同一，同一於性體。」❷❷這是強調天可以純內在化，「純內在化者是以理言的天，與性體意義同、質同、化境同的天」❷❸。其次，落在人的道德實踐上講，「同於無限」則為天人相即合一的工夫語、境界語，表述在聖人境界中天人之分別即泯，而可充分體現天道之狀態。聖人也是

---

❶❾　同上，頁 28-29。

❷⓿　同上，頁 27。

❷❶　同上，頁 28。

❷❷　同上，頁 527。

❷❸　《心體與性體（一）》，頁 526。

人，故不能不受到氣命之限制，就此帶著現實存在的有限性而言，人與天不即是一；然而在一體而化的境界中，由於能充分體現天道，即使不得不帶著氣化之「用」，亦不礙其同於無限。

要注意的是，就「本體宇宙論的創生」而言，人之性體雖與天意義同、質同，這只代表人之道德創造與天道之一致性，可將人之道德行為視作天道之體現。同者在於道德創造，而非實現萬物之存在，「於穆不已」的創造仍歸之於天。牟先生說：

> 故盡心即是知性，知即在盡中知。而知性即是盡性，「知」處並無曲折的工夫。工夫全在「盡」字。所謂「知」者，只是在「盡心」中更具體地、真切地了解了此性體而已，此性體更彰著于人之面前而已。在「盡心」中了解了人之真正的本源（性體），真正的主體，則即可以「知天」矣。因為天亦不過就是這「於穆不已」之創造，即生化之理也。故中庸曰：「天地之道可一言而盡也。其為物不貳，則其生物不測」。在天，說「生物不測」；在性，則說道德創造（道德行為之純亦不已）之「沛然莫之能禦」。故天之正面函義與心、性之函義為同一也。❷

盡心即是知性，這是就人之道德創造、道德實踐而言。在「盡心」中了解人真正的本源（性體），真正的主體，則即可以「知天」，意指以道德創造之「沛然莫之能禦」，呼應天之「生物不測」，依性體而有之道德行為正是天道透過人而表現，故曰天之正面函義與心、性之函義為同一。但萬物存在之理、生化之理並非人力所能及，只能歸之於天。才會強調在天，說「生物不測」；在性，則說道德創造之「沛然莫之能禦」。這種思路還可證諸牟氏對橫渠「心知廓之」一語之解釋：

> 超見聞之「心知」遍體天下之物而不遺，自然開朗無外。以其開朗無外，故能相應「天之不禦」而知其為無窮盡。相應其「不禦」之無盡即是郭廓而範

---

❷　同上，頁538。

圍之。「廓之」以「相應」定。此如「範圍天地之化而不過」之範圍，此範圍亦是「相應」義。故此範圍是比擬說，並非有形之一定範圍也。故其實義即是「形著」，言心知相應其無盡而證實之，證實之即形著之。容（客）觀自如者須待主觀之形著而得其真實義與具體義。故「心知廓之」之廓本于超越的道德本心之無外，而落實于對天道之形著。心之作用即在形著，故橫渠言「心能盡性」也。而孟子亦言「盡心知性知天」也。❷⑤

所謂「廓之」，猶如「範圍天地之化而不過」之範圍，兩者皆是「相應」義，而其實義即是「形著」。「心知廓之」表示心知相應天道之無盡而證實之，證實之即形著之。心之作用即在形著，橫渠言「心能盡性」，孟子言「盡心知性知天」，都在說明這形著義。「盡心知性知天實不只是遙遙地知天，實足以證實天之所以為天，而在本質上實同于其所說之心性」❷⑥。心可證實、形著天道，成為天道落實於人的行為之具體化，所以說心性天在本質上同，不過這是就道德實踐之本質而言，而未涉及萬物之生化。

總的來說，「本體宇宙論的創生」所表現之「內容的意義」相同，可藉以下這段話予以概括：

> 心即是體，故曰心體。此是主觀地、存在地言之，由其體物不遺而見其為體。天道篇：「天體物不遺猶仁體事無不在」，俱是由體物體事而見其為體。天道之「體物不遺」是客觀地、本體宇宙論地說；仁之「體事無不在」是主觀地、實踐地說。主觀地、實踐地說，即所以明「心能盡性」之超越的、形上的普遍本心也。故「天大無外」，性大無外，心亦大而無外。此即函心性天之主觀地、實踐地說之之合一，而亦竟直是一也。❷⑦

---

❷⑤　同上，頁 550。

❷⑥　同上，頁 552。

❷⑦　《心體與性體（一）》，頁 557。

心性天可以是一，但這是「仁體事無不在」方面的一，在人主觀地實踐地說之合一，乃是本質上、實踐上與天道或無限者之「合一」，並以此「內容的意義」同於天道而言「是一」。但就萬物之存在，宇宙之生化的層面，則須歸之於天道。故客觀地、本體宇宙論地說，必須是「天體物不遺」。故「天體物不遺猶仁體事無不在」，正在強調心可相應、證實、形著天道，成為天道落實在道德領域之具體化。

參、「實現物自身的創生」型態

一、智的直覺之提出

但在《智的直覺與中國哲學》及《現象與物自身》二書中，創生之意涵已逐漸產生變化。先就《智的直覺與中國哲學》來看，牟先生重點在從康德所謂智的直覺切入，討論儒家實現或創生存在的方式。他將智的直覺詮釋為本心仁體的明覺活動。在此活動中，「自知自證其自己，如其為一「在其自己」者而知之證之，此在中國以前即名曰逆覺體證。此種逆覺即是智的直覺」[28]。而且本心仁體「不但特顯于道德行為，它亦遍潤一切存在而為其體。前者是它的道德實踐的意義，後者是它的存有論的意義；前者是它的道德創造，引生道德行為之『純亦不已』，孟子所謂『沛然莫之能禦』，後者是它的生物不測，引發宇宙之秩序，易傳所謂『以言乎遠，則不禦』。總之，它是個創造原則」[29]。

本心仁體之所以能成就宇宙生化，是由仁心感通之無外而說的。就此感通之無外說，一切存在皆在此感潤中而生化，而有其存在。仁心的感通無外就是仁心之覺潤無方，即為智的直覺，本身即給出它的對象之存在。在這種智的直覺中，一切存在都是「在其自己」之自在自得物，所謂萬物靜觀皆自得，都不是一現象的對象。「同一物，對智的直覺說，它是一物之在其自己（物自體），此即康德所說『物自體』一詞的積極意義（唯彼不取此意義而已），對感觸的直覺與辨解的知性說，它是現

---

[28] 牟宗三：《智的直覺與中國哲學》（臺北：臺灣商務印書館，1993 年），頁 196。

[29] 同上，頁 199。

象，因而也就是一對象。智的直覺直覺地認知之，同時即實現之，此並無通常認知的意義，此毋寧只著重其創生義」。❸⓪可見同一事物，在德性之知與經驗知識中有不同的樣貌。在前者是呈現其物自體，在後者是展露出經驗內容與特性。也就是說，一切事物，經由此智的直覺而呈現出其物自體，也可說是實現了其物自體，因此有了真實的存在。在此意義上，說一切存在皆在此感潤中而生化，而有其存在。基於人有智的直覺之肯定，其創造已不僅限於道德行為，更可於存在層面實現物自體。

到了《現象與物自身》問世的階段，則進一步發展了《智的直覺與中國哲學》中的論點。牟先生以「知體明覺」為儒家存有論的代表，而以陽明「意之所在為物」與「明覺之感應」兩句話解釋智的直覺之創造。當陽明說「意之所在為物」，此語中之物乃行為物，亦即事，也就是道德行為；當他說「明覺之感應」為物時，則是事物雙彰，行為物（如事親）與存在物（如親）俱是在其自己者。就明覺之感應而言，牟先生指出：「就事言，良知明覺是吾實踐德行之道德的根據；就物言，良知明覺是天地萬物之存有論的根據。故主觀地說，是由仁心之感通而與天地萬物為一體；而客觀地說，則此一體之仁心頓時即是天地萬物之生化之理。」❸①此亦即中庸合內外之道中成己成物的性之德。成己乃事；成物就物言，成己是道德實踐，成物是自我實踐之功化，此功化含有一道德的形上學，無執的存有論。「就成己言，它是道德創造的原理，引生德行之純亦不已；就成物言，它是宇宙生化之原理，亦即道德形上學中的存有論的原理。」❸②其中所謂成物之成乃實現義，所成之事是在其自己之事，是實事，亦是德行；所成之物是在其自己之物，其自身即是目的。

依這種詮釋，儒家所謂體用已類似於上帝與物自身之關係。因為就知體明覺之感應無外而言，其所感應的物，與由此應物而引來的事（德行），俱是用，而物與事俱是在其自己者。牟先生才會強調物與事之「用」，「並不是現象，而是「在其自己」之如相。因此，此所謂體用倒有點類似康德所說的上帝與物自身之關係（上

---

❸⓪　同上，頁 200。

❸①　牟宗三：《現象與物自身》（臺北：臺灣學生書局，2004 年），頁 442-443。

❸②　同上，頁 444。

帝只創造物自身，不創造現象）。只是知體明覺之為體與上帝不同而已」❸❸。

若細究牟先生之用字遣詞，在《心體與性體》中，「性體」概念為核心，故天道、天命、太極、太虛，皆結穴於性，客觀地妙運萬物而起宇宙生化是性體之神用；《智的直覺與中國哲學》一書中，「性體」與「本心仁體」常並舉；到了《現象與物自身》問世的階段，可發覺牟先生已不是以性體概念為首出，才會在主客觀面皆主要以良知明覺或仁心作解釋。心已不再只是藉道德實踐來證實或形著性或天道，其智的直覺即可實現物自身之創生作用，統道德與存在而一之。而且談現象只能有認知意義的現象，不能有存有論意義之現象。他特別做出如下澄清：「平常依存有論的方式說本體現象，或依中國傳統說體用時亦把用視為現象，那是不檢之辭，忘記了「認知度向」之插入。現象（依康德此詞之嚴格的意義）只在「認知度向」之介入上而起，即只對認知主體而起。」❸❹可見由知體明覺為體所起之用並非現象，而是非現象之實事、實理、實物。亦即康德所謂物自身。由於知體明覺之為萬物存有論的根據是就其實現天地萬物之物自身而言，經驗事物並非知體明覺所直接產生，乃是對感性與知性而顯的認識論意義的現象，遂而是一種「實現物自身的創生」型態。天道成為「此直覺自身就能給出它的對象之存在」之智的直覺，不再是《心體與性體》中本體宇宙論之原理，因為宇宙論之原理並非物自身之實現原理，而是萬物生長、運動、變化之所以然之理，就哲學概念之分梳而言，這正代表兩種創生詮釋之差異。

二、對明道與陽明評價之轉變

這種差異也可從牟先生對陽明學評價的改變看出。在《心體與性體》中，牟先生視明道為圓教之模型，在主客觀兩面皆飽滿而無遺。牟先生說：

> 明道直從「於穆不已」、「純亦不已」言道體、性體、誠體、敬體。首挺立仁體之無外，首言「只心便是天，盡之便知性，知性便知天，當下便認取，

---

❸❸ 同上，頁445。

❸❹ 《現象與物自身》，頁128。

更不可外求」，而成其「一本」之義。是則道體、性體、誠體、敬體、神體、仁體、乃至心體、一切皆一。故真相應先秦儒家之呼應而直下通而為一者是明道。明道是此「通而一之」之造型者，故明道之「一本」義乃是圓教之模型。❸

　　從這段話來看，牟先生對明道可謂推崇備至。他視儒家為圓教，明道之「一本」義為此圓教之模型，評價之高不言而喻。原因在於明道對客觀的天道與主觀的本心皆很重視，不但體證到可識仁之本心，更強調中庸與易傳盛言的客觀而超越之「天」，因為即使連孔孟也重視此客觀而超越地言之之「天」。牟先生強調，如果成德之教中必函有一「道德的形上學」，此「天」字之尊嚴是不應減殺或抹去者，陽明正是因為不夠正視此客觀超越之「天」而有所疏歉，才會有「虛玄而蕩」或「情識而肆」之王學流弊，劉蕺山即於此著眼而「歸顯於密」也。此為內聖之學自救之所應有者。❸因此牟先生對陽明的評價不如明道，他說：

　　　象山與陽明既只是一心之朗現，一心之申展，一心之遍潤，故對於客觀地自「於穆不已」之體言道體性體者無甚興趣，對於自客觀面根據「於穆不已」之體而有本體宇宙論的展示者尤無多大興趣。此方面之功力學力皆差。雖其一心之遍潤，充其極，已申展至此境，此亦是一圓滿，但卻是純從主觀面申展之圓滿，客觀面究不甚能挺立，不免使人有疏歉之感。自此而言，似不如明道主客觀面皆飽滿之「一本」義所顯之圓教模型為更為圓滿而無憾。蓋孔子與孟子皆總有一客觀而超越地言之之天也。此「天」字如不能被擯除，而又不能被吸納進來，即不能算有真實的飽滿與圓滿。❸

　　顯而易見，依牟先生之意，明道因為主客觀面皆飽滿，而在陽明之上。甚至在

---

❸　《心體與性體（一）》，頁 44。

❸　同上，頁 48。

❸　同上，頁 47-48。

明道的一本論中，「象山陽明之一心遍潤，一心申展，始真有客觀的落實處，而客觀地挺立矣」❸。

但在牟先生提出智的直覺之創生性後，以上說法皆已少提或根本不提，他在《現象與物自身》中表示，此書開始由道德的進路展露本體，本即是依陽明而言。言及儒家的無執的存有論，則當集中於陽明所言之「知體明覺」而言之。❸可見此時牟先生是以陽明良知之教為核心。他接著解釋說：

> 直接由道德意識所呈露的道德實體有種種名。依孔子所言的仁，可曰仁體。依孟子所言的心，可曰心體。而此本心即性，因而亦可曰性體。依中庸所言的誠，可曰誠體。依其與客觀方面言的天道合一而為一形而上的實體而言，亦可曰道體，神體，寂感真幾，於穆不已之體。依陽明，則曰知體明覺。依劉蕺山，則曰獨體，涉指心體（意體）與性體兩者而言者。雖有種種名，而今特願就陽明所言之知體明覺而言之，何以故？因良知特顯內在的決斷故，與具體的道德生活能密切地相連接故。❹

牟先生在這一段整理儒家講道德意識所呈露的道德實體之說明中，並未提及明道。而且認為陽明所說的知體明覺，最能突顯內在的道德決斷而與具體道德生活密切相關，是以堪為代表。尤有甚者，牟先生又在它處指出，陸王一系由本心即性即理這一心體之道德意義與絕對意義，即可使道德界與存在界一時同彰，不須有主客觀兩面的迴環。牟先生說：

> 本心即是一自由無限心，它既是主觀的，亦是客觀的，復是絕對的。主觀的，自其知是知非言；客觀的，自其為理言；絕對的，自其「體物而不可移」，因而為之體言。由其主觀性與客觀性開道德界，由其絕對性開存在

---

❸　《心體與性體（一）》，頁48。
❸　《現象與物自身》，頁435。
❹　同上，頁436-437。

界。既有其絕對性，則絕對地客觀地自道體說性體亦無過，蓋此即已預設本心之絕對性而與本心為一也。然既是絕對地客觀地由道體說性體，其所預設者不顯，故如此所說之性體與道體初只是有形式的意義，此只能大之、尊之、奧之、密之，而不能知其具體而真實的意義究如何。此所以橫渠，五峰，蕺山，必言以心成性或著性，而仍歸於論孟也，亦即是將其所預設者再回頭以彰顯之也，故道體，性體，心體，並不對立也。惟先說道體性體者，是重在先說存在界，而道體性體非空懸者，故須有一步迴環，由心體之道德意義與絕對意義（存有論的意義）以著成之也。陸王一系由本心即性即理這一心體之道德意義與絕對意義兩界一時同彰，故無須這一步迴環也。❹

在這段引文中，牟先生以本心為自由無限心之絕對者，理或性體道體只是其中客觀面，於是為首要的不再是性體、而是本心，甚至道體性體之客觀性就在於預設了本心之絕對性。既以本心為立論根據，主客觀兩面之迴環則無此必要，陽明亦不再因為不夠正視客觀超越之「天」而有所虛歉，本心即性即理這一心體之道德意義與絕對意義即可使兩界一時同彰，陽明學說被引用與進一步詮釋的份量也日益吃重。更可看出在牟先生提出智的直覺之創生性後，他對「道德的形上學」之理論建構，已走向「實現物自身的創生」型態。

三、天人關係：「作用的意義」相同

此「實現物自身的創生」型態，在存有論上，基於人有智的直覺之前提，吾人之心性與實體義的天，以理言的天非僅「內容的意義」相同，即使在「作用的意義」上亦同。「內容的意義」相同，代表人之性體雖同於天道，但人實際創造的乃道德行為，此中「內容的意義」亦即感通無隔之仁心，之所以相同是由於人能推己及人，正可呼應天道之誠，在道德實踐之本質上合一。道德行為自然是天道之展現與落實，但這只是天道的一個面向，尚未涵蓋宇宙之生化。

但若人擁有智的直覺，此直覺即可實現物自身，這種事物雙彰的成己成物，就

---

❹ 同上，〈序〉，頁12。

不只表現在道德實踐上，而亦具存有論之功化，人與天道不但在內容的意義上，就連在創生作用上也可同一，此即「作用的意義」上相同之意。職是之故，在《智的直覺與中國哲學》中，相對於《心體與性體》，牟先生對張載「心知廓之」的解釋有了微妙變化，而不只是形著：

> 「心知廓之，莫究其極」，此是主觀地說，是以「心知」之誠明形著此「不禦」而證實之，亦即具體而真實化之。「莫究其極」是如其「不禦」而證實其為不禦。「廓之」即相應如如範圍而形著之之意。「範圍」不是圈限之，而是如如相應而印定之之意，即如其「不禦」而印定之。此種如如相應而印定之的「心知之廓之」即是一種智的直覺。既是智的直覺，則不但如如相應而印定之，即不只如如相應而認知地呈現之，形著之，且同時亦即能客觀地豎立起來與那天道生德之創生之不禦為同一而其自身即是一不禦的創造。客觀說的天道生德之創生之不禦究竟落實處即在此主觀說的「心知之誠明」之創生之不禦。❷

上面引文的前半段，一直到「即如其『不禦』而印定之」為止，意思與前引《心體與性體》那段話可謂一致，似同樣在說明「心知廓之」表示心可證實、形著天道，成為天道落實於人的行為之具體化。但隨後即補充「心知廓之」為一種智的直覺，而不只是形著天道，則表現出一種「作用的意義」相同之思路。如此一來，不但客觀說的天道生德之創生之不禦，其究竟落實處即在主觀說的心知之誠明之創生之不禦，並且人之智的直覺即與天道生德創生之不禦為同一而其自身即是一不禦的創造，而可以實現一物之在其自己。「『心知廓之』不只是印證（形著）太虛神體創生之不禦，而且其本身即與之為同一而亦為一創生不禦之實體，落實說，實只此一本也」❸。

再將焦點轉到《現象與物自身》。在此，牟先生強調儒家立教本就是一個道德

❷　《智的直覺與中國哲學》，頁186。
❸　《智的直覺與中國哲學》，頁188。

意識，直接由吾人的道德意識呈露那內在的道德實體，他特別從陽明所言之良知明覺來說明此道德實體，而其不但具有道德的意義，可從事道德創造；也同時具備存有論的意義，可實現物之在其自己，於是智的直覺在作用上與天道已合二為一。這就是所謂的「事物雙彰」：

> 真誠惻怛之良知，良知之天理，不能只限於事，而不可通於物。心外無事，心外亦無物。一切蓋皆在吾良知明覺之感應的貫徹與涵潤中。事在良知之感應的貫徹中而為合天理之事，一是皆為吾之德行之純亦不已。而物亦在良知之感應的涵潤中而如如地成其為物，一是皆得其位育而無失所之差。此即所謂事物雙彰也。❹

心外無事，心外亦無物。因為事與物皆在吾良知明覺之感應的貫徹與涵潤中。所以說：「就事言，良知明覺是吾實踐德行之道德的根據；就物言，良知明覺是天地萬物之存有論的根據。故主觀地說，是由仁心之感通而與天地萬物為一體，而客觀地說，則此一體之仁心頓時即是天地萬物之生化之理。」❺

相對於「本體宇宙論的創生」強調主客兩面的迴環，將萬物之存在與生化委諸天道，內在化是指人直接參與道德創造而與天內容的意義相同；「實現物自身的創生」則不需此迴環，主張人之良知明覺可使事物雙彰，兼為道德創造及宇宙生化之原理。此時人之道德實踐上的體用，已類似於上帝與物自身之關係。可以說，由於「實現物自身的創生」型態主張良知明覺在「作用的意義」上亦與天同，人在「體」上「同於無限」的特性，實較「本體宇宙論的創生」型態更為凸顯。

肆、結語：兩種創生型態之理論整合

本文藉由大量引用牟先生解釋創生的論述，簡別出其於不同時期與著作中表現

---

❹　《現象與物自身》，頁 442。

❺　同上，頁 442-443。

的兩種思路。一個哲學家在理論建構的歷程中，因其著重點或焦點之微調，有時會衍生出前後期論點的差異，這在哲學史上屢見不鮮。不論當事人是否清楚地意識到此現象，基於思想一致性的內在要求，往往又會出現一些可藉以統合二者的線索。在結語的部分，筆者嘗試找出這個線索，說明牟先生整合兩種不同創生型態的理論發展。

這個理論發展亦即「心即理」之徹底化。這是將天人合一之證實方式，由道德主體面的印證推進至理論推導之邏輯結論，而以「實現物自身的創生」融攝「本體宇宙論的創生」的進路。

就「本體宇宙論的創生」而言，創生之關鍵在於「性體」，性體在人表現出道德創造，至於就實現或創生存在而言，則顯發為天道、乾道、寂感真幾及其神用。要注意的是，在此人所真正創造的是道德行為，以此印證天道創生之大德，此可再證諸牟先生以下這段話：

> 意志之因果性，康德亦說它是一種特種因果性。我們已指出，依儒者觀之，這「特種因果性」就是「承體起用」的一種因果性。自由、自主、自律的意志是體，由它直接所指導，不參雜以任何感性的成分，而生的行為、德業、或事業、便是用。「應當發生什麼」是自由意志所直接決定的。意志所直接決定的「應當」，因心、情感、興趣，即因心之悅理義發理義，而成為「實然」，此即是「是什麼」或「發生什麼」之必然性。由應當之「當然」而至現實之「實然」，這本是直貫的。這種體用因果之直貫是在道德踐履中必然地呈現的。其初，這本是直接地只就道德行為講：體是道德實踐上的體，用是道德實踐上的用。但在踐仁盡性底無限擴大中，因著一種宇宙的情懷，這種體用因果也就是本體宇宙論上的體用因果，兩者並無二致。必貫至此境，「道德的形上學」（不是「道德之形上的解析」）始能出現。❹

由道德踐履所呈現的體用因果之直貫，本是直接地只就道德行為講：體是道德

實踐上的體，用是道德實踐上的用。但由於性體除了創生萬物之外，也可顯發於人的動心起念之中，使人得以經由踐仁盡性底無限擴大，因著一種宇宙的情懷，意志的體用因果也就成為本體宇宙論上的體用因果，兩者並無二致。此中所謂「擴大」、「宇宙的情懷」、以及前述由道德性當身所見的本源「滲透」至宇宙之本源，乃至「相應」、「形著」等詞語，都在說明人可透過其仁心或良知與天道發生感應，將生生之德落實於道德行為中，成為天道之具體表現。由於性體涵括天道與良知，天與人的關係乃是「內容的意義」相同，這是天與人在主體面道德實踐上說之一，人真正直接創造的是道德行為，卻可藉由性體而在本質上、實踐上與天道或無限者「合一」。這種感而遂通的境界，是主體道德實踐上的印證，並不算是理論推導上的邏輯結論。

　　若以天人關係上人可同於天道為出發點，就理論說明而言，「實現物自身的創生」會較「本體宇宙論的創生」型態來得順適，更有利於解釋天人之所以同的理據何在。理由在於：「實現物自身的創生」雖然亦是道德主體實踐之工夫，天與人之同卻可以是理論推導上的邏輯結論。因為道德實踐的根據與存有論的根據都收於「良知明覺」之中，這種作用上的同，意味著人除了道德行為的創造之外，還因具有智的直覺而可實現事物之在其自己，亦即物自身，道德之事與存在之物即通過良知明覺而一時同彰，客觀面的天道與主觀面的本心皆統合於此自由無限心之中，天與人之同就無須性體之中介，不必透過道德意識的「擴大」、「滲透」、「形著」天道予以印證。道德實踐中仁心之遍潤即同時完成道德創造與物自身之實現，千變萬化的經驗性質則對應人之感性與知性而顯。

　　順是，在以人可同於天道為核心命題的情況下，「實現物自身的創生」因為可直接以概念內涵說明人與天、道德與存在之所以同的理據，無須迂迴地以主體道德實踐之「擴大」、「滲透」、乃至「形著」天道予以印證，在理論解釋上的確優於「本體宇宙論的創生」。因為知體明覺之概念內涵已將道德創造與實現存在通而一之，成為前提推導下之邏輯結論，證實天人合一的方式，已不只是道德主體實踐上的印證，同時兼為哲學思辯上的論證。或許此即牟先生逐漸發展出「實現物自身的

創生」詮釋之因。❹

　　正因如此，就理論發展而言，在「實現物自身的創生」型態出現之後，牟先生
詮解宋明儒學，乃至道德的形上學之焦點就不放在內容意義上的同，而在作用意義
上的同，強調心即理之絕對普遍性。此可證諸《從陸象山到劉蕺山》一書對道德的
形上學之詮釋：

> 近人習於西方概念式的局限之思考，必謂道德自道德，宇宙自宇宙，心即理
> 只限於道德之應然，不涉及存在域，此種局限非儒教之本質。心外有物，物
> 交代給何處？古人無道德界，存在界，本體論（存有論），宇宙論等名言，
> 然而豈不可相應孔孟之教之本質而有以疏通之，而立一儒教式的（亦即中國式
> 的）道德界，存在界，本體論，宇宙論通而為一之圓教乎？此則繫於「心即
> 理」之絕對普遍性之洞悟，何必依西方式的概念之局限單把此「心即理」局
> 限於道德而不准涉及存在乎？❹

　　在這段說明中，牟先生認為在討論中國哲學之特性時，要跳脫西方概念式思
考，以辯證性的理解建立一種儒教式的（亦即中國式的）道德界，存在界，本體論，
宇宙論通而為一之圓教，其依據則是孟子陸王一系「心即理」之絕對普遍性。此即
是以心之道德的創造性「決定」天之創生萬物之創造性，藉以貫通道德界與存在
界。儒家意義上的圓教亦可藉此予以解釋：

> 心外無理，心外無物。此即佛家所謂圓教。必如此，方能圓滿。由此，良知
> 不但是道德實踐之根據，而且亦是一切存在之存有論的根據。由此，良知亦

---

❹ 另外必須附帶說明的是，哲學理論之效應往往利弊互見，就人雖有限而亦可無限的儒家主張來
看，「實現物自身的創生」確有理論推導上較順適的優點，但由於蘊涵天人之作用的同，無疑更
凸顯了人之無限性的一面，這個理論前提與注重人之有限性的哲學或宗教理論之對話、交流或
會通上，無疑會遭遇不小的阻力。在這方面，「本體宇宙論的創生」因為僅表現出內容的意義上
之同，更留意於人之有限性，對照於「實現物自身的創生」，反而在對立性上不致那麼尖銳。
❹ 牟宗三：《從陸象山到劉蕺山》（臺北：臺灣學生書局，1993 年），頁 20。

有其形而上的實體之意義。在此，吾人說「道德的形上學」。這不是西方哲學傳統中客觀分解的以及觀解的形上學，乃是實踐的形上學，亦可曰圓教下的實踐形上學。因為陽明由「明覺之感應」說物（「以其明覺之感應而言，則曰物」，見上）。道德實踐中良知所及之物與存有論的存在之物兩者之間並無距離。❹

　　這段討論圓教的話正是一種作用上的同之論點。良知不但是道德實踐之根據，亦是一切存在之存有論的根據，道德創造亦即實現物自身的表現，良知作為形而上的實體將道德創造與創生存在涵括在內。

　　在這樣的思路之下，牟先生自然不再訴諸本體宇宙論的創生之論點，以主客兩面的迴環解釋明道，以之為儒家圓教的模型。反倒是轉而以智的直覺融攝明道的說法，在萬物一體的解釋上，指出明覺之感應同於明道所謂仁心之感通：

　　　陽明從良知（明覺）之感應說萬物一體，與明道從仁心之感通說萬物一體完
　　　全相同，這是儒家所共同承認，無人能有異議。從明覺感應說物，這個
　　　「物」同時是道德實踐的，同時也是存有論的，兩者間並無距離，亦並非兩
　　　個路頭。這個物當該不是康德所謂現象，乃是其所謂物自身。從明覺感應說
　　　萬物一體，仁心無外，我們不能原則上說仁心之感通或明覺之感應到何處為
　　　止，我們不能從原則上給它畫一個界線，其極必是以天地萬物為一體。這個
　　　一體同時是道德實踐的，同時也是存有論的——圓教下的存有論的。〔……〕
　　　這必是康德所說的人類所不能有的「智的直覺」之感應（康德不承認人類能有此
　　　種直覺，但良知之明覺，仁心之感通就含有這種直覺，這是中西哲學之最大而又最本質的差
　　　異點）。❺

　　《從陸象山到劉蕺山》是牟先生在完成《智的直覺與中國哲學》及《現象與物

---

❹　《從陸象山到劉蕺山》，頁 223。

❺　同上，頁 225。

自身》之後，再度以宋明儒學為主題發表的著作。其中和以上這些引文類似的說法為數不少，與《心體與性體》中表現的思路已有微妙的差異。若以此推斷牟先生在形成上述兩種創生型態的詮釋後，表現得較明顯的理論走向，則可以表述為：將性體與天道之客觀性收攝於良知或智的直覺之絕對性，而以「實現物自身的創生」為主軸，融攝「本體宇宙論的創生」之論點，作為詮釋道德的形上學之思想資具。

參考文獻

牟宗三（1968-69）。《心體與性體》（全三冊），臺北：正中書局。

牟宗三（1974）。《智的直覺與中國哲學》，臺北：臺灣商務印書館。

牟宗三（1975）。《現象與物自身》，臺北：臺灣學生書局。

牟宗三（1976）。《歷史哲學》，臺北：臺灣學生書局。

牟宗三（1979）。《從陸象山到劉蕺山》，臺北：臺灣學生書局。

牟宗三（1980）。《中西哲學之會通十四講》，臺北：臺灣學生書局。

牟宗三（1983）。《中國哲學十九講》，臺北：臺灣學生書局。

牟宗三（1996）。《圓善論》，臺北：臺灣學生書局。

牟宗三（1996）。《政道與治道》，臺北：臺灣學生書局。

牟宗三（1997）。《四因說演講錄》，臺北：鵝湖出版社。

牟宗三（1997）。《才性與玄理》，臺北：臺灣學生書局。

牟宗三（2000）。《康德：判斷力之批判》，臺北：臺灣學生書局。

李明輝（1997）。《儒家與康德》，臺北：聯經出版公司。

李明輝（1991）。《儒學與現代意識》，臺北：文津出版社。

李明輝（1994）。《當代儒學之自我轉化》，臺北：中央研究院中國文哲研究所。

張子立（2008 年 7 月）。《從逆覺體證到理一分殊新釋——試析現代新儒學之內在發展》，國立政治大學哲學研究所博士論文。

張子立（2005 年 8 月）。〈釋朱子脫然貫通說〉，《東吳哲學學報》，第 12 期，頁 99-125。

張子立（2007 年 1 月）。〈道德感之普遍性與動力性——謝勒與牟宗三的共識〉，《鵝湖》，第 379 期，頁 51-62。

劉述先（1987）。《中西哲學論文集》，臺北：臺灣學生書局。

劉述先（1993）。《理想與現實的糾結》，臺北：臺灣學生書局。

劉述先（1996）。《當代中國哲學論：問題篇》，River Edge, N.J.：美國八方文化企業公司。

劉述先（2000）。《儒家思想意涵之現代闡釋論集》，臺北：中央研究院中國文哲研究所。

劉述先（2004）。《現代新儒學之省察論集》，臺北：中央研究院中國文哲研究所。

鄭家棟（1995）。《當代新儒學論衡》，臺北：桂冠出版社。

On the Twofoldness of Moral Metaphysics: Onto-Cosmological Creation and Creation of Actualizing Thing-In-Itself

Chang, Tzu-Li*

Abstract

In this article, I look to shed light on the twofoldness of Mou, Tsung-san's theory of moral metaphysics, namely onto-cosmological creation and creation of actualizing thing-in-itself.

As far as onto-cosmological creation is concerned, the keypoint of creation lies in *xing-ti* (性體), whose manifestation can be found in moral and ontological fields alike. In this approach, *tian* (天) is the principle of the existence of all things while moral behaviors are what *ren* (人) directly take the responsibility of. The role of *xin* (心) is to motivate good deeds in order that moral agents are capable of embodying or corresponding to *tian-dao* (天道). To the extent that *ren* manifests *tian-dao* in virtue of moral practice, *tian* and *ren* are identical in the sense of content.

As opposed to onto-cosmological creation, creation of actualizing thing-in-itself is premised on *ben-xin-ren-ti* (本心仁體) or *liang-zhi-ming-jue* (良知明覺) instead. Insofar as the intellectual intuition of *ren* is the foundation of morality as well as existence, *tian* or *xing-ti* is integrated into *ben-xin*. Moral agents thus create not only

---

* Department of Philosophy, Tunghai University

moral behaviors but also thing-in-itself. This kind of *tian-ren* correlation（天人關係）is the identity in the sense of actualization.

The ensuing development of this twofoldness appears in incorporating onto-cosmological creation into creation of actualizing thing-in-itself, which indicates that *tian-zen-he-yi*（天人合一）signifies not only a mental state of moral practice, but also a logical conclusion from premise.

Keywords: Onto-Cosmological Creation,   Creation of Actualizing Thing-In-Itself, *Xing-Ti*,   Intellectual Intuition,   In the Sense of Content,   In the Sense of Actualization

牟宗三的感通論：一個概念脈絡的梳理

黃冠閔*

摘　要

　　本文處理牟宗三有關感通的論述脈絡，回溯其不同時期的概念規定，自《歷史哲學》後，「仁以感通為性，以潤物為用」可視為其確定的見解。仁的感通包含兩種概念內容：一是呈現從仁體到具體存在的生命感流露，二是開啟道德價值的呈現；仁的感通結合了價值創造與生命創造。感通的概念效果是作為判教基準，從氣化宇宙論推向道德主體的形上學。此種感通概念反映出牟宗三對儒學實踐的動態想法，並用於取消限制，確立人在道德實踐上的無限性與無條件性。從比較的視野看，感通與朗現可視為生命感呈現的問題，可以與當代現象學的感觸概念比較。最後，感通涉及倫理意象，也具有工夫論意涵。

關鍵詞：感觸　仁　明覺　情感　朗現

*　　中央研究院中國文哲研究所助研究員

感通是個傳統詞彙，但是要顯題化地從哲學概念的角度談，並不容易。❶嚴格來說，「感通」一詞出自繫辭傳上第九章：「易無思也，無為也，寂然不動，感而遂通天下之故，非天下之至神，其孰能與於此」。❷〈咸〉卦《象傳》中則有「感應」一詞：「象曰：咸，感也。柔上而剛下，二氣感應以相與」。❸唐代孔穎達《周易正義》對於〈咸〉卦解題為「咸亨利貞取女吉者，咸，感也。此卦明人倫之始，夫婦之義，必須男女共相感應，方成夫婦。既相感應，乃得亨通。若以邪道相通，則凶害斯及，故利在貞正。既感通以正，即是婚媾之善，故云咸亨利貞取女吉也。」❹這是將感應與感通聯繫的一個脈絡。然而，實際上，從基本文本引發的概念使用經常是活潑的，隨文分解中，依照不同語脈，論述重點也有不同；有時著重於「感」，有時著重於「感應」，有時著重於「感通」。

在當代新儒學的討論脈絡中，顯著使用「感通」這個詞當作哲學概念來進行解釋的，以唐君毅為代表。在《中國文化之精神價值》中，唐君毅以「感通」作為基本原則來說明「事象」的生起❺以及心之性情。❻這一個解說原則也貫穿於他對孔子仁道的解說，而開展為對己的感通、對他人的感通、對天命鬼神的感通。❼到晚年的《生命存在與心靈境界》更是以感通為軸心進行會通與判教的總結，由心靈開

---

❶ 少數的例外是在特定脈絡下談，例如楊儒賓：〈同時性與感通——榮格與《易經》的會面〉，收於朱曉海編：《新古典新義》（臺北：臺灣學生書局，2001 年），頁 113-149；林安梧：〈中日儒學與現代化的哲學省察：「情實理性、氣的感通」與「儀式理性、神道儀軌」——由李澤厚「中日文化心理比較試說略稿」一文引發的檢討〉，《國文學報》31 期，2002 年 6 月，頁 53-79；郭勝：〈張載「感通」論研究——以張載「天人合一」之學為背景〉，《關學、南冥學與東亞文明》（北京：社會科學文獻出版社，2007 年），劉學智，高康玉主編，頁 94-111；李豐楙：〈感動、感應與感通、冥通：經、文創典與聖人、文人的譯寫〉，《長庚人文社會學報》第 1 卷第 2 期，2008 年 10 月，頁 247-281。

❷ 〔唐〕孔穎達：《周易正義》，影印阮元校勘重刻宋本《十三經注疏》（臺北：藝文印書館，1981 年，八版），卷七，頁 154。

❸ 同前書，卷四，頁 82。

❹ 同前書，卷四，頁 82。

❺ 唐君毅：《中國文化之精神價值》（臺北：正中書局，1979 年〔1953 年〕，修訂臺一版），頁 88。

❻ 同前書，頁 142-143。

❼ 唐君毅：《中國哲學原論——原道篇》卷一（臺北：臺灣學生書局，1976 年），頁 76。

出不同方向的境界而成就不同層次的行為，這是以心靈為體、以感通為用、以境界為相的三層關係。❽

　　相較之下，牟宗三似乎並未如此明顯地將「感通」當作一個顯題的哲學原則，但若細讀其作品，卻能夠發現，感通這一傳統詞彙或多或少地居於一個關鍵的地位。此一概念固然不是做為解釋性的原則來撐起牟宗三的哲學體系，但在界定「仁體」、「誠體」或智的直覺（智性直觀）時，感通是一個基本規定。而由於涉及的是以「仁教」為核心的儒學內容，此一「感通」的規定也涉及到工夫論的層面。眾所周知，逆覺體證幾乎可當作牟宗三的儒學工夫論鑰匙，而從智的直覺（智性直觀）建立起道德形上學，也是認識牟宗三哲學的入門。然而，在《心體與性體》中勾勒逆覺體證的本體工夫論時，牟宗三回溯自孔子踐仁知天的渾淪仁體，他提到「仁心感通之無限」、「仁心之感通乃原則上不能劃定其界限者」。❾這樣的規定指向「仁」的無限性，但更核心的規定是「仁以感通為性，以潤物為用」，❿這幾乎可以當作是牟宗三對於「仁」的獨特定見。從這個角度說，以顯題的方式來思考感通在牟宗三哲學概念網絡中的位置與作用，有其必要。

　　表面上看來，感通概念的使用，在唐君毅作品中是明顯的，在牟宗三作品中略見幽微；然而仔細整理出其概念線索，也將發現，對於牟宗三而言，感通概念有其重要性。思考感通的問題不僅可以呈現在唐君毅與牟宗三之間的一種思想對比，也可理出當代新儒家哲學在進行義理詮釋時所運用的概念特徵。本文希望透過此一概念的初步梳理，先指出在牟宗三哲學著作中的具體線索，為進一步的討論作準備。

---

❽　唐君毅：《生命存在與心靈境界》（臺北：臺灣學生書局，1986 年，全集校訂版），上冊，頁 12。

❾　牟宗三：《心體與性體》，第一冊（臺北：正中書局，1981 年〔1968 年〕，臺四版），頁 22。

❿　原來的論述脈絡以仁智對舉而有「仁以感通為性，以潤物為用；智以覺照為性，以及物為用」，最先似見於〈中國文化之特質〉（1954 年）收於《牟宗三先生晚期文集》，《牟宗三先生全集》第 27 冊（臺北：聯經出版公司，2003 年），頁 78（以下如引用全集本時，以全集本加數字標明）；《歷史哲學》（臺北：臺灣學生書局，1982 年〔1955 年〕，臺五版），頁 178、374-375，文字內容與前引〈中國文化之特質〉相近，應該是同一時期的想法；《中國哲學的特質》（臺北：臺灣學生書局，1998 年〔1963 年〕，再版九刷），頁 44；《心體與性體》冊一，頁 346。

在當代的討論中，梳理感通概念而提升到哲學議題的範圍內，意味著激發不同思考的一種可能性；特別是在比較哲學的視野中，感通概念也有可聯繫到當代現象學的議題。

以下將牟宗三的著作粗略分為三個時期，早期以一九四九年為界，中期則以一九四九年到一九六八年之間回應時局變化的反省，分界線以出版《心體與性體》的一九六八年為準，晚期則是自一九六八年後起算。分別就著作中出現感通概念的脈絡，略作梳理，指出其內容意涵，初步釐定此一概念的思想份量。

壹、早期著作中的線索

在其第一部著作《周易的自然哲學與道德函義》中，牟宗三討論到漢《易》所論天人感應之道，也觸及到卦爻之間的感應變化，但是，「感通」並未成為一個顯題的概念。僅僅在解說清代焦循《易》學的旁通原則時，他將旁通與感通等同地提出。❶這一等同在論述虞翻的旁通原則時並未出現，❷整體論述的重點是放在「感」的概念上，用感來說明陰陽之間的交互關係，其基礎則是〈咸〉卦的咸。❸略微涉及後來「感通」概念的脈絡或許可以見於解釋焦循論「悔」的段落，牟宗三指出：「在具體世界而求其通，其方法則曰『解』；在倫理世界而求其通，其方法則曰『悔』。悔而能仁其能誠，能誠斯能通矣，能誠斯能實矣。通而實，則情欲遂，生活擴大，而成己成物各正性命矣。」❹這種將仁、誠並舉，而且歸於通的觀點，則是往後解說仁的感通之重要基礎。

有趣的是，早在一九三五年時，牟先生有一短篇題為〈精靈感通論〉論述朱熹與王陽明的學問差異，就題目內容來說是一個傳統議題，但是下的標題卻獨樹一

---

❶　牟宗三：《周易的自然哲學與道德函義》，全集本 1，頁 296。

❷　同前書，頁 82。

❸　同前書，頁 456。晚年對於咸卦的重視，可參見牟宗三：《周易哲學演講錄》，全集本 31，頁 63。

❹　牟宗三：《周易的自然哲學與道德函義》，全集本 1，頁 317。在解釋焦循「利」、「利仁」的觀點時，牟宗三也指出「仁亦即是通，致其通者亦利也」，同前書，頁 312。

格。文章開場即說：

> 感通的思想在中國哲學家中是很流行的，幾乎無人不承認，也幾乎都能體貼
> 到這種境界。王陽明說得更為一貫，更為透徹。王陽明這種「遍萬物而為
> 言」的良知論，我現在以「精靈感通論」名之。**⑮**

在實際說明時，此一「感通」則與「感應」等同。對於形上學（當時術語脈絡稱為「元
學」）規定下的「精靈感通」，是用以說明良知。以王陽明所說「良知是造化的精
靈」為本，**⑯**在「良知感應之至當」這一說法下，牟宗三是以「精靈」來說明良知
的「虛明靈覺」：

> 良知之本性可以界說為「虛明靈覺」，亦可以界說為「真誠惻怛」，合起來
> 便可說是宿于萬事萬物內的一種「精靈」。這個精靈，隨感而應，無不至
> 當。**⑰**

從感應到感通，只是語詞的轉變，但內容上，則加入良知與仁的等同關係：

> 仁者與天地萬物為一體。所以為一體，就是因為精靈之隨感而應。窒礙不
> 通，不得謂之仁，乃所謂麻木不仁。所以，仁與良知也是一而非二。**⑱**

根據此一觀點，「通」是順著「應」而來，牟宗三也指出，「我之良知又何嘗不與
萬物之良知共同感應」以及「良知或精靈便無往不在」，**⑲**並在王陽明所謂「只是

---

⑮ 牟宗三：〈精靈感通論〉，收於《牟宗三先生早期文集（上）》，全集本 25，頁 511。

⑯ 〔明〕王陽明：《王陽明全集》（上海：上海古籍出版社，2006 年）吳光、錢明、董平、姚延福
編校，頁 104。

⑰ 同前書，頁 515。

⑱ 同前書，頁 516。

⑲ 同前書，頁 517。

同此一氣，故能相通耳」❷的基礎上肯定：「萬有一體，一氣相通，此便是精靈之感通論」。❷在進一步的分別中，牟宗三將形上學意義的精靈感通論聯繫到修養工夫上；以道德修養工夫定調的陽明學，被歸結為兩方面的特徵：「在人性方面，卻只是良知窮理之妙用；在存在方面，卻只是萬有相互之感通」。❷最後，牟宗三在此文中辨別儒學的精靈良知與西方宗教意義下的神有根本不同處，他指出，「精靈只是一個解析現象的終極原則」，簡略地歸結中國思想中的世界是「氣化流行生生條理的物理世界」──「沒有超越的本體，沒有本體與現象的分別；而卻只是即現象即本體，即流行即主宰。」❷

這篇文章寫於牟宗三二十七歲時，論點固然有其簡略之處，但也已經可以讀出哲學家後來發展的基本一貫命題，如以良知寂感為核心，以感應、感通說仁。但涉及氣化宇宙的說法或本體現象的一體等命題，則在後來充極發展的哲學體系中，或者修正、或者深化。在此篇作品的結論部分，牟宗三藉著分析西方形上學的三個派別，而將精靈感通論歸於以直覺法為基礎的神秘系統。這一個說法並沒有被嚴格堅持，往後的思想生涯透過康德、黑格爾的吸收，這種「神秘」的觀點在更多的曲折中脫胎為以智性直觀為軸心之「道德的形上學」。

如果將此篇短文與一九五四年出版《王陽明致良知教》❷相比，可以發現，在後一著作中，「感通」這個概念並未顯題地出現，清楚浮現的是更符合王陽明文本中的「感應」概念。唯一的一次使用「感通」一詞，是在隨著解說《傳習錄》中「未發之中即良知也。無前後內外而渾然一體者也。有事無事，可以言動靜，而良知無分於有事無事也。寂然感通，可以言動靜，而良知無分於寂然感通也。」時略帶一語，❷牟宗三評解為「已發即良知天理感通之用，蓋良知並非死體也」。❷除

---

❷　　王陽明：《王陽明全集》，頁 107。

❷　　同前書，頁 518。

❷　　同上註。

❷　　同前書，頁 519。

❷　　正文曾分兩篇，分別於 1947 年 12 月，1948 年 3 月刊載。

❷　　王陽明：《王陽明全集》，頁 64。另參考《王陽明全集》，頁 122：「人之本體常常是寂然不動的，常常是感而遂通的。未應不是先，已應不是後。」

❷　　牟宗三：《王陽明致良知教》，全集本 8，頁 51。

此之外，《王陽明致良知教》主要以良知感應為立論重點。然而，在論及感應原則時，牟宗三也延伸早期關注到的「一氣流通」或「一氣相通」之說，同時舉出另一個原則——涵蓋原則。此涵蓋原則要解釋的是，良知是「感應之幾」、是「涵蓋乾坤的靈明」，具體效果是：「人與天地萬物俱在此靈明同體之涵蓋中。此是一個本體論的涵蓋原則。」❷️這種「人與天地萬物一體」的說法，實質上乃是後來感通說的一個論述特徵。

同樣地，以良知解仁，這固然是陽明貫徹自孔子以來的學問命脈，但牟宗三的解說也已經預備了概念分解的理路。在解釋陽明「仁極仁，則盡仁之性矣」時，❷️牟宗三指出：

> 吾心之仁即吾之惻怛之心也。吾之惻怛之心，一念起處，吾之良知即知之。
> （……）窮盡吾心之仁之理，則惻怛之心即貫徹於感應之事物，而事物亦得其仁之理，而成為仁者之行事。❷️

良知的惻怛具體實現在與事物的感應上，這一個感應原則所聯繫的是即本體即工夫的生生仁體。底下一段話梳理宗教中隔離超越意義的神，文字語氣非常接近理解程明道的識仁一本論，後來在《心體與性體》中可以常見：

> 口說身行就是良知氣中行。氣即具體也。所以良知即天理。心性理知一也。其感應處即為物，物亦統於心也。是以無有離越之本體。一念迴機，便同本得。作個羲皇上人，自然樂趣盎然。天理流行，便是鳶飛魚躍。鳥鳴花放，山峙川流，無非妙道。所以只見可樂，無有可怖。渾是仁體於穆，一團和氣，故本體內在，堯舜性之是如此，湯武反之亦如此。❸️

---

❷️　同前書，頁95。

❷️　同前書，頁46。

❷️　同前書，頁32。

❸️　同前書，頁90。在王陽明的脈絡中，「羲皇上人」，見於《王陽明全集》，頁116；「鳶飛魚躍」是關於「良知的流行不息」，見《王陽明全集》，頁123。

我們可以說，在大方向的基本理路上，牟宗三相當一致；在此一時期，其分系說也未清理出，然而，以儒家仁學為基本關心，並肯定良知所透顯的價值主體性則也是始終如一。但是，感通並未確定地如早期一般作為顯題的概念，這是確定的。

貳、中期著作中的定調

作為清楚定調意義的，應該是一九四九年流徙後而奮書的著作。出版於一九五五年的《歷史哲學》嘗試著分別「綜和的盡理之精神」與「分解的盡理之精神」，前者用以界定儒家精神的道德理性，以便納入圓教的價值生命。❸這裡所指的綜和乃是仁與智合一的綜和（綜合），牟宗三稱此種不與仁心分離的智為「圓智」，同時，也已經以「智的直覺」為說。❷在這一脈絡下，感通的基本規定出現了：「仁以感通為性，以潤物為用；智以覺照為性，以及物為用」。❸但是，這一種圓智的基礎在於仁，智必須是有仁以潤之。此一規定的基本觀點在於肯定一種生命原則，基於對生命的重視進而肯定正德、利用、厚生，能夠「用心於生命的調護與安頓」；❸牟宗三也據此分別出中國調適生命與西方理解自然的兩種用心，從而標舉中國的「攝智歸仁，仁以養智」。《歷史哲學》借用黑格爾的概念架構，也在解說這種重視生命、把握生命的形式上，證成了黑格爾用語下的「普遍的道德實體」。從《尚書·洪範》到殷商的樸質尚鬼，牟宗三對此種道德實體的解說是：

> 此雖為現實上之纏繞，然在此「具體之幾」上，亦流露生命之感應，此亦是具體之實理。惟此道德實體上下周流而感通，故易為人間社會之實體。❸

周代的禮樂文制則是繼承此一道德實體，而發展出王道的「合理之自由」。孔子的

---

❸　牟宗三：《歷史哲學》，頁 170。

❷　同前書，頁 175，頁 177。

❸　同前書，頁 178。

❸　同前書，頁 13。

❸　同前書，頁 66。

仁教也是在此一基礎上，從尚質的親親來談貫徹禮樂文制的文化。以孔子為典範的文化理想包含著三個方面的通：個人的通體，宗族的通祖先，天地萬物的通天。❸⓺此一理解可與唐君毅相呼應。也正是根據孔子的仁教、仁道，牟宗三進而直指仁的感通：

> 蓋仁，具體者也。妙萬物而為一。天地萬物統體是此生機。（……）茲就人而言之，其為生命之真幾，極靈敏，極活潑，其感通本無限制，本可與天地同其廣大。然而物不能不有形骸。形骸亦具體者也。仁之具體在通，而形骸之具體在隔。（……）仁之通之實際表現遂不能不從屯蒙中而破除此間隔。❸⓻

這是從生命真幾醞釀出生機，進而通向人與自己、他人、萬物，破除這三方面的隔閡。這種仁的感通聯繫到宇宙論的創造；牟宗三回到《中庸》《易傳》的老傳統，肯定道德感通的宇宙論意味：「心之創造即仁體之創造。而孔子之仁體即宇宙之仁體」。❸⓼伴隨著仁者與萬物同體的創造作用，有一種宇宙悲懷，❸⓽亦即，真誠惻怛的道德感受也同時是宇宙性的。

　　雖然《歷史哲學》用來解說仁教的篇幅不多，但對於仁的感通有定調的規定。藉著仁的感通來貫穿自然生命與道德生命，這種生命原則同時是道德原則。感通的發生也不是片面的，而包含著個體自己、家庭宗族、天地萬物的宇宙三個方面。這種非片面的整體性也構成後續使用感通概念的一個基本想法，亦即，感通乃是仁的活動的根本型態；以感通說仁，這種仁的感通，牟宗三往往著重在無限性的特質上。

　　延續著前述的基本定調，一九六三年出版結集的演講錄《中國哲學的特質》添增了兩個特質來說明仁的感通。在仁的特徵上，以覺與健來概括，而對感通有一更深刻的說明。事實上，覺與健這兩個特徵也已經出現在早先的《道德的理想主義》

---

❸⓺　同前書，頁91。
❸⓻　同前書，頁96。
❸⓼　同前書，頁97。
❸⓽　同前書，頁98。

中，但《中國哲學的特質》加上了感通這個概念，勾勒出仁的概念複雜度。在「仁以感通為性，以潤物為用」這一規定下，牟宗三指出：

> 感通是（生命精神方面的）的層層擴大，而且擴大的過程沒有止境，所以感通
> 必以與宇宙萬物為一體為終極，也就是說，以「與天地合德、與日月合明、
> 與四時合序、與鬼神合吉凶」為極點。潤物是在感通的過程中予人以溫暖，
> 並且甚至能夠引發他人的生命。這樣的潤澤作用，正好比甘霖對於草木的潤
> 澤。❹

這段談感通的說法，是以解說《周易·乾文言》「大人者與天地合其德，與日月合其明，與四時合其序，與鬼神合其吉凶，先天而天弗違，後天而奉天時」為指導方針。❹潤澤這一意象在感通的原則下具有倫理的意涵，這是感通概念接引到修養工夫的一個關鍵，尤其是以《大學》所謂的「德潤身」作為基礎。❹而就感通而言，感通是個人生命與宇宙生命的結合，同樣保有創生不已的特性，「合其明」、「合其序」、「合其吉凶」也是一種感通：「人生的幽明兩面應與宇宙的幽明兩面互相感通而配合」。❹這種感通形成一種動態，在感通無間的要求下不停止於任意的侷限與隔閡，牟宗三論及感通時，往往強調這種取消限制的無限性。不僅從《易傳》的角度有此特性，從《中庸》談「唯天下至誠，為能盡其性」的角度，❹也有一條由精誠、真誠所貫串的「感通流」，❹不斷進行感通。因此，誠、仁、天彼此串接，在牟宗三的解釋中，三個概念都屬於主觀性原則，❹根據誠與仁的主觀性來層層向外推擴，感通所涉及的便是這種「由內向外」的推擴動態過程。按照這一說

---

❹　牟宗三：《中國哲學的特質》，頁 44。
❹　孔穎達：《周易正義》，卷四，頁 17。
❹　牟宗三：《中國哲學的特質》，頁 101。孔穎達：《禮記注疏》，影印阮元校勘重刻宋本《十三經注疏》（臺北：藝文印書館，1981 年，八版），卷六十，頁 983 上。
❹　牟宗三：《中國哲學的特質》，頁 42。
❹　孔穎達：《禮記注疏》，卷五十三，頁 895 上。
❹　牟宗三：《中國哲學的特質》，頁 51。
❹　同前書，頁 58。

法，便將傳統的親親倫常與內聖外王的工夫層次結合在感通中，在層次的分別上，感通不僅僅停留在混同一切，以親親的主觀性原則為基礎，還將親疏遠近的差異性包含進來。這種差異性緊扣在由內而外的感通模式上。

在此中期的著作中，牟宗三憂國也憂文化的斷絕，這時出現的著作有強烈回應時代的企圖。仁的感通則是在闡述中國文化的共同根據上得到定調。然而，孔子仁教如何構成儒學系譜的宗旨，則有待進一步的梳理，這是牟宗三往後分判宋明理學、會通康德哲學的一個努力，其成果完成於《心體與性體》以後的著作中。而感通概念也在此一發展中關連到更多的思想脈絡。

參、晚期著作中的開展

在一九六八年出版的《心體與性體》中，牟宗三重申以「成德之教」為儒家學問的本質，包含著本體（道德實踐的先驗根據或客觀根據）與工夫（道德實踐的主觀根據），其特殊見解在於認為成德之教是一種道德底哲學，包含著道德的形上學，而涵蓋著「本體宇宙論的陳述」（存有學的與宇宙論的）。**❹**簡約地說，這種成德之教乃是肯定「天道性命通而為一」。**❹**這種「通而為一」也界定著宋明儒學的基本宗旨，在學問傳承上確認「《論》《孟》《中庸》《易傳》是通而為一而無隔者」。**❹**關鍵概念在於孔子的「踐仁知天」，而「天」這一形上的實體乃是同時具有價值根源與創生活動的兩層意涵，牟宗三總持的基本規定是《中庸》引《詩經・周頌》的「維天之命，於穆不已」。**❺**踐仁知天的意義是：「仁心感通之無限即足以證實『天之所以為天』，天之為『於穆不已』，而與之合而為一」。**❺**牟宗三解釋的理由有二：一是仁心之感通有無限性，因此蘊涵著絕對普遍性，二是仁與天有內容意義上的相

---

❹ 牟宗三：《心體與性體》冊一，頁9。

❹ 同前書，頁17。

❹ 同前書，頁20。

❺ 參見前引書，頁36：「此頌詩即是天道性命通而為一之根源」。孔穎達：《毛詩正義》，卷十九，頁708下。

❺ 同前書，頁22。

同處,可以藉由踐仁「默識、契接」天。在肯定仁與天合一的模式時,也有「生命智慧相感應相招呼」❷的效果產生在前聖後聖之間、孔門師弟相承之間。如此看來,仁心的感通所開啟的不能單單是話頭上的天人 (仁) 合一,而更必須是一種感應招呼的模式。在澄清踐仁知天的可能性時,牟宗三特別強調的是仁心感通的無限性,這是我們在《歷史哲學》中已經看到的。

但是,學問傳承的系譜同時具有建立宋明儒學呼應先秦儒學的正當性,以天道性命通而為一為原則,既可貫穿《論語》、《孟子》、《中庸》、《易傳》系譜的通而為一,也可貫穿宋明儒學自周敦頤、張載、程顥到胡宏、陸九淵、王陽明、劉蕺山的思想系譜。❸這種貫通的系譜有一內在義理,亦即,肯認「一本」乃是「通而為一」的模式:

> 道體、性體、誠體、敬體、神體、仁體、乃至心體、一切皆一。故真相應先秦儒家之呼應而直下通而為一之者是明道。明道是此「通而一之」之造型者,故明道之「一本」義乃是圓教之模型。❹

以圓教模型為「通而一之」的定案,這一種系譜學的論述具有判教意味。這一種看法是順著前述感通所蘊涵的感應招呼模式,而轉出一種判教的方法論意義。相對之下,這種判教之所以將程頤、朱熹斷定為橫攝系統的歧出,也是根據這種呼應與否的原則:

> 問題只是伊川朱子對於先秦儒家由論孟至中庸易傳之呼應不能有生命感應上之呼應也。❺

---

❷ 同前註。

❸ 牟宗三的三系說認為在程明道以前並不分系,而程伊川之後區分為胡五峰、劉蕺山一系、象山陽明一系、伊川朱子一系。但又肯定前兩系為縱貫系統,而後一系為橫攝系統,而可成兩系。參見前引書,頁49。

❹ 同前書,頁44。

❺ 同前書,頁47。

　　如此來看，感通原本是界定仁心活動的動態關係並涉及主體與他者的交互關係，在此交互關係中也包含著感應、招呼的模式，亦即，呼喚與回應的關係。牟宗三在肯定生命原則具有優先性的前提下，也將生命之間的呼應、感通當作儒學的傳承關係，如此一來，原本感通作為仁的內容意義轉而成為判教的系譜學方法意義。

　　至於感通的動態意義有一牟宗三獨特界定的「本體宇宙論的創生實體」，❺❻是「即存有即活動」的，歸向「寂然不動、感而遂通」的「寂感真幾」。❺❼但其實質內容脫落了原本從卜筮卦算來的神秘感應，而推向主體的道德意識：

> 此一布算之感應由於問者之精誠。此只是一精誠之感應，通過一客觀之物以驗之耳。故著卦之器物只是一象徵，由之以洞見真實生命感應之幾耳。（……）故易經之學即是由著卦之布算而見到生命之真幾。❺❽

　　牟宗三的闡釋包含著幾層轉折：布算、神感神應（象徵）、天道生化、主體精誠。這是從宇宙性的意義經過反省動作而隱喻地轉換領域到主體的道德意識。關於「寂感真幾」這一困難的概念，用以解釋〈易傳〉感通說的脈絡，牟宗三指出：

> 類而通之，無論在天道之生化，或在聖心之神明，皆可以「無思無為、寂然不動，感而遂通」形容之。而此總之，即曰「寂感真幾」。故超越實體者即此「寂感真幾」之謂也。神化與易簡皆其本質之屬性。此皆由精誠之德性生命、精神生命之升進之所澈悟者。❺❾

　　也正因為這是一種德性生命的理解，故而，感通並不是單純的氣化感通，不是

---

❺❻　同前書，頁 68；闡釋明道語錄中論「生生之謂易」。

❺❼　同前書，頁 72。

❺❽　同前書，頁 307。

❺❾　同前書，頁 307-308。另參考牟宗三具體說法：「『寂然不動，感而遂通』是先秦儒家原有而亦最深之玄思（形上智慧）。濂溪即通過此兩句而瞭解誠體。（……）誠體只是一個『寂感真幾』」（頁 307）。

根據物質性的氣來進行、也不停留在身體的血氣上。由於感通的基本原則定立在道德意識的無限性上，這不僅僅有助於釐清張橫渠的「太虛即氣」、「氣清則通」，這種感通原則也適用於儒學的本體宇宙論。牟宗三也正是根據無限性原則來拒斥物質的、經驗性的氣：

> 若是氣之質性，則不能「寂然不動，感而遂通天下之故」矣。即使有所感通，亦是有限定、有範圍，此即不是遍。❻

> 此神義之最後貞定與極成是在超越的道德本心之挺立。❻⓵

在此意義下，感通的本性與寂感真幾相同，由於不同於氣感、客感（「有識有知，物交之客感爾」），❻⓶感通乃是「即感即寂，寂感一如的」。❻⓷對比於現象世界的氣感，以道德意識為本的感通是先驗的（「超越的」），作為現象之感的根據。

值得注意的是，由於此種寂感與生命原則連結，道德意識的價值定立也是生命創造的根源，在解釋張載《正蒙·誠明篇》中「天所自不能已者謂命，不能無感者謂性」時，❻⓸牟宗三特別指出：

> 性不是乾枯的死體，亦不是抽象的死理。乃是能起宇宙論的創造或道德的創造者。故寂感一如的神即是性體之具體的意義與具體的內容。❻⓹

這裡的生命原則對比著「死體」、「死理」，但也呼應著仁的潤澤這一種用，

---

❻　同前書，頁 471。

❻⓵　同前書，頁 472。

❻⓶　〔宋〕張載：《正蒙》〈太和篇〉，見《張載集》（北京：中華書局，2008 年〔1978 年〕），章錫琛點校，頁 7。

❻⓷　牟宗三：《心體與性體》冊一，頁 378，頁 492。

❻⓸　張載：《正蒙》〈誠明篇〉，見《張載集》，頁 22。

❻⓹　牟宗三：《心體與性體》冊一，頁 493。

潤澤乃是生命的意象；順此倫理意象的使用，基本規定「仁以感通為性，以潤物為用」始終貫串其中。在感通與生命創造、生化的關係上，有潤澤的意象與根源的意象出現其中；前述的「寂感真幾」乃是「道德的創造之真幾」，❻❻這種道德的創造通於仁體與誠體，也通於性體。在解釋周濂溪與程明道兩者在此點上的細微差異時，牟宗三重提過去自《歷史哲學》以來的定調說法：

> 仁有二特性，一曰覺，二曰健。綜此二特性而識仁體，則仁以感通為性，以潤物為用，故仁即是道德的創造性之自己也，故曰仁體。❻❼

仁的感通顯現出有潤澤的功效，這種潤澤卻是生命性的，而且不單單是生命的維持，同時也是生命的創造。

由於以生命原則為主要關注點，因此，牟宗三肯定程明道的「一本論」時，乃是以「識仁」為核心。運用身體感的比喻來貼近「仁」的感受，這是明道的一個特徵，而牟宗三則認為：

> 「痿痺為不仁」，則「仁」之義便是感通無礙，而以「仁者以天地萬物為一體以示之矣」。❻❽

「痿痺」如同「乾枯」一般都是與生命活動相關的隱喻，以病體、死體反顯生命的活潑，這是論述仁的一個重要策略。痿痺或麻木乃是感覺的喪失，所喪失的乃是透過肢體、身體展現的生命感。重點不在於身體軀殼的經驗性上，而在於透顯於身體感上面的生命感，通暢的身體感乃是「感通無礙」，但其實質意義是以仁的生命感所貫串流通的無阻礙。

從具體文本來說，《心體與性體》出現感通的地方非常多，我們不必一一展示

---

❻❻　同前書，頁345。
❻❼　同前書，頁346。
❻❽　牟宗三：《心體與性體》冊二，頁220。

於此。然而，前述的幾段引文與討論多少能夠概括牟宗三在此著作中的幾層看法。孔子的踐仁知天是一個通教、圓教的根據，因此，仁的感通（「仁以感通為性」）也足以成為判教分系的一個系譜學判準。從經驗的氣化宇宙論推向道德主體性的本體宇宙論，則是此一感通概念所涉及的實質哲學內容。居於關鍵的是從生命感的流通引向有創造性的生命原則，故而，仁的感通乃是結合著道德價值與生命創造的雙重作用。

　　基本上，「仁以感通為性，以潤物為用」這一規定可以視作牟宗三談論感通的基本命題。《心體與性體》也已經全然鋪陳出牟宗三有關儒學中感通概念的梗概。然而，從另一個脈絡也可突顯感通這一概念的重要性。在一九七一年出版的《智的直覺與中國哲學》一書描述智的直覺時，牟宗三區別了有限的耳目見聞與無限的德性知識，其中有兩種「內外合」的型態。以德性之知所成立的內外合，也稱為「智的直覺」（智性直觀）。❻❾此種智的直覺則聯繫到仁心的感通，關於此種德性之知有下述的說明：

> 在此知上之「合內外」不是能所關係中認知地關聯的合，乃是隨超越的道德本心之「通體天下之物而不遺」而為一體之所貫，一心之圓照，這是攝物歸心而為絕對的，立體的，無外的，創生的合，這是「萬物皆備于我」的合，這不是在關聯方式中的合，因而嚴格講亦無所謂合，而只是由超越形限而來之仁心感通之不隔。若依明道之口吻說，合就是二本，而這卻只是一本之無外。❼⓪

　　以「不隔」來解釋「內外合」的合，也等於承認並沒有知識關係中主體與對象的原始分裂，因此說它不是能所關係。牟宗三也隨即指出，這種「合」乃是「虛合」，實質上是「一本」（程明道用語），其規定是：「此合不是兩端底關係，而只

---

❻❾　牟宗三：《智的直覺與中國哲學》（臺北：臺灣商務印書館，1980 年三版〔1971 年〕），頁186。

❼⓪　同前書，頁 187。

是一體遍潤而無外之一。自德性之知即隨本心仁體之如是潤而如是知，亦即此本心仁體之常潤而常照。遍潤一切而無遺，即圓照一切而無外。」當以感通模式來看待這種德性知識時，**⓫**進行感通者與被感通者都不是對象關係下的相對，牟宗三藉著海德格的康德詮釋，採用一種融合著康德學的獨特現象學語言：「在圓照與遍潤之中，萬物不以認知對象之姿態出現，乃是以『自在物』之姿態出現。既是自在物（e-ject），即非一對象（ob-ject）。故圓照之知無所不知而實無一知，然而萬物卻盡在其圓照之明澈中，恰如其為一自在物由本心自身所自生者而明澈之。」**⓬**在這種感通的模式中，蘊藏有兩種作用：朗現（圓照）與遍潤，一個是光與視覺的意象，一個是水的意象。但從「一本」來解釋「合」的意義時，也可見到主要的關鍵在於無限性，亦即，條件限制的取消；無限性也是無條件性。按照牟宗三的說法，如果承認萬物「朗現其為一『物在其自己者』，此即物自體」，**⓭**而且這一命題包含著萬物（各種存有者）在物自身的方式下的諸種差異，那麼，在「既圓照，亦創生（遍潤）」這一雙重作用下顯現客觀的太虛神體與本心仁體「兩者為同一而為『一本』」。如此說來，差異性其實是消融在同一性中，尤其這是取消了條件限制的同一性，是無條件的、絕對的同一性。

在論述「智的直覺如何可能？」這一問題上，牟宗三的回答採兩步驟：一是指出在理論上可能，二是指出其實際上必定呈現。

在理論的可能性上，牟宗三除了突破康德以人類有限性為本的感性直觀論，而推出無限的、無條件的智性直觀，更緊要的是迴向中國儒學傳統所論的道德根據——心體與性體的同一性。這是連結主觀原則的心體與客觀原則的性體而成說，「理論的根據」就在於道德根據（人的本心、良知）也同時是創生根據（性體），換言之，這一根據是牟宗三所界定的「道德的形上學」。這種合一的同一體可簡縮為

⓫ 同前註。

⓬ 同前註。另參見《智的直覺與中國哲學》，頁 35-36。E-ject/ob-ject 的寫法來自海德格的 Entstand (Entstehende)/Gegenstand，此一意義下的 Entstand 或許可以翻譯為「樹立體」，但由於是非對象性的，意義也接近「自立體」或「獨立體」，見 Martin Heidegger: *Kant und Das Problem der Metaphysik* (Frankfurt am Main: Vittorio Klostermann, 1965[1951]), S.36-37.

⓭ 牟宗三：《智的直覺與中國哲學》，頁 187。

「仁體」，仁體包含著良知的主觀根據與創造的客觀根據，他的闡述如下：

> 須知儒者所講的本心或良知，都是根據孔子所指點以明之的「仁」而說的。
> 仁心底感通原則上是不能有封限的，因此，其極必與天地萬物為一體。仁心
> 體物而不可遺，即客觀地豎立起來而為萬物之體，無一物或能外，因此名曰
> 仁體，仁即是體。是以仁心不但直接地彰顯之於道德行為之創造，且以其絕
> 對無限的普遍性同時即妙潤一切而為一切存在之源，是以歷來都說仁為一
> 「生道」也。❼❹

　　主觀根據顯現在道德命令的無條件性上，同時這種無條件性也證成本心良知的
無條件性。轉折點在於從主觀性推向客觀性，「客觀地豎立起來而為萬物之體」，
在無限性的考量下，以仁為體的仁體被設立為各種存有者的共同基礎。從主觀性到
客觀性，貫穿的是無限性、無條件性，而其所依賴的原則是感通原則的無限性。

　　在實踐的可能性上（「實際上必呈現」），牟宗三訴諸於仁心的道德情感，這便
歸於其從熊十力領受的良知呈現說。但關鍵處仍在於感通的既定作用：

> 當吾人說「仁體」時，亦是當下就其不安，不忍，悱惻之感而說之，此亦是
> 其具體的呈現，此如孔子之所說以及明道之所說。這亦表示仁心隨時在躍動
> 在呈現，感通周流而遍潤一切的。潤是覺潤，以不安不忍悱惻之感這種
> 「覺」去潤生一切，如時雨之潤。是以本心仁體是一個隨時在躍動的活動，
> 此即所謂「活動」，而此活動是以「明覺」來規定。❼❺

　　特別要辨別的是，此種道德情感不是一般的情感，不是源自氣質之性的感性情
感。感通也不是氣化的、氣質的感通而已，更包含著形上的感通。不同於康德的說
法，牟宗三強調「本心仁體之悅」是「感興趣於理義」、「悅此（自由意志頒佈的）

---

❼❹　同前書，頁 191。
❼❺　同前書，頁 193。

法則」❼。這種「自悅法則」乃是使得純粹實踐理性得以可能的根據，也是理性在實踐上可能的根據。

如此看來，智的直覺連結道德秩序與宇宙秩序，在無限性與普遍性上說其為感通。以道德活動揭示存有學與宇宙論的見解，乃是以仁為本。牟宗三的解釋也十分明確：

> 在道德的形上學中，成就個人道德創造的本心仁體總是連帶著其宇宙生化而為一的，因為這本是由仁心感通之無外而說的。就此感通之無外說，一切存在皆在此感潤中而生化，而有其存在。此仁心之感通無外就是其覺潤無方，故亦曰覺潤。仁心之明覺活動覺潤一切，同時即照了一切。此照了活動是它的「虛明照鑑」，在此說「智的直覺」。它的「虛明照鑑」覺之即潤之，潤之即生之。故智的直覺本身即給出它的對象之存在（對象是方便言，實無對象義），此即智的直覺之創生性。❼

簡述此段引文，其論點在於指出：(1)感潤——仁體的感通有生化創造的意義，一切存有者（引文中作「存在」）是基於感通而成其為存有者，理由也在於感通的無限性、普遍性，使得所有存有者都在此一感潤之中；(2)覺潤——感通的無限性也是覺照的無限性（「覺潤無方」、「覺潤一切」）；(3)創生的無限性——推論原則是「覺之即潤之，潤之即生之」，以感通為核心的潤（感潤、覺潤）使得此種創生得以成立。

但是，整個智的直覺的論述困難也在此。無對象義的給出對象乃是理解的關鍵。本文不追溯牟宗三如何從康德系統出發批判地證立智的直覺，僅在此點出這一觀點與感通之間的緊密關係。就目前脈絡來看，關鍵處在於理解此處所謂的創生；牟宗三指出：「智的直覺覺之即創生之，是把它引歸於其自己而由其自己所引生之

---

❼　同前書，頁 195。
❼　同前書，頁 199。

自在物（e-ject）」❼或「由其自己所潤生所實現之物之在其自己」，❼接著指出所創生的是「此直覺上之內生內在物」。❽此處所謂的「其自己」首先是指智的直覺自己，而「在其自己」一詞則同於「物自身」（物自體、物之在其自己）的概念；牟宗三同時認為，仁心的對象是德行、道德行為，❽如此一來，道德意義的創生乃是道德活動的道德性、活動性本身。由於本心仁體要呈現的乃是它自己，感通也必須通過自己來成立，感通的無限性有一最後根據在於一切存有者的自己；遍潤與朗現能夠視為等同的，也是基於此一理由。這種「自己」是一種絕對的、無限的、無條件的同一性，在道德意義下，這個自己是良知本身、仁體、誠體本身，「感通無外」恰可以描述此一良知仁體本身的無條件性、無限性、絕對性。

從內容看，《心體與性體》與《智的直覺與中國哲學》在理論深度上論及感通處，已經可視為牟宗三晚期確定的看法。他在《現象與物自身》中論及無執的存有學時，以王陽明為立論基礎解說儒家型態的無執存有學，此一脈絡不將感通與感應分開，頂多順著語意談「仁心之感通」與「良知之感應」，所著重的仍舊是無限性——「此感通或感應並不能原則上劃一界限也」。❽雖然在細部上對於感應有較多的討論，但有關感通概念與意義在實質內容上並未超過前兩書所談。最後具代表性的《圓善論》亦然，儘管以「無限智心」來取代「智的直覺」一詞，但此一無限智心所開出的仁教則仍然以《心體與性體》的說法為準。❽仁體的遍潤與創生乃是此一圓教、圓善的基礎，仁的發用也始終被規定為「無限智心之感通潤物之用」，❽而彰顯出仁者與天地萬物同體。基本的理解方式並未改變。

---

❼ 同前書，頁 198。

❼ 同前書，頁 200。

❽ 同前書，頁 198。

❽ 同前註。

❽ 牟宗三：《現象與物自身》（臺北：臺灣學生書局，1982 年〔1975 年〕），頁 442。

❽ 牟宗三：《圓善論》（臺北：臺灣學生書局，1985 年），頁 256-262。

❽ 同前書，頁 307。

肆、反省與前瞻

在上述的概念史線索中，我們可以發現，固然感通並沒有如同逆覺體證或智的直覺那樣被突顯地當作主題來論述，但實質上卻與儒學的基本規定息息相關。感通是詮釋仁的核心概念，而牟宗三所稱「仁以感通為性，以潤物為用」，則為此一仁學詮釋定調。綜合來看，感通在這些不同時期脈絡下所涉及的層面可以整理如下：

一、感通基本上來自一種情感性的基礎，這是道德情感的部分，展現在惻隱、真誠等情感上，因此，這一意義下的道德情感來自一種同情、一種情感的共有與「感染」。習慣上，從自己到他人、他物的過程，儒者感通所採用的模式為「自內向外」的模式。但這種模式預設著自感，自內而外的模式也包含著三方面：對己感通（自感、通體）、宗族（祖先、群類）感通、宇宙感通（天地感通）。

二、但是，這種情感基礎並不受限在人類的同情而已，當擴及到人類社群以外時，儒家常以「天地萬物」來概括，牟宗三則稱此種擴大的情感為「宇宙情懷」。然而，此種宇宙實際上乃是有生命的宇宙，宇宙情懷等同於生命感。

三、當道德情感指向生命感時，感通也涉及到生命原則，在感通的一體性中，生命感彼此傳遞，也因此牟宗三稱這種感通（仁心）有一種創生性。創生，是根據生命感的傳遞，才從無生命變成有生命；然而，其實質應理解為從無生命感變為有生命感的變化，而不是生物學意義下的賦予生命。

四、感通是一種過程，一種聯繫不同感受存有者之間的動態關係，但也是在道德的形上學之意義下，而不是從物理、化學、生物學意義下，來肯定這種過程。牟宗三即稱此一過程是「寂感」、是一種弔詭的「不動而動」的過程，感通的仁心、良知也因此被稱為「寂感真幾」。

五、感通的動態過程乃是聯繫不同存有者、不同主體之間的過程，這種聯繫是取消隔閡與限制的，因此，牟宗三最常使用感通的脈絡也在於肯定感通（仁心感通、良知感應）的無限性。在這一概念使用中，取消隔閡、限制則同時肯定了感通作用中的無限性、無條件性、絕對性。

六、感通也包含著倫理意象的使用，由於是強調生命感呈現中的生命原則，這種生命感的流通是以潤澤、感染的意象（「以潤物為用」）出現。換言之，是以水的

滲透、浸潤當作基本意象，隱喻地詮解感通的模式。

　　七、在特殊的圓教模型下，以「一本論」為宗，或以「通而為一」貫串生命學問的系譜原則，產生判教的方法論意義。仁的感通可以當作是儒學的基本精神，但也可以作為前聖後賢之間彼此生命感應招呼的共同底蘊。

　　從上面七點的歸結，可以發現，感通的概念有其內在脈絡下的複雜內容，而此一概念值得被提出來作哲學上思辨的檢討。其次，感通不僅僅是一個形上學系統下的概念，它更是在為「仁」定性時的一個實踐概念。從牟宗三始終強調即本體即工夫的論點，在「性命天道通而為一」的基本要求下，感通也是一個實踐上可操作的概念，亦即，具有工夫論的意涵。若就此七義中的前三義來說，核心的表述乃是生命感的貫穿，這種生命感以「通」為模式聯繫了自己、他人、群類、宇宙。這種生命感的貫穿才是創生的獨特意義。而在第四、第五義上則是將感通定立為一種取消限制的動態過程，這是將前三義的宇宙性意義放在無限的動態性上來闡發。基於無限的動態性，使得感通一方面具有融合著實踐的工夫論意涵，一方面刻畫出儒家以生命感來貫穿聯繫著自己生命、他人生命、萬物生命的宇宙景象。這便是在第六義的倫理意象所蘊含的工夫論張本，以潤澤為基本意象其實呼應著「生命感的貫穿聯繫」這一意味；故而，生命的潤澤是種轉化作用，使得有所感的存有者能夠展現生命的樣態。至於第七義的方法論意涵是否意味著感通可以作為一個理論體系的詮釋學原則，這卻有待進一步的思考。

　　重新梳理感通概念在牟宗三著作中的一些線索，或許在今日有一種新的思考方向。不僅僅關注牟宗三與傳統儒學的聯繫與創新，同時也關心這一聯繫與創新如何與當代的哲學議題、當代人的生命處境相關連，如何從前瞻的角度來思考這一可能性。關於此點，我們的構思有兩方面的線索：

　　一、感通概念在哲學上的意義。從比較哲學的角度來看，感通的問題可以深度地展開複雜的哲學層次。

　　儘管牟宗三在《智的直覺與中國哲學》中強烈批判胡塞爾、海德格的現象學進路，指稱「存在的入路是相應的，現象學的方法是不相應的」，[85]這裡稱「存在的

---

⑧⑤　牟宗三：《智的直覺與中國哲學》，頁 362、366。

進路」應是指貼近人的存在而有不安、虛無、怖慄、疚仄、焦慮、良心呼喚、決斷這一層面。❻然而，這是囿在康德所做「現象與物自身」的分別中，對於現象、現象學的一個拒斥。然而，現象學關心的「現象」基本上乃是「顯現」的問題，是有所現、何者現、如何現、現於誰、現於何處等等問題，這自然也關心遮蔽、坎陷的問題。牟宗三所執以肯定「智的直覺」之可能者在於「良知的呈現」，這種「呈現」確實不是設準而已，但也確實不是單純別於物自身的現象，但作為「呈現」來說，卻又必須思考「呈現」、「顯現」、「朗現」的本質與意義等問題。尤其牟宗三強調智的直覺中有非對象性，這也涉及到「非對象性的呈現」如何可能的問題。

當代現象學的發展，在這些問題上有非常深入的討論與發展，值得從事者以比較的角度思索探究。以法國哲學家昂希（Michel Henry, 1922-2002）為例，其主張便可以與牟宗三思考的問題相關。簡略地說，昂希處理顯現的問題有三個特點：㊀顯現、朗現、呈現（manifestation）的本質在於一種無中介的、直接的內在性（immanence）❼；㊁這種內在性即是顯現於內、顯現於己的內在性，「內」、「己」作為現象的視域、場域來說，不依賴於對象性的模式，而獨立地在「感」的「自感」（auto-affection）❽型態上呈現。能夠提供此種自感的是連結時間化、身體感、情感而言的「感」或「感觸」（affection）；㊂重視感、感觸、自感、感觸性或情感性（affectivité ❾, affectivity）的現象學乃是基於生命原則，這種現象學是生命現象學（phénoménologie de la vie, phenomenology of life），同時，這種感觸性不是身體經驗的感性，而是有啟示意義的感觸性，故而，生命也不是感性生命而已。這三點說法自然高度濃縮了昂希的哲學論述與其所身處的法國現象學問題網絡。不過，由於內容上的比較不是本篇文章的撰寫目標，因此，不得不暫時捨卻更多的細部討論，而概略地勾勒可能發展的問題輪廓。

綜合以上三點來說，昂希在現象學傳統中批評了意向性的原則，認為由意向性

---

❻ 同前書，頁 365。

❼ Michel Henry: *L'essence de la manifestation* (Paris: PUF, 1990[1963]), p.279.

❽ Ibid., p.229.

❾ Ibid., p.577.

（intentionalité）所導入的客觀性同時主宰了主體性，這時，對象是外在的、超越的，而顯現的、被思考的不是在自身中的存有者（l'être-en-soi）。❾⓿在此種意向性的原則中，對象的客觀性（對象性）同時也是主體的主體性。❾❶然而，昂希強調，真正的呈現卻是要擺脫這種對象性，而追問使得對象浮現的視域，此一視域不是超越而是內在，是使得顯現得以顯現的現象性本身。能夠成立現象性的就在於現象顯現的本質，這一本質是直接而無條件的，僅就自身而可能。這種脈絡下的現象性便不是預設了物自身、受物自身制約的現象性，也不是與物自身割裂的現象性，而是與物自身無差別的現象性。昂希的這種觀點固然沒有專就康德所作的現象與物自身之分別立論，但若與牟宗三的思考途徑相較，確實有部分異曲同工之處。其中的關鍵在於將現象理解為呈現、顯現的這種立場，並追問顯現的本質。如果暫時脫落「智性直觀」這一術語，牟宗三從道德的角度亟思證成的豈不也是可能有直接的顯現嗎？昂希重視「感」是從「受」的接受（réceptivité）❾❷、承受（souffrir, suffering）❾❸的角度出發，正是基督教宗教傳統中的受難經驗（souffrance, Passion）❾❹，這種宗教旨趣也使得昂希被視為當代法國現象學之神學轉向的重要成員。這種宗教面向意味著與昂希所身處的存在處境與精神傳統相接軌處，其處境也與新儒家有類似之處。姑且不論其宗教面向的問題，也不必在此深入現象學界對於神學轉向的種種內部批評；筆者在此關心的層面是，昂希重視「感」與自感、感觸性、情感性的這一觀點十分接近牟宗三承自程明道從「萎痺不仁」論感通的惻怛感；同時，昂希的理論根據並不限制在單純情感或身體感的因果關係上，而是直指「顯現的本質」（基督教則稱為啟示，這種受難被昂希詮釋為生命的自我啟示），這一點也與牟宗三的關心有類似處。同樣地，在感通中不斷被突顯的生命原則也可對應到昂希所思考的生命現象學，故而，從比較的意義來說，以生命問題為基本原則，在生命的視域中或許可能就此展開哲學對話。這點也或許更可以突顯當代新儒家在面對西方哲學時，所採取的回應策略與批

---

❾⓿　Ibid., p.261.

❾❶　Ibid., p.111.

❾❷　Ibid., p.207, p.215.

❾❸　Ibid., p.590.

❾❹　Michel Henry: *De la phénoménologie. Tome 1: phénoménologie de la vie* (Paris: PUF, 2003), p.65.

評。尤其在道德形上學的界限上，新儒家更思回應的是以基督教為核心的宗教面向。

然而，此一問題脈絡必須有更多的細節討論，甚至也包含某些哲學困難，但都無法在本文中再行鋪陳，在此僅僅約略勾勒可能延伸討論的梗概。同時，這也不意味著只能從此一角度進行比較與延伸，相對地，這是一個可能方向的提點，只不過，詳細的討論必須另文檢討。

二、感通涉及到倫理意象，並有工夫論的意涵。

在感通的討論中，潤澤是一個基本的倫理意象。如果回溯牟宗三所援引的思想資源，在「性命天道通而為一」的基本立場上，《中庸》二十六章引用《詩經·周頌》「維天之命，於穆不已」，(95)也發揮著貫串孔子仁道的功能，而在《中庸》三十二章從誠的化育天地而稱述「肫肫其仁，淵淵其淵，浩浩其天」，(96)也是牟宗三把握仁體、誠體通而為一的根本線索。根據「仁以感通為性，以潤物為用」這一規定，牟宗三將「感潤」與「生化、化育」結合起來，也稱之為「覺潤」：「就此感通之無外說，一切存在皆在此感潤中而生化，而有其存在。此仁心之感通無外就是其覺潤無方，故亦曰覺潤。」有時也將感通與覺潤並舉，而稱「感通無隔，覺潤無方」。(97)(98)在此一說感通覺潤的脈絡中，「潤」是一種表示生命原則的倫理意象。牟宗三明確提點：

> 覺即就感通覺潤而說，此覺是由不安、不忍、悱惻之感來說，是生命之洋溢，是溫暖之貫注，如時雨之潤，故曰「覺潤」。(99)

從「淵淵」、「浩浩」這類形容詞，所展現的不只是狀態的隱喻，同時也是作用方式，是感通潤澤的方式。

---

(95) 孔穎達：《禮記注疏》，卷五十三，頁897上。

(96) 同前書，頁900上。

(97) 牟宗三：《智的直覺與中國哲學》，頁199。

(98) 牟宗三：《心體與性體》冊二，頁220。

(99) 同前書，頁223。

　　這樣的倫理意象如何決定著對於生命原則的想像與把握呢？如果能夠更深入地解明此點，其意義將不只是點出隱喻推理的思考模式，更有助於貫串良知呈現與天道化成的具體關係。倫理意象的使用不是間接的轉折，而是直指朗現的本質、直指現象作為朗現的本質。這種直接性也聯繫到感通的無限性，但兩者都不是認知上去除限制而有直接性，而是在實踐上的無限性與直接性。因此，感通與覺潤都涉及到實踐的工夫，對此，牟宗三謂：「感通一切而不扞格，此正是最真切最正大的道德實踐」。❿具體方針既是孔子指點的仁，也是程明道所謂「識仁」、「觀聖賢氣象」、「觀天地生物氣象」。然而，「聖賢氣象」不是經驗意義的氣象，而是在倫理意象的引導下進行仁心、仁體的感通。「德潤身」的作用是源自感通的通於自己，這是本心的工夫，意象上，如同感潤一樣，是「沛然順暢」❶。故而，從感通的規定到倫理意象的發用，這種德性生命與工夫修養的關係也值得探究。

　　以上兩點乃是可能的發展方向，在本文中，礙於篇幅，無法細究。

伍、結語

　　本文從概念史的角度出發，進行對於感通概念的脈絡梳理，並顯題地說明感通概念在牟宗三文本中的具體位置。然而，這只是一個初步的梳理，其餘牽涉較廣的問題無法在此文中處理。有些是牟宗三哲學內部理路的問題，在感通與智的直覺的關係中自然引入相關的問題，例如，從發生學的角度看，感通是在一種特定的因果脈絡中出現的嗎？如果有此種因果脈絡，那麼是否反顯出感通的無限性是個有困難的說法？這一問題類似於牟宗三援引康德論自由的因果關係。但這類問題不是本文關注的焦點，本文的構思是希望藉著感通概念的顯題化討論，勾勒出不同的思考方向，一方面有所本於傳統語彙中豐富思考經驗，一方面又能夠揭示細微差異中的新的思考可能性。這樣的構想也等於問：討論感通的問題可能有任何新義嗎？那麼，如何真正把握「感」的哲學意涵，這並不是停留在隱喻性的表達上便可解釋清楚。

---

❿　牟宗三：《心體與性體》冊一，頁 542。
❶　牟宗三：《心體與性體》冊二，頁 188。

從一種單純不帶有混雜的惻怛感如何聯繫著道德感與生命感？感通的模式是如何切實地取消種種限制——身體的、心理的、處境的、乃至於文化的限制？一旦回到這些較為基本的哲學思考上時，我們或許更能夠開啟哲學討論的貢獻。

感通，因此或許要求一種思考的律令，讓我們從概念線索出發而進入具體感通經驗的還原，不僅在思想的高度上確立其在儒學中關鍵地位，更需要進行一種活生生經驗的還原。牟宗三的基本立場可以是個很好的思考原點。在論及智的直覺與仁心感通的聯繫時，其主要的關鍵在於否定對象性意義下的直觀，而是將身體的自己提升到物自身意義的自己，亦即，從氣化的經驗生命提升到先驗的道德生命。這是否能夠導出兩種生命觀，或兩種不同的生命層次？或者是對生命進行形上學把握的必要？我們也面臨一個關卡，勢必將生命原則當作更深刻的討論議題。

然而，即使從感通概念的線索來說，牟宗三確實在其儒學統緒的哲學論述中，著重地在部分核心文本中使用著感通的概念。感通，乃是仁教的核心作用之一，也因此可延伸出判教的方法意涵。本文也希望藉此一概念的簡單整理，探索感通的可能性與工夫意義，而為後續的分析與比較提供明確的脈絡與討論依據。

參考文獻

古籍

〔明〕王陽明（2006）。《王陽明全集》，吳光、錢明、董平、姚延福編校。上
　　海：上海古籍出版社。

〔唐〕孔穎達（1981a）。《周易正義》，影印阮元校勘重刻宋本《十三經注
　　疏》。臺北：藝文印書館。

〔唐〕孔穎達（1981b）。《毛詩正義》，影印阮元校勘重刻宋本《十三經注
　　疏》。臺北：藝文印書館。

〔唐〕孔穎達（1981c）。《禮記注疏》，影印阮元校勘重刻宋本《十三經注
　　疏》。臺北：藝文印書館。

〔宋〕張載（2008〔1978〕）。《張載集》，章錫琛點校。北京：中華書局。

今人著作

牟宗三（1980〔1971〕）。《智的直覺與中國哲學》，臺北：臺灣商務印書館。

牟宗三（1981〔1968〕）。《心體與性體》，臺北：正中書局。

牟宗三（1982a〔1955〕）。《歷史哲學》，臺北：臺灣學生書局。

牟宗三（1982b〔1975〕）。《現象與物自身》，臺北：臺灣學生書局。

牟宗三（1985）。《圓善論》，臺北：臺灣學生書局。

牟宗三（1998〔1963〕）。《中國哲學的特質》，臺北：臺灣學生書局。

牟宗三（2003）。《牟宗三先生全集》，臺北：聯經出版公司。

唐君毅（1976）。《中國哲學原論──原道篇》卷一，臺北：臺灣學生書局。

唐君毅（1979〔1953〕）。《中國文化之精神價值》，臺北：正中書局。

唐君毅（1986）。《生命存在與心靈境界》，臺北：臺灣學生書局。

Martin Heidegger (1965 [1951]). *Kant und Das Problem der Metaphysik*. Frankfurt am
　　　Main: Vittorio Klostermann.

Michel Henry (1990 [1963]). *L'essence de la manifestation*. Paris: PUF.

Michel Henry (2003). *De la phénoménologie. Tome 1: phénoménologie de la vie*. Paris:
　　　PUF.

Mou Tsung-san's Theory of Affective Communion: A Conceptual Examination

Huang, Kuan-Min[*]

Abstract

This paper discusses the context of Mou Tsung-san's ideas of affective communion, by retracing his different periods and taking the expression "benevolence has the affective communion as essence, and has the beneficence on the common entities as utitlity" as defintie since *The Philosophy of History*. Affective communion of benevelonce is composed of two elements: first, it presents the emanation of life feeling from the substance of benevolence to the concret entities, second, it presents the moral value; it combines the creation of values and the creation of life. Its conceptual effect consists in serving a critirium which distinguishes the metaphysics of moral subjectivity from the physical cosmology. The affective communion reflects also Mou Tsung-san's idea of dynamic praxis in Confucianism. It eradicates the limits and asserts the infinity and inconditionality in the human moral praxis. From a comparative perspective, affective communion and manifestation can be seen as presentation of life feeling, and be compared to the concept of affection in phenomenology. Finally, affective communion refers to ethical image and has thus a significance of moral cultivation.

Keywords: Affection, Benevolence, Enlightening, Feeling, Manifestation

---

[*]   Assistant Research Fellow, Institute of Chinese Literature and Philosophy, Academia Sinica

儒家哲學的重建
——當代新荀學的進路[*]

劉又銘[**]

摘　要

　　當代從事儒家哲學重建的主要是孟學一路。與此不同，本文採取「當代新荀學」的進路。簡單地說，雖然屢遭誤解，荀子哲學其實蘊涵著一個符合民族心理傾向的「普遍形式」；荀學思維也在歷代隱微曲折地持續發展，最終形成了以戴震為代表的明清自然氣本論；以這樣的荀學傳統為基礎，今天儒家哲學的基本理路可以是：(1)以氣為本，理在氣中(2)稟氣、性、心、身一貫，理在欲中(3)元氣、自然、人生、社會、歷史一貫，理在事中。本文認為，相較於孟學一路，這樣的哲學典範對於現代華人生命的提升、知識的建構、民主的實踐、經濟的發展，都有更貼切更緊密的符應。

關鍵詞：儒家哲學　氣的哲學　自然氣本論　當代新儒家　當代新荀學

---

[*]　本文初稿發表於「國際儒學論壇2007：儒家文化與經濟發展」國際學術研討會（中國人民大學、韓國高等教育財團主辦，2007/12/1-2，北京），此為2010/5/5的最後修訂稿。

[**]　國立政治大學中國文學系教授

壹、前言

儒家哲學的重建，是每一個時代儒學發展的基本課題。當代儒者遭逢西方現代文化（尤其在科學、民主、經濟方面）的強力衝擊，已經就這個課題努力了許久。其中，由熊十力、馬一浮、梁漱溟、張君勱等人所開闢，❶再由唐君毅、牟宗三、徐復觀等人予以轉化、升進，先在港臺地區流布開展，然後逐漸受到到全球漢語學圈和西方學界的注意，向來被稱作「當代新儒家」的一派，可說是一個特別集中而凸顯的例子。

「當代新儒家」，這稱號隨順「（宋明）新儒家」一詞而來。當代新儒家以先秦孔孟思想為第一期儒學，以宋明理學為真正繼承先秦孔孟思想而來的第二期儒學，然後又以它自身為真正繼承孔孟思想、宋明理學而來的第三期儒學。它對荀子思想的看法，借用牟宗三（1979：204、215）的話來說便是「荀子之學不可不予以疏導而貫之于孔孟」、「荀子之廣度必轉而繫屬于孔孟之深度，斯可矣。」也就是說，荀子思想在本原上有所不足，因此不具有獨立的價值，必須安置在孔孟思想的框架裡才有價值可言。總之，向來所謂的「當代新儒家」學派走的是孟學——宋明理學的一路，可以看作一個旗幟鮮明的「當代新孟學」；從熊、馬、梁等人開始至今，它師生相傳，逐漸開展；除了出版論著，還創辦刊物、舉辦學術會議；是當代儒學圈最活躍最有創造力的一個學術社群。雖然它對社會的實質影響有限，但它向來是外界對當代儒學所認知的一個標竿與代表。

相較之下，當代儒學圈裡荀學一路的發展就顯得低迷、沈寂了。多年來，在港臺地區，表面上關於荀子思想的研究論著不少，但它們多半是基於孟學立場所作的詮釋與批評，只能看作廣義的孟學研究的一環。此外，雖然也有許多學者從現代學術與科技的眼光來推崇荀子〈正名〉、〈天論〉中的思想，但這種推崇跟儒學核心價值關係不大，對荀子思想地位的提升沒有根本的作用。前輩學者中，陳大齊（1989、1983）似乎是比較肯定、看重荀學的人。但他在《荀子學說》中也只是平實地從正面詮論荀子思想，遠不如他在《孔子學說》中對孔子思想的讚嘆有加和推崇

---

❶　還可以加上馮友蘭、賀麟、錢穆、方東美等人。

備至。

不過，或許因為當代新儒家的發展逐漸出現困境與瓶頸，也或許因為現實人生、現實社會無形的召喚，晚近臺灣地區一個跳出當代新儒家理路、重新詮釋荀學傳統的新動向已經悄悄開始了。2003 年 12 月，《國立政治大學哲學學報》推出一期「國際荀子研究專號」。2006 年 2 月，雲林科技大學漢學資料整理研究所舉辦一個「荀子研究的回顧與開創」國際學術會議。❷以上兩件事可說是這個新動向稍稍明顯的代表。除此之外，有關荀學的論著、課程、學位論文、學術活動也都有逐漸增加的跡象。❸從我的感受來說，一個「當代新荀學」的運動似乎正在試探、發展中。❹

大陸的儒學發展在 1949 年以後中斷了三十多年。不過等 80 年代政治束縛放寬後，港臺當代新儒家的思想便陸續傳入。1986 年起，由方克立所主持的「現代新儒學思潮研究」大型計畫集合了數十位中青年學者，大規模編印了《現代新儒家學案》、《現代新儒學輯要》、《現代新儒學研究叢書》等書。逐漸地，當代新儒家思想也在大陸流傳開來；一些學者甚至欣賞、認同、歸宗港臺新儒家，自稱「大陸新儒家」了。（參見方克立，2008：148-149、245）

然而，或許同樣因著現實人生、現實社會（包括社會主義思維背景）的召喚，大陸的儒學復興也逐漸出現了不同的聲音。方克立（2008：253-255）曾撰文論及「有異於港臺新儒家的『另一派』大陸新儒家會崛起嗎？」；宋志明（2008：403）則說，一個「發端於現代新儒家，但不限於現代新儒家」的「現代新儒學思潮」已經來到；而干春松（2009：235）更具體指出，「大陸新儒學」關注儒學與制度更甚於道德理

---

❷ 這次會議的部份論文收入該所的《漢學研究集刊》3（荀子研究專號，2006）。

❸ 學位論文多少是個趨勢指標。就我所知，近幾年來在臺灣從荀學立場詮釋荀學的博士論文有：⑴伍振勳，《語言、社會與歷史意識──荀子思想探義》，清華大學中文系，2005 初稿，2006 修訂稿。⑵田富美，《清代荀子學研究》，政治大學中文系，2006。⑶王靈康，《荀子哲學的反思：以人觀為核心的探討》，政治大學哲學系，2008。⑷陳禮彰，《荀子人性論及其實踐研究》，臺灣師範大學國文系，2009。

❹ 我在 2006、2007 二文中開始提出「當代新荀學」的概念。又，上文所謂「當代新孟學」以及此處所謂「當代新荀學」，只是為了區分當代儒學中兩種不同的基本路線，不是具體的、嚴格意義的「學派」的用法。

想主義，具有明顯的實踐性傾向。

就我接觸所及來說，所謂有別於港臺新儒家的「大陸新儒家（學）」，在幾種不同的可能性（例如馬列主義新儒學、社會主義新儒學等）中，便有屬於或接近荀學的一路。例如旅居美國的李澤厚（2000：2、12），他批評當代新儒家的「儒學三期說」片面地以心性——道德理論來概括儒學，同時不當地抹殺了荀學和漢代儒學；他主張第一期儒學應包括孔孟荀在內，第二期應是漢儒，第三期才是宋明，而今後第四期則是：

> ……「人類學歷史本體論」……將以工具本體和心理本體為根本基礎，重視個體的獨特性，闡釋自由直觀、自由意志，和自由享受，來重新建構「內聖外王之道」，以充滿情感的「天地國親師」的宗教性道德，範導以理性自由主義為原則的社會性道德，以承續中國「實用理性」、「樂感文化」、「一個世界」、「度的藝術」的悠久傳統。

這樣的四期說顯然是荀學的路線。❺又如目前擔任《中國儒學》主編的王中江（2005：72、91、107），他肯定地指出，荀子除了有功於儒家學統外，也是一個理想主義者、醇正的儒家以及儒家道統堅定不二的傳承者和復興者。這樣的觀點也表現了一定的荀學立場。

必須澄清的是，曾在 1989 年發表〈中國大陸復興儒學的現實意義及其面臨的問題〉一文的蔣慶晚近也表彰荀學——公羊學，大力提倡「政治儒學」。不過他（2003：30-33、550）是以孟子一系的心性學作為荀學一系公羊學、政治禮法制度等之根本，因此他的「政治儒學」屬於牟宗三「荀子之廣度必轉而繫屬于孔孟之深度」的立場，而不是荀學一路。

---

❺ 事實上，曾經有人問李澤厚：「如果把您稱為新儒家，您願意嗎？」他（1994：3）回答道：「願意。但不是現在港臺那種儒家。」。而 2008 年 2 月 17 日，我也在美國當面請教他：「如果把您歸為『當代新荀學』一路，您同意嗎？」他回答說：「我的思想不只是荀學。但若單就基本路線來說的話，說成荀學一路倒也可以。」據此他大致可以算是「大陸新儒家」中的荀學一路了。

總之，從兩岸當代新儒家（學）發展的最新趨勢來看，向來低迷、沈寂的荀學一路已經逐漸覺醒，一個屬於荀學立場或者說「當代新荀學進路」的「當代新儒家」似乎即將出現了。❻

貳、本文所謂「當代新荀學進路」

如上所述，一個「當代新荀學」或者說一個「當代新荀學進路的當代新儒家哲學」正在兩岸儒學圈裡嘗試、發展中；本文便是基於這樣的背景與契機而作。這一節先說明本文所謂「當代新荀學進路」的具體內涵。

一、重新詮釋荀子哲學，
彰明荀子哲學的「普遍形式」與正當性

一般根據荀子的意謂認定荀子哲學無非是「天人相分」、「性惡」、「禮義外於人性」，從而論斷荀子哲學中「禮義」之價值無有根源，因而所謂「強學禮義」與「化性起偽」都得不到保障。其實上述理解並未觸及全面和整體。今天我們若採取傅偉勳所謂「創造的詮釋學」的視野，兼顧荀子的意謂、蘊謂兩層，並鬆解、開放他對某些重要概念（如天、人、心、性等）界定、使用的脈絡、範圍，便可以重新建構一個具有普遍意義、合乎華人文化心理傾向的荀子哲學。它跟荀子自己表述的理路在理論上等值，但更適合於後代人們的辨識、認取、比較，可以稱作「荀子哲學的普遍形式」。簡單地說——

1.荀子說：「陰陽大化……萬物各得其和以生」（〈天論〉），又說：「水火有氣而無生，草木有生而無知……人有氣，有生，有知，亦且有義」（〈王制〉）。據此，這世界起源於有陰有陽的自然元氣。正是自然元氣的化生流行，開展為天地萬物，進一步形成了包括道德理性、精神價值在內的人類文明。不妨說，這是個素樸的、未明說的、未正式展開的、隱態的「自然氣本論」。

---

❻ 這裡「當代新儒家」一詞採取最廣義的用法，統稱「當代」所可能出現的各派「新儒家」，而不限於一般所謂以熊十力、唐君毅、牟宗三為代表的「當代新儒家」。

2.荀子說：「天行有常，不為堯存，不為桀亡。應之以治則吉，應之以亂則凶」又說：「天有其時，地有其財，人有其治，夫是之謂能參。」（〈天論〉），據此，在這個一氣流行的世界裡，天行有其常則，人事有其常道，兩者間有著內在的連續與貫通。此外，天、人各有其職能，天不會對人事做出另外的、神蹟式的賞罰。整體地說，天、人之間既有連續又有差異，彼此是有合有分、合中有分的關係，不是向來所以為的「天人相分」。

3.依荀子，人性的實質即是人的種種欲望，當不加節制時便造成混亂困窮；而用來節制欲望的禮義出於聖人所制定，不出於聖人之性；因此人性是惡。不過荀子又認為，禮義可以讓人「好惡以節，喜怒以當」，可以「養人之欲，給人之求」；可見禮義正是種種欲望的內在節度，並非截然外在於人性。事實上，荀子還認為禮（或禮義）是事物、情感、欲望中「本末相順，終始相應」的律則；而當擴大地、普遍地說時，它還是「天地以合，日月以明，四時以序」的因素（以上〈禮論〉）。可見荀子所謂的禮「與天地同理」（〈王制〉），是天地內在之理的一環，並非沒有價值根源。此外，正因為禮義本質上是事物、情感、欲望中「本末相順，終始相應」的節度，因此它可以隨著情境脈絡而損益更新，並非絕對不變、一味束縛人性的東西。

4.既然欲望中潛在著「本末相順，終始相應」的禮義節度，因此荀子所謂心在虛壹而靜中學習禮義和實踐禮義而後終於「化性起偽」、「積善成德」的過程，便應是人們對人、己欲望中所潛在著的律則的體認、體知和抉擇（其中涵有價值直覺在內，不只是客觀認知）以及體現、凝定和凝成。重要的是，在這過程中，從心到身的種種努力和作為（也就是「偽」），它們的方向、內涵、作用以及實現的可能性等等，都一樣具有人性論的意義可說。因此，荀子的人性論也是一種性善論。只不過它有別於孟子的性善論，可以說成「人性向善論」或「弱性善論」。

5.整體來看，荀子哲學應是「藉由一代代聖賢所不斷斟酌、更新的禮義節度來導正人心、護持社會」的哲學。它平實地、起碼地肯定宇宙有個從自然到社會相連續的秩序律則作為最終的價值根源，並肯定人在具體情境中有一個有限度的道德直覺可以作為認識價值、實現價值的依據，其思想基調仍然符合中國人的一般心理傾向和歷代儒學的基本信念。因此，荀學並非像牟宗三所說的，只能藉由孟學的提攝

才能取得價值的完足；也並非蔣慶所以為的，只是一個從制度層面來補強孟學的「政治儒學」。事實上它是一個同時包含形上學、心性學、修養工夫論、制度建構等層面，兼有內聖與外王的完整而一貫的儒家哲學。它跟孟學一系之間，應該是平等地相互對話論辯、相輔相成的關係；而不應該是一主一從、一正一偏甚至一黑一白的關係。總之，在整個儒學史上，它應該跟孟學一系一樣，享有相同的正當性與獨立性。（以上參見劉又銘，2001、2006、2007）

二、重新建構荀學哲學史，
彰明荀子哲學在歷代的發展與開創

由於荀子關於天人關係論、人性論的表層意謂不合乎民族心理傾向，歷代荀學的角色認同、學派意識相對地淡薄，整個荀學史的圖像也顯得模糊與單薄。今天我們必須基於上述「荀子哲學的普遍形式」，以創造詮釋學的眼光，重新審視、辨認、發現過去許多在孟學眼光下被誤讀被質疑被貶抑被遮蔽的荀學論著，給予相應、恰當的詮釋和定位，讓荀子哲學在歷代的開展與創新如實地、充分地呈現出來。

例如漢代董仲舒（179BC-104BC），他的天論、災異說、天人感應說都讓當代一般學者難以認同。事實上他所謂的天基本上仍是「積眾精」的「元氣」，除了降下災異外，並不能藉著神蹟式的作為直接改變人間事物。他更核心更主要的觀點是，天、人之間在具體形質、形制方面「副數」，又在抽象事物、精神層面（最重要的是「道」、「理」）「副類」；而「天之所為有所至而止」、「止之外謂之人事」，君王與其回應災異還不如儘早在事物的開端、細微處用心警醒；這就比荀子更明白地表明了天、人之間彼此連續、統合而又各有其不同的職能與界域的合中有分的關係。此外，他認為天的陰、陽二氣落在人性上就是貪、仁兩面；而這樣的人性只算是具備了「善質」，必須「受成性之教於王」才能真正成為善；這就將荀子所未明說的「弱性善論」部份地表達出來了。（劉又銘，2006、2007）

又如晉代的裴頠（267-300），他在哲學史上一向只是作為魏晉玄學的陪襯。然而重要的是，他站在儒家立場上回應了當時本體論建構的召喚，獨自以「總混群本（整體的、混然為一的萬有之本原，此應即元氣）」為「宗極之道」，以事物之間的「化感

錯綜（變化、感通互動的種種脈絡、現象）」為「理跡之原」，強調「理之所體，所謂有也」；這就初步地、素樸地表述了「以自然元氣為本」而「理在氣中」、「理在事中」的理路。（劉又銘，2006）

又如北宋的司馬光（1019-1086），一般哲學史論著並不會提到他，但他為《老子》、《古文孝經》以及揚雄的《太玄》、《法言》都作了注解，又撰有《潛虛》（仿《太玄》而作）和《易說》等書。他以「凡物之未分、混而為一者」也就是「陰陽混一」之氣為「太極」、「化之本原」，以「中」為陰陽之氣運行開展時潛在的規律和價值傾向；而天、人兩端各有其職分，各有其所能與所不能，人不可以「廢人事而任天命」。他又以源自「虛」（仍是氣）之氣為性之體，主張人性必兼善惡、必有等差，從而強調「治性」以及包括聖人在內任何人「學」的必要。（參見張晶晶，2009：22、56、82-85）這樣的哲學當然是荀學一路，是裴頠之後又一次荀學關於本體論建構的嘗試。

又如明清時期羅欽順（1465-1547）、王廷相（1472-1544）、吳廷翰（1491-1559）、顧炎武（1613-1682）、戴震（1724-1777）等人。他們大致以蘊涵著特定價值傾向的自然元氣為本體、道體，以身心活動的「自然中潛在著必然之則」為人性的內涵，以「在身心活動脈絡中斟酌、確認必然之則，然後在身心活動中予以凝定、實現之」為工夫進路。相對於理學主流（理本論、心本論、神聖氣本論等）孟學性格的觀點「神聖本體觀」、「天理人性觀」、「復性工夫論」等來說，他們這種「有限價值蘊涵」的道體觀、人性論和「學以明善、習行成性」的工夫論恰恰是荀學一路。（參見劉又銘，2009）不妨說，在遭受理學強力的沖擊、洗禮之後，明清自然氣本論者已經相當地揭示、開展了上文所謂「荀子哲學的普遍形式」了（雖然他們主觀上未必這麼認為❼）。如果比照西方 modern 一詞的用法，並且只就哲學的層面來說，那麼明清自然氣本論已經是一個不自覺的「現代新荀學」了。❽

---

❼　例如戴震就在他的孟學著作《孟子字義疏證》中建構了荀學性格的自然氣本論，形成了「孟皮荀骨」的現象。事實上，在「一元正統」的文化格局和心理傾向下，華人很容易在主觀意識上認同主流觀點，並在主流觀點的旗幟下寫出實質上相異相反的主張，形成主觀意識、實際路線的反差而不自知。

❽　西方學界一般認為中世紀大約持續到 1500 年左右，然後就進入「early modern（早期現代）」，

又如當代前輩學者吳稚暉（1865-1953）、胡適（1891-1962）、張岱年（1909-2004）等，他們在當代西方學術思想（科學、實用主義、唯物主義等）的挑戰、激發下所形成的思想，基本上也都具有荀學性格，只是在時代思潮的遮蔽下未能意識到或表現出這點罷了。

總之，表面上，荀子哲學往往遭到誤解、質疑，無法明朗地、順暢地接續、傳承；但實質上它還是以間接、朦朧或迂迴的方式一路蛻變轉化、發展至今，因而整個荀學哲學史的格局、規模比一般所以為的要龐大、壯闊得多；這是「當代新荀學」應有的認識，也是它既有的深厚基礎。

三、依循荀子路線，接著明清自然氣本論講

所謂「荀學」一詞，指的並非只是荀子學說本身，它還可以是（或者更是）歷代對荀子學說的繼承、詮釋和發展；因此本文所謂「當代新荀學進路」的儒家哲學建構，就不是單單本著原初的、素樸的荀子哲學來進行的意思。

作為儒學的一個基本典範，荀子哲學本身提供了一個基本方向與基本路線。在這之外，它的個別的、具體的觀點卻有可能受限於荀子當時的時代情勢、現實脈絡而不見得一一適用於今日。因此，今天，「當代新荀學進路」的儒家哲學建構必須一方面自覺地、明朗地、積極地（而不是間接地、隱諱地、低調地）依循荀子哲學的基本方向基本路線，另一方面又看重後代荀學對荀子哲學的詮釋、修訂、創造、更新。甚至於，有時候，在具體的、細部的問題上，後代荀學（尤其明清自然氣本論）的觀點遠比荀子哲學本身還要重要；就這部份來說，所謂「當代新荀學進路」恰恰就是「接著明清自然氣本論講」的進路；❾不妨說，這個意思其實就是荀子「法後王」

所以美國學者 Roland N. Stromberg 的 *An Intellectual History of Modern Europe* 一書就是從 16 世紀末寫起的。我認為，清末民初以來，器物、制度層面的巨大變化混淆了華人對「現代」的感受了。若單就心靈、精神的深層與基底來說，則明代中期（15、16 世紀之交），以自然氣本論的出現為標記，華人文化其實也已逐漸進入中國文化脈絡下的「早期現代」了。據此明清自然氣本論可以稱作一個不自覺的「現代新荀學」。（參見劉又銘，2005：233-236）。

❾　「接著講」是馮友蘭在《新理學》裡的用語，指在繼承中有所創新的論述，不是單單「照著講」而已。

精神在哲學層面可以有也應該有的引申。

必須補充的一點是，「儒家哲學」從來就存在著各種不同的進路與典範，這是過去一次次正統與異端之爭所改變不了的事實。因此本文並非試圖提出一個「作為唯一的代表者的」與「作為唯一正當、正確的」的儒家哲學；而只是要以「當代新荀學的進路」來呈現當代儒家哲學所可能有的版本之一而已。應該說，就連荀學學者對「當代新荀學」的理解也是見仁見智、各不相同的；因此本文所謂「當代新荀學進路」也只是筆者個人所理解的一個可能的型態而已。

底下就以筆者先前對荀子哲學、荀學哲學史（尤其明清自然氣本論）的研究為基礎，直接地、白描地就當代儒家哲學的重建提出我的構想。本文旨在呈現一個可能的方向、面貌或者說一個最基本的輪廓，因此許多地方無法作詳細的論證，有興趣的讀者請另外參考我的相關論著（尤其 2000、2009）。

參、宇宙圖像：以氣為本，理在氣中

宇宙是怎麼形成的？這世界存在的根據為何？哲學家關於這類問題的種種玄想雖然往往遭到輕忽或懷疑，但是做為一種揭示價值、指引方向的意義建構，它們在今天仍然有其必要。跟孟學一路開展出「神聖本體論」型態的「理本論」、「心本論」、「神聖氣本論」等不一樣，荀學一路開展出的是「自然本體論」型態的「自然氣本論」（見前）；它以混沌的自然元氣為天地萬物的本原，認為宇宙是由混沌的自然元氣開始，逐步生成天地萬物、產生人類文明的。

自然元氣本身有陰、陽兩種狀態，或者說它就是這兩種狀態的交融並存。傳統觀點認為，陰、陽的互動進一步開展為「五行」，然後再進一步形成萬物。「陰陽→五行→萬物」，這個高度簡化的宇宙生成圖式在今天應該看作一個象徵的、開放的以及簡化的圖式，而不能看作具體的、實質的發展過程。至於五行相生相剋的舊說，則應該理解為宇宙的整體有機相關性，而不能作為公式在現實人生中推演、運算。也就是說，萬物萬象真正的法則、規律還是應該鬆開來，交由各個具體的學科去做實質的考察、研究。

只要謹慎運用，不再一味地附會古代的「五行」諸說，那麼，跟近世儒家其他

進路（如理本論、心本論）比起來，單單從自然元氣來解釋宇宙的起源和生成，這樣的宇宙觀跟當代一般知識一般思維之間是可以有更大的交集和呼應的。

　　當代物理學早已超越了從質子、中子、電子來解釋各種不同的原子的階段，進一步發現上夸克、下夸克、微中子、電子等四種更基本的基本粒子（它們還依質量的差異進一步呈現為三個家族），以及跟每一種基本粒子相搭配的「反粒子」配偶的存在。當然，如此複雜多樣的基本粒子跟彼此同一的元氣還是有相當的距離。不過，重要的是，晚近一個頗受注意的假說、設想，叫做「弦論（String theory）」（進一步的發展叫「超弦理論（Superstring theory）」），又向前推進了一步，認為上述各種基本粒子還不是最基本的，它們其實都只是同一種無限細微的、橡皮圈一般的、振盪著的「弦（String）」的不同存在狀態。依照這個設想，世界上的一切事物，最終都統一在那振盪著、舞動著的「弦」裡。（參見布萊恩・格林恩，2003：第一章）

　　把無量數無限細微、振盪著、舞動著並且基本上同一的「弦」（而非之前所以為的若干種相對孤立的、彼此差異的基本粒子）的集合想像成「自然元氣」，把弦的種種振盪中的正、反狀態想像成陰與陽，這似乎順理成章。「元氣」本來就可以是個開放的概念。無限多基本上同一的「振盪弦」的集合似乎可以是現代人對「元氣」的一個暫時的、具體的、合理的解釋。總之，雖然「弦論」目前還在摸索的過程中，但荀學一路「以自然元氣為本原」的說法至少暫時有個可以跟當代物理學相呼應的義涵。

　　上述的比擬當然不能充分說明「氣」的內涵。科學一般並不直接思考價值的問題，然而哲學在這方面卻不能逃避。如果說科學上的「振盪弦」比較是個「物質」的概念的話；那麼，哲學上的「元氣」就是一個比「物質」更豐富的概念。當代新荀學所謂的「元氣」，雖然跟「振盪弦」一樣地沒有意識、思維、情感，但它卻蘊涵著一個基本的價值傾向。正因為這樣，它的一步步開展，以及更複雜更細緻更高階的變遷流行，才會都內在地蘊涵著價值傾向，表現為種種相關的、具體的型態和內容。

　　總之，做為天地萬物的本原，「元氣／陰陽」的開展、衍化、流行是整個宇宙生生不息最根本、最終極的動力。而當萬物生成以後，做為萬物的構成基質，「元氣／陰陽」所具有的活性和所蘊涵的價值傾向便也會在萬物萬象的基底繼續發揮作

用,以隱密、緩慢、曲折的方式根本地、終極地影響著萬物萬象。也就是說,自然元氣不只作為宇宙生成的本原,它同時也是宇宙的本體或終極實體。只不過,跟宋明理學主流觀點不同的是,它只是個潛在地、發散地蘊涵著價值成份與價值傾向的「自然本體」,而不是像理本論的「理」、心本論的「心」那樣的一個滿盈、凝聚、集中的價值根源與價值中心;它不是作為「純粹價值自身」的一個「神聖本體」。

由於萬物之中那基於元氣而來的本有的、內在的價值傾向,萬物的互動往來就有了一定的秩序、條理、律則。這樣的條理、律則,它並不是超越在氣和萬事萬物之上做為一個主宰者的那種本體義的「理」,而只是種種自然活動中的必然之則,只是種種事物裡頭所蘊涵著的那種條理義的「理」。也就是說,理不在氣之上,不在氣之先,理只在氣之中。因此,這樣的「理」不會像理本論的理以及心本論的心那樣一開始就無所不包、鉅細靡遺地齊全完備,也並非純粹潔淨、亙古不變,它是隨著自然元氣的流衍開展而逐步出現、逐步豐富以及隨時變遷的。

此外,自然元氣的運行就是「道」。因此「道」跟「理」一樣,都不是在氣之外獨立存在的東西。不妨說,有怎樣的「理」,就意味著有怎樣的「道」;「理」指的是氣運行的條理,「道」指的是氣的合於某個「理」的運行的本身或那運行的軌跡。因此,有了元氣才會有「道」與「理」的存在,元氣就是那承載、蘊涵或者說展演、呈現著「道」和「理」的終極實體。正是在這個意義上,「元氣」取代了「道」、「理」的概念,直接成為「太極」、「道體」、「道之實體」。

總之,從自然元氣到天地萬物,就只會是一個一貫的發展過程,人類一切物質的與精神的創制、建構也都包括在其中,沒有例外。可以說,這世界是一個「僅只一個層次的世界」,從自然混沌元氣開始,一路生生不息地興發、開展,在逐步豐富與逐步提升中自我完足,不需要也不會有更上面一層異質的「純粹價值世界」的存在。

肆、生命圖像:稟氣、性、心、身一貫,理在欲中

在自然元氣的流行下,人稟受了一份自然元氣而誕生,也基於這稟氣而開展生

命的一切。同為人類，每個人的稟氣大致上或基本上相似，因而同樣是「萬物之靈」。可是既然是來自元氣的自然流行，每個人的稟氣就總會有些差異，而這樣的差異就決定了每個人不盡相同的、同中有異的本性。當稟氣進一步開展，生成了心、身以後，這份稟氣所蘊涵的本性也就跟著決定了心、身在現實活動中的各種內在的、基本的價值傾向的表現。也就是說，就價值蘊涵、價值傾向來說，稟氣、性、心、身四者是一貫的。它們之間儘管有發展先後的階段差異，有表現上隱、顯的不同，但是它們在價值蘊涵與價值傾向上卻是一貫相承的，沒有根本的改變和異質的、異層的跳躍。

因此我們不必越過身、心，不必就著身、心的活動逆溯或跳躍到超越於稟氣、身、心之外或之上的另一個淵密、隱微的層次去尋找、體認人的本性。因為事實上並沒有那樣的層次存在，因為身、心的表現本身直接就等同於人性的表現。

具體地說，身、心的各種現實的、自然的表現，都是本性所決定以及所當有的內涵。因此，道德認知、理性思辨的各種表現固然是性，欲望、情感的各種表現也是性；不僅合宜的、正面的表現是性，就連不當的、負面的表現也是性。應該說，在進入 21 世紀的今天，我們不必再避諱、害怕將生命的負面、陰暗面納入人性的範圍內，也不可能繼續片面地凸顯道德良知作為人性的全體。事實上，我們應該以及可以用另一個方式重新描述儒家向來對人性的正面肯定。

簡單地說，身、心一切自然的欲望與情感的表現，雖然充滿著正面與負面的各種可能性，但其中總會有個潛在的、內在的、善的價值傾向，總會有個潛在的、恰到好處的「本末相順，終始相應」（《荀子・禮論》）的條理；這就是所謂的「理在欲中」、「理在情中」，而這正是基於上一節所謂的「理在氣中」而來的。雖然人無法天生地、現成地知道生命中潛在的善的價值傾向和條理，而那善的價值傾向和條理也不會自己主動顯現、言說和發動；不過，當情感、欲望處在恰當、合宜的狀態或節度、分寸時，身、心就會出現美好的、和諧的效驗與效應，而人也能夠當下感知到這個美好效驗與效應，這就提供了人一步步去認識那善的價值傾向與條理以及一步步去實踐它的可能。此外，雖然這個善的價值傾向的強度，在每個人身上不盡相同，甚至有的人極其微弱而障蔽重重，但它總是會存在著，總是讓人有機會鬆脫、打通障蔽而一步步朝向善。從這幾點來看，人性終究是朝向善的。或者更乾脆

地說，人性就是善的。

不可否認，上述「善的價值傾向」以及「在具體情境中的善的直覺」的作用，似乎遠不如孟學一系所強調的作為「道德創造的精神實體」的良知、本性那般的強而有力，它隨時會因為現實的困境而一再遭到壓抑和遮蔽。所以對比於孟學一系的性善觀，這種性善觀只能稱作「弱性善論」或「人性向善論」。重要的是，在人類社會中，這種有限的、弱性向善的機制始終緩緩地發揮作用。由於它的存在，人類總會一再地從倒退、墮落中醒轉，並且會記取既有的失敗與教訓，設法有所預防和補強。

前面說過，就整個世界來說，從自然元氣到天地萬物的漸進發展、同層而一貫便是這世界的一個基本圖像。同樣的，就整個人來說，從「稟氣／性」到身、心的漸進發展、同層而一貫也是人的生命基本圖像。基於這樣的生命圖像，一個人自我的範圍、內容，可以從生命本原處「稟氣／性」的潛在可能性來說，也可以從當下現實而具體的「心／身」活動的一般表現來說。應該說，那「自然中有其必然」的「心／身」活動的本身，就是人的自我的全體。或者說，人的一般的、尋常的欲望、情感、理智，三者就一起構成了人的整全的自我。因此，不必越過它們，往上跳躍（或者說往深處進入）到另一個層次，去逆溯、尋找一個先驗的、隱密的「真實自我」。應該說，這樣的自我觀，比較符合當代社會一般人的感受與認知。

當「稟氣／性」開展到了人類心、身活動的階段，進入錯綜複雜的現實處境中，「理」、「道」的情況就變得更複雜了。由於人的種種心思意念的自由運用，更由於現實中複雜的生存競爭與利害取捨，是非善惡都具體地、大幅地出現了。在這階段，我們可以像戴震那樣，從中性的「條理」、「運行」二義來界定「理」與「道」，然後用進一步的形容、限定來指稱那具有價值義的「理」與「道」（如「至理」、「達道」、「仁義之道」等）。在這個用法裡，「理」與「道」本身基本上是自然義，而這自然義中又包含了價值義（因為自然中就蘊涵著必然）。不過，我們也可以按照傳統的習慣，直接用「理」與「道」來指稱那蘊涵在種種自然的「條理」與「運行」當中具有價值義涵的那個部份，也就是所謂的「必然之則」。在後面這個用法裡，「理」與「道」純粹是價值義；但要注意的是，這價值義仍然是蘊涵於自然義的「理」與「道」當中的。第一種用法凸顯了日常欲望、一般情感等等的被肯

定與被重視，第二種用法則比較合乎整個儒家傳統的習慣。

如上所述，生命、自我的內涵，就只是尋常的情感、欲望、理智三者的全體，在這之外別無更上面一層或超越一層的存在。因此，生命、自我的圓滿，基本上就只在於理智、情感、欲望三者的從自然作用朝向必然之則的協調、統合與提升了。這當中，理智的作用顯然是樞紐和核心。雖然理智本身並非一個（孟學一系所謂的）當下現成地圓滿自足的「道德創造的精神實體」，它只是個尋常的、有限度的、大致能辨識價值的一個理智；但恰恰就是這個尋常的、有限度的理智，它在一再的嘗試錯誤和不斷的學習、校正中，仍然可以逐步趨於明敏睿智，仍然可以越來越純熟地斟酌、辨認真理與價值。此外，情感、欲望也不是負面、一味闖禍、單單等候被處置管控的角色。事實上那「自然中有必然」的情感、欲望的本身就內在地蘊涵著價值與真理，它們等於以另一種無言卻真實的方式參與了價值、真理的展現和確認。

還可以補充的一點是，上面的理路，跟西方當代的心理分析學、女性主義都頗有相容相應的地方，這是未來可以具體去探討的課題。

伍、生活世界：元氣、自然、人生、社會、歷史一貫，理在事中

以上面兩節的討論為基礎，將視野落在整個具體真實的生活世界裡，則前面所述「以氣為本，理在氣中」和「稟氣、性、心、身一貫，理在欲中」的兩層，就可以統合起來說成「元氣、自然、人生、社會、歷史一貫，理在事中」了。也就是說，在自然元氣開展流變的場域中，大自然、個體人生、群體社會、古今歷史都是基於自然元氣而連續相貫的；一切的價值都只是內在地蘊涵於其中，並隨著這一氣流行的逐步開展和人類文明的逐步開拓而逐漸豐富、提升，而沒有另外一個層次的某個神聖領域做為價值的賦予者、啟動者或中心樞紐。

在這個意義下，我們或許可以如同李澤厚（2003）那樣，直接將人類歷史的整體（包括「人化」了的自然）看作一個本體。或者，也可以大致借用胡賽爾的術語，將那包括自然、人生、社會、歷史在內的整個「生活世界」看作一個本體。要再次強

調的是，這樣子所說的本體只是個蘊涵著價值傾向或潛在著價值內蘊的「自然本體」，而不是一個作為凝聚的、滿全的價值根源的所謂「純粹價值自身」的「神聖本體」。

前面所謂的「理在氣中」以及「理在欲中」、「理在情中」，在整全具體的生活世界裡就可以說成「理在一切事物的脈絡、情狀之中」或者「理在事中」了。同樣要再次強調的是，這樣的「理」，它不是個獨立存在的「神聖本體」，而只是條理、律則意義的理；而且，它並非一開始就完備和全盡，也並非亙古不變，它是隨著自然元氣的流衍以及社會人生的開展才逐步出現、逐步豐富以及隨時變遷的。

既然元氣、自然、人生、社會、歷史一貫，也既然此刻這世界早已經出現了人類並且人類社會也已經積累深厚地表現了完整、豐富、生動的文明內涵，那麼這歷史積澱下的整全的生活世界就應該是我們思考種種問題時一個最整全最具體真實的視野了。底下，我們就本著「元氣、自然、人生、社會、歷史一貫，理在事中」的理路，進入「歷史積澱下當代華人的生活世界」，具體地就當代華人文化處境裡幾個基本的或迫切的問題做個哲學反思。

一、合中有分的天人關係

所謂的天、人關係，指的是宇宙跟人之間的存在關係。一般會將儒家的天人關係論分成以孟子為代表的「天人合一」說和以荀子為代表的「天人相分」說兩大類。這個分類其實不正確，它比較是以孟學的眼光來看的。在孟學的眼光下，既然在荀子哲學中看不到孟學型態的「天人合一」，而荀子又極力強調「天人之分」，那麼荀子的天、人之間當然就真的是截然「相分」了。

上文已經簡略提到，荀子的天人關係論其實是「天、人合中有分」的觀點。此處，就「自然本體論」型態的荀學整體地說，既然天與人兩端都沒有一個「價值滿盈的、純粹精神的形上實體」作為價值根源，我們就不能就著這個欠缺項來論斷天人關係，而應該就天、人兩端的整全的存在（或存在的整體）來討論這個問題。

前面提到，從元氣、自然、人生、社會到歷史是個一貫的發展歷程。這樣一個「只此一層的世界」的一貫開展，恰恰意味著連續性（同此一氣的連續發展）和差異性（流衍、分化後不同階段的不同樣態不同面貌）的同時存在。所以天、人之間，既非「同一

／是一」的關係（這比較是孟學一系扣緊形上精神實體來說的天人合一論），也不是截然地
「相分／二分」的關係（這是孟學學者誤讀荀子哲學所建構出來的天人相分論，它是中國哲學傳
統裡實質上不曾存在過的天人關係論），而是「合中有分」的關係。所謂的「合」，指的
是基於一氣的流行衍化而來的存在的連續性、共通性、一貫性、可統合性；而所謂
「分」，則指的是由於各個階段各自不同的興發與開展，彼此之間所形成的存在上
的差異。

也就是說，在當代新荀學「合中有分」的天人關係裡，所謂的「合」，並不是
就著天、人兩端所各自具有的一個強有力的、可自行發用的、可以被人們體認並呈
現的、可以用來安頓現實的形上精神實體來說的「合」；而只是基於一個彼此類
似、平行而可以相應、共享、相合的存在結構與存在律則來說的「合」。而所謂的
「分」，則恰恰意味著天、人各有其個別性、特殊性、差異性，因而人在天地當中
就有自己的獨特定位，有該主動承擔、創造的一面。

總之，當代新荀學的天人關係論絕非過去誤讀、誤判荀子哲學時所謂的「天人
相分論」。不僅如此，這種「合中有分的天、人關係論」基本上仍是一種「天人合
一論」，它跟孟學一路的天人合一論共同構成了儒家哲學的「（廣義的）天人合一
論」。重要的是，它能夠比孟學一系的「天人合一論」更廣泛更貼合地回應今天的
時代課題。簡單地說，其中「天人有分（不是「相分」）」的一面，使我們有個源自
傳統的立足點，來回應西方現代主體性哲學的強勢挑戰；其中「天人有合」的一
面，又使我們有個同樣來自傳統的資源，來避免過度的人類中心主義，避免「現代
性」的誤入歧途。（參見劉又銘，2007）

二、生命提升之道

傳統儒釋道三家往往各自針對所認定的神聖本體來教導那高妙難能的體證與冥
契的生命之道。這樣的體證、冥契的進路在今天仍然有一定的意義和效能，但終究
只有少數人能夠由衷地肯認並切實地實踐。

當代新荀學所提供的則是一條相對平常、平實而普遍的道路。基本上，每個人
一出生就進入家庭、群體、社會的環繞裡，就進入歷史文化、風俗禮儀、政治教化
的薰染與影響當中；每個人都是以這一步為基礎為前提，去求取知識、智慧的；詳

細地說，都是在具體感受到歷史、社會對自己的支持、召喚、期盼之後，才懂得真正地、實質地、積極地就著具體的課題來求取知識、智慧的。然而，由於沒有一個先天、內在、現成的所謂「道德創造的精神實體」可以體證、認取，由於要求取的是人己物我間情感、欲望的適切分際、恰當條理，又由於意識、理智的侷限與可能的扭曲變形，因此人必須依循、藉助於前人的知識、學問，必須在人己、物我的情境脈絡中一再思量揣摩，必須經由對話、溝通來積聚、掌握足夠的訊息，還必須批判地揭露意識型態的遮蔽、阻擾，才能逐步達成清晰的認知、體會。❿此外，由於所求得的知，也只是對事物脈絡中的條理以及生命內在善的傾向的辨知、識知，所以一定要藉由意志、決心去遵行、實踐，並藉由實踐之後身心的具體效應來印證、激勵，才能逐步讓身心的自然活動歸於必然之則，才能逐漸獲得生命的成熟、圓滿。

　　總之，這不是就著先天圓滿具足的本性、良知來進行所謂「逆覺體證」然後向外推擴的一路，而是就著人人日常的理性思辨和具體情境中的道德直覺來問學致知、對話批判、知行並進、踐履成性的一路。用傳統的概念來說，這不是先內聖然後根據內聖推向外王的一路，而是直接就著種種具體的外王課題來內聖、寓內聖於外王的一路。應該說，雖然今天儒學圈相對忽略、貶抑這一路，也雖然今天各級學校的道德教育理論一般偏重孟學一路，但社會上多數人自覺或不自覺地實踐著的卻比較是這一路。

三、科學探求與知識建構

　　五四時期所謂的「賽先生（科學的探求與知識的建構）」，在今天至少已經不是一個令華人覺得挫折、自卑、屈辱的課題了。但是，除了現實上具體地、普遍地吸收、運用西方現代科學、現代知識外，在哲學的層次（就本土哲學的脈絡來說），這個問題似乎還沒有得到適當的解決。

　　就「當代新荀學」來說，人天生擁有的是一個經過鍛鍊後能在具體情境脈絡中恰當辨認價值的尋常理智、理性，當人運用這尋常理智、理性來面對自然、人生、

---

❿　這裡參酌、借用了哈伯瑪斯溝通理性、批判的詮釋學的觀點。

社會、歷史等一切對象時，這尋常理智、理性不必進行牟宗三就著良知所提議的「自我坎陷」，就會直接地、理所當然地進行一個開放的、朝向各種未知的可能的探求。事實上，由於不認為會有一個先天的、先在的、自足的價值訊息供人直接信靠，人在現實情境的變化、轉折中將更具體更迫切地感受到既有知識的不足和探索、開拓的必要，從而一步步的去接觸事實、尋找訊息、設想意義、歸納通則、建構知識，並隨時做出必要的價值權衡。此外，由於認識到「理」的具體內容是隨著一氣流行的不同階段而隨時開展、變遷著的，因此自然科學、人文科學、社會科學都將會是持續不斷的、開放性的探求，而它們之間也都會有著適當的區隔。這裡便初步蘊涵、具備了一個現代的科學探求與知識建構的基本理路。

應該說，荀學一路「天、人合中有分」的思維，本來就比孟學一路「天人同一、是一」的思維更接近西方當代主、客對立的主體性哲學的思維，因而更能跟西方現代科學呼應、對話。也就是說，雖然「天人有合」基底意識的仍然存在，使荀學傳統的知識建構畢竟無法直接開展、達到西方主客二分進路下現代科學所達到的程度；但另一面「天人有分」意識的自覺，終究會使得荀學進路的認知模式，比孟學進路更能夠學習、吸納西方型態的科學、知識之學。

事實上，清儒已經不自覺地在這種荀學認知模式下建構了豐富的、基於傳統價值觀的要求的各類知識之學；⓫如今，當中西文化的交流、激盪已經積澱許久，當中國人對西方現代科學的意義與價值（當然也包括侷限和缺失）已有足夠的認識，當傳統積習裡某些意識型態的阻擾已漸漸淡去，我們就更能站在這種荀學認知模式上來發展現代科學，建構各種知識之學了。

四、民主政治

五四時期所謂的「德先生（民主政治）」，至今仍是華人文化圈裡一個有待努力的課題。表面上，至少臺灣已經相當地、具體地實施了民主政治。其實即使在今

⓫　晚近張壽安指出，清儒大規模的、多樣性的學術活動，「無論在經、史、子、集或其他技藝性知識上，都具有學術意義的『同質性』……可以用一句話表明這種同質性：『知識論述』——『考證學的知識論述』」，她並認為，「禮學、考證和知識很可能是今後研究清代學術最具吸引力的議題之一」。參見張壽安（2006：53、60）。

天，即使在臺灣，民主政治也還沒有真正地貫徹和內化。一般公私機構裡的權力運作仍然有許多不透明的地方，當權者往往不能真正接納、看重基層的反對意見，一般人在權力面前也往往心存顧忌和自我壓抑。同樣的，就本土哲學的脈絡來說，這個問題似乎尚未在哲學的層次上獲得有效的解決。

清末譚嗣同曾對荀學大加抨擊，認為正是荀學造成了歷代的專制政治。但這只是一時的、浮面的論斷，從當代新荀學的眼光來看則其實不然。首先，相對於孟學，荀學一路（至少明清以來）比較能正面肯定人們一般情感、欲望的正當性，主張為政者必須讓人民在這地方得到合理的滿足，反對一味地從高道德標準來要求人民。❷從這點來看，當教育普及，社會、經濟重心落在廣大的民間，人民的自主意識逐漸升高，某個程度的政治參與成了一般人的基本欲求時，我們就應當承認民主機制、民主政治的必要性，逐步去推行、實現。應該說，這樣的承認是最基本的一點。

其次，荀學一路對人性採取「有限價值蘊涵」也就是「弱性善」的觀點，所以關於價值的權衡與抉擇，就比較不會單單信靠一個人或少數人的意見。從而在群體的、公共的事務上，就比較能實質地吸納現代民主政治的基本理念。例如正面肯定每個人、每個利益團體、每個族群為了各自利益而奮鬥的意義、權利和正當性，又如正面、積極地肯定客觀法規、制度的建立和持續修訂的意義，又如正面肯定種種爭議、溝通、協調的過程（包括混亂、停滯、妥協在內）的必要與意義等。

向來以為儒家主要是孟學中蘊涵著民主思想的資源，而荀學則否；這點其實未必正確。例如孟子強調「說大人則藐之」的氣魄，一般就以為孟學凸顯了臣民們的自主意識。其實，孟學傳統中「天人是一」、「良知即天理」的理路，也很容易讓人陷入「我已經當下體認了天理、無所欠缺」、「我的思想言行皆出於天理，放諸四海而皆準，可以為眾人之師」的自我封閉的意識型態裡，反而無法正面地、積極地肯定或承認溝通、協調、妥協的必要，變成一個個散在各階層各地方反民主的、心理上的「現代帝王」。反過來看，荀學一路承認人內在的不圓滿，因而在心態上就比較願意進入跟他人對話的脈絡中一起尋找那隱藏在事物情狀裡的恰當條理，這

---

❷ 例如顧炎武就強調「合天下之私為公」，戴震也主張為政者必須讓人民「達情遂欲」。

種承認不足、相互容忍、願意溝通的自主意識與基本心態反而更能適應民主政治的現實生態。

其實，荀學「合中有分」的天人關係論，同時就意味著「合中有分」的群己關係論；這點，在今天的時代氛圍中，恰恰可以提供一個政治上「合中有分、分而能合」的現代義涵。不妨說，基於共同的文化性格，今天華人文化圈中任何地區任何等級的群體和組織，越能找到恰當機制來同時滿足群體需要和個體欲求（包括個體自主的需求）的，就越能維持整體的合一與和諧。這個義涵雖然簡單，但大致是當代華人民主政治能否成功的一個關鍵點。

五、經濟發展

經濟發展，是繼五四時期關於「德先生」、「賽先生」的討論之後，在二十世紀七〇年代熱鬧登場的另一個根本議題。在眾多論述中，一個似乎頗被接受的觀點認為，儒家傳統裡「重義輕利」、「重本抑末（即重農抑商）」的主張，形成了強固的意識型態，並不利於經濟發展；倒是「凡俗儒家思想」或一般個人的「常識理性」對華人文化圈的經濟發展發揮了推進的作用。❸這個觀點基本上解釋了七〇年代「亞洲四小龍的經濟奇蹟」何以可能的問題，不過其中有關儒學分等或分層的部份有些含混，需要釐清一下。

事實上，有別於孟學的「重義輕利」、「何必曰利」，儒家荀學一路是重「義」而並不輕「利」的，它只是要以「義」來規正追逐利益的偏失而已，因此至少在今天它不會強固地阻擾經濟的發展。此外，清代戴震所提出為政者必須讓人民「達情遂欲」的主張更蘊涵著在政策上積極發展經濟的現代意義。所以我認為，明清以來，所謂「重義輕利」、「重本抑末（即重農抑商）」的意識型態，其實主要是宋明以來的孟學思維所導致；而所謂「凡俗儒家思想」、「常識理性」則恰恰可以

---

❸ 美國社會學學者彼得・伯格（Peter Berger）在"Secularity – West and East"一文中針對韋伯的相關觀點修正性地指出，傳統士大夫和儒吏的儒家思想的確有害於現代化，但事實上東亞現代化另外有其動源，那就是「庸俗化的儒家思想」（vulgar Confucianism）。（參見金耀基，1985：51）對此金觀濤（1998：14）補充說：「那些親和（促進）資本主義的如⋯⋯『庸俗人的儒家思想』等正是⋯⋯基於中國傳統中常識理性中的東西。」

歸為荀學一路。一個可能的解釋是，宋明以來，尊孟抑荀的風習使得荀學思維被壓抑到一般士大夫的私人思維甚至潛意識裡，但荀學思維的實質內容仍然繼續在廣大的凡俗民間悄悄地、不自覺地存在著、活躍著。正是這些不合道統而不自知、無意識的荀學思維繼續維持了儒學的現實存在與活動能力，它們在西方經濟思想、制度的輔助、配合下實質地推動了現代經濟的發展。

總之，肯定一般人民追求利益的正當性，以人民的「達情遂欲」為政治的目標，這樣的荀學思維，在當代的政府與民間都將可以產生推動經濟發展的積極力量。必須澄清的一點是，在尊孟抑荀的風習下，它沒有自己明確的面貌，於是暫時淪為學界眼中「凡俗的儒家」，但其實它仍然是個獨立完整的儒學，這是有待人們重新去認識的地方。

結　語

以上的討論，說明了從「當代新荀學」進路可以建構一個真正具有現代性的儒家哲學。雖然「以氣為本」、「弱性善」、「學而知善」、「踐履成性」、「寓內聖於外王」都是宋明以來久已被孟學意識型態所壓抑、遮蔽了的思維，但它們的確一起構成了孟學之外另一個完整的、有效的、正當的儒家哲學，並且有潛力繼續發展、更新，能積極回應、參與當代現實社會的課題，能跟當代廣大的民間社會和廣大的人文、社會、自然科學產生實質的、全面的呼應與對話。總之，只要揭開、破除明清以來「尊孟抑荀」意識型態的遮蔽，一個「當代新荀學」進路的儒家哲學就可以明朗地呈現，並且進一步盛大地展開。我相信，當它如此地出現時，它將紮實地為「當代新儒家」一詞寫下一個全新的註腳。

參考文獻

干春松（2009）。《儒學概論》，北京：中國人民大學出版社。

方克立（2008）。《現代新儒學與中國現代化》，長春市：長春出版社。

王中江（2005）。〈學術知識的統一理想及人格和王道理想——荀子儒學的重新定位〉，收入自著《視域變化中的中國人文與思想世界》，鄭州市：中州古籍

出版社。

北大中文系校注。《荀子新注》，臺北：里仁書局。

布萊恩・格林恩（Brian Green）著，林國弘等譯（2003）。《優雅的宇宙（*The Elegant Universe*）》，臺北：臺灣商務印書館。

牟宗三（1979）。《名家與荀子》，臺北：臺灣學生書局。

李澤厚（1994）。〈李澤厚答問〉，《原道》第 1 輯，頁 1-3。

李澤厚（2000）。《波齋新說》，臺北：允晨文化公司。

李澤厚（2003）。《歷史本體論・己卯五說》，北京：三聯書店。

宋志明（2008）。〈論現代新儒學思潮的起因與前景〉，《中國儒學》，第三輯。

金耀基（1985）。〈儒家倫理與經濟發展：韋伯學說的重探〉，收入李亦園等編著，《現代化與中國化論集》，頁 29-55，臺北：桂冠圖書公司。

金觀濤（1998）。〈中國近現代經濟倫理的變遷——論社會主義經濟倫理在中國的歷史命運〉，收入劉小楓、林立偉編，《中國近現代經濟倫理的變遷》，頁 1-44，香港：香港中文大學出版社。

張壽安（2006.6）。〈打破道統・重建學統——清代學術思想史的一個新觀察〉，《中研院近史所集刊》，52（近代中國的知識建構專號）：頁 53-111。

張晶晶（2009）。《司馬光哲學研究——以荀學與自然氣本論為進路》，臺北：政治大學中文系碩士論文。

陳大齊（1983 臺十版）。《孔子學說》，臺北：正中書局。

陳大齊（1989 新一版）。《荀子學說》，臺北：中國文化大學出版部。

陳　鵬（2006）。《現代新儒學研究》，福州：福建人民出版社。

劉又銘（2000）。《理在氣中——羅欽順、王廷相、顧炎武、戴震氣本論研究》，臺北：五南出版公司。

劉又銘（2001）。〈從蘊謂論荀子哲學潛在的性善觀〉，收入《孔學與二十一世紀國際學術研討會論文集》，頁 50-77，臺北：政治大學文學院。

劉又銘（2005）。〈宋明清氣本論研究的若干問題〉，收入楊儒賓、祝平次編，《儒學的氣論與工夫論》，頁 203-246，臺北：臺大出版中心。

劉又銘（2006.12）。〈荀子的哲學典範及其在後代的變遷轉移〉，雲林科技大學

漢學資料整理研究所《漢學研究集刊》，3：頁 33-54。

劉又銘（2007.3）。〈合中有分：荀子、董仲舒天人關係論新詮〉，《臺北大學中文學報》，2：頁 27-50。

劉又銘（2008）。〈當代新荀學的基本理念〉，《儒林》，第四輯：頁 4-13，濟南：山東大學出版社。

劉又銘（2009.7）。〈明清儒家自然氣本論的哲學典範〉，《政治大學哲學學報》，22：頁 1-36。

蔣　慶（1989.8、9）。〈中國大陸復興儒學的現實意義及其面臨的問題〉，《鵝湖》170、171。

蔣　慶（2003）。《政治儒學》，臺北：養正堂文化公司。

Reconstruction of Confucian Philosophy: a Contemporary Neo-Xunism's Approach

Liu, Yu-Ming[*]

Abstract

The article aims to use Contemporary Neo-Xunism to reconstruct Confucian philosophy while Mencianism has been the main approach to it in the contemporary context. In fact, although often misinterpreted, Xunzi's essential philosophy tends to correspond with the psychological tendencies of the general public. Moreover, Xunism has developed subtly over time and then forms Naturalistic *Qi* philosophy in Ming and Qing Dynasty with Daizhen (1724-1777) as the leading thinker of the school. Based on such tradition, the Confucian philosophy can be described as: 1. Principle (*Li*) is inherent in *Qi*, on which it is based; 2. Principle (*Li*) is inherent in desires, as the endowment of material force, human nature, mind and body achieve unity; 3. Principle (*Li*) is inherent in phenomena, as the primordial force, nature, human life, society, and human history achieve unity. It was concluded that compared to the tradition of Mencianism, that of Xunism is more instrumental in modern Chinese people's spiritual development, construction of knowledge, implementation of democracy, and economic growth.

Keywords: Confucian Philosophy, *Qi* Philosophy, Naturalistic *Qi*-based Philosophy, Contemporary Neo-Confucianism, Contemporary Neo-Xunism

[*]   Professor, Department of Chinese Literature, National Chengchi University

傳移摹寫與眞跡：
中國書畫藝術的圖像美學問題之一

劉千美[*]

摘　要

「傳移摹寫」一詞用語雖然古老，卻是一直沿用至今的傳統書畫品評理論與實踐的範疇。其所涉及的不只是真跡與贗品的辨識，也涉及圖像藝術之虛與實的存有學美學，以及藝術創作的互文性問題。本文首先反省傳統書畫理論對「傳移模寫」觀念的偏狹解讀，分析「傳寫」、「移畫」的語詞意義，以重思傳移摹寫的述作意義。其次探討「傳移模寫」作為畫品原理所涉及之真跡的美學問題，第三分析從「法古與仿古」之中國繪畫中的複製性概念，論述當代圖像藝術創作介乎遊戲與互文間之移動，以及圖像作品介乎藝術與媒體之藝術存在價值的問題。

關鍵詞：傳移摹寫　真跡　臨摹　法古

---

*　　多倫多大學東亞系教授

壹、前言

　　「傳移摹寫」是中國古代繪畫藝術理論的詞彙，但也是當代藝術創作、展覽和研究的議題。2008 年 1 月到 3 月間，臺北故宮博物院以「傳移模寫」❶（The Tradition of Re-Presentating Art: Originality and Reproduction in Chinese Painting and Calligraphy）為題的展覽，展出博物院中所收藏的歷代臨摹的仿作並對照以所仿的原跡。國立臺灣美術館典藏的「傳移摹寫」❷（Through Masters' Eyes）則是臺灣當代藝術家李明維（Lee Mingwei）策劃展出的作品。而「傳移摹寫」的語詞概念傳承於謝赫古畫品論中的繪畫六法之一，相關論述不僅見於傳統書畫理論，亦是當代書畫藝術的研究議題之一。中文中的「傳移摹寫」和西文中的「mimesis」都是文藝理論中既古老且新穎的藝術與美學詞彙。傳移摹寫出自六朝謝赫古畫品錄，因記載於唐朝張彥遠歷代名畫記中而流傳於世。1904 年，日本學者岡倉天心（Okakura Kakuzō, 1862-1913）以英文出版《東方的理想》（*The Ideals of the East*），書中在論及傳統中國文化時向西方讀者提及謝赫傳寫的繪畫六法❸。「傳移模寫」的觀念雖然古老，且在歷史中備受誤解與忽略，但在六法中，卻是一直沿用至今的傳統書畫藝術理論與實踐的範疇。即使在當代圖像前衛藝術創作實踐中，傳移模寫的情形依然處處可見❹，其所涉及的不只是真跡與贗品的辨識，也涉及圖像藝術之虛與實的存有學意義，以及藝術創作的互文性問題。本文首先反省傳統書畫理論對「傳移模寫」觀念的偏狹解釋，其次探討「傳移模寫」作為畫品原理所涉及之真跡的美學問題，第三分析從「法古與仿古」之中國繪畫中的複製性概念，論述當代圖像藝術創作介乎遊戲與互文間之移

---

❶　參見王耀庭主編，《傳移模寫》（The Tradition of Re-Presenting Art: Originality and Reproduction in Chinese Painting and Calligraphy）（臺北：國立故宮博物院，2007）。

❷　有關該作品的內容可參見國立臺灣美術館網頁 http://cat.ntmofa.gov.tw/author/home002_p01.asp?id= 193。

❸　岡倉天心雖然在書中提謝赫六法，但認為「氣韻生動」和「古法用筆」最為重要，其餘則為描述自然的次要之法。參見 Okakura Kakuzō, *The Ideals of the East*, Rutland, Vt. C.E. Tuttle Co., 1904/1970, pp.52-53.

❹　除了畫家以臨摹古人作品以延續傳統外，當代前衛藝術家模擬既有繪畫作品圖像，移置、重組、改寫等是常見的事。

動，以及圖像作品介乎藝術與媒體之藝術存在價值的問題。

貳、「傳移摹寫」意義之解讀與反思

　　中國書畫理論中「傳移模寫」的語詞，源自六朝謝赫論畫之六法。而六法原是針對畫品而論：「夫畫品者，蓋眾畫之優劣也……雖畫有六法，罕能盡該。」「傳移模寫」是六法中之一法，且列居於末。當代書畫理論研究，沿襲歷來書畫美學理論有關六法的討論，習慣將六法區分為「氣韻生動」、「骨法用筆」、「應物象形」、「隨類賦彩」、「傳移模寫」六個範疇，逐一論述，而且多半以「氣韻生動」為重。至於「傳移模寫」則被視為是與製作技術有關的枝微末節問題。徐復觀在一篇討論「氣韻生動」的文章裡便認為傳移模寫「是以臨摹他人的作品作技巧上得學習方法，與創作無直接關係。」❺石守謙在討論「氣韻生動與六法」❻的問題時，也認為「第六法的『傳摹移寫』經張彥遠斷為『畫家末事』，已被批評家視為無關緊要」❼，並主張這是宋朝郭若虛在其《圖畫見聞誌》也不加論列之故。此外，陳傳席則沿襲錢鍾書以《全齊文》卷二五謝赫《古畫品》畫有六法之說為據、對原文重新標點梳通的解讀❽，而在〈《古畫品錄》點校注譯〉中，將傳移模寫，解為「傳移，模寫是也——傳移就是模寫，即把原有的繪畫作品傳移到另一張紙絹上，成為同樣的新畫」❾，並引謝赫評論劉紹祖：「善於傳寫」，「號曰移畫」的說法，認為「傳移」「模寫」既是複製古畫不可缺少的工作，也是學習傳統繪畫方式的手段，不能以此代替創作❿。雖然理論上「傳移摹寫」被認為是枝微末節的技巧問題，但為何在實踐上卻是延續書畫藝術的主要方式，而且至今仍為當代圖像創

---

❺　徐復觀著，〈釋氣韻生動〉，《中國藝術精神》（臺北：臺灣學生書局，1966/1998），頁 145。

❻　參見石守謙著，〈賦彩製形——傳統美學思想與藝術批評〉，《美感與造形》，劉岱總主編（臺北：聯經出版公司，民 71），頁 30-51。

❼　前揭書，頁 45。

❽　參見錢鍾書著，《管錐篇》第四冊（北京：中華書局，1979）。

❾　陳傳席著，〈《古畫品錄》點校注譯〉，《六朝畫論研究》修訂本（臺北：臺灣學生書局，民 80），頁 203。

❿　同上。

作所用？

在中國書畫理論與實踐的傳統中，把傳移模寫看作畫家技法功夫的修養，自有其長久的歷史發展。六朝時期畫家作畫，從作粉本、到把工筆繪製的人物、動物、屋宇、臺榭摹寫到絹上或壁上以定稿，的確需要相當的功夫，一如高木森所指出，把傳移模寫看作畫技功夫修養，有其時代意義❶。此外在臺北故宮博物院「傳移模寫」的展覽畫冊中，王耀庭也是從技術的層面來解釋中國書畫藝術之傳移摹寫的傳統，王耀庭指出，傳移模寫首先是指古代繪圖、從起樣到定稿的過程與方式，王耀庭以寫文章從打草稿到定稿到謄寫為比喻，「比如作精密的人物群像畫，尤其需要起草稿，塗塗改改，再轉換成正式的畫面，對畫家來說這是相當重要的一種必備功夫。」❷其次，傳移摹寫與自古以來對珍貴的書畫名跡的摹拓傳統有關，一如張彥遠所言：「好事家宜置宣紙百幅，用法蠟之，以備摹寫。古時好拓畫，十得七八，不失神采筆跡。亦嚳府拓本，謂之官拓。國朝內府、翰林、集賢、秘閣拓寫不輟。承平之時，此道甚行；艱難之後，斯事漸廢。故有非常好本拓得之者，所宜寶之，既可希其真蹤，又得留為證驗。」唐朝更有官方的專職機構負責摹拓的事業，摹拓的技術則更為精進。❸不過，摹拓技術的精進，雖有助於作品的複製與流傳，但並不足以說明傳移模寫作為品評畫作的藝術與美學意義。傳移摹寫在中國書畫理論與實踐中的重要性，在於對「臨摹」功夫的重視。然而，後世將傳移模寫的功夫拘限於技術操作的層面，忽略其所隱含的創作意義，難怪清代鄒一桂論及六法時要把傳模排除在外：「以六法言，當以經營為第一，用筆次之，賦彩又次之，傳摹應不在內」《小山畫譜》❹。

基本上，將傳移模寫窄化為複製作品之技法的解釋，除了受張彥遠以「畫家末事」論斷的影響外，部份原因則是與謝赫在古畫品錄中的評論有關。謝赫雖然提出了六法之說，但並未解釋六法的意義，而所評論的二十七位畫家也並非全然按此六

---

❶　參見高木森著，《中國繪畫思想史》（臺北：東大，民81），頁125。

❷　王耀庭〈傳移模寫〉，收於《傳移模寫（The Tradition of Re-Presenting Art: Originality and Reproduction in Chinese Painting and Calligraphy）》（臺北：國立故宮博物院，2007），頁14。

❸　前揭書，頁17。

❹　鄒一桂，《小山畫譜》（上海：商務印書館，民26），頁32。

法品列等級。關於傳移模寫，僅於評論劉紹祖時稍微提到：「劉紹祖善於傳寫，不閑其思。至於雀鼠筆跡曆落往往出群。時人為之語，號曰移畫，然述而不作，非畫所先。」意思是稱讚劉紹祖善用筆跡傳寫鼠雀的形象，當時的人稱之為「移畫」。不過謝赫認為，這是描述，而不是創作，因此不是畫之所先要。對於謝赫的評論，後世多半從「傳神」與「傳形」之別來解讀，陳傳席在註解這段話時，則將傳寫解為臨摹他人的畫，而移畫就是複製他人的畫，以便說明「述而不作，非畫所先」是批評劉紹祖的傳寫只具有複製的價值❺。

然而這樣的解釋其實是有問題的。首先，是文本上下文之意義的連貫性的解讀問題，如果把謝赫稱劉紹祖的畫「不閑其思」，「述而不作」，解釋為謝赫評論劉紹祖只會臨摹或複製他人的畫，而不會創作的用語，那麼為何又在這兩個語詞中間加上一句「至於雀鼠筆跡曆落往往出群」這樣上下文意相背離的讚賞語句呢？針對這個問題，陳傳席在〈《古畫品錄》點校注譯〉的註解中說：「此三句現出在此處，頗不類，致使前後字義不聯。疑為刊誤，或由已佚之『劉胤祖』條中竄入」❻。不過，這樣的解釋頗為牽強，同時也缺乏積極的說明義意。其次，是把「傳寫」與「移畫」理解為複製作品的詮釋意義是否恰當的問題。如果劉紹祖善於傳寫的成就僅在於對他人作品的複製，為何還能列居為第五品，甚至還高於位列第六品的宗炳。此外，傳移摹寫與述作之間的關係，亦是待解的問題。

對於這些問題的思考，涉及對「傳寫」、「移畫」、「述作」等語詞概念的重新解讀。首先，以「傳寫」一詞來說，以複製，模仿或寫生來解釋其詞意，與把「傳移模寫」解讀為「傳移，模寫是也」的形式是同樣的，都是用另一語詞代替被解釋之語詞之替代法的解釋形式，並未增加對被解釋之字詞意義的理解。按語言哲學或詮釋學的觀點，獨立而單一的語詞只具有命名的作用，至於語詞意義的呈現則運作於完整的語句之中。無論語言形式為現代中文、或古典文言文，語詞意義的運作情形都是一樣的。例如，中國古文省略性的語詞結構，或是詩詞中隱喻性質的語

---

❺　陳傳席著，〈《古畫品錄》點校注譯〉，《六朝畫論研究》修訂本（臺北：臺灣學生書局，民80），頁228-229。

❻　前揭書，頁229。

詞，所運作的修辭意義也是在指涉事件的完整語句中來進行理解與解釋。因此，「傳寫」一詞除了作為動詞之文法意義外，其字詞語意解釋，隱含著傳寫什麼、如何傳寫、誰在傳寫、為什麼傳寫等則必須在語句脈絡中獲得理解，簡言之，傳和寫是表達動作的字詞，但動詞的主詞、動詞之後的名詞、和表述動作的副詞都被省略；而成為例如傳「神」寫「意」、或傳「情」寫「形」的簡略語；而臨摹、寫真、轉借、複製等則是按傳寫之實踐方式而衍生的解釋意義。

其次，「移畫」的意思也可以不只是形狀的「模擬」或「複製」。中文的「畫」字含意深遠。按張彥遠在其歷代名畫記中的考察，「畫」的字意有四：類、形、畛、掛❶。其中「畫，類也」涉及中國書畫美學中「類」之概念的探討，包括類似、類比、分類的問題；「畫，形也」則觸及書畫藝術的形式、形構、形容等問題；「畫，畛也」不僅是指書畫線條的分界作用，也涉及書畫藝術的界域問題；而「畫掛也，以采色掛物象也」則是指書畫藝術具有展示物象存在樣貌的揭示作用。就此而言，「移畫」的意義可以有多重層次，包括類比關係的轉換，形式的挪移，界域的跨越，和物象的展示等。而這是「畫」作為圖像藝術，無論是複製或原創都會遭遇的美學問題。

最後，有關傳移模寫與述作之間關係的問題，則除了應該探討述作的概念內涵外，還應該分析傳移模寫是否僅是「述」而毫無「作」的面向。關於述作的意義，一般都是引述孔子說過的話來理解：「述而不作，信而好古，竊比於我老彭。」不過，《禮記樂記》篇則有更深刻的解釋：「知禮樂之情者能作。識禮樂之文者能述。作者之謂聖。述者之謂明。明聖者述作之謂也。」這段話說的是述作之間的差別不在於傳統與創新的差異，而在於「知情」與「識文」之別。簡單來說，「知情者能作」，而「識文者能述」。所謂「情」，既指向感物之情，亦指辨別真相之情，例如「性自命出」中所說的「道始於情」之情，或孟子所言「乃若其情」的情，換言之，情所涉及的是感受物象的存在方式與真相。而所謂「文」則與文采、文章、筆墨、形式與結構有關，指的是存在顯現的面容。據此而言，所謂「述而不

---

❶ 參見張彥遠著，《歷代名畫記》：《廣雅》云：「畫類也。」《爾雅》云：「畫形也。」《說文》云：「畫畛也，象田畛畔所以畫也。」《釋名》云：「畫掛也，以采色掛物象也。」

作，非畫所先」不僅意味「只模仿傳統而不創新，不是畫之首要」，而更是指雖能識別畫所呈現之事物的形象，卻不能體會事物存在的真情，便不能為畫之首要。以相應於句首的「善於傳寫，不閑其思」的評論。也就是說，劉紹祖之善於傳寫，僅在於識文，而不能知情，因此是述而不作。簡而言之，傳移模寫作為品評繪畫藝術的法則，既是述也是作，一如中國近代書畫家黃賓虹（1865-1955）在〈六法感言〉中論及傳摹移寫時說：「取其神，而遺其貌，與膠於見而泥於跡者，當有徑庭之殊」❶。如果說傳移模寫是中國書畫傳統中的品評法則，那麼從作品遺留的跡印中識見其文、感知其情則是品評書畫作品之藝術性的方法吧。

參、臨摹的真跡美學問題

就圖像美學而言，中國傳統書畫理論中傳移摹寫的觀念，主要與「臨摹」所涉及的藝術問題有關。臨摹是中國傳統書畫作品生產、製作的重要方式。而臨帖則是學習書法或繪畫的必經之途。宋元以後「古意」成為書畫藝術品評作品的範疇之一，明清時期仿古之作更是蔚為風氣。在近代中國書畫史中，有許多知名的仿作流傳於世，甚至原件失傳，僅存仿作的情形，屢見不鮮。仿作因此成為想像原作的跡印。而真跡的判斷則是品鑑的一大學問。雖然品鑑是與作品之為「物」的真偽問題有關，除了與作品市場價格有關外，更涉及作品之真跡藝術價值的辨識與鑑賞品味問題。

關於中國傳統書畫作品之臨摹與仿作的藝術價值問題，當代藝術批評有許多不同的看法。民國初年，文人倡言革命，對於文藝書畫也提倡改革之道，康有為、陳獨秀、徐悲鴻都批判仿古臨摹之風是文人業餘作畫的惡習，是造成近代中國書畫藝術的衰頹的主因，並因此援引西方繪畫的概念作為促進中國圖像藝術創新的楷模，其中康有為推崇西歐的畫風，尤其喜好拉飛爾，曾作懷拉飛爾畫師得絕句八，將之比作李白與王羲之：「拉飛爾畫非人力，秀韻神光屬化工。太白詩詞右軍字，天然

---

❶　黃賓虹，《黃賓虹自述》（北京：文化藝術出版社，2006），頁 36。

清水出芙蓉」⓳；陳獨秀推崇受西畫影響的吳歷，認為其成就超過當時崇尚古風，講究臨、摹、仿、橅的清初四王⓴。而徐悲鴻則實際以西方透視法的寫實主義繪畫方式表達中國傳統故事，帶動早期以模仿西方作為改善中國繪畫藝術的創新方式。相對於近代文人屏棄中國書畫仿作傳統的革命態度，西方學者卻有不同的解法，蘇立文（Michael Sullivan）以音樂的演奏來理解中國畫家對某件作品一再臨摹的趣味⓵。高居翰（James Cahill）則以重構傳統的視角，來理解董其昌臨摹古人作品在中國書畫歷史中所形成的形式主義的藝術運動⓶。

　　不過，中國書畫的臨摹所呈現的圖像形式價值與模仿的美學意義，與西方傳統圖像美學理論如形式主義、或模仿理論所尋求的表象價值，是有所不同的。以明朝末年的董其昌或民國以後的張大千的臨摹畫作而言，看起來好似與塞尚（Paul Cézanne）一般將繪畫看成一種尋求與自然平行的建構圖像真理的方式，然而卻因為對圖像之存在意義理解的差異，而有不同的藝術與美學意義。基本上，塞尚作品的圖像結構的尋求，所沿襲的是西方繪畫作為藝術所涉及的美與真理的問題。以聖維多利亞山系列的創作而言，塞尚在畫中所探討的圖像真理問題，觸及以圖像作為視覺中之自然世界模擬的顯現的可能問題，從而脫出文藝復興以來單一透視法之逼真的侷限，甚至質疑文藝復興以來之模仿主義繪畫藝術所假定的圖像與存在事物之間模擬的類比關係⓷。但中國繪畫的臨摹，所假定的卻是以圖像本身作為自然顯形方式的長久傳統。這點在中國歷代書畫論，如張懷瓘的《書斷》、荊浩的《筆法

⓳　1898 年 9 月 21 日慈禧太后發動政變，戊戌維新變法失敗，康有為流亡域外「流離異域一十六年，三周大地，遍遊四洲，經三十一國，行六十萬里路，一生不入官，好游成癖」，1904 年冬（光緒三十年）寫下了《歐洲十一國遊記第一編·義大利遊記》，並於 1905 年出版初版《南海康先生著歐洲十一國遊記第一編》。本詩便是旅居途中見聞的紀錄之一。

⓴　參見陳獨秀，《文學革命論》，《新青年》第 2 卷第 6 號，1917 年 2 月。收於《百年中國美術經典第一卷：中國傳統美術：1896-1949》，顧森、李樹生主編（深圳：海天出版社，1998）。

⓵　參見王耀庭〈傳移模寫〉，頁 20。

⓶　參見高居翰著，李渝譯，〈董其昌及明末繪畫〉，《中國繪畫史》（臺北：雄獅，1984），頁 129-130。

⓷　關於文藝復興以來圖像與存在事物之間的類比關係的發展，參見 Raymond Bellour, "La Double Helice" (1990) in *L'Entre-Images 2* (Paris: P.O.L.,1999), pp.9-53. 中譯本參見，〈雙螺旋——論類比與影像〉，劉千美、幽蘭譯，in《哲學與文化》，第 34 卷第 11 期（2007 年 11 月），頁 61-96。

記》、郭熙《林泉高致》、石濤《畫語錄》中皆有所論。而其美學意義則更深植於
與言、意、象有關之文藝書寫理論。

　　無論如何，西方傳統的模仿理論，或中國書畫之傳移模寫或臨摹的理論與實
踐，雖各有不同論述，但圖像真跡、作品原創性、作者權，美感品味等卻是共同的
藝術與美學問題。關於真跡的問題，不僅與作品的物質存在性有關，也與藝術真理
的問題有關。

　　首先，以作品之為「物」而言，無論原作、仿作，都有其作為物體不可替代之
存在的個別性❷，原作之所以珍貴，不在於原作之作為物品所具有之商業價值的獨
一無二性，而是一如本雅明（Walter Benjamin）所謂物品之時空脈絡所顯示的傳統❷，
而複製品或仿作的價值，也並不在於其取代原作的替代性，而在於使原作脫離作為
物品所在的時空脈絡，成為獨立的圖像（Image）回返其顯示真理的能量。至於偽作
或贗品所造成的問題，不在於模仿或複製，而在於對於複製身份的掩蓋。原作因而
成為神話，成為膜拜的對象。這種情形在中西藝術史中，屢見不鮮，達文西《岩洞
中的聖母》（Virgin of the Rocks）真跡的爭議❷是西方著名的例子。而在中國書畫鑑賞
史中，此類案例更是普遍，王羲之的《蘭亭序》只是其中著名的例子之一。而張大
千不諱言「幾能亂真」的偽作正是出於他自己的坦率之情，顯然別有真意，一方面
固然顯示其傳移模寫傳統書畫包括筆法、墨氣、行款、神韻的複製功夫，另一方面
則在於譏諷「原作」神話的迷思。

　　其次，臨摹真跡的問題，除了涉及所臨摹之作品的本真性的問題外，亦涉及圖
像創作的真理性問題，或當代圖像藝術理論所謂的指涉作用。後現代藝術理論與實
踐已然顯示傳統模仿理論建立在圖像與所表象之事物間的類比關係的逼真性，不足

---

❷　關於作品物性的問題參見 Martin Heidegger, 1971/2001, 20-38, "The Origin of the Work of Art", in
　　Poetry, Language, Thought, translated by Albert Hofstadter, New York: Harper & Row. 尤其參見文中
　　有關「物與作品」（Thing and Work）之段落的論述。

❷　參見 Walter Benjamin, "The Work of Art in the Age of Its Technological Reproducibility", translated by
　　Harry Zohn, in *The continental Aesthetics Reader,* edited by Clive Cazeaux, New York: Routledge, 2000,
　　pp.322-343.

❷　參見 John Burger, *Ways of seeing*, London: British Broadcasting Corporation, 1972, pp.20-22.

以說明圖像藝術的真理性。❷這點在荊浩的〈筆法記〉中早已有所討論，荊浩敘述在太行山的洪谷見到奇異的松樹林，因為驚異其特殊，而攜筆前往臨摹，畫了數萬本後，才畫得有點像真的樹：「明日携筆復就寫之，凡數萬本，方如其真」❷。隔年春天，遇見一位老者，討論起畫的似與真的問題。荊浩主張，畫的可貴處在於畫得像真的一樣：「貴似得真」，但老者卻指出畫的根本在於「度物象而取其真」。兩種論述雖然都涉及真，但所指涉的「真」的意義層次並不相同。一方面，「貴似得真」的「真」，是指圖像以類比的方式所指向之事物的真實，亦即圖像以相似的方式表達事物的真實。這也是西方文藝復興以來之寫實主義一直所尋求的圖像與事物之間類比的逼真性，圖像因此得以虛擬事物的真實，進而取代事物的真實，並以之作為認知的工具，或傳遞信息的媒介。這也是大眾傳媒至今依然運作有效的圖像繪事的工具性運作。羅蘭巴特（Roland Barthes）的〈圖像修辭學〉（Rhetoric of the Image）❷中 Panzani 的麵食廣告的圖像作為語詞符碼的修辭意義，即是根基於此。這也是當代藝術家以圖像創作箴砭時局、批判文化、抒發情懷、傳播信息等所為之依據。

然而，另一方面，老者所謂「度物象而取其真」的「真」的意義，則有所不同。關於「何以為似？何以為真？」的問題，老者的解釋是：「似者，得其形，遺其氣。真者，氣質俱盛，凡氣傳於華，遺於象，象之死也。」❸顯然老者所謂之畫的真，不在於類比的符應關係的真，而是圖像本身以其存在方式所呈現之真。用老者的話來說，畫之圖像是按氣、韻、思、景、筆、墨六要❸來顯示之事物存在的

---

❷　關於當代圖像藝術之真理性的問題的探討，參見 Martin Heidegger, "On the Origin of Work of Art"，並參見 H.G. Gadamer, *Truth and Method*, New York: Continuum, 1975. 尤其參見該書第一部份「藝術經驗中的真理問題。此外可參考 J. Derrida, *Truth in Painting* (*La Vérité en peinture*), translated by Geoff Bennington and Ian McLeod, Chicago: University of Chicago Press, 1987.

❷　參見五代・荊浩，〈筆法記〉，收於俞劍華編《中國畫論類編》（北京：人民美術出版社，1957/1986），頁 605。

❷　參見 Roland Barthes, "Rhetoric of the Image", in *Image-Music-Text*, essays selected and translated by Stephen Heath, New York: Hill and Wang, pp.32-51.

❸　參見〈筆法記〉收於《中國畫論類編》，頁 605。

❸　關於繪畫六要與真之間的關係，老者的解釋是：「氣者，心隨筆運，取象不惑。韻者，隱跡立形，備儀不俗。思者，刪拔大要，凝想形物。景者，制度時因，搜妙創真。筆者，雖依法則，運轉變通，不質不形，如飛如動。墨者，高低暈淡，品物淺深，文采自然，似非因筆。」參見前揭書，頁606。

真。按西方哲學家海德格論藝術的根源來說，即是所謂以詩作為藝術之本質的去除遮蔽（aletheia）的真的意義，海德格以梵谷（Vincent van Gogh）的一雙破舊的農鞋的畫作為例，解說作品的真不在於表象出一雙可以穿的鞋子，而是經由畫作展開穿著這雙鞋子的農人的生活世界。而高達美（H.-G. Gadamer）詮釋學美學則指出藝術以遊戲方式存在的真，並指出繪畫藝術活動中圖像的模擬（mimesis），宛若鏡像，以照見隨時消逝的存在，但卻不是複製表象的摹本。繪畫藝術的圖像之所以不同於摹本，在於繪畫藝術以圖像（image）媒介剎那生滅之存在事物的臨現，而摹本則是以替代所臨摹之事物的存在方式來認定其價值，因而成為真實的虛擬。這正是「凡氣傳於華，遺於象，象之死也」的意思。也就是說，繪畫的圖像，如果只剩下形式表面相似之繁華豔麗，而失去物象之生氣與真實，此即圖像之死。就此而言，圖像之真理，不在於圖像作為指認事物的符號，而在於圖像作為消逝中的存有所遺留的跡印。此一圖畫的真理可謂古今藝術家所一致戮力追尋的真跡。一如石濤的豪言：「山川與予**神遇而跡化也**」❸❷。

簡言之，圖像臨摹的真跡問題涵蓋三個層面，第一是有關作品之仿作的真偽，第二是模仿理論或寫實主義所假定之圖像得以「如實再現」的真，第三則是視圖像為存有之蹤跡，或道跡。傳移模寫作為品評繪畫作品臨摹價值的法則，也與此三層次密切相關：臨摹他人的作品、摹寫在視覺經驗中顯現為真的事物、傳移模寫存有的蹤跡。

肆、仿古、法古與創新

師法古人，是中國書畫臨摹的傳統。而「古意」則是傳統書畫藝術的範疇之一。傳統書畫常見以「學作唐人畫」、「仿董源筆意」、「學古人畫作」等為題的作品，而其用意之一，通常在於顯示作品風格的師承，例如董其昌在其〈畫訣〉中解說繪畫風格的出處：「畫平遠師趙大年，重山疊嶂師江貫道，皴法用董源麻皮皴，及《瀟湘圖》點子皴。樹用北苑、子昂二家法，石用大李將軍《秋江待渡

---

❸❷　參見石濤，《畫語錄・山川章第八》，翠琅玕館叢書，頁7。

圖》，及郭忠恕《雪景》；李成畫法有水墨小幀及著色青綠，俱宜宗之，集其大成，自出機軸，再四五年，文沈二君不能獨步吾吳矣！」❸張大千早年研習董其昌，也主張師法古人：「要學畫，首先應從勾摹古人名跡入手，由臨撫的功夫中，方能熟悉勾勒線條，進而了解規矩法度。及幾人臨摹古畫，為依傍門戶者，徒見其淺陋。臨摹如讀書，如習碑，幾曾見不讀書而能文，不習碑帖而能善書者乎？」❸雖然「師古」是張大千早期的學畫態度，一如傅申所言：「他的最終目標是要創造自己的風格」❸。然而，這也正代表中國書畫品評傳統中「以古為貴」之範疇觀念的普遍。

高居翰在研究董其昌的「仿作」的理論篇提出一個西方觀點的藝術問題：既是模仿之作，怎可能同時具有原創性❸？為恰當回答此一問題，首先必須了解中國書畫理論中仿作所涵蘊之「法古」的創作觀，以及「古意」所指向的美學意含。作為書畫藝術範疇，「古」字除了指涉時間性質外，更指涉存在的根源，如「古樸」、「簡古」。「法古」指的是「以古為法」。關於法古的觀念，石濤《畫語錄》中有言：「古者，識之具也。化者，識其具而弗為也。具古以化未見夫人也，嘗憾其泥古不化者，是識拘之也。識拘於似則不廣。故君子惟借古以開今也。又曰至人無法非無法也。無法而法，乃為至法。」❸簡單來說，「古」不是師法的最後目標，而是覺察存在的媒介，師法古人，不是以逼真模擬古人之作為目的，而是覺察原初作者經由圖像所欲呈現出之原始古樸之意。此古樸之意存在於山水自然之中，不具形式、變化萬端、稍縱即逝。

這就是為什麼董其昌除了以古人為師外，更以自然為師：「畫家以古人為師，

---

❸ 董其昌著，《容臺別集》卷之六〈畫旨〉，收於《容臺集》（四）（臺北：國立中央圖書館編印，民 57），頁 2092-2093。

❸ 引自傅申著，〈集大成與法古變今──臨古、仿古、變古〉，《張大千的世界》（臺北：羲之堂文化出版，1998），頁 67。

❸ 前揭書，頁 68。

❸ 參見 James Cahill, *The Distant Mountains: Chinese Painting Of The Late Ming Dynasty, 1570-1644*, New York: Weatherhill, 1982, p.120。中譯本：高居翰著，王嘉驥譯，《山外山》（臺北：石頭出版，1997），頁 151。

❸ 石濤著，《畫語錄・變化章第三》，翠琅玕館叢書，頁 2-3。

已自上乘。進此，當以天地為師。每朝起，看雲氣變幻，絕近畫中山。山行時，見奇樹，須四面取之。樹有左看不入畫，而右看入畫者，前後亦爾。看得熟，自然傳神。傳神者必以形。形與心手相湊而相忘，神之所託也。樹豈有不入畫者？特當收之生綃中，茂密而不繁，峭秀而不蹇，即是一家眷屬耳。」這段話顯示董其昌臨摹的經驗。也就是說，除非能體會所臨摹之作品所傳寫的山水自然風貌，才能寫出古人畫中的原始古意。《容臺集別集》記載，善於模仿黃公望山水畫的董其昌，在題「天池石壁圖」寫道：「畫家初以古人為師，後以造物為師。吾見黃子久天池圖，皆贋本。昨年游吳中山，策筇石壁下，快心洞目，狂叫曰黃石公黃石公，同游者不測，余曰：今日遇吾師耳。」❸這個故事一方面說的是贋品與真跡之別，另一方面則是描述在山水自然之中，想見黃子久所傳移模寫之圖畫的原貌的情景，忍不住呼叫傳寫天池圖的作者的名字，並且告訴同伴：「今日遇吾師耳」。雖然這裡或許已有好幾層的臨摹：董其昌的仿作、贋品的仿作、黃子久原作的傳寫，不過，無論臨摹有多少層次的差別，皆依稀可見山水之原跡。換言之，董其昌是在仿作中見到黃子久所師法的自然，因此才會說出「畫家初以古人為師，後以造物為師」這樣的話來。而這也是明末唐志契所謂的真臨摹：「臨摹最易，神氣難得，師其意而不師其跡，乃真臨摹也。」❸以及清代笪重光在〈畫筌〉中所說的善師者與不拘法者：「善師者師化工，不善師者撫縑素；拘法者守家數，不拘法者變門庭。」❹

明末以來，中西文化接觸頻繁，西方的繪畫方式逐漸傳入中國，高居翰認為明末以來的畫家逐漸轉向西畫風格的模仿，並以張宏、、吳彬等人為例，以區別於董其昌的仿古風格。例如在《氣勢撼人》（*The Compelling Image: Nature and Style in Seventeenth-Century Chinese Painting*）一書中，高居翰根據張宏「越中十景冊」畫上的題識：「以渡輿所聞，或半參差，歸出紈素，以寫如所見也，殆任耳不如任目與。」

---

❸ 董其昌著，《容臺別集》卷之六〈畫旨〉，收於《容臺集》（四），頁2164-2165。

❸ 明·唐志契在《繪事微言》的〈仿舊〉中指出，「畫者傳摹移寫，自謝赫始」，雖為繪畫捷徑，但神氣難得，因此提出「師其意不師其跡」乃真臨摹的看法。參見《中國畫論類編》，俞劍華編（北京：人民美術出版社，1957/1986），頁736。

❹ 前揭書，頁808。

❹主張這樣的題識意味張宏不再按傳統方式作畫的宣示，並進而推斷張宏以臨摹西方風格的畫稿完成畫作❷。高居翰的解釋涉及中國繪畫史的解釋、以及中西繪畫相遇等研究問題的討論與爭議，本文因篇幅所限，不擬著墨於此，但要指出高居翰的詮釋基本上是將臨摹的概念侷限在圖像形式上的模擬，雖然避免了將中國畫看作實現表象的解釋，但卻忽略模擬真跡的深層意義，因此將張宏所謂「任耳不如任目」理解對視覺經驗的信賴，並衍申為對西式自然寫實主義風格的寄託。然而正如黃賓虹以蝶化為喻解說繪畫臨摹的三階段：「學畫者畢當先師今人，繼師古人，終師造化」。高居翰說的是第一階段的臨摹，因而未能觸及中西藝術相遇之深刻處。

伍、結語

傳移模寫作為當代圖像藝術的美學詞彙，除了真跡的議題外，還涉及圖像之真實與虛擬，傳寫技術，作者權，互文性，圖像詮釋，美感品味等美學問題。本文篇幅所限，不及一一論述，將另文處理。在此僅以前言所提的臺灣當代觀念藝術家李明維（Lee Mingwei）的《傳移摹寫》（*Through Masters' Eyes*），稍作理解，作為結語。這部作品雖由李明維主導創作觀念，卻是由李明維邀請來自不同的文化背景，不同的居住環境的述作者集體完成❸。從模仿收藏於洛杉磯郡立博物館（Los Angeles County Museum of Art）的石濤的一幅山水冊頁：「憶黃山三十六峰」開始，逐一傳遞臨摹完成。

首先，作為觀念藝術作品的製作，李明維的《傳移摹寫》與其說是視覺圖像藝術的創作，不如說是對圖像作品之藝術價值相關問題的反思。根據凱瑟琳・伯內特

---

❹　參見 James Cahill, *The Compelling Image: Nature and Style in Seventeenth-Century Chinese Painting*, Cambridge, Mass.: Harvard University Press, 1982, p.16. 中譯本：高居翰著，王嘉驥等譯，《氣勢撼人》（臺北：石頭出版，1994），頁 39。

❷　有關高居翰主張張宏受西洋畫影響的研究，尤其可參《氣勢撼人》一書中第一章「張宏與具象山水之極限」。

❸　受邀參與的述作者，包括居住在臺灣地區的藝術家：林詮居、洪順興、許雨仁、袁旃、陸蓉之，和居住在非亞洲地區的藝術家：Arnold Chang（張洪），Sergio Teran, Cristian Alexa, Jason Varone, Su-Mei Tse（謝素梅），Shahzia Sikander。

（Katharine P. Burnett）與李明維的訪談，策展此作品的原始觀念即在於探討藝術之正是、已是、和所將是（what art is, what it was, and what it will be.）❹。一如觀念藝術的奠基者柯瑟思（Joseph Kosuth, 1945-）之〈哲學後藝術〉（Art after philosophy）所主張，藝術存在的本質在於「藝術是作為觀念的觀念」（Art as Idea as Idea）。只有作為觀念之觀念的藝術，類似於邏輯、數學、甚至科學，才能向藝術的存在、藝術的本質、藝術的功能提出問題，而這提問的能力本屬哲學所有。❺換言之，這是一件以藝術之名，行哲學思考之實的作品。亦即，藉由作品的展現促使觀賞者思考作品的原創性、仿作的價值、圖像作為跨文化對話媒介的可能，當代圖像藝術創作的互文性等等，其中尤其觸及臨摹與真跡的圖像美學問題。

其次，從石濤的原作，畫上的題識來看：「漫將一硯梨花雨，潑濕黃山幾段雲，縱是王維稱畫手，清奇難向筆頭分。清湘苦瓜龢尚忽憶三十六峰寫此。」可知，王維是石濤詩畫中的古人，而所傳寫的黃山三十六峰則已是記憶中的痕跡。二十一世紀十二位受邀參寫者分別以不同的素材、形式、風格，傳寫原作所模寫之已然消逝的原跡。「傳移摹寫」究竟只是筆墨、素材間的戲作，或是如陶淵明〈飲酒〉詩最後的唱嘆：「此中有真意，欲辯已忘言」，還是鄭板橋在一幅《墨竹圖》中之題辭的體會：「趣在法外者，化機也」❻。這也是當代書畫藝術值得思考與解讀的一個圖像美學的問題。

---

❹ Katharine P. Burnett, "Through Masters' Eyes: Copying and Originality in Contemporary Chinese Landscape Painting" 收於《二十世紀山水畫言究文集》（*Studies on 20th Century Shanshuihua*）（上海：上海書畫出版社，2006），頁 320。

❺ 參見劉千美，〈導言：哲學後藝術 vs. 藝術後哲學〉，《哲學與文化》第 32 卷第 12 期（臺北：五南，2005），頁 2。

❻ 出自鄭板橋在一幅《墨竹圖》中的題辭：「江館清秋，晨起看竹，煙光日影露氣，皆浮動於疏枝密葉之間。胸中勃勃遂有畫意。其實胸中之竹，並不是眼中之竹也。因而磨墨展紙，落筆倏作變相，手中之竹又不是胸中之竹也。總之，意在筆先者，定則也；趣在法外者，化機也。獨畫云乎哉！」參見清·鄭燮原著，《真跡鄭板橋全集》（臺北：漢聲出版社，民 60 年），頁 277-278。

參考文獻

王耀庭（2007）。〈傳移模寫〉，收於《傳移模寫》（*The Tradition of Re-Presenting Art: Originality and Reproduction in Chinese Painting and Calligraphy*），頁 14-20，臺北：國立故宮博物院。

石濤（1916）。《畫語錄》，翠琅玕館叢書。

石守謙（1982）。〈賦彩製形——傳統美學思想與藝術批評〉，收於劉岱總主編，《美感與造形》，頁 30-51，臺北：聯經。

雷蒙·貝魯爾（Raymond Bellour）（2007）。〈雙螺旋——論類比與影像〉，劉千美、幽蘭譯，《哲學與文化》，34:11，臺北：五南。

俞劍華編（1986〔1957〕）。《中國畫論類編》，北京：人民美術出版社。

徐復觀（1998〔1966〕）。《中國藝術精神》，臺北：臺灣學生書局。

高木森（1992）。《中國繪畫思想史》，臺北：東大。

高居翰（James Cahill）（1984）。〈董其昌及明末繪畫〉，《中國繪畫史》，李渝譯，臺北：雄獅。

高居翰（James Cahill）（1994）。《氣勢撼人》，王嘉驥等譯，臺北：石頭出版。

高居翰（James Cahill）（1997）。《山外山》，王嘉驥譯，臺北：石頭出版。

黃賓虹（2006）。《黃賓虹自述》，北京：文化藝術出版社。

唐·張彥遠（2005〔1963〕）。《歷代名畫記》，北京：人民美術出版社。

五代·荊浩。〈筆法記〉收於《中國畫論類編》，俞劍華編，北京：人民美術出版社。

陳獨秀（1917）。〈文學革命論〉，《新青年》（2：6）收於《百年中國美術經典第一卷：中國傳統美術：1896-1949》。

陳傳席（1991）。《六朝畫論研究》修訂本，臺北：臺灣學生書局。

清·鄒一桂（1937）。《小山畫譜》，上海：商務印書館。

董其昌（1968）。《容臺別集》卷之六〈畫旨〉，收於《容臺集》（四），臺北：國立中央圖書館編印。

傅申（1998）。〈集大成與法古變今——臨古、仿古、變古〉，《張大千的世

界》，臺北：羲之堂文化出版事業公司。

清・鄭燮（1971）。《真跡鄭板橋全集》，臺北：漢聲出版社，

劉千美（2005）。〈導言：哲學後藝術 vs. 藝術後哲學〉，《哲學與文化》，32:12，
　　臺北：五南。

錢鍾書（1979）。《管錐篇》第四冊，北京：中華書局。

顧森、李樹生主編（1998）。《百年中國美術經典第一卷：中國傳統美術：1896-
　　1949》，深圳：海天出版社。

Roland Barthes (1977). *Image-Music-Text*, essays selected and translated by Stephen
　　Heath, New York: Hill and Wang.

Raymond Bellour (1990). "La Double Helice" in *L'Entre-Images 2*, Paris: P.O.L., 1999.

Katharine P. Burnett (2006). "Through Masters' Eyes: Copying and Originality in
　　Contemporary Chinese Landscape Painting" 收於《二十世紀山水畫研究文
　　集》（*Studies on 20th Century Shanshuihua*），頁 317-334，上海：上海書畫
　　出版社。

Walter Benjamin (2000). "The Work of Art in the Age of Its Technological
　　Reproducibility", translated by Harry Zohn, in The continental Aesthetics Reader,
　　edited by Clive Cazeaux, New York: Routledge.

James Cahill (1982). The Distant Mountains: Chinese Painting Of The Late Ming
　　Dynasty, 1570-1644, New York: Weatherhill, p.120.

Jacques Derrida (1987). The Truth in Painting, translated by Geoff Bennington and Ian
　　McLeod, Chicago: University of Chicago Press.

H.G. Gardamer (1986 [1975]). Truth and Method, New York: Crossroad.

Martin Heidegger (1975 [1971]). "On the Origin of Work of Art",　in *Poetry, Language
　　and Thought*, translations and introduction by Albert Hofstadter, New York:
　　Harper & Row.

Okakura Kakuzō (1970 [1904]). *The Ideals of the East*, Rutland, Vt. C.E. Tuttle Co.

Transmission/Transcription and Authenticity: An Aesthetic Problematic of Image in Chinese Visual Art

Johanna Liu[*]

Abstract

The aim of this paper is to re-examine the artistic meanings of *Chuan Yi Mo Xie* (transmission/transcription of image), a term derived from Xie He's (active ca. 479-501) six canons of reviewing Chinese pictorial arts, but still working in contemporary visual art. This paper, firstly will discuss the question about the potentiality of *shu* (transcribing) and *zuo*(making) pertaining to the function of *Chuan Yi Mo Xie* as a canon of artistic evaluation. Secondly, it will re-examine the problematic of authenticity and authorship in Chinese visual arts. The third, through illustrating the function of reproduction of Chinese art, the paper will also discuss the aesthetic activities of artistic creativity moving on in-between of play and inter-textuality, as well as the value of existence of so called "Art-Work".

Keywords: Transmission/Transcription, Authenticity, Imitating, Antiquity

---

*   Professor, Department of East Asian Studies, University of Toronto

詮釋學、真理與文本解釋

王慶節*

摘　要

　　在日常生活中，尤其是在爭辯中，人們常常需要說理。本文從「道理」與「真理」的概念分疏出發，提出詮釋學是一門講道理的學問而非講真理的學問，這就最終要求我們在存在論上放棄具有絕對性和獨一無二性的傳統真理概念。但是，在哲學存在論上放棄真理概念並不意味著我們在日常生活實踐中可以非理性地「蠻不講理」或根本「無理可講」。而是說，生根和生長在中國思想傳統和生活實踐中「道理」的概念，比較起西方哲學正統中的「真理」的概念，應該更能使我們日常以交往和溝通為核心目標的「講理」活動成為可能。

關鍵詞：道理　真理　講理　詮釋學

---

*　　香港中文大學哲學系教授

壹、詮釋學：講道理的學問還是講真理的學問？

本文力求說明，詮釋學的任務不在於傳統認為的對文本真理的追求，而在於文本道理的自身成形與彰顯。所以，解釋作為一種講理活動並不必然假設有一客觀真理作為目標存在。在解釋講理的過程中，解釋者實際上是在不斷的澄清或試圖澄清自己所持的解釋之「理」所以成立和可能的前提條件和背景域，即「道理」。因此，就其本質而言，詮釋學是講道理的學問而非講真理的學問。❶

通過重點區分「講理」與「講道理」，本文想指出這是兩個相互關聯而又彼此不同的概念。「講理」是說澄清那行為所以依據的理則，而「講道理」則要更深一步，進入到那理則所以為理則的緣由，理據，背景，前提，境域，等等常常不那麼明瞭的幽暗處。正是在這種背景的澄清和不斷澄清的過程中，所講的道理，才得已不斷──或者完全地或者部份地──成形與呈現出來。在相互間的分歧出現之前，這些前提和實際情形往往並不如此明瞭，或者說，並不總是如此明瞭。分歧的出現導致理解和溝通的「殘斷」、「障礙」，這就迫使我們回過頭來去認真關注自己所持的理則所以成立的前提條件和背景域的異同。而且，在實際生活中，講理主體的背景域以及其對這些背景域的認知往往也不會完全不同，而往往是相互交叉和融合的。這大概也就是解釋作為「講道理」所以可能，以及在講道理過程中，誤解、諒解、理解所以存在的存在論基礎。所以，所講的是道理，但講道理的目標常常並非在於探究或追尋「真理」，而在於背景域的理解與溝通。

---

❶ 關於「哲學是講道理的科學」的說法最早由陳嘉映提出，但陳主要是在「論理」的意義上談論「講道理」。參見陳嘉映「哲學是什麼？」載於《讀書》2001 年第 1 期。本文關於「講道理」替代「講真理」的想法主要受啟發於 2004 年 5 月與蘭州大學哲學系陳春文教授的一次談話。文章中的一些基本想法曾以「真理、道理與講理」為題發表於《年度學術 2005》，趙汀陽編（北京：中國人民大學出版社，2005）。後來，這一主要內容也曾在內地多所大學哲學系以及香港中文大學、臺灣政治大學分別以「真理、道理、非真理」、「思想解放與真理問題」、「詮釋學、真理與文本解釋」等為題發表演講，並受益於聽眾的批評意見。在此基礎上，作者對前文和演講稿進行了重構和較大的擴充。

貳、真理問題的新討論：
真理是「發現」還是「臨現」？

上世紀五十年代有兩個膾炙人口的電影故事：西尼・盧曼特執導的美國影片《十二怒漢》和黑澤明執導的日本影片《羅生門》。幾年前，廣州中山大學哲學系的倪梁康教授在一篇題為〈《十二怒漢》vs《羅生門》——政治哲學中的政治－哲學關係〉文章中，以這兩個故事為線索，提出了倫理、政治哲學中的真理性認知的問題。❷這個問題隨即在學界引起了進一步的討論。按照倪的解釋，電影《羅生門》所傳達給我們的乃是一當今時代比較流行的關於真理的觀念：即所謂真理，或生活中的真相，即便有，也根本無法再現和認知，或者至少無法通過眾人再現。而電影《十二怒漢》則與之相反，表現出一種全然不同的真理觀：真理是有的，但它並不決定於多數，它通過眾人相互間的充分論辯、說理來達到，被發現。倪說：

> 《十二怒漢》試圖向人們展示一個政治範式的成功案例。各種雜多的觀點可以經過充分的討論達到共識，這種共識不僅具有主體間的有效性，而且可以切中主體以外的對象，既客觀的真相。❸

顯然，倪梁康的真理觀比較接近後一種立場。在倪看來，電影《十二怒漢》中的故事表明，有分歧的眾人可以通過相互間的講理來達到真理／真相的生活事實，而這一生活事實的存在可以在哲學上推論出兩個隱藏的前提：第一，講理的人必定假設有客觀真理作為目標而存在，否則爭論和差異就不可能；第二，講理的人必定假設有共同認可的講理判准，否則無法評理。❹

---

❷ 參見倪梁康〈《十二怒漢》vs《羅生門》——政治哲學中的政治－哲學關係〉，文章載於《南方週末》2004 年 7 月 8 日。

❸ 同上。

❹ 更進一步，倪梁康從他所推出的相互說理得以可能的兩個前提又推出構建一個真正意義上的民主制度的兩個必要前提，即人是有理性能力的動物與人是有政治能力的動物，用倪自己的話來說就是：「甚至可以說，現代民主制度之所以能夠建立起來，說明它已經承認這兩個因素，並以此為

在我們日常的倫理和政治生活中，有分歧的眾人真的可以通過相互間的講理或說理來達到真理／真相嗎？如果答案是肯定的，那麼，這種真理／真相究竟是在什麼樣的意義上為「真」？

作為對倪梁康文章的回應，當時任教於華東師範大學哲學系的陳嘉映教授，在其一篇名為〈真理掌握我們〉的文章❺中提出了與倪不同的觀點。陳嘉映認為，

> 十二怒漢走進審議室的時候，每個人都自以為他握有真理。通過爭論，有些人認識到，他剛才錯了，他剛才並不握有真理。我們會說，有些人錯了，有些人剛才是對的，一些人的意見戰勝了另一些人。這說法當然不錯，但容易把我們誤引向一種錯誤的真理論。我願說：在誠懇的交流中，參與者都向真理敞開，真理臨現。人所能做的，不是掌握真理，而是敞開心扉，讓真理來掌握自己。只要我們是在誠懇的交流，即使一開始每一個人都是錯的，真理也可能來臨。真理贏得我們所有的人，而不是一些人戰勝了另一些人。

和倪梁康所持的傳統「真理發現說」不同，陳嘉映持有「真理臨現說」。不過，在我看來，儘管兩人的基本立場有別，但他們還是共同認為，有真理。分歧僅只在於認為真理出現的方式不同而已。倪似乎依然堅持傳統的真理觀，即真理在於人的理性「發現」。稍有不同的地方大概在於，倪認為真理的發現不僅是認知主體個人的靜觀、獨白、反映論式的發現，而更多地是通過主體間的相互對話、論辯和說理來共同達到這一發現。陳不同意真理的「發現」說，主張真理是「臨現」。真理作為「臨現」要求人作為對話者、談話者的真誠和虛位以待。

但是，倪和陳的立場的主要困難在於，真理如何能夠通過主體間的相互對話、論辯和說理來被「發現」，或者通過談話者誠懇地「虛位以待」來「臨現」？換句

基礎。」對於這一政治哲學的論斷，倪在文中只是提出，似乎並未給予充分的論證。但至於現代民主制度是否必然建立在上述兩個前提之上以及民主制度的兩個前提是否一定能從相互說理得以可能的兩個前提中推出，這個問題太大，超出了本文的討論範圍。

❺　參見陳嘉映，〈真理掌握我們〉，載於《雲南大學學報》（社科版），2005 年第 1 期。陳嘉映後來還應鳳凰衛視世紀大講堂的邀請，於 2006 年 4 月 7 日發表了同名電視演講。

話說，我們如何能夠如此樂觀地斷定，通過主體間的對話，論辯，「真理」一定會「越辯越明」？即便電影《十二怒漢》中陪審團的辯論，也沒有能使陪審員達到「客觀的真相」的結論，而只是達到懷疑原先的所謂根據「真相」提出的殺人指控而已。同理，什麼叫誠懇地虛位以待？如何才能斷定一個談話者是否真的「誠懇」？我們知道有多少以誠懇開始的對話，最後「無果而終」？即使我們弱化「誠懇」為真理臨現的必要條件而非充分條件，我們仍然會問，一旦真理來臨，我們又如何能夠「真」的知道，真理「臨現」了？

參、蘇格拉底的詰辯法與追尋真理

真、善、美，歷來被認為是哲學、思想乃至人類全部生活的最終價值目標，這一傳統一般說大概可以追溯到古希臘的蘇格拉底、柏拉圖的哲學。我們知道，作為西方哲學的開端，蘇格拉底著名的《自辯篇》中的辯護，不僅是為蘇格拉底個人無罪的辯護，而是對「哲學」（愛智之學）本身的辯護！在《自辯篇》的開首三段，蘇格拉底借著法庭的神聖講壇，向雅典民眾道出了哲學活動的三點基本立場。第一，哲學活動的目標在於追尋真理和說出真理。「從我這裏，你們將聽到全部真理！」第二，哲學有著自己獨特的言說方式，而這是和大眾的言說方式格格不入的以問答為主的詰辯法（辯證法）。第三，哲學活動的本性就在於不斷地去除傳統的遮蔽和偏見，在於「和陰影作戰！」❻

但問題在於，哲學真的如蘇格拉底所宣稱的那樣，通過辯證詰辯的方式，引導我們去除偏見，到達真理嗎？在蘇格拉底為了哲學理性的真理從容赴死近 2500 年後，在蘇格拉底及其追隨者們用其生命和鮮血澆灌出來的哲學、科學之幼苗長成參天大樹的當今時代，一位蘇格拉底的同鄉，美國加州伯克萊大學哲學教授，著名的蘇格拉底、柏拉圖哲學專家，希臘裔的學者 Gregory Vlastos 對上述我們今天視為哲學概念之前提的立場提出了質疑。在他的著名論文 The Socratic Elenchus（蘇格拉

---

❻　參見 Plato, *Apology*, 17a-18d, 載於 *The Trial and Death of Socrates*, trans. by G.M.A. Grube, (Indianapolis / Cambridge: Hackett Pub.Inc., 1975), pp.22-23.

底的詰辯法）❼中，Vlastos 首先引述了關於蘇格拉底詰辯法的標準說法，即蘇格拉底的詰辯在於通過問答論辯的方式探究道德真理。然後，通過對柏拉圖早期對話中出現的以蘇格拉底為主角的 30 多場問答詰辯進行分析，Vlastos 勾勒出蘇格拉底的詰辯法的標準結構：

(1)對話者表述一命題 P，對此命題，蘇格拉底認為是錯誤的並且要最終拒斥它；

(2)蘇格拉底使得對方同意另外的一些前提命題，例如 Q 和 R 等等；

(3)蘇格拉底從 Q, R 出發推論，對話者也同意，Q 和 R 蘊含命題非 P；

(4)由此，蘇格拉底宣稱，命題非 P 被證明為真，命題 P 為假。❽

在 Vlastos 看來，從這一標準結構可以看出，在問答詰辯過程中，一個命題只有作為回答者自己的信念被表述出來，才會得到論辯，而且，當且僅當對回答者的命題的否定是從他自己的信念中被推論出來時，回答者才會被認為是受到了拒斥。

如果僅僅這樣，Vlastos 認為，蘇格拉底的詰辯法就似乎犯了言過其實的錯誤。如果蘇格拉底的問答詰辯要達到真理，它就不僅僅要證明命題 P 對於對話者來說是假的，而且要證明其本身就是假的，因為，在 Vlastos 看來，蘇格拉底的對話者完全可以反駁說：

我完全看到我所認可的語句中的不一致性。但我可以不用你所建議的方式來清除這一不一致性。我用不著承認 P 是錯的。我有可能說 P 是對的而 Q 是錯的。你所說的一切完全不能阻止我採取這一不同的立場。❾

---

❼ Gregory Vlastos, 'The Socratic Elenchus', *Oxford Studies in Ancient Philosophy I*, Oxford 1983, pp. 27-58.

❽ 應當指出，Vlastos 在文中還具體區分了蘇格拉底詰辯法標準結構和非標準結構。鑒於這一區分與本文討論的主題關聯不大，在此不再細分。

❾ 參見同上文。

　　所以，Vlastos 認為，要確保蘇格拉底的詰辯法之為探究真理的方法，我們必須為蘇格拉底增加兩個未曾明言的假設：第一，任何擁有錯誤信念的、蘇格拉底的對話者總會同時擁有包含有上述錯誤信念之否定的真信念。第二，蘇格拉底任何時候擁有的信念集合都是融貫的。這兩個添加的前提保證了蘇格拉底詰辯的出發點和詰辯過程的真理性。但是，這樣一來的代價就是，真理成了蘇格拉底詰辯預設的前提而非所要達至的目標。

肆、「擺事實」與「講道理」

　　Vlastos 對蘇格拉底詰辯法的分析告訴我們，蘇格拉底的詰辯法也許並非像原初許諾的那樣，是「發現」真理的方法，相反，它恰恰是以真理為前提。❿但另一方面，這一分析也告訴我們，在我們的日常講理、論辯過程中，我們常常不是在直接論理，而是在回溯到「理」成之為「理」的背景、緣由、基礎、先見乃至偏見。

　　最常見的回溯「理」之為「理」的基石的路徑是我們常講的「擺事實，講道理」或者「從事實出發」。按照這種說法，事實在先，道理在後，只有弄清了事實，「雄辯」才會接踵而來。但問題在於，這種關於「擺事實」和「講道理」的絕對區分真是那麼清楚明白和鐵定無疑的嗎？「擺事實、講道理」看來好像「先」講事實，「後」講「道理」，但究其實際，恐怕更應當說「擺事實」是在講「事實認定」的「道理」，而「講道理」則是在講「事實評價」的「道理」。⓫

　　一般說來，事實的評價極易發生分歧，而事實的認定則容易達成一致。一致性的評價和認定均需事先假定很多共同認可的東西作為前提，之間的區別大概在於：在事實評價的情形下，人們一般容易意識到哪些是共同預定的前提。但是，當其中

---

❿　海德格在對傳統意義上的符合論真理觀進行批評時，曾經下過同樣的判斷。參見 Martin Heidegger, *Sein und Zeit* (Tuebingen: Max Niemeyer Verlag, 1979), s.226-230。但需要指出的是，海德格的源初性「真理」是在存在論的「真相」的意義上，而非在知識論的命題真理的意義上說的。

⓫　關於「事實」與「道理」（論證）的關係，陳嘉映曾有非常精闢的討論。參見，陳嘉映，〈事物、事實、論證〉，載於《冷風集》（東方出版社，2001 年），頁 171-204。

一些人對這些前提的有效性發生疑問之際，人們對此事實的評價也就發生分歧了。在事實認定的情形下，由於那些共同預定的前提極少變化，人們也就習以為常，不加細究，以為它們根本不會變化。例如，千萬年來，人類一直認為，「太陽每天東升西落」是一鐵板釘釘的事實，但曾幾何時，正是這一「事實」遭到了另一「事實」，即「地球每年沿橢圓軌道旋繞太陽一圈」的挑戰。這樣說來，也許從根本上來看，事實認定和事實評價的絕對區別是難以成立的。俗話說，「事實只有一個，而評價則有多種多樣」。這話值得斟酌。有完全離開「評價」、「認定」的絕對或純粹事實嗎？事實認定較之於事實評價，雖然情形較為複雜一些，但和評價一樣，似乎依然很難擺脫「視域」和「境域」的糾纏。即使「親眼所見」而來的「看似如此」，也絕非就等於「確是如此」。

　　美國實用主義哲學家威廉·詹姆斯（William James）曾給我們講過一個小故事，❷這個故事也許可以幫助我們來深一步地思考這個問題。有一天，詹姆斯教授應邀去參加一個老朋友間的聚會。詹姆斯到達之前，朋友們正在為一個簡單的「事實認定」的問題爭得不可開交。在森林裏面，有一個獵人和一隻松鼠。松鼠蹲在高高的樹上，面對著獵人。當獵人繞著樹轉過一圈時，松鼠在樹上也轉了一圈，而且始終保持著面對獵人的姿態。朋友們爭執不休的問題是：究竟「事實上」獵人有沒有繞松鼠一圈？是與否，爭執的雙方針尖麥芒，半斤八兩，誰也不服輸。究竟在這裏有無真理性的事實呢？就在此時，詹姆斯到了，自然，他被邀請作為「裁判」。詹姆斯的裁決結果是：雙方都有「道理」，因為當甲方說獵人「事實上」圍繞了松鼠一圈時，甲方的「事實」是說獵人在一個限定的時段裏，分別而且有次序地到達了松鼠的東面、南面、西面、北面，然後再次到達了松鼠的東面。而當乙方說獵人「事實上」並沒有圍繞松鼠一周時，乙方是說，因為調皮的小松鼠始終面對著獵人，所以，獵人並沒有能夠在一個有限時段內，分別而有次序地從松鼠的前面抵達左面，再抵達後面，再抵達右面，最後再抵達松鼠的前面。在這裏，甲方和乙方，雙方所用的語詞「圍繞」的意義是不同的，由此產生了上面的分歧。

---

❷　參見 William James, 'What Pragmatism is', 載於 William James, *Pragmatism* (Buffalo, N.Y.: Prometheus, 1991).

伍、「講真理」與「講道理」

假若在很多的情形下，我們日常爭辯、講理的主要目的不再是「發現」真理，而是去試圖顯現所持之理背後或隱蔽處的背景、前提、先見，那麼，傳統的「講真理」的說法似乎就應當為「講道理」的說法所取代。這應當也是 20 世紀哲學以來語言學轉向在知識論和真理學上所隱含的意義之一。

按照這一新的看法，一旦我們統一了或者澄清了我們說話、爭論中的所用的關鍵性語詞和語句的意義之後，許多傳統的哲學問題就會自然而然的得到化解和消解。這樣，二十世紀以來的諸哲學流派中，「語言／意義」問題取代「事實／實在」、「知識／真理」問題成為哲學關注的中心，就構成了所謂哲學中的「語言學轉向」。與此相應，作為傳統知識論中的核心問題的命題的真理性問題就為意義性問題所取代。因此，當我們談論「事實」時，我們首先要問的是在什麼意義下說的事實。❸所以，對應於事實的不再是那唯一的，超越於一切意義和視角的「真理」，而是那依賴於或者至少與那不斷充實和開放的「意義域」密切相關的道－理。「真理」強調唯一性，超越性，不承認由於歷史、背景而來的差異性。所以，非真即假。而道理則強調合宜性，承認高低等級，承認歷史、背景的差異性，並因而在很多情況下容忍多種說理情形的並存。我們不講這個道理有絕對的真假，而講在這種情形下這樣的說法或這般的做法有「幾分」道理。我們會問在同一情境下，這個（道）理和那個（道）理相比是否具有更多的「合理性」？正如離開整個語言系統的單個語詞和語句無法獨自構成意義一樣，單獨的事實也不成之為事實。同樣，道理也總是一串一串的，而一串一串的道理又形成道理的網路系統，而且這一系統還有著更大的境域背景在背後支撐和烘托。儘管這些系統內部的聯絡、聯繫往往顯得並不那麼緊密，但是，每一（道）理恰恰正是在這樣的一些理論系統和知識背景下才有其道理的。

---

❸　但倘若爭論的各方僅僅假設有某種「在先的」統一意義，那爭論的焦點就會又轉移到如何去達到或達成這一意義上去，這樣，我們就會又回到「實在論」爭論的老路。

陸、「終極真理」的幻像

這樣說來，「講道理」似乎不應等同於傳統「客觀真理」論中的「講真理」。但僅僅承認這一點並未使我們對問題的思考推進很多。我們需要進一步問：「講道理」和「講真理」之間究竟是一個什麼樣的關係呢？關於這個問題，一個可能的解答是，講道理實質上就是講真理。區別僅僅在於：道理乃部分的、初始的和相對的真理；而真理是整全的、終極的和絕對的道理。換句話說，「講道理」以「講真理」作為存在論上的前提和目的論上的指歸。

顯然，這種說法類似於我們日常所說的「相對真理」和「絕對真理」的關係，它構成了現代西方哲學中傳統真理觀的主流之一。西方哲學大家諸如黑格爾、馬克思、皮爾士均持這種整體論的和終極目的論式的真理觀，無論他們是在實在論的還是觀念論的，有機論的還是實用論的立場上持有這種觀點。這種觀點的核心在於強調每一種道理都在其本身的絕對界限之外有其存在的根據，但是，進一步的思考可以發現，這種形上學的強調和設定本身似乎是缺乏根據和論證的。因為，我們完全有理由問，我們憑什麼說我們現在所講的道理只是未來的、整體的、絕對的真理的一個階段或一個部分？而且是初始的階段和不完全的部分？

細究起來，我們的這種關於道理和真理關係的觀念大概出於這樣的理由，即我知道我們現在相信和述說的道理往往可能出錯，我們事實上也不斷地在日常的實際生活的實踐中對之加以糾正和修正。而且，經驗也告訴我們，隨著這些修正和糾正，我們的道理，無論在其與我們同時信奉的其他道理的融洽程度，在其對已發生的過去情況，對現今正在發生的周遭情況的解釋程度，對未來將要發生情況的預測力度，以及遵循這些道理去行事而產生的實際效果上往往都變得比以前更好，更完善。這樣，我們也就自然而然地或者理所當然地認為它越來越接近於我們所說的真理了。

應當說，這種通過每一道理本身的不斷可完善性來證明真理整體的絕對性的途徑和中世紀基督教神學哲學家湯瑪斯·阿奎那的關於上帝證明的理性方法中的宇宙

論、目的論方法❹有頗多相似之處。後來，笛卡爾在其著名的《第一哲學的沈思錄》❺中也基本照搬了這一思路，即從自我的有限性與不完善性推論出必有一無限的和絕對完善的實體作為根據，而這一無限的和絕對完善的實體就是上帝。關於這一證明，我們可能提出大約三點基本的批評。

第一，我們在實際生活的實踐中對以往的道理加以修正或糾正，並不必然表明現在的道理比過去的道理更加完善或更加高級，或者說，更接近終極真理。在很多情形下，它如果確實，也至多可能表明，由於情況的變化，現在的道理比過去的道理更好的和更多的適應現時、現地的情形而已。所以，它並非一定「更完善」，「更高級」，而可能只是「更適合」而已。因此，一個絕對的終極「真理」概念在這裏並非必要。

第二，通過「更完善」、「更高級」的概念來證明「真理」的絕對性，終極性和唯一性的途徑，事先在形上學的層面上已經至少假設了「一」的概念，「整體」的概念以及奠定在直線性的、機械的時空觀基礎上的「發展」的概念。而這些傳統的哲學形上學的概念本身就是和用之去證明和說明的終極「真理」概念、「上帝」概念等價的。這也就是說，這些用來證明和說明的概念本身就需要被說明和被證明。因此，用一些在哲學上需要被證明和說明的概念去說明和證明同一層次上的另外一些概念，本身就是不合法的，因而也就缺乏基本的論證與說服力量。

第三，假設一個絕對的、終極的和整體的真理概念還必然引申出一個現實的問題：誰可能成為這一絕對真理在現世的代表？這也就是說，當道理與道理之間發生矛盾與衝突的時候，誰的道理更代表真理？如何判別以及誰有這個權威來判決？倘若我們不將所謂「真理」推向某種絕對虛無或永遠不會完全實現的理想的境地，那麼，我們大概也就難以擺脫黑格爾主義的絕對精神的幽靈，而這一幽靈對現代人類的政治和社會生活所帶來的災難應當說是有目共睹的。

如此說來，這世界上本來可能只有「講道理」，沒有什麼「講真理」。傳統的

---

❹　參見 Thomas Aquinas, *Summa Theologica*, literally trans. by Fathers of the English Dominican Province (New York: Benziger Bros, 1947-48).

❺　參見 Rene Descartes, *Meditations on First Philosophy*, trans. by Donald A. Cress (Indianapolis / Cambridge: Hackett Pub. Co.,1979), pp.23-34.

絕對終極意義上的「講真理」只是一種由於猶太—基督教的神學／形上學概念在西方文化中的千年統治而造成的某種知識論上霸權的幻像殘餘而已。❶因此，既然「絕對真理」在傳統基督教的上帝概念已經破滅的今天成為不合時宜的，那麼，借用哲學上的「奧康剃刀」的說法，我們是否可以將之視為一個應當被廢棄或捨棄的哲學概念呢？

柒、「道－理」：講道與講理；非一真理

與「真」的哲學概念在中國哲學史上出現較晚相比，❶「道」的概念幾乎就是和中國的哲學思想一同誕生的。

在《老子》書中，「真」的第一次出現是作為道的一種內含特質和衍生特質而出現的，或者說，是道的一種德性。在莊子和後來的道家和道教思想中，「真」也主要作為德性在「真人」、「真情」中出現。

「理」的概念在中國哲學中的發明人據說是韓非。「理」首先指自然事物的紋理，條理，理路。不僅如此，韓非還首次界定了「道」與「理」之間的關係。因此，在中國思想史上，將「道」和「理」連用也許在先秦就已出現。❶例如，韓非也許是將「道」和「理」並為一個單獨概念聯用的第一人。❶在韓非對《老子》的解讀中，我們看到韓非對「道」「理」關係的界定和對「道理」概念的使用：

> 道者，萬物之所然也，萬理之所稽也。理者，成物之文也。道者，萬物之所
> 以成也，故曰道理之者也。物有理不可以相薄。物有理不可以相薄，故理之
> 為物，制萬物各異理。萬物各異理而道盡稽萬物之理，故不得不化。不得不

---

❶ 參見 Martin Heidegger, *Sein und Zeit* (Tuebingen: Max Niemeyer Verlag, 1979), s.229.

❶ 據張岱年先生，中國哲學中關於「真」的概念和「真知」思想的出現，大概要到墨子甚至莊子之後。參見張岱年《中國哲學大綱》（北京：中國社會科學出版社，1982），頁 520-524。

❶ 參見陳贇〈道的理化與知行之辯——中國哲學從先秦到宋明的演變〉，載於《華東師範大學學報》，2002 年第 4 期，頁 23-29。

❶ 參見楊國榮〈說「道理」〉，載於《世界哲學》2006 年第 2 期。

化，故無常操。（《韓非子·解老》）

夫緣道理以從事者，無不能成。（《韓非子·解老》）

夫棄道理而妄舉動者，雖上有天子諸侯之勢尊，而下有倚頓陶朱卜祝之富，猶失其民人而亡其財資也。（《韓非子·解老》）

　　雖然有些學者會質疑，僅僅從文本閱讀很難斷定，是否真的從韓非開始，「道理」這個詞就被用作一統一的哲學概念。但是，大概無可懷疑的是，中國人後來用「道理」這一概念表達「道」和「理」之間的關係以及用「講道理」來說明事物、事件背後的根據和原因和韓非的這一「道理」連用不無關係。

　　韓非之後，「道理」一詞在漢語中慢慢流行起來。但此時，「道理」更多還是在一般日常「事理」、「情理」、「物理」的意義上使用。例如，在《文子·自然》中，我們讀到，「用眾人之力者，烏獲不足恃也；乘眾人之勢者，天下不足用也。無權不可為之勢，而不循道理之數，雖神聖人不能以成功。」東漢高誘注《呂氏春秋·察傳篇》，說：「理，道理也。」唐朝韓愈也說，「人見近事，習耳目所熟，稍殊異，即怪之，其於道理有何所傷？」（〈京尹不台參答友人書〉）

　　在宋明理學或道學中，「道理」這一概念的意義已經與其現代意義相去不遠。

　　例如，《二程遺書》中曾記載他們對王安石的批評，「介甫不知事君道理；」又在談到孟子的「浩然之氣」說時，曾指出：「這一個道理，不為堯存，不為桀亡。」聯繫到宋明理學，特別是二程之後，將「倫理」拔高，將之奉為「天理」，和「道」在同一個層面上使用。這樣，「道理」就不僅僅在一般「講理」的意義上使用，而且更是在「理之為理」的意義上使用，也就是說，「事君」，「修身」這些都是理之為理的「天理」，即「大道理」。

　　我們使用「講道理」的概念，不是在宋明理學的某種神秘性的、類乎宗教性的獨斷論形上學的「天理」意義上。因為這種類似天理的道理，仍為某種意義上的絕對真理的代名詞。毋寧說，我們需要返歸到韓非的解釋，返回到老子的「當其白，

守其黑」，將「道理」作為眾理之原生地、源發域開顯出來。❷

　　在現代哲學意識中，應該說對老子這一思想的最好解釋出現在德國哲學家海德格爾的「非真理」的概念中。海德格在 1930 年所做的著名講演《真理的本相》，❷明顯受到中國道家哲學家老子與莊子的影響。❷在這篇著名演講中，海德格提出了「非真理」的兩重含義：非真理作為「遮蔽」（Verbergung）與非真理作為「錯失」（Irre）。第一，非真理作為「遮蔽」說明真理本相之「晦蔽狀態」的「玄晦」（Geheimnis）性質。在海德格看來，作為「晦蔽」、「玄晦」的非真理要比作為解

---

❷　在近代中國思想史上，對「道理」這一概念的歷史淵源和哲學含義首先進行系統梳理和討論的是錢穆先生。參見錢穆〈論道理〉，載於《民主評論》第 6 卷第 2 期，頁 30。錢先生還將「道理」列為他的《中國思想通俗講話》的第 1 講的標題，並稱之為是「兩三千年來中國思想家所鄭重提出而審細討論的一個結晶品」，可見其對「道理」概念的重視。按照錢先生的說法，「道理」中的「『道』與『理』二字，本屬兩義，該分別研討，分別認識。大體言之，中國古代思想重視道，中國後代思想則重視理。大抵東漢以前重講道，而東漢以後則逐漸重講理。」錢先生雖然將「道」和「理」分而論之，但我們仍可從其結論中看到先生所論「道理」的著力處和精旨所在。這對我們生活在今天的中國人依然是發聾振聵之聲，「……在中國，不純粹講理智，不認為純理智的思辨，可以解答一切宇宙秘奧。中國人認定此宇宙，在理的規定之外，尚有道的運行。人性原於天，而仍可通於天，合於天。因此在人道中，亦帶有一部分神的成分。在天，有部分可知，而部分不可知。在人，也同樣地有部分可知，而部分不可知。而在此不可知之部分中，卻留有人類多方活動之可能。因此宇宙仍可逐步創造，而非一切前定。這有待於人之打開局面，沖前去，創闢一新道。此等理論，即帶有宗教精神，而非純科學觀者所肯接受。這是中國全部思想史所不斷探討而獲得的一項可值重視的意見。」又參見錢穆《中國思想通俗講話》（香港：求精印務公司，1955）。研究中國思想的日本學者曾表述過和錢穆先生相似的觀點。例如，伊藤仁齋就指出：「道之字本活字，所以形容生生化化之妙；若理字本死字……可以形容事物之條理，而不足以形容天地生生化化之妙；而且，天地生生化化之妙（道）是人的智慧所無法窺知的世界，而理不過是人的有限的人智的能力。」參見溝口三雄《中國的思想》（北京：中國社會科學出版社，1995），頁 24。

❷　參見 Martin Heidegger, *Vom Wesen der Wharheit* (Frankfurt am Main: Vittorio Klostermann, 1954), s.21-26.

❷　關於海德格的這一演講和論文受到老子和莊子思想影響的研究，參見張祥龍《海德格傳》（北京：商務印書館，2006）以及 Otto Poeggeler, 'West-East Dialogue – Heidegger and Lao-tzu', in Graham Parkes ed. *Heidegger and Asian Thought* (Honolulu: University of Haiwaii Press, 1987) pp.47-78.

蔽，敞開的真理更貼近真理的本相，它因而構成親在（Dasein）❷在世生存的超越論根基。第二，非真理作為「錯失」，作為人在「親臨存在」的路程中遺忘了「玄晦」，因而它也就失掉了生存超越的根基地和原動力，這就導致產生「誤入歧途」的可能。這第二層意義上的「非真理」與《存在與時間》中在親在生存的「非本真」狀態下使用的「非真理」，❷應當說是一致的。在後期海德格的思想中，「非真理」和「真理」更多地是在第一層意義上，即在存在論的意義上使用，也就是說，真理的根本在於那個「非」，而不在那個「真」，真理只是通達非真理的起點，而非真理則是真理的本相和根源。

這樣，將老子、韓非和海德格的解釋結合起來，「非真理」就作為「玄晦」，作為「黑」、「不在場」的道理就成為作為「光明」，「白」，「在場」的真理的根據、地基、源泉活水。或者轉換成我所建議的話語，那就是：「道（理）」成為「（講）理」的活潑潑地、充滿生之活力的根據、地基、源泉活水。而這種從「道（理）」到「（講）理」的路程，就是這裏所說的「道理」。

捌、「有幾分道理」、「很有道理」、「有更多的道理」與「不講理」

建議用「講道理」取代「講真理」的說法並不蘊含著聽任日常思想和生活實踐中的相對主義的氾濫。用「講道理」取代「講真理」，我想說的是：

第一，講道理首先是講「道」，即道路開闢、開顯和向四面八方伸展的可能性。所以，海德格講「真理的本相」在於「去蔽」；在於「自由自在的自然而然」；在於「泰然任之」（Gelassenheit）；在於「自在起來」（Ereignis），和老子講「道法自然」，都是在這一存在論／本體論的意義上談論「道－理」的。在這一意義上，道－理也許就是後期海德格所言的「非－真理」，「玄而又玄」的「玄秘」

---

❷ 「Dasein」是海德格哲學的核心概念，現在一般中譯為「此在」，也有譯為「親在」（熊偉）獲「緣在」（張祥龍）。我循熊偉先生仍將之譯為「親在」，主要理由見王慶節《解釋學、海德格與儒道今釋》（北京：中國人民大學出版社，2004）。

❷ 參見 Martin Heidegger, *Sein und Zeit* (Tuebingen: Max Niemeyer Verlag, 1979), s.213-277.

（Geheimnis）有著幾分契合。中國人日常語言中所說的講理，無外乎說的是講「事理」，講「情理」，講「命理」，「數理」，「物理」，「倫理」，「論理」，「生理」，「地理」之類，但眾理之「理」，即眾理背後的那使「理」成之為「理」的活潑潑地得以生發但又昧晦不明的根基地，背景，境域就是那「道理」或曰「道－理」。

第二，道理之「道」並非僅僅虛無縹緲，玄而又玄，還更是行道之道，行道之「導」。這是一個從「道」到「理」的過程，所以稱為「道理」。既然是行道之道，其特質首先就在於它的指向踐行的特徵。生活的具體情狀與行道的目標往往決定了道路的選定，或者至少說道路選擇的範圍。正如皮爾士所言，思想的真正本質不在於反映所謂絕對的真實，而在於從實際生活中的問題刺激開始，經由提出假設，不斷試錯，達到形成習慣，建立信念，解決問題，又由於生活情狀的變化產生出新的問題，再提出新的假設，建立新的「因應之道」（信念）……，這樣的一種不斷的、周而復始的踐行過程。㉕因此，任何一種具體道路的選定，都不可能是漫無邊際，毫無限定的。它只能是在一定的時間、地點、情形、背景下的踐行的選擇。所以，與傳統的講真理的概念所假設的，作為知識論基礎的反映論的觀念論不同，講道理的概念所假設的知識論基礎應當首先為實踐論的信念論。

第三，講道理既然強調踐行之道，而不是「放之四海而皆準」之「真」，那麼，「踐行之道」這一概念本身就預設了道路「選擇」的可能性。這也就是說，道－理有「講」的可能性。道－理之所以有「講」的可能性，其實質首先並不在於「真理越辯越明」，而在於「兼聽則明」。「講」和「辯」的前提在於「聽」和「聞」。所以，孔子說，「朝聞道，夕死可矣」。

第四，我們日常說的「蠻不講理」往往也有兩種情況，一種是明知錯誤而拒不認錯，明知所走的路是死路還要一條道走到黑，不見棺材不落淚，不撞南牆不回頭，甚至是撞了南牆也不回頭。而另一種則是只認自己的「理」為理，而不承認有其他的「理」的可能性，更不願意去聽聞其他可能的「理」。因此，「條條大路通

㉕　參見 C.S. Peirce, "The Fixation of Belief", 載於 Charles S. Peirce: Selected Writings, ed. by Philip P. Wiener (New York: Dover Publication, Inc., 1958), pp.91-112.

羅馬」這一日常術語所隱含的哲學智慧就在於：我們日常的「踐行之道」並非總是在自柏拉圖以來的傳統西方哲學主流所理解的抑或「存在」抑或「不存在」，非「真」即「假」這樣兩條截然對立的道路間的選擇，而更多的是在諸種可能的「存在」道路間的抉擇。理論是灰色的，生活之樹常青。一條道路是通達的，並不必然蘊含只有一條道路是通達的。一條道路曾經通達，並不必然蘊含它現在、將來也通達，並且在任何情況下都通達。正因為「踐行之道」在大多數的情形下不止一條，而且因人、因時、因地、因情況變化可能有所不同，我們也常常說，儘管我並不完全同意你的觀點和做法，但我理解或諒解它們。這也就是說，這些觀點和做法，若從你的角度來看，也不無幾分道理。

第五，講道理作為對「踐行之道」的尋求和開闢並不意味著任何的「道」都是可能之「道」和可行之「道」。這也就是說，「講道理」是「有理」可講，而非「無理」可講的。在這裏，我們首先應當一方面區分「有條件／制限的」可能之道和「無條件／無制限的」可能之道；另一方面，我們也應當區分邏各斯／思想的「可能性」與踐行／操作的「可行性」。需要指出，作為踐行的道路，任何道路都是人和自然事物的行徑，即「人之道」或「物之道」，在這一意義上，任何「道」的可能性都是有條件和有制限的。「無條件的」、「無制限的」、涵括一切可能性的可能性只能是屬神的，因而對人而言是「空洞的」、「不可能的」可能性。當然，這種區分「有制限的」實際的可能性與「無制限的」空洞的可能性並不排除「有制限的」可能性的程度的大小和對於我們踐行人的遠近。一般說來，也許可能性的制限越少，其實現的程度就越小，離我們也就越遠。至於邏各斯／思想的「可能性」與踐行／操作的「可行性」之間的區分就在於，在條件基本限定的情形下，儘管理論上可能有多種可供選擇的計畫和途徑，但在特定的時機和實踐環境中我們只能選擇其中的一種途徑去實現我們的目標。也正因為如此，「講道理」之為「講理」才是可能的和必須的。這也就是說，「可行性」必須預設「可能性」，而「可能性」並不必然導致「可行性」。也正是因為「可行性」在特定條件下的獨一無二性，不同的「道理」和「踐行」途徑之間也才相應於給定的條件而言可作比較，有優劣高低之分。

玖、「僧推月下門」還是「僧敲月下門」：
斟酌、猶豫、推敲

　　讓我們用唐朝詩人賈島那膾炙人口的「推敲」故事來說明「道理」與「講理」之間的這種關係。一方面，在講理的過程中，常常並不必然只有一種（道）理可講，但另一方面，也並非無理可講，乃至相對主義氾濫。在生活中的大多數情形下，我們還是可以講理，也可以在講理和講理之間分辨出優劣高低。

　　我們知道，賈島的故事發生在西元九世紀的京城長安。說的是賈島赴舉至京，騎驢賦詩。行走之際，賈隨口吟成一首詩，其中兩句是：「鳥宿池中樹，僧推月下門」。得意之餘，賈島又覺得詩中的「推」字，似乎用得又不那麼恰當，於是，想把「推」字改為「敲」字，但卻又拿不定主意。於是，他一面思考，一面用手反復做著推門和敲門兩種動作。街上的路人看到賈島這般神情，十分驚訝。這時，據說正好韓愈路過，看到這種情況，就生氣地對賈島說：「你騎驢子怎麼低著頭，也不朝前面看看」？賈島一驚，慌忙下驢，向韓愈賠禮。他並將自己因斟酌「推」「敲」二字，專心思考，不及回避的情形講了一遍。韓愈聽後，轉怒為喜，深思片刻後便說：「『敲』字更佳！在萬物入睡、沉靜得沒有一點聲息的時候，敲門聲更顯得是夜深人靜」。

　　韓愈講得很有道理，好像韓愈最終也說服了賈島選用「敲」字。不過，賈島原先用的「推」字，也不是完全沒有道理，甚至可以說和「敲」字不相上下，否則，賈島也不會如此猶豫不決了。例如，全詩為：

題李凝幽居
閒居少鄰並，草徑入荒園。
鳥宿池邊樹，僧敲月下門。
過橋分野色，移石動雲根。
暫去還來此，幽期不負言。

　　顯然，這裏的主題是一個「幽」字，詩中的草徑、荒園、宿鳥、池樹、柴門、

冷月、過橋、移石、野色、雲根等等意象，無一不襯托出那個「幽」境。「敲」派會說，月色如水，萬籟無聲，這時，老僧低叩柴扉，唯恐驚動了池旁宿鳥。這一轉瞬即逝的意象，刻畫出環境和心境之幽靜。不過，「推」派也許會有另外一說，在其看來，這般「幽冷」的意境中，「敲」字未免顯得有點突兀，和其他的意象不相協調，因為，「敲」不免剝啄有聲，驚動宿鳥，打破沉寂，也就似乎平添了攪擾。而「推」字，則要調和些。推可以無聲，即使有聲，也是那柴門有錯有節的吱吱啞啞聲，而這些，在寂靜的月夜下，就更顯出一個「幽」字。所以，推敲推敲，很難講孰優孰劣。

但我們不能因為在「推」「敲」之間難分優劣，就斷定本無判准，走向相對主義。我們知道，在這裏，一方面，無論「僧推門」還是「僧敲門」都是有條件制限的「可能性」。這種制限首先是中國古代漢語文字、語法、語境的制限，然後是古代唐詩律絕格式的制限，等等。倘若我們說(1)「僧※月下門」，或(2)「僧也月下門」，或(3)「月光之下，老僧推開了這扇門」，就都超出了上述的制限，成為中國唐詩語境的制限之外的「空洞的」、「不可能的」可能性，或者說是十分遙遠，實現程度極小的可能性，因為我們知道，第一句中「※」不是已知的中國古代漢語符號；第二句中的「也」字是一古代漢語虛詞，非實詞，而第三句則違反了唐詩五言、七言律絕的基本字數要求。這是在這一意義上，我們說上面這三句話是「錯誤的」或「無意義的」，這就像我們說，在今天的足球競技遊戲中，除了守門員和發球之外，用手擊球是犯規一樣。所不同的地方大概在於，體育競技遊戲中的「規則」一般來說是由人為設計和約定而成，而日常生活中的諸語言遊戲中的「規則」則更多的是自然的和歷史的生成。當然，除了「僧推月下門」，「僧敲月下門」之外，賈島也許還可以選用(4)「僧開月下門」，或(5)「僧捶月下門」等等。顯然，在這裏，「推」、「敲」、「開」、「捶」等漢字的選用都是有意義的，都是現實的可能性，都是「對的」或「正確的」。但賈島只能從中選擇一個字，這也就是上面所謂的「可行性」的獨一無二性。再就詩的語境與賈島的預設意圖而言，「推」、「敲」二字明顯地要比「開」、「捶」優勝，但在「推」「敲」二字之間，如同我在前面所說，這種優劣高低一下子就很難斷定，這也就是賈島所以苦惱、猶豫的原因。而且，這種「優劣高低」，甚至「對錯」都是可能隨著生活情境以及與之相應

的預設條件的變化而發生變化，在它們之間沒有，也不應劃出絕對的、不可變更的界限。正是這種變化的絕對性使得道理得以不斷的推陳出新，例如在中國文學史上，「唐詩」的格律被慢慢地突破，由此產生了「宋詞」，又從「宋詞」演化出了「元曲」；而變化的相對性、緩慢性和階段性又使得諸道理之間的對錯與高低優劣的比較、評判，即評理成為可能。而兩者間的相互衝突、影響和結合，就是我上面所謂「講道理」之為「講理」的道理。

拾、結論：「講理」與「講道理」

因此，有分歧的眾人相互間的講理和爭論所以可能，也許並不必然假設有一客觀真理作為目標而存在。在講理的過程中，講理的人實際上是在不斷的澄清或試圖澄清自己所持的「理」所以成立的前提條件和背景，即「道」或「道理」，而不是簡單地固守、重複所持的「理」本身。在這個意義上，我們也許需要區分「講理」與「講道理」。

「講理」是說澄清那行為所以依據的理則，而「講道理」則要更深一步，進入到那理則之所以為理則的緣由、理據、背景、前提、境域等等常常不那麼明瞭的幽暗處。正是在這種背景的澄清和不斷澄清的過程中，所講的道理才得以完全地或部分地成形與呈現出來。在相互間的分歧出現之前，這些前提和背景條件或背景域通常被認為是不言自明的，所以似乎是共同認可的和具有的，但實際情形往往並不如此，或者說，並不總是如此。分歧的出現導致理解和溝通的「殘斷」、「障礙」，這就迫使我們回過頭來去認真關注自己所持的理則所以成立和發生的前提條件和背景的異同。而且，在實際生活中，講理主體的背景條件以及其對這些背景條件的認知不可能完全一致，所以，傳統意義上所理解的獨一的、絕對的和終極的真理不可能。

但另一方面，在實際生活中，講理主體的背景條件以及其對這些背景條件的認知往往也不會完全不同，而往往是相互交叉和融合的。這大概也就是「講道理」所以可能，以及在講理過程中，誤解、諒解、理解和寬容所以存在的存在論基礎。所以，所講的是道理，但講道理的目標常常並非在於「真理」，而在於理解與溝通。而所謂板上釘釘或明明白白的「真理」，也許只是理解和溝通過程中的特例而已，

因為在這樣的講理過程中，講理各方對「理」之為理的諸前提和出發點已經有了當下不再質疑的共識。㉖

至於講理的人是否必定假設有共同認可的講理判准，否則無法評理呢？在我看來，任何評理所以可能的確在於當下有共同認可或大體共同認可的講理判准。但這一判准並不必然被永遠認可，因為它不來源於所謂客觀真理，而是在通過理解、諒解和溝通，在各自背景和條件的家族相似、疊合基礎上產生的。它們有著相對的穩定性、作為講理過程中具有歷史規定性的構成性與調節性規則系統，在人類共同體的生活中存在和不斷地演進。㉗

參考文獻

期刊論文

倪梁康（2004）。〈《十二怒漢》vs.《羅生門》——政治哲學中的政治－哲學關係〉，《南方週末》，7月8日。

陳嘉映（2001）。〈哲學是什麼？〉，《讀書》，第1期。

陳嘉映（2005）。〈真理掌握我們〉，《雲南大學學報》（社科版），第1期。

陳贇（2002）。〈道的理化與知行之辯——中國哲學從先秦到宋明的演變〉，《華東師範大學學報》，4：23-29。

楊國榮（2006）。〈說「道理」〉，《世界哲學》，第2期。

錢穆（1949）。〈論道理〉，《民主評論》，第6卷，2：30。

㉖ 例如自然科學真理大概應當屬於這一範疇。現代自然科學一般分為數理科學和實驗科學。但兩者共同區別於日常的自然生活的地方大概就是，它們都要求起始條件的「純粹化」，這種「純粹化」或者通過純粹化「定義」的方式或者通過純粹化「實驗條件」的方式達成。也許正是在這個意義上，海德格曾經一針見血地指出作為一種世界觀的現代科學主義的弊端。他的話的大意是說，科學並不是在真正意義上的「嚴格」，科學只是在狹窄意義上的「精確」而已（見海德格「形而上學是什麼?」）。這裏，海德格並非要反對現代科學，而是提醒我們注意到科學知識和「真理」的限制條件。一旦我們人類忘記了這一點，將之無條件化，就會導致大的失誤，乃至災難。

㉗ 本專題的研究與寫作曾經得到香港中文大學「直接研究基金」以及哲學系中國哲學與文化研究中心的資助，特在此致謝。本文將在大陸的哲學雜誌以簡體字版刊出，此處的繁體字版略有修改，作者對能夠在此發表表示感謝。

王慶節（2005）。〈真理、道理與講理〉，《年度學術 2005》，趙汀陽編，北京：中國人民大學出版社。

專書

王慶節（2004）。《解釋學、海德格與儒道今釋》，北京：中國人民大學出版社。

陳嘉映（2001）。《泠風集》，東方出版社。

張岱年（1982）。《中國哲學大綱》，北京：中國社會科學出版社。

張祥龍（2006）。《海德格傳》，北京：商務印書館。

溝口三雄（1995）。《中國的思想》，北京：中國社會科學出版社。

錢穆（1955）。《中國思想通俗講話》，香港：求精印務公司。

西文論文

C.S. Peirce (1958). The Fixation of Belief, Charles S. Peircc: Selected Writings (91-112), ed. by Philip P. Wiener. New York: Dover Publication, Inc..

Gregory Vlastos (1983). The Socratic Elenchus, *Oxford Studies in Ancient Philosophy I* (27-58).

Otto Poeggeler (1987). West-East Dialogue – Heidegger and Lao-tzu. in Graham Parkes ed. *Heidegger and Asian Thought* (47-78), Honolulu: University of Haiwaii Press.

Plato (1975). *Apology, The Trial and Death of Socrates* (17a-18d, 22-23), trans. by G.M.A. Grube, Indianapolis / Cambridge: Hackett Pub.Inc..

William James (1991). What Pragmatism is, William James, *Pragmatism*. Buffalo: N.Y.: Prometheus.

西文專書

Martin Heidegger (1954). *Vom Wesen der Wharheit*. Frankfurt am Main: Vittorio Klostermann.

Martin Heidegger (1979). *Sein und Zeit*. Tuebingen: Max Niemeyer Verlag.

Rene Descartes (1979). *Meditations on First Philosophy*, trans. by Donald A. Cress. Indianapolis / Cambridge: Hackett Pub. Co.

Thomas Aquinas (1947-48). *Summa Theologica*, literally trans. by Fathers of the English Dominican Province. New York: Benziger Bros.

Hermeneutics, Truth and Interpretation of Text

*Wang, Qingjie**

Abstract

Having distinguished between the concept of "dao li" (道理) and "truth", the author argues that the Chinese conception of "dao li" may better serve as the ontological grounding for "reasoning" than its western counterpart, i.e., truth (zhen li/真理) in our hermeneutical interpretation of texts and of life.

Keywords: Dao-Li, Truth, Resoning, Hermeneutics

*   Professor of Department of Philosophy, Chinese University of Hong Kong

從隱喻到崇高
——中、法美學對話的幽徑之一

沈清松*

摘　要

本文為本人在 2008 年 12 月 13 日在政大「中國哲學與詮釋工作坊」的講詞，由真理大學莊佳珣教授根據當日錄影影碟轉成初稿，再由本人增刪修潤而成。在本文中，我從隱喻的語言層面、心理層面、形上層面，來討論法國哲學與歐洲哲學和中國哲學的可能對話與相遇之道。由於隱喻的類比性質，既相似又不相似，使人的思維得以超乎經驗和邏輯的限制，發揮齊物與民主的精神，而能以多聲帶、多元論述的方式，來呈露實在本身甚或終極實在的豐富面貌，而不會落入黨同伐異的經驗描述或邏輯論述，也因此頗適於發揮歐洲哲學與中國哲學中的靈活成份。

我藉著隱喻中所揭示的差距進入崇高的討論。從李歐塔平面的崇高，回到康德垂直的崇高，也藉此顯豁出康德的動態崇高仍有所不足。雖然人總是熱切地嚮往無限，然而，在西方哲學看來，總難免有天人二元對立，人被界定為主體，而在垂直的崇高之中，主體會自覺渺小，敬畏無限，終究無以接近無限。比較起來，中國哲學嚮往莊子所謂遊於無窮，與造物者遊，更適於雖有限而願無窮的人性。總之，曲徑可以通幽，而幽徑裡也還可以分出岔路，然而重點在於終究可以藉著哲學活動獲得心身的自由，而在自由中又仍與多元他者、與終極實在有著親密的動態關係。

關鍵詞：隱喻　崇高　中國哲學　法國哲學　平面崇高　垂直崇高

---

*　多倫多大學中國思想與文化講座教授

謹將本文獻給已歸道山的項退結老師，
紀念過去一起登山尋幽對話的日子。

壹、引言

本文所要討論的主題是「從隱喻到崇高——中法美學對話的幽徑之一」，其中「幽徑」的概念與我過去在政大二十餘年的教書生涯頗有關係。在政大，有多位愛爬山的老師們都知道，政大群山環繞，附近有許多山路，可以曲徑通幽。我當年自己也常以爬山做為休閒運動，每每在傍晚下山之時，時常想起李白的詩「下終南山過斛斯山宿置酒」，詩曰：

> 暮從碧山下，山月隨人歸，
> 卻顧所來徑，蒼蒼橫翠微。
> 相攜及田家，童稚開荊扉。
> 綠竹入幽徑，青蘿拂行衣。
> 歡言得所憩，美酒聊共揮。
> 長歌吟松風，曲盡河星稀。
> 我醉君復樂，陶然共忘機。

說起來，在本文中我所思所憶者，有一部分也是在「卻顧所來徑」❶，而我的「所來徑」，是我自己走過的路，也可說是我的學思一點點積累出來的路徑。李白詩中說的：「綠竹入幽徑，青蘿拂行衣。歡言得所憩，美酒聊共揮。」其中描述的「綠竹入幽徑」與我所要談的幽徑與交談的關係也頗為相像，因為走入「幽徑」，本來就有「對話」的期待，更何況這首詩後半說「歡言得所憩，美酒聊共揮」，的確是伴隨著「歡言」與「美酒」的話語之樂。我在政大附近行走於山上幽徑，通常也是一極佳的對話機會。我記得最早是和項退結老師，當時還沒有政大的山上校

---

❶ 本次工作坊的形式，是先將本人先前相關的一些著作先發給與會者閱讀，再來參與本次演講。

區，我和項老師一起爬山，從亞里斯多德談到海德格，從老、莊談到方東美與中西比較，就這樣子在山上幽徑裡撒滿了哲學的話語和哲學家的名字❷。

後來，在我擔任政大哲學系系主任期間，學校在哲學系後面山坡建了一條從山下直通山上的階梯，並在校內舉行了一場命名比賽。當時有些系上同學跟我說，他們提議命名為「通天梯」，而且自信一定會得獎。不過，或許說「通天梯」是太過崇高（sublime）了，不易通俗化，學校並沒有採用，倒是採用了另一個名字，稱為「行健道」，是比較能雅俗共賞；然而，若說所謂「行健道」是取自《易經》「天行健，君子以自強不息」，那麼也就含有一些隱喻（metaphor）的意味了。不過，爬這樣陡峭的山梯，人不得不費心盡力，氣喘噓噓，所有的力氣都用來往上爬，並不適合於談話。你想，人會在這種緊迫的情況下沉醉於哲學的對話之中嗎？依我看，不會。我個人比較熟悉的是沿著無名溪這條小徑漫步。在這條小路上，我不知道和多少同學、多少朋友、老師和國外來訪學者走過多少回，談過多少話。人在路徑上與其他人交談，是非常貼心愜意的經驗，政大這環境也挺適合提供這種經驗。

本文是想透過隱喻和崇高這兩個概念，探闢或揉弄出一條幽徑，來談談中、法哲學，甚或與歐洲哲學對話的可能性。當然，在我的討論中，也難免會涉及一些德國哲學思想。以下我先討論「隱喻」這個概念，可以從語言、心理和形上三個層面來討論。

貳、隱喻的語言層面

首先就隱喻的語言層面來看，無論中西，哲學家都常用隱喻來評事說理。例如老子說「上善若水」，這一個「若」字，就表明了是用水來比喻道，說道宛若水一般，任何地方都可浸潤，無所不披其澤。關於這種隱喻的用法，自亞里斯多德（Aristotle）到亞克布慎（Roman Jacobson）的論點都認為，隱喻是一種語詞上的替換。然而，法國當代哲學家呂格爾（Paul Ricoeur）說，隱喻的單位不在語詞，而是在語句，是「把 x 說成宛若是 y」，"say x as y"，這是隱喻在語言上的基本結構。

---

❷ 為此，本人特將本文獻給已歸道山的項退結老師，以紀念過去一起登山尋幽與哲學交談的日子。

這不表示 x 就是 y，而只是說 "as if x is y"，"x 宛若 y"，可見 x 並不是 y，而僅只宛若是 y。如此的說法，並不只是語言上的替換而已，而且富有語言上的創意。這樣的語言結構之所以可能，呂格爾在他的法文名著《活的隱喻》（Metaphor vive）或簡稱《活喻》一書中有一些討論❸。該書英譯為《隱喻的規則》（Rules of Metaphor），在語意和重點上有一些轉折，由活潑潑轉成對規則的側重，也顯示英、法之間的一點文化差異。無論如何，這裡出現了一個哲學問題：為什麼我們可以 say x as y？過去有一種理論，認為我們之所以可以 say x as y，是因為 x 和 y，或隱喻和所隱喻之物，之間有某種相似性（similitude），因此使我們可以這樣說它。

這就好像《莊子・逍遙游》中說的：「北冥有魚，其名為鯤。鯤之大，不知其幾千里也，化而為鳥，其名為鵬……怒而飛，其翼若垂天之雲。」❹從哲學上說，莊子其實是透過這樣的語言來說自由的境界。鯤為魚，魚必須活在水中，其自由是有條件的；轉化為鳥，到了空中，它的自由又擴充了，但仍然以風為其自由條件。莊子這一路寫來，從「有待的自由」寫到「無待的自由」，這是把自由的生命比喻作魚或比喻成鳥。值得注意的是，這其間有些相似性，也有些差異性。也就是說，所謂「宛若」其實既「是」又「不是」。莊子當然也意識到這點。所以他說，鵬飛到九萬里高空，培風背，負青天，是要騎在風背與雲氣之上，風和雲也就是其自由逍遙的條件。如果把這風和雲拿走，恐怕鵬也會掉下來了。可見，鵬也不是真正自由的生命，九萬里高空上的飛騰，恐怕也只是有條件的自由狀態。莊子進而用這樣的隱喻來評論惠施、宋榮子、列子等人的自由境界，認為他們總停留在「猶有所待者也」的地步。一直要到「若夫乘天地之正，而御六氣之辯，以遊無窮者」的地步，才能說「彼且惡乎待哉？」❺

莊子在寓言篇第二十七，自述「寓言十七」，也就是說其論述十中有七是屬於

---

❸ Ricoeur, P., *La métaphore vive*, Paris: Éditions du Seuil, 1975. English translation as *The Rule of Metaphor: Multi-Disciplinary Studies in the Creation of Meaning in Language*, trans. R. Czerny with K. McLaughlin and J. Costello. (Toronto: University of Toronto Press, 1977).

❹ 郭慶藩，《莊子集釋》（臺北：世界書局影本，1985），頁 3-4。

❺ 同上，頁 10。

寓言，可見莊子大部分都用寓言來說理。寓言並不僅限於語詞，而是包含了名詞、語句和整段論述，都可用來當作寓言式的使用。莊子又說「重言十九」，這是不是透露了他的數學不好呢？不是的，他的意思是說：在佔十分之七的寓言中，有十分之九都是屬於重言，也就是引述過去聖賢言行或過去的文獻、文本，其中往往是對話，當作重言，其實也是寓言的一種。在十七的寓言之中有十九是重言，則大概有63% 的寓言是重言。這些重述之言並非直接被當作歷史上曾經有過的言行來看待，也許它們曾在歷史中出現過，但已經被隱喻化了。接下來，莊子又說「卮言日出」，包括對於自己的思想與論述、當時思想家的思想與論述，例如他和惠施的對話，莊子給予時事與言行的評論，針對情境，提出論點等等，這些都稱為「卮言」。卮言是莊子隨時隨地提出的，無論是莊子自己提出的，或是其後學記載或整理出來的，針對當時發生的事件、針對所遇逢的人或事，與他人的對談等等，所作的種種評論。

對於寓言的部分，莊子說是「藉外論之」，也就是藉著別的語詞、其他語詞來說此一語詞，意思跟 "say x as y" 一樣，例如把有限的自由說成鯤魚或鵬鳥，宛若為鯤，宛若為鵬；或把人的知識和言說的多樣性，說成是風吹不同大小與形狀的樹木洞穴，發出的不同聲音。此即所謂的「藉外論之」。莊子很清楚，為什麼在語言上的描述性命題或論證性命題，並不適合用來作為他的哲學論述方式，因為他認為，論證性和描述性的語句，往往會有黨派化的問題，凡是跟我一樣的，我就贊成，凡是跟我不一樣的，我就不贊成，這樣就會產生種種是是非非。一如莊子所言：「與己同則應，不與己同則反；同於己為是之；異於己為非之。」❻也因此，莊子要以隱喻來說話，給人更多思想上的想像與創造的空間，更可以開拓出相互了解與容受的空間。

大體上，隱喻是建立在使用既相似又不相似的別的語詞、或別的語句，或別的論述，來講述本來要提供的想法或對象，其間不只有語言替代的作用，而且藉此進行了意義的創造。我認為，使用隱喻的結果，是經由如此的語言創造，打開了想像的空間，使人不會停滯在經驗性的、或論述性的框架中，反而因此提供了更高程度

---

❻　同上，頁 408。

的思想自由。

參、隱喻的心理層面

我進一步要討論隱喻的心理層面。我們看到，先前德語思想界在這方面的討論，無論尼采（Fridrich Whilhelm Nietzsche）或弗洛依德（Sigmund Freud），已經建立了一些基礎。尼采在他的《修辭學筆記》上曾提到，凡是人已經意識得到的成份，都已經是某種修辭了❼。尼采所用「修辭」一語多少與人的修辭能力──一種特殊的語言能力──和修辭學有關聯，是將修辭學過度擴大了。我只收取其中所含「與實在本身不同的表象」之意，但我寧願用「隱喻」來代替尼采所謂「修辭」。因為在沒有意識到的無意識之下，都是隱晦難明的，一旦轉到意識，都已經是某種隱喻了，不再是原本的東西。原本的東西都不能講，凡能講的東西都已是隱喻。可見，不只是那些原本的實在尚未成為語言，而且在成為語言之前，凡已意識到的東西就已是經過幾層轉折才出現的。尼采在《修辭學筆記》中提出的是一個非常深刻的洞見，但他並沒有提供我們任何方法，讓我們瞭解無意識的或意識可及之前的境況，如何能被轉化成為意識可及，甚至可用語言表達，並進一步在語言中進行修辭的工夫。有關這樣的方法，我們倒是在弗洛依德的心理分析中看到一些苗頭。

弗洛依德所發現的由無意識進入到意識的路徑，是藉著語言的使用，詮釋方式和聯想法來達到的。關於語言，弗洛依德藉著擬出像「無意識」、「前意識」、「意識」等語詞，來劃分意識的區位，使得我們得以詮釋、指認並進入這些區位。此外，弗洛伊德也運用「它我」、「自我」和「超我」等這些語詞，使得自我的結構得以化顯為隱，使人得以詮釋、接近並加以討論。可見人之所以能接近意識與自我的實在，是藉著語言的詮釋作用。我覺得弗洛依德在這裡給我們提供了一個很好的參考，我自己也受到他很大的啟發。弗洛依德在《夢的詮釋》一書中，提到無意識裡欲望的運作本就傾向於表達，即使經過了各種扭曲，欲望仍然傾向於表達自

---

❼ Nietzsche, *Cours de rhétorique*, traduit et présenté en français par P. Lacoue-Labarthe et J.-L. Nancy in *Poétique*, n° 5, 1971, (Paris: Editions du Seuil, 1971), pp.99-142, en particulier pp.136-141.

己。所以無意識裡面，那些因為欲望受到挫折而造成的病況，會透過身體的症狀，或可說是翻譯成身體的症狀，而表達出來。

在《夢的詮釋》裡，弗洛伊德主要是透過兩個概念，一是「夢思」（dream thought），也就是夢的主題、想法、或夢所要表達的欲望，和「夢作」（dream work），即夢的運作❽。夢思必須透過夢作的機制，例如濃縮、轉移、可表象性……等等，而獲得表達。其中最重要而較少受到討論的，是可表象性，能把無意識裡的欲望轉譯成可以意識到的表象。譬如你的夢境，在夢裡出現的人、事、物，這些實際上是透過某種夢作方式，把你的欲望轉化成意識可及之物。所以，夢裡有很多東西是有意義的，它的意義在於無意識裡的欲望及允許其表達的運作機制。按我自己的解讀，在心理的層面，每個人的欲望都是指向他人、他物，一如拉岡所言：「無意識是他者的話語」（L'inconscient est discours de l'Autre）「人的欲望是對他者的欲望」（le désir de l'homme est le désir de l'Autre）❾，由於欲望都是針對他人、他物，有如他人、他物在我內說話，在我看來，欲望作為一個原初的動力，作為一種意義的指向，都是指向他人、他物，而此一意義的指向，無論如何地隱晦難明，總會傾向於並轉化成可理解的表象（intelligible representations）。而這些可理解的表象，甚至可以進一步轉化成為語言。當然，每一次的轉化，都可能有所流失，有所扭曲，不過，基本上，欲望總有可理解性在，且可導向更可理解的路徑發展。❿

在此，我們又回到呂格爾，他在當代法國哲學中，最為博學多能，其哲學涉及各方面的問題。呂格爾對於弗洛依德的論述有不同的解讀，他基本上雖也接受弗洛依德的講法，但是他對於所謂「昇華」有不同的看法。呂格爾認為，昇華是將欲望轉化成為可理解的理念，尤其是轉化為文化上的價值，藝術上的創造。也因此，在昇華這個概念中沒有必要蘊含對於欲望的壓抑。在此，呂格爾不同於弗洛依德。在

---

❽ 關於夢思和夢作的區分，見 Sigmund Freud, *The Interpretation of Dreams*, translated by James Strachey, (New York: Penguin Books, 1976), p.454-456.

❾ Jacques Lacan, *Ecrits*, (Paris: Editions du Seuil, 1966), p.814.

❿ 關於欲望的動力及其朝向意義的發展，請參閱：沈清松，〈從內在超越到界域跨越──隱喻、敘事與存在〉，《哲學與文化》，389 期，2006 年 10 月，頁 21-36。該文亦提供為此次工作坊參考資料之一。

弗洛依德看來，昇華是出自對欲望的否定，所謂昇華就是對原有的欲望，尤其是對於性的欲望加以壓抑的結果。這一否定性的想法在猶太傳統文化裡有它的根源。弗洛依德作為一個猶太子孫，在某種程度上也繼承了猶太的哲學思想。在這一點上，我們看到兩者對於昇華的解釋產生了分歧。呂格爾認為，其實昇華作為一種向上轉化，成為語言、成為藝術、成為理想性，並不一定是對於性的欲望的壓抑或對於它的否定，而是透過理想性（ideality）來將原來欲望的力量加以轉化，不是否定，而是一種積極的向上轉型。

無論如何，隱喻有其在心理層面上的基礎。那原初的動力或原初的實在大約是我們所不能談的，所以在心理上會產生這樣一個轉化。因為，我們的意識，以及我們所意識到的東西，凡是語言所能談的，不管是經由壓抑或轉化而達到，都已經不同於原初狀況。對於原初狀況，我們的語言不能談，只能用隱喻的方式來談它。

中國哲學在這方面的討論，一般而言，道家哲學比較強調原初狀況或終極實在本身和語言表達之間的差距，一如老子所謂「道可道，非常道」，或《莊子·知北遊》所言：「道不可聞，聞而非也；道不可見，見而非也；道不可言，言而非也。知形形之不形乎！道不當名。」❶對比起來，儒家比較不強調它們之間的差距，而強調如何調和那可說的、可表達的部分。譬如《中庸》所言：「喜怒哀樂之未發，謂之中；發而皆中節，謂之和」❷。就哲學心理學而言，將喜怒哀樂之未發稱為「中」，這個「中」字指的是心理的本真或原初狀態，還沒有表達為喜怒哀樂，至於喜怒哀樂只是這原初狀態的某種特定的、殊相的表達，而不再是原初狀態。一般而言，儒家比較強調「發而皆中節，謂之和」。大體說來，人的心理動力總是要「發」的，也就是說原初狀況總是要表現為某些殊相與特定的其他狀態，重點是必須將他們處理得好好的，達到「發而皆中節」的地步。根據儒家的構思，這是透過禮和德性來調節，使種種已發成為「和」的狀態。一般說來，像我們這樣的凡夫俗子很少想到，也很難掌握原初狀態，我們所能掌握的，是喜、怒、哀、樂這部分，並努力使其達至和諧。

---

❶　郭慶藩，《莊子集釋》（臺北：世界書局影本，1985），頁 329-330。

❷　朱熹，《四書章句集註》（北京：中華書局，1983），頁 18。

　　當然，你若當真的要去挖掘，也可以找出這兩者之間的差距。既然原初狀態是語言所不可得的，這其間便有很大的隱喻空間。譬如，王陽明晚年的四句教說：「無善無惡心之體，有善有惡意之動，知善知惡是良知，為善去惡是格物」。照他的意思，心之體雖然超越善惡，然而當意向一定，就已然是一個特定的指向，難免落入社會文化中某種定向的牽連，也因此就有善有惡了。至於心的本體是寂靜無為、超越善惡區別的，可一旦經由特定化而表達出來，「意」就在個人心理、社會上、文化上有某種特定牽連了，它就會有善、有惡之分。不過，陽明對於「有善有惡意之動」的見解，後來遭遇到劉蕺山的批評。劉蕺山認為，意是「心之所存」或「心之所向」，換言之，是「心之主宰」，而非「心之已發」。就像指南針之必定指向南方，則意作為一種本然的原初意向，必定指向於善，不應該說意有善有惡。按我個人的想法，陽明「無善無惡心之體，有善有惡意之動」比較接近周濂溪所謂「誠無為，幾善惡」，認為誠體本身是無為的，但是初萌為幾，就有了善惡的區分。至於劉蕺山的說法，或可謂比較接近孟子的心，認為心中有四端應該是朝向善而趨，可以為善，是為善端。

　　如果說已發和未發之間是真的有差別，你若要回到原初實在，回到一個超越文化、超越社會，先於區辨善惡的前狀態，或說本然狀態，是有困難的。如果是這樣，我們對於那本然狀態，所說的也都只是隱喻而已。所以，在心理層面上來講，仍有某些差異存在。在本文稍後就要從這一差異與空隙的空間，進入到對於「崇高」的討論。從隱喻到崇高，基本上要抓住已發／未發、本然／表象之間的差異來看待崇高的問題。

肆、隱喻的形上層面

　　關於隱喻的第三個層面，也就是形上的層面，我要在這裡提到中國哲學裡的形上學的特性。本人在為新版《哲學百科全書》（*Encyclopedia of Philosophy*）撰寫的〈中國哲學：形上學與知識論〉中 ❸，我用「隱喻式的形上學」（metaphorical

❸　Vincent Shen, entry "Chinese Philosophy: Metaphysics and Epistemology" (5000 words) in metaphysics），來講中國的形上學。譬如說中國哲學裡面，講天道的流行，或說是本體的流行，或所謂終極實在，可以用各種語詞來說它。你說它是「道」、你說它是「心」、你說它是「誠」、你說它是「天」，或是佛教說的「空」，在某種意義上來講，這些語詞都只表示一種隱喻性的說法。也就是說它雖是而不完全是，因而只是用隱喻的方式來說，而且這些隱喻，多少都帶著一些形象。「道」這個字本身就是一個「所行道也」的形象，但是，正如海德格（Martin Heidegger）所說的，在此我們討論的不是物理上的一條路；相反的，我們討論的是一個歷程，一條發展歷程的途徑。但是，當我們這樣說的時候，也已經是對它作了某種詮釋了，因為道本身「道可道，非常道」。至於「心」，也是一種形象，但是心本身則是不可捉摸的。大體上，中國哲學上裡各種不同的本體論，不論是儒家、道家或佛家，大體上都是某種隱喻式的說法。這些都屬於隱喻式的形上學，一方面它們代表了一個哲學觀念，但另方面還是儘量保持著形象思維，我稱之為「形象‧觀念」（image-idea）或「觀念‧形象」（idea-image）。這些可以說是一種形象式的觀念，而不是純粹的觀念。中國哲學運用隱喻的形上學，避免了形上、形下的二元對立或區分，相反的，形上與形下，是不二而非一，不一而非二。

比較起來，我們會看到，像海德格說的，西方哲學發展到了巴爾曼尼德斯（Parmenides）和柏拉圖（Plato）之時發生了一個重要的轉折，做了一個根本性的選擇。這段歷史是說，原來在先蘇時期的哲學家，講宇宙的太初、或原初構成，泰利斯（Thales）說是「水」、安納西曼德（Anaximander）說是「不限定」（Apeiron）、安納西米尼斯（Anaximenes）說是「氣」，赫拉克理圖斯（Heraclitus）說是「火」……等等，可見先蘇時期的哲學家也是用形象來思考觀念，也因此比較接近我所說的「形象‧觀念」（image-idea）的，但是到了巴爾曼尼德斯與繼其後塵的柏拉圖，便把形象觀念推進到純粹觀念，而且將純粹觀念運用精確的概念來表達，並經由嚴格的邏輯規則，把精確的概念連繫成為命題，並且依據可靠的命題，進一步透過三段論證規則來推論出可靠的結論，提出嚴格的論證等等。如此一來，西方哲學特別重視概

Encyclopedia of Philosophy, Donald M. Borchert, editor in chief, 2nd Edition, Detroit: McMillan Reference USA, 2006。該文亦提供為此次工作坊參考資料之一。

念和論證。相形之下,中國哲學重視隱喻和敘事。中國哲學為了要把握整全,希望兼顧觀念與形象,所以它所表達的不是純粹的觀念,而是形象觀念;它用說故事來說道理,而不直接以論證說教。這並不代表其中沒有論證,相反的,其中往往隱含著嚴謹的推論結構,然而推論結構並非其厝心著意之處,而講明道理才是。然而,為了講明道理,隱喻和敘事的使用往往更為貼切。

中國哲學在使用「形象・觀念」來說形上本體的時候,說它是「道」、說它是「心」、說它是「誠」、說它是「仁」,說它是「空」等等,都有這樣的意思。但當進一步延伸到藝術創作,則藝術所表現的就是以感性可知的方式呈現這樣的「形象・觀念」,無論是在繪畫、在音樂、在舞蹈、在種種的藝術表現,都是要在可見、可聽、可覺察的形式與表現中展呈這些形象觀念。也因此,中國文化中的藝術、美學離不開隱喻的形上學。

中國哲學的歷史觀也是如此。歷史是由諸多事件及其連繫構成的。由於人的行動(actions)構成了事件(events),而事件與事件的相續與聯繫便構成了故事,至於故事的延續、轉折與完成便構成了歷史。中國哲學認為要在事上見理,也不過就是在行動、事件與故事中呈現出形而上的形象觀念。

至於道德和倫理也是如此。在種種倫理關係中進行的道德的行動,就是在諸多可能的行動方案裡進行抉擇、做出一個善的行動,以便體現出你所嚮往的終極價值,也就是用道德行動來體現某一形象觀念。

所以,就中國哲學而論,無論是美學與藝術、歷史觀、道德觀等等,都與隱喻的形上思想,也就是與某一個或某一組終極的「形象・觀念」有關。而且,中國哲學家都知道,真正的本體、終極的實在,是不可說的,一旦說出來的,都含有某種隱喻的意味。也因此,我稱中國哲學的形上學是「隱喻的形上學」(metaphorical metaphysics)。

比較起來,西洋哲學運用概念,偏愛概念分析,並藉著概念的組合或分辯來進行論證。哲學基本上是處理概念的工作,或說是概念的遊戲。譬如康德(Immanuel Kant)在《純粹理性批判》的後半,討論方法論的時候,認為哲學所做的就是「概念的建構」。最近,德勒茲(Gilles Deleuze)在《什麼是哲學》一書中,也認為哲學的工作在於概念的創發(invention des concepts)。比起西方哲學偏愛概念和論證,中國

哲學喜用隱喻甚於概念，喜用敘事甚於論證，總之，是用隱喻和敘事來說理論事，表達思想。這是在哲學趣味與風格上的不同。

隱喻的意思，都是用 x 來說 y，用 a 來說 b，即莊子所謂「藉外論之」，這中間已經不是 is（是），而是 as if（宛如，宛若是）。既然是宛若而不是，似是而非，這中間就必然有差異的空間。這差異的空間尤其表現在心理層面和形上層面。所以，我會想從這個地方，導入對崇高的討論。當然，因為這中間真的有差異，所以有些人會認為討論隱喻沒什麼意思，因為到底說來，你沒辦法用隱喻去講什麼。當你講是的時候，其實不是，所以事實上你什麼也沒講。就像德希達（Jacques Derrida）對這些就很有意見，他認為隱喻說不出什麼真實來。德希達認為人的每一次心理行動都是獨特的，每一個想法都是獨特的，而且，每下一個思想都是延後發生而且有所差異，也因此德希達的 différance 一詞可翻譯為「延異」。由於這種不可避免的延異，人不可能返回原初狀態。就此而言，德希達認為隱喻的使用，意義不大。義大利當代哲學家阿岡本（Giorgio Agamben），更延伸了德里達的想法，他認為所有的隱喻都是一種拙劣模仿（parody），說不出什麼真實的東西。真正的實在是沒辦法說的。阿岡本認為：原初樂園是沒什麼好說的，所有說出來的都是只是失樂園之後的拙劣的模仿。在他看來，不只隱喻，連同類比（analogy），在某種意義上，也都只是一種拙劣的模仿。

我的想法可不是這樣。我比較同意呂格爾在這方面的看法。他認為，雖然隱喻在語言層面上的運作表現了「宛若」（comme si, as if），然而，從心理層面到形上層面，可以看到其中的差距，已然顯示從「隱喻」（metaphor）轉向「象徵」（symbol）的轉折。什麼是「象徵」呢？就是用某種可見、可感、可解的符號、圖像或語言，來指向某一不可見、不可感、難理解的存在。在如此一指之時，就有象徵可言了。如此一來，無論是心理的欲望、或形上的實體，或終極實在，都可透過可見、可感、可解的符號、圖像或語言，來指向它們，如此便有某種象徵的作用。

我的意思是，我們還是要從積極向度去看隱喻，不要只是嘲弄語言、隱喻和類比，認為它們都只是拙劣模仿之物。因為，你若要能說出什麼是拙劣的，你至少要能對那不是拙劣的之物有所知、有所感，才能分辨並說出到底是隱喻與類比，甚或語言本身，是不是拙劣的模仿。否則，若只是一味負面的否定，並不能帶來什麼。

也因此，我比較強調創造性（creativity）、積極性（positivity），至於對那些否定、負面的向度，我把它們理解為「差距」，也就是說我們所呈現出來之物或表象，並不如我們原先所想像、所期待的那麼精彩。就好像，人在頓悟之時心中一片澄明，一說出來便著相或落入名相了。又譬如西洋中世紀哲學，當聖多瑪斯在神魂超拔中經驗到終極實在之後，便浩歎自己所寫之物宛若稻草，於是放棄寫作。對人類來說，這實在太可惜了。因為，在終極經驗中總仍有某種可理解性，若能勉力說出來、寫下來，至少能讓旅途中人（homo viator）有路徑可尋。

伍、對崇高的嚮往

我現在要從隱喻中含有的差異，進一步轉向崇高（sublime）。對於「崇高」觀念雖然眾說紛紜，大體上都是建構在前述的差異或差距上。此一差距的概念被李歐塔（J.F. Lyotard）特別強調。李歐塔透過對於康德的詮釋來講崇高，他認為當代藝術的發展──須注意，他所觀察的大體上是法國藝術，──當代的文化批判、藝術，特別是繪畫，派別的轉變非常迅速，為什麼呢？因為這些藝術家都敏銳地覺察到，他們之前的藝術家所呈現的表象，並不是真正呈現了實在本身，所以，都必須進一步加以否定。也就是說，他們所要表達的實在，與所表現出來的繪畫，中間實在有一非常大的差距。但是，就在這差距裡，他指出一個重要的觀念，那就是「崇高」（sublime）。所以，對他而言，當代的藝術已經從美感的追求轉向對崇高的嚮往。崇高是後現代藝術中很重要的一個美學價值。

到底什麼是崇高呢？一般而言，是指在人表達出來的、感受到的表象，與人心中所嚮往的無限的概念或那能呈現的終極實在之間，有著非常大的差距，藉此所引起的一種美感的感受，稱為崇高。換句話說，人在心中形成的無限概念，與實際感性的呈現，有著非常大的差距。這在康德的第三批判《判斷力批判》裡有所討論，在那裡康德區分了「美」（beautiful）與「崇高」（sublime）。關於美（beautiful），過去有人翻譯成「雅美」，指的是雅致的美，像一朵美麗的花、一幅美術作品、一個美的藝術品等等。相反的，像浩瀚的星空、廣闊的沙漠、或者是崇山峻嶺，給人的感受則是崇高。過去有人把崇高翻譯成「壯美」，但是「壯美」一詞至多只能翻譯

出康德所謂「數量的崇高」（mathematic sublime），也就是在量上無限的龐大，使人在它面前益覺渺小，因此興起了敬畏之情，因而有崇高之感。此外，康德還論及「動態的崇高」（dynamic sublime），涉及整體大自然的無窮浩瀚，以及道德法則召喚我趨向上帝作為最終的道德理想，如此給人的崇高之感，並不僅限於數量，而是顯示了一種動態的、垂直的關係。

我覺得康德的討論，若就崇高而言，要比李歐塔來得深刻。康德區分數量的崇高和動態的崇高，其中所謂動態的崇高會把人帶向我所謂「垂直的崇高」（vertical sublime）。所謂「垂直」，指的是人與整體自然或超越界或終極實在的關係。譬如康德所說的：天上的星空和我心中的道德法則，給我一種敬畏之感。面對無窮的宇宙，自然的浩瀚，我感受到敬畏，自覺渺小，這其中有人和宇宙或自然全體之間的垂直關係。至於李歐塔的討論，可以說只有平面的崇高（horizontal sublime）❶。他把崇高仍然放在康德第一批判所謂現象和物自身的差異來理解，他說我們所形成的表象──無論是藝術的表象或者感性所掌握的表象，與我們心中興起的無限概念，有著很大的差距。崇高的感受，或者說崇高作為一種美感經驗，在李歐塔的分析之下，實際上可以說是一種「痛苦中的快樂」，因為你明明覺得你只要一說出來就已然不是，你一但表現出來就已然全非，因而有所痛楚；然而你的快樂也就是從這「不是」的痛楚而來，也因此它是混雜著喜悅和痛楚。崇高之感正是這兩種感受和合聯璧的結果。李歐塔之所以有這樣的想法，主要是因為我們所祈向的無限的概念，和我們所呈現在前或所畫出來的圖像、所創作出來的作品，如音樂或圖象，無論當時的感受如何愉悅，實際上你明知道，其實不是如此，你並沒有進入到那實在之中，你並沒有得到什麼真實。

按照李歐塔，崇高有幾個特性，其一是抵抗（résistance）。無論是你所看到的畫、聽到的音樂，你對它們在感性中的呈現，皆有所反抗，因為你心中所嚮往的無限，拒絕以它們作為真正的表達。

其二，李歐塔進一步認為，崇高有一種否定的呈現（présence négative），也就是

---

❶ 關於垂直崇高與平面崇高的區分，見沈清松，〈感性、表象與崇高〉，收入《中山人文學報》，19 (Winter 2004), pp.1-15。該文亦提供為此次工作坊參考資料之一。

說，如此的藝術品並不是什麼也沒有呈現，它所呈現的也不是無，因為無不能被呈現；而是透過這一呈現來表明，我所要呈現的其實不是這個。就像比利時畫家瑪格利特（René Magritte）畫的「這不是一根煙斗」（*Ceci n'est pas une pipe*），他雖明明畫出一根煙斗，但仍表明煙斗的表象並不是煙斗本身。這是一種否定的呈現，其所呈現出來的東西，亦即當前這一藝術作品所呈現的表象，事實上並沒有呈現實在本身在其中。

其三、熱切之感（enthusiasme）：李歐塔在此講到一個很有意思的想法，他說崇高雖有抵抗之心與否定呈現，但人的心中總有一種熱切之感。人所要表達的實在，所嚮往的無窮，雖然不能呈現，但人總有一種熱切之感，一團朝向無限的熱火，甚至超越已經呈現的表象，指向無限，指向所想呈現之實在本身。就這一點而言，我覺得李歐塔說的真好。

其四，單純性（simplicité）：李歐塔最後表示，這崇高之感，在抵抗、否定呈現和熱切感之間，其實是很單純的感受，崇高之感具有單純性，是一種不經人工巧飾的自然感情，是人所具有的最為單純的感受。無論是自然或超越的終極實在，由於其無限宏偉或無限力量，使得人在面對它之時興起了極為單純的、自發的崇高之感，毫無混淆其他。❺

從對藝術作品的覺察，帶領人到一個在它之外的某樣實在，而該實在是永遠不能呈現的。李歐塔用這種不能呈現的現象來解釋當代藝術派別的變化，他認為像塞尚（Paul Cézanne）的畫，是對先前印象派處理空間方式的否定，改為使用結構性空間。在塞尚的畫裡有許多對於空間結構的探索。至於畢卡索（Picasso）或其他立體派藝術家，則會覺得塞尚雖然把空間結構化了，但並沒有真正把握到物體在空間中立體的呈現，所以他們便改變為朝向以立體來呈現物體。其後的藝術家，像先前提到的杜象則認為，立體畫派雖然想辦法改變為物體的立體空間呈現，不過，物體還是物體，對象還是對象（女人、水果、吉他……），只是變了一個樣子，只是在結構的表象上出現了變化。現在，杜象連對象、連藝術的觀念都要加以改變。例如他把一

---

❺ 以上四點參見 J.F. Lyotard, *Réponse à la question: qu'est-ce-que la postmoderne, in Le postemoderne expliqué aux enfants*, (Paris: Editions Galilée, 1988), pp.183-193.

些 ready-make（現成品）作為藝術呈現（像簽上他的名字的尿盆、酒瓶架、腳踏車輪子等等）。然而，波倫（Buren）則質疑，杜象及先前的許多藝術家，都沒有質疑到，這一切都假定了藝術品還是要在美術館展出，因而要對藝術品的展出場所作出根本改變，等等。按李歐塔的解讀，這些都是不斷地對先前那些呈現的表象的否定。最後，讓我回到中國哲學，做個簡短的比較。莊子說：「天地有大美而不言。……聖人者，原天地之美而達萬物之理。」❶❻可見莊子相當重視天地的大美，甚至認為須經過天地之美的接引，才能達至萬物的真理、原理或自然法則。莊子所謂天地之美比較接近康德說的動態的崇高，涉及宇宙自然本身的整體歷程，是人對於天地所懷有的崇高之感。當然，莊子所謂的天地之美，並不是一草、一木、一花之美、更不是藝術品的雅緻之美。相反的，莊子要否定藝術品之美。莊子區別了美感與感性，他所講的美感是天地之大美；然而他批判感性，尤其批判藝術與技術的感性與工具理性，他說：

> 擢亂六律，鑠絕竽瑟。塞瞽曠之耳，而天下始人含其聰矣。滅文章，散五采，膠離朱之目，而天下始人含其明矣。毀絕鉤繩，而棄規矩。攦工倕之指，而天下始人有其巧矣。❶❼

然而，莊子要回到宇宙大自然本身的美，這種美比較接近於無窮的崇高之美。莊子在〈秋水篇〉和〈則陽篇〉裡討論宇宙的無窮，時空的無限，主張道在時、空兩方面皆是無窮的：「夫物量無窮，時無止，分無常，終始無故。」「吾觀之本，其往無窮。吾求之末，其來無止。」❶❽時空之無限並非物理或數學性質的無限，它在莊子的道論冥思和詩意想像中，已然成為道展現其無窮可能性的無垠之野，也是精神提昇的無窮領域。

莊子的崇高之美，是針對無限而興起的美感，這點頗類似於康德所謂的崇高，

❶❻　《莊子集釋》，頁 321。
❶❼　同上，頁 160-161。
❶❽　分見〈秋水〉，〈則陽〉，見前揭書，頁 251、396。

也是面對無限而興起的。不過,不同於康德的是,莊子面對無限,並不自覺渺小,反而要遊於無窮。由此可見,莊子和康德面對無窮的態度是很不一樣的。如果說康德面對無窮、浩瀚的宇宙,會覺得我們人好渺小,因而興起敬畏之情。據此,後來奧圖(Rudolf Otto)討論「神聖」的概念,也認為神聖感興起於類似這種敬畏之情,人自覺渺小,因而可有神聖可言❶。然而,在莊子哲學裡,我們看到的是,他要遊於無窮,與造物者遊,他是進入到無窮裡面,得到真正的自由,其中沒有任何渺小之感。關於「遊」這個概念,我稱之為「融入式的互動」,也就是說,一方面相互融入,一方面相互互動。既然相互融入,就不是分離為二;既然是相互互動,就不是合而為一。一而非一,二而非二。與無窮遊,你就與無窮親密而不分離;然而,你仍然不是無窮,而只是與無窮遊,在融入中互動,並在遊之中得到自由和解放,超越了主體性的限制。康德的崇高無論如何仍然是從主體的角度來看的,但是莊子已經超越了主體,也因此沒有一主體去自覺渺小。因為不局限於小我的主體,崇高不再是主體自覺渺小,反而要與無窮來遊。

陸、結語

從隱喻到崇高,由於隱喻的類比性質,既相似又不相似,使人的思維得以超乎經驗和邏輯的限制,發揮齊物與民主的精神,而能以多聲帶、多元論述的方式,來呈露實在本身甚或終極實在的豐富面貌,而不會落入黨同伐異的經驗描述或邏輯論述。我說經驗描述或邏輯論述會落入黨同伐異的圈套,是因為,首先,經驗描述不但是往往乘載著價值或理論(value or theory laden),而且可以用來為任何意識形態服務。其次,邏輯論證好像是無懈可擊,其實,往往成為不同派別相互攻擊的利器,一如莊子所說,「與己同則應,不與己同則反;同於己為是之;異於己為非之。」也因此,若有人說我是要為隱喻找出邏輯,那是忽視了隱喻正是要避免邏輯的單面相與黨爭工具性。相反的,隱喻的論述允許多樣而豐富的想像,並可倚象衡情,藉

---

❶　參閱 R. Otto, *The Idea of the Holy*, translated by John Harvey, Oxford: Oxford University Press, 1958. pp.13-23.

事論理，甚至可以超乎象外，得其環中，以應無窮。

　　藉著隱喻中所揭示的差距，我們進入了對於崇高的討論。從李歐塔平面的崇高，回到康德垂直的崇高，也知道了康德的動態崇高仍有所不足。雖然人總是生於有限而仍熱切地嚮往無限，然而，在西方哲學看來，總難免以天人為二元對立，人被界定為主體，而在垂直的崇高之中，主體會自覺渺小，敬畏無限，終究無以接近無限。比較起來，中國哲學裡雖有像荀子的天人相分之說，但更動人的則是莊子的遊於無窮，與造物者遊的論調。這種想法必較適合像我這樣的人，也是我建議讀者們可以欣賞、嚮往的境界；因為「遊於無窮」，更適於處在有限性的形上處境而仍熱切嚮往無窮的人。

　　總之，曲徑可以通幽，而在幽徑裡也還可以再分出岔路。每位在進行哲學思索的人，可以盡其所能走自己喜歡的思維道路，使哲學更富於創造性，然而重點在於終究可以藉由哲學活動獲得心身的自由，而在自由中又仍與多元他者、與終極實在有著親密的動態關係，在自由而負責任的論述、心境與存在的某處，彼此相遇、共遊。

參考文獻

Ricoeur, Paul (1975). *La métaphore vive*, Paris: Éditions du Seuil.

Ricoeur, Paul (1977). *The Rule of **Metaphor**: Multi-Disciplinary Studies in the Creation of Meaning in Language*, trans. R. Czerny with K. McLaughlin and J. Costello. (Toronto: University of Toronto Press).

Nietzsche (1971). *Cours de rhétorique*, traduit et présenté en français par P. Lacoue-Labarthe et J.-L. Nancy in *Poétique*, n° 5, (Paris: Editions du Seuil), pp.99-142.

Freud, Sigmund (1976). *The Interpretation of Dreams,*, translated by James Strachey, (New York: Penguin Books).

Lacan, Jacques (1966). *Ecrits*, (Paris: Editions du Seuil).

Shen, Vincent (2006). "Chinese Philosophy: Metaphysics and Epistemology" in *Encyclopedia of Philosophy*, Donald M. Borchert, editor in chief, 2nd Edition, Detroit: McMillan Reference USA.

Lyotard, Jean-François (1988). *Réponse à la question: qu'est-ce-que la postmoderne, in Le postemoderne expliqué aux enfants*, (Paris: Editions Galilée).

Otto, Rudolf (1923). *The Idea of the Holy*, translated by John Harvey, Oxford: Oxford University Press.

朱熹（1983）。《四書章句集註》，北京：中華書局，頁 18。

沈清松（2006.10）。〈從內在超越道道界域跨越──隱喻、敘事與存在〉，《哲學與文化》，389 期，頁 21-36。

沈清松（2004 冬）。〈感性、表象與崇高〉，收入《中山人文學報》，頁 1-15。

郭慶藩（1985）。《莊子集釋》，臺北：世界書局影本。

From the Metaphorical to the Sublime: An Attempt of Dialogue between Chinese and French Aesthetics

Vincent Shen*

Abstract

This paper was first delivered as a speech at the "Workshop on Chinese Philosophy and Interpretation" organized by the Department of Philosophy, National Chengchi University on December 13, 2008, then polished now as a paper based on the textual record key-in by Prof. Molly Chuang. In this paper, I'll discussed the linguistic, psychological and metaphysical levels of metaphor to work out a scheme of thought in which Chinese Philosophy and contemporary French philosophy in particular, or European philosophy in general, could meet and dialogue with each other. The use of metaphor brings human thought, by its analogical nature, i.e. a way of thinking that holds in view similarity and difference, continuity and discontinuity, to go beyond the limit of empirical description and logical reasoning, which, though neutral in appearance, are quite often used in party-taken, biased criticism, or in dominative discourses. Metaphor could encourage a vision of reality that is multifaceted and analogical, and a form of discourses that is pluralistic, equalitarian and democratic that would allow Chinese philosophy and European philosophy to meet and dialogue on their vivid and creative

---

*   Lee Chair in Chinese Thought and Culture, University of Toronto components.

Then, I'll enter into a discourse on the sublime through the concept of difference revealed by my discussion of metaphor. I make the distinction between the horizontal sublime and the vertical sublime, and thereby I characterize Lyotard's concept of the sublime only as horizontal, and move on to Kant's vertical sublime all in showing its limit. It is true that in the feeling of the sublime there is always a dynamic element of enthusiasm. However, in the tradition of Western aesthetics, there is always the presupposition of a dualistic relation between Heaven and Human. Human being is seen as a subject and is defined by its subjectivity, and, in the feeling of the sublime, the subject of the aesthetic feeling of sublime is always repressed by the infinite, to the extent of feeling small, with a sense of awe in the face of the unapproachable infinite. However, in Chinese philosophy, as in the case of Zhuangzi, human is in play with the infinite, which according to my interpretation, fits more human being in finitude looking for an intimate relation with the infinite, the ultimate reality.

Keywords: Metaphor, Sublime, Chinese Philosophy, Contemporary French Philosophy, Horizontal Sublime, Vertical Sublime

天台止觀與智的現象學

林鎮國*

摘　要

　　本文以天台智顗（538-597）的圓頓止觀為例探討佛教「智的現象學」的可能內涵。「智的現象學」一詞乃用來區別以世俗經驗為考察對象的「識的現象學」。在這兩種現象學中，真理都需要藉由方法開顯，不同的宗教與哲學系統也會以不同的方法對真理提出不同的解讀。本文的目的即在於闡釋智顗如何在其天台現象學中以獨特的禪修方法揭顯有關真理的覺悟經驗。為了說明這些問題，本文分為兩部份，第一部分試圖釐清在佛教中世俗經驗與覺悟經驗的區別，檢視兩種意識的型態——識與智。在第二部份，我將著重闡釋智顗的解脫現象學，尤其是在真理、禪修與智的問題上。

關鍵詞：智顗　止觀　一心三觀　現象學

---

*　國立政治大學哲學系教授

只有佛教能與歐洲文化中的哲學與宗教精神的最高形式相比擬。從現在起，我們注定要融合全新的印度思考模式，在這樣的交會下，我們舊的思維將更顯生氣蓬勃。❶

——埃德蒙德·胡塞爾

壹、導言

本文以天台智顗（538-597）的圓頓止觀為例探討佛教「智的現象學」的可能內涵。「智的現象學」一詞乃用來區別以世俗經驗為考察對象的「識的現象學」。在這兩種現象學中，真理需要藉由方法開顯，不同的宗教與哲學系統也會以不同的方法對真理提出不同的解讀。本文的目的即在於闡釋智顗如何在其天台現象學中以獨特的禪修方法揭顯有關真理的覺悟經驗。

在進入正式的討論前，我想先提出一些初步的方法論說明。本文試圖藉由非西方的範疇重新思考西方哲學與宗教的議題，提出兩個問題，第一、在何種情況下智顗的天台哲學可以被視為智的現象學？第二、胡塞爾的現象學可以何種方式進一步發展為在佛教哲學傳統所見的「智的現象學」？關於第一個問題，我將說明一般佛教哲學皆可具有現象學性格，智顗的哲學也不例外。

從現象學的角度檢視佛教哲學在這幾年已成為趨勢，彼此的契合性也已經由許多學者精闢地探討過，例如 J. Mohanty、Iso Kern、Dan Lusthaus、Plamen Gradinarov、陳榮灼、吳汝鈞、倪梁康、司馬春英等人。他們大部分著眼於佛教瑜伽行唯識哲學，爬梳其現象學的元素，特別是意識的意向性結構，指出認知的對象與認知的行為是同一意識結構的兩端，因為意識總是同時覺知其自己與他物。對於胡塞爾與瑜伽行者而言，意識的構成包含三個部份，除了認知對象（相分）與認識行為（見分）外，還包含意識的自我覺知（自證分）。所有的經驗皆在意識的活動中

---

❶ 引述自 Karl Schuhmann, "Husserl and Indian Thought," in D. P. Chattopadhyaya, Lester Embree, Jitendranath Mohanty, eds., *Phenomenology and Indian Philosophy* (Albany, N. Y.: State University of New York Press, 1992), 26。本文原以英文 "Phenomenology of Awakening in Zhiyi's Tientai Philosophy" 發表於2008年在芝加哥舉行的美國宗教學會年會，由林恕安中譯，再經本人潤飾而成。

產生，包含佛教與胡塞爾所瞭解的「事物自身」的經驗；「事物自身」不應被視為與我們的意識經驗分離之物，因此我們只須要關注事物如何在我們的意識經驗中呈現，而非關注有關事物存在的形上學思辨，這樣的現象學態度顯然為佛教與胡塞爾所共享。

然而，當我們開始在非西方的哲學傳統，特別是佛教哲學，看到類似的現象學面向時，我們更應謹慎地不要落入片面的比附。在做比較哲學時，若掩蓋了實質的不同，將不可避免地導致表面上的類比。本文不擬進行二種哲學系統的比較，而希望以呂格爾與高達美的詮釋學進路，採取對話閱讀的方式，將他者帶入批判性的對談中。因此本文想了解的是，智顗哲學對現象學主流的可能貢獻為何？衍生的第二個問題則是，現象學家能否從智顗的佛教哲學中學習到新的事物？佛教哲學到底有什麼可以增添現象學的多樣性？

為了清楚地說明這些問題，此研究將分為兩部份，第一部分將試圖釐清在佛教中世俗經驗與覺悟經驗的區別，檢視兩種意識的型態——識（*vijñāna*）與智（*jñāna/prajñā*）。為了方便起見，我以「識」表示日常經驗的意識，並以「智」表示覺悟經驗的意識。❷在第二部份，我將著重闡釋智顗的解脫現象學（soteriological phenomenology），尤其是在真理、禪修與智的問題上。

貳、識與智

佛教哲學對胡塞爾現象學的可能貢獻也許可以在探索覺悟經驗與非覺悟經驗之區別中找到。前者由無分別智（*nirvikalpa-jñāna*）的證得而產生，而後者，也就是世俗經驗，則由分別識（*vijñāna*）所生；在這樣的區別中，我們必須了解經驗與意識的不可分離。

在完整說明佛教理論中的區別前，讓我們先看看胡塞爾的理論。胡塞爾並非完全不熟悉佛教的宗教哲學。他在 1925 年曾對卡爾・尤金・紐曼（Karl Eugen

---

❷ 既然 *vijñāna* 這個語詞依於不同的文脈而有所不同，此語詞在此文中將沒有一致性的翻譯；雖然看起來有點奇怪，但我認為最好避免困擾的方式是在翻譯後加上梵文。

Neumann）對《經藏》（*Suttapitaka*）的德譯寫過書評，讚揚佛教是：「一種如此純粹內在視域與行為的宗教性，我應該說，它不是超絕的（transcendent），而是超越的（transcendental），進入我們宗教、倫理與哲學意識的視野中。」❸雖然胡塞爾的評論相當簡短，卻說明了他視佛教哲學為一種超越的現象學的看法。此處，胡塞爾所使用的「超越的」一詞表示「引導吾人至意識生命的態度，於此意識中『世界』如此地呈現於**我們**面前，我們發現自己處在一個新的認知態度或情境」，而在自然態度中，「世界對我們而言則是自明的現實，持續地在我們面前毫無質疑的既有存在。」❹對於像胡塞爾這樣對佛學僅具初步認識的西方哲學家來說，能夠一針見血地以「超絕的」和「超越的」來分辨佛教哲學的性格，確實令人驚異。對胡賽爾來說，「超絕的」指的是對超出意識之外的關於世界存在的形上學預設，正是必須予以懸擱的東西；「超越的」則是反觀主體，在純粹主體性上探問客觀認識的可能性條件的態度，也就是胡賽爾所稱的現象學態度❺。我們將指出，佛教的止觀實踐正是這種現象學態度的表現。

　　胡塞爾顯然認識到長久以來佛教視為禪修指導原則的超越論洞見，在於將世界的構成視為在禪修中的意識對境，完全不同於自然態度對於外在世界的存在不加批判的設定。在佛教禪修中，行者必須懸置所有關於世界的形上學假設，安住於靜觀。修行者相信在方法上除非將世界的形上學假設置入括弧中，他將無法清楚地察覺對境顯現在意識中的狀態；這種思考模式可以稱為從自然態度轉換為現象學態

---

❸　Karl Schuhmann, *ibid.*, 25. 同註❶，頁 25。參見劉國英，〈胡賽爾論佛教〉，《現象學與人文科學》，第 3 輯（現象學與佛家哲學專輯）（香港：香港中文大學現象學與人文科學研究中心，2006）。

❹　Edmund Husserl, "Phenomenology," in Peter McCormick and Frederick Elliston, eds., *Husserl: Shorter Works* (Notre Dame, Indiana: University of Notre Dame Press, 1981), 27. 在胡塞爾的用法中，關於 "transcendental" 這個語詞，學者有許多不同的詮釋，Dan Zahavi 認為獨特的超越現象學問題問：甚麼是現象的可能性的條件？參見 Dan Zahavi, *Husserl's Phenomenology* (Stanford, CA: Stanford University Press, 2003), 54。Zahavi 顯然認為胡賽爾接受了康德的「超越的」概念，而根據 D. W. Smith's 的解釋，「超越的」概念用來指涉從自然或文化的情境或活動中抽離出的純粹意識。見 D. W. Smith, *Husserl* (London and New York: Routledge, 2007), 447。

❺　現象學中關於「超絕的」和「超越的」的概念區分，還可以參考倪梁康，《胡賽爾現象學概念通釋》（北京：三聯書店，1999），頁 455-460。

度。❻

　　如同上述，覺悟經驗與非覺悟經驗的區別是佛教哲學的核心，這樣的區別可以透過存有論或知識論來解釋；就存有論的區別而言，它指涉二種存在領域，而從知識論的角度而言，則此區別被視為兩種不同的認識方式——覺悟與無明。根據佛教對二諦的見解，此二者（存有論和知識論）是無法分開而談的。就方法來說，我們則應該從知識論的分析進至存有論的說明，探問：我們對世界的知識如何遭到分別與遮蔽？相反地，不被遮蔽與不被分別的知識在何種條件下如何可能？佛教對此問題的答案可以在不同的認知分析下找到。簡言之，無明（遮蔽）為分別智的結果，而覺悟（非遮蔽）則由非分別智所證。除非從分別智的認知狀態根本地轉變為非分別智的認知狀態，解脫救渡將不可能發生。

　　以世親的《俱舍論》（*Abhidharmakośabhāsya*）為例，「識」（*vijñāna*）與「智」（*jñāna*）都是認知的同義詞，「識」被定義為對向於所知境的認識（*viṣayamprativijñapti*）❼，同時它也被理解為「了知」（*upalabdhi*），此字的字源由表示「把握、得到、具有、獲得及尋得」的字根√*labh* 所衍生❽。在認識論的用法上，*vijñāna* 表示取某物為對境（*viṣaya*），並使某物為該取者所知；據此，認知從未自己存在，它必須是**關於**某物的認識。例如，眼識若無色作為對境便不可能存在，同樣的道理，眼識也需要眼根作為生起的條件。然而認識無法單由覺知的功能識（*vijñāna*）所解釋，它需要結合「慧」（*prajñā*）心所作為獲得知識的條件。在這裡，「慧」指對境的識別活動。❾相對於將「慧」誤解為神祕的智慧，佛教文獻通常將其解釋為正確知識的來源。大部分的佛教哲學家都從認識論來使用「慧」這概念，

---

❻　雖說對於上述的「智」，胡塞爾的洞見可以在他視佛教為超越的〔主體性〕這樣一個似乎與佛教教義無我的立場相違的概念。從歷史的角度來說，胡塞爾之超越的〔主體性〕的概念雖不見於早期佛教，但已多少與大乘佛教唯識（*citta-mātra* 或 *vijñapti-mātra*）教義兼容。

❼　*Abhidharmakośabhāsya of Vasubandhu, Chapter I: Dhātunirdeśa*, ed., Yasunori Ejima (Tokyo: The Sankibo Press, 1989), 17; Bhikkhu K L Dhammajoti, *Sarvāstivāda Abhidharma* (Hong Kong: Center of Buddhist Studies, The University of Hong Kong, 2007), 293.

❽　Monier Monier-Williams, *Sanskrit-English Dictionary*, 205.

❾　Cf., Bhikkhu Dhammajoti, *Abhidharma Doctrine and Controversy on Perception* (Sri Lanka: Center for Buddhist Studies, 2004), 18-19.

而非如鈴木大拙一般地從禪宗的用法來指涉某種神秘性的直觀。瞭解到這一點，我們應該拒絕將智顗哲學中的「智」的概念予以神秘化。

從歷史來看，正智（*samyagjñāna*）與分別識（*vijñāna*）為識的兩種形式首先出現在瑜伽行派的文獻中。在《瑜伽師地論》中，正智被定義為事物自身（真如）的直觀認識，而分別識則涉及概念及名言。智可再分為三種：(1)出世間智、(2)世間智、(3)世間出世間智。出世間智指的是以真如為對象的直觀認識；世間智是指藉由概念分別而得，以言說相為對象的知識；世間出世間智則是指在世間的情境下證得關於出世間的正智。❿在《大智度論》中，我們也發現類似於瑜伽行文獻中對此三智的解釋：(1)一切智（*sarvajñatā*）(2)道種智（*margajñatā*）(3)一切種智（*sarvākārajñatā*）⓫。正如我們將看到以下的論述，三智的理論在智顗哲學中扮演重要的角色。

識與智的區別也在漢傳唯識學派的八識四智理論中獲得進一步的發展；簡單來說，在瑜伽行的轉依現象學（transformative phenomenology）中，八識（五識、意識、末那識及阿賴耶識）必須轉化為四智（成所作智、妙觀察智、平等性智、大圓鏡智）⓬，也就是說，前五識轉化為成所作智，意識轉為妙觀察智，末那識轉為平等性智，阿賴耶識轉為

---

❿　T.30, 696a.

⓫　相較於阿毗達磨的認識論，智與識似乎在般若文獻中處於相對的立場。行者唯有了知無任何識可得，才能證得真智。根據般若的教義，唯有透過不可得（*anupalabdhi*）才能了知空性。因此，透過不可得之智與由分別可得而來的識正相對反；也就是說，般若學者的立場為否定的知識論（negative epistemology）而非肯定的知識論（positive epistemology），而不可得或否定認知的問題由後來的佛教哲學家，再次地獲得積極的處理。不過此處否定知識論的發展歷史不是我們主要的考量。在般若文獻中有關「不可得」的概念可見 Edward Conze, "The Development of Prajñāpāramitā Thought," in *Thirty Years of Buddhist Studies* (New Delhi: Munshiram Manoharlal, 2000), p.127。近年關於 *anupalabdhi* 的問題由 Birgit Kellner 的研究而受到注意。

⓬　Louis de La Vallee Poussin, translated and annotated, *Vijñaptimātratāsiddhi: La Siddhi de Hiuan-tsang* (Paris: Librarie Orientaliste Paul Geuthner, 1928), 685f; also cf., Maitreyanatha/ Aryāsaṇga, *The Universal Vehicle Discourse Literature* (*Mahāyānasūtrālaṁkāra*) (New York, NY: American Institute of Buddhist Studies, 2004), 98-101. 對於 *nirvikalpajñāna* 的分析，見 Leslie S Kawamura, "Nirvikalpa-jñāna: Awareness Freed from Discrimination," in Koichi Shinohara and Gregory Schopen, eds., *From Benares to Beijing: Essays on Buddhism and Chinese Religion* (Oakville, Canada: Mosaic Press, 1991).

大圓鏡智。關於四智的理論概要可以在玄奘的《成唯識論》看到⓭。為求較為清晰的解讀，我將每段引文的英文摘譯擺在引文下供參考：

一、大圓鏡智相應心品。謂此心品離諸分別，所緣行相，微細難知，不妄不愚，一切境相，性相清淨，離諸雜染，純淨圓德現種依持，能現能生身土智影，無間無斷，窮未來際，如大圓鏡，現眾色像。⓮

二、平等性智相應心品。謂此心品觀一切法自他有情悉皆平等，大慈悲等，恒共相應，隨諸有情所樂示現受用身土影像差別，妙觀察智不共所依，無住涅槃之所建立，一味相續，窮未來際。⓯

三、妙觀察智相應心品。謂此心品善觀諸法自相共相，無礙而轉，攝觀無量總持之門及所發生功德珍寶，於大眾會能現無邊作用差別，皆得自在，雨大法雨，斷一切疑，令諸有情皆獲利樂。⓰

四、成所作智相應心品。謂此心品為欲利樂諸有情故。⓱

上述瑜伽行派哲學有關智的理論略解如下：智是離分別概念的，依循阿毗達磨的用法，瑜伽行派對智的看法是表示慧心所（*prajñā*）的認知功能，此慧心所總是相應於不同型態的識而作用，而區分智與識的關鍵因素正在於概念分別（*vikalpa*）與識

⓭　玄奘的《成唯識論》（T31.56a）之英文翻譯，見 Wei Tat 的 Hsuan Tsang, *Ch'eng Wei-Shih Lun: The Doctrine of Mere-Consciousness*, trans. by Wei Tat (Hong Kong: The Ch'eng Wei-Shih Lun Publication Committee, 1973), 766-781.

⓮　Mirror Insight (*ādarśajñāna*): "The mind associated with this insight is dissociated from conceptual constructions (*vikalpa*). Its objects of cognition and their characteristics are too subtle and difficult to be discerned… It is pure and free of impurity… Like a great mirror, it reflects the images of all physical objects."

⓯　Equality Insight (*samatājñāna*): "The mind associated with this insight sees the nondiscrimination of all existents, including self and other sentient beings. It is always associated with great compassion…It is also the special support for intellectual discerning insight."

⓰　Intellectual Discerning Insight (*pratyavekṣāṇājñāna*): "The mind associated with this insight perfectly sees the particular (*svalakṣaṇa*) and the universal (*sāmānyalakṣaṇa*) of existence. It functions without any hindrance."

⓱　All-accomplishing Insight (*kṛtyānuṣṭhānajñāna*): "The mind associated with this insight is capable of performing actions of body, speech, and thought for the benefits of all sentient beings."

相應，與智則不相應。智不涉及概念分別，而一般的識則涉及概念分別。在大部分的佛教文本中，識（*vijñāna*）與分別（*vikalpa*）常被視為同義，後者更適合被理解為在能意（noesis）與所意（noema）的意識結構下所進行的意義構成活動。另外，除了知識論的意義外，分別也意味心理層面的執取。對佛教而言，了解某物並不單只是認知行為，它還涉及或甚至受到許多非認知或觀念因素所支配。這是為何「智的根本形態」被認為是離分別的原因，行者以此智能夠正確地認知對境，不論是自相或共相。如同陳那所述，此對境的兩面向可為現量與比量所知，除此之外，沒有任何其它方式可以認識對境。然而，根據阿毗達磨，瑜伽行者能夠直接了解對境的共相❸，行者依於此智可以認知所有存在事物的平等性，也就是所有存在皆平等地空無自性。

　　另一重要的主題將留待進一步探究，那就是離分別智是否有意向性？如果答案是肯定的，那麼，此智的意向結構為何？我們是否能在此智中找到相同的意向性架構（見分／能意，相分／所意與自證／自我覺知）？如果此智有相同的意向性架構，便需要解釋認識的兩種形式——識與智——之間的差別。從歷史來看，此主題也曾在中國瑜伽行派中爭論過，在玄奘的《成唯識論》（T31.49c-50a）中就提到三種關於智的結構的解釋：(1)智為見相俱無，(2)智為相見俱有，(3)智為見有相無；其中護法與玄奘所持的第三種看法被認為是正統的見解❹。一般將根本智理解為能取所取皆空，能取的主體與所取的客體之二元性只是心識的構成，而此二元性可由空性的認知而被消除。然而對智來說，即使能所二元已經消除，見相二分的架構依舊不變。這是智為相見俱有的觀點。《成唯識論》則以「見有相無」為正義，認為「雖有見分而無分別，說非能取，非取全無。雖無相分而可說此帶如相起，不離如故，如自證分緣見分時，不變而緣，此亦應爾。」意思是說，智有見分，然此見分不起分別的作用，只有直觀的作用；作為智的直觀的對象是真如，真如並非相分，其能作為智的認識對象，乃緣於智挾帶如相而起而不起分別。即此而言，此觀點和「相見俱有」

---

❸　見 Bhikkhu K L Dhammajoti, *Sarvāstivāda Abhidharma* (Hong Kong: Center of Buddhist Studies, The University of Hong Kong, 2007), 358-360.

❹　勝又俊教，《仏教における心意識の研究》（東京：山喜房佛書林，1961），172-184、278-280。

說並沒有太大的差別。

總之，識與智的差別在於分別（*vikalpa*），也就是客體化行為的作用❷。在識的活動中，見分被客體化為能取之主體，而相分被客體化為所取之客體。相反的，客體化的行為在覺悟經驗中停止其功能，但見分（能意）與相分（所意）的意識結構則維持不變。雖然此解釋與護法及玄奘所主張的正統立場有些不同，但此說可以從瑜伽行的三性理論得到證明；依據三性論，能取所取二元性屬於遍計執，而識在依他起中被視為現象的底基，無可取消，這個理論認為要遮除的是現象的虛妄分別而非意識現象自身。❷

參、智顗的智的現象學

在說明唯識哲學關於識與智的區分之後，我們接著來檢視智顗的主張：什麼是在智顗哲學中所揭露的覺悟經驗？智顗對心識的主張為何？智顗對瑜伽行派及中觀

---

❷ Iso Kern 以「客體化行為」與「客觀現象」分別翻譯「見分」和「相分」。對於瑜伽行者而言，客體化分為二層面，一為心識層面（*paratantra*，依他起性），另一為名言的層面（*parikalpita*，遍計所執），後者立基於前者。胡塞爾自己將客體化定義為作為科學客觀性之條件的外向經驗形式（outward experience form）。見 Eugen Fink, *Sixth Cartesian Meditation* (Bloomington, Ind.: Indiana University Press, 1995), 104. 至於 Kern 的解釋，見 Iso Kern, "The Structure of Consciousness According to Xuanzang," *Journal of the British Society for Phenomenology,* Vol. 19, No. 3, Oct. 1988, 282-295.

❷ 倪梁康在其〈客體化行為與非客體化行為的奠基關係問題──從唯識學與現象學的角度看「識」與「智」的關係〉（2008 年 11 月 15 日發表於政治大學哲學系）一文中，明確地界定與區分客體化行為與非客體化行為：「所謂客體化行為或心王，並不僅僅是指含有或指向客體的行為，而且更主要是指能夠原本地構造出客體的行為；而所謂非客體化行為或心所，並不是指不含有或不指向客體的行為，而是指不能原本地構造出客體的行為。例如，作為非客體化行為，「信（相信）」這種心識活動不是沒有客體，而是有客體的。它必須有自己的物件，須有「所信」。信的客體或是人，或是物、或是神，或是動物。但「信」仍然不是客體化行為，因為它不能像表像那樣構造出它的客體，而是必須借助於對人、物、神、動物等的表像來獲得自己的客體。在此意義上，表像在邏輯上先於信。」（頁 4）可惜的是，該文並未如副標題所示，針對「識」與「智」的區分做出進一步的說明。不同於倪梁康的比較研究，本文認為在唯識學傳統中，「識」與「智」的區分就在於客體化行為和非客體化行為的區分中。

學派的看法又為何呢？在說明這些問題前，我想先指出智顗比起他同時代的佛教思想家更傾向採取現象學的路徑來揭示實相的經驗。他不滿瑜伽行派的認識論路徑，並拒絕普見於中國初期瑜伽行派（地論師）所主張的唯心論形上學。至於中觀學派的路徑，智顗則多表支持；然而不像印度的中觀學者，他對於以邏輯與知識論證成空性的作法沒有興趣。對智顗而言，最重要的課題是如何藉由禪修(止觀)現證實相。智顗認為若沒有在禪修中現證實相，真理將永遠只是抽象的理論而已，對修證覺悟完全無用。身為虔誠的佛教修行者，智顗認為只有禪修才是真正的覺悟之道。

一、心與世界

現在，讓我們來檢視智顗對心識的主張。他認為心識是禪修止觀的首要重點。相對於阿毗達磨與瑜伽行派以虛妄與覺悟兩面向的二元性來區分識與智，智顗敦促我們在形上學分類上將心分為虛妄與清淨之前回到心的當下經驗。對智顗而言，心的二元概念的實用意義在於教導行者在一段時間內完成從虛妄分別轉化到心之純淨狀態的救渡任務。智顗清楚地拒絕這種以對於時間的形上思辨為前提的理論，認為形上學思辨對我們毫無益處。相反地，智顗聲稱時間的問題只能在禪修的脈絡中來看待，也就是說，只有在涉及禪修的意識活動過程時間才能獲得恰當的理解。

對智顗與胡塞爾而言，行者應將有關心與世界存在的形上學預設在方法操作上置入括弧，使「一念三千」的經驗得以完整地彰顯。如同胡塞爾一般，智顗要求我們轉向心的觀照，藉以開顯由心所具的各種世界。讓我們看看智顗如何在其膾炙人口的「一念三千」說呈現他對於心的現象學描述：❷

> 夫一心具十法界，一法界又具十法界百法界，一界具三十種世間，百法界即具三千種世間，此三千在一念心；若無心而已，介爾有心即具三千。❷

---

❷ 智顗，《摩訶止觀》（T46, 54a），Swanson 的英文翻譯可見於 http://www.nanzan-u.ac.jp/~pswanson/index.html。

❷ "A single thought exists along *with* the ten realms. A single realm exists along *with* the [other] ten realms, so there are one hundred realms. One realm exists along *with* thirty types of worlds [i.e., each of the ten

在保羅・史文生（Paul Swanson）的英文翻譯中，「一心」譯為「一念（single thought）」以「避免將心實體化而成為離開心識作用及其經驗對境而獨立的東西」❷。此說明相當有幫助，然而我不同意他將「具」翻譯為「包含」（include），而認為「具」應該譯為「伴隨存在」（exist along with）以表示心（作為意向性活動）與世界（作為意向相關項）同時發生的結構性關係；也就是說，每當一念生起時，所有意向活動相關項的對境也同時生起。此描述與現象學的傳統見解相呼應，在現象學中心總是意識到它所意向的某物。因此，如果我們順著 Swanson 的第一句翻譯「一念包含十法界」，這樣的解釋將造成與智顗的現象學意圖相反的立場。

那麼，我們應如何詮釋智顗最著名的「一念三千」呢？若智顗已宣稱一念心伴隨一世界的生起，則此文句相當容易了解；然而，心與世界之間一一對應理論受到智顗的批判，因為此將抵觸佛教對緣起空性的教法。因為沒有任何事物可稱為一念，也沒有任何事物可稱為一世界，所有的事物包含心與世界在內皆是以無自性地相互關聯相互交涉的方式存在。智顗這句名言應視為藉由現象學的還原而來的關於實相的描述，也就是說，此段文句應該從「智」的角度來，而非從「識」的角度理解。現象學還原使得所有現象本身在非客體化的意識活動中顯現為緣起的對境。

智顗繼續釐清什麼是對於心與世界的恰當理解。要注意的是，對智顗而言，「具」的現象無法以任何形式的形上學來說明；在各式形上學中，智顗特別拒絕唯心論，不論是自性清淨心與虛妄唯識的唯心論。智顗提到：

> 若從一心生一切法者，此則是縱；若心一時含一切法者，此即是橫。縱亦不可，橫亦不可，祇心是一切法，一切法是心故，非縱非橫，非一非異，玄妙深絕，非識所識，非言所言，所以稱為不可思議境，意在於此（云云）。

---

realms are included in each of the three types of worlds: the world of sentient beings, the worlds of the five skandhas, and the worlds of lands]; multiplied by one hundred realms. This results in the existence *with* three thousand types of worlds. These three thousand [worlds] exist along *with* a single momentary thought. If there is no mind, that is the end of the matter. If there is even an ephemeral mind, it exists *with* three thousand [realms]." [emphasis added]

❷　見 Paul Swanson，頁 64，註 94。

智顗的結論是止觀實踐是發掘「具」的意義的唯一可選擇方式，而非透過任何形上學的思辨。如上所言，智顗清楚地拒絕形上學的兩種形式〔自性清淨心的〕超越唯心論及〔虛妄唯識的〕經驗唯心論；前者被智顗歸類為縱向思維，主張現象由作為先驗基礎的清淨心所說明，而後者被視為橫向思維，以透過認知分析的方式來說明現象。智顗認為此兩種形上學皆根植於表象思維，他稱之為「可思議」，無法使實相完全地展現。在此處，我們發現智顗、胡塞爾、海德格皆從同一理路來拒斥形上學，尤其是智顗，在形上學的可思議性下，實相的真理必然遭到隱蔽。

二、真理與方法

智顗哲學的主旨在於藉由禪修以發現實相的真理。就存有論而言，真理存在於方法前；而在經驗上，真理需要藉由方法開顯。佛教傳統則強調需要藉由禪修的方式證悟真理。雖然相當複雜，智顗的禪修系統大致可以分為兩類：漸修與頓修。頓修之道常被視為產生圓頓經驗的關鍵，而漸修之道則被視為到達禪修最高境界也就是圓滿頓悟的準備步驟。然而，即使是智顗的哲學被視為圓頓境界的高峰，有些人聲稱兩者的差別只是在於教學法上的不同；針對於此，我寧可說在智顗的禪修系統中，漸修是達到更殊勝的圓滿頓悟之必要修練過程。

在智顗的止觀系統中，行者將三諦視為三觀的對境，以致力於發掘覺悟經驗，其修成之果則稱為三智。對於禪修次第而言，智顗的系統包含三諦、三觀、三智的對應架構❷❺：

1. 三諦：空諦，表述為一切法皆空。假諦，也就是世俗諦。中諦，藉由雙重否定而發現的圓滿中道真理。相對於中觀的實相理論，智顗發展一套辯證的詮釋系統使得萬法的每一側面得以完整地開顯，也就是說，覺悟經驗不會分別開顯於空諦與假諦中，它必須也開顯於中諦；沒有任何一諦應該與其它二諦分離，因為真理從不窮盡於單一的觀點，真理只從整體與辯證觀照中顯現自己。根據此三諦的模式，部分與整體為辯證地相互關聯且全然地整合，唯有

---

❷❺　「所照為三諦。所發為三觀。觀成為三智。」見《摩訶止觀》T.46, 55c。

藉由部分動態的交互辯證整體才能展現❷。

2. 三觀：對智顗而言，止觀的禪修是了解實相的途徑，此觀點可見於智顗的《摩訶止觀》。禪修方式可進一步分成三止、三觀與三諦、三智的相應。然而，必須注意的是，這禪修系統並非機械性地操作，換句話說，第一觀並非只是以空諦作為對境。同樣道理，第二觀並非只是以假諦為對境，第三觀並非只以中諦為對境。對智顗而言，行者應辯證地、動態地修觀。第一步驟是從世俗進入空性（從假入空），進而引領至顯現萬法之世俗性（假名性）的空性智慧。此方法類似於胡塞爾所說的從自然態度轉換為現象學態度。第二步則透由反面的辯證從空入假，由救渡之慈悲所驅動，行者從空性轉向世俗，從而產生俗世知識的方便法門。相較之下，天台辯證性的禪修更類似於胡塞爾晚期回到生活世界之呼求。由此，第三步驟了解到前兩步驟只是權宜的，最終目的是為了實相的全盤朗現。當行者到達此最終階段，不再執著於空諦與假諦時，行者將同時為三諦所啟悟，這個最終階段稱為中道觀，開展出最高形式的智慧，也就是認識萬法所有狀態的智慧❷。

3. 三智：智顗的三智理論由《般若經》而來：道種智（*margajñatā*）指宗教實踐所需要的各種世俗知識。一切智（*sarvajñatā*）指藉由遮除無明而得的抽象性真理。一切種智（*sarvākārajñatā*）指了解萬法所有面向的具體性真理❷。獲得三智的修行的步驟如下：行者必須事先獲得修道的知識（道種智），才能證得萬法的抽象性真理（一切智）；最後行者進展至一切種智，證得具體性真理❷。因此，基於漸修之道，三智分別獨立作用，另一方面，可以藉由頓修在一剎那心中證得三智，也就是在一剎那心中，三諦隨著三智與三觀同時生

---

❷ 智顗，《法華玄義》（T33, 705c）；又參見 Paul Swanson, *Foundations of T'ien-t'ai Philosophy: The Flowering of the Two Truths Theory in Chinese Buddhism* (Berkeley, CA: Asian Humanities Press, 1989), 252-253；牟宗三（1977），《佛性與般若》下冊，頁 647-671。

❷ 智顗，《摩訶止觀》（T46.24b）。

❷ Cf., Fa Qing, *The Development of Prajñā in Buddhism: From Early Buddhism to the Prajñāpāramitā System*, Ph.D. Dissertation, University of Calgary, 2001, 92-95.

❷ T 25, 258c-260b.

起。

問題是，三諦三觀三智如何能夠同時生起呢？這個難題的答案可在智顗對心的概念中找到。除了上述「心具」的意向性解釋之外，根據智顗的說法，心同時既是無明，也是法性。一念心是無明心，這從經驗上反省即可知。然而無明即法性，因為無明本身無自性，也就是說，無明也是空，因此倒過來可以說空性（法性）是無明的本質，故說「無明即法性，法性即無明」。一念心是無明心，也是法性心，合說「一念無明法性心」❸。若無明心為現象的基礎，則法性心也必然是現象的無基礎的基礎（groundless ground）。因此，從無明的角度而言，心有客體化的作用，因為無明心是分別心；從法性的角度而言，心也可以有非客體化的作用，因為法性心是無分別心。最後，從中道的角度而言，心既不能被視為無明，也不能被視為空性，而應被視為不可思議。也就是說，任何形式的形上學都無法說明心的弔詭性。作為一念心的意向相關項，三千世界的萬法在一念無明法性心中展現為交相互涉的不思議性。這也是智顗的哲學系統總結為一心三諦、一心三觀、一心三智的根本理據。❸

肆、結語

總結以上的分析，回應本文一開始所提出的問題：智顗的天台哲學在何種情況下可以視為一種「智的現象學」？當我們促成智顗與胡塞爾的哲學對話後，有什麼佛教哲學可以增添現象學的多樣性？首先必須指出，智顗與胡塞爾分屬不同的文化傳承，智顗哲學是宗教取向，其所有的哲理都指向救渡之目標。胡塞爾的哲學性格則是科學取向，這可從他試圖建立現象學為一門嚴格的科學得到佐證。雖然胡塞爾晚年對倫理學與宗教表現出興趣，他從未認為其哲學任務為一種精神解脫之道。儘管有所差異，我們也看到二種哲學系統的相容性。一方面胡塞爾主張真理可以從兩方面來看：作為命題的真理和作為明證的真理。作為命題的真理奠基在作為明證的

---

❸　參見牟宗三，《佛性與般若》。

❸　智顗，《維摩經玄疏》（T.38, 524c-529b）。

真理之上，「在那裡客體與事態如其所是地直觀地給予或親證地給予」❸。而對智顗來說，在止觀的脈絡下安立三諦，真理只能在觀修的明證中展現；因此，智顗的名言「一心三諦」也許在胡塞爾關於「明證作為真理的經驗，也就是明證作為一種意向性行為，在該行為中意向對象直觀地呈現，雖然體現的程度有所不同」的理論中可以得到較好的理解。❸

另一方面，若從智顗的判教來看，胡塞爾的現象學屬於漸教，而智顗則自認為圓頓之教，此圓教引領行者認識到現象相互關聯相互交涉的最終真理，「一念三千」。此一念心對三千世界的觀照方式，可以是次第觀，也可以圓頓觀。不論是次第觀或圓頓觀，三千世界的實相均以空、假、中的方式開顯。胡賽爾現象學著重於次第觀，觀意向活動的充實或缺如；觀意向活動的充實即是觀有，觀意向活動的缺如即是觀無。換上天台的說法，觀有就是觀假，觀無就是觀空。不同的是，智顗強調「三止三觀，在一念心，不前不後，非一非異」（《摩訶止觀》，T46.131.b）和「三智一心中得」（T46.26.b）的圓頓觀法，讓行者了解到不論是富裕的世界、貧困的世界、人界、動物界、植物界、天界、鬼界，皆互相關聯，只要一界於心展現，所有其他世界也同時展現。因此，覺悟經驗絕非是排他的、獨我的，展現覺證世界的真正覺悟必伴隨所有其他尚未覺證的世界，真正的解脫必然伴隨著所有其他仍在受苦的世界，這是智顗圓頓觀法的真正用心所在，也是智的現象學之核心精神。

參考文獻

龍樹菩薩造，鳩摩羅什譯。《大智度論》，《大正新脩大藏經》，第 25 冊。
彌勒菩薩說，玄奘譯。《瑜伽師地論》，《大正新脩大藏經》，第 30 冊。
護法菩薩造，玄奘譯。《成唯識論》，《大正新脩大藏經》，第 31 冊。
智顗。《法華玄義》。《大正新脩大藏經》，第 33 冊。
智顗。《維摩經玄疏》。《大正新脩大藏經》，第 38 冊。

---

❸ Dieter Lohmar, "Truth," in Lester Embree, et al., *Encyclopedia of Phenomenology* (Dordrecht: Kluwer Academic Publishers, 1997), 708.

❸ 同前。

智顗。《摩訶止觀》，《大正新脩大藏經》，第 46 冊。

倪梁康（1999）。《胡賽爾現象學概念通釋》，北京：三聯書店。

倪梁康（2008）。〈客體化行為與非客體化行為的奠基關係問題——從唯識學與現象學的角度看「識」與「智」的關係〉，發表於國立政治大學哲學系。

劉國英（2006）。〈胡賽爾論佛教〉，《現象學與人文科學》，第 3 輯（現象學與佛家哲學專輯），香港：香港中文大學現象學與人文科學研究中心。

勝又俊教（1961）。《仏教における心意識の研究》，東京：山喜房佛書林。

牟宗三（1977）。《佛性與般若》，臺北：臺灣學生書局。

Edward Conze (2000). "The Development of Prajñāpāramitā Thought." In *Thirty Years of Buddhist Studies*, New Delhi: Munshiram Manoharlal.

Bhikkhu Dhammajoti (2004). *Abhidharma Doctrine and Controversy on Perception*, Sri Lanka: Center for Buddhist Studies.

Bhikkhu K L Dhammajoti (2007). *Sarvāstivāda Abhidharma*, Hong Kong: Center of Buddhist Studies, The University of Hong Kong.

Yasunori Ejima (1989). ed., *Abhidharmakośabhāsya of Vasubandhu, Chapter I: Dhātunirdeśa*, Tokyo: The Sankibo Press.

Eugen Fink (1995). *Sixth Cartesian Meditation*, Bloomington, Ind.: Indiana University Press.

Edmund Husserl (1981). "Phenomenology." In Peter McCormick and Frederick Elliston, eds., *Husserl: Shorter Works*, Notre Dame, Indiana: University of Notre Dame Press.

L. Jamspal, et al. (2004). Trans. *The Universal Vehicle Discourse Literature (Mahāyānasūtrālaṁkāra)*, by Maitreyanatha / Aryāsaṅga. New York, NY: American Institute of Buddhist Studies.

Leslie S Kawamura (1991). "Nirvikalpa-jñāna: Awareness Freed from Discrimination." In Koichi Shinohara and Gregory Schopen, eds., *From Benares to Beijing: Essays on Buddhism and Chinese Religion*, Oakville, Canada: Mosaic Press.

Iso Kern (1988). "The Structure of Consciousness According to Xuanzang." *Journal of the British Society for Phenomenology*, Vol. 19, No. 3, 282-295.

Dieter Lohmar (1997). "Truth." In Lester Embree, et al., eds., *Encyclopedia of Phenomenology*, Dordrecht: Kluwer Academic Publishers.

Louis de La Vallee Poussin (1928). *Vijñaptimātratāsiddhi: La Siddhi de Hiuan-tsang*, Paris: Librarie Orientaliste Paul Geuthner.

Fa Qing (2001). *The Development of Prajñā in Buddhism: From Early Buddhism to the Prajñāpāramitā System*, Ph.D. Dissertation, University of Calgary.

Karl Schuhmann (1992). "Husserl and Indian Thought." In D. P. Chattopadhyaya, Lester Embree, Jitendranath Mohanty, eds., *Phenomenology and Indian Philosophy*, Albany, N. Y.: State University of New York Press.

D. W. Smith (2007). *Husserl*, London and New York: Routledge.

Paul Swanson (1989). *Foundations of T'ien-t'ai Philosophy: The Flowering of the Two Truths Theory in Chinese Buddhism*, Berkeley, CA: Asian Humanities Press.

Monier Monier-Williams (1970). *Sanskrit-English Dictionary*, Oxford: Clerendon Press.

Dan Zahavi (2003). *Husserl's Phenomenology*, Stanford, CA: Stanford University Press.

Phenomenology of Awakening in Zhiyi's Tiantai Philosophy

Lin, Chen-Kuo[*]

Abstract

In this article I will explore the Buddhist phenomenology of awakening as exemplified in the philosophical writings of Zhiyi (538-597), the founder of the Tiantai School of Buddhism. The phrase "phenomenology of awakening" was deliberately coined in contrast to "phenomenology of mundane experience." In the Buddhist context, the former may be referred to as "phenomenology of insight" whereas the latter is classifiable as "phenomenology of consciousness." In both forms of phenomenology, method is required for the disclosure of truth. However, there are different articulations of truth through different methods employed in different religious and philosophical systems. This article will be mainly concerned with how the truth of awakened experience is disclosed through the meditative method in the Buddhist phenomenology of Zhiyi.

Keywords: Zhiyi, Husserl, Tiantai Buddhism, Phenomenology, Insight

---

[*] Professor, Department of Philosophy, National Chenchi University

道德情感與正義之德：
從休謨的人爲的德談起

孫小玲[*]

摘　要

　　本文從休謨對正義作為人為的德的界說的分析入手，試圖顯明在自然情感與正義之間存在著某種不相容性。按照休謨的情感主義倫理觀，道德之源泉與基礎在於情感，並且這種情感是自然的，故必須服從聯想法則，也即是說其生發與強度必然受到物件的遠近親疏的影響。所以，基於自然情感的道德也必然是有偏私的（partial）的，親親有等的道德。但是，正義概念就其形式而言已經蘊含了公正不偏性（impartiality），所以，正如休謨所見，自然情感不能成為正義之根源。但是，另一方面，傾向於否認情感的道德意義的康德卻也不得不在自己的倫理學中引入道德情感，這顯然表明道德情感之不可或缺性，故本文也將嘗試尋找一種能夠與正義相諧的道德情感，就其必須超越自然情感的界限而言，這種情感是非自然的，但這並不就表明它是超自然的，因而與我們的自然存在無涉的，也即是說在人的存在性中全無根基的情感。毋寧說它界說了可能成為道德根據的理念之可能性。

關鍵詞：道德情感　正義　仁愛

---

[*]　復旦大學哲學學院助理教授

在我們這個後啟蒙時代，隨著理性，尤其是康德式的立法理性在道德研究領域的式微，人們開始重新注意到久被忽視的情感對於道德之重要性。與此相應，休謨式的情感主義倫理學也有復興之勢，不僅見之於元倫理學的探討，而且德性倫理學也更多地試圖通過對休謨（David Hume）的重新解讀找到一種更加富有情感主義色彩的倫理學，而不僅如其前驅那樣執著於以亞里斯多德（Aristotle）的實踐理性來取代康德的立法理性。

毋庸置疑的是，情感無論在道德實踐與道德教育中都扮演著重要的角色，但同樣毋庸置疑的是，至少在西方倫理史上，理性主義一直據有主導性位置，儘管亞里斯多德並沒有對情感或者說感性採取康德那樣嚴峻的排斥態度，但對亞氏來說，情感始終處於從屬性地位，某種意義上，德性可以被界說為理性對情感的適度控制，而不是——正如亞氏再三澄清，情感。在古典世界中，唯一的例外可能要算伊壁鳩魯（Epicurus）的感性主義道德理論，但即使在伊壁鳩魯那兒，被推崇的道德生活仍然是一種情感得到嚴格限制的生活，也正是在此意義上，康德可以說伊壁鳩魯的錯誤主要源自於一種其與斯多亞學派共有的概念的混淆。❶

所以，將情感視為道德的源泉之始作俑者在西方應推沙夫茨伯爵（Shaftesbury），而休謨則予之最為精緻的哲學表述，故可被視為情感主義倫理學的代表。但是，儘管休謨在他的《人性論》與《道德哲學研究》中都力圖證明情感而非理性才是道德之根源與基礎，他卻同樣明確地指出正義在我們的自然情感中並無基礎，故與自然的德性不同，應當被看作人為的（artificial）德性。但是，正如許多休謨的評論者所見：如果正義之基礎不是情感，那麼情感就不能被視為道德的真正基礎，其結果是休謨的情感主義道德說也就有缺乏應有的理論一致性。所以，問題是為什麼休謨要將正義界說人為的德？以休謨的哲學造詣，他當然不會看不到這一界說對他的道德理論的威脅，故唯一合理的解釋是休謨已然覺察到自然情感與正義法則之間的某種不相容性，並因此在**解釋正義問題時**另闢蹊徑。但究竟什麼是休謨所謂的情感？

---

❶　康德認為伊壁鳩魯與斯多亞學派都同樣錯誤地將幸福與德性的關係視為同一性關係，兩者的區別僅在於斯多亞學派認為德性即是幸福，而伊壁鳩魯則相反地認為幸福即是德性。參閱《實踐理性批判》，鄧曉芒譯，人民出版社 2004 年，頁 153-54。

壹

　　休謨謂之的情感，無論有無直接的道德意蘊，均可以被稱為自然（natural）情感。「自然」當然是個歧義性概念，即可意謂與生俱來，自然而成，與習俗（convention）或者人為相對；也可意謂作為科學研究物件的自然現象，包括物理與心理現象，與超（非）自然相對。當休謨將情感定義為一種印象（impression）時，他同時相容了自然的兩種意義。也即是說，對於休謨來說，情感是我們由於自身的心理-物理構造而自然稟有之物，同時也是經驗可以觀察到的現象，即是經驗科學研究的物件。所以，雖然休謨並不排除我們的情感得以陶冶教化的可能性，但作為一種自然（經驗）現象，它都必須符合聯接經驗的聯想法則，故物件之（時空的）遠近及其與主體關係之親疏都必然直接地影響到我們情感的強度乃至形態。這也適用於具有道德意蘊的情感，例如在休謨的倫理學中扮演了重要角色的同情（sympathy）。

　　同情，按照休謨的定義是一種存在於人的本性中的，接受他人的心理傾向、情感以及情緒的能力。這種能力基於人與人之間所存在的類似關係、接近關係和因果關係，即受制於聯想原則，所以，我們對於接近我們的人比對於遠離我們的人較為容易同情；對於相識的人比對於陌生人較為容易同情；對於本國人比對於外國人較為容易同情。T581/623 ❷，按照瓦德（Bernard Wand）的觀點，同情在休謨的倫理學中與其被視為一種情感，不如被看作一種使情感得以在我與他人之間得以交流的機制（Mechanism），❸但也正因此，同情對於我們道德感的形成至關重要，甚至可以說我們的道德判斷是基於同情的判斷。所以，如果同情遵從聯想法則，那麼我們通過同情機制所能夠同感到的他人的情感，及其引起的反應當然也受制於聯想法則。就此而言，正如斯洛特（Micheal Slote）表明，一種基於同情的道德必然是有偏私（partial）的道德。對於這種道德來說，相較於與我們關係疏遠者，我們對於和自己親近的人負有更大的義務，以至於如果我們在道德考慮中把疏遠者置於親近者之

---

❷　引文中的 "T" 指休謨《人性論》，同時標注了英文與中文的頁碼，中文引文主要採納了商務印書館 1983 出版的關文運的譯本。

❸　Bernard Wand. "A Note on Sympathy in Hume's Moral Theory". In *The Philosophical Review*, Vol. 64, No. 2 (Apr., 1955), p.276.

上,或者等而觀之,那麼我們事實上已經犯了道德錯誤,因為這證明了我們缺乏合適的同情感。❹顯然,如果同情有遠近親疏之別,那麼偏私性(partiality)就是基於同情或者通過同情而生發的情感的道德的本質要素。但問題是這種偏私性是否真正如斯洛特所言的那樣符合我們的道德直覺?

為了回答這個問題,我們或許可以看一下一個真實的事例,那是發生在北京冬天的一個故事。有三個在冰凍的湖面上玩耍的孩子不幸落入水中,其中一個孩子的父親趕來救助,他首先救起了其中兩個離岸較近的孩子,而後才去救自己的兒子,但由於在救前兩個孩子時耽擱了時間,他最終沒有能夠救活自己的兒子……

按照斯洛特的說法,這個父親顯然缺乏合適的同情心或道德感,當然斯洛特不會說他不該去救其他兩個孩子,只是按照他的情感主義的道德觀,這個父親無疑應該先救自己的兒子,再去考慮別人的孩子才對。但是,讀到這個故事的人們雖然都為這個父親沒能救活自己的兒子感到悲哀,卻同時為其所表現出的高尚的道德而感動。正如一位讀者寫道:「他是如此深愛自己的兒子,以至於在失去自己的兒子之後,一夜之間,黑髮半白,但在那個非常的時刻,對人類的愛超越了血緣之愛,這一偉大的愛促使他去奮身救人,而不只是去救那個與他最親近的人」。

不可否認的是,在一般情況下,我們確實對自己的親人負有更大的道德義務,故一個對自己的兒女缺乏愛心,甚至忽略對自己兒女撫養義務的人無疑會受到嚴厲的道德譴責。但是,另一方面,一個只為自己親人的利益殫精竭慮,而毫不顧及他人痛苦的人即使不會受到道德譴責,也乏善可陳。所以,雖然自然的義務是我們應盡的責任,卻遠不是道德的全部,相反,它們至多相類於康德謂之的完全的義務,更加值得嘉許的是我們對他人,尤其是那些與我們沒有任何親近關係的人所承擔的義務,以前者去規定與限制後者不僅消弭了道德對於自然應有的超越性,而且恐怕也有違普通人的道德直覺。

---

❹ Michael Slote. *Ethics of Care and Empathy*, Routledge, 2007. p.31. 在復旦召開的「中國傳統儒家思想二十一世紀國際學術研討會」的發言中,Slote 更為清晰地闡釋了他的同情的道德觀,我也曾在對他的發言所作的回應(題名為 "Partialtiy and Impartiality")中澄清了他的道德觀與休謨的道德說的區別與聯繫。

貳

但是，如果說自然的偏私性在仁慈的義務中尚有可容之地，其與正義的衝突則是顯而易見的。在西方歷史上，正義一直被視為最為重要的德性之一，至少從亞里斯多德以來，正義通常被等同為守法與公平（fairness）。正義的人即是能夠公平待人的人，他在與其他人的關係中能夠給予每一個人其所應得之物，而不是把好處多歸於自己，把壞處少歸於自己。因為什麼是人們可以合理要求的，即應得的東西或者說權利乃由法律所規定，正義又是對法律的遵從，並因此同時是每一個公民在與其他公民的關係中要實踐的重要德性。

當然，這並不是說法律必定是公平的，至少基於習俗與特定歷史文化的成文法就其內容而言可能是武斷的，不公平的，並因此應當受到超越於成文法的自然法的制約。但儘管如此，正義就其形式而言已經蘊含了某種無偏私性（impartiality），故形式正義可以被界說為對無論就其內容而言是否完全公平的法律之無偏私與始終一致的應用。在此，無偏私性是指在規則或法律的施行過程中完全按照規則或法律本身的規定，而不以裁定者自身的好惡或者與物件之間關係的親疏來對有爭議的雙方或多方做出裁定。所以，雖然無偏私性不能完全排除法律（規則）本身帶有的獨斷性，但卻至少規定了一種形式的平等，並因此構成了對正義的形式約束。就此而言，我們可以將其視為形式的，最低限度的正義。也即是說，雖然無偏私性不等於嚴格意義上的正義，正義卻必須是無偏私的。羅爾斯（John Ralws）的「無知之幕」就恰切地表達了無偏私性與正義之間的關係，按照羅爾斯的觀點，正義原則只能通過將參與原則的制定的所有人置於假想的無知之幕（veil of ignorance）之後才能得以確立。由於在無知之幕背後，各方都只知道有關人類社會的一般現實，而不知道與自身相關的所有特殊的現實，包括自己在社會中的地位，自己的天生資質和自然能力等，也不知道自身所可能追尋的特定的目的（善）與生活規劃，他們在制定選擇一種正義原則時也就不可能做出偏向自己以及與自己密切相關者的利益的選擇。

在此，我們將不去糾纏於通過無知之幕的懸擱是否可能的問題，正如羅爾斯指出，設置無知之幕的目的是為了獲得一種原初的平等狀態，在這種狀態中，所有人的處境都是相似的，這就排除了任何偏私的可能性。顯而易見的是，通過這一假

想，羅爾斯所表達的事實上一個古希臘人已經了然的洞見：正義女神是盲目的，也即是說正義至少要求懸擱個體之間的自然差別及由此而來的偏好，要求一種普遍的，至少是形式的平等。無偏私性所表達的正是這種形式的平等，並因此不僅是正義的必要條件，而且——正如亞氏已然洞見——也同樣構成了法律的形式本質。法律之為法律就在於它能夠得到一致與無偏私的實施，如果法律不能獲得無偏私與一致的實施，則無論其內容是否公正，都不可能是正義的，甚至不能在嚴格的意義上被稱為法律。也正因此，亞里斯多德明確地區分了法治與專制的政體：「我們不允許個人的統治，因為他可以為了自己而成為暴政，而要以法律統治。」❺與此相應，在個人統治的政體中也不存在嚴格意義上的政治正義：

> 只有自由人和比例上或算術上均等的人之間才有公正。對於那與此不符合的人，他們相互之間並沒有政治的公正，而是某種類似的公正。❻

顯然，正義之所以重要，甚至在某種意義上被亞氏視為「一切德性之總匯」，是因為它是人們「為了自足存在而共同生活」的不可或缺的條件。當然，即使在西方歷史上也並非沒有將血緣親情置於正義（法律）之上的理論（更不用說實踐了）。但是，如果說蘇格拉底（Socrates）只是攔住了去告發自己父親不合法地致死了家奴的遊序弗倫（Euthyphro），並模棱兩可地暗示他因為缺乏對虔敬的理解才做出此行的話，那麼我們的儒家先哲則會直截了當地斥其為「無父」。與「無父」一樣不道德的當然是「無君」了，❼而與君父的道德所相應的則是一種將自然的不平等（有偏私性）轉化為政治的不平等的體制，在這種體制中，誠如亞氏所言，只有某種類似

---

❺ Aristotle. *Nicomachean Ethics*. Trans. Martin Ostwald. Indianapolis: Bobbs-Merrill Educational Publishing. 1962. 1134a26-29.

❻ 同上，1134a36-38。

❼ 相較於蘇格拉底的回答，孔子的「父為子隱，子為父隱，直在其中矣」（《論語·子路》）就明確得多，而孟子就桃應關於「瞽瞍殺人，舜如之何」的提問所作的回答——「竊負而逃，遵海濱而處，……樂而忘其天下」（《孟子·盡心上》）或許可以被視為對孔子上述話語的影響深遠的闡釋，即所謂的「以子則諱父，以臣則諱君」。

的公正。但即便如此，對公正的渴望仍然綿延不絕，在中國，民間對不畏權貴，大義滅親的包公的膜拜清楚地顯明了這一點，因為他們深知如果聽任偏私性大行其道，那麼無權無勢的他們將不可避免地成為受害者。另一方面，士大夫中也從來不乏包公那樣具有正義感的人，並因此至少維持了某種類似的公正，從而維持了朝向一個更為公正的社會的可能性。

參

與亞里斯多德相似，正義在休謨那兒即使不是首要的德性，也是最為重要的，不可或缺的德性之一，因為「如果沒有正義，社會必然立即解體，而每一個人必然會陷入野蠻和孤立的狀態」。（T498/538）當然，休謨的正義學說，就其對正義法則之源起及其根據的解釋而言，不僅有異於亞氏的正義說，也與在西方傳統中佔有主導地位的正義理論——無論是自然法傳統還是其契約論的變種——都有很大的不同。但是，雖然休謨所闡釋的主要是比較狹義的正義觀，即所有權問題，就對正義概念的基本理解來說，他仍然接受了傳統對正義的定義。所以，如果說自然情感總是具有偏私性的，但無偏私性卻是正義的形式要求，也即是說正義本身要求消解任何偏私性，那麼休謨認為正義在我們自然的情感中沒有任何根據也就不足為奇了。

當然，在論證正義是人為的德時，休謨所求助的主要論據是人類仁慈的有限性。按照休謨的觀點，一個行為之所以是可讚美的，即是道德的，是因為它是出於善良動機的行為，並且這一善良動機「決不能是對於那種行為的德的尊重，而必然是其他某種自然的動機或原則」。（T478/518）比如父親對孩子的愛護就是基於自然的仁愛。但是，我們卻不可能在任何自然的感情，包括自然的仁愛中找到正義的真正動機，因為人的仁慈總是有限的，或者說人總是在不同程度上是自利的，所以「我們如果只是順從我們情感和愛好的自然途徑，我們便很少會由於無私的觀點而為他人的利益做出任何行為」（T519/560）。

但是，這一論證並非無懈可擊，因為按照休謨的觀點，正義從根本上只是一種

互惠的品德，甚至是「謹慎嫉妒」的德性❽，也即是說正義並不要求完全的利他主義，也不要求「人類之愛那樣純粹的感情」。所以，自然的仁慈之所以不能成為正義的基礎與其說是因為其有限性，不如說是因為其偏私性──

> 我們最初的，最自然的道德感既然建立在我們情感的本性上，並且使我們先照顧到自己和親友，然後照顧到陌生人，因此不可能自然而然地有像固定的權利或財產權那樣一回事……（T491/531-2）

並且，因為正義的法則是「普遍有效的」，也即是說它以一種無偏私的方式適用於每一個人，並因此必須設定抽象或者法權意義上的平等性，而自然情感以及基於這種情感的德性卻是有偏私性的，所以，正義就不可能是自然的德，即不可能「由自然得來」（T532/572）。

但是，在將正義成功地排除出自然的德性表之後，休謨卻必須面對下面的兩個他並不願意接受的結果：(1)要麼正義不是一種德性，即正義不具有任何道德意義，故不具有任何道德約束力，而只是一種純粹政治的設置；(2)要麼情感不足以成為道德的根據，因為它不能涵蓋正義的德性。

就結果(1)而言，按照休謨自己的觀點，在判斷一個行為的道德性格時我們所依據的是這一行為的動機，所以，我們將從善良的動機出發的行為稱為善的行為，反之，則是惡的行為。由於「建立正義的原始動機」是「自私」（T500/540）或者說「利己心」（T529/569），而這種利己心即使不是惡的，也不可能被稱為善良動機，故正義即使不是惡的，也不具有道德意義。其結果是正義不具有任何道德約束力，正義法則的構建完全是政治的需要，是政治家的策略。但在一段顯然是針對曼德維爾（Bernand de Mandeville）的類似觀點的批判中，休謨卻明確地拒絕了這種可能性：「政治家們的人為措施……不可能是我們區別惡與德的唯一原因，因為如果自然在這一方面不協助我們，政治家們儘管談論光榮的或恥辱的，可以讚美的或可以責備的等等的話，也是徒然的，這些詞語會成為完全不可理解的……」（T500/540-41）

---

❽　休謨《道德哲學研究》，曾曉平譯，商務印書館，2007，頁35。

所以，儘管自私構成了正義的動機，但正義卻不是對自私的放任，而是對之的約束與轉化，這種約束與轉化的力量主要來自於——正如休謨在《道德哲學研究》中更為清晰地表述的那樣——對公共效用的考慮。但對正義的公共效用的反思或者說評估顯然不是情感的事，而是理性的功能，故正義如果不能被歸源於自私之情，那麼我們只能在一種籌劃或工具性的理性中尋找其根源。在此，我們姑且不論這種理性是否具有，並且能夠賦予正義以道德意義。如果正義作為一種德性主要是基於理性，那麼理性至少應當與情感一起被視為道德的基礎，也即是說情感不能單獨成為道德的基礎（結果(2)），但這卻完全違背了休謨關於道德源於情感而非理性的觀點。

肆

顯而易見的是，如果（自然）情感確實如休謨自己所見的那樣不能支援以無偏私性為其特質的正義，那麼正義問題就不可避免地會構成對休謨的情感主義道德說的根本威脅，將正義歸為人為的德也並不能從根本上解決道德情感主義在此遭遇的困境。某種意義上康德對這一困境可能比休謨有著更深的領會。所以，雖然也一度傾向於情感主義的道德學說，康德最終卻否認了自然情感（包括同情那樣通常被視為構成道德行為動機的情感）的道德意義。❾這當然與康德建構其道德哲學的意向相關，正

---

❾ 貝克（Lewis White Beck）在他的 "A Commentary On Kant's Critique of Practical Reason" 曾論及康德的倫理思想之演變，按照貝克的分析，在撰寫《原理》之前，康德有關倫理學的作品明顯地表現出了英國情感主義道德說的影響。比如在 "Prize Essay, The Distinctness of the Principles of Natural Theology and Morals"，康德仍然相信「道德之動力來自於道德情感而不是形式原則本身」，在同年撰寫的 "Observation on the feeling of the Beautiful and the Sublime" 中，康德也傾向於認為情感是道德觀念之源泉，並在此文中表明普遍的道德原則「不是思辨的規則，而是對存在於每個人心中的一種情感的意識」。當然，貝克也指出康德當時的倫理思想在某種意義上仍然遊移於理性主義與情感主義之間，並因此表現出了相當的不確定性。但康德對道德情感之肯定與推崇顯然表明了他一度與道德情感主義的接近。參閱 Lewis White Beck. *A Commentary On Kant's Critique of Practical Reason.* The University of Chicago Press, 1960, pp.213-214.

如他在一則日記性的筆記中表明，❿他將追隨盧梭確立普遍的平等權利視為自己的哲學使命之一，故就其與平等的權利的關係而言，正義問題構成了康德的實踐哲學的核心，這無疑也促使康德在理性而非情感中尋找實踐哲學的根本原則。因為與休謨相似，康德也認為我們不可能從情感出發構建正義的原則——「我們具有本能的仁慈感，但不具有本能的正當感」。⓫所以，康德拒絕情感的主要理由與其說是因為情感是不道德的，不如說是因為情感之特殊性與道德律要求的普遍性相衝突。這種特殊性當然也包括情感的偏私性，因為普遍性在康德那兒所表達的正是道德的而不僅是法律的；實質的而不僅是程式的無偏私性。

但是，雖然康德堅決否認自然情感可以成為道德行為的動機，為了解決道德法則如何可能獨自地直接就是意志的規定性根據的問題，他卻不得不重新引入了一種情感，即尊重法則的情感。按照康德的觀點，一種情感的作用只能憑藉另一種情感而得以抵消。所以，即使只是為了抵消本質上非道德的自然情感的影響，純粹理性也必須能夠從自身產生出一種情感。當然，康德也力圖表明這種可以被視為道德動機的情感，即敬重（Achtung），不是自然意義上的情感，而是先天的（a priori）道德情感，儘管如此，它卻仍然不是理性，而是情感，並因此是以我們的感性為其基礎的。也即是說，如果我們不是感性的，有情的存在，那麼道德律（純粹理性）將不可能從我們身上激發出敬重感來，而我們也因此不可能在實踐的意義上出於對道德律的敬重而有所行為，並以此不可能是道德的存在。

當然，康德並沒有因此放棄他所堅持的道德律的普遍性，並因此一再強調道德情感與自然情感，或者用康德的術語，病理學意義上（pathological）的情感之間的區別。⓬被規定為對普遍有效的道德律的敬重的道德情感當然不是特殊的，因人而異的，而是普遍的，無偏私的情感。顯然，對康德來說，如果道德對於既是感性又是理性的存在的我們是可能的，那麼就必須有一種超越於有偏私的自然情感的道德情感，也即是說，我們的自然情感必須在某種意義上被轉化為道德情感。無獨有偶，

---

❿ 參閱弗里德里希－包爾生《倫理學體系》，何懷宏等譯，中國社會科學出版社，1997 年，頁 171。

⓫ Immanuel Kant. *Lectures on Ethics*, Trans. Louis Infield. NY: Century Co., 1930. p.194.

⓬ 參閱康德《實踐理性批判》，鄧曉芒譯，人民出版社 2004 年，頁 103-104。

休謨在論及正義時也談到了這種情感轉化的可能性，對於休謨來說，正義之可能性預設了自然情感得以轉化的可能性，因為「沒有一種情感能控制利己的感情，只有那種情感自身，借著改變它的方向，才能加以控制。」（T492/532-33）當然，無論是休謨還是康德都沒有能夠進一步闡明這一轉化的可能性所在。對於休謨來說，由於偏私性是情感，或者恰切地說自然情感的根本屬性，所以就不可能有一種與正義相對應的道德情感。而對於康德來說，如果這一轉化有可能，即如果有一種道德情感，那麼其根源也只能在純粹理性之中，但問題是「一個在自身中不包容任何感性的思想如何能夠產生出一種情感」？⑬儘管如此，兩者至少都以不同的方式表明了這一點：道德，尤其是一種將正義包括於自身的道德之可能性有賴於一種超越自然情感的道德情感的可能性。

事實上，如果我們不囿於休謨的狹隘的自然主義與經驗主義的框架——不幸的是，康德也完全接受了這種自然主義的情感說，並因此完全拒絕了自然情感的道德意義——我們就會看到情感不僅不一定與正義的無偏私性要求相衝突，而且可以在自身中包含正義的訴求。在此，可為示例的是基督教所強調的仁愛。與自然的有偏私的仁愛不同，這種仁愛由於其普遍性或稱普世性，不僅不與正義的平等性要求相衝突，而且賦予了正義的法則以積極的意義。事實上，如果沒有這一如普照大地的日光一樣無差別地眷顧每一生存者的仁愛的支援，那麼對正義的義務的普遍性的強調仍然會不可避免地喪失其道德感召力，而兌變為一種沒有生命力的僵固的律法主義。所以，並不奇怪的是，當康德將我幫助他人的義務僅僅視為濾去了一切情感的純形式的普遍性法則的推導物時，他甚至不可能真正去解釋仁慈如何可能成為一項義務，更不用說它作為不完全義務的可贊許性。因為正如康德自己承認，一個人們在其中彼此互不關懷，互不相關的世界很可能比我們這個混雜了有限的同情與無休止的爾虞我詐的世界更為美好。⑭所以，只要我不打算在困難時求助他人，並且不損害他人的平等權利，即只要我履行了所有完全的（perfect）或者說正義的義務，我

---

⑬　Immanuel Kant. *Foundations of the Metaphysics of Morals*. Translated by Lewis White Beck. Indianapolis: Bobbs-Merrill Educational Publishing, 1976. p.80.

⑭　同上，p.41。

就可以拒絕給困難中的他人以任何幫助，而絲毫不違背康德的普遍性法則。當然，康德會說一旦我自己處於困境中並渴望他人的幫助時，我便會陷入自相矛盾，但問題是我的這種渴望或許是自然的，卻並沒有道德意義，並且其所導向的與其說是仁慈的義務的必要性，不如說是這種義務之荒誕性——因為正是這種渴望可能使得世界變得更為糟糕。

顯而易見的是，如果我們將正義與仁慈相割裂；將道德性完全等同於（正義的）普遍性與無偏私性；那麼我們所能得到的將只是一種法律的（否定性的）正義觀；而不是康德希望的道德的；並因此可以將仁慈義務包含其中的具有肯定意義的正義觀。而一種喪失了其肯定面的正義是否能夠被堅持也是成問題的，因為或許正如休謨所見，如果我們完全缺乏（即使是有限的）仁慈心，那麼正義也將不復可能。**❺**

伍

但是，另一方面，正如我們上面對休謨的正義說的分析所顯示，正義的普遍性要求必定會與自然情感的偏私性相衝突，所以，一種將正義包容其中的仁慈必定包含著對自然情感，以及這種情感所基於的自然的關聯性的超越。由於基於血緣關係的情感與自我保存的本能一樣根深蒂固，並且其所具有的偏私性也最少受到道德的挑戰，它也自然而然地成為耶穌抨擊的靶子：

> 如果有人來到我這兒而不不厭惡他的父母妻兒和兄弟姐妹甚至他自己的生命，那他不可能成為我的門徒。**❻**

---

❺ 在《人性論》中休謨已經界說了正義之產生的內在與外在的條件，內在條件即是有限的慷慨與同樣有限的自私，在《道德原則研究》中，休謨更為詳盡的闡釋了這一正義的條件，按照休謨的解說，在一個匪寇社會，即在一個人們完全缺乏即使是非常有限的仁慈心的社會，正義將完全不可能得以產生與維持。所以，雖然休謨認為我們有限的（無論是公共與私人的）仁慈不足以支援正義，但如果我們是絕對自私的，即如果人類沒有任何哪怕是非常有限的仁慈與關愛他人之情，那麼正義也將完全不可能。

❻ 《路加福音》14：26。

因為，正如耶穌在教導其門徒時所言，如果你們只是按摩西所規勸地那樣去愛你們的鄰人和恨你們的仇敵，「那麼甚至稅吏也不是同樣這樣做的嗎？如果你只向你的兄弟請安，對他們比別人做的事情要多，那麼外邦人不也是這樣做的嗎？⓱這當然不是說我們可以背棄摩西律法，正如耶穌一再表明，他來到這個世界並不是為了終止律法，而是為了成全律法。所以，耶穌對摩西律法的重新解釋的目的是為了宣示一種能夠將律法真正的普世精神包含其中的完美的仁慈。同樣，他也沒有完全否認自然的紐帶及基於其上的親情，⓲而是希望用這種特殊的方法表明：雖然家庭是所有自然的對他人的仁慈和愛的情感的開端，但如果我們完全停留於自然的有偏私的情感，那麼我們將無法理解上帝的無偏私的仁慈，而如果沒有這種無偏私的愛，那麼連神聖的法律也將不可避免地為我們的偏私性所毀壞。

當然，我們或許會說，即使不考慮其內蘊的宗教性格，即其對特殊的信仰的要求，耶穌所指示的無限的仁慈仍然是我們無法迄達的，因為作為有限的存在的我們只秉有有限的，有偏私的仁慈。但這並不表明我們的自然情感不能獲得擴展，不能在某種程度上克服其所帶有的偏私性。事實上，經驗心理學的研究也表明，如果獲得合適的導引與教化，我們的同情心與仁愛心可能隨著年齡與閱歷的增加而自然地從那些與我們親近的人擴展到陌生人，比如我們可能同情那些我們從未謀面的非洲難民。當然情感的這種單純的擴展並不意味著對自然的偏私性的克服，但卻至少使我們能夠在某種意義上將一種普遍的，無差等的仁愛接受為一種理念的可能性，並因此可以被視為這一普遍仁愛的自然基礎。所以，如果我們自然的天性中沒有一種自我轉化的最低限度的可能性，那麼對我們來說普遍仁愛的理念將是完全不可理解

⓱ 　《馬太福音》5：47。

⓲ 　值得注意的是，在《馬太福音》第五章，耶穌同時明確指出：「凡向你弟兄動怒的，難免受審判……所以你在祭壇上獻上禮物的時候，若想起弟兄向你懷怨，就把禮物留在壇前，先去同兄弟和好，然後來獻禮物……」顯然，對耶穌來說，人若無對自己親人的關愛，則必不能被上帝看好，但是，人若只有血緣之情，也斷配不上上帝之普世仁愛，故耶穌對血緣之愛的批判並不是要人們背棄這種自然之愛，而是要求他的信眾超越單純的血緣之愛。也即是說，耶穌之所以將矛頭指向血緣之愛，並不是為了摧毀家庭，而是因為他深知這種自然情感雖然可能是仁愛的自然開端，並因此值得讚許，但卻仍然與生物性的自我保存互相糾纏，並因此可能只是自愛的延伸。

的；也不可能對我們具有任何吸引力；並因此完全不可能被信仰。❿

　　所以，雖然無差等的普遍仁愛確實包含了對自然情感的偏私性的否定與超越，但卻不因此就是一個超驗的虛構，也不必定依賴於某種宗教或形而上學的信仰。在他的《現象學倫理學》等著作中，維爾納·馬克斯（Werner Marx）就試圖展示出一種不需要宗教與形而上學預設的普遍同情的可能性。按照維爾納·馬克斯的描述，雖然作為社會性的存在，我們會對他人，尤其是那些親近我們的人有所關懷，主導日常生活中的卻仍然是對他人的冷漠，但是，我們對自身的必死性的本真領悟卻可能打破這種冷漠，並且將我們對他人非常有限的同情心轉化為一種普遍的同情。因為對無可逃避的死亡的意識會使我不可避免地感到恐懼和孤獨無助，但由於我就我的存在性而言是共他人（being-with）的社會性存在，處於如此悲慘境地之我總是會轉向他人，並因此開始用一種不同的目光看待他人：他人不再是偶然出現於我身邊，可以被漠然待之的陌生人，也不再是我為了自身籌劃可以如使用工具一樣加以利用的他人，而恰恰是我可能的救助者。但是，他人之所以能夠成為我的救助者卻並非因為其強大，而是──正如維爾納·馬克斯指出──因為其存在本身。正是作為與我共在的人，他人有可能聆聽並對我在困境中的呼籲做出回應，哪怕事實上具體的他人不一定做出合適的回應。所以，也正是通過對自身死亡的領悟，我才得以將他人視為他人，那些與我一樣終將死亡的人。無論這些他人在表面上是如何幸福與強大，我看到的卻已經是這種幸福與強大在無常與死亡面前不堪一擊的脆弱，並因此對他們懷有同情之心，而他人對我的同情可能的回應則使同情成為我與他人關聯的愛的紐帶。

　　維爾納·馬克斯又以鄰人之愛（neighborly love）來稱乎這種同情。按照他的闡釋，作為愛的物件的鄰人所指的並不只是那些與我親近的人，而是指任何可能與我相遇的人，任何他人。所以，鄰人之愛所要求地是像愛鄰人那樣去愛他人，也即是說，這種愛或同情是無差等的，它不以遠近親疏來區分物件，而是將我們所愛的人

---

❿　所以，與其說是某種特殊的信仰或宗教使得普遍仁愛的理念具有吸引力，不如說是這一理念本身賦予了持有它的宗教以一種可信仰性，就此而言，我們完全可以在哲學意義上將其接納為一個理念（idea）。按照康德的界說，理念之有效性並不在於經驗意義上的可實現性，也即是說，即使沒有人能夠完全達到無偏私的普遍的仁愛，這一理念仍然是我們努力追尋的目標。

視為同等的存在，並因此已經在自身中包含了正義要求的普遍的平等性。所以，它不僅是一切仁愛行為的基礎，而且也是正義的源泉。事實上，正如維爾納‧馬克斯指出，僅僅通過理性反思去承認他人與我擁有同等的權利是不夠的，因為這種認可已經標示了我對於他人的（反思）的優越性，所以只有當我能夠以我的整個存在去將他人感受（feel）為就其本質而言是與我相類的存在，那麼對正義的真正認可才能發生。❷⓿

對於維爾納‧馬克斯來說，這種感受同時又是一種超越了膚淺的工具理性與狹隘的法律理性的看或者說觀視，是最高意義上的理智的直觀（nous）。就此而言，維爾納‧馬克斯的同情與愛的倫理學並不能被歸入傳統的情感主義或理性主義倫理學的範疇，因為它並不認同無論是康德還是休謨都堅持的理性與感性的二元性。但是，另一方面，維爾納‧馬克斯所言的「觀視」也不是亞氏所言的理性的純直觀，毋寧說它仍然是有情的看，是包含在無偏私的同情中的「觀視」。也即是說維爾納‧馬克斯所強調的仍然是我們存在最為根本的情緒性（emotionality）。對於維爾納‧馬克斯來說，沒有這種深層的，貫穿我們整個存在的情緒性的轉變，就不可能有一種同時包含了仁慈與正義及其內在關聯性的倫理。

當然，我們是否可能僅僅憑藉對自身必死性的意識而達到這樣一種普世的同情仍然是個問題，維爾納‧馬克斯為我們提供的也最多只是諸可能的途徑中的一種。他自己也承認這只是一種理念的可能性，並且即使我們曾經達到這樣的同情，要持守這種同情也是更為困難的事。儘管如此，維爾納‧馬克斯至少為我們展示了從自然的有偏私的仁愛轉化為無偏私的仁愛的可能性，也即說展示了一種真正的道德情感的可能性。這種道德情感（普世的同情與愛）雖然超越了自然的同情的有限性與偏私性，卻並不是超自然的，因為它不僅不需要一個超驗存在的假設，而且也不要求與自然截然的切割。所以，如果說對於康德來說，作為道德情感的敬重仍然是一種情感，並且只對有情即有限的存在才有可能；那麼對於維爾納‧馬克斯來說，我們之所以能夠成為同情的存在，不僅是因為我們是有限的感性的存在，而且因為我們是社會性的存在。也只有因為我們是社會性的存在，是可能對我們的同伴持有哪怕

---

❷⓿ Werner Marx. *Towards a Phenomenological Ethics*. NY: State University of New York Press, 1992, p.55.

是有限的同情與關愛之心的存在，我們才可能是道德的存在，也即是說才可能是具有真正的道德情感的存在。

陸、結語

所以，如果說道德情感因為包含了對自然情感的有限性與偏私性的否定，因而不是自然的，或者說，至少就自然的狹義規定來說，是非自然的，那麼這並不表明它是一種超自然的，因而與我們的自然存在無涉的，也即是說在人的存在性中全無根基的情感。毋寧說它始於自然情感本身的擴展，是孟子所云的「老吾老以及人之老，幼吾幼以及人之幼」（《孟子‧梁惠王上》）。當然，將人之老視為吾之老，將人之幼視為吾之幼是極為困難的，它所要求的遠不止是一種推己及人的能力，而是更進一步地要求打破吾與人的自然差別，要求挑戰自然的偏私性，及至於與自我保存本能緊密相連的血緣紐帶。也即是說，它所要求的不僅是情感的自然擴展，而且是情感的完全轉向。但是，另一方面，這又並非全然不可能，在那位率先救助了他人的孩子的父親的身上，我們所能看到的就是這種偉大的人類之愛的光輝，即便瞬間即逝，也足以照徹人心。而如果沒有一種同時包容正義與仁慈的道德情感，那麼，我們將不可能成為真正道德的存在。如果這樣的人類之愛不再能被理解，被敬重，如果倫理學不再能夠將這種愛推崇為自身的理念，那麼這種倫理學將只能是有缺陷的倫理學。

參考文獻

David Hume (2006). *A Treatise of Human Nature*, Clarendon。中譯參考《人性論》，關文運譯，商務印書館（1983）。

David Hume (2007). 《道德哲學研究》，曾曉平譯，商務印書館。

Bernard Wand (1955.4). "A Note on Sympathy in Hume's Moral Theory", In *The Philosophical Review*, Vol. 64, No. 2, pp.275-279.

Michael Slote (2007). *Ethics of Care and Empathy*, Routledge.

Immanuel Kant (1976). *Foundations of the Metaphysics of Morals,* Translated by Lewis

White Beck. Indianapolis: Bobbs-Merrill Educational Publishing.

Immanuel Kant (2004). 《實踐理性批判》，鄧曉芒譯，人民出版社。

Immanuel Kant (1930). *Lectures on Ethics*, Trans. Louis Infield. NY: Century Co.

Aristotle (1962). *Nicomachean Ethics*, Trans. Martin Ostwald. Indianapolis: Bobbs-Merrill Educational Publishing.

Plato (1920). *The Dialogues of Plato*, (Vol.I) Trans. Jowett, M.A. Random.

John Rawls (1971). *A Theory of Justice* (1971), Harvard University Press.

Werner Marx (1992). *Towards a Phenomenological Ethics*, NY: State University of New York Press.

Lewis White Beck (1960). *A Commentary On Kant's Critique of Practical Reason*, The University of Chicago Press.

Moral Feeling and the Virtue of Justice – Viewing From David Hume's Artificial Virtue

*Sun, Xiaoling**

Abstract

Through an analysis of Hume's unique theory of justice, this essay attempts to demonstrate a certain incompatibility between natural feeling and justice, which actually forces Hume to define justice as an artificial virtue at the expense of the consistency of his moral theory. Like Hume, Kant is also aware that natural feelings would not be able to meet the impartiality (and universality) requirement of morality and hence exclude them from the foundation of morality. Nevertheless, in order to prove the effectiveness of moral law, Kant has to invoke a highly ambiguous kind of feeling, i.e. respect, which shows that, as seen by Hume, feelings (sentiments) play an indispensible role in morality. Therefore, a truly effective moral feeling should be able to embrace in itself both benevolence and justice. Such a feeling can no longer be a natural feeling characterized with partiality, and is to this extent, non-natural in the sense that it must "transcend" a certain limit of natural feeling. This, however, does not mean that it must be "supernatural" as what is imposed on human being from outside; rather it is an ideal accessible to the "natural" man so long as we stop understanding "naturalness" in an inadequately constrained manner.

Keywords: Moral Feeling,   Justice,   Benevolence

*   Associate Professor, Department of Philosophy, Fudan University

中國美學現代詮釋的中西對話

幽　蘭*

摘　要

　　本文透過「詮釋」的觀點，從中西對比的角度，探討中國傳統藝術與美學在現代的特殊意義。論文首先主張，哲學如何以「藝術」為核心，尤其是在中國哲學；次之，本文研究現代詮釋如何有助於重新思考美學：其一，所謂的「中國美學」定義的可能性與它的作用。其二，西方當代詮釋在中國美學的作用，而傳統美學的旨趣形成不同的詞彙系統，以及隨之而來的不同鑑賞方向。其三，有關西方與中國美學對話的「美學神話」。

關鍵詞：中西美學　文人藝術　美學詞彙　美學神話

---

*　法國國家科學研究院（CNRS）藝術與語言研究中心（CRAL）研究指導

　　無論是為現代詮釋學之理解理論奠基的施萊爾馬赫（Friedrich Schleiermacher）或狄爾泰（Wilhelm Dilthey），還是把現代詮釋學轉變為基本哲學的海德格（Martin Heidegger）、高達美（Hans-Georg Gadamer）、或呂格爾（Paul Ricœur）等，都一直在文學與藝術範疇內發展詮釋學理論。藝術與文學不僅是現代詮釋學獨特的研究對象、也是它的解釋對象。藝術同時也是導引詮釋概念本身的隱態模式。即使像德希達（Jacques Derrida）、或理查·羅逊（Richard Rorty）這樣的解構主義學家（déconstructionnistes），也還是以文學作品與藝術品的詮釋為反思對象，並藉以思考理解之意向性的模式、與以真理為揭露存在之存有學模式的消解。

　　目前華人學者致力研究現代詮釋學、並擴而充之，藉之以重新詮釋、重新理解中國傳統文學與藝術。然而，即使這是一種詮釋的作法，但一般而言，這並非以詮釋為目的，而只是以解釋為運作的工具。反倒是，對藝術與文學的實踐者而言，詮釋才是一種生活態度、一種存在方式。

　　然而，即便以傳統中國藝術為對象所進行的現代詮釋不是解構主義式的詮釋，但這種現代詮釋的目的也不是像呂格爾那樣借用小說與隱喻以尋找真理，也不是像高達美那樣借用藝術品的類別以尋找本體論的普遍性。基本而言，中國傳統藝術理論根本不以「真理」為目的。因此，中國傳統藝術為對象的現代詮釋的含義雖然限制於重新解釋、重新分析與了解、並重新體會中國傳統藝術論述與實踐，但還是要保持以傳統論述的意義與體驗的真實為目標。

　　本文以下探討現代詮釋學應用於中國傳統藝術與美學範圍所涉及的問題，首先涉及如何為中國「美學」下定義，以及這樣下的定義是否恰當的問題。其次探討現代詮釋對所謂之中國美學的作用。最後探討中西文化中有關「美學神話」的問題。

壹、中國美學問題的反思

　　對於中國藝術，尤其是傳統書法與繪畫理論，原則上可以運用現代詮釋學的方法，以之為解釋的工具，借以作為詮釋、理解其意義之用。但，解釋藝術理論的同時，是否也涉及中國傳統的「美學」問題的討論？

　　正如熊秉明在其「中國文化核心的核心」一文所指出，假如我們認為中國哲學

的含義為自我發展的思考，那麼可以認為中國「藝術」就是中國哲學的「核心」
❶。

　　運用現代詮釋學方法來解釋與理解傳統中國藝術，不可避免會引起語言與文化
差異的問題，同時也會遭遇因差異而引起的文化「比較」的問題。雖然由於詮釋的
需要，有時候，的確可以將中國藝術與西方藝術作一些比較，並在比較的過程中。
照見原本未見之處。不過，對中國傳統藝術作現代詮釋的目標，並不在於對差異文
化作比較。譬如，比較「繪畫」的含義，在西方文化、與在中華文化裏的根本差
異。例如，中國文化中的「書法」，在西方文化中並不存在；西方人把中國的「書
法」譯成 calligraphy，意思是「美的寫法」，其意義並不相同，很容易引起誤解。
此外，西方「畫」的含義是「佈顏色」；中國的「畫」則首先是指筆畫。至於「藝
術」一詞，西方藝術的詞意常與技術的詞意聯在一起，而中國字「藝」的詞源意義
則是「種植」。

　　基本上，本文標題中所謂之「中西對話」的意義，並不在於探討中、西文化是
否可以相互比較的問題，或者去研究此一文化對某些問題的處理、是否比另一個文
化對類似問題的處理較深刻、或較膚淺。本文以下所謂「中西對話」的意思主要是
指，在不同的文化裏，藝術家如何面對原來顯得一樣的問題：譬如，西方的風景畫
家與中國的山水畫家同樣地要把感受的自然界的小部分化成風景畫與山水畫。兩者
如何構思風景畫與山水畫的結構與理論？有時候，這樣的對話有效於理解具體（技
術上）與抽象（理論上）的問題❷。

　　我所謂的中國「美學」，並不是狹義地依照西方「美的研究」而論的。依照西
方「美學」狹義的概念來詮釋中國美學，意味運作於中國藝術的美學範疇是
「美」，而且是以西方文化脈絡下的「美」的價值標準為範疇概念的依據。我所謂
的「美學」的意義則較為廣泛，除了涉及藝術形式之分析鑑賞、藝術創作與藝術理

---

❶　見熊秉明〈中國文化核心的核心〉，《雄師美術》，第 288 期，1995 年，頁 23-26，重刊於《看
　　蒙娜麗莎看》（高雄：傑出文化出版，2000 年），頁 142-146。

❷　見幽蘭（Yolaine Escande）〈關於中國山水畫與西方風景畫〉，《二十一世紀》，香港大學哲學
　　系，第 78 期（2003 年 8 月），頁 79-84（一）、第 79 期（2003 年 9 月），頁 77-86（二）、第
　　80 期（2003 年 12 月），頁 98-105（三）。

論之論述外，並兼具人類學、與社會學對藝術意義的論述。廣義而言，「美學」論述的首要條件是「藝術」。但問題是，中國傳統文化裏的「藝」（例如，六藝）是否等同於西方傳統內的「藝術」？是否也像西方文化一樣存在著對這種所謂「藝」之鑑賞活動與理論論述。基本而言，中國傳統藝術理論實際的進行者是文人。但是，中國「文人」，以廣泛的意思來說，並不完全等於西方美學與藝術傳統內的「藝術家」。而且「文人」也不能代表中國所有的「藝術家」。然而，中國傳統藝術理論，只有文人所論述的理論流傳，而少見其它藝術理論的存在。

　　一般而言，在漢學範疇內關於中國藝術的研究，並不特別針對廣義的「美學」問題進行思考。而且即使討論藝術問題，也不大考慮方法上的問題。然而，針對中國美學廣義問題的思考，則首先有必要探討中國人在自己的傳統裏對於所謂之「藝」所下的定義，並思考此一詞彙的含義，進而探討在中國傳統裡合乎所謂廣義之「美學」的觀念。

　　簡而言之，本文所論述之中國「美學」乃就其廣義而言，亦即：

　　1.關乎藝術理論、而不關乎中國思想中各種有關「美」的形式的討論；

　　2.關乎中國書畫藝術理論的論述，而原來根本不以藝術道德觀而思考並論述。

　　就此而言，中國美學首先面對的問題是關於書畫藝術理論的美學詞彙的範疇問題：中國藝術理論家在論及藝術與藝術鑑賞時借用什麼樣的語言範疇與詞彙？以現代詮釋學來思考中國藝術基本上不應以西方詞彙與範疇為標準；不過，西方漢學家與藝術史家的研究基本上還是以西方美學為標準❸。為解決此一問題，有必要確定中國藝術理論中有美學功能的詞彙範疇。並了解中國藝術理論所提的問題與論述的方法，當然與西方藝術理論家、哲學家與藝術家所提的問題基本上不一樣。

　　此外，值得注意的是，在中國書畫藝術的實踐與理論中，欣賞評鑑、品評等差的標準從來不是「美」，而且在這兩種藝術中，「美」顯然不是主要的問題。

---

❸　參見 James Cahill, Ho Wai-kam (何惠鑑), Nicole Vandier-Nicolas, Fong Wen (方聞) 等有名漢學家與藝術史家運用西方語言研究中國藝術與藝術理論的情形。

貳、美學與現代詮釋

既然「美」不是標準，那麼現代詮釋只好思考中國有「美學」功能的詞彙與分類，進而分析、理解中國藝術理論中的主要美學問題，如人品與作品的關係，「形似」與「神似」等。

一、詞彙分類範疇

中國美學要研究的第一個問題就是關於中國藝術理論中的詞彙分類範疇。

㈠首先要確定的是，中國書畫理論與實踐中有美學功能的詞彙範疇，如「自然」、或與自然相關的詞彙分類，如簡、淡、拙樸、古怪、狂等，都與「美」無關。可是，這個「自然」，與其它有美學功能的詞彙範疇一樣，都不只是一種描述性的語詞、而是任何藝術家都要參考的標準的分類與範疇。「自然」這個詞彙既指向要達到的理想，又指向創作的來源，並指向創作者的心態、作品成果，亦指向對欣賞作品的人的效果。「自然」是藝術性的（即是技術與造型的）分類與範疇，也是美學性（即是評價性）的，而且是倫理性的、也會有政治意義的範疇。

像西方美學中的美、崇高、悲劇、戲劇那樣的美學詞彙範疇在傳統中國書畫理論中都不曾出現。其分類與歐洲傳統很不同：它們的功能涉及整個的創造過程而不僅限於視覺效果。因此「自然」一詞的分類既包含下筆之前的「凝神靜思」，又包含引起創造的「意」（「意在筆前」，「意到筆不到」），並包含無為的行動（筆畫理想同「屋漏痕」），就是說不以願望而行動，包括視覺效果與對觀者的作用。

以自然詞彙範疇為標準的結果之一是，中國理論中所重視的是西方人會覺得奇怪的一些「美學」詞彙分類，諸如簡淡、古怪、樸拙、甚至丑、鬼等詞彙的分類。這類的詞彙可以與西方二十世紀初期前衛藝術尋找使用的詞彙相對談❹。

㈡其次要研究歐洲美學詞彙範疇（諸如「崇高」）與中國藝術理論詞彙範疇是否

---

❹ 見幽蘭〈「寧鬼無媚」藝術中的丑〉，《天心與人心。中西藝術體驗與詮釋》魏明德、沈清松、鄧福星主編（臺北：立緒文化公司，1999年），再版《天心與人心。中西藝術體驗與詮釋》魏明德、沈清松、邵大箴主編（北京：商務印書館，2002年），頁124-143。

會有相遇的可能？這方面的研究是由法國主要的一家博物館（musée de Valence）的展覽所提出，題目為「風景畫與崇高的問題」❺。這個題目當然是與西方繪畫傳統有關。但重要的意義在於這個大展覽的研究角度不是歷史的而是哲學的、美學的。而且這方面的思考也可以涉及到中國理論中的一些人與作品的關係之間的類似問題。

雖然中國理論家的確有描述創造過程中與觀察作品中的自我感覺的懸置（如張懷瓘或符載所提的）❻，可是，是不是與歐洲「崇高」（sublime）（如 Edmund Burke 描述的那樣）相似的經驗？問題的答案並不那麼簡單。崇高這個詞中文傳統理論中從未出現，我們只能以這種自我感覺的懸置的因素與來源與它們對觀察者的效果相對比。可是並不能說這種看來相似的經驗是一樣的。

這樣對風景畫與哲學的展覽引起的思考雖然很有意思，但西方風景畫與崇高的關係和中國書畫理論傳統中的「類似與崇高」的經驗的結果是，唯一的共同點是山水與風景畫所賦予的高大感。

二、

中國美學要研究的第二個大問題，也與之前所提的有關，就是中國藝術理論品評的對象，並不像與歐洲那樣是關於作品，而是關於「藝術家」，即是書畫的創作者。亦即，所要品評的並不是「作品」而是人品。這點西方人很難理解。和這個主要問題有關、且要特別關注的是，有估價式作用的詞彙是品評人品的詞彙分類，反而不直接品評作品詞彙分類❼。雖然「自然」這種詞彙範疇能夠涉及到整個的創造

---

❺ 這項展覽 1997 年舉行於瓦朗斯博物館（musée de Valence）。見 Baldine Saint Girons, Christèle Burgard, *Le Paysage et la question du sublime*（《風景畫與崇高的問題》), Valence, Réunion des Musées nationaux, 1997.

❻ 見張懷瓘《書義》，指出王獻之的草書，說「觀之者，似入廟見神，如窺谷無底。」這裏描寫的經驗是害怕的感覺。意思是王獻之的書法對觀者的效果是讓驚看（《書義》，收入黃簡主編，《歷代書法論文選》，上海書畫出版社，1979 年，卷上：148）。也見符載《觀張員外畫松石序》詩中：「其駭人也，若流電激空，驚飆戾天……」描寫張璪在畫畫對客人的效果（《觀張員外畫松石序》收入俞劍華主編，《中國畫論類編》，北京：人民美術出版社，1957，上冊：20-21。）

❼ 見熊秉明《中國書法理論體系》（香港：商務印書館，1984 年），頁 114-118。

活動，然而品評分類範疇就會品及藝術者（這兒我故意地不用「藝術家」一詞），即是人，而不涉及到作品。果如其然，在中國藝術理論傳統裏，面對藝術作品的經驗並不限制於獨立的、有美學上、觀念上、道德上、宗教上或者教訓上的價值的獨立物品，然而藝術作品使觀察者與作品創作者有很深刻的會合。因此，中國傳統藝術理論並沒有以「客觀」描述為理想的目標。通過藝術作品，理論家比較感興趣的是觀者與藝術家之間的關係，而不是像歐洲美學理論那樣分析作品所描寫的物質與作品之間的關係。

　　㈠以張懷瓘（約西元 710-760 年）《書斷》的研究為例，可以藉以分析出一些中國藝術理論與歐洲美學詞彙範疇的差異。中國藝術理論詞彙範疇主要為估價性的而且關於創作者或藝術者的分類等級；價值評估標準不以「客觀」理想為目標，而是以在某種情況中的實用性為依據。至於歐洲美學詞彙範疇則首先以作品的存在本身為依據，而且以作品的「客觀」描述為主要條件。有趣的是，這種以創作者或藝術者為依據的傳統分類範疇，仍影響今日中國書畫等級分類的運作，甚至影響中國與中華文化藝術在國際市場的運作❽。這種藝術分類範疇所引起結果是相當矛盾的：雖然在中國藝術傳統中，藝術作品不具有獨立物體的意義，但是卻在中國傳統、甚至在當代的藝術市場中充滿活躍的生機。因為藝術者的社會作用為主要而且他的地位很高，而且因為他以模範所象徵的價值甚高，所以大概能夠解決中國社會的這樣的矛盾與特點。意思是說，雖然主要的價值並不在作品中，但作品所象徵的人品價值是主要的。

　　㈡此外，也有必要對於品評等級與分類範疇繼續進行研究，並分析它們在中國藝術史中的發展與變化，即是在中國藝術理論中與作品評價中的發展與變化。明清以來的藝術理論家逐漸覺察中國歷史每個朝代都有自己的藝術標準，所謂「晉賞韻，唐賞法，宋賞意，元賞態，明賞趣，清賞樸」❾。雖然這種藝術見解含有歷史觀念的意義，但是與歐洲所發展的歷史觀念並不完全一樣。這樣分析的結果是，中

---

❽　譬如世界上博物館所藏的中華文化的作品原來都參考這樣的分類。

❾　見明董其昌《容台集》卷四，清梁巘《評書帖》，當代熊秉明《中國書法理論體系》，頁 1；金開誠，王岳川（主編），《中國書法文化大觀》（北京大學出版社，1995 年），頁 205。

國藝術理論傳統裏並不構思一個像西方文化所相信的那樣、不斷發展的藝術。而是構思一種永恆的、過去的、古代的「遠古」理想，作為運作功能的標準。這個「遠古」的範疇與「自然」的範疇相似。它的典型代表、而且是最完整的作品的例子，可謂早在唐代即已丟失的王羲之的名作《蘭亭序》。

三、

現代詮釋在中國「美學」方面要研究的第三個大方向是關於中國藝術理論中所論及的主要議題。當然不是要以西方美學問題來思考中國的藝術，而是要以中國藝術理論本身所提出的問題來論述。我們會發現中國美學的提問與西方美學的提問很不一樣。譬如，以分析中國傳統創作過程為例，中國藝術理論並不詳細描述身體的動作與姿態，甚至略而不談。中國藝術理論所重視的反而是「無為」。然而在西方關於中國書畫藝術的研究所出版的書中，很多都會提到中國書法與畫家和西方二十世紀五十年代的抒情抽象派或者抽象表現主義的藝術家很相似❿！在學習與練習中國書畫的時候，身體動作有主要的作用，例如，通過下筆的動作，可以體會所臨摹之範例的心靈態度，而且能夠重新體驗這個臨摹的創作過程。雖然身體動作很重要，但是，傳統理論中提到的代表創造的特點是以「無為」為主。這樣「無為」的動作，即是不以願望而定的動作，包括錯誤、也包括創作「不了」的過程。簡言之，「自然」乃是與「技巧」相反的範疇。然而，雖然書畫理論通常都不提身體的下筆動作、而提要通過「忘我」的創作階段，似乎與達到文人成聖、成賢的理想相互矛盾，其實不然⓫。首先，中國藝術傳統並不以建構獨立的人格為主，也不思考個人的存在，其次，創作者「無為而為」，任「道」自然而行，任其手與其身體隨「道」而行，通過五官與身體的運動創作者得以獲得精神的復甦。這點在書畫藝術的實踐過程中就可以體驗得到。就此而言，中國傳統藝術的現代詮釋也必須將藝術的實踐過程納入考量。再者，在中國書畫藝術理論裡，還有所謂「神與體」不分，

---

❿　見幽蘭〈中國當代書法之美術詞彙歸類及藝術的世界化〉，《*Word & Image*》（臺中美術館，2000 年），頁 145-151。

⓫　譬如可參考宋代理論家董逌如何描繪名畫家李成畫山水的過程，見《廣川畫跋》。

「內與外」不分的說法；這是中國書畫詞彙，既是技術性的、也是哲學性的語言，所指涉的是所謂「不分」的現象。

可是，雖然中國書畫理論中的語言與詞彙好像與中國哲學的完全一樣，但是，仔細的分析的時候能夠發現藝術範圍用的詞彙並不只是某種時期的思想的同樣應用。因此，光研究這個時期的思想沒有辦法突出藝術理論的特點，更沒有辦法解釋這個藝術的實踐。因此，中國書畫藝術理論中提的問題就屬於它們特殊本身的傳統。中國藝術理論中的詞彙分類與範疇不僅不能以西方美學角度研究，也不能以限制於中國哲學的分類與發展來分析。

與歐洲典型傳統很不一樣的是，歐洲把「模仿」imitation 與「錯覺」（法文錯覺與幻想是同一個字 illusion）相對比。中國藝術理論則將「形似」與「神似」加以對照，但兩者並不互相排斥。大體而言，「形似」是指按照傳統的模仿或臨摹，「神似」則是指創作者「隨其心源」而作（唐張璪說法）。

歐洲與中國同樣探問繪畫中的「真」與「假」的問題。可是這個「真」的問題含義，在兩種文化脈絡中很不一樣。在中國藝術理論中，問題在於藝術作者要按照規範或外在形式，還是要按照他的內心來創作？此一問題與剛提到的「形似」與「神似」的問題有關。換言之，「真」在外形與規範那邊，還是在於創作者心裏？對於這個問題，不同的歷史時期有不同的回答。

同樣地，繪畫「六法」的含義也隨世代發展而變化。南齊謝赫在《古畫品錄》中提到「六法」之後，從六朝到唐代，探討問題的主要關鍵在於有關於第一法「氣韻生動」的含義，亦即，問題在於筆畫內的「氣」的含義，意思是說「氣韻生動」較與作品有關。之後，從五代以來，「氣韻生動」不但涉及到作品，也涉及到人品（見宋郭若虛《圖畫見聞志》）。中國美學的現代詮釋，可以針對諸如此類的問題、含義之發展逐步地分析。

參、現代詮釋與美學神話

在中國文化傳統裡，藝術從來不是獨立的活動，總是思想上運作的賭注。中國文化傳統創造了我所稱為的「文人神話」；有趣的是這個神話在二十世紀也遇到了

西方美學的「現代藝術家的神話」。另外，在藝術史方面，中國傳統品列與西方普遍性的等差傳統相矛盾。這是現代詮釋的一種新的挑戰。

一、「文人神話」與西方「現代藝術家的神話」的相遇

「文人神話」與西方「現代藝術家的神話」的相遇的時候，引起許多對中國藝術的誤會、和表現出對背景的無知。至於這個「現代藝術家的神話」，本文不多著墨⓬。本文以下僅針對「文人神話」而論。

在中國傳統社會中，雖然「藝術者」，即書法作者或者繪畫作者的社會地位比較高，雖然他被重視，但受重視的原因與他的人格無關、與他的私人態度無關，而與他在道德上、社會上、政治上、制度上的象徵有關⓭。因此在中國傳統裡，真正的，正統藝術家就是「文人」。他與職業畫家、工匠、宮廷院畫員相對比。他的藝術活動原則上是與利益無關的（但，其實這種活動有很多社會好處）⓮。

原則上，根據文人理論，文人藝術只是業餘愛好而已，藝術活動只是休閒中的活動。可是，由於文人根本的政治作用是政權的保證，而且由於文人以書畫作品交換社會優惠，也因此文人也不得不無奈地承受政權與社會壓力；為了超越文人的無利理想與承受社會和政權壓力的矛盾，為了超越這個幻想理想與真實的矛盾，文人傳統創造我所說的「文人神話」。這種神話使文人能夠用文人標準重新解釋、並品評整個中國藝術史，而且這樣的神話今天還被重視。譬如當代平面設計家目前還以之為創作的參考依據之一⓯。

就美學而言，這個神話的基礎在於書畫筆畫得以顯示藝術家之人品（他的「心」）的信念。就技術而言，這個神話使文人能夠把書法範疇內的技術及結構規

⓬ 請參考幽蘭，〈中國當代書法之美術詞彙歸類及藝術的世界化〉，《Word & Image》（臺中美術館，2000 年），頁 145-151。

⓭ 見幽蘭，〈中國書法藝術品評的美學思想——論張懷瓘的《書斷》〉，《哲學與文化》，第 379 期（2005 年 12 月），頁 47-70。

⓮ 見這方面 James Cahill 的研究，如《畫家的活動》(The Painter's Practice. How Artists Lived and Worked in Traditional China), New York: Columbia University Press, 1994.

⓯ 見幽蘭，〈藝術／非藝術——平面設計的藝術與美學界域問題〉，《哲學與文化》，第 389 期（2006 年 10 月），頁 69-88。

則運用於繪畫，並視此種書畫法好像「玩」一樣，例如，宋朝的米芾稱之為「墨戲」。就社會而言，這個神話基礎在於介紹一種遠離現實的藝術家，憑藉藝術以成為賢者。就哲學而言，這個神話建立在於「無」發展的可能性（離開人間的態度，墨的黑色等於無與所有的可能性）在於「有」（社會地位，筆畫的必定表現）。

長久以來，無論是西方還是東方學者都一直認可這個神話。然而，這個態度卻引起對中國藝術與美學的誤解與無知：一方面，這些二十世紀的學者選擇他們覺得值得研究的一些中國傳統藝術家，並把他們稱為「怪」（像張旭、米芾、倪瓚、八大山人、石濤那樣）⑯，而且也認為他們等於西方所謂的「現代」藝術家。他們之所以相同的基礎，在於這些學者認為他們具有同樣的藝術態度：無論是中國稱為「怪」的文人還是現代藝術家（主要是「前衛」藝術家）都有辦法超越或避免社會與政權的壓力。另一方面，西方學者沒有多大興趣研究的有中國「正統」文人⑰，即是受政權與社會壓力，等於西方的「後現代」藝術家。這樣的說法還存在。然而無論如何，連有藝術成就與道德態度的文人無法完全避免雙方的矛盾：作為文人，他們的理想總是服膺於一位合理正當的君主，同時也對社會有貢獻並培養與發展自己內心。他們必須被政權承認，才能夠當官。同時，為了得到社會上的承認，他們也必須維持

---

⑯ 譬如可參考 Nicole VANDIER-NICOLAS, *Art et sagesse en Chine. – Mi Fou (1051-1107) peintre et connaisseur d'art dans la perspective de l'esthétique des lettrés.* Paris, PUF, 1963 (米芾); Nicole VANDIER-NICOLAS, *Le Houa-che de Mi Fou (1051-1107) ou le carnet d'un connaisseur à l'époque des Song du Nord.* Paris, PUF, 1964 (米芾); Pierre RYCKMANS (trad., comm., ann.), *Shitao, les* Propos sur la peinture *du moine Citrouille-Amère.* Bruxelles, Institut Belge des Hautes Études Chinoises, 1970, rééd. Paris, Hermann, 1984, 2000 (石濤); Lothar LEDDEROSE, *Mi Fu and the Classical Tradition of Chinese Calligraphy.* Princeton, Princeton Univ. Press, 1979 (米芾); HSIUNG Ping-Ming, *Zhang Xu et la Calligraphie cursive folle.* Paris, Collège de France, Institut des Hautes Études Chinoises, vol. XXIV, 1984 (張旭); François CHENG, *Chu Ta, 1626-1705. Le génie du trait.* Paris, Phébus, 1986 (八大山人); R. BARNHART et WANG Fangyu, *Master of the Lotus Garden. The Life and Art of Bada shanren (1626-1705).* New Haven, Yale University Art Gallery, 1990 (八大山人); Peter Charles STURMAN, *Mi Fu. Style and the Art of Calligraphy in Northern Song China.* New Haven, Londres, Yale Univ. Press, 1997 (米芾); Adele SCHLOMBS, *Huai-su and the Beginnings of Wild Cursive Script in Chinese Calligraphy,* Stuttgart, Franz Steiner (Münchener ostasiatische Studien, band 75), 1998 (懷素).

⑰ 首先研究「正統」派藏品是 *The Jade Studio, Masterpieces of Ming and Qing Painting and Calligraphy from the Wong Nan-p'ing Collection.* Connecticut, Yale University Art Gallery, 1994.

廉正並反對政權壓力。怎麼保持自己的清廉、維護道德理想；同時又服膺於專制的政權？這樣的問題並不能以「現代」、或「後現代」的口號來解決。而要思考並觀察歷史與社會的明確情況。例如，宋朝被流放的文人當然與元代反對蒙古權力的隱逸的文人，處境完全不同，壓力也不可同日而語。明朝苦練地尋找一分能使他家庭過日子的收入的貧窮無名文人又不同，而清代，雖然有「文人」的社會地位但還願意在畫院工作的文人又是另外一回事。連最「怪」、最「狂」的中國傳統藝術家文人，有機會的時候，都作為忠實的官，正直地服從當權。「狂」與「怪」只是一種方便的社會態度，使文人能夠避免服從他不承認的當權、或離開社會壓力的方法而已。

二、美學與政治宣傳之關係

文人神話的第二個相關問題是思想與政權的關係，亦即，美學與政治宣傳的關係對美學標準的影響。在中國藝術傳統裡，政權留用某種藝術風格模範作為政治思想的宣傳之用：當權者認為某些藝術家特別具有道德上或者思想上的代表價值，所以把他們的藝術風格規模化，藉以作為政權宣傳的辦法[18]。譬如唐太宗利用王羲之即是典型的例子[19]。這個特點與歐洲傳統藝術很不同：中國傳統裡，不少「文人」因為字寫得好（如虞世南）、文筆特殊、畫畫得好而成宰相、或位居高官。這點自然與中國傳統藝術與藝術家在社會的作用有關。

三、眞跡的神話

雖然中國傳統也有「藝術」這個語詞、有特殊的藝術觀念、也有對這種活動的深刻理論，甚至可以談到一種特殊的「美學」。可是，一般來說，西方機構，無論是歐洲的還是美國的，都以西方的、所謂普遍性的標準來介紹中國與中華文化藝術與藝術史，就是說西方博物館借用西方藝術與藝術史的標準介紹所有外來的藝術與

---

[18] 見幽蘭，〈中國書法藝術品評的美學思想——論張懷瓘的《書斷》〉，《哲學與文化》，第 379 期（2005 年 12 月），頁 47-70。

[19] 同上。

藝術史❷。因此中國藝術與藝術史也以西方標準下定義、欣賞、品評、分類。首要對象是作品之物：主要是研究關於作品的視覺形象，反而對於它的顯證價值、甚至政治價值、或者它的視覺之外的感覺的影響與其它含義都不提，或者略居次要。西方博物館對中國傳統藝術感興趣並作研究的條件很特殊。主要的條件是「真跡」l'authenticité ❷：所謂「真跡」有「建立我們對繪畫真實的信念」的作用❷。這樣的「信念」顯示對作品真實存在的可靠性的信心。這個可靠性建立在於能夠確定作品的年代、技術方法、材料、作者等條件。

起初，國際間、世界各博物館早期所藏的中國書畫藝術作品的收藏條件都以中國傳統文人藝術條件而定，尤其是文人、書詩畫家、收藏家、理論家董其昌所列舉的條件為主。可是文人的藝術條件漸漸地被西方藝術史專家排斥，被批評為不可靠、並易引起「錯誤」。自從二十世紀八十年代起，中國書畫作品大量地被重新品列，尤其由美國博物館所藏的作品起。主要的是作者重新考查。可是，問題在於「真跡」在歐洲或者在美國的含義與在中華文化中含義不同。在中國傳統中，「真跡」具有兩種要分得清楚的問題（有時候這兩個問題會合）：一方面，真實的「偽作」，就是說故意仿真，故意要騙收藏家的作品；另一方面傳統裡以某某名畫家作的作品，其實有可能不是這位大師親自作的作品，然而作品有大師的名字才能傳下來。

至於歸於歷史上大師的作品，一直到前幾年，世界上很多收藏中國書畫作品博物館都展出一些唐代和宋代的名作。連臺灣故宮博物院也一樣。但據西方專家如高居翰（James Cahill）指出，這些作品其實大部分都是明代無名氏之作，而他們無名的原因是他們是工匠或者專業者，所以完全不提他們的名字。這幾年來開始重新為這樣的作品尋找原作者。這樣的新品列在美國繼續進行，在日本、中國等已開始進行，臺灣也開始相同的活動。多半的作品重新品列後，最好的情形是歸於職業畫

---

❷ 見薛佛（Jean-Marie Schaeffer）〈從熟識到陌生：西方藝術在人類學框架下的展示〉，《哲學與文化》，第 389 期（2006 年），頁 7-19。

❷ 見 Judith G. Smith, Wen C. Fong（編輯）《關於中國繪畫中的正式性》，*Issues of Authenticity in Chinese Painting*, New York, The Metropolitan Museum of Art, 1999.

❷ 同上，p.7: «to support our belief in the veracity of the painting».

家，最不好的情形是歸於「無名氏」，因為如此一來，這件作品就對中國傳統的傳承失去它的正統性了。

以中國藝術而言，所謂傳統，主要的是世世代代通過作品的「傳神」而來，這個「傳神」一定要與作品物質形式上的流傳分得清楚。作品之為物的價值建立於它能夠流傳下來技術性、與精神上的紀念。雖然藝術家，即書法家與畫家，明明知道某件作品並不是某位著名大師真正自己創作的作品，但是因為該作品能夠傳下來某位大師的精神，所以這件作品便值得歸於該大師的名下。這樣的作法不是為了騙人。反而讓某件名作變成「無名氏」之作，就等於讓它失去正統性，使它離開流傳線。因為中國傳統標準主張人品，然而作品是次要的，所以「無名氏」之作不能以傳統標準來欣賞、品列、等差。不代表「傳神」的作品，當然失去了任何意義。而且一位大師的作品不但有保存世代之間的關係的作用，也有對宇宙會合系統作出貢獻的作用，這個系統會合保證人與天之間的和平關係。在這種系統裡，藝術創造使自然造化圓滿完成❷❸。打破前後聯繫，就等於震動整個人天會合關係的思想系統。

這個系統當然基礎在於政權的宗教與政治象徵保證方法❷❹。然而，像最後皇家所構成的收藏品那樣也建立政權的政治上與宗教上的保證。而且收藏品也包括任何藝術家一定要參考、摹仿、觀察的書畫名作。中國歷史上任何一個朝代要建立自己政權首先要抓住正統性的流傳的象徵。譬如，無獨有偶，自 1949 年起，兩岸都收藏起「皇家收藏品」，一個在北京故宮博物館，一個在臺北故宮博物院。關於歷史上的情形，不用多言。但有意思的是，把臺灣所藏的「皇家收藏品」重新品列，使名作變成「無名氏」作，就是說再也沒有象徵正統價值的可能性，當然也兼具宗教與政治方面的意義。

因此，原來限制在於藝術史範圍內的西方藝術史家，尤其是美國的，引起出乎意料且有趣的效果，有趣的意思是引起美學與政治上的超越藝術史範圍的效果。譬

---

❷❸ 見西蒙‧雷思，李克曼筆名（Simon Leys, alias Pierre Ryckmans）《火災的森林。中國文化與政治文集》，*La forêt en feu. Essais sur la culture et la politique chinoises*, Paris, Hermann, 1983, p.22-23.
❷❹ 同上。

如 Richard Barnhart 認為旗人皇家所構成的收藏品，雖然有很多「錯誤」**㉕**，但很長的時間被以為「真跡」；Barnhart 認為這些「錯誤」一定要更改**㉖**。然而對中國藝術傳統來講，如書畫家，主要的問題是並不是「錯」或者「沒錯」而是作品的象徵價值、流傳的模範。兩者的判斷標準很不一樣。但這個問題，連現代詮釋也沒有辦法解決誰對誰錯。

總結而言，透過「詮釋」的觀點，從中西對比的角度，探討中國傳統藝術與美學在現代的特殊意義的作用。至於中國藝術與美學，現代詮釋並不限於尋找真理，但必定有與西方藝術和美學相對話的目的，具有重新思考中國藝術傳統的作用，也有重新思考西方藝術史方法與目標作用，甚至反思西方美學和藝術史傳統的「真跡」與正統性。

參考文獻

張懷瓘（1979）。《書義》，收於黃簡主編，《歷代書法論文遶》，上海書畫出版社，卷上，頁 144-150。

符載（1957）。《觀張員外畫松石序》，收於俞劍華主編，《中國畫論類編》，北京：人民美術出版社，上冊，頁 20-21。

董逌（1957）。《廣川畫跋》，收於俞劍華編，《中國畫論類編》，北京：人民美術出版社，下冊，頁 654-657。

董其昌（1984）。《容台集》卷四，收於王原祁（1642 或 1646-1715）編，《佩文齋書畫譜》卷七，北京：中國書店，第二冊，頁 192-193。

梁巘（清）（1979）。《評書帖》，收於黃簡主編，《歷代書法論文遶》，上海書畫出版社，卷下，頁 573-588。

熊秉明（1984）。《中國書法理論體系》，香港，商務印書館。

熊秉明（1995）。〈中國文化核心的核心〉，《雄師美術》，第 288 期，頁 23-

㉕ 見 Richard M. BARNHART, *Painters of the Great Ming. The Imperial Court and the Zhe School*. Dallas, The Dallas Museum, 1993, p.11.

㉖ 同上。

26，重刊於《看蒙娜麗莎看》，高雄：傑出文化出版，2000 年，頁 142-146。

金開誠，王岳川（主編）（1995）。《中國書法文化大觀》，北京大學出版社。

薛佛（Jean-Marie SCHAEFFER）（2006）。〈從熟識到陌生：西方藝術在人類學框架下的展示〉，《哲學與文化》，第 389 期，頁 7-19。

幽蘭（1999）。〈「寧鬼無媚」藝術中的丑〉，《天心與人心。中西藝術體驗與詮釋》魏明德、沈清松、鄧福星主編，臺北：立緒文化公司，再版《天心與人心。中西藝術體驗與詮釋》魏明德、沈清松、邵大箴主編，北京：商務印書館，2002 年，頁 124-143。

幽蘭（2000）。〈中國當代書法之美術詞彙歸類及藝術的世界化〉，《Word & Image》，臺中美術館，頁 145-151。

幽蘭，〈關於中國山水畫與西方風景畫〉，《二十一世紀》，香港大學哲學系，2003 年 8 月，第 78 期，頁 79-84（一），2003 年 9 月，第 79 期，頁 77-86（二），2003 年 12 月，第 80 期，頁 98-105（三）。

幽蘭（2005.12）。〈中國書法藝術品評的美學思想——論張懷瓘的《書斷》〉，《哲學與文化》，第 379 期，頁 47-70。

幽蘭（2006.10）。〈藝術／非藝術——平面設計的藝術與美學界域問題〉，《哲學與文化》，第 389 期，頁 69-88。

Richard M. BARNHART (1993). *Painters of the Great Ming. The Imperial Court and the Zhe School*. Dallas, The Dallas Museum.

Richard M. BARNHART, WANG Fangyu (1990). *Master of the Lotus Garden. The Life and Art of Bada shanren (1626-1705)*. New Haven, Yale University Art Gallery.

James CAHILL (1994). *The Painter's Practice. How Artists Lived and Worked in Traditional China*, New York: Columbia University Press.

François CHENG (1986). *Chu Ta, 1626-1705. Le génie du trait*. Paris, Phébus.

HSIUNG Ping-Ming (1984). *Zhang Xu et la Calligraphie cursive folle*. Paris, Collège de France, Institut des Hautes Études Chinoises, vol. XXIV.

The Jade Studio, Masterpieces of Ming and Qing Painting and Calligraphy from the

Wong Nan-p'ing Collection. Connecticut, Yale University Art Gallery, 1994.

Lothar LEDDEROSE (1979). *Mi Fu and the Classical Tradition of Chinese Calligraphy*. Princeton, Princeton Univ. Press.

Simon LEYS (alias Pierre RYCKMANS) (1983). *La forêt en feu. Essais sur la culture et la politique chinoises*, Paris, Hermann.

Pierre RYCKMANS (trad., comm., ann.) (1970). *Shitao, les* Propos sur la peinture *du moine Citrouille-Amère*. Bruxelles, Institut Belge des Hautes Études Chinoises, rééd. Paris, Hermann, 1984, 2000.

Baldine SAINT GIRONS, Christèle BURGARD (1997). *Le Paysage et la question du sublime*, Valence, Réunion des Musées nationaux.

Adele SCHLOMBS (1998). *Huai-su and the Beginnings of Wild Cursive Script in Chinese Calligraphy,* Stuttgart, Franz Steiner (Münchener ostasiatische Studien, band 75).

Judith G. SMITH, Wen C. FONG (eds.) (1999). *Issues of Authenticity in Chinese Painting*, New York, The Metropolitan Museum of Art.

Peter Charles STURMAN (1997). *Mi Fu. Style and the Art of Calligraphy in Northern Song China*. New Haven, London, Yale Univ. Press.

Nicole VANDIER-NICOLAS (1963). *Art et sagesse en Chine. – Mi Fou (1051-1107) peintre et connaisseur d'art dans la perspective de l'esthétique des lettrés*. Paris, PUF.

Nicole VANDIER-NICOLAS (1964). *Le Houa-che de Mi Fou (1051-1107) ou le carnet d'un connaisseur à l'époque des Song du Nord*. Paris, PUF.

A Hermeneutics Approach of Chinese Aesthetics: A Dialogue Between East and West

*Yolaine Escande**

Abstract

This paper deals about a hermeneutic approach of Chinese Aesthetics in the recent researches, in a dialogue between East and West. After having explained the central role of arts in aesthetics and philosophy, especially in Chinese philosophy, the paper examines several questions in which modern hermeneutics are directly involved. First, the problem of a possible definition of "Chinese Aesthetics"and its usefulness. Second, the role of modern Western hermeneutics in Chinese aesthetics; this study requires to explore the question of related aesthetic categories. Then, third, the dialogue of "aesthetic myths" related to it in the West and in China.

Keywords: Chinese Aesthetics, Literati Arts, Aesthetic Categories, "Aesthetic Myths"

---

* Directrice de recherche au CNRS, CRAL

海德格 Dasein 概念裡
希臘與猶太－基督宗教的背景
——兼論一種東西方哲學可能的交會點

汪文聖*

摘　要

　　本文先討論海德格如何從傳統的 Dasein 概念，導向其自己所理解的 Dasein 概念，而這實是以希臘思想為其基礎的。其次將分析海德格在發展 Dasein 概念的過程中，如何從猶太－基督宗教的背景進入以希臘哲學為基礎，但前者仍殘留於海德格對於 Dasein 的理解中。《聖經》裡的：「我在這裡」這句話所連帶的思想，是本文提出的這種殘留；它和 Dasein 的關係如何，即成為全文討論的核心。鑒於列維納斯對「我在這裡」的分析，本文尋獲一些要素，它們和海德格分析 Dasein 在良知中召喚自己所論述的一些概念思維可互相發凡，這可呈現 Dasein 和「我在這裡」間的可能關連。在對 Dasein 概念做了細緻的分析與理解下，我們就可合理地去論述：Dasein 可作為一種東西方哲學的交會點。這是作為人之所以為人的 Dasein 意義，特別是表現在人對於召喚之回應，所善盡的原初意義之責任上。

關鍵詞：康德　海德格　列維納斯　希臘哲學　猶太－基督宗教　我在這裡　召喚
　　　　責任　Dasein

---

*　國立政治大學哲學系教授

壹、前言

　　本文將先討論海德格如何從傳統的，導向其自己所理解的 Dasein 概念，而這實是以希臘思想為其基礎的。其次將分析海德格在發展 Dasein 概念的過程中，如何從基督教的背景進入以希臘思想為基礎，但前者仍殘留於海德格對於 Dasein 的理解中。《聖經》裡的：「我在這裡」這句話所連帶的思想是本文欲提出的這種殘留，它和 Dasein 的關係如何，即成為全文討論的核心。借助列維納斯（Levinas）對「我在這裡」的分析，本文尋獲一些要素，它們和海德格分析 Dasein 的良知召喚所論述的一些概念思維可互相發凡，這可呈現 Dasein 和「我在這裡」間的可能關連。因為對 Dasein 概念做了較細緻的分析與理解，我們就有較豐富的依據去思索，是否 Dasein 不論在西方或東方的文化思想背景下，可能作為彼此一種會通點，這是作為人之所以為人之 Dasein 的意義，特別是展現於對於召喚的回應，亦即責任的根本意義上面。

貳、海德格論從近代到以希臘思想為基礎的 *Dasein* 概念

　　海德格在《現象學基本問題》（1927）清楚地區別了他所提出的 Dasein 概念和傳統使用的有何不同：後者包括康德使用的上帝存在（Dasein Gottes）、外在物的存在（Dasein der Dinge）、自然的存在（Dasein der Natur）等，而這些 Dasein 事實上和士林哲學用的 *Existentia* 是一樣的，故對康德言，Dasein 與 Existenz 的意義是一樣的。海德格所用的 Dasein 即和傳統的用法不同，他認為康德用的 Dasein 是自然物的存有方式（Seinsweise），他用的是專屬人的 Dasein，這個獨特的存有者就不是一種存有方式，Existenz 是它一特別，但非唯一的存有方式。❶

　　海德格其次與之區別的是，康德等的 Dasein 是現成之存有的（vorhanden seiend）

---

❶　Heidegger, Martin. *Die Grundprobleme der Phänomenologie*. GA 24, Hrsg.: F.-H. von Hermann. Frankfurt. A.M.: Klostermann. 1989 (1975). S. 36.

（案：簡言之，即是在認識論立場下被對象化的），而他的 Dasein 存在著（existiert）。❷

　　海德格對於其 Dasein 的進一步解釋，乃透過其對於康德下列命題的闡釋：「存有非實在的謂詞」（Sein ist kein reales Prädikat.）。其大概的意義是：這個命題是康德對於上帝的存在或實在（Dasein/Existenz/Wirklichkeit），或用海德格的用語，對於上帝的現成性（Vorhandenheit）證明所提出來的；上帝在康德也像中世紀一樣，是最完整的存有者，其存有是所有非神性的存有者之存有的本原（案：具存有論與認識論兩方面的本原）。❸海德格強調康德及後康德的一些哲學家始終將存有的問題和上帝的規定與存在問題相提並論，這固然延續著中世紀以降的傳統；惟康德提出如上所示的命題，卻本具一具開創性的義涵，但需要透過現象學的觀點去揭示出來。

　　我們已知，中世紀早期的安瑟姆（Anselm von Canterbury, 1033-1109）提出的存有論上帝證明是以上帝為最完整的存有者，所有完整的規定性皆歸屬於祂，故從完整的上帝概念可產生出上帝的存在。康德反對此論證的理由在於：「最完整的存有者概念不能為存在所隸屬」，這即和「存有非實在的謂詞」命題相似。海德格指出康德的這個命題不只對上帝的存在證明，也對一般事物的存在有效，即祂或它們的存在不隸屬於對其之概念規定。❹

　　但要瞭解的是，該命題中的「實在」（real）概念不和一般瞭解的現實（wirklich）有關，實在的謂詞是對某物的內容規定，實在性只表示肯定被設定之具內容性的謂詞（das bejahend gesetzte sachhaltige Prädikat）。每一個謂詞若不是實在的，它就是否定的，否定表示某個規定不能加於某物上。這個問題涉及某物作為句子的主詞是否與作為該句子謂詞的物內容規定相連接。海德格指出在康德這是隸屬於「質」（Qualität）的範疇，針對此範疇認知主體已施展其綜合能力，將主詞與謂詞連接起來。存在（Dasein/Existenz/Wirklichkeit）則屬於「模態」（Modalität）範疇，表示認知主體面對被判斷對象之態度，存在概念表示主體對該對象以實在、存在的態度來判斷。由此來看，康德的實在性概念關係著概念規定，它反而與存在本身無關。而

---

❷　Ebd.

❸　A.A.O., S. 37-38.

❹　A.A.O., S. 39-40, 42.

該命題當中的存有一詞即是此存在的意義。❺

除了消極地指出存有或存在不是什麼之外，康德也積極地說出它是什麼。簡言之，存有具有設定（Position; Setzung）的作用。作為 A ist B 間的繫詞（Kopula）的「是」（being）只是一個判斷句中的連接概念，而不是康德要說的存有。存有指的是或在這或在那（ist da）的存在，故存有就扮演了設定的角色。或更仔細言，前者的「是」是知性（Verstand）對於可能性的設定，後者的存有則指覺知（Wahrnehmung）對於存在的設定；故嚴格說起來，前者是單單的設定（bloße Setzung），後者是絕對的設定（absolute Setzung）。但海德格提出了質疑，以設定來理解存有或存在是否已夠清楚？❻

海德格特別指出設定是將整個物體關係到我對於該物的思維中，如此被設定的就和我的狀態（Ich-Zustand）關連起來。存有以及存在不直接是內容規定，不是實在的謂詞，但仍表示著將諸內容規定連接到主體認知機能（Erkennetnisvermögen）的關係，絕對設定的意義需就此而更說明清楚。❼例如某物體的存在指的是主體的覺知能力和該物體的內容建立之關係，存在指的即是這種關係。存在之物就直指物自身。康德已區分作為對物內容規定之實在的謂詞與存在，但似未能區分存在與存在之物——也就是物自身。換言之，康德固然區分了存在與由知性所為之單單的設定，但當視存在為由覺知所為之絕對的設定時，卻將絕對的設定等同於存在之物。❽

海德格批評，康德對於設定與被設定的概念模糊不清，更將二者混為一談。海德格則明確指出存有是被設定性，如在覺知時即是被覺知性（Wahrgenommenheit）。因設定是對於某事物的接近方式（Zugangsart），是對它的揭發方式（die Weise seiner Entdeckung），故設定也稱為被揭發性（Entdecktheit）。❾

在《現象學基本問題》裡，海德格從上述的討論去闡釋現象學的意向性（Intentionalität）概念，例如覺知與被覺知者共屬於被覺知性，這個共屬性即是意向

---

❺　A.A.O., S. 47-49.

❻　A.a.O., S. 51-57.

❼　A.a.O., S. 61.

❽　參考 A.a.O., S. 63-65.

❾　A.a.O., S. 65-67.

性（經由知覺指向被知覺者所表示）的特性。❿事實上，設定之將對物體之諸內容規定連接到主體認知機能即是海德格要表示的意向性意義。海德格一方面將康德已涉及但未說明白的課題點明出來，另一方面對其老師胡塞爾承繼布倫塔諾，乃至中世紀所發展出的意向性概念做存有論基礎的探源。⓫

康德說「存有或存在非實的謂詞」，他已提出 Sein 或 Dasein 不是被設定者或被覺知者，而是設定本身，也即是海德格繼續開展出的被設定性、被揭發性，或意向性。但康德只將存有或存在與單單的設定區別開，卻將存有或存在視為被設定的存在之物，也就是海德格所說的現成者。康德本欲反對存有論的上帝證明，因為「最完整的存有者概念不能為存在所隸屬」；但上帝的存在被他以現成之存在物來看待，以至於完整的存有或存在概念反而又包含了上帝存在。這也導致了當康德本人承襲傳統的形上學，從知識論（海德格視之為被稱作一般形上學 metaphysica generalis 的存有論⓬）開展到實踐層次的特殊形上學（metaphysica specialis）⓭領域，而處理著如自由及上帝的理念問題時，不能對之提出有效的證成方式。

職是之故，在《現象學基本問題》裡，海德格對於意向性概念進行其存有論基礎的探源，若對照著傳統的形上學，也是對「上帝」的問題提出看法。本著這個觀點，我們可清楚地瞭解，海德格為何與如何批評與疏通康德的哲學。

簡言之，他以為康德承襲近代以主體為取向的哲學傳統，主體的取向乃建立在主體是直接且確定地可接近，而客體只能間接地可接近的觀點上。⓮前者的直接明確性為對於後者可接近的出發點，也因為如此，卻造成了客體的難以完全接近，這包括認識論與存有論方面的處理。故海德格強調即使在其第一批判，康德表面上處理的是認識論問題，但實為處理存有者存有的存有論問題。海德格說明在康德主體或我思（Ich-denke），或統覺的綜合統一單元（synthetische Einheit der Apperzeption）是一切存有（也就是範疇）的存有論基本條件，「我思」更可被視為整個人格（Person）的一

---

❿　A.a.O., S. 79.

⓫　見 A.a.O., S. 80-81 所示。

⓬　A.a.O., S. 181.

⓭　如 A.a.O., S. 112 所示。

⓮　A.a.O., S. 175.

部份。這是指「我思」呈現出超驗人格（*personalitas transcendentalis*）以外，尚指示出屬於經驗我的心理人格（*persanalitas psychologica*），以及屬於實踐層次的道德人格（*personalitas moralis*）⓯。但因為自始自終康德視自我與自然對立，故整個人格終不能構成存有論的真正課題：存有；人格的概念討論不足，致使存有反而如同存有者被看待。

對本文議題重要的即是海德格處理康德之道德人格問題，這涉及道德感情的討論。海德格先指出其中的兩種義涵，再對之做現象學的反省與批判。

海德格首先指出道德感情是對於道德律的尊重（Achtung），因為尊重根本上來自理性的作用，故對道德律的尊重成為行為者對於自己的尊重。在對道德律的尊重中自我實對自我之為自由者而謙卑（sich unterwerfen），在這種謙卑當中自我提昇為自由的、自我規定的生命體；由之自我開啟了在尊嚴中的我。海德格強調：這是自我面對自己及對自己的負責（Verantwortung）。海德格對從尊重開啟出的尊嚴與負責的我，稱為在每時每地皆為獨自之事實的我，並以自身（Selbst）來表示。⓰

接著海德格對於仍屬於存有者（ontisch）層次的自身做一種存有論（ontologisch）的規定。海德格洞察到人之作為目的自身而存在，是康德已揭示出來的自身存有論意義。康德在定言令式中表示要將人性（Menschheit）視作目的，而非手段，其中的「人性」即被海德格理解為人的本質，也就是置於存有論層次來理解的人。由之人格（Person）與人以外的存有者或事物（Sache）不同。但康德將人格與事物皆以最廣義的物（Dinge, *res*）來表示，也將他（它）們共同表為有其存在或它們存在。這歸因於康德本著笛卡兒對於 *res cogitans* 與 *res extensa* 的區別，將二者的差別根據在其是否以自身為目的之判準上。海德格即指出康德以這種觀點分別在《道德形上學》與自然的形上學中處理存有論問題。他並強調人之為其自身目的而存在，表示它不是以上帝為目的，而是面對著上帝以自身為目的。雖然如此，即因康德始終以物的觀點來理解人格，故未能真正地處理人的存有。⓱

⓯　以上各人格的述語分別見 A.a.O., S. 177, 182, 185。

⓰　A.a.O., S. 188-194.

⓱　A.a.O., S. 194-198.

　　海德格對之反省而提出的問題是：康德如此之以自身為目的足以規定人的存在（Dasein）嗎？當康德將人格與事物皆共同表示其有 Dasein，或皆以物（即使是最廣義的）來看待，即註定如此以自身為目的之存在無法窮盡對人 Dasein 的規定。此原因即是在前開宗明義已指出的：康德依然對人的 Dasein 視為現成者。故即使海德格點出有尊嚴與負責的自身（存有者來看），以自身為目的之自身（存有論來看），以及人是道德的行動者，但行動本身也是一種具現成性意義的存有，也就是康德以對象化的態度來談行動。這些皆歸於康德仍在笛卡兒的傳統下，將非屬上帝之物視為有限的實體，將上帝視為無限的實體。對海德格而言，康德仍抱持上帝創世的基督宗教背景，故造物主的存有（Urhebersein）就有創造物存有的真正經驗，創造物的存有就是被製作性（Hergestelltheit）。有限的人類認識的只是「凡我們自己做的以及至此我們所做的」（was wir selbst machen und soweit wir es machen）。**⓲**

　　我們回到前面，康德一方面消極地說「存有非實在的謂詞」，積極地說「存有是一種設定」；另一方面以為「最完整的存有者概念不能為存在所隸屬」。暫不論康德之將設定與被設定者混為一談，就他而言，上帝之為造物主存有，或就創造物而言的被製作性，皆是最完整的存有或存在；而人自己做設定的存有（如上述或可稱「做為性」）是不完整的存有。康德已將存有視為被設定者與自我之間的一種關係，對上帝創造人類而言，存有即為上帝與被設定者人類間的關係，存有連接了上帝與人類，讓二者建立彼此間的共屬關係。這種關係固已表現在前面所述道德感情的課題中，即人尊重道德律，自我有尊嚴與責任，且面對著上帝以人自身為目的；但因為康德對於存有（或設定）與存有者（或被設定者）尚混淆在一起，以至於出現了上帝之為完整的存有，而人為不完整的存有之壁壘分明局面。

　　海德格欲對於人的 Dasein 或存有做根本的提問，他的立場實源於希臘古典的思想。在這裡也談製作的活動，但製作或形塑（Gepäge, *morphé*）是按照作為範本的外觀形相（Aussehen, *eidos*）而製作的，且 *eidos* 已在存有者中，或存有者過去曾經是的當中。這明顯地表現於自然物（*phúsis*）的情況裡，因它是自生地成長、製作，是自

⓲　A.a.O., S. 210-213.

己製作自己。亞里斯多德清楚地定義 *phúsis*：自然物是其形式由質料本身生成。**⓳**

　　同樣的製作（Herstellen）概念被海德格轉為「帶到接近者的範圍內」的意義，以至於被帶來者在接近者之前，並為他所支配使用，這被海德格視為最原初的實體（*ousía*）。這素樸的存有者後來被衍伸到存有論的層次，而當 *ousía* 又被轉譯為與拉丁字 *essentia* 時，意義也成為存有者的存有，表以可被使用性（Verfügbarkeit）、被帶來性（Hergestellheit），也表以現成性（Vorhandenheit）。**⓴**海德格將 *ousía*，*essentia* 及 *existentia* 的本義仔細地解釋，以為它們三者或有強調使用性或現成性的不同，但皆以製作（Herstellen）為其根本的意義。故當海德格提出傳統的 *essentia* 及 *existentia* 兩概念之存有論共同根源之問題時，就以其答案應在製作行為的意向性結構（intentionale Struktur des herstellenden Verhaltens）中去尋找。**㉑**

　　這裡根本的問題仍在意向性（設定）連接設定者與自我之間的共屬問題。希臘思想對於海德格的影響，在於海德格承繼了——若在這裡套用他晚期的用語——「自然甚至是在最高意義下的製作（Die *phúsis* ist sogar *poíesis* im hochsten Sinne.）」**㉒**的亞里斯多德見解**㉓**。從個別的質料到一般的形式是後者從其潛在到其實現逐漸發展出來的。唯有從這個思想基礎，才能滿足亞里斯多德將完整的質體（*ousía*）概念視為由個別存有（*tode ti*, that-being）與一般存有（*ti estin*, what-being）的綜合。**㉔**傳統上個別的存在（*essential*）與一般本質（*essentia*）的共同存有論根源在於自然的自己製作自己，而從自然的這種被製作性中去尋找。

　　從 *phúsis* 的觀點，個別的與一般的才可能共屬。將人視為 *phúsis*，那麼它「個別的存在」就與可能已潛在而將實現的「本質」共屬。在這樣的思想基礎上，海德格開展前者為其 Dasein 概念，後者為 Sein 概念。共屬的意義表示二者不是截然二

⓳　Aristoteles. *Metaphysik*, Stuttgard: Reclam, 1970, 1032a.

⓴　Heidegger, Martin. *Die Grundprobleme der Phänomenologie*, S. 150-153.

㉑　A.a.O., S. 153-154, 159.

㉒　Heidegger, Martin. "Die Frage nach der Technik", in: *Vorträge und Aufsätze, Teil I*, Tübingen: Neske, 1967, S. 5-36, S. 11.

㉓　參考 Aristotles. *Metaphysik*, 1032 a 19。

㉔　參考 A.a.O., 1028b-1030b。

分、壁壘分明,而是可從前者發展成後者。

但海德格並非全然地將希臘思想照本宣科,因為亞里斯多德仍然較以存有者的觀點來看潛在與實現的發展過程,海德格則超越了這種觀點。Dasein 以及 Sein 作為設定本身,充份顯示在他將意義(Sinn)與時間的引入這種發展過程中,以至於 Dasein 以牽掛(Sorge)為結構,存有由之而被開啟。其中涉入了諸如現身情態(Befindlichkeit)、怖慄(Angst)等有關情感的概念,其更易拉近甚至打消具存有者性質的主與客間的關係,以回到居間的被設定性或被揭發性本身。

但本文主題的 Dasein 概念在海德格單純是本著如此的希臘思想基礎嗎?這是下面接著要深究的問題。

參、海德格的 *Dasein* 概念之從 基督教到希臘思想背景的過渡與殘跡

1927 年初《存有與時間》的出版以前,Dasein 的概念是有一些蘊釀的。早在 1920/21 年冬季學期的講課中,海德格的《宗教現象學導論》已出現了 Dasein 概念,當時特別指人的 Dasein 以及事實的(faktisch)Dasein ❷。在為時較晚的《現象學基本問題》中,海德格曾對康德討論的道德人格往事實的我去詮釋,在早先的講稿裡業已出現的 Dasein 以此事實性來表示。在《宗教現象學導論》裡,海德格是從 Dasein 或事實性生活經驗(faktische Lebenserfahrung)❷來談真正的宗教經驗。

當時海德格的立場是:對於宗教去做現象學的理解,是從任一宗教歷史事實出發去構成宗教一般的可能形式或類型,原初的基督宗教性(urchristliche Religiosität)也只提供了這樣的一種歷史事實性而已。❷但這種事實如何取得以作為出發點?首先目前的宗教史並不能提供此事實,因它們常建立於實證的歷史研究方法上,唯有從事實性生活經驗出發,才能尋及真正的事實。

---

❷ Heidegger, Martin. *Phänomenlogie des religilösen Lebens*. GA 60, Frankfurt a.M.: Klostermann. 1995, 如 S. 51, 52。

❷ 如 A.a.O., S. 37, 55.

❷ A.a.O., S. 75-76.

　　海德格是以保羅的書信為例，呈現出如何從事實性生活經驗去對上帝言說，以至才能對其他基督徒或教會（如加拉太教會與帖撒羅尼迦人）的言說或宣告。他首先從《聖經》章節出發，對其中敘述的事實性生活經驗進行現象學的描述，構成諸如愛、謙卑、尊重、承擔、挺得住等本質概念❷，這所表示的實是超越基督教的一般宗教意義。

　　故 Dasein 在這講課裡所扮演的角色是：從基督教的事實經驗者出發，構成一般宗教經驗的實作者（Vollzieher），這和本文之前將海德格的 Dasein 概念以希臘思想為基礎不同。如果我們藉用 James K.A. Smith 論及人如何能對於超越者言說的問題，提出其中兩種可能：一是從有限性往無限性、從內在往超越、從下往上的運動方向，包括柏拉圖式的參與（participation; *methexis*）理論；另一是從永恆到時間性、從完美到非完美的下降，但又不失先前的永恆與完美性，這也稱為「道成肉身」（incarnation）；那麼這曾在奧古斯丁思想內彼此抗衡之柏拉圖主義與基督宗教兩個元素，將被發現也呈現在海德格的 Dasein 概念裡。❷

　　在 1923 年的《存有論（事實性的詮釋學）》，海德格對 Dasein 有著較仔細的定義：他直接以「事實性」為 Dasein 的存有性徵；進一步的意義是，我們各自的 Dasein 有著各自的存有方式——「在那裡」；每個不同的存有方式開啟了，同時也侷限了在每個情況中可能的「那裡」。❸

　　《存有與時間》裡，海德格分析 Dasein 的出發點則顯示幾個要點：(1) Dasein 的存有是各自屬己的（je meines），(2) Dasein 的存有基於其成為存有（Zu-sein），(3) Dasein 是被託付（überantwortet）給其自己的存有。❸第(1)點對應上面的侷限於各自的「在那裡」，第(2)點指出各自的「那裡」向或被存有開啟的動態過程，第(3)點為筆者所特別強調，以對照前面康德論道德人格時指出的自我負責意義。

---

❷　見 A.a.O., S. 79-81, 93-100.

❷　Smith 區分的三種超越，對超越者言說的三種路數，其主張道成肉身的現象學，以及其論述奧古斯丁的爭議，請見著作：Smith, James K. A. *Speech and Theology: Language and the logic of incarnation*. London & New York: Routledge. 2002, pp. 4, 6, 10, 125, 170-173.

❸　Heidegger, Martin. *Ontologie: (Hermeneutik der Faktizität)*. Frankfurt a.M.: Klostermann, 1995. S. 7.

❸　Heidegger, Martin. *Sein und Zeit*. Tübingen: Max Niemeyer. 1979, S. 41-42.

Dasein 的基本結構為「在世存有／寓居於世」（In-der-Welt-sein），作為整個《存有與時間》談論 Dasein 的核心，它實包括了上述的⑴與⑵兩點。因為 Da 實是我們與事物周旋而產生了「這裡」（Hier）與「那裡」（Dort）的存在性空間的條件，Da 本質上表示這種開啟性（Erschlossenheit）❸❷，而「在世存有」即表示這個開啟性的向度──從周遭的世界往世界性（Weltlichkeit）❸❸去開啟，從僅含工具－目的意義（Bedeutung）的世界往人之生命意義（Sinn）世界去開啟。Dasein 從開啟性（Da）的存有（Sein）分開成 Da-sein 來看，就更能顯示其一方面是侷限，一方面是開啟的意義，故海德格說：「Dasein 即是它的開啟性（*Das Dasein is seine Erschlossehnheit.*）」❸❹。我們讀到具開啟性的存有（Da-sein）方式有現身情態（Befindlichkeit）、理解（Verstehen）、言說（Rede），而喋喋不休（Gerede）、好奇（Neugier）、模稜兩可（Zweideutigkeit）反成為阻礙開啟的存有方式。❸❺我們進一步瞭解以牽掛（Sorge）作為 Dasein 的存有，其所包含的三個環節也和上述的⑴與⑵點有關：一方面早期已提出的事實性（Faktizität）概念在狹義下指著各個人基於過去的侷限性（表以被拋性：Geworfenheit），以及目前所在的侷限性（表以沉溺性：Verfallenheit），存在性（Existenzialität）則狹義地指著往未來可能的開啟性（表以投企：Entwerfen）。❸❻怖慄（Angst）弔詭地成為最具侷限也最具開啟性的存有方式❸❼，與之關連的「向死亡存有」（Sein zum Tode）看似 Dasein 的終結，但卻具有最能讓可能性可能的開啟性❸❽。要證成（Bezeugung）這具本真性的存有可能，就進入和上述第⑶點相關係的託付或自我負責的問題。

這涉及到良知（Gewissen）與罪責（Schuld）的概念。Dasein 自身即是有罪責的，因它尚未讓存有全面的展現，這是為什麼它以牽掛為其存有意義之原因。既然是罪

---

❸❷　A.a.O., S. 132.

❸❸　A.a.O., S. 86.

❸❹　A.a.O., S. 133.

❸❺　A.a.O., §§ 29-37.

❸❻　A.a.O., § 41.

❸❼　A.a.O., § 40.

❸❽　A.a.O., § 53.

責，它就是有所匱乏，這是 Dasein 在開啟向度上的匱乏。有匱乏，就有復原的需求；但復原需要良知的召喚（Ruf）。有所匱乏的 Dasein 將自己召喚到最屬自己的存有可能之前，故真正召喚自己的是匱乏而待復原的這個存有可能，這也就是良知。在日常生活沉淪的 Dasein 固然被良知所召喚❸，向死亡存有的 Dasein 更顯示出被良知召喚的絕佳契機❹。

對於召喚理解（Anrufverstehen）即是「願有良知」（Gewissen-haben-wollen），Dasein 唯有如此才是負責的❹。「願有良知」配合著 Dasein 具開啟性的存有方式，就形成了「沉靜的、願在怖慄中往最屬己的罪責存有去投企」的行動，這也就是「決斷」（Entschlossenheit）。❹這是一種特別的開啟性，由之 Dasein 最原初、本真的真理可以獲得❹。若有一種類似「這裡」或「那裡」的存在空間性來規定此時 Dasein 的話，那麼就以處境（Situation）來表示；這可說是 Da 之為開啟性，但絕不落入空洞的存在理想裡，而是認真嚴肅地面對自己，面對自己的向死亡存有。❹

由 Dasein 的決斷性衍伸了海德格具獨特意義的歷史性概念討論，他將德文的歷史性 Geschichtlichkeit 和命運 Schicksal 兩個字連接一起來談，而命運和差遣（schicken）的字根相同，本文就想從決斷（其前提是願有良知及理解良知召喚）來談和差遣的可能關係。❹

因為決斷，故 Dasein 從其接收於歷史中的本真存在之各自事實的可能性就被開啟，它並能清楚地挑選到其自己存在的可能性。它的最終目的，雖然是有限的盡頭，但有限性從許多與我們切近的，例如舒適、輕鬆、逃逸的可能性中斷裂而出，

---

❸ A.a.O., S. 286-287.

❹ A.a.O., S. 277.

❹ A.a.O., S. 288.

❹ A.a.O., S. 296-297.

❹ A.a.O., S. 297.

❹ A.a.O., S 299-301.

❹ 這在後來海德格的一些著作裡表達得更清楚，如寫於 1946 年的《人文主義書信》有云：「Dasein 本身但以『被拋的』進行本質化。它在存有之作為差遣之命定者投注中。」(Das Dasein selbst aber weset als 'geworfene'. Es west im Wurf des Seins als des schickend geschicklichen.) (Heidegger, Martin. *Über den Humanismus*. Frankfurt a.M.: Klostermann, 1981, S. 18)

將 Dasein 帶往其命運的簡單狀態去。這即是 Dasein 的原始發生事件（Geschehen）。
46在各自的 Dasein 向死亡存有中已開啟了有限的、但本真的時間性，Dasein 的命運及其歷史性即以此時間性為本原。在決斷中 Dasein 開啟了過去流傳下來的事實可能性，這雖然被稱為一種重複（Wiederholung），但因為重複是起源於向未來投企的決斷，故重複根本在回應（erwidert）過去存在的可能性，以至於在取消（Widerruf）過去以及其至今的影響，使之從事實性的侷限中往存在性的可能去超越。因此 Dasein 的歷史重心不在於過去、現在，而在未來。**47**

「重複」一詞意義頗為深刻，這裡的解讀是：就像祈克果以為人在世間的意願──包括意願於作自己或不意願於作自己──瓦解後**48**，經由絕望、罪責與怖慄不安產生信仰**49**，而讓永恆的上帝臨現在人與之接壤的瞬間一樣，海德格以為 Dasein 特別在向死亡存有之中，決斷地取消過去以及現今的影響，以至於讓本真的存有臨現。故重複不是單單重複過去的某件事，而是上帝或存有在未來不預期（對 Dasein 是一種命運）下的臨現。

依前所述，Dasein 理解到也願意受良知的召喚，以至於作出決斷，這是一種負責的表現。另一方面，Dasein 被託付給自己的存有。由於在希臘的思想基礎上，Dasein 與存有共屬，前者發展成後者，故良知召喚是從自己潛在的本真存有而來，海德格指稱在良知的召喚下，Dasein 的決斷行動反而是 Dasein 的一種命運，因為 Dasein 需捨棄過去與現在的可能性，而這些時常理所當然地決定其生活方向；就這種彷彿的自主性言，命運自不是決定的因素。但海德格反省到真正未來的可能性不是從過去及現在的可能所決定，而是經由向死亡存有而開啟的；這種可能性是從最本真的存有對 Dasein 的饋予。雖然 Dasein 與存有彼此間共屬，且後者由前者發展而來，但二者仍有質的不同，以至於海德格常說其間需經過跳躍（Sprung）而連接。重複之為存有臨現於 Dasein 的意義，也顯示出二者之間不是從 Dasein 順暢連續地發展至存有，雖然存有隸屬於 Dasein 本身。

---

46 A.a.O., S. 383-384.

47 A.a.O., S. 385-386.

48 Kierkegaard, Søren. *Die Krankheit zum Tode*. Gütersloh: Gütersloher Verlagshaus Mohr. 1982. S. 45ff.

49 Kierkegaard, Søren. The Concept of Anxiety (translated by R. Thomte). Princeton: 1980. pp. 81, 87-88.

　　依筆者之見，海德格雖自 1920/21 年在宗教現象學時期開始，往後則欲淡化基督宗教的概念，這本也合乎當時他主要在探討一般性宗教意義的企圖。但海德格思想即使漸以希臘為基礎，其中仍保有原先基督宗教的內涵；它和祈克果思想對照時，即反映了這個現象。雖然祈克果直接將人的設定者歸為上帝❺，而海德格將設定者歸為在 Dasein 中的存有；對祈克果言的上帝與海德格瞭解的存有一樣，駐於人的心中，但不是完全的自己，祂（它）甚至是我們的「鄰人」（neighbour; der Nächste）。

　　從基督宗教的觀點來看，上帝召喚著我們，讓我們回應，我們接受呼召，承領著差遣，這一方面是上帝的命定，另一方面是我們的命運。

　　從海德格的觀點來看，存有作為良知召喚著我們，讓我們回應，我們願有良知，作出決斷，本真的存有差遣我們，命定我們，我們因而被帶往命運去。

　　在這兩個觀點中皆出現了責任（Verantwortung; responsibility）的課題，責任雖皆由我們所擔負，但它根本上意味著對於上帝或存有去回應（Antwortung; response）；回應只是整個責任結構的出發點，結構包括自我與上帝或存有，自我與他者的關係，這些都有待進一步說明。我們在這樣思考下欲將於海德格的 Dasein 和基督教的「我在這裡」兩概念關連在一起討論。

肆、*Dasein* 與「我在這裡」
(*Here I am; me voici; He Ne Ni*)

　　在《聖經》裡有好幾處出現了「我在這裡」這句話：首先在〈創世紀〉描述亞當吃了讓眼睛亮的善惡之果後，「那人和他妻子聽見　神的聲音、就藏在園裏的樹木中、躲避耶和華　神的面。耶和華　神呼喚那人、對他說、你在那裏。他說、我在園中聽見你的聲音、我就害怕、因為我赤身露體、我便藏了。（……）」❺其次，〈創世紀〉對上帝試驗亞伯拉罕獻祭其子以撒的經過做了敘述，「這些事以

---

❺　Kierkegaard, Søren. *Die Krankheit zum Tode*. S. 8.

❺　《聖經》，〈創世紀〉第三章第 8-10 節。和合本，香港九龍：香港聖經公會，1961 年。

後、　神要試驗亞伯拉罕、就呼叫他說、亞伯拉罕、他說、我在這裏。（……）於是二人同行、以撒對他父親亞伯拉罕說、父親哪、亞伯拉罕說、我兒、我在這裏。（……）亞伯拉罕就伸手拿刀、要殺他的兒子。耶和華的使者從天上呼叫他說、亞伯拉罕、亞伯拉罕、他說、我在這裏。（……）」❺接著，在〈撒母耳記上〉對撒母耳初得啟示的記載中，「耶和華呼喚撒母耳。撒母耳說、我在這裏。（……）」❺而這個記載描述三次撒母耳聽到上帝的呼喚，皆以為其教父以利在呼喚，三次答以「我在這裏」，第四次聽到上帝的呼喚，則順其教父意答以：「請說、僕人敬聽。」❺最後的例子見於以賽亞書：「我又聽見主的聲音、說、我可以差遣誰去呢、誰肯為我們去呢。我說、我在這裏、請差遣我。（……）」❺

上帝呼喚：「你在哪裡？」當他們回應：「我在這裡！」或說：「我聽見你的聲音，我便藏了。」或說：「請說、僕人敬聽！」或說「請差遣我！」等等，基本上表示首先的回應是聆聽了上帝的呼召。這些聆聽並非不經心的，或為不得不的聆聽，或為等待著上帝繼續差遣的聆聽，這即造成上帝對人的整個命定，以及就人來看的整個命運。這包括了亞當之必受懲罰，或以撒之聽命於亞伯拉罕，以及亞伯拉罕、撒母耳、以賽亞之聽命於上帝。聆聽召喚是責任的出發點，「我在這裡」是回應或負責的表示，雖然最後的命運支配權仍歸為上帝所擁有。

對列維納斯言，對他者的能負責（responsible），這種倫理關係是不可化約的底線，故他表明一般對倫理關係的瞭解不如他所瞭解之原初。在這種負責、被召喚、被招惹之中，自我具有不可被取代性，它尚且取代了他者，成為一個人質（hostage），而這一切是為了他者（故自我不具自身的本質性）；但這些皆是由他者所指定的。自我對他者有充份的回應能力（responsible），因它是赤裸裸地暴露在外的，是充份具敏感性的。自我被放逐，居無棲所；自我被貶抑，只剩下保護自己的一層皮，因而暴露在傷害與暴力中。他者即是「鄰人」，但他對我的鄰近性（proximity）總是不夠。在對他者非漠不關心／非無差異（non-indefference）之下，對他負責的我

---

❺　同上，第二十二章第 1-11 節。

❺　同揭書，〈撒母耳記上〉，第三章第 4 節。

❺　同上，第 5-11 節。

❺　同揭書，〈以賽亞書〉，第六章第 8 節。

是獨一無二的。在這種觀點下的自我不是超驗主體（胡塞爾），不是在世存有的Dasein（海德格）；因為這個自我走在任何世界之前（prior to any world），它身具完全暴露的被動性。**⑤⑥**

列維納斯再指出在自我被指定中，無限者（the infinite）如謎般地被聽到，它是無人稱（impersonal）的、持續不斷的、喃喃無語的**⑤⑦**。這個無限者到底是誰？當列維納斯說，能對這個指定做出回應，只有一個「我在這裡」（here I am; *me voici*）**⑤⑧**這句話。列維納斯以「這裡的代名詞的『我』是個受格（accusative），（……）被他者所擁有，是病態的（sick）（……）」。此句話的深刻意義，我們可從列維納斯引自《聖經》〈雅歌〉的「因我思愛成病。」（I am sick with love.）**⑤⑨**處進一步獲得瞭解。故針對我之被放逐、無棲所、只剩保護的皮、易受傷害、脆弱的、病態的等等，列維納斯強調「愛」成為我在回應時的心靈狀態，即使愛尚不見得是回應之原動力。

進一步來看，自我是受到啟示（inspiration）的，「我在這裡」的聲音是將自己交付出去，交給從四面八方皆鄰近的、緊靠著我的他者；但他者始終不和我交融在一起，以至於我永遠不停地為了他者。他者作為無限者又被尊為誠意（sincerity）與榮耀（glory），即使亞當想要從中遁逃也不可得，他必須聆聽其聲而對之負責。而「我在這裡」表示這一切的見證；這種說出的（saying）見證不是揭蔽的真理（海德格），也非和所服從的榮耀間呈現著能識與所識的意向性對應關係（胡塞爾）。自我與他者是不對等的，自我服從他者，聽命於他者，自我與他者間的關係不是對話，這也基於他者作為無限者對我的揀選（election）。**⑥⓪**但揀選我時，我之聆聽與接受差

---

⑤⑥ Levinas, Emmanuel. *Otherwise Than Being or Beyond Essence*. Translated by Alphonso Lingis. Pittsburgh: Duquesne University Press, 2000. pp. 135-140.

⑤⑦ A.a.O., p. 140.

⑤⑧ A.a.O., p. 142.

⑤⑨ A.a.O., p. 198；註解的出處是 The Song of Songs，《聖經》之〈雅歌〉第一章第 1 節有「所羅門的歌，是歌中的雅歌（the song of songs）」，故列維納斯以此來表〈雅歌〉，註解謂出自第六章第 8 節，但一般英文譯為 I am sick of love，出自第二章第 5 節與第 5 章第 8 節，或許是列維納斯誤植了出處。

⑥⓪ A.a.O., pp. 143-145.

遣，在於承認自己比其他人的罪都來得更重。**❻**

在猶太－基督宗教裡，「我在這裡」是對於上帝的回應與負責，因為上帝設定了人的自我。也因為如此，在列維納斯的分析中，顯示了「我在這裡」的回答無法迴避（如亞當）。而在承認自己有罪下，當勇於做出「我在這裡」的回應，以至再去承擔什麼（如撒母爾與以賽亞），這是列維納斯分析的另一重點。但是否人之回應是由於畏懼上帝？我們看到列維納斯分析的第三個重點是：「我在這裡」之回應是基於愛，這即顯示於亞伯拉罕回應其子以撒的故事裡；以撒固是亞伯拉罕的鄰人，上帝更是亞伯拉罕的鄰人，列維納斯即不厭其煩地描述他者對我的鄰近性。

上帝駐於心中，以至於愛上帝即如愛鄰人的說法是有根據的。在《聖經》〈以弗所人書〉裡保羅強調：「使基督因你們的信，住在你們心裡，叫你們的愛心有根有基。」**❻**或許果真在這種意義下，上帝成為與我最近的「鄰人」；因為它的最鄰近性，使我們的對它的愛成為無條件的。以至有：「你要盡心、盡性、盡力、盡意愛主你的神。」的誡律。就因為如此，祈克果將「愛鄰人如愛己」的誡律，反轉為「愛己如愛鄰人」，並謂：「你應愛自己如同愛你的鄰人，當你愛他如同愛自己一樣。」也因為如此，在《聖經》〈路加福音〉中著名的撒瑪利亞人故事裡，當一位法利賽人問耶穌「誰是我的鄰舍呢？」**❻**耶穌反以撒瑪利亞人是落難者鄰人為例，去證明我們自己才是他者的鄰人；而愛己即是愛鄰人，是愛最鄰近於我的上帝，我對祂更有無條件的責任。**❻**

本文並未對海德格的 Dasein 一詞譯成中文，一般譯為「此在」或「此有」，英文則譯為 Being of There 或 There-Being。這種譯法實無法顯示其背後的深刻意義；當然即使從德文本身亦無法獲知其背後可能的義涵。將《聖經》裡「我在這

---

❻ A.a.O., p. 146.

❻ 《聖經》，〈以弗所人書〉第三章 17 節；另參考 Hadot, Pierre. *Philosophy as a Way of Life.* Malden MA/Oxford/Carlton: Blackwell Publishing, 2006 (1995), pp. 65-66.

❻ 《聖經》，〈路加福音〉第十章 25-29 節。和合本，1986 年。

❻ Kierkegaard, Søren. *Works of Love: Some Christian Reflections in the Form of Discourses.* Translated by Howard and Edna Hong. New York, Hagerstone, San Francisco, London: Harper & Row Publishers. 1962. p. 38.

裡」的句子和海德格的 Dasein 連接在一起來理解，固是一種大膽之舉；尤其在列維納斯對「我在這裡」的分析中，不時出現一些與海德格思維概念對照甚至對反之言論。但若我們據列維納斯從「我在這裡」分析出的幾個要素：無法迴避、去承擔什麼、畏懼、愛（對象是上帝），以及深覺自己的罪惡──當然最根本是對於（上帝）呼召的回應，也就是責任──對照海德格的思想來看時，就發覺將上帝換以存有（Sein）──包括對死亡存有，特別是潛在的本真存有──一詞，這些要素卻幾乎同樣可從海德格對 Dasein 為良知召喚的描述中分析而得。

　　Dasein 雖不是「我在這裡」的回應（聲音）本身，但聲音是 Dasein 具開啟性的存有方式之一。如果喋喋不休（Gerede）是逃避於本真存有的聲音，那麼決斷中的沉靜即是去承擔與畏懼（怖慄）（面對存有），以及對罪自覺的聲音。而在列維納斯所重視的愛（上帝）的要素，即因海德格主要在希臘的思想基礎上理解 Dasein，而退隱其後。海德格甚至認為過去奧古斯丁（Augustinus）、巴斯卡（Pascal），以至被他們影響的謝勒（Scheler），皆看出人與世界的根本關係不是認知，而是愛；但 Dasein 更賦予了愛的存有論基礎。❻這分別出現在 1925 與 1927 年的見解，顯然已區別於 1920/21 年《宗教現象學導論》尚以基督教的愛為構成一般性的宗教意義之出發點。今則愛的存有論基礎即是牽掛（Sorge）。

　　在海德格與賓司汪格（Binswanger）對於牽掛與愛孰較為原初的爭論中，我們見到海德格以為賓司汪格做的只是對 Dasein 的解析（Daseinsanalyse），他提出的愛只是人的存有者狀態（ontisch）其一方式；海德格自己進行的是 Dasein 的分析論（Daseinsanalytik），是探討各存有狀態之可能性條件，屬於存有論（ontologisch）的工作。牽掛被開展為 Dasein 的本質結構，故牽掛是愛的存有論基礎。❻這來自 1965 年海德格的評論，重現其早年對 Dasein 概念的重視。從字裡行間我們讀到海德格強調 Dasein 的「在世存有」或開啟性存有（Da-sein）與超越（Transzendenz）是二而一的，超越反而是駐留（sich aufhalten）於世上，是經過忍耐蘊釀以趨成熟的過程（海德

❻　Heidegger, Martin. *Prolegomena zur Geschichte des Zeitbegriffs*. GA 20,. Hrsg.: von Petra Jaeger. Frankfurt a.M.: Klostermann, 1988, S. 222; Heidegger, Martin. *Sein und Zeit*, 139; 參考 Smith, James K. A. *Speech and Theolog*, p. 80.

❻　Heidegger, Martin. *Zollikoner Seminare*. Hrsg.: M. Boss. Frankfurt a.M.: Klostermann, 1994, S. 236-241.

格以 Austrag 與 Ausstehen 表之），讓超越者留存於 Dasein 內（海德格以 Innestehen 表之），且對 Dasein 而開啟。如前述，海德格強調存有在 Dasein 開啟的動態過程，二者間彼此互屬。海德格要求的不只是上帝駐於心中的鄰近性，因祂畢竟是個存有的超越者。若存有如同亞里斯多德所說的形式，其潛存於屬於質料的 Dasein 裡，那麼二者的共屬性將更為強化。基督教的愛實為亞里斯多德強調的尊重之德行所取代❻。但理由為何，猶待下面的說明：

事實上，《存有與時間》裡海德格已視 Dasein 原初地就與他者共在（Mitsein），他者原初就以在世的 Mitdasein 的身份存在著。海德格並補充說：「他者只在（in）及為（für）一個共在之下才能有所匱乏（Fehlen）。獨在（Alleinsein）是共在匱乏（defizient）的模態，前者的可能性是對於後者的證明。」❻他又說：「並不是『移情』（Einfühlung）先構成了共在，而是前者在後者的基礎之上才可能，並且在具支配性的共在匱乏的模態下，必要地被引發起來。」❻甚至因為此有為與他者共在，所以世中之物在因 Dasein 之故獲致本質意義的過程，實已蘊涵著因他者之故。從 Dasein 的自我理解到對存有的一般理解過程，不可避免地也要從理解他者著手，因為在 Dasein 的存有理解中已有對他者的存有理解。❼

既然 Mitdasein 比 Dasein 更來得早，那麼人與人間原初的關係不是愛，而是牽掛，且是照顧（Fürsorge）。照顧時人與人的態度是什麼？據海德格的言論：照顧他者不是一切為他者越俎代庖，而是幫助他者在其自己的牽掛結構中透明且獲得自由❼；其中人與人的態度是互相尊重的。亞里斯多德認為友誼必須建立在自我與他者的自主性上，因我必須以他者為目的，不以他者為工具。❼從形上學的角度來看，

---

❻ 對亞里斯多德言，當然亦出現屬同個字 philia 之對智慧的愛與友愛，在其倫理學談論到衝動（passion; drive）出發的情感也會不排斥所謂的愛欲 eros。這裡以及下面指出的基督教與希臘各強調愛與尊重，在基督教是指 agape 的愛，在希臘（亞里斯多德）則因為友愛的本質是尊重之故。

❻ Heidegger, Martin. *Sein und Zeit*, S. 120.

❻ A.a.O., S. 125.

❼ A.a.O., S. 123.

❼ A.a.O., S. 122.

❼ 亞里斯多德以統治者是否視被統治有其自身之目的，或僅為統治者達其目的之工具，來說明友誼

我尊重他者的質料在合乎自然目的下發展為形式。海德格《存有與時間》原則上以希臘思想為的基礎，Mitdasein 最原初即建立在彼此尊重的態度上，這是可以理解的。

由於 Mitdasein 的優先性，Dasein 的發生事件也以與他者共同的發生事件（Mitgeschehen）為優先，它被稱為共命（Geschick）。海德格遂說共命不是由個別 Dasein 的命運所組成，在 Dasein 世代（Generation）交替中的共命反而決定 Dasein 之完全與本真的發生事件。❼對照之下，「我在這裡」更以「我們在這裡」為優先。Mitdasein 之共同聽命於共同存有（Mitsein）所召喚的聲音。或許我們進行「共同決斷」（Mit-entschlossen）之舉：「共同的沉靜，願在共同的怖慄中往最屬我們自己的罪責存有去投企」，而其內的要素或許是：對於本真但潛在的共同存有無法迴避、畏懼（怖慄）但去共同地承擔，以及在深覺共同的罪惡中彼此尊重。

伍、結論——兼論從 Dasein 來看之一種東西方哲學可能的交會點

Dasein 在西方的哲學脈絡裡有著如上述的不同理解，本文以該概念作為一種東西方哲學的交會點，當然是從海德格所理解的來看。海德格對於人的 Dasein 或存有做根本的提問，雖然以希臘思想為基礎，使得個別存在與一般本質之間的共屬性更為強化，這是基於基督教裡神與人之間壁壘分明所欠缺的。但海德格更重視 Dasein 往存有開啟過程的居中性。良知召喚是居中性的重要過程，這卻讓 Dasein 的概念殘留下基督教的蹤跡。《聖經》的「我在這裡」所顯示的意義和 Dasein 的意義確有雷同之處，愛與尊重各有所強調，形成二者的主要分野；但對於不可迴避的聲音聆聽、回應，承認自己有罪，在畏懼中承擔差遣，接受命定，是它們共同對於責任的原初意義的理解。本文接著指出 Dasein 更以 Mitdasein 為前提，以至有對

之存在與否。見 Aristotle. *The Nicomachean Ethics*, translated by J.A.K. Thomson. England: Penguin, 2004, 1160b 22-1161a 35.

❼ Heidegger, Martin. *Sein und Zeit*, S. 384-385.

於共同存有的聆聽，接受共同命定，以及「我們在這裡」的回應。

本文在結尾處欲以這樣的背景來看東方哲學裡有否類似，但可互為發凡的思想概念，因篇幅關係，只能提出幾點看法而已：

對於他者（父母）的回應與責任，直接顯示「我在這裡」的義涵者，《論語》的〈里仁〉篇有著這樣的敘述：「子曰：『父母在，不遠遊，遊必有方。』」這裡的「方」從字面來看，是「我在這裡」所回答的內涵；但從回應者與父母間的關係來看，實可更深究其義。

欲較仔細談論的問題是：是否在儒家，也有人在畏懼中承擔差遣，接受命定的思想？

從《論語》的〈季氏〉與〈堯曰〉篇裡，我們得到了一些啟示：〈季氏〉裡記載到：「孔子曰：『君子有三畏：畏天命，畏大人，畏聖人之言。小人不知天命而不畏，狎大人，侮聖人之言。』」〈堯曰〉則述及：「子曰：『不知命，無以為君子；不知禮，無以立也；不知言，無以知人也。』」比之於〈為政〉篇的「五十而知天命」，前二篇裡更強調了畏懼於天命的義涵。但上天是否以聲音來呼召呢？當在〈陽貨〉篇裡孔子感嘆：「予欲無言」，因為「天何言哉？四時行焉，百物生焉，天何言哉？」上天固無言，但聖人之言似仍有必要，因為如子貢言：「子如不言，則小子何所述焉？」否則讓市井小民周旋於『道聽而塗說』，是「德之棄也」（《論語》〈陽貨〉）。

不論上天為有言或無言，聖人在畏懼中承擔差遣，接受命定，是確切無疑的。接受的方式為聆聽或明見，或是「視之而弗見，聽之而弗聞」❼❹，或為《尚書·周書》所言的「天視自我民視，天聽自我民聽」。但從《中庸》的一些篇章裡❼❺，我

---

❼❹ 《中庸》第十六章：子曰：「鬼神之為德，其盛矣乎！視之而弗見，聽之而弗聞，體物而不可遺。（……）」。另在《中庸》第三十三章亦有「奏假無言，時靡有爭」及「上天之載，無聲無臭」等句，神在降臨或上天生萬物皆無聲無息也。

❼❺ 這裡所引的包括《中庸》第一章：「天命之謂性、率性之謂道、脩道之謂教。道也者，不可須臾離也；可離，非道也。是故，君子戒慎乎其所不睹，恐懼乎其所不聞。莫見乎隱，莫顯乎微，故君子慎其獨也。」《中庸》第二十一章：「自誠明，謂之性；自明誠，謂之教。誠則明矣，明則誠矣。」中庸第二十二章：「唯天下至誠，為能盡其性；能盡其性，則能盡人之性；能盡人之性，則能盡物之性；能盡物之性，則可以贊天地之化育。可以贊天地之化育，則可以與天地參

們見到接受天命（亦即「性」）的方式在依循著它；而要發揮其本性，將之淋漓盡致地顯示，或全心全意地依循，就需要「誠」，如此才有道理的逐漸形成；又「教」是以人為的方式讓人合乎「道」，由之人的作為是和天理、天命相通的。既然人稍有差錯，是違背天理，就必須戒慎恐懼與慎獨。這裡描述的過程，除了類似在畏懼中承擔差遣，接受命定之外，也近似海德格對於開啟性的存有（Da-sein）方式之分析所示：「誠」是一種「現身情態」，「道」是「理解」的對象，「教」需要「言說」，惟言說也包括「予懷明德，不大聲以色」所述的以身教勝言教。與之呼應的也有「唯天下至誠（……）肫肫其仁，淵淵其淵」的語句強調至誠的人之懇切與沉靜的態度。這則可與海德格的決斷概念相比較。

如果《中庸》以形上學的方式呈現了類似 Dasein 的領受天命，以至去率性、脩道，也就是教化他者的方式去對上天回應與負責。那麼《論語》裡以此岸的、日常生活的角度所談的責任，實預設了《中庸》所言之對上天回應的原初性責任意義。在〈泰伯〉篇裡的「曾子曰：『士不可以不弘毅，任重而道遠。仁以為己任，不亦重乎！死而後已，不亦遠乎！』」以及〈衛靈公〉所載：「子曰：『君子求諸己，小人求諸人。』」皆顯示出這種義涵。

當然 Dasein 或「我在這裡」的概念在東方（這裡以儒家為代表）與西方具關鍵性的差異可能在於：西方的「承認自己有罪」在東方又如何？基督教或希臘各強調愛或尊重，而在東方又如何？這些問題可如何由性善與性惡（偽）的論述，以及仁（乃至佛教的慈悲）意義去回答，在回應天命中如何再將之納入討論？另外，當從 Dasein 擴為 Mitdasein 的概念，或做「我們在這裡」的回應時，是否在東方可找到相應的思想？這些當有待時日再做處理。

矣。」以及中庸第三十二章：「唯天下至誠，為能經綸天下之大經，立天下之大本，知天地之化育。夫焉有所倚？肫肫其仁，淵淵其淵，浩浩其天。苟不固聰明聖知達天德者，其孰能知之？」等等。

參考文獻

Aristoteles (1970). *Metaphysik*, Stuttgard: Reclam.

Aristotle (2004). *The Nicomachean Ethics*, translated by J.A.K. Thomson. England: Penguin.

Heidegger, Martin (1967). "Die Frage nach der Technik", in: *Vorträge und Aufsätze, Teil I*, Tübingen: Neske, S. 5-36.

Heidegger, Martin (1979). *Sein und Zeit*. Tübingen: Max Niemeyer.

Heidegger, Martin (1981). *Über den Humanismus*. Frankfurt a.M.: Klostermann.

Heidegger, Martin (1988). *Prolegomena zur Geschichte des Zeitbegriffs*. GA 20,. Hrsg.: von Petra Jaeger. Frankfurt a.M.: Klostermann.

Heidegger, Martin (1989 [1975]). *Die Grundprobleme der Phänomenologie*. GA 24, Hrsg.: F.-H. von Hermann. Frankfurt. A.M.: Klostermann.

Heidegger, Martin (1994). *Zollikoner Seminare*. Hrsg.: M. Boss. Frankfurt a.M.: Klostermann.

Heidegger, Martin (1995). *Phänomenlogie des religilösen Lebens*. GA 60, Frankfurt a.M.: Klostermann.

Heidegger, Martin (1995). *Ontologie: (Hermeneutik der Faktizität)*. Frankfurt a.M.: Klostermann.

Kierkegaard, Søren. (1962) *Works of Love: Some Christian Reflections in the Form of Discourses*. Translated by Howard and Edna Hong. New York, Hagerstone, San Francisco, London: Harper & Row Publishers.

Kierkegaard, Søren (1982). *Die Krankheit zum Tode*. Gütersloh: Gütersloher Verlagshaus Mohr.

Kierkegaard, Søren. The Concept of Anxiety (translated by R. Thomte). Princeton: 1980.

Levinas, Emmanuel (2000). *Otherwise Than Being or Beyond Essence*. Translated by Alphonso Lingis. Pittsburgh: Duquesne University Press.

Smith, James K. A. (2002). *Speech and Theology: Language and the logic of incarnation*.

London & New York: Routledge.

《中庸》（1971）。出自《四書集注》，〔宋〕朱熹撰，臺北市：中華書局。

《尚書・周書》（1974）。出自《五經讀本》，臺北市：中新書局。

《論語》（1971）。出自《四書集注》，〔宋〕朱熹撰，臺北市：中華書局。

《聖經》（1961）。和合本，香港九龍：香港聖經公會。

The Grecian and Judeo-Christian Background in Heidegger's Conception of Dasein: A Possible Meeting-point for Eastern and Western Philosophies

*Wang, Wen-Sheng**

Abstract

This article discusses first how Heidegger introduces the concept of Dasein, from the traditional model to his own understanding, based on Grecian thinking. Then, an analysis is made of how the thinking behind Heidegger's development of the concept of Dasein shifts from the Judeo-Christian religion to the Grecian philosophy; however, the former still remains a certain residuum in Heidegger's understanding of Dasein. The sentence: "Here am I," as stated in the *Holy Bible* with its corresponding thinking, is the residuum discussed in this article. How this statement is related with the concept of Dasein is the kernel or focal point of this article's whole discussion. Regarding Levinas' analysis of "Here am I," some elements are acquired; they are compared with those concepts and thoughts Heidegger reveals in the analysis of calling of conscience in Dasein itself, through which a possible relationship between Dasein and *"me voici*; Here am I" will be shown. Having precisely analyzed and comprehended the concept of Dasein, we can engage in a reason-based discussion: Dasein could be a meeting-point between

* Professor, Department of Philosophy, National Chengchi University

Eastern and Western philosophies.

Keywords: Kant, Heidegger, Levinas, Grecian Philosophy, Judeo-Christian Religion, Here I am, Calling, Responsibility, Dasein

知人論世與以意逆志：朱熹對《孟子‧萬章》篇兩項原則的詮釋學解釋

林維杰*

摘　要

　　這篇論文進行的是朱熹對《孟子‧萬章》上、下篇中「知人論世」與「以意逆志」兩項原則的詮釋學解釋。在「知人論世」方面，〈萬章下〉認為尚友於古人的途徑除了頌詩、讀書之外，還得論古人之「世」。朱熹把「世」解釋為作者的行跡，此行跡表現在作品之外，解讀作者的心志必須考慮作品之外的個人的、歷史的因素。在「以意逆志」方面，〈萬章上〉藉著孟子與咸丘蒙的一段對話（舜以有德者而任國君，堯及瞽瞍是否皆應視為舜的臣子），提出解讀作品應照顧上下文脈絡（不以文害辭，不以辭害志），並以文章的意旨探求作者的心志（以意逆志）。朱熹則解釋為以讀者之意逆測詩人之志，突顯的是讀者與作者之間的關係。但由於受到「不以文害辭，不以辭害志」的前提所節制，因而讀者與作者志意的探求最終都回到文本。本文最後說明朱熹並未建立上述兩項原則之間的詮釋學聯繫。

關鍵詞：文本　作者　讀者　歷史　詮釋學

---

*　中央研究院中國文學與哲學研究所副研究員

壹、前言

本文嘗試分析在諸家注解的參照下，朱熹對《孟子·萬章》篇兩項原則——「知人論世」與「以意逆志」如何開展其特殊的詮釋學工作。

在「知人論世」方面，〈萬章下〉認為尚友於古人的途徑除了頌詩、讀書之外，還得論古人之「世」。本文先討論了趙岐與吳淇、張南軒與黃宗羲兩組的不同觀點，前一組把「世」訓為古人身處的歷史環境，且應就古人的詩書等作品之外來論此環境；後一組則解「世」為古人的行事之跡，並該入於詩書等作品之中以考其行。然後分析朱子介於兩者之間的觀點（所考之行跡乃在作品之外），以及處於歷史與文本之間的張力關係下，解讀古人（作者）心志意向的不同詮釋立場。

在「以意逆志」方面，〈萬章上〉藉著孟子與咸丘蒙的一段對話（舜以有德者而任國君，堯及瞽瞍是否皆視為舜的臣子），提出解讀詩篇應照顧上下文脈絡（不以文害辭，不以辭害志），並以文章意旨探求作者心志（以意逆志）。對這段話的解釋，朱熹與趙岐以為是「以讀者之意逆測詩人之志」，強調的是讀者與作者之意、志；吳淇則認為應「以詩人之意逆測詩人之志」，側重詩人之志意。但由於受「不以文害辭，不以辭害志」的前提所節制，因而志意的探求最終都回到文本。

最後是這兩項原則之間是否可能建立起某種聯繫的討論。有清一代的吳淇、顧鎮與王國維則皆主張「以意逆志」之前應先「知人論世」。對吳淇而言，「以意逆志」所建立之文本理解（不以文害辭）的前提，在「知人論世」的對照下，必須加入歷史條件，這一歷史理解的提出，同時也瓦解了文本理解的唯一性。而朱子雖未建立起這兩項原則的內部關連，但也同樣面臨解讀歷史與解讀文本的優先性競爭，且還因著個人行跡之小歷史的注重而引發作者理解與文本理解之間的對立。

貳、「知人論世」的兩種解釋立場

《孟子·萬章》篇有兩條常為學者提到的原則，分別是出於上篇的「以意逆志」與下篇的「知人論世」。在各種文論（文學思想史與文學批評）中可見到對這兩條原則的探索，近年來興起的「儒學經典詮釋」範疇，學界亦有不少討論。特別是就

後者而言，其討論的內容不僅針對此兩原則在經典詮釋範圍內扮演的角色，同時也涉及兩者之間能否存在著一種內在關係。在論述的順序上，本節先討論下篇的「知人論世」，再分析上篇的「以意逆志」，原因在於清代學者（吳淇、顧鎮、王國維）所發展出來的內在邏輯：知人論世是以意逆志的條件（見最後一節）。先看「知人論世」，〈萬章下〉的原文是：

> 一鄉之善士，斯友一鄉之善士；一國之善士，斯友一國之善士；天下之善
> 士，斯友天下之善士。以友天下之善士為未足，又尚論古之人。頌其詩，讀
> 其書，不知其人，可乎？是以論其世也。是尚友也。（趙岐，1989：188）

　　這段文字與善士的尚（上）友、交友相關。交友必須知其人，孟子把「同時代」（鄉、國、天下）的交友情況擴大到「古代」，從而點出尚友於古人（亦涵蓋理解古人心志）的途徑除了頌詩、讀書等現存文本之外，還得論古人之「世」。但何謂世？而古人的現存文本與古人之世兩者間的關係為何？原文還有解釋空間，此即論其世之「其」與「世」兩字如何解讀。

　　首先，從其詩、其書與其世的語意來看，其字應該都是指古人，因此論其世的重點是論古人之世而非詩書所處之世。論古人之世有兩種解讀的可能：一是就古人的詩書等「作品之中」以論其世，另一則是藉助詩書等「作品之外」的歷史途徑來論其世。對這兩種可能性，歷來各有不同的支持者，朱子與趙岐、吳淇兩人的理解相近（作品之外），而張南軒與黃宗羲則偏向另一種解釋（作品之中）。其次，「世」的歷史有大小之別，小的歷史脈絡可指古人的行事之跡（亦可視為個人的生命史），大的歷史脈絡則可解釋成此古人身處的歷史環境。歷史環境當然比行事之跡的範圍更為廣闊，而行事之跡則包含、收攝在大的環境脈絡當中。對「世」的解讀，趙岐、吳淇亦相近，偏於大歷史，這種大的歷史背景無法涵蓋在個人作品之中；朱子則傾向張南軒與黃宗羲所解釋之個人行事，而個人的行事並不只是單純的行事，其實更是其生命的記錄。

　　先看前一組。趙岐對上述原文的注解是：

> 讀其書者，猶恐未知古人高下，故論其世以別之也。在三皇之世為上，在五
> 帝之世為次，在三王之世為下，是為好上友之人也。（趙岐，1989：188）

讀古人書籍仍無法評論古人，必須另闢出路，其身處的三皇、五帝與三王等
「大的歷史」背景即是「作品之外」的出路。但這些歷史背景之獲得是否又重新回
到其他文獻等文本線索，以及古人其書是否處於這類歷史當中，則是另外的問題。

清人吳淇則在其《六朝選詩定論·緣起》中先說選詩旨趣為「余之專論詩者，
蓋尊經也，……是六經以《詩》為稱首矣」（吳淇，2001：vol.1, 1b-2a），其選詩中早
有論經之意。他又解析知人論世如下：

> 古人有詩書，是古人懸以其人待知于我；我有誦讀，是我遙以其知逆于古
> 人。是不得徒誦其詩，當尚論其人。然論其人，必先論其世者。……苟不論
> 其世為何世，安知其人為何如人乎？余之論選詩，義取諸此，其六朝詩人列
> 傳，倣知人而作，六朝詩人紀年，又因論世而起云。（吳淇，2001：vol.1, 59a-
> 60a）

首先，從逆知古人先頌其書，不徒頌其詩且當再論其人、其世來看，已暗含
「知人論世」作為「以意逆志」的前提（參見後文）。再者，以「然論其人，必先論
其世者」觀之，在頌詩之外，讀者還必須論其世才能夠得知其人，其世不在詩篇等
作品之中呈現（須另謀作品之外），因而需要列傳與紀年等理解詩篇的輔助之作。用
以知人的列傳較似著重個人的事跡，但論世之紀年因為涉及朝代編年等問題，無法
只用個人經歷加以涵蓋，況且「何世」一詞也已透露「大歷史」的味道。至於吳淇
之列傳與紀年等作品的撰寫，是基於哪一些材料，則同樣未作說明。

不同於趙岐與吳淇，張栻（南軒）在《孟子說》中的解釋為：

> 夫世有先後，理無古今，古人遠矣，而言行見於詩書。頌其詩，讀其書，而
> 不知其人，則何益乎？頌詩讀書，必將尚論其世，而後古人之心，可得而明
> 也。（張栻，1986：494）

此段特別提出言、行問題，並以為兩者不分設，言並非詩書，而是表現在詩書中的古人之言。古人之世雖遠，但記載言、行之「小的生命史」乃呈現在今世所存的「作品之中」，況且理無古今，故可由詩書以論其世、以明其心。換言之，這段文字指明了：由詩書等文本才可知人，而「言行」一詞正是把問題意識圈限於個人領域。在黃宗羲（梨洲）的《孟子師說》，亦可得見類似的論點：

> 古人所留者，唯有詩書可見。頌詩、讀書正是知其人，論其世者，乃頌讀之法。古人詩書不是空言，觀其盛衰以為哀樂，向使其性情不觀於世變浮沈蝣蛣，便不可謂之善上矣，非既觀其言，又考其行也。（黃宗羲，1994：142）

梨洲在此同樣將言、行分設：詩書為言，個人之行則在言當中；古人遠矣，唯有「詩書之言」可見其「個人之行」，論其世乃在於考其行，留意書中之行，則是理解詩人心志之法門。據此，亦可說不僅行不在文本之外，且唯有依循文本，才能真正理解古人。與張、黃兩家的注解觀點相當，陳昭瑛認為這是指「由於古人已往，而惟留詩書作為交友的憑藉」（陳昭瑛，2003：333）。這種唯有理解古人的「作品」以作為交友的媒介，除了意謂著作品中的歷史視域，同時也將作品納入歷史而通向歷史。陳昭瑛即進一步指出此段文字中存在著某種脈絡，並由此聯繫上對話：「『知人論世』說與經典詮釋的關係，一方面在於指出經典是處在其人其世的『脈絡』（context）之中；另一方面也強調，詮釋中的理解（或詮釋作為理解）是一種今人與古人之間的活生生的正在進行中的對話。」（陳昭瑛，2003：343）❶這種脈絡具有歷史意涵。古今能夠進行對話的基礎，即在於文本與歷史脈絡之間的連結；甚至可以接著說，這種連結不僅指向存在於文本中的歷史脈絡，而且意謂文本與歷史的相

---

❶ 經典詮釋論域中的「對話」，如果意指一般性的說話或對談，則問題不大，例如朱子在《朱子語類·讀書法》中所言：「做好將聖人書讀，見得他意思如當面說話相似。」（黎靖德，2004：162）《朱子語類》中，類似說話或言語的文字不少，如果要掘發其中的歷史意涵或脈絡，則可特別留意其中的「古人」語詞。對於歷史與對話之雙重意涵的著重，哲學詮釋學中的對話與視域概念是可以考慮的參考模式，特別是留意以下幾點：其一，辯證法涉及的融合、揚棄與去中心化（遊戲）現象；其二，問與答的問題意識；其三，對話者的身分（主體抑或意向視域的對話）。

互涵攝，即文本的歷史化（由文本通向歷史）與歷史的文本化（歷史在文本之中）。

上述兩種不同的解讀立場，雖然都承認歷史的重要性，但一者以為詩書並非「知人」的有效途徑，故尚須脫離文本來考論歷史（趙、吳），另一者則主張詩書是唯一的憑藉（張、黃），而且還必須拓展出詩書中個人行事意涵的歷史性格。

從經典詮釋與詮釋學的角度來看，如果站在前一種「文本與歷史分立」的立場，有三點須得強調：第一，上述注解（也包含《孟子》原文）的重點並不在古人「作品」，而在對古人（心志）的理解。第二，詩書等文本固然也算是理解古人心意不可忽略的線索，但仍只是次要的，首要者是古人身處的「歷史」背景。換言之，就（大）歷史脈絡與文本脈絡的競爭而言，是「歷史重於文本」。結合第一、二點來看，歷史理解重於文本理解，而兩者的共同點都是為了理解人（古人）。第三，引申而論，古人的歷史環境是否也得通過其他文本（例如說話語言的口傳或文字語言的文獻）才能掌握？原文與注解中並未交代，但如果任何歷史最終也只能通過文本理解的途徑（歷史變體為文本，即「歷史的文本化」），則誦讀作品與考論其世之間便可能不存在根本差別，即「文本無異於歷史」。此一意涵固然不在趙、吳兩人的考量之中，但可從中得到一極富辯證的結論：歷史雖由其與文本的分立出發，最終仍沒有脫離文本，其中表現了文獻、文本以至於語言的張力和強度。

如果站在後一種「文本與歷史結合」的立場，則有兩點不能忽略：第一，不管言、行是否分設，對古人心志的理解皆須由「作品」出發。第二，由於個人行跡的小歷史即在於文本當中，因此並無歷史與文本的競爭問題，而是「歷史在於文本」，也可視為另一種「歷史的文本化」或「文本無異於歷史」。

至於朱子的立場，則在兩組解讀之間。他認為古人自己的詩書等文本並非「知人」的有效憑藉，其注解是：

> 論其世，論其當世行事之迹也。言既觀其言，則不可以不知其為人之實，是以又考其行也。夫能友天下之善士，其所友眾矣，猶以為未足，又進而取於古人。是能進其取友之道，而非止為一世之士矣。（朱熹，1983a：324）

由行事之迹來看，其字指的是人。頌其詩、書即是「觀其言」，觀其言還不

夠，必須再「考其行」（以知為人之實）——亦即必須「論其世」，而其世即是其行的表現。換另一個角度來看：言是作品，行不在言之中，即行不在作品之中。這類言、行的分設與對比態度，《論語·公冶長》中早有記載。宰予晝寢，夫子不僅指責他是「朽木不可雕也，糞土之牆不可杇也」，還自認「始吾於人也，聽其言而信其行；今吾於人也，聽其言而觀其行。於予與改是」。朱子對此的注語是：「宰予能言而行不逮，故孔子自言於予之事而改此失，亦以重警之也。」（朱熹，1983a：78）聽言而能信行當然不錯，但由言未必能至於行，宰予的惡例使夫子如此重新整理其關係：必得觀其行，才能真知其言是否真誠（以行觀言）。這種言不足而需觀其行（進而知其人）的立場，亦表現在朱子對〈萬章〉的注語當中，此或使得朱子如趙岐一般，認為論其世無法藉由讀其書來達成，必須「兼重言行」，甚至「以行知言」，才可展現古人的心志，進而上友於古人。就此而言，歷史（行事之跡）重於文本，並進一步將歷史的張力轉化為行為的強度。

　　《孟子》原文提出的「知人」途徑，兼攝了「文本脈絡」與「歷史脈絡」，且文本（詩、書）理解在某種程度上必須讓位於歷史理解（而說到底，這兩者都是為了人的理解）。至於此種讓位是否應該讓文本展現其歷史性格，抑或文本獨立且輕於歷史，則有不同的解讀可能性。綜合觀之，趙、吳的立場是「大歷史在作品之外」，張、黃是「小歷史在作品之中」，朱子則是「小歷史在作品之外」（其實還有另一種可能，即文本應放在大的歷史脈絡中解讀，此可視為趙、吳解讀的延伸）。依據朱子在《集註》中的注解文字，文本與歷史兩個脈絡是分離的，而且歷史還轉為行為，其首重「行為脈絡」，其次才兼及「文本脈絡」，歷史則從中支援行為脈絡（文本輕於歷史）。歷史意識在《孟子》中佔有決定性的分量，《集註》以及其餘諸家的注解並沒有逸出這個範圍。事實上，行為、文本與歷史這三種脈絡皆可視為詮釋學的不同呈現模式，即「文本詮釋學」、「行為詮釋學」與「歷史詮釋學」，後兩者甚至還可以在「文本化」的角度下把行為與歷史視為廣義的文本詮釋學要素。

　　在朱子的解釋中，「知人論世」表現了文本與（行為化的）歷史兩範疇的關連性；而在「以意逆志」中，文本範疇如何與意、志產生連繫，以及其與歷史是否仍保持某種關係，是以下考察的重點。

參、關於「以意逆志」的初步說明

「以意逆志」可以視為對說《詩》時斷章取義的弊病而提出的興革原則。春秋時說《詩》慣常「斷章取義」（《文心雕龍·章句》），《論語》、《左傳》皆有這種「用詩」傾向，如《左傳》襄公二十八年：「賦《詩》斷章，餘取所求焉。」又如《論語·學而》裏子貢引《詩經·衛風·淇澳》的「如切如磋，如琢如磨」來談為學，還被夫子稱讚。〈學而〉的這兩句詩原是稱頌武公的夙夜不怠，與「貧而無諂，富而無驕」並無關連，故沈鯉說：「孔子引《詩》，諸說皆斷章取義，而其與商賜可與言《詩》，亦未嘗拘拘〈小序〉之說也，讀《詩》者又何必深辨焉。」（沈鯉，1987：2254）賦詩者這種以詩感發其心志（〈陽貨〉：「詩可以興」）的用詩而非解詩、不著重詩意與作詩者本意的風氣，至戰國時已有轉變，孟子之著重脈絡且「以意逆志」（以文意逆作者之志）的解詩而非用詩傾向，即可視為這種轉變的代表❷。

關於「以意逆志」這條原則，趙岐、朱子與吳淇三人的注解也常為論者所引用，它出現在咸丘蒙與孟子的一段對談（〈萬章上〉），大意是孟子認為咸丘蒙論述上的根本錯誤在於斷章取義，以致於無法掌握詩人之志。由於這段文字比知人論世較長，需要稍加說明：首先，咸丘蒙引了兩段話，第一段引用一句古語：「盛德之士，君不得而臣，父不得而子。」接著申論：「舜南面而立，堯帥諸侯北面而朝之，瞽瞍亦北面而朝之。」孟子以為此古語並非古代君子之言，而是「齊東野人之語也」，並引《堯典·虞書》：「二十有八載，放勳乃徂落，百姓如喪考妣，三年，四海遏密八音。」換言之，若舜是國君，則堯過世時便不可能享有君王待遇。

---

❷ 孟子雖有重視文本脈絡的「解詩」，然而亦有「用詩」的例子。如〈告子下〉孟子與公孫丑論《詩》之〈小雅·小弁〉與〈國風·邶·凱風〉為解詩，乃以文意逆作者之志，符合詩旨。但〈梁惠王下〉與齊宣王談「寡人有疾」一段中，孟子對「寡人好色」所引的「古公亶父，來朝走馬。率西水滸，至于岐下。爰及姜女，聿來胥宇」（〈大雅·緜〉），本謂太王避難時有賢妃之助而得以克成王業，孟子則借而說「當是時也，內無怨女，外無曠夫。王如好色，與百姓同之，于王何有」，乃是勉勵王好色並不重要，重要者在於內無無夫之女，外無無妻之男，如此與民同享家庭之樂，則民心歸附。這種以意逆志，乃以己意逆作者之志的用詩，並不符詩旨。相關解說參見林耀潾（1990：208-212）。

咸丘蒙贊同孟論，卻又轉向舜與瞽瞍的君臣關係。咸丘蒙以為瞽瞍雖為舜父，仍應執臣禮，他引另一段文字來強化己說：「普天之下，莫非王土；率土之濱，莫非王臣。」（《詩經・小雅・北山》）既然所有的人都應以臣子之禮來對待舜，瞽瞍自然也不例外。不料孟子又認為咸丘蒙錯解，〈北山〉之意應為：「勞於王事，而不得養父母也。」並以〈小雅〉上述文字的下一句話來佐證：「此莫非王事，我獨賢勞也。」換言之，咸丘蒙忽略上下文，故以父子類比於君臣，而孟子則留意到上下文脈絡，故著重父子關係中的孝道。因為咸丘蒙忽略脈絡而斷章取義，故孟子提出如下警語：

> 說詩者，不以文害辭，不以辭害志，以意逆志，是為得之。（趙岐：1989：164）

孟子接著舉《詩經・大雅・雲漢》為例：「『周餘黎民，靡有孑遺。』信斯言也，是周無遺民也。」此詩之前段有論及大旱云云，故朱熹的註解說：「作詩者之志在於憂旱，而非真無遺民也。」（朱熹，1983a：307）最後孟子替舜辯解：舜其實很盡孝道，並未如咸丘蒙所認為的以君臣之禮對待父親。

以上是孟子與咸丘蒙的對話梗概。其中，「說詩者，不以文害辭，不以辭害志，以意逆志，是為得之」這段經文，有很大的解釋空間。這段話包含兩部分：「不以文害辭，不以辭害志」以及「以意逆志」。頌詩者必須以意逆志，才不會以文害辭、以辭害志。關鍵點在於文、辭、意、志四者，此四者可以拆成兩組來看：文與辭、意與志。一般關注的焦點在於意與志的解讀（主要差異是意），但此解讀其實不能脫離文、辭的意涵。

如果暫且擱置文與辭意涵的實際差別，先將二者籠統皆視為文本的組成部分或單位，並把焦點放在「意」概念，則上述經文有兩種解釋的可能性：首先，「不以文害辭，不以辭害志」一句，基本上可指不以部分的文義妨礙作者表現在文章（詩）中的心志，而以此配合「以意逆志」來看，乃謂讀詩者必須以文本整體的旨意（敏澤，2004：63）或文義（意）來逆推作者之心志。換言之，意指的是「文本」的（整體）意義。這樣的解釋不失其說服力，因為它符合孟子對咸丘蒙不重脈絡的批

評。其次，若察看《孟子》全書，「意」字出現在兩處，其一即是「以意逆志」，其二見〈離婁上〉：「孟子謂樂正子曰：『子之從於子敖來，徒餔啜也。我不意子學古之道，而以餔啜也。』」這段話當中的意字做動詞，指的是人表現出意志或意圖，與文本並無直接關連。換言之，「意」的第一種解釋強調文本之意，第二種則凸顯人的意志。

如果「意」是人之意而非文本之意，「以意逆志」又可再有兩種解釋：其一是「以讀者之意逆測詩人之志」，趙岐與朱熹屬之；其二是吳淇認為的「以詩人之意逆測詩人之志」（殷杰，1986：37）。有趣的是，後一解釋側重詩人之志、意，但不離文本，而是消化志、意於文本之中；而前一組雖強調讀者與作者，然而所強調者也在文本當中。「以意逆志」表面上的不同注解論點，卻有大方向類似的歸結傾向，根本上乃是受限於原文結構中「不以文害辭，不以辭害志」的前提，因而意的兩種解釋又回到了一種。先看趙岐，其注解為：

> 孟子言此詩非舜臣父之謂也。詩言皆王臣也，何為獨使我以賢才而勞苦，不得養父母乎？是以怨也。
> 文，詩之文章，所引以興事也；辭，詩人所歌詠之辭；志，詩人志所欲之事；意，學者之心意也。……人情不遠，以己之意逆詩人之志，是為得其實矣。（趙岐，1989：164）

這段注解的重點在於文、辭、志、意四個概念。辭、志、意皆不難解，辭為韻辭、篇章或詩篇，亦即文本，志為詩人表現在詩篇中的心志，意則是頌詩者（讀者、學者）的意向，只有「文」（文章）的意思稍嫌通泛而不知所指。若將「文」解釋為振作精神、興發事理之作用，則「辭」與「文」可分別視為詩人創作的「文本」以及此文本中可資興發的「文采」，而「意」與「志」則是頌詩者的意向（意）與作者的意向（志）。依此，上述注文總體上可以簡單地視為「讀者與作者」關係的論述原則，而這個原則首先根據的是：符合詩人意向的基礎在於「人情不遠」，亦即人情事理的「普遍性」讓這種逆推的溝通得以落實。但由於此段注解是針對《孟子》而來，所以不能脫離原文中的「不以文害辭，不以辭害志」一句。若

結合文、辭關係加以考量，則人情的普遍性即使不退為第二根據，也不是唯一根據。依此，頌詩者如何能推測詩人在詩中興發之志（《尚書 · 堯典》：「詩言志」）的另一重要根據便是：不讓詩中的文采妨礙韻辭、讓韻辭妨礙心志。如果綜合「人情不遠」與「不以文害辭，不以辭害志」，則「以己之意逆詩人之志」中的讀者之意（甚至詩人之志）便不算明顯，甚至只是虛說，實說在文本與人情。

再看吳淇的觀點，他對意、志關係的注解是：「後之作詩者，貴能立志，⋯⋯後之論詩者，貴能逆志。」（吳淇，2001：vol.1, 5b-6a）詩人立志以言志，論詩者須得逆志才能得詩人之志。如何方能逆得詩人之志？吳淇進一步注解說：

> 詩有內有外。顯於外者，曰文曰辭，蘊於內者，曰志曰意。此意字，與思無邪思字，皆出於志。然有辨。思就其慘澹經營言之，意就其淋漓盡興言之。則志古之志，而意古人之意。⋯⋯漢宋諸儒以一志字屬古人，而意為自己之意。夫我非古人，而以己意說之，其賢於蒙之見也幾何矣。不知志者，古人之心事，以意為興，載志而遊，或有方，或無方，意之所到，即志之所在，故以古人之意，求古人之志，乃就詩論詩，猶之以人治人也。（吳淇，2001：vol.1, 57a-b）

依此注文，吳淇與漢宋儒者（主要可能指趙岐與朱子）之解釋的最大差別似應在於後者以「意」與「志」分屬於頌詩者與詩人，前者則主張兩者皆應該屬於詩人。「志」是詩人藉文本所欲述說的意向，「意」則是詩人之志淋漓盡興地表現在文本之中者，依吳注的結構（顯於外者，曰文曰辭，蘊於內者，曰志曰意）來看，顯於外者的前一文本是「文」（志對文），後一文本是「辭」（意對辭），「辭」文本有其淋漓盡興的一面，「文」文本似可對比於「思」而理解為慘澹經營或鋪陳者。若參照現代詮釋學家赫許（E.D. Hirsch）的語言來看（赫許，1967）❸，可以進一步「轉化」地表示

---

❸ 赫許對意義與意味的區分，可以簡單說明如下：意義是作者意向之所指，乃是普遍而群體的，與「理解」作者意向有關；意味、意指則涉及讀者與其個人史，是特殊而個體的，與讀者之「詮釋」（批評與判斷）此意向相聯繫。

為：詩人之意即是藉「辭」文本而煥發的興味或意味（significance / Bedeutung, Bedeutsamkeit），詩人之志則是通過「文」文本所經營的意義或意思（meaning / Sinn），頌詩者或詮釋者在詮釋時，可以由文本「意味」所漫興的詩人之意來追尋文本「意義」所呈現的詩人之志，「意之所到，即志之所在」，此即以意逆志。依此，吳淇雖以詩人（作者）的意向來解釋「意」，但由於此意向乃是煥發於此文本（辭）而非另得考慮彼文本之中者（即未考量其他眾多文本而綜合出作者之意），故與前文所說之由整體的文義逆推作者之心志相比較，其實亦不脫文本的範圍，並非純然的作者導向。吳淇的說法不僅沒有脫離「詩言志」以來的傳統，其以表現在文本中的作者之志為主導的觀點，也符應於當代詮釋學派別中回歸客觀面的倫理要求。

依上一節（知人論世）所論，朱子在作品與歷史關係的解釋上乃介趙岐、吳淇與張南軒、黃宗羲兩組觀點之間，即所考之行跡乃在作品之外；至於「以意逆志」的說明，朱子與趙岐、吳淇對「文與辭」以及「意與志」的分別解釋雖有不同，但最後皆把解釋的焦點收攝在文本。

肆、朱子對「以意逆志」一段的解釋

對於〈萬章上〉的那段對話，朱子有如下的注解：

> 文，字也；辭，語也；逆，迎也……。言說詩之法，不可以一字而害一句之義，不可以一句而害設辭之志，當以己意迎取作者之志，乃可得之。若但以其辭而已，則如〈雲漢〉所言，是周之民真無遺種矣。惟以意逆之，則知作詩者之志在於憂旱，而非真無遺民也。（朱熹，1983a：306-307）

在上述的注解中，文是字（字詞），辭是語或句（語句）❹，志則是作者的寫作

---

❹ 事實上，「字與句」之解釋以及其間的關連並不是朱子先提出來的，至少程明道就做過類似的注解：「不以文害辭。文，文字之文，舉一字則是文，成句是辭。」（朱熹、呂祖謙，1983-1986：vol.3, 15b）同樣意指不能泥於一「字」之解釋而有害全「句」的掌握。

意向。「不以文害辭，不以辭害志」即順此被解釋為「不可以一字而害一句之義，不可以一句而害設辭之志」。此解釋的前半截意思不難明白：理解時，不可以字義而妨礙句義；但後半截則因分設句、辭兩者而需要稍做梳理。「不可以一句而害設辭之志」（不以辭害志）中的辭若不同於句，依據原文的對等結構，「不以文害辭」便不能解釋成「不可以一字而害一句之義」；如果辭、句兩用詞只是基於修辭之故而有所不同，意指並無根本差異，其實較為順當，因為接下來的「若但以其辭而已，則如〈雲漢〉所言，是周之民真無遺種矣」，其中的「辭」也是指句，即〈雲漢〉的「周餘黎民，靡有孑遺」一句。然而不管此二者之同、異，其中皆涵蘊了一個意思，即理解者應該跳脫句子的字面意義而把目光拓展到其他句子（即藉著較大範圍來掌握），如此方能「以己意迎取作者之志」而掌握「設辭之志」。己意在此突出的是讀者之意，似乎強調讀者導向，但結合文本較大範圍之掌握來看，此導向也是虛說。這可聯繫到《孟子》原文來看。

設辭之「志」是詩人創作的意向。詩人憂心的是乾旱而非周之遺民沒有後嗣，要掌握此憂心，詮釋者必須敞開自己來迎接。但作者之志如何加以迎接？孟子在本段經文中先是指出咸丘蒙對〈小雅〉的斷章取義，接著提到文、辭與以意逆志的關係，最後才說及〈雲漢〉篇的真正意涵。由這樣的順序來看，所謂迎接作者之志，明顯乃是著重上下文的關係（由此句而拓展至彼句）。而朱子在上述的注解中，亦是順著孟子的討論順序。由此觀之，朱子此段注解之意應該是：理解時，不可侷限於較小單位的字句而妨礙了掌握作者表現在較大篇幅中的意向；換言之，文本的較小單位須放到更大脈絡才能被理解，而這更大（甚至整體）脈絡才能真正表現作者意向。換句話說，無論是讀者之意或作者之意，最終都是文本之意，「以意逆志」的更根本原則是「不以文害辭」。

此外，關於脈絡性以及以意逆志兩項，還有稍加補充的必要。趙岐把「文與辭」理解為「文本中興發的文采」與「詩人創作之篇章」，吳淇則率皆闡釋為「顯於外者」（盡興的意味文本與原初的意義文本），而朱子則解讀成文本中「較小單位」（字）與「較大單位」（句），並著重其間的「脈絡性」（三者相較，雖有細節上的差異，但基本上都指向「文本」）。雖然在《孟子》的那段文獻裏，看不出相關的脈絡中細膩到由於字詞的關係而妨礙對句子的理解，但從較小與較大部分的大致關連來理解，

並不算離譜。以詮釋學的術語來看，這裏其實涉及了文本理解時「全體與部分」（或較大與較小部分）的古典詮釋學循環（hermeneutischer Zirkel）。但由朱子詮解〈萬章〉篇所揭示的原則看來，他大致上只談到了「由全體到部分」（亦即由全體或較大部分來確定較小部分的意義）的進路，還沒有進一步反省到「由部分到全體」的可能性（亦即由較小部分來確定較大部分的意義）。必須這兩個進路都齊備，才可能真正談到循環。朱子（包含孟子在內）在此只是素樸地說明了脈絡性（Kontextualität），但未充分說明循環性（Zirkularität）。詮釋學循環概念在西方的發展：由語文學（Philologie）到新教的《聖經》詮釋，再到施萊爾馬赫（Schleiermacher）與海德格、高達美，則是很不相同的。西方的這種不同發展，或是強調文本與作者心靈之間的循環（例如施萊爾馬赫兼重文本的語法學側面與作者的心理學側面）❺，或是脫離「方法論」的循環而轉向「存有論」的循環（海德格與高達美）❻，這些發展所呈現的內容，當然都是朱子所未曾設想的。但這種未曾設想，是否表現了一種遺憾或缺乏？或者是另一種獨特的、基於聖人教訓與真理揭示所表現出來的道統特徵，理應另文處理❼，此處的「以意逆志」原則則是落實在「文本的脈絡」。

就《孟子》的原文獻結構來看，朱子（連同趙岐與吳淇）其實做了某種程度的偏離與擴張，然而他的注解對於經典詮釋卻有三種推進作用：首先即是文本脈絡的強調以及其中涵蘊之較大與較小部分的區分；其次是他（也包括趙岐）皆提出了讀者的

---

❺ 對施萊爾馬赫來說，詮釋學循環可以發生在個別字詞與較大部分之間（循環的客觀面，屬文本），也可以出現在「某一瞬間的作者心境」與「整體性的作者內心生活」之間（循環的主觀面，屬作者），而這兩個個別循環，是可以跨越的。為了理解作者內心的生活世界，詮釋活動歸根結底就是一種感通行為（ein divinatorisches Verhalten），一種把自己置於作者的整個創作中的活動，一種對一部著作撰寫的「內在根據」的把握。（施萊爾馬赫，1910：355, 358, 364）

❻ 對海德格與高達美來說，所有的理解總是與前一結構（Vor-struktur）有關，因而理解總是在「文本的理解」與「理解者的前理解」之間循環；由此，循環就涉及到存有論的問題，並在高達美積極處理的歷史性（Geschichtlichkeit）概念中達到高峰。就此而言，在理解者的歷史性與理解對象的流傳性（Tradition）之間往返的存有論循環，便彌合了主體與客體之間的知識論裂縫。

❼ 簡單說來，如果越出文本的範圍，就會涉及道、經典、聖人與學（習）者等四個角色的互動。用詮釋學的術語來說明，即涉及真理、文本、作者以及詮釋者。如果經典的詮釋必須考慮到聖人的處境與聖人之語言、文本的背景與詮釋者的背景等因素，我們便需要進一步分析道（或真理）的恆常與變遷之間的平衡。

位置，雖然此位置只是虛位；第三則是頌詩者或詮釋者必須將自己順從於「作者」而非「古人」的意向。最後一點需要加以說明，因為這在解經傳統中產生一種重點的特殊移轉。「古人」一詞表現的時間距離與時間的聖化作用，在此處則轉成面對經典文本時具有降級化、與讀者相對之平等化身分的「作者」：詮釋經典的過程中，詮釋者必須確定什麼樣的詮釋才符合作者（而不只是古人或聖人）在文本中的意思。這種由古人、聖人而降級成為作者的平等化轉變（參照吳淇的注解仍沿用古人一詞），正如由經典而降級化的文本（文與辭的脈絡）。在某種程度上，此價值降級有類於西方之由解經學轉為詮釋學，其意義標誌著創作和詮釋權力的初步解放（更進一步的解放是文本／作者對讀者的優位性倒轉）。（另需加以說明的是，朱子著作中所使用的「作者」一詞雖然出現頻繁，「古人」往往仍扮演一定的角色，見下引文。）

　　上述關於「以意逆志」的注解還不算充分，朱子在《語類》中常為人引用的獨立解說文字，可供進一步參考：

> 今人觀書，先自立了意後方觀，盡率古人語言人做自家意思中來。如此，只是推廣得自家意思，如何見得古人意思！須得退步者，不要自作意思，只虛此心將古人語言放前面，看他意思倒殺向何處去。如此玩心，方可得古人意，有長進處。且如孟子說《詩》，要「以意逆志，是為得之」。逆者，等待之謂也。如前途等待一人，未來時且須耐心等待，將來自有來時候。他未來，其心急切，又要進前尋求，卻不是「以意逆志」，是以意捉志也。如此，只是牽率古人言語，入做自家意中來，終無進益。（黎靖德，2004：180）

　　朱子此處把「逆」解釋成「等待」（《集註》中的注解則是「迎取」）。無論等待或迎取來訪者，皆不強調主動上前，而是等訪者到來，故「以意逆志」凸顯詮釋者完全地放棄自己而接受作者意志。既然凸顯接受作者意向，便不能以自己的想法來取代它（以意捉志）。但如何等待？何者是等待或迎取的具體態度？朱子主張「虛心」地把「古人語言」放前面，又強調要有「耐心」等待某個人的出現，這就涉及了兩個部分：注意古人言語乃是重視「文本」（即作者之意必須在文本中彰顯與掌握），虛心與耐心則是關於「詮釋學的態度」問題。

關於文本與態度二者，朱子在《文集》卷五十三前部分與劉公度、仲升、季章諸門人的書信裏多有討論，在〈答劉季章〉第十書的典型文字中，朱子主張：「然讀書且要虛心平氣，隨他文義體當，不可先立己意，作勢硬說，只成杜撰，不見聖賢本意也。」（朱熹，1983b：b.53, 6b-7a）虛心平氣即是面對「文本」的態度，體當「文義」以見聖賢本意仍是著重文本（聖人言語）❽。對於這兩個問題，本人有專文討論❾，此處只簡單提其結論，並稍做延伸的分析。

先說文本與作者關係的問題。在聖人遠逝的時代，要想真正掌握作者之志，有其實際上的困難。詮釋者固然有為數不少的注解或文獻可以輔助，但並不一定可靠。朱子以《春秋》的詮釋困難為例，說明在作者不可能復活的情況下，任何的詮釋都無法確定文本的真正意義。但除非不做詮釋，否則在去聖已遠的情形下，解經者面對的仍只是經典文本。這同時意味著：在經典詮釋傳統中的「作者導向」（author-orientation）最終可能得讓位給「文本導向」（text-orientation）❿，有如前文分析之《集註》所疏解者。只是文本所導向的解經立場，也不代表了作者的徹底消失，而是消化於文本當中。以詮釋學的角度來看，如果聖人（作者）是有意義的身分指稱，則其扮演的角色乃是「文本意向」的代表物，正如以意逆志乃植根於文辭的關係結構。換言之，若真有所謂作者意向，則此作者只能是出現在「文本中」而非「文本外」的作者。朱子的意向論（intentionalism）是一種「作者的意向論」，但此意向論實際上奠基於「文本的意向論」。這就是為什麼朱子總是要強調古人「言

---

❽ 亦參見〈答呂子約〉第八書：「讀書……如《詩》、《易》之類，則為先儒穿鑿所壞，使人不見當來立言本意。此又是一種功夫，直是要人虛心平氣，本文之下，打疊交空蕩蕩地，不要留一字先儒舊說，莫問他是何人所說，所尊所親、所憎所惡，一切莫問，而唯本文本意是求，則聖賢之指得矣。」（朱熹，1983b：b.48, 5b）此書指責的是前儒解說失當，務必盡去舊說，平氣虛心於文本本意。

❾ 文本與作者的相關問題見林維杰（2007a），詮釋學的態度問題見林維杰（2005）。

❿ 參見朱子批評運用《春秋》的一字褒貶「……而今卻要去一字半字上理會褒貶，卻要去求聖人之意，你如何知得他肚裏事」（黎靖德，2004：b.83, 2144）又見朱子對張元德詢問《春秋》、《周禮》疑難的回答：「『此等皆無佐證，強說不得。若穿鑿說出來，便是侮聖言。不如且研窮義理，義理明，則皆可遍通矣。』因曰：『看文字且先看明白易曉者。』」（黎靖德，2004：b.83, 2148）

語」或「語言」的原因。

其次是關於詮釋學態度的問題：要能夠真正落實以意逆志的詮釋「原則」或「方法」，詮釋者必須具有正確的「態度」，這便是朱熹所提到的虛心與耐心。表現虛心態度的詮釋者，因為具有謙讓的精神，所以能夠把發言的機會讓給作者與文本。而耐心等待的詮釋者，堅持等待作者「在文本」中的意向，因而最終能夠明瞭作者的意思。由虛心、耐心等態度來看，「恰當的態度」有助於更好地詮釋與理解經文中的義理，就「效用」（Wirkung）的觀點來看，態度便具有某種手段或工具的特徵，這種手段能使得某種「從事」更有效地完成❶。然而詮釋者對態度的注重，並不止於「手段或工具」的考量。從事於任何事務（包括文本詮釋）時的這類良好態度，其自身並非單純作為手段，彷彿一旦完成其從事，態度便因為結束於目的而功成身退。事實上，這種態度可能會在諸類似活動中逐漸「內化」於從事者，就此而言，手段性的態度即有可能由「好手段」進一步轉化為「好品德」❷。依此，作為好手段的態度便不止於技術（Techne），它還是一種德性（Arete）。由手段的技術轉為倫理的德性來看，德性脫離了手段的工具身分，而呈現以另一種在其自身的目的，此中有著一種存有論的轉化。

前文的三個要點（文本的脈絡性、意向性與有效的詮釋態度），構成了朱子注解《孟子‧萬章上》那段文字的基本架構。「文與辭」的關係顯示出其中的文本脈絡問題，而此脈絡正是「以意逆志」的著力處或實踐範圍。這就說明了作者意向之有效

---

❶ 《孟子‧告子上》即曾提到活動時的專心態度：「今夫弈之為數，小數也；不專心致志，則不得也。」朱熹並未針對此句有特別的發揮，但他在注解中援引程伊川的話說：「人主一日之閒，接賢士大夫之時多，親宦官宮妾之時少；則可以涵養氣質，而薰陶德性。」（朱熹，1983a：332）這段注解或可以如此詮釋：專心於正確的事情，確實具有涵養氣質、薰陶德性的「效用」。

❷ 這裏可能存在著這樣的爭論：「專心」於惡行的人，是否也可以視他具有好品德？這種人甚至有可能在其真正的專心、或「虛心」求教於為惡技術的獲取過程中，通過「技術」或「工夫」（而無視於其與惡行之衝突）的砥礪訓練，而逐步蛻變為一個優雅甚至高貴的壞人。很顯然的，朱子不會把這樣的人視為有德者，這就導致如此儒學式的結論：專心應該運用在有助於成德的事情。專心讀書有助於理解真理，正如專心掃地有助於涵養德性。因為有助於德性培養的過程，所以好態度即轉化為「品德」本身。

掌握必須通過文本的結構❸。為了使「以意逆志」原則能夠落實，還需要抱持某些有益於有效詮釋的態度。若進一步從《語類》和《文集》書信的內容來看，這些態度可能不僅只是手段，更可能在不斷的詮釋過程中，逐漸形成詮釋者的某種品德。

伍、兩項原則的內在關連

前文用三節的篇幅分別分析了朱子關於「知人論世」與「以意逆志」兩項原則的注解。在「知人論世」的相關分析中，本文指出文本與歷史的兩個分離脈絡，而在「以意逆志」的解釋文字裏，歷史的要素消失了，起作用者只剩下文本（與弱化的讀者）要素，而作者要素則內化到文本要素當中。但就朱子在其著作裏對此兩項原則的個別注解來看，不僅著重點有所不同，也未曾建立一種內在的邏輯，倒是前文述及吳淇串連此兩原則以建立其關係，現在再引後者的一段文字以說明之：

> 後之論詩者，貴能逆志。既得其志，斯知其言。知人論世，通古人之志於無間者。（吳淇，2001：vol.1, 6a）

先須得作者之志，方能逆其志而知其言（詩），而得其志之方，乃是知人論世（由作品之外的大歷史環境以知作者之志）。換言之，以意逆志與知人論世皆是知文本之意的途徑，但知人論世是以意逆志的前提，亦即先須論其世，才可知其人，能知其人，才能知其書。從目的與手段的關係來看，手段可以為多，其多之間的安排，可能涉及諸手段彼此間之互為次階目的與手段的關係。對知人、知志而言，論其世與

---

❸ 周光慶以為趙岐、朱子把「意」解釋為解釋者的心意，突出了解釋者的存在與其主動參與的作用；而吳淇把「意」解為典籍的思想內容，則凸顯了文本對解釋的引導作用，見周光慶（2002：357）。按：把朱子的觀點視為「解釋者的主動參與作用」，不僅弱化了後者一再強調的「逆」（迎取、等待），以及文（或作者）與讀者的「主僕關係」（例如朱子說：「聖經字若箇主人，解者猶若奴僕。」（黎靖德。2004：b.11，193）），也忽略了以意逆志乃植基於文、辭關係。而認為吳淇的解釋不可能發生在孟子的時代（周光慶，2002：358），此固然不錯，但原因正好在於吳淇的「意」並非孟子所論之典籍的思想內容，而是指詩人之意。

以意逆志俱是手段，而對以意逆志而言，論其世又是其手段。但對吳淇來說，由於知人論世在作品之外援入了歷史要素，因而不僅消解了以意逆志之以文本為解讀核心的立場，同時還重新確定焦點於作者之志。

黃俊傑曾為文援引清代學者顧鎮（備九）的觀點，後者也認為《孟子》「知人論世」的方法乃是「以意逆志」方法的基礎。顧鎮曰：

> 正惟有世可論，有人可求，故吾之意有所措，而彼之志有可通。今不問其世為何世，人為何人，而徒吟哦上下，去來推之，則其所逆者，乃在文辭而非志也。此正孟子所謂害志者，而烏乎逆之？而又烏乎得之？……夫不論其世，欲知其人，不得也。不知其人，欲逆其志，亦不得也。（引自黃俊傑，2003：178-179）

黃俊傑據此指出：顧鎮所解的以意逆志，強調的是以讀者之心上溯千載而遙契作者之心，而知人論世則主張「在歷史脈絡中解讀經典『文本』之意涵，也暗示：經典作者生存於歷史情境之中，因此，作者之意必須在世變的脈絡中才能獲得正確的詮釋」，由於經典作者與後代詮釋者皆非抽象之範疇，而是具體、特殊歷史情境中的存在，故「以意逆志」必須在「知人論世」的脈絡中才能進行（黃俊傑，2003：176-178）。結合前文的分析來看，顧鎮的觀點實傾向於：由世而知志，世在文本之外，故所逆之志還得考量文本之外的歷史，這也是文本與歷史分立下的結果。

此外，王國維亦有連繫此兩原則之語：

> 善哉，孟子之言《詩》也。……顧意逆在我，志在古人，果何修而能使我之所意不失古人之志乎？此其術，孟子亦言之曰：「誦其詩，讀其書，不知其人。可乎？是以論其世也。」是故由其世以知其人，由其人以逆其志，則古詩雖有不能解者寡矣。（王國維，2001：717）

欲以己意逆推古人之志，同樣必須先論其世，換另一種表達方式來說：「以意逆志」乃是「知人」，「論世」則是其深具歷史脈絡意涵的方法論。

對於朱子之知人論世的注解，陳昭瑛指出其重點並不在於交友，而在於理解（知）友之言與其行之實，偏向以客觀態度去看古人❶。單就此客觀理解而言，「知人論世」和「以意逆志」在條件關係上是可以相互呼應的，因為傾向客觀理解古人在歷史處境中的行實，有類於客觀逆推作者表現在文本中的心志。不過朱子在《集註》、《文集》與《語類》卷五十八〈孟子八〉中對「知人論世」原則的分析文字並不算多，而且也沒有足夠的材料來證明它與「以意逆志」之間的聯繫，兩者仍是相互獨立的原則。這種相互獨立是否足以擱置如吳淇等觀點所帶來的問題性（解讀歷史與解讀文本的優先性競爭），不無疑問，而且還可能因著個人行跡之小歷史而引發作者理解與文本理解之間的對立。作為原則的提出者，實有必要進一步解決其中的可能矛盾或爭議。不過從原則的效用建立層面來看，知人論世所涉及的「歷史脈絡」──不管是文本外的大脈絡或文本內的小脈絡，確實是以意逆志所呈現的「文本脈絡」必須予以深化的一步：歷史若在文本當中，則前者擴大、豐富了後者的內容結構；歷史若落在文本之外，則它釋放了文本解讀的封鎖狀態。如果歷史的釋放或介入作用具有正當性，則它也同時釋放了其他因素的介入可能性。這類的可能性，與經典的文本化以及聖人的作者化，是同時存在的。

朱子以及其餘諸家對《孟子・萬章》上下兩篇的注解，不僅表現為典型的、對經典的解釋，而且還是一種特殊的詮釋學解釋。在中國傳統注經史中，這類特殊的詮釋其實並不常見，之所以不常見，倒不是因為注經史缺乏詮釋學原則或方法的提出，而是甚少掘發經典內容中的詮釋學要素。經典的書寫者處在創作的氛圍，如果他需要的話，最多只是創作原則而非詮釋原則（雖然這兩種原則也可以通而為一❶），只有注解者才會因為注解過程而興起詮釋學的反思以及原則、方法的需求。此外，注解者還可能以其詮釋綜結出來的方法或原則運用到其他的經典解釋活動，例如朱子

---

❶ 她認為朱子「⋯⋯以『論其當世行事之迹也。』解『論其世』，但未深論其人事迹中的意義與精神；朱熹又以『言既觀其言，則不可以不知其為人之實，是以又考其行也。』解『知其人』，其重視『言』與『行』、『實』之一致是受孔子影響，其使用『知』（其為人之實）、『考』（其行）等字，則偏重客觀認知的興趣。」（陳昭瑛，2003：333）

❶ 林維杰的論文（2007b）可說明這一點。

提到解讀《詩》、《易》時，便是循「以意逆志」為法❶；又如他以此原則為判準，盡評諸儒（王通、揚雄等）不仔細解讀聖人書，只是枉做《玄經》、《法言》，又責當時學者誤解屈原作〈離騷〉歸依愛慕、不捨懷王之意，以為盡是罵懷王等（黎靖德，2004：3257-3259）。最後，注解者還可能獨立地探討這類態度與原則，例如朱子在《語類》十、十一兩卷〈讀書法〉以及卷十九的〈論語一·語孟綱領〉中與門人友朋的相關討論，正是典型的表現。

參考文獻

一、期刊論文

林維杰（2005）。〈朱熹哲學中的經典詮釋與修養工夫〉，《法鼓人文學報》，第
　　2 期，頁 217-241。

二、專書論文

黃俊傑（2003）。〈孟子運用經典的脈絡及其解經方法〉，李明輝編，《儒家經典
　　詮釋方法》，頁 178-179。臺北：喜瑪拉雅研究發展基金會。

陳昭瑛（2003）。〈孟子「知人論世」說與經典詮釋問題〉，廖蔚卿教授八十壽慶
　　論文編輯委員會編，《廖蔚卿教授八十壽慶論文集》，頁 329-346。臺北：
　　里仁書局。

林維杰（2007a）。〈朱子讀書法中的詮釋學意涵〉，劉述先、楊貞德編，《理
　　解、詮釋與儒家傳統》，頁 111-145。臺北：中央研究院中國文哲研究所。

林維杰（2007b）。〈主觀與客觀解釋——徐復觀文史論述中的詮釋學面向〉，李
　　明輝、林維杰編，《當代儒學與西方文化：會通與轉化》，頁 379-408。臺
　　北：中央研究院中國文哲研究所。

三、專書

〔漢〕趙岐（1989）。《孟子注疏》（影印阮元校刻《十三經注疏附校勘記》

---

❶　「所謂『以意逆志』者，逆，如迎待之意。若未得其志，只得待之，如『需於酒食』〔《易》需
　　卦·九五：「需於酒食，貞吉」〕之義。後人讀《詩》，便要去捉將志來，以至束縛之。」見黎
　　靖德（2004：2813）

本）。臺北：藝文印書館。

〔宋〕朱熹（1983a）。《四書章句集注》。北京：中華書局。

〔宋〕朱熹（1983b）。《晦庵先生朱文公文集》，收入《朱子大全》。臺北：臺灣中華書局。

〔宋〕朱熹、呂祖謙編，〔宋〕葉采集解（1983-1986）。《近思錄》（影印文淵閣《四庫全書》第 699 冊）。臺北：臺灣商務印書館。

〔宋〕張栻（1986）。《孟子說》（影印摛藻堂《四庫全書薈要》第 70 冊）。臺北：世界書局。

〔宋〕黎靖德（2004）。《朱子語類》。北京：中華書局。

〔清〕黃宗羲編（1987）。《明文海》（影印涵芬樓鈔本第 3 冊）。北京：中華書局。

〔清〕黃宗羲（1994）。《孟子師說》（《叢書集成續編》第 15 冊《適園叢書》本）。上海：上海書店。

〔清〕吳淇（2001）。《六朝選詩定論》（《四庫全書存目叢書補編》第 11 冊，影印清刻本）。濟南：齊魯書社。

〔清〕顧鎮（2005）。《虞東學詩》（影印《文津閣四庫全書》第 30 冊）。北京：商務印書館。

殷杰（1986）。《中國古代文學審美理論鑑識》。武昌：華中師範大學出版社。

林耀潾（1990）。《先秦儒家詩教研究》。臺北：天工書局。

王國維（2001）。《觀堂集林》，下冊。石家莊：河北教育出版社。

周光慶（2002）。《中國古典解釋學導論》。北京：中華書局。

敏澤（2004）。《中國文學思想史》，上卷。長沙：湖南教育出版社。

Friedrich Daniel Ernst Schleiermacher (1910). *Werke III*, Leipzig: Felix Meiner, 1910.

Eric Donald Hirsch, Jr. (1967). *Validity in Interpretation*, New Haven:Yale University Press.

Zhiren lunshi and Yiyi nizhi: A Hermeneutic Interpretation of the *Mencius* by Zhu Xi

Lin Wei-Chieh[*]

Abstract

This paper explores a hermeneutical interpretation, namely Zhu Xi's interpretation of two ideas found in the *Mencius* 5 B and 5A: principles of "knowing the ancient by understanding the age in which one lives" (*zhiren lunshi* 知人論世) and of "meeting the intention of the author with the idea of the text" (*yiyi nizhi* 以意逆志). About the first principle *zhiren lunshi*, Mencius points up that when looking for renowned ancient writers or authors in history as one's friends, one must not only read the writings but also understand the age (*shi*) in which they lived. But Zhu Xi explains the word *shi* as the behavior of authors and regards the behavior as a historical element in addition to his writing: When one tried to know an author' idea, one must consider his personal, historical, and non-textual factors. Another principle, *yiyi nizhi*, appears in a dialogue between Xianqiu Meng and Mencius. In this dialogue Mencius points out that, when interpreting the idea of text, in order to grasp the intention of author, one must pay attention only to its context and should not allow the words to obscure the sentence or the sentence to obscure the intention. For Zhu Xi, this author's intention can be met only with sympathetic understanding of the reader. Zhu's interpretation can be viewed as an

---

* Associate Research Fellow, Institute of Chinese Literature and Philosophy, Academia Sinica

outline of the relationship between reader and author. Finally, this paper shows that Zhu Xi in fact makes no connection between these two hermeneutical principles.

Keywords: Text, Author, Reader, History, Hermeneutics

「知默」與「知言」：
荀子思想中「默」的體知面向

東方朔*

摘　要

　　荀子善辯，然亦講「知默」。在荀子，此所謂能「交談」之「靜默」若作為一種「體知」或認知，在理論上是如何可能的？依荀子，可言而不必言、欲言而不能言之「體知」可以通過身體語言被「說出」，但身體之「形乎動靜」既可以是一個有德之人之德性的外化表現，亦複可以是個私的作色舞蹈而沒有客觀性。故而一個人是否真正知「道」、識「道」、體「道」、履「道」非只止在心識意合、形色天性上作宣稱，而應表現於行為並使此行為化而為可供人們榜樣的法則，而其所以能「化」，則在很大程度上源於道德共同體所造就的特定的「共通感覺」。

關鍵詞：荀子　知默　身體語言　客觀性

---

*　　復旦大學哲學系教授

壹、引言

在先秦儒家中，人或咸知孟子之「好辯」❶，而不意荀子亦以「言辯」、「善辯」著稱於世，蓋依荀子，「今聖王沒，天下亂，奸言起，君子無執以臨之，無刑以禁之，故辯說也。」（《正名》）又云：「君子之于言也，志好之，行安之，樂言之，故君子必辯。」（《非相》）荀子之辯說表面上看，固然在於引繩墨以定曲直，使奇辭不能入，邪說不能藏，以達到明是非，去偏傷，「兼陳萬物而中懸衡」之目的，使全之、盡之之先王之道實有地顯現出來，但很明顯，荀子之辯說的實際用心卻在要人虔敬地通過「明示」以經驗、通過「辯說」以重溫先王之道、禮義之統，並使之繼於、行於當今及未來之世❷。

然而，善辯如荀子者也講「知默」的一面。

所謂「默」大概指可言而不必言，欲言而不能言之類。的確，在我們的日常生活中，有些知識不必一定得借助語言來表達，而有些即是語言根本無法表達，但不論是「不必」還是「無法」用語言表達的知識，卻是可以被傳通和領會的，否則這種知識便沒有意義，而這種知識所以能夠被傳通和領會又在很大程度上根源於社會化的結果。我們的問題是，在荀子那裏，這種能「交談」的靜默，作為一種「體知」或認知是如何可能的？

從理論上看，體知之作為自證、自知，其當下之表現即可以有言，亦可以無言。就荀子而言，有言即在辯示，以觸發作為先王之道、禮義之統為底裏的「共通感」，以解眾人之蔽。這一過程在荀子那裏事實上表現為藉禮義以呈教化的過程，通過這一教化過程使沉涵於個別性的個人表現為具有普遍性的存在❸，即循於先王，達於禮義。然今言體知亦可以無言，此意即有如莊生所謂得之於心而應於手，

---

❶　參閱唐君毅《中國哲學原論‧導論篇》（香港：東方人文學會，1974 年），頁 258。

❷　參閱拙文〈「辨示」與「重溫」：荀子體知觀念的一種瞭解〉，陳少明主編《體知與人文學》（北京：華夏出版社，2008 年），頁 77-86。

❸　伽達默爾（Hans-Georg Gadamer）認為：「人類教化的一般本質就是使自身成為一個普遍的精神存在。誰沉涵於個別性，誰就是未受到教化的。」（《真理與方法》（上海：上海譯文出版社，1999 年），頁 14。）

「口不能言，有數存焉其間」❹。基本上，無言可以作兩面以觀：可言而不必言；欲言而不能言。前者是無需乎有言；後者則是不可得而言。

　　無疑的，體知之作為無言涉及到多種不同的面向，如所謂「隱默」的面向；如所謂「形色天性」的面向等等，當然，上述兩者亦可以合而言之。《呂氏春秋·精諭》中說：「聖人相諭不待言，有先言言之者也……故勝書能以不言說，而周公旦能以不言聽。」《文子·道德》則云：「上學以神聽，中學以心聽，下學以耳聽。」而陸象山則言之更為精妙：「如曰『予欲無言』，即是言了。」❺頗有莊子「至言去言」❻之餘味。對我們來說，問題的焦點顯然在於，荀子之學既素以好辯、善辯著稱，荀子甚至不惜將言說、辯示看做是君子的必備的品格之一，那麼，荀子又是如何來介說「默」的面向？「知默」與「知言」的關係又是如何？荀子所言的「默」與一般所謂的「隱默」畢竟還有些什麼關係？

貳、體知與荀子之「默教」

　　依杜維明先生之說，體知即是一種體證、體驗之知，表現出一種類似於賴爾（G. Ryle）所說的 "know how" 的特徵，這種知在作為瞭解的同時又是轉化的行為，是體之於身的實踐與受用❼。"know how" 指向的是知道怎樣做，其受用和實踐之品格至為明顯，但它卻關聯著語言表達的問題，亦即凡知道的不一定就能言

---

❹　見《莊子·天下篇》，又在《知北遊》中莊子有云：「辯不如默……道不可言，言而非也……至言去言，至為去為。」此處須指出，莊子所言道之精神方向與荀子殊為不同。杜維明先生則引禪宗所謂「如人飲水，冷暖自知」相喻，其證知品格躍然而出（參閱〈身體與體知〉，載《杜維明文集》第五卷（武漢：武漢出版社，2002 年），頁 355）。但既謂如人飲水，則冷暖心自知之「自知」便殊難以明確篤實之語言示人以「冷」或「暖」的程度，此亦如音樂之徐疾高下，和體抑暢，一準乎心，徒騁唇吻言語，難期切合。如《文心雕龍》謂操琴之聲，「響在彼弦，乃得克諧，聲萌我心，更失和律，其故何哉？良由外聽易為巧，而內聽難為聰也。故外聽之易，弦以手定；內聽之難，聲與心紛。可以數求，難於辭逐。」（《文心雕龍義證·聲律第三十三》）我們說，「可以數求，難於辭逐」表達的正是體知中「無言」的基本性格的一面。

❺　《陸九淵集》卷三十四《語錄》。

❻　《莊子·知北遊》。

❼　參閱《論體知》，載《杜維明文集》第五卷（武漢：武漢出版社，2002 年），頁 329-376。

說，或者是我所知道的多於我所能言說的。儘管就目前所發表的文字看，杜先生似乎並沒有將自己所說的體知與西方學者所說的「隱默之知」（tacit knowledge）作直接的關聯❽，不過，依這種方式談論體知讓人聯想起隱默之知，毋寧說是可以理解的，蓋不論是「體知」還是「隱默之知」都涉及到「默」的共同面向❾。只是就本文之主題而言，在荀子那裏，此「默」之面向畢竟具體如何表現？

在談到隱默之知的特性時，格理門（H. Grimen）認為，在現實生活中，我們常常以沒有或不能用語言表達的知識為基礎來思考、感知、評價或行動，「在所有的行動和互動中，我們都會把某些事情視為理所當然的……對於我們想要明確地質疑、探究或獲取的事物來說，是一個毫無疑義的背景或視界。大多數被我們當作所與的事物，並不是我們主動、集中研究的結果，而是社會化的結果，或由社會化的結果所蘊含或所預設的東西。」而一旦那些「被假設為不成問題的東西發生了變化，結果將是我們的許多問題和其他信念，都會失去意義。」❿所謂「不能用語言表達的知識為基礎」的思考、感知、評價和行動，意味著，一、有些知識不必一定得借助語言來表達；二、這種無言的表達是可以被傳達和領會的，否則這種知識便沒有意義；三、這種知識所以能夠被傳達和領會乃根源於社會化的結果，雖百姓「習焉而不察」、「日用而不知」，然而，當我們如此這般去思考和行動時卻被認為是理所當然的。

對於儒家哲學尤其是先秦儒學中有關「隱默之知」的思考，李明輝先生在《康德倫理學與孟子道德思考之重建》一書中作了中西對比式的闡發與疏理。李先生首先從康德的未經反省的意識這一「理性底事實」概念引導出道德思考中的隱默面向，進而探討西方傳統哲學中的隱默之知，並在此基礎上詳細考察了先秦儒學中

---

❽　M.波蘭尼（Michael Polanyi）對隱默之知的論述，學者可參看《個人知識——邁向後批判哲學》（貴陽：貴州人民出版社，2000 年）。

❾　有關隱默之知的最典型的例子，就是「知道如何騎車」，大概沒有人不經過任何練習，只在閱讀了如何騎車的說明書之後，就能順利地把車騎走，而相關的類似的例子正是杜維明先生經常列舉的。

❿　參閱格理門〈默會知識與社會科學理論〉，劉立萍譯，載《思想與文化》第五輯（上海：華東師大出版社，2005 年），頁 64-65。

《易傳》、《大學》、《中庸》諸經典中所存在的隱默之知的思想，而重點則落於對孟子道德思考的重建上。依李先生，《易傳》中的「百姓日用而不知」、《中庸》所言的「君子之道費而隱……及其至也，雖聖人亦有所不知」、《大學》所講的「修身在正其心」以及孟子所言的「行之而不著焉，習矣而不察焉，終身由之而不知其道者」等等言說，皆蘊含了一個未經反省的隱默面向，蓋一般我們所謂的「知」指的是明確表達的知識，「但事實上，在人類底各種文化活動中更具有決定性意義的，往往是我們尚未能、甚或根本無法明確表達的『先識』（foreknowledge）。」❶這樣一種「先識」指的就是隱默之知。不過，李先生在考察先秦儒學中的隱默之知時並未論及荀子的相關思考。

而唐君毅先生在《中國哲學原論‧導論篇》中則對照著「言與默」、「辯與默」的關係對中國哲學中有關「默」的面向作了系統的說明。依唐先生，孔子有默識之語，亦嘗謂「予欲無言」，可知言外有默，言之外有無言乃始於孔子。此後，孟子「言餂」之說，荀子「知默」之論皆承孔子而來，故孟荀雖好辯，但亦有其不言不辯之義。具體到荀子而言，首先，唐先生認為，一方面，荀子之辯，乃純本於其歷史文化意識而來，旨在維護禮義之統，以去人之蔽而進以知全盡之道，故「唯賴辯，乃能守此道於天下，以繼之於當今及未來之歷史社會政治文化之中。」❶但另一方面，「依儒家之思想，道無不可行於天下之理，故必棲棲皇皇以求行道，然亦承認道有不能行之時」，故荀子不免有「白道冥窮」❶之歎。就辯一面說，荀子極力主張「凡言不合先王，不順禮義，謂之奸言」（《非相篇》），然荀子亦有「言而當，知也；默而當，亦知也。故知默，猶知言也。」（《非十二子篇》），前者以其言不合先王禮義而不辯不說寧默❶，後者則以「默而當」故默，「皆兼以默教

---

❶ 參閱李明輝《康德倫理學與孟子道德思考之重建》（臺北：臺灣中央研究院中國文哲所，1994年），頁 13-14 以及其他相關部分。

❶ 唐君毅《中國哲學原論‧導論篇》（香港：東方人文學會，1974年），頁 270。

❶ 依李滌生先生之釋，「白道冥窮」乃意指「彰明其道，而幽隱其身」，如孔子泗上設教。見氏著《荀子集釋》（臺北：臺灣學生書局，1994年），頁 524。

❶ 此則荀子所謂的「言而非仁之中也，則其言不若其默也，其辯不若其吶也。」（《非相篇》）。

也。」**⑮**其次，荀子與孔孟一樣，皆重修身以見於世，修身在行，以行事自見，即不以言辯自見，故荀子有「君子至德，嘿然而喻，未施而親，不怒而威。」（《不苟篇》）之說。其三，唐先生認為，荀子雖重正名、辯示，然而，依荀子，君子之辯，亦唯務自白其志義而已**⑯**，若名能指實，辭能見極，則名辭可去而舍之，去而舍之即終歸於默也。最後，唐先生還認為，荀子之言默，亦包含為政者以勢以刑臨人而禁人之言之意，所謂「明君臨之以勢，道之以道，申之以命，章之以論，禁之以刑，故其民之化道也如神，辯說惡用矣哉。」「今聖王沒，天下亂，奸言起，君子無勢以臨之，無刑以禁之，故辯說也。」（《正名篇》）若以此脈絡，則荀子之辯說故有其不得已之義，然以「勢」、「刑」禁人之言而為默，則此默乃有專制、暴力和絞刑架為後盾所逼而成，其後果流而為李斯、韓非以政攝教，導致焚書坑儒之禍，亦理有固然，勢所必至也。

　　唐先生從以上四個方面說明了荀子思想中所以為「默」之原由，並在荀子「君子必辯」的基礎上彰顯其「默教」，雖其並未就著於隱默之知的主題而論荀子之默教，但言之有據，論之亦頗為詳細。從唐先生論述之脈絡上看，其初意乃在於探究中國傳統思想中「如何運用語言以表意表義、語言運用與行為之關係、語言運用之價值與其限制何在」之反省與論述，並進之於說明中國思想對語意問題之反省「乃自始注意及語言與語言之週邊之默之關係，並視語言之用，唯在成就人與人之心意之交通。」**⑰**故唐先生論荀子之默教乃從言與辯之對顯中見此默的特殊功用**⑱**。

---

⑮　唐君毅《中國哲學原論·導論篇》，頁 274。

⑯　荀子云：「君子之言，涉然而精，俛然而類，差差然而齊，彼正其名，當其辭，以務白其志義也。名辭也者，志義之使也。足于相通則舍之，故名足以指實，辭足以見極，則舍之矣。」（《正名篇》）。

⑰　唐君毅《中國哲學原論·導論篇》，頁 203-204。

⑱　據佐藤將之（Masayuki Sato）教授介紹，日本學者片倉望在〈荀子思想之分裂與統一：「天人之分」的思想〉一文中（載日本《東洋學集刊》1978 年第 40 號）認為，荀子在《不苟》篇的設計中，「天」和「人」是由「超乎語言」（我們據此也可以說是一種「默」）的關係來結合，而這一方面就像《天論》，荀子拒絕由語言的天人之間的直接交流，另一方面，彼此異類的「天」與「人」由於盡其職權，而在兩者之間產生共同的特質，即「誠」之德。換言之，荀子把「天」看作是「人間」運作的規範，並且在「天人」之間看出「類似」的因素，而試圖由此「人的行為」合為「天之規範」。見氏著〈二十世紀日本荀子研究之回顧〉，載臺北：《國立政治大學學報》

　　當然，若即之於本文之主題而言，唐先生所論荀子之默亦可有進一步探討的空間，蓋視角不同，即其詮釋出來的義理格調也不免有異，如荀子言「默而當，亦知也」，即此「當」何謂？此未曾說出之知又如何是一種有意義的認知？又如，何以至德之君子能「嘿（默）然而喻，未施而親，不怒而威」？此「喻」、「親」、「威」若作為表現，與德化的身體有何關係？❶前者涉及到的問題是，能交談的靜默如何是一種認識？後者所涉及到的問題是，如何讀出身體之動作作為意義發生之場域？從文學或意境理論的角度，目語心計，不宜唇齒，揚眉瞬目，不落言詮而傳情達意，所謂「但識琴中趣，何勞弦上音」，得法神契，而信知其味，成其「心照不宣」之效而無需乎有言。雖聲出於唇吻，形著於紙筆，但人們卻常常病其在傳情、說理、狀物、述事方面不能無憾，所謂「務致其密則苦其粗疏，鉤深賾又嫌其浮泛。怪其粘著欠靈活者有之，惡其曖昧不清明者有之。立言之人，字斟句酌，慎擇精研，而受言之人往往不獲盡解，且易曲解而滋生誤解。」❷由此觀之，「予欲無言」之歎，良非無故。然而，自哲學上觀之，此無言之「默」又非只是心行處滅、言語道斷之意，亦非只是「默」而成隔絕之默。默須有當，則此「當」者可不能言或不必言❸。默之當在相互關係中，即已轉成共通感或某種意義上的「健全感

2003 年第 11 期，頁 73。不得不說，片倉教授的觀點饒有趣味，但其可能面臨的挑戰亦很大。

❶ 此處涉及到「身體觀」的問題，相關研究請參閱石田秀實《氣・流動的身體》（臺北：武陵出版社，1996 年）；莫里斯・梅洛－龐蒂（Maurice Merleau-Ponty）《知覺現象學》（北京：商務印書館，2001 年）；楊儒賓《儒家的身體觀》（臺北：臺灣中央研究院中國文哲所，1996 年）；黃俊傑〈古代儒家政治論中的「身體隱喻思維」〉，《鵝湖學誌》1992 年第 9 期；以及蔣年豐在《文本與實踐》（臺北：桂冠圖書出版公司，2000 年 8 月）一書中所涉及的論文，請參閱該書頁 151-226。

❷ 錢鍾書《管錐篇》第二冊（北京：中華書局，1986 年），頁 406。

❸ 格理門認為：「我們的行動的背景──或視界──包含了大量我們事實上沒有用語言表達的知識領域。它包含那些被認為是理所當然的東西，或者用維特根斯坦（Ludwig Wittgenstein）的話說，那些在我們日常行動和思想中被固定下來的東西。它們沒有被我們表達出來甚至沒有被我們思考過。在哈貝馬斯（J. Habermas）看來，知識的這些未被表達的要素與生活世界的核心要素是同一的（參見哈貝馬斯的《交往行動理論》第一卷，重慶：重慶出版社 1994 年）。並非我們選擇不表達它們。一個人所擁有的全部知識構成一個龐大的、結構鬆散的、並非清晰確定的體系，人們在任何特定的時間都只能對這個體系的一小部分進行反思性的考察，任何時候都不可能考察整個知識體系。」參見《思想與文化》第五輯（上海：華東師大出版社，2005 年），頁 68。學

覺」（bon sens）㉒，成為人們的「不知」、「不察」的歷史文化的存在形式或曰「意義世界」，此共通感（在荀子即是先王之道，禮義之統以及詩書禮樂等）雖不藉於語言，卻又在「言語」之中。相形之下，辯示、言說本身倒成了揀擇。

參、「默而當」：何以可能？

基本上，「默而當」是知，此處之重點應不在「知」而在「默」和「當」上，尤其是對「當」之瞭解上。換言之，若「默」和「當」能得以妥貼的解釋，則「知」自是知，自能示人以方法和方向。顯然，默要能知，而且要是一種「知」，則此默必能表達，亦必可表達，雖此表達不一定訴諸於語言。不止於此也，對荀子而言，這種表達還必具有為人所瞭解之公共義、形式義，而非嘎然停留於個人的獨自舞蹈或兀自獨白上。

無疑的，荀子在注重「言辯」和「知默」之作為表達的同時，也明確地注意到行為的表達形式：當我們欲言而不能言時，我們可以通過身體的行為形態或氣格風規來展示我們所欲言的，或者，反過來，一個人的形色天性、舉止出處也「言說」著他的德行品貌。依荀子，至德之君子，能「嘿然而喻，未施而親，不怒而威」，「嘿然」即是無言，即是默，但此「默」顯然可以通過身體活動之表現而「讀出」其涵藏的意義。此處則涉及到我們常常所說的踐形理論或「身體觀」的問題。的確，身體總是屬於「我」的，但這並不意味著我們可以完全自如地掌控我們的身體，將靈魂與肉體、精神與軀殼作非此即彼的切割。毋寧說，對身體的思考更多地關聯著社會思想、道德觀念和制度規制等等問題。在梅洛・龐蒂那裏，正是身體才構成意義發生的紐結與場域㉓。

者亦可以參看拙文：〈「辯示」與「重溫」──荀子體知觀念的一種瞭解〉。

㉒ 依伽達默爾的說法，在柏格森那裏，「健全感覺作為思想和意願的共同源泉，就是一種社會感（sens social），這種社會感既能避免形而上學玄想家的錯誤，也能避免那些找尋社會法則的科學獨斷論者的錯誤。」參見《真理與方法》，頁 33。

㉓ 梅洛・龐蒂認為：「我們的身體不只是所有其他空間中的一個有表現力的空間。被構成的身體就在那裏。這個空間是所有其他空間的起源，表達運動本身，是它把一個地點給予意義並把意義投

　　對荀子身體觀的研究並非本文之主題，而臺灣學者楊儒賓先生對此已有相當系統的說明。依楊先生，在孟子那裏，所謂「淬面盎背」、「四體不言而喻」之說，表現出「心－氣－形」的理論架構，或簡言之，在孟子的身體觀中表現出「意識主體－形氣主體－自然主體的三位一體」的特徵，而荀子的身體觀則更多地從歷史文化或禮義之統的角度來表現人的形色天性的變化，「構成荀子身體觀的三項要因乃是：自然的感官－氣之身軀、虛一而靜的大清明統類心、依禮義而行的完美身體之行為法則。自然提供了材質，心靈提供了動力，禮提供了形式與目的。」❷在楊先生看來，荀子的身體觀頗不類於孟子，表現出某種客觀精神的尋求❷。在荀子，人是社會歷史文化所鑄就的人，兩者之間你中有我，我中有你，互為其宅，而人正是通過他的「心擇」、「征知」而將文化之道、禮義之統轉化為自己的人格。

　　當然，我們所要問的問題重點並不在於荀子身體觀之內在結構及其表現的特徵或方法，我們的問題顯然在於，在荀子那裏，猶「知言」的「知默」若通過身體語言來「說出」的話，則其對此身體語言之解讀畢竟有何特色？

　　「默」要不借助語言而被「說出」，這很容易讓人聯繫到直覺。從理論上看，「知默」作為一種隱默之知，如何與直覺作出區分，這是一個頗為煩難的問題。直覺固有許多特徵，也有不同的理解，不過，不可言說便是其顯著特徵之一。謝幼偉先生認為，直覺作為人類心靈的一種活動並不容易理解，「直覺就是直覺，這是不可言說的，說出了便不是直覺。如果直覺是不可言說的，則『不可說』也就是直覺的一種特徵。」❷審如是，若我們只是滿足於知默之作為無言的特徵，則我們如何知

射到外面，是它使意義作為物體在我們的手下、在我們的眼睛下開始存在。即使我們的身體不像動物那樣，把一出生就規定的本能強加給我們，也至少把普遍性形式給予我們的生命，使我們的個人行為在穩定的個性中延伸……身體是我們擁有一個世界的方式。」（《知覺現象學》（北京：商務印書館，2001 年），頁 193-194。）

❷　參見氏著《儒家的身體觀》，頁 79，以及其他相關部分。

❷　這一看法得到蔣年豐先生的贊同，請參閱氏著〈從思孟後學與荀子對「內聖外王」的詮釋論形氣的角色與意涵〉，載《文本與實踐》，頁 151-176。

❷　項維新、劉福增主編，《中國哲學思想論集》（臺北：牧童出版社，1976 年），頁 151。謝幼偉先生認為，中國哲學重躬行實踐，重身心的體驗，不注重言說，也因而重視直覺。「直覺是直接之見，是當下頓悟，經由靈光之一瞥而得的。它不是經由思維和論證而得的。既不是經由思維與

道這樣一種「知」是可靠的？我們又根據什麼標準去判斷這一「知」的真偽？但若知默無法獲得其客觀化的公共品格，則知默作為一種認知的方法，其可靠性又將從何處看出？

我們說過，無法用語言表達的知識，可以通過其他方法來表達，我們可以無法說出我們所知道的，但我們可以展示我們所知道的。在荀子那裏，這種展示自然會讓人想到其踐形理論。現在，問題顯然就轉變成，若荀子之「知默」作為一種體知要有其特色，或者說要與其思想中的「理性主義品格」相一致的話，那麼，荀子的踐形理論便一定有其特出之處，假如我們聯繫到荀子拒「五行」、辟「機祥」，批評孟子「僻違而無類，幽隱而無說，閉約而無解」（《非十二子篇》）之說❷⑦，我們大體可以確定，荀子思想在基本性格上乃是主清明而斥玄想的，而這樣一種基本性格應與個私的直覺保持某種距離。換言之，即便荀子之「知默」可以體現在身體的變化和活動之中，那麼，這種由人的身體所表現出來的形色天性也一定可以讀出某種「形式化」❷⑧的標準。

荀子認為，君子之學乃以「美其身」為根本鵠的，即此身之美自當有其在無言的「形」上的表現，而不能只停留在口耳之間，口耳之間者，乃小人自炫其學，務以悅人，如是，則儒家學問也便成為「饋獻之物」，故而荀子云：

> 君子之學也，入乎耳，著乎心，布乎四體，形乎動靜，端而言，蝡而動，一可以為法則。（《勸學篇》）

在荀子看來，真正的成德之學，必須以耳傾聽，用心牢記，並表現在四肢百體

論證而得，便自然沒有什麼思維與論證。直覺所得，常常是知其然，不知其所以然的。知其然而不知其所以然，故雖有結論，必無前提。直覺之易流於武斷，理由在是。」參閱氏著〈直覺與中國哲學〉，同上書，頁 161。

❷⑦ 相關研究有龐朴〈思孟五行新考〉，載《文史》第七輯；廖名春〈思孟五行說新解〉，載《哲學研究》1994 年第 11 期；黃俊傑〈荀子非孟的思想史背景——論「思孟五行說」的思想內涵〉，載《臺大歷史學報》1990 年第 15 期等。

❷⑧ 此處所謂「形式化」之實意乃表現為「客觀化」。

上，意謂一個人舉手投足都有威儀。不過，這僅僅只是荀子意思的部分表達，而非荀子全、盡之意，蓋四肢百體之威儀只是個人在周旋楫讓中的恭敬和威嚴而已，而荀子更注重的是，人在「形乎動靜」中「一可以為法則」的準則或標準。

荀子言「知默」，而對此「知默」之解讀可藉由「形乎動靜」來獲得。但此「形乎動靜」又不停留於周旋楫讓的儀態中，一方面，這一儀態可能源於個人的主觀內發而沒有客觀性❷，另一方面，這種儀態又尚未進之於禮則而無普遍性。這意味著荀子固然看重和強調「布乎四體，形乎動靜」，然而，「一可以為法則」卻是荀子的中心語、究竟語。換言之，荀子潛藏的意思是，若一個人的道德修養純由主觀內發而表現於四肢百體，而沒有外在的禮則準繩而衡量之，則此四體之動靜所表現的是廓然抑或是懵然，是德氣還是私氣，則無由知曉。明乎此，我們即可理解，荀子一方面說「君子至德，嘿然而喻，未施而親，不怒而威」，意即有至誠之德之人，足於潤物化人，不須言說，人們即可明暸，不須施惠，人們就能親近，不用發怒，人們即生敬畏。但另一方面荀子又認為：

> 善之為道者，不誠則不獨，不獨則不形，不形雖作於心，見於色，出於言，民猶若未從也，雖從必疑。（《不苟篇》）

在荀子看來，「知默」表現於身體亦如知言一樣，具有感化和召喚人的道德力量。但進一步，一個真正善於為道的人，卻更清楚地認識到，不能誠心守仁行義，就不能專心致志，而不能專心致志，則無法在外在行為上有所表現，但若一個人沒有外在行為的表現，只僅僅停留在起於心意、現於顏色、出於辭氣上，那麼，人們依然不能心服順從，即便表面上順從了，也依然心存疑慮。很明顯，荀子在這裏事實上在心、色、言、形方面建立了某種遞進式的邏輯關係。依荀子，作心、見色等身體之活動雖然可以是一個有德之人的德性的外化表現，然而，此表現卻不足於成就真正的德行。此處有一點尚需引起我們的注意，那就是，荀子將「形」與「作於心、見於色」作分別看。按理，作心、見色也應當是「形」的表現，何故荀子要將

---

❷ 蔣年豐從外王的角度對此作出解釋，參見氏著《文本與實踐》，頁159-160。

它們作分別的處理？我想，理解此中奧秘，我們還須回到《勸學篇》中的言說，荀子認為君子之學要「布乎四體，形乎動靜」，但荀子並不滿足於只是此四體之動靜，重要的是此四體之動靜必須「一可以為法則」。審如是，荀子此處言「形」與「不形」雖然有身體和行為的外在表現之義，但另一方面，我們實未嘗不可以認為此「形」亦具有形式化、禮則化的意義，蓋一個人是否真正知「道」、識「道」、體「道」和履「道」不能只是在心識意合、形色天性上作宣稱，而應表現於行為並使此行為化而為可供人們榜樣的法則。如荀子在談到樂教時便明確地認為：「故人不能無樂，樂則不能無形，形而不為道，則不能無亂。」（《樂論篇》）此處「形而不為道」即是其究竟語❸⓪，而荀子在《修身篇》中對此斬截得更為分明：「凡用血氣、志意、知慮，由禮則治通，不由禮則悖亂提僈；飲食、衣服、居處、動靜，由禮則和節，不由禮則觸陷生疾；容貌、態度、進退、趨行，由禮則雅，不由禮則夷固、僻違、庸眾而野。」

如若我們的理解不錯，那麼，儒家對身體的理解或許也有不同向度。按杜維明先生之說，身體不是了無深意的「軀殼」，「『身體』或『身』『體』，在儒家傳統中是極豐富而莊嚴的符號……『身體』在這裏有『以身體之』的意味，因此作為動詞的『體』字，在儒家，特別是宋明時代的儒家，便包含許多哲理。」❸❶「以身體之」是解釋「體知」的重要的一環，但依荀子之思路，「以身體之」仍可有解釋的空間，比如作心、見色、容貌、態度，嚴格地說皆可以是「以身體之」，而事實上也是「以身體之」的表現，但荀子顯然不是貿然認同這一點，如果就著荀子「知默」的身體觀來看，荀子可能更難於接受將儒家學說僅僅看作是自家受用的內在知識，其間原因或許與荀子的教化理論相聯。與孟子「是其本是」不同，荀子的教化觀本質上是「是其應是」的形塑過程，因而表現此「是」之本質必當使身體之作心、見色、容貌、辭氣見合於外在的禮義法則，換言之，在荀子性惡說的條列下，由身體內發的動意、形色等形動已在某種意義上被置於不可信任的位置。

---

❸⓪ 李滌生先生認為，此處「道」為「導」，有節導之意。參見氏著《荀子集釋》，頁 456。李先生所言極是，但另一方面，此道亦未嘗不可作規則講。

❸❶ 參閱〈從心、身、神、靈四層次看儒家的人學〉，載《杜維明文集》第五卷（武漢：武漢出版社，2002 年），頁 331。

肆、形動與審美判斷中的「意義的豐滿」

不難看到，荀子言知默，頗注意於身體之現形，但此「現形」又有二義，一是身體形動之形，另一是此形動合於形式之形，實其意或在於，在荀子看來，知默之知若要成其為知，則必當發舒於身體的外在行為動作，且此身體的形動可「讀出」其普遍的形式義或準則義，俾以避免此知默之知停留在個人的心意範圍或個人作色舞蹈上，流而為個人化的直覺體驗和經驗。

平情地說，作心、動意也是身體的表現之一，但荀子對此並不信任，雖然荀子謂「心者，形之君也，而神明之主也，出令而無所受令，自禁也，自使也，自奪也，自取也，自行也，自止也。故口可劫而使墨雲，形可劫而使曲申，心不可劫而使易意，使之則受，非之則辭。」（《解蔽篇》）但荀子之心本身並不能作標準，故心有所可「中理」與「失理」之說（《正名篇》），這一點表現在心與道之間，心卻始終只是「負責執行道的官宰」❷，而道卻是最高標準，故曰：「道者，古今之正權也，離道而內自擇，則不知禍福之所托。」（《正名篇》）❸意謂心並不可靠，而必須有客觀之道來規正。因此，「知默」之知若只是在身體上作心、動意，尚不足於稱其為真知。

另一方面，荀子對一個人在身體上的見色、動形也始終保持高度的警惕。子張之儒，頭戴美冠，刻意模仿大禹大舜的步伐，看似頗有聖人的進退、趨行，然而，形似而實非，終流而為賤儒；子夏之儒則素有「望之儼然，即之也溫，聽其言也厲」（《論語·子張》）一說，其見於踐形方面，依荀子之描述，乃「正其衣冠，齊其顏色，儼然而終日不言。」（《非十二子篇》）可謂衣冠整齊，色容莊重之至，儼然有讓人望而生畏之感，然而，其所無逃於賤儒之命運者，正在於這些人只是止於作色裝腔上，故不免牽搭支撐，假借粉飾，揣摩依仿，將一生精神寄頓於揀擇奏泊之中，填填然，莫莫然，盱盱然，而自以為真知、真君子。其實，荀子並不反對容

---

❷ 張亨《思文之際論集》（臺北：允晨文化公司，1997 年），頁 161。荀子有謂「心也者，道之工宰也」（《正名篇》）一說，但對「工宰」二字，理解上頗多歧義，陳奐、王懋竑、李滌生皆謂工宰為主宰義，今從張亨說。

❸ 李滌生謂「內，猶心也。內自擇，猶言心自擇。」見氏著《荀子集釋》，頁 523。

貌顏色之作,但卻不是一般的相仿附貌,若人之作色踐形只是滿足於仿附外在儀表,便是不可信賴的,蓋容貌顏色之閱讀只有在依乎禮法,而又深明禮法之統類時,才能形其潤澤之狀,肆應從容,故荀子言「依乎法,而又深其類,然後溫溫然。」(《不苟篇》)又言:「容貌、態度、進退、趨行,由禮則雅,不由禮則夷固、避違、庸眾而野。」(《修身篇》)

當然,事情或許還有另一面,此即涉及到對荀子有關「樂論」的理解問題。基本上,荀子對樂的意義、功能一皆置於其禮義之道之中,故曰:「君子樂得其道,小人樂得其欲。以道制欲,則樂而不亂;以欲忘道,則惑而不樂。故樂者,所以道樂也。」(《樂論》)「樂道」即意味樂當表現道,佐藤將之則認為「君子樂得其道」即意味著「人(僅指統治者)被表現與天地秩序及和諧的音樂將自己同化於秩序與和諧之中」❸❹,頗得荀子之意。然而,正如荀子自己所說的,樂是疏通和文飾人之好惡喜怒之情的一種表達。嚴格地說,對樂的這種體味、體驗和鑒賞是藝術活動的一種形式,屬於人的審美、趣味判斷範圍。對此,臺灣大學的陳昭瑛教授認為:「藝術活動主要涉及創作和欣賞,就創作者而言,其活動是將內心情志化為外在形象,此是一種『體現』(embodiment);就欣賞者而言,則必須探索於藝術作品的外在形象,尋找作者蘊藏其中的情志,從體貼作者的情境情志而理解作品的意味意義,這是一種『體知』。體現和體知是一種雙向交流的身心活動。」陳昭瑛教授還援引《文心雕龍·知音》「夫綴文者情動而辭發,觀文者披文以入情,沿波討源,雖幽必顯」以明兩者之關係,以為「情動辭發」是作者之「體現」;「披文入情」是讀者之「體知」,頗為周恰與有見❸❺。另一方面,若果以對樂之浸潤和體貼而得其意味、意義以為「體知」,即此體知之作為一種認知,在理論上有何表現?蓋依荀子,「夫聲樂之入人也深,其化人也速」(《樂論》),則其所入、所化者為何?

❸❹ Masayuki Sato (2003): *The Confucian Quest for Order – The Origin and Formation of the Political Thought of Xun Zi*, Leiden, Bostonn: Brill Academic Publishers, p.362.

❸❺ 陳昭瑛〈知音、知樂與知政——儒家音樂美學中的「體知」概念〉,載陳少明主編《體知與人文學》(北京:華夏出版社,2008 年),頁 1-13。陳教授此文頗能透露作者自己實有之體會與經驗。此外,作者對荀子之相關研究可參閱氏著《儒家美學與經典詮釋》(臺北:臺灣大學出版中心,2005 年)。

此處則涉及到對樂的審美、趣味判斷問題。

　　嚴格地說，審美、趣味判斷是一種判斷的總體，亦即包括判斷內容和判斷標準的總體，它事實上上通於共通感。但說審美、趣味判斷，人們馬上會想起其個私性、相對性和差異性的特點，如人們在聆聽「十面埋伏」或斯特拉文斯基的交響曲「春之祭」時，十個人或許會有十種不同意味和意義的領受，因而，審美、趣味作為一種判斷是否具有認知的功能，即刻會引起人們的懷疑，毋寧說是極為自然的❸。然而，在伽達默爾看來，審美、趣味作為一種「完滿性判斷」雖不是以抽象的或規定性的普遍理性去判斷事物，但它卻能夠以「正確的、合理的、健全的觀點去看待事物」❸，此處即涉及到一個「健全的（即善良的）判斷」問題。伽氏舉例說，一個騙子不能因為能正確地計算別人的弱點且屢屢得手而被認為其行為是正當的，因而，一種完滿性判斷之習得及其培植關涉到道德共同體的共同利益，並深深地紮根於此一共同體的「共同意向」（Gemeinsinn）之中，以致所有的人都有此足夠的「共同感覺」（gemeiner Sinn）❸。為此，伽達默爾斷言：「我們仍可確信，在審美趣味中具有普遍規定的必然性，即使這種趣味是感性的，而不是概念的。」❸或許正是由於它的感性所指向的對整體的感覺從而彌補了理性規定性判斷的不足，嚴格地說，假如我們只用（理性的）道德和法律的規則去調理生活，是不足夠的，不豐滿的，也是不完善的。審美或趣味活動或許不具有任何有根據的知識，但是，「如果趣味對某物表現了否定的反應，那麼它是不能說為什麼的。但是它非常確切地知道這是為什麼。」❹此處我們所當注意的是，所謂審美或趣味判斷所表現的「不能

---

❸　依伽達默爾，審美趣味判斷並不是依概念進行判斷，所以其是否觸及認識的確值得懷疑。見氏著《真理與方法》，頁 44。

❸　同上，頁 41。

❸　伽達默爾《真理與方法》，頁 41。

❸　同上，頁 44。伽氏認為，共通感是公民道德存在的一個要素，但在康德的道德哲學中，共通感概念卻完全地被排除了出去。就其初衷而言，固然是為了反對英國哲學中出現的「道德情感」學說，但康德如此斬截，不免有其虛歉，蓋「康德在判斷力的先驗學說裏所論述的東西（意即《純粹理性批判》），即關於圖式和公理的學說，與共通感不再有任何關係，因為這裏所研討的是那些涉及其先天物件的概念，而不是把單個事物歸入一般事物的概括。」參閱同上書，頁 43。

❹　同上，頁 47。

說為什麼」而又「非常確切地知道這是為什麼」所表現的正是「體知」的根本特性之一：「不能說為什麼」表達的是「欲言而不能言」，而為「默」，但此「默」又可以經由其「反應」而表現出來，更為重要的是，這種通過活動所表現出來的「反應」不因其是個別的、特殊的而無普遍必然性，其原因是因為它表現著共同體的共同意向，「並確切地知道一個理想共同體的同意（Zustimmung）」**❹**。

那麼，荀子之論樂又可以從那些方面表現這一特徵呢？荀子認為禮別異，樂合同，而對樂之體味、體驗和鑒賞顯然具有情感（sentiment）、情趣（taste，又譯「品味」）的性質**❷**，表現出審美的趣味性的判斷，在荀子看來，透過這種「性質」或「判斷」我們可以「看出」一個社會共同體的「感覺」和「意向」，甚至可以「看出」一個社會的基本風貌，故荀子云：「亂世之征：其服組，其容婦。其俗淫，其志利，其行雜，其聲樂險，其文章匿而采，其養生無度，其送死瘠墨，賤禮義而貴勇力，貧則為盜，富則為賊；治世反是也。」（《樂論》）亂世之征可以有許多表現，而聲樂之邪汙不正或可為注腳，反之，聲樂之雅潔合道與治世之象亦可互表，此是指「知樂論世」一面。荀子進一步認為：

> 聲樂之象：鼓大麗，鐘統實，磬廉制，竽笙簫和，筦籥發猛，塤篪翁博，瑟易良，琴婦好，歌清盡，舞意天道兼。鼓其樂之君邪。故鼓似天，鐘似地，磬似水，竽笙簫和筦籥似星辰日月，鞉枕、拊鞷、椌楬似萬物。曷以知舞之意？曰：目不自見，耳不自聞也，然而治俯仰、詘信、進退、遲速，莫不廉制，盡筋骨之力，以要鐘鼓俯會之節，而靡有悖逆者，眾積意謘謘乎！

聲樂之器無疑具有象徵意義，如鼓聲大而遠似天之無不覆，鐘聲博而厚似地之

---

❹ 同上，頁48。此處順便指出，理解儒家思想我們似乎不能以強式的、「純粹的」實踐理性概念為核心，反倒可以說，儒家所言的心、性、理等概念特徵更接近於共通感這一概念，這或許是有待於我們作進一步研究的課題。在中國學界，謝遐齡教授最早發出此論，有待後來者闡發，參閱氏著〈直感判斷力：理解儒學的心之能力〉，載《復旦大學學報》2007年第4期。

❷ 常言說荀子禮樂並重，禮乃對制欲而言，而樂乃對制情而言。情與欲皆屬於性，而荀子認為性是惡的，故在理論上必以禮樂對治之，轉化之。參見李滌生《荀子集解》，頁464。

無不載，磬廉棱主裁斷似水之淡而平等等，然而，在載歌載舞之中，人們眼看不見自己，耳聽不見自己，但其俯仰、屈伸、進退、遲速，莫不合於規矩而見其裁制，竭盡全身力氣，讓舞步配合鐘鼓俯仰會合之節奏，而沒有一個人違背的，原因何在呢？那是因為眾人習於此舞，以致對此舞之節奏有如生命自自然然之表現了❹。王先謙引郝懿行釋「以要鐘鼓俯會之節，而靡有悖逆者，眾積意譚譚乎」而曰：「此論舞意與眾音繁會而應節，如人告語之熟，譚譚然也。」顯然，荀子此段與其說是描述了歌舞藝術所表現的中規合節，訓練有素的場景，毋寧說，它是通過「舞意與眾音繁會而應節」的「隱喻」，表達著「樂」與「舞」在感人、入人方面所造就的「豐滿的感覺」，這種感覺成為一種審美的體驗，而作為一種判斷力，與其說它是因刻意之學而得來，不如說它是因「積」和「習」而得來：人們不必借助目見、耳聞、口說，而只以其自然之身行即合於整體之節律，「歌」與「舞」使得歌舞者能對自己本身和個人的偏愛保持距離，並同時「使他返回到他的存在整體」，因而，歌舞者之俯會合節是一種審美體驗和審美判斷力之表現，而不是知性認識的正確性和準確性❹。伽達默爾認為：「審美體驗不僅是一種與其他體驗相並列的體驗，而且代表了一般體驗的本質類型。正如作為這種體驗的藝術作品是一個自為的世界一樣，作為體驗的審美經歷物也拋開了一切與現實的聯繫。」又云：「在藝術的體驗中存在著一種意義的豐滿（Bedeutungsfülle），這種意義的豐滿不只是屬於這個特殊的內容和物件，而是更多地代表了生命的意義整體。」❺所謂「意義整體」即是前此

---

❹　可參見李滌生《荀子集釋》，頁 464-465。

❹　此處，我們可以順便指出，儒家不僅在講審美體驗或趣味判斷是有此特性，事實上，儒家講求良知本心隨感隨應，隨應隨潤，這種「能力」似乎也並不是由所謂的純粹理性所能給出的，而是依以共通感或某種類似審美判斷（直感判斷）的能力所給出的。事實上，「隨應隨潤」就是某種不可論證的當下表現的行為，牟先生以「直覺」言之，甚為有見。雖是「隨應隨潤」卻能抓住正確的東西，從而給普遍性之應用給出規範，而嚴格地說，理性自身並不能給出這樣的規範。謝遐齡教授幾年前則教學生以此觀點思考儒家思想。尚需指出的是，本文在論及以共通感或者直感判斷來理解儒家的相關思想的看法源於謝遐齡教授的觀點。在好幾年前，謝教授在與學生上課時就曾提出這一觀點，可以說，在中國學界，謝遐齡教授最早提出這一見解，本文只是在具體分析荀子的思想時隨作運用，不敢略美。

❺　伽達默爾《真理與方法》，頁 89、90。

我們所說的道德共同體的「共同意向」。果如是，即我們可以說，荀子言樂的審美體驗之作為一種「體知」雖不能言、不必言而為「默」，然而，透過其所表現的無不俯仰合節、「靡有悖逆」之特點，則其作為一種認知方式，其理論之意義、特性乃始可得而明。

伍、簡短的結語

本文所論乃意在指出由體知之可言與不可言，論及可言者有其教化意義，而不可言者亦可由身體之實踐表現出教化意義，重心則在揭明荀子「言而當，知也；默而當，亦知也。故知默，猶知言也」此一觀念所可能包含的義理，而追問之方式則指向，若「默而當」作為一種「知」，它是如何可能的？「知」的確在某種情況下可以不必借助語言而被「說出」，然而，此種由身體之形動而被「說出」之知，在荀子那裏卻有其獨特的理解。文章由此轉而簡略地討論了荀子思想中所涉及的審美體驗和趣味判斷問題，並通過《樂論》「舞意與眾音繁會而應節」之「隱喻」，揭示出「樂」與「舞」在感人、入人方面所造就的「豐滿的感覺」，此一觸及到「共通感」和道德共同體之「共同意向」的問題，相信至少在理論上仍存在相當大的討論空間，並足於引發人們進一步的思考。

"Tacit"and "Speech" – The Dimension of Embodied Knowing in Xunzi's Thought

Dongfang Shuo[*]

Abstract

Xunzi emphasizes debate, but he also underscores "knowing tacit" 知默 *zhi mo*. In Xunzi, this so-called "tacit" can be "communicated" as a kind of "embodied knowing" or cognition, within the framework of Xunzi's theory, how can this be possible? According to Xunzi, this "embodied knowing" can be expressed by language, but when there is no need for expression or when language does not suffice; the embodied knowing can be "said" through body language. A body in motion，however, can have an expressed morally, as well as a personal activities that is completely subjective. Taken as such, whether or not a person can really know, realize, experience and uphold the Dao, lies not in the claims about the state of our human mind or the activities of our body, but rather should be found in expressed behaviors; behaviors which can be transformed into rules and subsequently served as a model for the people. Furthermore, how this "transformation" is possible, to a very large extent, is due to the "common sense"(Gemeinen Sinn,Sensus Communis) that is created by a moral community.

Keywords: Xunzi, Tacit, Language of Body, Objectivity

* Professor, Department of Philosophy, Fudan University

從儒家角度試論怒***

信廣來***

摘　要

　　本文以朱熹（1130-1200）對怒的某些觀察為起點，提出一種有別於當代西方哲學關注於憤恨（resentment）和寬恕（forgiveness）以探討怒的角度。儒家觀點的核心在於辱，它引出一種正確理解吾人如何關注自身（self-regard）的方式，基於此一理解，儒家所主張的怒著重於一人面對境遇時的道德素質和他對這個境遇的反應。儒家認為，即使感到憤恨可能是人的自然反應，一個人也不應該感到憤恨。因此，如果寬恕的意思是放棄憤恨，那麼儒家並不主張寬恕，而是主張把視角轉移到一個不容憤恨存在的地方。同時，儒家所主張的怒也涉及心的某種超脫和平靜。

關鍵詞：道德哲學　道德心理學　朱熹　怒　靜　命　侮　辱　恥　憤恨　寬恕

---

* 　石惠君（國立政治大學哲學系碩士班）譯，詹康（國立政治大學哲學系副教授）校訂。

** 　這篇文章是我儒家倫理學多冊研究計劃的一部分，這個計劃從文本分析開始，然後步入較為哲學的討論。這篇文章是由前者轉向後者的做法的一部分，且本文是實驗性的，也就是說本文所採用的取徑有嘗試的性質，在我對相關的方法論議題做更多反省後可能會予以修正。本文較早的草稿曾在美國哲學會太平洋分會的研討會上發表（溫哥華，2009 年 4 月 8-12 日），我很感謝與會人士的建議，以下學者的評論使我特別受惠：Stephen Angle、陳祖為（Joseph Chan）、陳倩儀（Chan Sin Yee）、成中英（Cheng Chung-ying）、Howard Curzer、Steven Geisz、P. J. Ivanhoe、David S. Nivison、Wai-kuen Shun、宋曉竹（Winnie Sung）、Christine Swanton、和 David B. Wong。我還要一併感謝宋曉竹博士對本文中文翻譯的修正。本文之英文稿將刊於 David Jones & He Jinli eds., *Zhu Xi Now: Contemporary Encounters with the Great Ultimate* (New York: State University of New York Press)。

*** 香港中文大學哲學系教授

壹

　　我在這篇文章將以朱熹（西元 1130-1200 年）對怒（anger）的三個觀察做為起點，並探討儒家對此一主題的觀點和這個觀點如何與儒家其他觀點相聯繫。雖然我會以朱熹為起點並在若干地方將我的論述聯繫到他的思想，但我的興趣是去發展學說，這個學說不但得自於他的觀念之啟發，也得自於其他儒家典籍的觀念之啟發，並還對今日的我們說得通和有關聯。我的目標不在於試圖描述朱熹的思想，而在於對此一主題基於某些儒家獨特觀點以建構哲學性學說。

　　第一個觀察是朱熹對《孟子》中孟子與齊宣王論王之好勇一段的注解。孟子力勸齊宣王不要好小勇，其實例是想與敵人作戰的急切欲望；反之，宣王應好大勇，其實例是從前的周武王，他推翻暴君統治而為人民帶來和平。孟子描述武王之勇如下：

　　　　一人衡行於天下，武王恥之。此武王之勇也。而武王亦一怒而安天下之民。❶

朱熹注解此段時引用並贊同他的朋友所做的區分：

　　　　小勇者，血氣之怒也。大勇者，理義之怒也。血氣之怒不可有，理義之怒不可無。❷

第二個觀察是朱熹對《論語》一章的注解，《論語》這一章是：

　　　　哀公問：「弟子孰為好學？」孔子對曰：「有顏回者好學，不遷怒，不貳過。」❸

---

❶　《孟子》1B:3。

❷　朱熹，《孟子集注》1:18b。對怒做兩種類似的區分，亦可見朱熹，《朱子語類》，頁 239。

❸　《論語》6.3。

朱熹對此章注曰：

> 程子曰：「顏子之怒，在物不在己，故不遷。……如鑑之照物……隨物應之
> 而已……。」❹

最後，第三個觀察與朱熹兩個明顯不一致的說法有關，一個仍是關於《論語》中討
論顏回的段落，他似乎說聖人不會感受到怒：

> 聖人無怒，何待於不遷？❺

然而在另一場合，他說聖人會感受到怒，且會表現出這種怒。他亦隱約採用了鏡
喻，來談論事件結束後這種怒如何消失：

> 〔聖人〕怎生無怒容？合當怒時，必亦形於色。……天之怒，雷霆亦震。舜
> 誅四凶，當其時亦須怒。但當怒而怒，便中節；事過便消了，更不積。❻

　　我們從這些觀察可以就朱熹對怒的看法萃取出一些論點。我們從第一個觀察看
到他區分出不同形態的怒，其中有些較適當，而有些較不適當。這個看法在其他早
期的儒家文獻中亦可見，且前引《孟子》的段落也看到了「怒」與「恥」之間有密
切關係。❼我們從第二個觀察看到他描述顏回所表現出高等形態的怒有某些特徵，
也就是它居於物而不居於己，並且牽涉到心之如鏡，隨物所呈現的形態而反應之。
最後，我們從第三個觀察看到他認為聖人有某個意義的怒，而沒有另一個意義的
怒。本文將闡述的對怒的看法，就是受這些觀察所啟發。
　　在進入主要論述之前，我應該再補充三點說明。首先，到目前為止我很自由的

---

❹　朱熹，《論語集注》3.10b。
❺　朱熹，《朱子語類》，頁 776。
❻　朱熹，《朱子語類》，頁 2445。
❼　儒家早期文獻對不同形態之勇有更多的討論，請見《孟子》2A:2 與《荀子》2.8a-b。

談論關於儒家思想中的怒，而「怒」字只是我用來指謂儒家思想所討論的某些現象之方便用語。儒家有很多不同的字彙形容和指謂這些現象❽。儘管有這些差異，在我將欲討論的儒家思想中之現象以及當代漢語所說之「怒」之間仍有很廣義的相似性，兩者都是關於一人面對其所不能接受或認為不適當之情境時的反應，且其反應觸動了他的情緒，並常常促使他採取行動以改正那個狀況。當我談到儒家對怒的觀點，我用「怒」這個字來指謂依此廣義方式界定的各種現象，以方便討論之。

　　第二，我在本文中所發展的學說既從儒家文獻取得一些觀念，也會在某些方面修改或超越這些觀念。本文並非要對文本與歷史做精密分析以求接近儒家學者的思想。在這方面，我已有其他著作對同一主題做這樣的分析了。❾本文的目的是要以此種分析為基礎，從儒家文獻萃取出觀點並發展出學說，既要在哲學上能吸引人，且希望能與我們當代倫理經驗有關。這麼一來，我可能會修改或超越文獻中所記載的觀點，不過我相信其學說結果仍可認得出儒家本色，這是因為它仍然緊貼著從這些文本所萃取出之核心觀點。❿

　　第三，既然本文的目的並非要試圖描述儒家學者的思想，而是要去開發一種對怒的看法並在哲學上能吸引人及與今日的我們有關，本文的內容在呈現時應當儘量少提到儒家文獻。因此，前面既已引用少量原文段落以激發討論，從現在開始我會儘可能將參考的儒家文獻放到註解，並使主要的探討儘可能擺脫文獻參考。但又像前面說過的，中國思想家用來討論相關現象的字彙以及這些字彙間的概念性連結，對於我們理解儒家觀點卻又非常重要。我發現要避免討論到其中一些字彙是很困難的，若不討論這些字彙，容易將不熟悉的東西化為熟悉，從而喪失了研究儒家思想的論文可有的特殊貢獻。因此我必須不時加入對於儒家思想若干關鍵字彙的討論。

---

❽　兩個這樣的字是「怒」與「忿」，朱熹在《大學或問》（頁 7b）中將「忿」連結到「怒」，而「忿怒」的結合使用在儒家早期文獻中非常頻繁。或許「忿」不同於「怒」之處在於它的情緒反應較為突然和短暫，有如一陣怒意，例如《論語》12.21 說的「一朝之忿」。

❾　請見文末所列研究朱熹的四篇近作。

❿　在 "Studying Confucian and Comparative Ethics: Methodological Reflection" 一文中，我區分了研究儒家思想時的三種工作，分別是文本分析、解析以及哲學建構，而本文做的就是第三種工作。

貳

在思考儒家對這個主題的觀點之前，我想對我將集中討論的怒之相關議題的性質說得具體一點。可以稱為怒的情緒反應其實頗為廣泛，包括欲望受到挫敗所引發之狂怒（rage），或是在更極端的情形裏、由病態的情況而產生的突然暴怒。我的討論焦點乃是在：當一方認為他方給他的待遇從自己所認可之特定標準或規範看來不適當，他基於不能接受此種情形而有的反應。為了方便起見，我把這兩方稱為冒犯者和受害者。我的研究興趣更具體地來說，乃在於當我本身是遭受不當待遇之受害者時，我對那些情境的適當反應。我相信儒家對這個議題的觀點乃是緊密連結到儒家思想的其他觀點上的，像是與「靜」的現象有關的一些觀點，而本文的目的有一部分乃是在於顯現出這些儒家觀點間的連結性。關於第一人稱對於不當待遇之反應這個議題，在西方哲學針對憤恨（resentment）與寬恕（forgiveness）的文獻中已有廣泛討論，我的討論會將儒家思想與當代就這個主題的討論作隱含的對比，不過，凡提及西方哲學文獻之處，我同樣會移至註腳說明。

讓我們先從一個情境開始考慮：受害者不是我或任何與我有關係的人，然而事件發生時我目睹了受害者所受到的待遇。在這個案例中，我可能會譴責這個行為並不得不介入其中，而我的反應可能會帶有情緒面，而這個情緒性的投入乃是我關切在本案例中遭到違反之規範或標準而生的結果。我依照日常用語習慣把這種類型稱為「義憤」（indignation）的反應。

再考慮下一個情境：受害者與我有某種特別關係，例如我的家人遭受到不公平的傷害。在這個案例中，我的反應會有某些適當的額外要素。由於我和受害者之間的關係，我可能會感覺到有種特別的義務必須去介入，並且做出超過了當受害人是陌生人時我有責任或適合去做的事。同樣的，因為我對這個受害者的關心有特別之處，我對於該情況的情緒性投入會有更強烈且更複雜的形式。由於我們和遭受不當待遇的被害者間的關係有親疏的不同，所以我們反應上的差異可以是適當的。

我們再考慮一個情境：現在受害者是我自己。依照相同的思路，與受害人是陌生人的情形相比，干預的迫切性乃大大提高，且對這種情況有更強烈、更複雜的情緒投入也很適當，這是因為我與受害者的關係更加親密，而受害人正好就是我自

己。最近的哲學文獻常討論的一個議題，是關於我的反應可能有一個附加要素，將會使我的反應超越我對不同親疏關係的受害人所產生的反應，這一附加要素從這一點來說是第一人稱反應，且經常稱為「憤恨」（resentment）。由於這個附加要素會是本文討論的焦點，而基於「憤恨」這個語彙有時會有不同用法，我最好再詳細說明一下這個情緒反應的附加要素之內涵。**⓫**

即使不引介這個附加要素，只按照關於不同親疏關係的思路，在我是受害者的情況下，對我而言就已經足以做出超越若受害者是陌生人時會做出之適當反應。我對於這個情況的情緒性投入可能會更加強烈，故從這一點來說當我自己是受害者時我應該會「較怒」。因此，現在所談的這個附加要素和我反應的其他向度並沒有關係，而英文說一個人 "above resentment"（超越憤恨）並不是說一個人不用這些其他方式來做怒的反應。

這個附加元素反而是與我身為受到不當待遇之受害者的某種視角有關。**⓬**我在帶著怒意做出反應時，並非只有對我所受到的實際待遇以及那個待遇所生的有形傷害有所反應，而是還對冒犯者對我的態度做出反應。我對自己受人不尊重或甚至輕蔑的看法，和對這種態度的重視並感到受傷害，在某種程度上超過了這些待遇所造成的有形傷害。我的反應的附加元素乃以特別的方式以我自己為焦點，超出於由不同親疏關係思路而產生的反應。我對於這種情境的關係並非僅是我自己是受害者，所以對於這個已成的傷害有更親密的理解，不但是率先採取矯正行為最合適的人，且也較有動機去這麼做；反之，我也看見我自己成為那個冒犯者的目標，他對我的看法低於我應得的待遇，於是我為了伸張自己不得不改正已經發生的有形傷害，且還要改正冒犯者的態度。我的反應也會以特殊的方式以冒犯者為焦點，亦即我可能不只會去改正有形的冒犯行為與未來可能去遏阻類似的冒犯行為，且我還會以某種方式伸張自己以改正冒犯者的態度。因為憤恨以這種方式以冒犯者為焦點，這對我和冒犯者之間的關係會有反面影響，於是就在當憤恨消散時，我會以原諒來修復這

⓫ 本文首次發表於美國哲學會太平洋分會的研討會時，許多學者的評語令我警覺到必須對此多加闡述，我要特別感謝本文發表時擔任評論人的 Howard Curzer 他的講評。

⓬ 我在以下的闡述大致採用 Strawson（4-6）的見解；這種對憤恨的理解也很接近 Taylor（2006：第五章）所提出的「複雜的怒」（sophisticated anger）。

段關係。

為了再進一步闡明我的反應之附加元素的性質，讓我補充三點澄清。第一，由於在我反應中的這個附加元素乃涉及了我看見冒犯者以我為目標，這預設了我相信冒犯者認識我，而這又通常預設了我知道冒犯者是誰。一個我不認識的冒犯者將咖啡打翻到地上且不去清理導致我滑倒受傷；在這個例子中，我可能會對這個不顧慮別人的冒犯者生氣，但是我若認為這個冒犯者是特別針對我，且認為我不配得到較好的待遇，才這麼做，這就很反常了。這也預設了無論冒犯者對我做了什麼，我認為這個行為是故意的且並非只是一個意外；否則，我就不可能會感知到冒犯者對我抱持著這種態度。

第二，即使當受害者是一個和我關係親密的人，例如我的孩子，我的反應仍然可能會偕同類似的觀點，不過這不必然如此。這有可能以兩種方式發生：一個以我為焦點，另一個以我和那些我親近的人為焦點。第一個方式意味著我認為這個不適當的待遇從某種角度同樣也是針對「我」；這種想法並非只是有人傷害了我的孩子，而是有人特別傷害了「我的」孩子。也就是說，冒犯者認識我，知道這是我的孩子，故意對我的孩子做這些事來表現對我的蔑視。第二個方式意味著我認為這個不適當的待遇乃是針對「我們」，而這個「我們」乃是由我和我親近的人所組成，在這個案例中，附加的想法乃是冒犯者侵犯了「我的世界」，而我的世界包括我自己以及和我親近的人。我認為冒犯者對我和我親近的人表現出不尊重與蔑視，而我做出伸張我們自己的行為來對抗這種態度。[13]在文章後面我將會回到儒家對於那些親近之人受到不適當待遇時的看法，而現在，我要把焦點放在當我自己是受害者時我的反應的附加元素。

第三，雖然「憤恨」有時候在使用時附帶其它含義，像是我對冒犯我的人對我的所作所為感到氣憤、想復仇，或是我就將冒犯我的人視做某種程度上邪惡或不配做人，可是筆者所指的情緒反應裡包含的附加要素並不必有這些含義。為了方便起見，我會說當受害者「感到憤恨」時，這些附帶的想法和感覺才存在，而將「憤

---

[13]　參考 Fisher（第十章）對這樣的立場之說明，他認為這來自亞里斯多德。

恨」一詞保留給我們一直討論的、情緒反應所含的附加元素。❹感到憤恨的意思涉及人用上述態度以他自身與冒犯他的人為焦點，故而預設了憤恨。不過雖然憤恨可能導致憤恨的感覺，它也不需如此，這是因為它可以只牽涉上述的第一人稱觀點和偕同較溫和的反應。

　　在最近的哲學討論中，對於憤恨是基於保護自尊心還是出於自尊心的不安全感，以及當有人受到不恰當待遇時沒有感到憤恨，是表示他缺乏自尊心還是他擁有值得讚賞的人格特質，是爭論未決的課題。再者，即使學者都接受原諒行為牽涉到卻除憤恨與有助於復原人際關係的論點，但對於原諒的本質以及在何種情況下是適當的同樣也還是意見不一。❺我不會直接把這些議題關連到最近的哲學論述來討論，因為我的興趣在於詳述儒家對相應範圍內的現象之視角。如同先前所述，儒家對怒的觀點會和「恥」的現象相連結，而後一個字又與另一個常描述為「辱」的現象相連結。以下我將從思考中國人對這兩個字所描述的現象開始。

　　我們要考慮的第一人稱觀點牽涉到冒犯我的人對待我缺乏應有的尊重、和我在這個過程中受到輕視這一感受。中國早期文獻很突顯了一個現象，牽涉到一個相似的第一人稱觀點，內容是關於不適切的公開待遇讓人感到降格。這種待遇有很多種表現形式，例如被瞪或在公開場合被毆，而這也可能包含在社交場合中沒有以社會普遍接受的行為禮儀招待某人，例如以不符合某人身分地位的方式召喚他到宮廷上。❻並非所有例子都和一般觀感中的不義有關，例如被人瞪一般而言不視為不義的行為，因為如此，我已經刻意將討論內容訂為不適當的待遇，而不適當的待遇廣泛理解為既包括而又超出一般意義中的不義。

---

❹　Hampton 與 Taylor（2006：第五章）所用的憤恨觀念含有這種附加意含，也比先前提出的「憤恨」的意義更接近我稱為「感到憤恨」的現象。

❺　Murphy 與 Novitz 認為憤恨可以保護自尊心，而 Hampton 則將它連結到不安全的自尊心。這些近來的討論說明了這個主題還有一部份大家意見不一的議題。

❻　這個觀點通常與一人受到違禮的待遇相關，而禮是指一再出現的社會脈絡中某些行為儀節。

有兩個中國字用以描述這種待遇，「侮」關注於以一般普遍認可的公共標準而言是不恰當的待遇，「辱」則關注於受到如此待遇之人的觀點，它牽涉了感受到這種待遇有點降低自己。❶早期文獻說，人類不喜歡「辱」的這種感覺是人類構成狀態中的基本部份，這好比感官不喜歡某些可感知的對象一般。一個人以某種待遇為受辱之時，也將此屈辱視為可恥的。❶「恥」指的是一個人對於不符合其自身標準的情境所抱的態度，這和他在不適當的情況下暴露自己或想極力隱藏自己是沒有關連的。相反的，這意象是關於受到汙染，而且關連到想憑改正或報復那個情境，來淨化自己受到污染的部份。❶基於此一理由，「恥」在這個情境下與怒有緊密關聯，這當中怒牽涉到對自我的強大自信，而非強烈不安全感，其反應較屬於外在的行為，而較不屬於內心懷藏氣憤之情。「恥」也可以指向一種只是設想但還未實現的受辱情形，在這情形下，它就聯繫到個人以堅定決心要透過先發制人的行動來使自己遠離那情境。

在中國早期，受到「侮」的待遇通常都會視為是「辱」，這會讓人為報復這種情況而反擊。這種毆鬥非常普遍，以致一位早期思想家提出了若一個人停止以「侮」為「辱」，這種毆鬥就會停止。❷荀子（西元前三世紀）注意到這種觀點並不表同意，理由是人們會不會毆鬥是視他們不喜歡什麼而定，而只要他們仍然不喜歡這種受辱的待遇，則不管他們是否將這種待遇視為受辱，毆鬥都不會停。不過這位思想家與荀子相反，大概已經提出了一個有效論點：在不將「侮」的待遇視為「辱」之下，一個人即使仍舊不喜歡這種待遇，也不會視為對個人的冒犯，而正是將某件事看成冒犯到個人並導致激烈的打鬥，這才成為問題。不管如何，荀子所抱持的立場與另一位早期思想家的共同之處在於，他也提倡個人對引以為辱的事要有所改變。根據他的看法，我們引以為辱的事情不應該與別人對我們的看法或做法有

---

❶ 「侮」和「辱」的相異處和 Hampton（44-52）所區分之「被貶低」（being demeaned）與「變得萎小」（being diminished）大體一致，前者的焦點是一人受到低於他應得的待遇，後者的焦點是一人因這樣的待遇而感到自己的價值被拉低這樣的心理效應。

❶ 有關「恥」的討論，請參考拙作 Mencius and Early Chinese Thought，頁 58-63。

❶ 因此「雪恥」在中國早期文獻中不時出現。

❷ 參考《荀子》12.11a-11b 對子宋子的立場陳述。

關聯，而應該是我們自身的倫理行為，這其中也包含了我們如何回應他人對待我們的方式。**㉑**

這一看法是幾乎所有儒學思想家都抱持的，在我前面所引《孟子》的段落裡，孟子所談之小勇即是關於以毆鬥來回應欺侮人的待遇，與之相對的大勇則是關於下決心去改正一個倫理上成問題的情境。**㉒**《論語》中若干段落也指出一個人認為可恥之事、也就是「恥」適當的客體，應該在於個人自我特質和行為，而不是他人的看法或做法。

儒家觀點有三個部分值得提出。第一，儒家觀點暗指真正受辱的事是在個人控制能力之內的。別人如何看待或對待我們不能如我們所願，雖說這也可仰賴於我們的特質和行為，不過至少就儒家觀點而言，我們個人的特質和行為是在我們控制能力之內的。第二，儘管儒家對我們如何受到他人看待或對待沒有予以重視，但儒家並不否認這些還是有關係的。我們從《論語》中常看到孔子感嘆沒有受到別人賞識，且某些待遇即便對儒者而言也是受辱或傷害。儒家的立場是，即使這些事仍然有關係，但與個人的倫理本質相比，其重要性自然相形見絀。當我們無法在涉及前者的情況下過得滿意，至少後者是我們可以退守並得以安心的。第三，這種對於何為「恥」的適當客體之看法會造成一個後果，即「恥」不再和為自己報復的想法相連結，因為它的客體不再指向別人對個人的待遇。反之，「恥」與一種決心更有關係，這種決心讓自己遠離某些可以從倫理上污染自身的特定情境，並在這些情境真的發生時加以改正。

為了把這個討論與儒家對怒的視角相連結，我將舉出一種儒家思想家不會不熟悉的情境做為例子。我們知道孔子大半輩子都在積極尋求政治改革，遭遇了許多障礙與挑戰，包括蒙受詆毀甚至生命遭受威脅。他最後瞭解到他的政治努力徒勞無功，因此以其餘生轉向教學。很多十九世紀之前的儒學思想家都曾以各種形式經歷了孔子在政治界的經驗，他們大部分都不光是學者，而是奉獻他們成年生命大部份在政府中擔任各種官職。他們大多都處於腐敗的政治環境當中，而他們的教學經常

㉑ 《荀子》12.12b：「君子可以有埶辱，而不可以有義辱；小人可以有埶榮，而不可以有義榮。」
㉒ 相同見解也見於《孟子》2A:2。

反映了他們所歷經的難以應付的事。我們現今所擁有他們的教學記錄並不是基於純粹的學術，而常與他們的倫理經驗有關。為了使儒家對怒的觀點更加具體化，我將會仔細探討這樣一種難應付的情境。

<h1 style="text-align:center">肆</h1>

請想像一種情境，是一名儒家官員在腐敗的政治環境中想要尋求改革。當權者滿腦子只有權力、地位、聲望，並不真正關心他們應當服務的人民，他們和政治傾向相似或利益與共的人結為親密團體，自由地操縱感知好影響決策以及增進世人對他們的好感。❷他們還會暗地打擊他們視為反對者之人，敗壞反對者的名譽，並且無所不用其極地達成他們的政治目標。這名官員想改革這個情況，而被當權者視為威脅，用盡辦法消除這個他們察覺的威脅，包括削弱他在政府機關中努力的成果、促使其他人反對他以孤立他、散布謠言來破壞他的可信度。請想像當權者這些努力的成果都確實成功地傷害到這個官員，而這個官員幾乎沒有什麼辦法可以改正這樣的情境。從儒家觀點來看，他對這樣的情境應該要做何反應呢？

某些反應並不會不恰當，像是他可能會感覺到受傷，他對身受的不公義有情緒性的反應，而這種情緒反應可稱為怒。如果他能的話，他會以適當的方式做些事來改正這種情境，例如揭露事實以反制已流傳開的謠言。而他知道發生事情經過，便會對自己的作為更加謹慎，以免他的動機和才能遭到進一步扭曲。同時，他不會去做不適當的事，這包括做不正義的行為反擊他的對手，或是基於報復而試圖傷害另一方。甚至當他要開口糾正事實時，他會有意識地避免任何微弱的誇大或有意選擇語氣，那些技倆都有助於操縱感知以對抗他的對手。他對政治有足夠的經驗，所以懂得一般操縱感知的策略，像是有策略性的向對的人暗示某些字眼以製造某種謠言。但是，他與他的對手不同的是，他視這些花招的效果為反對、而非贊成採用這種策略的理由。

此外，當他在別的無關場合遇到他的對手時，他對待他們的方式不會因自己在

---

❷　中文的「黨」字非常明確的指涉政治中這種有問題的結盟。

政治環境中所受到的待遇而被偏見所影響。他會以他對待其他人的方式來對待他們，即使這麼做可能增進他們的好處。這包括的不只是抑制自己對他們做出不義之事，還包括若他們受到不公平待遇時亦保衛他們。但即使他不會對傷害過他的一方做出不公平的事，且當他們受到不公平待遇時立即站出來聲援他們，他還是可能在內心也因他們遭受一些不幸而暗自感到喜悅。他可能還是希望他們受苦，不過不要透過他自己的作為或不作為來造成這樣。他可能不只以他們實際遭遇了不幸為樂，且還只因想到這種不幸就感到喜樂。但是再說明一次，為了能將他對傷害的怒意引導到適當的方向，他不會感到這種快樂。

有關上述之儒家官員反應有兩點值得一提。第一，我們描述的情境是這名官員幾乎沒有什麼辦法可以改正這種情境，由於這個理由，官員的反應可能會顯得相對的被動。然而這並不意謂上面所描述的反應乃是一種被動抵抗的態度，❷也會有一些問題重重的情境是官員可以適當採取改正步驟的，在這些例子中官員採取步驟不僅是適當的，而且如果這是針對大眾利益，就更是他的責任。第二，以上的描述假定了官員為改進此情境而做的行動有適合或不適合之分：例如，他不應該像他的對手那樣操弄別人。但是，若他事實上可以透過操弄的行為來改正情境呢？某些儒家文獻中有一股思潮反對這種操弄做法，並相信這些邪惡手段會逐漸破壞我們希望公職人員能在倫理環境中運作的目標，故它們決無可能真正改進這個情境。❷有些人可能會對這個看法提出質疑，且一個人是否可為了公共利益在政治環境中適當地運用一些在其他環境裏是倫理上不對的手段，這乃是個複雜的問題。然而，上面對儒家官員反應的描述之主要論點乃在於「什麼引起個人採取行動以回應當下情況」，而與「何為適當行為」之看法無關。即使某些操縱的手段在如此的政治環境中算是合適的，個人仍然不應由於某些動機而採取某些行動。❷

儒家官員的反應係源於儒家的一個視角，即聯繫到上節提及的、儒家對於受辱的看法。他很在意別人對他的看法或做法，並且認為在這個情境中他深深受傷，而

---

❷ 我很感謝 Christine Swanton 的評語，使我警覺到必須澄清這一點。

❷ 例如在《孟子》3B:1。

❷ 我很感謝 David S. Nivison、David B. Wong 和陳祖為的評語幫助我澄清這一點。

他也明知他受到不公平和不應得的待遇。他的視角之特別處在於，儘管他亦有其他人也會有的這些想法和感覺，他首要關心的卻是他在這種情境要怎麼為人處世。他注意的不在於別人如何待他或別人待他時所表現的態度，且他對別人的看法或做法亦不以為受辱。在他的眼中，讓他自己因為這個政治環境而變得腐敗，進而變成他自己眼中的小人，對他而言才是真正的受辱。而這不只是他可能會做或可能不做什麼的問題，還同時是他在這個難應付的情境裏應對進退時有什麼想法與感受的問題。雖然他所受的待遇令人感到深深受傷，但真正會傷害他的是他做出低於個人倫理標準的行為，而這種損害只有他能對自己造成。從這個角度來看，雖然他被情境所傷害是較為實質的，真正受傷害的卻是那些被操弄的人，因為他們容許自己在感知上以及在其感知所造成的行為上被操縱，而容許自己在為人處世上達不到那樣的倫理標準。

有鑑於這樣的視角，他不易受憤恨感覺的影響，比如說他對他遭受的待遇不會感到氣憤，也不會有想報復的衝動。如果我們想的話，我們還是可以說他感到憤恨，但這是意義最輕的憤恨，也就是他對於沒有受到應得之待遇有所理解，並且知覺到他人待他時流露的不當態度。即便如此，這個理解在他的思緒中並不受到重視，他的思緒並不以他受到的待遇為焦點，也和他想「伸張自己以反擊他人所展現的態度」之欲望沒有關聯。無論我們要不要說他有憤恨，那並不是他的反應中的重要部分，也不會產生某種感覺以構成人際關係的障礙。這解釋了為什麼寬恕的概念（理解為消除憤恨）在儒家思想中並非重要的概念。在這裏的情形中，「放棄會造成人際關係障礙之憤恨感」的寬恕只有對會可能犯錯和受憤恨感所影響的人才是恰當的。㉗

憤恨不是他反應中的重要部分並不表示他看輕自己或缺乏自尊心，㉘相反地，他把注意力非常放在自己身上，不是在別人待他的方式而是在他在此種情境下的做法。至於自尊心的觀念，它是否在此適用，端視我們怎麼理解它。假設我們說自尊

㉗ 許多學者討論到類似的觀點。Jankelevitch（6）形容聖人之為人是不當待遇幾乎無法傷害或冒犯的，因此也幾乎無事需要原諒。Hampson（58-59）提出耶穌做為「超越憤恨」的例子，Griswold（11-13）則以同樣態度形容蘇格拉底與斯多葛學派的聖哲。

㉘ 我在這個議題上與 Murphy（16）和 Novitz（301）的觀點相反。

心的特色是某人認定某些行為和某些待人之道低於自己的倫理標準，並偕同不許這樣的事發生的決心，❷以此方式來理解的話，儒家觀點的特殊處不是它不在某種像是自尊心的觀念內運作，而在於真正低於自己的倫理標準不是他人對他的看法或待遇（那些是他無法控制的），而是他自己的倫理行為。因此，若我們要用自尊心的概念來說明儒家立場之特色，則儒家官員的反應所呈現出的並不是缺乏自尊心，而是另一種理解自尊心的方法。儒家觀點認為自尊心所關聯的並不是別人對我的看法或做法，而是我自己對於這種待遇的作為或反應；因此之故，失去自尊心並不是某種讓人痛苦的事，而是自討苦吃。

還有，一個人比較不受他人給自己的待遇所影響和「超越憤恨」，並不是說他的態度近於自大，即對別人毫不在乎且也不管別人對自己的態度。❸儒家思想家承認我們經由其他人對自己的評價可以得到較實際的自我評價。《論語》與《孟子》等儒家文獻都談到當人受到別人「不利的」待遇時應該如何開始反省，懷疑自己可能有什麼缺陷而招來這種待遇，這表示了這個人將別人對自己之態度當做自我品格的指標而關心。❹然而從某一點來說，這名儒家官員還是把自己看得高人一等，但這不是以一種有問題的方式，不過他的對手可以感覺是有問題的。由於他那樣的道德立場，會有一種正直的感覺圍繞著此人四周，而這會令他的對手很不安。他們不僅會因為他們的惡行顯然沒引起注意或看待方式不像他們所想的那樣，而有受到輕視之感，且他們自己的倫理缺陷還因此人的存在而突顯。這將會引出對這個人更深的憎恨，而一個人在這種情境中會很想藏起自己的道德立場，把自己表現得與較低的標準同流，以保護自己。但是從儒家觀點來看，人不僅不應該以不倫理的行為來對付這個環境，而且還必須堅持不得隱藏道德立場以討好他人。如果當初一個人在這種情況中令自己屈服或藏起自己的道德立場，那他就鼓勵了其他標準較低的人，

---

❷　Taylor（1985:78）以這種方式來說明自尊心的特色，而這種理解自尊心的方式接近 Telfer（109）的「有意的自尊心」（conative self-respect）觀念。

❸　Murphy（18）以這種方式描寫尼采的觀點。

❹　拙作 "Self and Self-Cultivation in Early Confucian Thought" 對這一點有進一步闡述。

從而慢慢破壞其一開始所企求之改革。㉜這種在腐敗環境中屹立不搖、不隱藏其道德立場的堅持可能會顯得高傲離群，但是就儒家觀點來說，這不是有問題的。

伍

依據此處所解釋的儒家立場，我自身是受害者的情形下我的反應與不相干的人是受害者的情形下我的反應有結構上的相似處。即便我自己是受害者，關於我受到不適當待遇的想法在我的思緒中也沒有優勢，而如果有人在情境中受到不適當待遇而這位受害者與我沒有關係，我也會對此有這種想法，但我仍會超越這「某人受到不適當待遇」的想法。即便受害者和我沒有關係，我的反應仍然會聚焦於我對那個情境的反應，一如我自己是受害者時那樣。這點我們可以從先前所引用的段落看出，當周武王看到人民是如何的受到暴君壓迫，他就有了恥。縱然別人是受害者，我仍然有適當的方式去對這種情境回應，而在我能夠做什麼來修正那個情境的限度內，不那麼去做的想法就會造成恥。因此，無論受害者是我自己或是其他與我無關的人，我的首要關注都在於：對於我認為是不適當對待人類的做法，我是怎麼回應的。

一個人在這兩個例子中的反應有結構相似性，或許表明了儒家官員的身段有「非個人的」（impersonal）而不是「個人的」（personal）的意義。這位官員的反應的確沒有「個人的」意義，由於他不像別人一樣把生命的外在條件看得很重，他不會把我們剛才所描述的情境當成傷害到他「個人」的情境。他的注意力不在冒犯者對他的態度，因此他不會把這種情境看成冒犯者衝著他個人而來，他反而把這情況主要看成倫理情境，別人在其中因施展操縱手段而展現出道德的低劣，而他在其中受到考驗。他不否認其中有惡，但並不把惡看成對個人的冒犯。他可能仍然會為一些發生的事感到受傷，而且也可以為惡的得勢而深感失望，但是只要他行動合宜，他

㉜　見《孟子》3B:1。這個人的態度與《孟子》7B:37 所描述的鄉愿相反，鄉愿企圖操縱感知以投射出道德上正派的形象，並因而獲取別人的好評。他是「德之賊」，因為他用卑鄙操縱的手法偷走了有德之名；他這麼做的時候，他暗中破壞了自己不配得到而想要得到的那個概念。

就沒有以他最在乎的方式受傷。他的反應仍然可以形容成怒，但是這種怒乃指向別人有問題的行為，而非別人對他做了什麼。他所感受到的怒與朱熹在《孟子》章句中所說周武王的「理義之怒」並沒有根本上的不同。這和前面所提到的論點有關，若憤恨的意義是理解到本人未受到應有的尊重，這樣的憤恨概念在他的思想中並沒有優勢。就儒家視角來看，當代關於對第一人稱反應的憤恨與第三人稱反應的義憤之間的區分並無意義。❸這並不是說他們不知道實際情況是人會承受到像是我們稱為憤恨的情緒，❹畢竟儒家對於人應該將什麼看成真正之辱，其看法所指向的情感乃以欺侮人的做法為背景。但是他們主張把焦點從別人如何待我的情緒，移向省察我對於別人待我的反應。這種立場的結果是儒家也就不會以我們今日稱為寬恕的現象為焦點，對他們而言，這種對某一情感的反應在理想的狀態裏從一開始就不應該有。

雖然這位官員的反應不是以上所說的「個人的」意義，但將他的觀點描述為「非個人的」則有誤導之嫌。儒家的觀點不是「非個人的」，意為儒家並不是不把人際關係納入考量。就算在儒家觀點裏，人還是會依他與受到不公義或不適當待遇的受害者之間的關係而有不同的行為。我們在義務上的差等和感情投入的差等需以不同的社會關係為基礎，這確實是儒家思想很強調的。更廣泛來說，儒家觀點不會把一人與他要做反應的情境中的人的特定關係擱置一邊，以此方式來變成非個人的。

為了避免「非個人的」這個語彙可能會造成的誤導，我要換用「超脫的」（detached）這個詞來形容儒家的觀點，以表達前述的結構相似性。這是說，當我不看重受到不適當待遇的是我本人這個事實時，我對於我自己受到不適當待遇的反

---

❸ Strawson（14-15）與 Hamption（56）提出了這樣的對比。Strawson（4-6）也認為我受到別人尊敬與好意祝福時的感激是第一人稱反應。本文的討論並不推導出，當別人的好意祝福使一人蒙受利益時，儒家也主張此人不該有感激的反應。儒家對「辱」的態度轉變畢竟僅與別人「侮」的對待做法有關。儒家並不對這兩種現象對稱的看待，這可從《論語》14.34 孔子勸人「以直報怨，以德報德」看出。我很感謝 Howard Curzer 提醒我這個段落的相關性。

❹ 我很感謝 P. J. Ivanhoe 讓我警覺到必須補充這一點來澄清。儒家早期文獻的確有個「怨」字，是指接近於我們稱為「憤恨」的情緒。

應，在結構上並不會和另一人是受害者時我會做的反應有所不同。這種關於儒家對怒的觀點之解釋，可以讓我們理解本文開頭所舉、朱熹對怒的三個觀察。雖然儒家主張我剛才所說的反應方式，他們也明白在現實中很多人會以人家對他們的看法或做法為焦點，進而有不同反應做法。兩者都是怒的可能形式，它們不同之處可從朱熹對「血氣之怒」與「理義之怒」的區分反映出。這個區分也解釋了為何朱熹有時描述聖人沒有怒，而又有時描述聖人有怒，這是因為聖人有後一種怒而沒有前一種怒，而在引起怒氣的情形已經有了適當處理後還可能留下來的是前一種怒。

後一種怒以超脫的觀點為其特色，它亦指引我們弄清楚朱熹所說的「顏子之怒，在物不在己」。若我對於不當待遇的反應在結構上不因被害者是我自己還是別人而有不同，那麼我的反應所導向的環境特徵並不具體涉及我自己是受害者這一事實，如此一來，我的怒就是「在物」；而我的怒「在己」是我的怒牽涉到一個附加的、關聯到我自己的想法，也就是受到不當待遇的是我本人。有了這種附加想法以後，「指涉到我本人」入侵並扭曲我的反應的性質；對朱熹和許多後來的儒家來說，對情況的不適當反應經常涉及「自我」所發動的這種入侵。❸

陸

剛才所說的超脫觀點在朱熹注解《論語》時所說的鏡子隱喻也可發現，這個隱

---

❸ 因此朱熹還有後來許多儒家都將倫理失敗的原因歸究於「私」，即一種自我中心的形態。有關「私」的討論，請參見拙作 "Zhu Xi on *Gong* and *Si*"。儒家思想中有另一個觀念（也是朱熹接受的）有助於闡明儒家對怒的立場。儒家對於自我與他者並不做很明顯的區隔：我連結到全人類，而雖然我與他們的不同關係宜於將我的義務和情感投入分出差異，不過這是程度的問題，並不反映自我與他者間有根本分別。這是全人類合為「一體」的儒家觀念的一部份，「一體」的說法突顯了我們理想上應該敏銳注意全人類的福祉，就如同我們敏銳注意我們身體不同部份的福祉一樣。「一體」的觀念不是後代儒家因應佛教挑戰而發展出來某種「形而上」立場的說法，其實它可見於儒家早期文獻，反映的是慈愛的統治者或官員的情意，他們憐愛人民就如父母憐愛子女一般。從這個觀點推論出，我對陌生人所受待遇的反應和我對與我親近之人所受待遇的反應，除了基於關係不同而分出差異以外，不該有結構上的不同。有關「一體」的討論，可見拙作 "Zhu Xi and the *Lunyu*"。

喻指出人心在某種意義上會用一種不涉及個人的方式觀察與回應環境。這個超脫的觀點自然連向鬆開一人對那個情境的感情介入——如果我的焦點是自己受到不當待遇的想法，我的反應在情緒上會較為強烈和複雜。因此，一個人採納這個超脫觀點也表示了他的情緒在某個意義上未受到所面對的環境擾亂。為方便起見，我會將一個人情緒不受到擾亂的心理狀態稱為「靜」（equanimity）。「靜」的狀態在儒家文獻中經常受到突顯（道家文獻也有一樣情形），而我現在要轉來討論「靜」與儒家一些特有觀點有關的面向。

其中一個面向乃是儒家官員的身段所闡明的「不為所動」（invulnerability）的意含。這名官員知道有人故意暗中毀滅他與破壞他的名聲，他會覺得受傷，但也會認為這些傷害沒什麼重要。真正會讓他感到可恥的是他以有問題的做法來回應這個情境，例如含怨報復的做法，這樣才是他認為的真正傷害，但乃是唯有他能對自己做出來的。因此他本人帶有不為所動的意含，無論別人如何努力暗中破壞他和操弄對他不利的感知，他們所能影響的都是外在條件而已，外在條件對他雖然重要，但是比較起來並不太重要。如果他對情境的反應不適當，他的對手才的確成功傷害到他，但這只是因為他本人令這種情況發生。❸⑥

注意這個不為所動的意含並不是說一個人不易受傷，而是說他對他最在乎的傷害種類不為所動。既然他的道德立場是那樣，他在某意義上對惡毫無招架之力。他體驗過政治生涯的複雜後，他可能不乏操縱感知的策略與技巧等知識，以反擊他的對手或甚至反將一軍。然而因為他的為人如此，他無法將所知變為所行。這是一個知道如何做但仍然缺乏能力去做的例子，此時缺乏能力是肇因於心，而非缺乏技能。如果他早就採用操縱手段，他確實不會成功反擊他的對手，反而是早就傷害到自己，並從而讓對手達成他們的目標。政治環境也可能演變到一個情勢是，他必須判定他對反抗腐敗和推動改革之事業再無能效力之處。一旦他有這樣的判斷，他便

---

❸⑥ Griswold（11-13）亦討論了蘇格拉底與斯多葛派聖哲對傷害「不為所動」的意含。儒家文獻中這種「不為所動」的意含所反映的觀念，是真正重要的事、守道行道，是在一人掌握之中。例子請見《孟子》7A:3。

可以從此環境中抽身；不成功這麼做，本身會成為「恥」的來由。❸

　　一個人若覺得他不會受到那種根本意義上的傷，這就自然會引導他至某種情感上的平靜，因為無論他發生什麼事，他都知道根本重要的事在自己掌握之中，並因此得以安心。如此一來他不會受人生的外在不利環境所擾亂，這樣的態度以「命」這個字表達。這種態度牽涉到一個人甘願接受人生中不利的情況，這些情況不在他的掌握之中，不然就是其性質是想改變它們的話需要不適當的做法。❸這並不是說人完全不受這些人生的不利情況所影響，一個人仍然可為深愛的人死亡而悲痛、為他人不賞識而失望、為腐敗盛行而悲嘆，❸但是他不會將情感能量用到怪罪別人或抱怨結果，也不會變得氣憤或憤恨。❹這也不是說人用變得完全被動的方式來順從於環境，他仍會等待與歡迎改變的可能性，甚至當這樣的機會沒有出現時，他可以將精力轉向積極的方向，就像孔子理解到他政治上的努力都是徒勞之後，轉而致力於教學。與這種接受人生中不利之外在條件相偕而來的，是積極肯定他所遵從、並從中獲以安心的倫理價值。

　　除了由「命」的觀念表達的、接受不利的環境之外，儒家文獻也描述了個人心中沒有擔憂與焦慮的狀態，也就是稱為「樂」的狀態。❹例如，孔子在《論語》中提到顏回雖然處於極度貧窮卻有樂，並有時也提到他自己的樂。❹人在面對極端貧窮時還能處於樂的狀態，這聽起來很困惑，但是這種困惑大率來自於現代人通常將「樂」理解為一種情緒上比較興奮激動的狀態。但「樂」在儒家早期思想中強調的不是情感上的歡愉或興奮狀態，而是從容的隨著事物的遷流而移動的狀態，它是安詳的、不受阻礙或限制。同一個「樂」字也用來指稱音樂（不過兩種用法的發音不

---

❸　《論語》8.13：「天下有道則見，無道則隱。邦有道，貧且賤焉，恥也；邦無道，富且貴焉，恥也。」

❸　有關「命」的更精細討論請見拙作 *Mencius and Early Chinese Thought*，頁 15-21、77-83。

❸　因此，儒家的立場並不是 Kekes（511-2）所認為齊克果提出的「反世俗立場」。

❹　例子請見《論語》14.35。

❹　提到沒有擔憂與焦慮的例子是《論語》9.29；而在《論語》7.19 孔子說到他學習道德之樂容不下擔憂和焦慮。

❹　《論語》6.11：「子曰：『賢哉，回也！一簞食，一瓢飲，在陋巷。人不堪其憂，回也不改其樂。賢哉，回也！』」而孔子也在《論語》7.16、7.19 談到自己的樂。

同），而早期文獻常將我們現在所論的態度與音樂關聯起來，例如《孟子》有一段將「樂」與「足之蹈之、手之舞之」的形象、與音樂的節奏關聯起來，❹❸這表示了「樂」與安詳而安心的隨著事物的遷流而移動、既無阻礙也毋需特意費力的狀態可能有關，也就是像隨著音樂的節奏而律動。此一對「樂」的理解在朱熹對《孟子》此章以及對《論語》有關顏回之樂的注語裏表達出來，朱熹將「樂」解釋為安心、從容且不費力的隨事物流動。❹❹此一對「樂」的理解也在其他早期文獻中可以發現，例如《莊子》將「樂」與逍遙遊的狀態相連結，又在另一場合形容魚之樂是隨著水流安心而不受限的游動。❹❺

這樣來理解「樂」，可以讓我們瞭解儒家官員的心理狀態如何可用這些字眼來描述。儒家官員接受他所身處的不幸環境，滿足於遵循倫理的道路，也滿足於知道他無論受到何種待遇，他不會在實質意義上變得渺小。雖然他仍會受這種環境施加痛苦，但他同時也採取較超脫的身段，以讓自己的情緒不受影響。他的心理狀態並不是通常所謂的喜樂，而是一種安心滿足，是以令人舒服的方式隨著倫理道路而流動。

到目前為止，我呈現了「靜」的狀態之三個面向：不為所動的意含、甘願接受生命的不利情境而毫無憂愁與焦慮、以及遵循「道」或人生的倫理道路時的從容與滿足感。雖然儒家文獻確曾突顯這些品質，我們必須承認，這些文獻經常也傳達出面對倫理腐敗時的無助感，及當人堅持其道德立場時的孤獨感。我們已經看到儒家對「命」的態度隱含了甘願接受人生種種不利環境，無論是貧窮、得不到贊同與賞識、病痛、或甚至所愛的人死亡。即使對一個人自己的死亡也是如此：死法有恰當的和不恰當的，而只要自省後發現所做的是恰當的，那就可以從容的走上死途。❹❻但是有一系列環境情況，與倫理價值的關係比與人生的這些外在條件更加密切，且又不在人的掌握之中，那就是「道」的大行於天下。當儒家學者見識到政治生活中的腐敗，而這不可避免的會擴及狹義界定的政治領域之外，他們哀悼倫理價值未能

---

❹❸　《孟子》4A:27。

❹❹　見《論語或問》11.12a 和《孟子集注》4.15a-b。

❹❺　《莊子》7.18a 與 6.15a-b，也請見〈至樂〉篇論最高形式的樂。

❹❻　例子請見《孟子》7A:2。

大行於天下，這也包括他們自己致力改革現狀未能成功。雖然在這個連接關係中也會提到「命」，我們會察覺到儒家學者所處時代中的倫理腐敗對他們而言與疾病、死亡等不利外在條件是不相等的。❹雖然人仍可藉由自己的倫理實踐而安心，但卻很難維持一種身段，是既滿足於自己的道德實踐而又甘願接受社會與政治領域的普遍腐敗。這兩種態度很難並存的事實從幾乎所有儒家經典的樂觀信念反映出來，即一己的倫理轉化終將帶動別人的倫理轉化。❹因此，雖然我們確實看到「靜」的意義普見於儒家文獻中，我們也可以在這些文獻中察覺出一種張力。張力在於一方面，在官職上盡心盡力對儒家理想是非常要緊的，而在另一方面，對政治生活之腐敗感到挫折會使人退隱到私人生活。張力也在於一方面，樂觀的相信有德之人終將受到賞識且施展轉化別人的影響力，而在另一方面，理解到實際情況是有德之人通常不會受到多數人瞭解和賞識。

　　與張力的感覺俱來的還有孤獨的感覺，這反映於君子可能必須獨行於「道」中的這種說法。❹這種孤獨感不是形體的孤立，這是因為儒者就算在退隱生活裏周圍仍有學生與密友。也不是脫離社會，這是由於儒者還是有深度的從事社會事務，他們若非經由積極從政來從事，便是經由反省和講述這些事務的方式來從事。與他們的孤獨感有關的，反倒是他們知道他們的道德熱望與憧憬經常不為別人所瞭解與共享。❺雖然孔子有一次也說到有德之人不會孤獨，但他之需要這麼說不也證明了有德之人經常感到孤獨。❺靜的感覺和孤獨的感覺無法避免不彼此作伴，而最終的張力或許就在這兩者之間。

---

❹　《論語》14.36：「……子曰：『道之將行也與？命也。道之將廢也與？命也。……』」

❹　這個觀念乃是儒家所理解的「德」與「誠」之一部份。這可能是個過度樂觀的信念，也可能會有些處境是一人靠不合平時倫理的做法才能促進公共利益，這些可能性和稍早所論的複雜問題——需要採用卑鄙操縱手法以挽救政治複雜環境——也有關係。

❹　例子請見《孟子》3B:2。

❺　《論語》14.35：「子曰：『莫我知也夫！……不怨天，不尤人。下學而上達。知我者，其天乎！』」

❺　《論語》4.25：「子曰：『德不孤，必有鄰。』」

參考文獻

Fisher, Philip (2002). *The Vehement Passions*. Princeton, New Jersey: Princeton University Press.

Griswold, Charles L. (2007). *Forgiveness: A Philosophical Exploration.* Cambridge: Cambridge University Press.

Hampton, Jean (1988). "Forgiveness, Resentment and Hatred." In Jeffrie G. Murphy & Jean Hampton (eds.), *Forgiveness and Mercy* (35-87). Cambridge: Cambridge University Press.

Jankelevitch, Vladimir (2005). *Forgiveness.* Trans. Andrew Kelly. Chicago: The University of Chicago Press.

Kekes, John (1983). "Constancy and Purity." *Mind,* 92: 499-518.

Murphy, Jeffrie G. (1988). "Forgiveness and Resentment." In Jeffrie G. Murphy & Jean Hampton (eds.), *Forgiveness and Mercy* (14-34). Cambridge: Cambridge University Press.

Novitz, David (1998). "Forgiveness and Self-Respect." *Philosophy and Phenomenological Research*, 58: 299-315.

Shun, Kwong-loi (1997). *Mencius and Early Chinese Thought.* Stanford, California: Stanford University Press.

Shun, Kwong-loi (2001). "Self and Self-Cultivation in Early Confucian Thought." In Bo Mou (ed.), *Two Roads to Wisdom? Chinese and Analytic Philosophical Traditions* (229-244). Chicago: Open Court.

Shun, Kwong-loi (2005). "Zhu Xi on *Gong* and *Si*." *Dao,* 5: 1-9.

Shun, Kwong-loi (2006). "Purity in Confucian Thought: Zhu Xi on *Xu*, *Jing*, and *Wu*." In Kim Chong Chong and Yuli Liu (eds.), *Conceptions of Virtue: East and West* (195-212). Singapore: Marshall Cavendish.

Shun, Kwong-loi (2008). "Wholeness in Confucian Thought: Zhu Xi on *Cheng*, *Zhong*, *Xin*, and *Jing*." In On-cho Ng (ed.), *The Imperative of Understanding: Chinese*

Philosophy, Comparative Philosophy, and Onto-Hermeneutics (261-272). New York: Global Scholarly Publications.

Shun, Kwong-loi (2008). "Zhu Xi and the Lunyu." In David Jones (ed.), *Contemporary Encounters with Confucius* (209-221). Chicago: Open Court.

Shun, Kwong-loi "Studying Confucian and Comparative Ethics: Methodological Reflections," *Journal of Chinese Philosophy*, forthcoming.

Strawson, P.F. (1962). "Freedom and Resentment." *Proceedings of the British Academy* 48. Reprinted in P.F. Strawson *Freedom and Resentment and Other Essays* (1-25). London: Methuen & Co. Ltd, 1974.

Taylor, Gabriele (1985). *Pride, Shame and Guilt: Emotions of Self-Assessment.* Oxford: Oxford University Press.

Taylor, Gabriele (2006). *Deadly Vices.* Oxford: Oxford University Press.

Telfer, Elizabeth (1968). "Self-Respect." *The Philosophical Quarterly* 18. Reprinted in Robin S. Dillon (Ed.). *Dignity, Character and Self-Respect* (107-116). London: Routledge, 1995.

朱熹（1983-1986）。〈論語集注〉，《四庫全書》。臺北：臺灣商務印書館。

朱熹（1983-1986）。〈孟子集注〉，《四庫全書》。臺北：臺灣商務印書館。

朱熹（1983-1986）。〈論語或問〉，《四庫全書》。臺北：臺灣商務印書館。

朱熹（1983-1986）。〈大學或問〉，《四庫全書》。臺北：臺灣商務印書館。

朱熹（1986）。《朱子語類》。北京：中華書局。

荀子（1965）。《荀子》，《四部備要》。臺北：臺灣中華書局。

莊子（1965）。《莊子》，《四部備要》。臺北：臺灣中華書局。

楊伯峻（1980）。《論語譯注》，第二版。北京：中華書局。

楊伯峻（1984）。《孟子譯註》，第二版。北京：中華書局。

On Anger: An Experimental Essay in Confucian Moral Psychology

Shun, Kwong-Loi[*]

Abstract

The paper takes certain observations by Zhu Xi (1130-1200) as a starting point, and presents a perspective on anger differing from a contemporary western perspective that focuses on the notions of resentment and forgiveness. The core idea is the Confucian view on disgrace, a view that leads to a certain way of understanding self-regard. Based on this understanding, the Confucians advocate a certain form of anger that focuses on the ethical quality of the situation one confronts and of one's response to the situation. On the Confucian view, one should not feel resentment even though this might be a natural human response. Accordingly, the Confucians do not advocate forgiveness understood as the foreswearing of resentment; instead, what they advocate is a shift to a perspective within which resentment does not have a place. The form of anger they advocate also involves a certain kind of detachment and equanimity of the mind.

Keywords: Moral Philosophy, Moral Psychology, Zhu Xi, Anger, Equanimity, Destiny, Insult, Disgrace, Shame, Resentment, Forgiveness

---

[*] Professor, the Chinese University of Hong Kong

論朱熹的實踐哲學:從
新亞里斯多德主義以及德性倫理學談起

馬愷之*

摘　要

　　近來在當代西方倫理學領域中,德性以及行動的關係愈來愈受人矚目。特別是「新亞里斯多德主義」(New-Aristotelianism)以及「德性倫理學」(Virtue-Ethics)的代表人物,皆注重亞里斯多德式的「德性」,往往從「實踐智」(phronesis)來思考一切行動的脈絡性與情境性,並且在此基礎上試圖建立一套完整的倫理學思維。本文從此問題意識與哲學脈絡試圖重新看宋明理學的集大成者朱熹,集中在朱熹思想中德性與行動的關係,然後探討「心」與「實踐智」的理論關聯,並分析目的論式的思維在朱氏思想中的地位。總而言之,筆者試圖提供與牟宗三康德式的解釋框架不同的另外一種哲學視角,以說明朱熹哲學思想之可能當代意義。

關鍵詞:朱熹　新儒學　德性倫理學　行動　德性

---

*　東吳大學哲學系助理教授

壹、緒論 ❶

　　中國哲學自二十世紀開始試圖回應西方哲學的挑戰、重新尋覓定位，並自此展開對於普遍理論的追求。馮友蘭、牟宗三、勞思光等重要哲學家都意識到傳統中國思維（無論是儒家、道家或佛教）的一個嚴重不足之處，即其過度依賴政治實踐、現實歷史、生活世界的特殊性，不夠注重抽象原則、概念語言以及普遍理論的建構。因此，二十世紀許多中國哲學家的一個共同傾向是強調系統性理論、方法意識、基礎論，試圖從一個比過往更高的哲學立場重新詮釋傳統文獻，從中尋覓可以加以普遍化的理論意涵，並進行理論轉化。德國哲學家康德（Immanuel Kant）之主體哲學在這個過程中曾扮演關鍵性的角色，是探究合理性的最根本基礎，也可說是諸多中國哲學家所引介的一種富有強烈「普遍主義」（universalism）色彩的立場。這種普遍主義至今仍是當代西方諸多思潮的一個重要特徵，其中最著名的代表無疑為哈伯瑪斯（Habermas）。

　　然而，在歐陸以及英美哲學界，這種普遍主義早已引起強有力的質疑，譬如黑格爾對於康德「空洞的形式主義」的批評，亦有如海德格（Heidegger）以及高達美（Gadamer）對於人類生存的時間性、實踐性以及脈絡性的強調。這些質疑很明顯地皆可回溯到亞里斯多德對於柏拉圖的批評：一種絕對化的普遍立場禁錮我們對具體事物或生命整體的思考，使得「行為者」（the agent）從一個抽象且抽離的立場看待自己的生命，但如此也使人容易誤解現實世界的複雜性與多樣性。所謂「新亞里斯多德主義」（New-Aristotelianism）已經成為當代西方哲學的一重要思潮，如鄂蘭（Hannah Arendt）、麥金泰爾（Alasdair MacIntyre）、泰勒（Charles Taylor）等哲學家都「要督促自身返回到由特殊者、充滿變動者的現實界當中，認知自身歸屬的歷史與群體脈絡，從中尋覓可以加以普遍化的合理性、真實生活痕跡中的合理性。」（張鼎國

---

❶　筆者曾在不同會議上發表本文的各種初稿，收到許多學者的建議與意見，在此特別向彭國翔、安靖如、李賢中、何淑靜、黃冠閔、宋灝、何乏筆、沈享民、謝林德以及王志輝致謝。本文乃是本人主持的國科會專題研究計畫（西方現代性的界限：從政治哲學看儒家與西方保守主義傳統 96-2411-H-211-001-MY3）之補助下完成的，特此向國科會表達謝意。另外，筆者也向兩位匿名審查人表達謝意。

1997: 79）❷這種哲學立場往往也蘊含著對於傳統形而上學學說的激烈批評以及對於未來政治或社會實踐的期待，譬如鄂蘭在其《人的條件》（*The Human Condition*）開宗明義指出，傳統西方哲學基於其對「靜觀」（contemplation）的過度重視，一向忽略了「行動的生活」（vita activa）的內在特質、趨向與真實性（Arendt 1998: 16-17）。與此相同，從六十年代開始影響英美哲學界之道德思維的「德性倫理學」（Virtue Ethics）也試圖回到亞里斯多德的德性觀，正視任何行為者的脈絡性，著重其複雜道德心理狀態；在安思康（Elisabeth Anscombe）〈論當代道德哲學〉（"Modern Moral Philosophy"; 1958 年）一文中，清楚展現其對於康德式或效益主義式的普遍主義的不滿，也首次出現對於亞里斯多德式的倫理思維的新重視（Anscombe 1997）。自此，許多當代哲學家皆起而呼應安思康，這代表了亞里斯多德主義倫理思考在英美道德哲學領域的復興。

眾所周知，對效益主義（utilitarianism）而言，任何行動是否正確皆取決於後果，故此行為者必須通過理性思考來判斷其行為的後果，才能夠認識到正確行為。康德式的義務論者則將「道德法則」視為某種行為是否正確的唯一標準；換言之，正確的行為務必將獲得普遍的、理性的認同。相較之下，亞里斯多德主義者質疑兩種思潮過於抽象、過於簡化，並且無法正視行為者「道德心靈」（moral psychology）的複雜面向，因此將重點放在行為者的特質上，即其德性。我們可以暫時借用赫斯特豪斯（Rosalind Hursthouse）的說明，他提出三個規定來總結德性倫理學的主張：

（P.1.）、若具有德性的行為者在某種情境中會如此做，此行為則為正確。
（P.1a）、一個「具有德性的行為者」（a virtuous agent）的行為必須符合德性，亦即他（她）必須擁有並實踐諸德性。
（P.2.）、德性乃是一種人人為了達到幸福、過良好生活而必須擁有的特質。❸

---

❷ 可參考張鼎國（張鼎國 1997）以及 Salkever（Salkever 2007）的說明。Kelvin Knight 詳細還原了亞里斯多德主義在二十世紀歐陸哲學的接收與影響，參考 Knight 2007。

❸ "P.1. An action is right if it is what a virtuous agent would do in the circumstances. / P.1a A virtuous agent is one who acts virtuously, that is, one who has and exercises the virtues. / P.2. A virtue is a character trait a human being needs to flourish or live well." (Hursthouse 1997: 219)

顯然，行動（實踐）與德性的串接並不偶然。

儒家傳統一向重視實踐，此可從《論語·公冶長》「子路有聞，未之能行，唯恐有聞」等段落在中國哲學史上的深遠影響來證成。不過，制度化的儒家以及作為一種文化形態的儒家在二十世紀歷史逐漸式微後，儒家式的實踐觀似乎也陷入一種死而不亡的狀態。從五四運動以來，許多學者認為中國政道之所以不能建立、中國政治之所以處於困境，其原因恰巧與儒家作為中國社會主流價值有關，因此也質疑儒學未來是否仍能做為實踐原則。不過，類似的質疑早就有宋代士大夫提出：針對朱熹的激烈批評，許多官員曾指出道學的理論主張與實踐之間的某種嚴重分離。❹熊十力亦曾指出，朱熹解釋《論語》曾點諸子言志一章時「獨許曾點，而謂『三子規規於事為之末』」，忽略原來儒學的事功精神，導致「民族愈益式微」（田智忠 2007: 384）。牟宗三等新儒學的代表試圖保持儒家的內聖精神而用西方哲學資源來重建外王領域，在某種程度上也承認了儒家傳統在實踐上的根本弱點。❺總之，這些發展對於儒家傳統而言是相當弔詭的。

針對此背景，我們是否有必要重新思考儒學的實踐觀和德性觀？無疑，實踐乃是儒家一向重視的領域，但儒學與當代德性倫理學究竟有何種關聯？或者，更確切地問，一種儒家式的哲學思考與一種張揚德性、共同的善、社群的亞里斯多德式的倫理思考究竟能產生何種理論關係？此乃是本文所探討的議題。筆者希望透過對於亞里斯多德倫理思考的討論更進一步凸顯儒學作為當代哲學的一種「哲學語言」，亦即儒學作為當代哲學視野中的重要行動者。本文從方法論的反思出發，進行對於朱熹實踐哲學的脈絡梳理，並試圖說明亞里斯多德最核心的，幾乎可當作新亞里斯多德主義之鑰的「實踐智」（phronēsis; practical wisdom, prudence）概念，是否與朱熹的

---

❹ 可參考沈松勤的詳細論述（沈松勤 2005），沈氏以下的評價亦頗有參考價值：「道學的經世意義或其『外王』實踐是建立在『內聖』的基礎之上的，其『內聖』的方式就是通過致知、格物、誠意、持敬等工夫，修身養性，使包括帝王在內的每一個人成為『人欲盡而天理純』的『聖人』，這樣就可以使整個社會『至於至善，能使天下後世無一物不得其所』。然而，這僅僅是道學家所設置的一種極富想像力和理想化色彩的理論形態，在黨同伐異的朋黨政治中，是無法成為現實的。」（沈松勤 2005: 257）

❺ 但不可否認，內聖外王兩個領域具有深厚的連貫性，放棄後者也容易使前者受到損害，因為其內傾化而不夠注意到實踐領域的複雜性。

倫理思考有相應之處，如此也探索朱熹在當代哲學脈絡的可能位置。進而言之，筆者期望在思想史的脈絡下澄清朱氏倫理思想的若干核心概念（如「心」、「行」、「德」、「志」等），並且從較為系統性的哲學角度說明這些概念如何能幫我們在當代哲學脈絡中對於「實踐」與「德性」做思考。本文一邊從朱氏的《四書章句集注》和《朱子語類》，一邊從亞氏的《尼各馬科倫理學》著手，討論核心問題的若干面向。❻近幾年，許多學者從德性倫理學的角度探討儒家傳統（比如 Huang Yong 2003; Angle 2009 等）；另外亦有學者從新亞里斯多德主義的問題意識重新解讀儒家傳統的哲學意涵（比如 Yearley 1990; 錢永祥 2008 等）。特別值得注意的是余紀元（Yu Jiyuan）以及 May Sim 兩位學者，兩人嘗試比較亞里斯多德與儒家傳統的整體（特別指孔子與孟子的思想），雖然仍有些理論弱點及籠統之處，但確實有其貢獻（Yu Jiyuan 2007; May Sim 2007）。

貳、在亞里斯多德與康德之間的儒家傳統

筆者以為，牟宗三所勾勒的康德式的儒家哲學無疑是一個富有開創性和解釋效率的理論模式，其重要性絕不可小覷，但此理論框架至今仍有些待說明之處與不易解消的質疑；❼進而言之，筆者認為，以下兩點可以說明康德式的儒家立場在實踐哲學上的兩種弱點：

一、形式主義的問題。康德倫理思維描述人的一種「程序性的合理性」（procedural rationality），其最核心的部分，乃是「無上斷言命令」（kategorischer

---

❻ 不可否認，西方哲學與中國哲學，尤其是像朱氏與亞里斯多德的任何一種對照或比較容易引起質疑：比如，亞里斯多德的《尼各馬科倫理學》（*Nicomachean Ethics*，以下簡稱：NE），既然是較為零散的演講稿，但相當系統性地處理倫理學的核心概念，也深入地剖析日常生活中的倫理問題；而朱熹則極少用「描述性」（descriptive）的方法直接處理問題，而其方法大致上都為「解釋性」（interpretative），亦即他的倫理思考活動主要展開在解經上。不過，我們仔細閱讀朱氏留下來的文獻，就不難發現他的論述確實有濃厚的反思成分，其哲學語言也十分豐富、富有深度，甚至可以說是一種「環環相扣的縝密思想體系」（張崑將 2004: 181）。

❼ 可參考楊澤波 2006; Lehmann 2003; Schmidt 2008。在如何能將自由抉擇和格律概念與孟子的「良知」結合這一問題上仍有些理論困難，仍待未來的理論發展（可以參考陳士誠 2009）。

Imperativ）；換言之，根據康德，道德法則必須為「形式的」（formal），絕不可有任何「實質的」（substantive）內容，因為如此才符合自由原則（比如 Sherman 1997: 305-311; Wood 2008: 68-84）。不過，我們在《論語》、《孟子》等文獻不僅找不到任何等同於「無上斷言命令」的概念或論述；而孟子談及具體的道德決擇時，並不依照程序此一途徑，而往往主張我們以道德本心是否獲得擴張、是否在具體抉擇中得到完整的呈現為主要基準。❽故而，牟氏在其對儒家傳統的重建計畫中也並不特別重視康德的程序主義，而主要用孟子「仁義內在」說來闡明自律概念的義理，勾勒出一種道德形上學式的、富有「道德創生之實體」意義的主體觀。❾無疑，孔子與孟子的道德思維模式不從程序或「規則」（rule）出發，反之往往針對人的生活情境指點，在教導過程中重視德性的薰陶，甚至重視工夫甚於抉擇（重視主體的長期道德薰陶甚於抉擇的那一瞬間），❿故而，儒家傳統比近代康德主義（或效益主義等思潮）似乎更接近亞里斯多德的原始倫理遠景。

　　二、道德與政治的關係，道德與知識的關係。對儒家（特別是宋明理學）而言，道德領域與政治領域、「心性」與「治道」為一連續體，恰如《大學》所言：道德行為者（即「君子」）可以自然地從「正心誠意」衍生出「治國平天下」（余英時2003）。同樣地，對亞里斯多德而言，倫理學和政治學都屬於實踐哲學的範圍，亦即每一行為者的個別行為目的在形式上通往與國家（城邦）的目的（Ferrarin 2001: 333-4）。⓫與此相反，倫理學在康德哲學中具有獨立的意義，而政治哲學則僅是一種間接的延伸而已（Wood 2008: 193）。這樣看來，康德式的儒家思想雖然或許能夠建構一套符合民主政體的道德論述，但也容易忽略儒家哲學最異於現代自由主義脈絡的思想成分，甚至將儒家傳統由其真正的實踐場域抽離出來，使之過度內在化，忽

---

❽　可以參考英冠球的相關討論，參英冠球 2010: 118-121。

❾　可以參考牟宗三 1996。李明輝曾指出，《孟子》文本直接包含康德「無上斷言命令」的主要理論面向，但以筆者看來，他也並未凸顯出此命題的形式面向（李明輝 1994: 94-98）。

❿　可參照美國哲學家 Joel J. Kupperman 關於「重大瞬間倫理學系統」（big moment ethics）以及儒家傳統的分析，參 Kupperman 2002: 39-41。

⓫　亦可以參考何淑靜的解釋：「聖人在孟子的學問中扮演了一個很類似政治學在亞里斯多德的哲學中所扮演的角色；而孟子的聖王之政治理想和亞里斯多德的政治等之目的則是同一的，即都於讓人過得好、做得好。」（何淑靜 2000: 37）

略儒家工夫與政治的關聯。此外，在哲學書寫與論證方面，儒家傳統缺乏近代自然科學的知識典範，因此朱熹或王陽明也根本不可能像霍布斯（Hobbes）或康德一般從先天原則出發來建構一套道德科學：其論述並不符合現代倫理思想最常見的「衍生的模範」（model of derivation; Annas 1993: 442），反而具有累積性、解釋性，甚至於體會式等特質。如麥氏、泰勒等狹義或廣義的新亞里斯多德主義者一再批評近代自由主義、效益主義等思潮嘗試在社會領域上將道德問題與知識問題分開，亦反對社會科學所謂的價值中立性，並且試圖重建一種更有理論效力的泛道德整體論（MacIntyre 1984; Taylor 1989）。他們所關注的哲學命題雖然與儒家傳統的內在發展未必有直接的關聯，但對實踐哲學的一種更廣義的理解模式（即亞式的實踐觀念）無疑能提供給我們一種新的、更廣闊的哲學視野，使得我們重新思考儒家傳統在現代世界的命運以及可能意義。

　　總之，亞里斯多德與康德至今為西方倫理以及政治思維之兩種有理論效力的途徑，若僅從康德來解釋或重建儒家傳統較為可惜，最好以開放的態度透過兩種途經澄清此儒者的潛在理論內涵。❷

參、從「沉思的生活」到實踐領域

　　首先要說明的是，中國哲學思維從未明確地在不同哲學領域之間做過畫分，而朱氏也不例外：因此，西方哲學的分類方式並不適用於他的哲學思想。回顧二十世紀華人學者的貢獻，我們發現幾乎所有解釋朱氏的學者皆使用西方哲學的術語。不過，不可否認，朱氏本來並不像近代西方哲學那般嚴謹地在不同哲學領域之間畫定界限，因此我們在當代哲學的視野下進行義理詮釋時總是有些許詮釋餘地，但這是任何以哲學史作為對象的哲學活動難以避免的去脈絡化所導致的，不需要太過擔憂。

　　如上所述，亞里斯多德實踐哲學之所以被二十世紀哲學家所吸收，其原因莫非因為亞氏強調理論知識的有限性以及行動的自足性（Knight 2007: 112-113），這可說是

---

❷　關於亞氏與康氏兩種哲學模式之間的差異點或共同點可以參考 Sherman 1997。

亞里斯多德主義的先天保守傾向。就如泰勒所言，現代性的一主要特徵乃是「離根理性」（disengaged reason），而「離根理性」追求的是對於人生所有問題達到「理性的控制」（rational mastery）以及「工具性的控制」（instrumental control）；根據泰勒系譜學式的敘述，「離根理性」在迪卡爾（Descartes）和洛克（Locke）的知識論上形成（Taylor 1989: 143-176）。泰勒之所以提倡亞氏的「善」（good; agathon）概念，乃是因為他認為只有一種具有目的論色彩的行動觀，方能反映人在真實世界的位置，亦即人生的「被體現性質」（embodied nature）。同樣地，麥金泰爾也指出「實踐」（practice）的重要性，並且將「德性」（virtue）與實踐連結起來，凸顯出任何行為必需仰賴的脈絡（MacIntyre 1984: 175, 178-179）。歐陸哲學（特別是海德格和高達美）也有類似的哲學立場，對亞氏做類似的詮釋（參 Knight 2007: 88-92, 95-102）。我們在談論朱氏的倫理思想時，不能不注意到這些問題脈絡，否則只是盲目使用一種未經反思的現代化哲學語言，且無法檢驗這種語言的正當性。

與亞氏相同，朱熹亦十分重視具體實踐，極力反對空談，從不追求純粹理論的建構。他一再強調最高的道德要落實在現實世界，主張人需要體現一種仁民愛物的關懷。青年時期的朱氏受禪宗思想的影響，「就裏面體認」，其思想稍後卻在李延平的影響下轉變為「就事上下工夫」（牟宗三 2006: 3, 42-70）。接下來，他將解經與講學視為「一種心靈或精神的實踐（spiritual exercise）」（鄭宗義 2002: 104），而且除了解經和講學以外，朱氏亦大規模推動社會實踐與政治活動，建立社倉、改革科舉與官學制度、參與救荒、規劃養民與治民制度等等（Hoyt C. Tillman 1992; 余英時 2003; 孟淑慧 2003）。顯然，朱氏對於實踐的關懷十分深遠，他將「心靈或精神實踐」直接傾注於社會與政治脈絡中。

眾所周知，朱氏對於「力行」有些保留，強調「學文」的重要性。[13]特別明顯的是，晚年的朱氏批評陸九淵及其門人不講究義理，亦即「不讀書窮理，無法瞭解是非善惡的標準、道德行為的具體規範，這樣的道德實踐就是一種缺乏理論指導的

---

[13] 譬如，朱氏就《論語・學而》「行有餘力，則以學文」則曰：「愚謂力行而不學文，則無以考聖賢之成法，識事理之當然，而所行或出於私意，非但失之於野而已。」（《四書章句集注》，頁49）

盲目行為。」（陳來 2000: 319）由此可知朱氏對於透過讀書獲得知識的重視。不過，讀書絕不是儒者唯一的目標，讀書最後必須導向涵養工夫及社會實踐，就如朱氏著名的一個譬喻所示：

> 今只就文字理會，不知涵養，便是一輪轉，一輪不轉。（《朱子語類》，卷第一百十三，頁 2738）

首先要強調，朱氏的倫理思想與亞氏最大的不同在於，前者沒有一個十分明確的實踐概念。儒家文獻中牽涉到「實踐」領域的辭彙十分豐富，有如「踐行」、「躬行」、「踐履」、「力行」、「有為」、「灑掃應對進退」等詞語，而且，「心」、「性」、「情」等術語也因為涉及行為的動力問題而皆蘊含著實踐意義；故此，這些概念也出現在朱氏思考中，但似乎沒有一個概念像古希臘文「實踐」（praxis; practice）那般地全面。最接近古希臘文的「實踐」概念或許是「行」。

對朱氏而言，人的日常生活範圍就等於可能行動的範圍。他針對其學生如此斷言：

> 人言匹夫無可行，便是亂說。凡日用之間，動止語默，皆是行處。且須於行處警省，須是戰戰兢兢，方可。若悠悠汎汎地過，則又不可。（《朱子語類》，卷第十三，頁 222）

在此，「行處」幾乎意味著一種實踐領域或行動空間（但這並非朱氏常用的術語）；而且，此實踐領域相當廣闊，如錢穆所言：「踐履、體驗、涵養、皆是行一邊。」（錢穆 1994: 12, 542）換言之，工夫論的種種層次都屬於「行」，不屬於「知」。同樣地，以下段落「一言一行上」五個字似乎也指出一種實踐領域：

> 所謂一貫者，會萬殊於一貫。如曾子是於聖人一言一行上一一踐履，都仔細理會過了，不是默然而得之。（《朱子語類》，卷第二十七，頁 679）

類似的語句在文集和《朱子語類》中不勝枚舉。朱氏屢次亦用「踐履處」一詞，譬如：

> 看文字，不可恁地看過便道了。須是時復玩味，庶幾忽然感悟，到得義理與踐履處融會，方是自得。（《朱子語類》，卷第一百五，頁 2631）

顯然，「義理」與「踐履處」在某種程度上都接近現代日常用語中的理論與實踐此一區別。

在《論語》文本中，「行」指涉的通常是行為的整體或流程，而比較不像當代西方哲學所謂的「單一的行動」（a single action）。譬如在〈公冶長〉篇中「聽其言而觀其行」一段中，「行」指涉的顯然是行為者的整個行為，即一系列的行動，而朱氏的哲學語言無疑也繼承了《論語》的特殊用法（參楊伯峻 2006: 239）。不過，朱氏有時也討論個別行動，而為此他通常用「事」這個字眼，比如他在〈答吳晦叔九〉中所言：「夫泛論知行之理，而就一事之中以觀之，則知之為先，行之為後，無可疑者」（《文集》四十二，頁 1825）。「事」與「行」之不同在於，後者所指涉的行為與行為者本身有密切關係，而前者所指涉的比較是客觀意義上的事，就像朱氏在解《大學》「大學之道，在明明德」八個字所言：「明德者，人之所得乎天，而虛靈不昧，以具眾理而應萬事者也。」（《四書章句集注》，頁 3）也可以《朱子語類》一段為證：

> 程又問：「某不是說道閑時全不去思量，意謂臨事而思，如讀書時只思量這書。」曰：「讀書時思量：書，疊了策時，都莫思量去。行動時心下思量書都不得。在這裏坐，只思量這裏事；移過那邊去坐，便不可思量這裏事。今日只思量今日事，更不可思量明日事。這不成說話！試自去平心看聖賢書，都自說得盡。」（《朱子語類》，卷第一百二十，頁 2895）

這一段引言很可能是朱氏在《朱子語類》中對行動過程以及行動、思考與時間之關係的最完整且具體的描述。顯然，他反對弟子將行動與思考視為同時發生的活

動，反而強調思考必須比行動更全面。

　　若想順著歐洲哲學的脈絡來談實踐或行動，便不能不談「靜觀、沉思、沉思的生活」（theoria; contemplation, vita contemplativa）問題。在古希臘哲學中，柏拉圖最早描寫「沉思的生活」（*Theaet.* 173c-175d），並進一步指出這種生活方式意味著對於「至善」的靜觀（*Rep.* 540a-c）。亞氏則將「哲學」界定為「第一因與第一因的理論學問」（*Met.* I, 2.982 b 7 seq.），而哲學之所以富有此種靜觀性（理論性）的特質，乃是因為哲學試圖描繪自然世界中萬物的規則與原因，亦即追求對於神（固定不變者）的認知；換言之，「沉思的生活」（bios theoretikos; theoretical life）意味著人透過對神的靜觀而能遵守神的指導（Ritter 2003: 11-13）。明顯地，古希臘哲學家堅信「沉思生活」、即抽離態度下的形上學的優先、貶低「行動的生活」。順著一種相當弔詭的歷史辯證法，近代西方哲學在自然科學的影響下推翻了這種價值等級，提倡實踐，因此也逐漸放棄「靜觀、沉思」：真正的知識是改造自然的權力，使得人駕馴自然。易言之，對於近代哲學家而言，一種真正的「理論性的姿態」（theoretical stance）已不再可能（Arendt 1998: 289-294）。

　　這樣看來，朱氏整體思想中有沒有「靜觀、沉思」的優先性呢？為回答此一問題，可從曾點談起。「吾與點也」是《論語》的著名典故，而曾點在宋代是相當被看重的儒家精神典範：類似於「孔顏樂處」，曾點所代表的是內聖境界，是人「直與天地萬物上下同流」的一種自在活潑的生活方式（《四書章句集注》，頁 129-131）。大陸學者田智忠對於曾點在朱氏思想的地位做過詳細考察，證成朱氏對於曾點的態度曾有許多變化（田智忠 2007）。朱氏確實如熊十力所言十分欣賞曾點的精神，他說：

　　　　若曾點所見，乃是大根大本。使推而行之，則將無所不能，雖其功用之大，
　　　　如堯舜之治天下，亦可為矣。蓋言其所志者大，而不可量也。譬之於水，曾
　　　　點之所用力者，水之源也；三子之所用力者，水之流也。用力於派分之處，
　　　　則其功止於一派；用力於源，則放之四海亦猶是也。（《朱子語類》，卷第四
　　　　十，頁 1035-6）

不過，朱氏亦力戒弟子們不可以一味玄想曾點氣象，奢談「與點」而忽視下學，必須遵守為學之序，從下學而上達（田智忠 2007: 280）。朱氏在《朱子語類》中曾經針對曾點說過：

> 或曰：「曾點既見得天理流行，胸中灑落矣，而行有不掩，何也？」曰：「蓋為他天資高，見得這物事透徹，而做工夫卻有欠闕。如一箇大屋樣，他只見得四面牆壁，高低大小都定，只是裏面許多間架，殊不見得……」（《朱子語類》，卷第四十，頁 1038）

> 他只是見得這大綱意思，於細密處未必便理會得。如千兵萬馬，他只見得這箇，其中隊伍未必知。（《朱子語類》，卷第四十，頁 1029）

無疑，朱氏要我們體會「天理」、觀賞「道體」，但他也一向要我們回到實踐層次，反對以抽象原則來面對實踐，反而必須仔細檢驗實踐領域，注重實踐領域的「細密處」。與亞氏不同，朱氏不是要我們追求對於富有超越性永恆不變者的認知，而是對於「天理」的認知，而此「天理」流行在實境，於永遠在變化中的「事事物物上」（《朱子語類》，卷第四十，頁 1026）。因為他缺乏變者（現象的、偶然的）以及不變者（真實的、必然的）的區分，朱氏當然也不可能像亞氏一般認為，行為者的內心有「理論性思維」（theoretical reasoning）以及「實踐性思維」（practical reasoning）的區別（Bostock 2000: 75-76）。不過，朱氏的倫理思想與亞氏有一個很明顯的共同點：兩人都預設人可以直接體會最高的實體或本體，但對最高實體或本體的認知不能當作人在具體實踐時的指導原則，反而需要另外一種特殊工夫才可決定正確的行為。此外，朱氏與亞氏同樣缺乏近代西方哲學脈絡下的知識觀點，亦即兩人的倫理思想皆預設一種客觀實體的存在，也使人觀賞這種客觀的實體，但並不張揚「改造客觀世界的實踐活動」（蒙培元 1997: 323）。

肆、朱熹的「德」概念以及「德、行」關係

亞里斯多德的「德性」（aretē; virtue）一詞所指涉的是人透過多次行動或積習所培養的「狀態、習性、意向」（hexis; state, disposition; Bostock 2000: 36-38）；「德性」不是官能，而是一種相當穩固的「狀態」或「意向」，而且表現在抉擇上，它指導了人的行為與情感，使得行為者能夠有適度合宜的表現。❶近代倫理思想十分強調行動者在當下的自由抉擇，因此往往對於亞氏所重視的積習有所批評，認為亞氏的德性觀容易導致行為者的他律；但仔細看，亞氏並沒有忽略行為者的自由抉擇，反而特別指出，德性乃是「能夠作選擇的意向」（hexis proairētikē; a state involving choice; NE 1106ᵇ36-1107ᵃ2，參考 Annas 1993: 51-52）。諸多「德目」使行動者實現其本性，達到人生的終極目的，即「幸福、豐富人生」（eudaimonia; happiness, flourishing）（NE 1105ᵇ19-21; Annas 1993: 47-83; Bostock 2000: 35-52）。亞氏區別「品格德性」（aretē ēthikē; moral virtue）與「智性德性」（aretē dianoētikē; intellectual virtue）；前者涉及到人類的性格，後者涉及到人類的智性，而亞氏最高舉的「智性德性」乃是著名的「實踐智」（phronēsis）。

回到朱熹這邊，我們能不能順著亞氏來凸顯德性的作用呢？對朱氏而言，「德」與「行」的關係為何？首先，朱氏與亞氏同樣都十分重視德性，此也符合整個儒家傳統「成德之學」（勞思光之語）的基本精神。譬如，朱氏就《論語》首篇第一段「學而時習之，不亦樂乎？」，指出「入道之門，積德之基」，顯然使讀者高度注意此一問題（《四書章句集注》，頁 47）。朱氏順著孟子而高舉四個主要的德目，即「仁、義、禮、智」（Shun 1997: 48; van Norden 2007: 246-277; 陳來 2000: 210；亦可參考 Yu Jiyuan 2007: 28-32），而我們在他對《論語》和《孟子》的解釋中不難發現這四個德目就是一切行為在日常生活中的主導力量。眾所周知，朱氏最推崇的是作為諸德性之最大者或「全德」的「仁」，「仁」則包含其他德目（錢穆 1994: 11, 145）。或者，如他針對其弟子們所表示：

---

❶ "Virtue of character is, then, a disposition to have the right feelings, and at the same time for those feelings to be in harmony with reason, so that they lead naturally to the right actions." (Bostock 2000: 38).

人只是這一箇心，就裏面分為四者。且以惻隱論之：本只是這惻隱，遇當辭遜則為辭遜，不安處便為羞惡，分別處便為是非。若無一箇動底醒底在裏面，便也不知羞惡，不知辭遜，不知是非。（《朱子語類》，卷第九十五，頁2416）

朱氏「德」一詞在整個倫理思想上同樣扮演十分重要的角色，與禮儀和刑法制度成為一完整的政治與實踐哲學的藍圖，而德性作為此生活秩序的基調（參林美惠2009）。解《論語》為政以德章，朱氏說：

或問「為政以德」。曰：「『為政以德』，不是欲以德去為政，亦不是塊然全無所作為，但德修於己而人自感化。然感化不在政事上，卻在德上。」（《朱子語類》，卷第二十三，頁533）

由此可知，朱氏是通過德性（而不是透過抽象原則）來思考人的實踐領域；換言之，德性與實踐一定有十分密切的關係（亦參 Yu Jiyuan 2007: 28-32; 158-62）。若進一步考察，我們將發現朱氏和亞氏對德性的具體描述有相當的落差，譬如朱氏似乎缺乏像「大方體面」（megaloprepeia; magnificence）的德性；其原因當然是兩者的不同文化背景以及哲學思維。無疑，朱氏的「德」一詞所指涉的範圍亦不包含古希臘文「德性」所蘊含的「卓越」意涵。不過，本文暫且不多談兩人德性觀的差異，先集中在兩者的共同點。

首先，值得留意的是，朱氏無疑受到了孟子型態的「仁義內在」之影響，就整體思想而言，他很明顯地傾向於凸顯諸德性的內在性、非社會性兩種面向。解《孟子・盡心上》「君子所性，仁義禮智根於心」時，朱氏斷言：「蓋氣稟清明，無物慾之累，則性之四德根本於心，其積之盛，則發而著見於外者，不待言而無不順也。」（《四書章句集注》，頁355；亦可參考 Shun 1997: 181）此段，朱氏明確指出，「四德」的起點在於行為者的「性」／「心」。他也注意到如何培養德性此問題（「積之盛」），但似乎並未特別注意特殊情境能影響德性的發揮，反而僅強調行為者自然地流露其德性。在解釋《孟子・公孫丑上》「惻隱之心，仁之端也；羞惡之心，

義之端也；辭讓之心，禮之端也；是非之心，智之端也。」一段時，朱熹則說：

> 惻隱、羞惡、辭讓、是非，情也。仁、義、禮、智，性也。心，統性情者
> 也。端，緒也。因其情之發，而性之本然可得而見，猶有物在中而緒見於外
> 也。（《四書章句集注》，頁 238）

可見「四德」皆屬於「性」的範圍，而且，更重要的是，朱氏在此顯然預設了
一種工夫論的「發現模式」（discovery model）：為了成為一個完整的道德主體，每個
人只需要發現其內心固有的道德意識（即「有物在中」），並不需要培養某種潛在的
道德能力。❶❺無疑，朱氏有時亦談論「培養」（development）在成德過程的重要性，
但其思維基本上仍屬於「發現模式」。這樣看來，朱氏似乎不承認德性存有論上的
獨立性或優先性，而僅強調「心」或「心性」存有論中的獨立性或優先性；此也恰
巧為牟宗三所採取的解讀方式：他認為，行為者的行為正確與否取決於「心」，並
不取決於德性，因為德性只是「心之端緒」，而「端緒只是對應一特殊之機而顯」
（牟宗三 2006: 3, 240）。但是，假如朱氏將道德規範根源與動力皆放在人的內心，他
的思想如此似乎也符合泰勒所批評的超越實踐脈絡的「原子論式的個體」（atomistic
individual）模式，❶❻而他的實踐觀似乎更符合李明輝所提出的判準：「實踐底意義是
否能在超越歷史情境及社會條件的主體中充分顯現」（李明輝 1991: 32），亦即：行
為者不需要（如亞氏所言）透過「熟習」（habituation）培養諸多德性，因為他／她根本
不屬於任何脈絡或環境，即是某種「本體自我」（noumenal self）。這樣看來，我們
是否還有理由相信，朱子的倫理思考接近新亞里斯多德主義或德性倫理學呢？
　　筆者認為，情況不盡然如此。先看《朱子語類》中一段話：

> 眾問『為政以德』章。曰：「此全在『德』字。『德』字從『心』者，以其
> 得之於心也。如為孝，是心中得這箇孝；為仁，是心中得這箇仁。若只是外

---

❶❺　參 Ivanhoe 2000: 46; van Norden 2007: 43-49。

❶❻　參 Taylor 1989: 195-197。

面恁地，中心不如此，便不是德。」（《朱子語類》，卷第二十三，頁 534）

此段，「以其得之於心也」彷彿又在強調德性的內在性、超脈絡性。不過，我們絕不可忽略，「內」、「己」等字眼與近代西方（迪卡爾、霍布斯以降）的世界觀有相當大的距離，並不可以直接與當代哲學的個體觀念等同。解《論語·述而》「志道、據德、依仁」時，朱氏說得很清楚：

> 德，是行其道而有得於心。雖是有得於心而不失，然也須長長執守，方不失。如孝，行之已得，則固不至於不孝；若不執守，也有時解走作。如忠，行之已得，則固不至於不忠；若不執守，也有時解有脫落處。這所以下一『據』字。然而所以據此德，又只要存得這心在。存得這心在時，那德便自在了，所以說『依於仁』。（《朱子語類》，卷第三十四，頁 867）

朱氏在其〈仁說〉中詳細闡釋「心」與「仁」的關係，強調「仁」是「心之德」，但亦是「愛之理」（劉述先 1982: 146-156）。此段，朱氏指出「德」、「得」與「行」三個元素密不可分的關係，並且強調工夫必須落實在時間中，亦即為了有所「得於心」，行為者必須長期地「執守」「孝」、「忠」等德性，才能使得「那德便自在了」。

朱氏還進一步規定：

> 或問「志道，據德，依仁，遊藝」。曰：「德是行來行去，行得熟，已成箇物事了。惟這箇物事已得於我，故孝也是這物事流出來做孝，忠也是這物事流出來做忠……」（《朱子語類》，卷第三十四，頁 867）

這一段引言，又指出「德」與「行」的密切關係，這就是說：行為者透過行動才能真正發揮諸德性。也可參照朱氏對於「達者」的定義：「達者，德孚於人而行無不得之謂也。」（《四書章句集注》，頁 138）以上所引述的段落也凸顯出另一個重點：德性必須「已得於我」，亦即作為我自願在我內心培養的，方能算是德性。在

當代倫理學脈絡之下，我們常常過於強調自由意志以及自由抉擇的角色。麥氏、泰勒、安思康皆不否定自由意志，但傾向於凸現自由抉擇的「背景」（background）或行為的脈絡性：既然發生在剎那間的當下，任何一抉擇必須預設一種過去、現在與未來所展開的動態過程。**⓱**

亞氏倫理思想是否有意志自由概念此一問題，至今未獲定論。**⓲**不過無疑，他十分重視行為者的行為是否為「在我們控制之下」（eph'hemīn），是否為「自願的」（hekōn），也強調人的性格也是自願養成的，甚至將「德」界定為「包括抉擇的狀態」（Bostock 2000: 112-118）。同樣地，朱氏一再主張，行為者必須自願地，絕不可「勉強地」發揮其德性，就像朱氏關於「為政以德」四個字所表示：

> 如為孝，是心中得這箇孝；為仁，是心中得這箇仁。若只是外面恁地，中心不如此，便不是德。（《朱子語類》，卷第二十三，頁 534）

而且，就《孟子・離婁下》「舜明於庶物，察於人倫，由仁義行，非行仁義也」一段，朱氏解釋曰：

> 物理固非度外，而人倫尤切於身，故其知之有詳略之異。在舜則皆生而知之也。由仁義行，非行仁義，則仁義已根於心，而所行皆從此出。非以仁義為美，而後勉強行之，所謂安而行之也。此則聖人之事，不待存之，而無不存矣。（《四書章句集注》，頁 294）

以上，朱子說明諸多德性在行動過程中的角色：行為者不是「以仁義為美」而

⓱ 可參照 Julia Annas 的一段話："Modern discussions often encourage us to discuss an action in a vacuum without regard to the previous decisions that inclined the agent to do it, or to its effects in terms of the agent's future character. The ancient thought that virtue is a stable disposition, by contrast, reminds us that every action has both a past and a future." (Annas 1993: 52)。亦參 Taylor 1989: 21-25。

⓲ 可以參考 Christoph Jedan 2000。

行動,卻因為「仁義已根於心,而所行皆從此出」。換言之,德性乃是正確行為的必須條件,德性使得行為者能選定正確的行動(「由仁義行」)。這樣看來,行動的根源不能說是行為者主觀的「意圖」(motive)或「理由」(reason),而是行為者之一種類似於亞氏「意向」的性質。[19]以下一段可做為旁證:

> 「以德行仁者王」。所謂德者,非止謂有救民於水火之誠心。這「德」字又說得闊,是自己身上事都做得是,無一不備了,所以行出去便是仁。(《朱子語類》,卷第五十三,頁 1277-1278)

「誠心」乃是行為者看到掉到火水中的民眾或許一時間所產生的主觀想法或意圖,但此想法或意圖不如德性那般穩固、完整以及全面性。

如上所言,「四德」乃屬於「性」的範圍,但必須顯現為「惻隱、羞惡、辭讓、是非」之「情」,方能完全發揮於外。在此值得參考張崑將對《論語·顏淵》「克己復禮為仁」一段的分析。如他所示,對朱氏而言,「仁」具有「心之德」與「愛之理」,即「尊德性」與「道問學」兩個面向,而兩者等同於做工夫的前後,兩者之間有一種體用關係(張崑將 2004: 177-182)。根據朱氏,「克己復禮」可以視為求仁者的總綱要:「克己」指涉向內做工夫,「復禮」指涉向外做工夫,而兩種工夫需要同時並行。如果只做到「克己」,就只做到一半工夫,必須還做「復禮」以盡其工夫。換言之,作為諸德性之最大者或「全德」的「仁」是一種內外之間的動態過程,也可以說是正確行動之所以可能的基礎。「克己」無疑容易令我們聯想到康德對德性的界定:德性(virtue)主要由「意志力」(strength of will, fortitudo)所構成,亦即:道德行為者必須控制其情感與意向。[20]不過,我們不要忽略朱氏雖然強調這種克制工夫的必要,他同時堅信行為者在達到較高的工夫境界以後,就能達成其內心的某種徹底的轉化,以便能實現完整的和諧,使得作為「四

---

[19] 筆者以為,施特勞斯對於霍布斯的分析值得在此參考:根據施氏,從霍布斯以降,行為的「意圖」(motive)或「理由」(reason)取代亞氏「狀態」而成為道德行為唯一的標準(Strauss 1952: 54)。

[20] 參 Sherman 1997: 135-140; Wood 2008: 143-146。

情」的「四德」自然地在行為上流露出來（這顯然與康德較為悲觀的態度不同）。㉑朱氏在《朱子語類》中解釋《論語・先進》「德行、言語、政事、文學」四種不同的生活方式時，很清楚地點出「德行」這種動態式的過程：

> 問「德行、言語、政事、文學」之別。曰：「德行是箇兼內外、貫本末、全體底物事，那三件，各是一物見於用者也。」（《朱子語類》，卷第三十九，頁1010）

總之，朱氏「仁」、「義」、「禮」、「智」四個德性在相當程度上類似於亞氏所描述的、通過長期的積習所養成的「意向」（Bostock 2000: 36-38）。「仁」、「義」、「禮」、「智」的根源雖然在某種程度上是內在的，但是也必然涉及到實踐脈絡以及行為者的生活背景。

伍、朱熹的「心」概念以及「實踐智」

實踐與德性的密切關係，新亞里斯多德主義者有許多重要論述，可以從麥金太爾的思想談起。在其《誰的正義？何種合理性？》（*Whose Justice? Which Rationality?*）中，麥氏特別強調，亞氏的「抉擇、意圖」（prohairesis）概念絕不可與現代哲學脈絡「選擇」（choice）或「抉定」（decision）混淆。首先值得注意的是，亞里斯多德從未將「意志薄弱者」（acratic person）或者缺乏德性的行為者所作的決定稱為「抉擇」；亞氏明確地規定，「抉擇」等同「會思考的、理性的欲求」（orexis dianoētikē; intellectual appetition, intellectual desire），亦即一種受到思考指導的欲望（MacIntyre 1988: 136; NE VI.2, 1139^b4-5）。接著，麥氏進一步界定亞氏「實踐智」（phronesis）此概念的內涵，說明「實踐智」來自於擁有諸多德目之行為者的「慎思」（bouleusis; deliberation），而這種「慎思」必須也預設對於行為者自己真正的「善」（agathon; the

---

㉑ 簡單地說，康德並不相信道德行為者之內心這種徹底的轉化的可能性（參 Sherman 1997: 136-7）。

good）的局部性或完整的理解。易言之，行為者須擁有德性，方能做出正確的決定（亦即發揮其「實踐智」）；德性使得行為者的行動計畫達到正確目的。❷或者，如張鼎國所言：實踐智「與德行履踐之間始終是相輔相成的。德行使人會選定正確的行為目標，而『實踐智』則讓人知道如何循適當合宜的手段排除困難，達到目的，故『實踐智』正是永遠著眼於整體最終目標的，即如何完成持久向善的生命。」（張鼎國 1997: 68）❸以上所描述的「實踐理性」（practical reason）與柏拉圖極不相同：柏拉圖認為「理性直觀」（nous; intuitive reason, understanding）乃是正確行為的唯一動力，而亞氏則強調行為的動力常常來自富有理性的欲望的一種混合（而非來自純粹理性），亦即經積習培育出來的「意向」。易言之，柏拉圖描寫的、作為超然靜觀的「智慧」（sophia; wisdom）由亞氏的實踐理性所取代。這也是德性倫理學以及新亞里斯多德主義兩個思潮所關注的議題，亦即行為者並不是超越歷史或社會實踐的單一個體，而是一種「被嵌入」（embedded）或「被體現」（embodied）在情感、時間、實踐之中的行為者。

　　朱氏與孟學的一個明顯差異在於，朱氏認為「心」的首要功能在「知理」，與孟子的「本心」簡易工夫論不同，朱氏一再強調「格物窮理」認識活動的重要性。

---

❷ "What matters is that *prohairesis* can only issue from the deliberations of those whose formed character is the result of the systematic disciplining and transformation of their initial desires, by the virtues if they have conceived correctly of their good or by the vices if they have misconceived their good. What *prohairesis* unites is desire whose object is the agent's true good, as that agent rightly or wrongly understands it, and the thought of the concrete form that the achievement of that good must take, supplied by deliberation. Without that desire the deliberation could not issue in effective *practical rationality*." (MacIntyre 1988: 136)。亞氏對於行為動力進行了十分深入的思考，分別探討「感官知覺」（aisthēsis）、「欲求」（orexis）以及「理性直觀」（nous）（NE 1139^{a}17-19），在具體抉擇過程中，以「慎思」（bouleusis）及「抉擇」（prohairesis）為最關鍵：經過「慎思」和「抉擇」，行為者可以選定正確的行為目標（NE III.2-3; Bostock 2000: 78-81）。此外，對亞氏而言，人的「實踐性思維」的一主要特徵在於，它並不追求真理，而追求「符合正確欲求的真理」（truth in agreement with correct desire; NE 1139^{a}21-31; Bostock 2000: 79）。故此，「抉擇」乃是「理性直觀」與「欲求」（orexis）的一種整體（NE 1139^{a}31-b5）。

❸ Julia Annas 如此界定「實踐智」："...; it is the state of the developed virtuous person, who not only makes the right judgement and decision on particular occasions, but does so from a developed intelligent disposition, which is the basis for doing so reliably and correctly." (Annas 1993: 73)。

想理解朱氏對於抉擇以及慎思的思考，就要思考他的「心」與亞氏「實踐智」的可能關係。「心」的知理作用是否可說是類似於「實踐智」的功能呢？我們在此不能不談「知行問題」。欲說明朱氏實踐哲學，特別是其對於抉擇以及應用問題之處理的學者，通常從「知」、「行」兩個概念的對立談起（錢穆 1994: 12,521-551；牟宗三 2006: 3, 355-367；陳來 2000: 315-340；林維杰 2008: 218-233）。❷值得注意的是，朱氏的「知」概念必須在實踐途徑（「行」）中加以印證，故此本來就有某種脈絡性的特質，並不可以輕易地與啟蒙運動所推動的可以證成、可以普遍化的知識等同。❷簡而言之，「知」是「徹底的、高度的自覺化的道德自覺」（陳來 2000: 322），因此在某種程度上離不開行為者的主體意識。人們考量究竟應如何行為才是適當的時候，「知理」的「心」無疑扮演著抉擇的功能，但筆者以為，這種功能最好不要用「泛認知主義」一詞來總結（牟宗三 2006: 3, 404），反而應用接近亞氏的實踐智概念的模式加以理解。

吳啟超在一篇論文中詳細還原了作為一種反省性的思考活動的「知言」在朱氏思想中的作用（吳啟超 2008）。行為者達到最高修養境界（「浩然之氣」所指的勇敢且果斷），其適當行為就顯現出德行，因為他（她）「經歷『知言』、『集義』到『自反常直』，修德者不特『義理昭然』，並且完全付諸實行，又自知事事合義，自然生出勇氣來，見義勇為，無所畏懼，相當於尋常所謂『理直氣壯』，理直則氣壯。」（吳啟超 2008: 349）吳啟超進一步凸顯「知言」、「持志」和「集義」的功能，並且強調，朱氏將行動之源安放在「志」的功能上，亦即他承認行動真正的起源不可能落實在「格物窮理」的求知活動，而必然在於一種更基本的層次。亦可參考吳啟超另一段話：

> 「持志」是「知言」和「集義」之間的動力，因此嚴格而言，當說「持志」

---

❷ 如一位匿名審查人所指出，此問題在朱氏思想體系中也涉及到「經」、「權」以及「中和」問題；不過，筆者因為篇幅有限而決定不論及此等觀念，尤其是朱氏思想的基本模式其實可以借此「知言」問題說明。

❷ 馮耀明寫得很清楚：「……這個『知』不是指一種由能知及其所知的能力、活動或效驗，而是指一種道德主體所呈現的心靈運作、過程或狀態。」（馮耀明 1989: 17）

與「知言」同為工夫之本，恰如程朱學派所說「居敬集義」、「涵養需要敬，進學則在致知」。但從整個德性自我完成的活動講，其大本大源則在「志」，是「志」令得整套活動得以可能，有希聖希賢的願力，求仁的整套修行才會出現，才會運作得起。（吳啟超 2008: 357）㉖

　　就朱氏而言，抉擇過程正確與否取決於德性培養，亦即「心」似乎有一種實踐智的功能，並且與德性實踐之間是相輔相成的。朱氏似乎較少直接說明「四德」與「志」的關係，但有時又說得非常清楚：

向見意氣頗多激昂，而心志未甚凝定，此須更於日用之間，益加持敬工夫，直待於此見得本來明德之體，動靜如一，方是有入頭處也。（《朱子文集》，〈與暖亞夫一〉，卷六十三，頁 3138）

　　「明德之體」涉及德性的培養工夫，而此工夫可說在整個行動歷程中扮演了關鍵角色。這樣看來，「心」及其所包含的「四德」確實可以理解為一種「培養起來的、理性的意向」（developed intelligent disposition; Annas 1993: 73），使得行為者在某些特殊事物上有正確的表現。朱子的「心」為「精爽之氣」，與孟子、陸王的道德本心有別；故而，或許（從康德的道德體系來看）它無法提供一種完全先驗的、內在的的動力因，可是，從亞里斯多德的倫理學來看，「心」的「志」已經足以使得行為者根據其實踐智行動，而且這種行動絕對是自主的。

陸、朱熹倫理思想中的「目的性」問題

　　如果回頭反省朱氏與二十世紀亞里斯多德哲學這兩種思維，我們會發現一個關鍵性的問題是「行為的目的性特質」（teleological character of action），對此，我們必須更進一步思考。筆者在上文中曾引述赫斯特豪斯對於德性倫理學的說明，赫氏也提

㉖　亦可以參考林維杰的相關討論，參林維杰 2008: 218-234, 263-272。

出「德性乃是一種人人為了達到幸福、過良好生活而必須擁有的特質」。一切行為的目的性（「達到幸福」）乃是亞里斯多德倫理思想不可或缺的元素，對西方哲學影響深遠，並在二十世紀引伸出許多詮釋與重建計畫。最明顯受到亞里斯多德「目的」（telos; end, goal）及「善」（agathon; the good）兩個概念影響的當代哲學家主要是泰勒。大致說來，亞里斯多德用「目的」和「善」來描寫道德行為非常符合我們日常生活的經驗，亦即任何活動必有某種目的性或意圖性，否則行為者便缺乏動力選定這項活動。❷

　　進而言之，根據亞里斯多德，人的一切行為必須預設一種特定「目的」，而此種「目的」乃是行動者所追求的「善」。人們在生活上追求不同的「善」，故此亞里斯多德區別了三種不同的生活方式，即快樂式、政治式以及靜觀式或哲學式（NE 1095^{b}14-20）。雖然如此，亞里斯多德堅信，無論有多少共存的「善」，最終有一種至高、終極的「善」，而亞氏將此最高的善稱為「幸福」（eudaimonia）（NE 1094^{a}6-8）。此種最高善是自足、完整、終極的，反映在行為者一生所擁有的性格上，但至於最高善的具體內容卻有無數的爭議（參 Annas 1993: 34-42; Bostock 2000: 21-25；何淑靜 2000: 24-28）。

　　假如我們想從德性倫理學的角度重新詮釋朱氏的倫理思想，是否也必須在朱氏所留下的文獻中找到一種目的論式的論述呢？首先要提出的是，近幾年國外許多漢學家強調中國哲學式的行動觀並不預設任何客觀目的概念，而僅提倡一種純粹過程或活動，也缺乏西方形上學對於實踐活動的貶低與宰制，因此可以在「後形上學時代」視為新實踐哲學的理論資源（比如 Jullien 2007）。這些學者主要參考道家思想，並未談及儒家傳統，因此不屬於本文的討論範圍；不過，我們當然不可忽略道家「無為」思考對朱氏所產生的影響，故此必須更深入地探索此目的問題。

　　首先，值得注意的是，康德式的儒家思維通常會否定道德主體以外的任何客觀目的，就如楊澤波所表示：康德式儒家強調自律道德，自律乃意味著「截斷眾流」，而「截斷眾流是說道德必須斬斷一切外在的牽連，本身必須是純粹的，不能預設任何其他目的。」（楊澤波 2006: 200）與此相反，筆者認為，朱氏在思考具體行

---

❷　　參 Annas 1993: 34-42; Bostock 2000: 8-10。

為時，往往預設外在目的的存在，而且筆者在此問題上同意何淑靜的看法，亦即孟子「成聖」理想可說是「非常接近」亞氏的幸福觀，扮演最終極目的之角色（何淑靜 2000:37）。朱氏順著孟子而認為，一切行為的最終極目的乃是「成聖」或稱為「道」的承載者；「成聖」與其它的善沒有任何的關係，它是最高的、最完整的（何淑靜 2000:31）。就《孟子·盡心下》「可欲之謂善」，朱氏則解釋曰：

> 天下之理，其善者必可欲，其惡者必可惡。其為人也，可欲而不可惡，則可謂善人矣。（《四書章句集注》，頁 370）

顯然，要成為像堯、舜、孔子這樣的聖人或「善人」，乃是朱氏倫理思想最高的目標。朱氏與孟子從未像亞氏那樣將諸多善（目的）之間的隸屬關係分類；❷❽不過，值得注意是，朱氏也很清楚地意識到「外在善」（external goods）對於成聖之目的而言是必要的。❷❾

此外，朱氏的倫理思考也預設一種類似於「形上學式的生物學」，亦即行為者對他而言從人性的一種偶然現狀（Man-as-he-happens-to-be）必須發展到人性充分發揮的狀態（Man-as-he-could-be-if-he-realized-his-essential nature; MacIntyre 1984: 52; Yu Jiyuan 2007: 74）。❸❶接著孟子，朱子將「性」視為人一切行為的宇宙論基礎，認為「性」兼「理」與「氣」兩面，必須通過「氣」而具現，因而也分為「天命之性」與「氣質之性」（劉述先 1982: 208；陳來 2000: 194-208）。作為「人的一種本質的、固有的道德心理傾

---

❷❽ 與亞氏不同，朱氏思想似乎缺乏明確的「方法／目的思考」（means-ends reasoning），可說這是其倫理思想之不足之處。值得注意，有些學者認為，《孟子》文本的某些段落蘊含著手段與目的之別（參 Van Norden 2007: 277; Lau 2003: 208-13）；不過，筆者同意何淑靜的看法：「孟子從沒對目的予以分類。也因此，作為人生的最高理想，成聖不是由下層的目的一層一層、一級一級地往上推出來」（何淑靜 2000: 28; 亦參 Yu Jiyuan 2007: 157）。這樣看，孟子和朱熹的倫理思維缺乏從方法往目的推上的模式，但這並不等於說，他們從沒採取目的式的論證。

❷❾ 朱氏常常否定所謂「身外之物」的價值（比如《四書章句集注》，頁 333），但有時也直接說：「蓋鐘鼓、苑囿、遊觀之樂，與夫好勇、好貨、好色之心，皆天理之所有，而人情之所不能無者」（《四書章句集注》，頁 219; 亦可參考 Yu Jiyuan 2007: 185-192）。

❸❶ 也有些學者認為麥氏對亞氏「功能／作用」（ergon）的理解過於簡化，可參 Nussbaum 1997。

向」的「性」（陳來 2000: 337），不直接成為行為者之意識內容，但仍然對現實意識發生作用。故此，「性」在某種程度上決定人一切行為的方向性或目的性，就如朱氏在解釋〈中庸〉開端「天命之謂性，率性之謂道，修道之謂教」時所言：

> 人物各循其性之自然，則其日用事物之間，莫不各有當行之路，是則所謂道也。（《四書章句集注》，頁 17）

在此段落，「性」顯然指涉一切生物的一種客觀目的性或方向性。「道」本來就蘊含著「途徑」之涵義，而朱氏以其形上學、宇宙論來更進一步凸顯出此字義。朱氏關於「性」（特別是「氣質之性」）的論述可說代表一種十分廣義的「人性論框架」（framework of human nature）：亦即「外部事物進入人的知覺範圍之內，在主體方面要引起一種相應的心理的反應，而這種心理活動實際上是以人性為根據的。」[31] 作為人之所以為人之基礎的「性」，無疑與亞氏的人性論有些出入：兩者不僅對於人性的內容有不同的理解，兩人對於人性如何對人的行動與抉擇發生作用有不同的答案；不過，兩人皆對「何謂人生」（What is Human Life?）提出若干實質的描寫，甚至可以說兩人對人性的論述都是「內在的」（internal）且「規範性的」（evaluative）：我們對人性的理解不可能來自一種絕對客觀的觀點（比如自然科學的觀點），反而必然來自我們自己的經驗、實踐或人生觀，而且我們指出我們對人生的理解，必須同時也指出我們最重視人生的哪些層面、人的哪些角色或作用。[32] 筆者認為，朱氏對孟子與告子關於「性」辯論的哲學理解，恰好有「內在的」和「規範性的」兩種特質；而且，他在此基礎上凸顯了道德主體的實踐意義，並且建立了一套完整的成聖論述：其終極目的乃是「復性」。[33]

---

[31] 參陳來 2000: 210。

[32] 參考 Nussbaum 1997: 93-95。

[33] 參《四書章句集注》，頁 1、358。對「道」之方向性的相關段落很多，亦可參考以下的界定：「凡言道者，皆謂事物當然之理，人之所共由者也。」（《四書章句集注》，頁 52）亦可參考 Yu Jiyuan 2007: 71-74。值得注意的是，勞思光解釋程明道之思想時亦特別強調「性」概念所蘊含的方向意義（參勞思光 2007，第三冊上，頁 196）。

不過，朱氏似乎不特別強調這種目的性或方向性在具體抉擇上的作用，只是做一些較為籠統的說明，譬如就《孟子‧公孫丑上》「生於其心，害於其政；發於其政，害於其事」，朱氏曰：

> 人之有言，皆本於心。其心明乎正理而無蔽，然後其言平正通達而無病；苟為不然，則必有是四者之病矣。即其言之病，而知其心之失，又知其害於政事之決然而不可易者如此。非心通於道，而無疑於天下之理，其孰能之？（《四書章句集注》，頁233）

而朱注所引述的「程子」或許說得更明確：

> 心通乎道，然後能辨是非，如持權衡以較輕重，孟子所謂知言是也。（《四書章句集注》，頁233）

「非心通於道，而無疑於天下之理，其孰能之？」、「心通乎道，然後能辨是非」兩句顯然告訴我們，朱氏確實相信行為者在具體抉擇過程中必須對「道」有明確的認知，這樣才能「循其性之自然」，而聖人無疑是最體現「道」、承載「道」者。這裏應該注意的是，朱氏相信人的道德能力，也相信人在社會歷史領域有能力創建人文之道，也靠著自己管理好人生。換言之，他在某種程度上承認人的自主性，也承認歷史的偶然性，更何況他思考自然領域時所提出「氣強理弱」一命題似乎也威脅自然目的論的敘述。不過，這並不意味著，朱氏否定了終極目的的存在，即人需要體現「道」，做工夫而成聖，一時一刻在實踐領域上必須追求此目的。❸

回到心性論這一層面，我們不難發現「志」概念有亞氏目的論的色彩。《論語》中許多段落提到「志」這個字眼，譬如「吾十有五而志於學」（《論語‧為

---

❸　如王健所言，「大自然之所以生出好壞優劣、參差不齊，所謂『生壞了後』的現狀，其目的是為人類自身的道德努力和文化進步留下絕大的空間。這是大自然以特有的『智慧』（即西方哲學所說『大自然隱蔽的計畫』）為人類設置的『弔詭』。」（王健　2007: 376）

政》）、「志於道」（《論語‧述而》）等。特別是「三軍可奪帥也，匹夫不可奪志
也」（《論語‧子罕》）一段對於後代儒者的影響相當深遠；不過，到了孟子才將
「志」概念化，並且提出「專心致志」、「夫志，氣之帥也」、「志壹則動氣；氣
壹則動志也」等命題（參 Shun 1997）。在《孟子》文本中，「志」概念亦有明顯的
目的論色彩：故此，「志」亦不可輕易與西方近代哲學的「意志」（will）混為一
談，而必須理解為行為者之「心」的一種「方向性」（direction）。㉟易言之，
「志」使得行為者只能朝一特定方向實現，並不能任意選擇行為目標。

　　朱熹繼承了孔孟的「志」概念。首先，「志」在朱氏的倫理思考中屬於行動者
「心」的範圍，如朱氏在其《四書章句集注》中所云：「心之所之謂之志。此所謂
學，即大學之道也。志乎此，則唸唸在此而為之不厭矣。」㊱或者：

> 心之所之謂之志，日之所謂之時。『志』字從『之』，從『心』。『時』字
> 從『之』，從『日』。如日在午時，在寅時，制字之義由此。志是心之所
> 之，一直去底。意又是志之經營往來底，是那志底腳。（《朱子語類》，卷第
> 五，頁96）

以下兩個段落亦值得參考：

> 止者，所當止之地，即至善之所在也。知之，則志有定向。（《四書章句集
> 注》，頁551）

㉟　根據信廣來「... chih^c has to do with certain directions of the heart/mind; these can include general aims
　　in life as well as more specific intentions, and they can be established, nourished, altered, and attained.」
　　（Kwong-loi Shun 1997: 67）。「志」有時指涉行動者一生的綜合性目的（如《孟子‧盡心上》
　　「君子之志于道也，不成章不達。」），有時也指行動者的某種特殊目的或意圖（如《孟子‧公
　　孫丑下》「久於齊，非我志也」）。

㊱　《四書章句集注》，頁 54。另外亦有「志者，心之所之也」的提法（《四書章句集注》，
　　頁 359）。

志方是趨向恁地，去求討未得。到此則志盡矣，無用志了。（《朱子語類》，
卷第二十三，頁 551）

朱氏有時特別強調「志」的內在性：「志是心之深處，故醫家謂志屬腎」
（《朱子語類》，卷第二十三，頁 551）。但他有時也特別指出「志」的作用意，強調
「志」超越行為者的個體性或內心範圍：「志是公然主張要做底事，意是私地潛行
間發處。志如伐，意如侵。」（《朱子語類》，卷第五，頁 96）在此可以參考楊儒賓就
朱氏對《孟子・盡心上》「形色，天性也；惟聖人，然後可以踐形」一句的詮釋：
朱氏「不將形體視為純中性的、物理意義的軀體，而是將形體視為不斷成長、不斷
走向完善的一種有機歷程之從事者。」（楊儒賓 1996: 133）很明顯，朱氏並不預設個
體與社會之間的任何絕對界限，反而強調兩者的互動，而「志」恰巧代表內外能互
動的可能性。❸❼總之，「心」在相當程度上接近亞氏「實踐智」，它使人的行為能
有一個適度合義的表現，在特殊情境中指導人的情感與行為，以「志」概念的方向
性視為行為的主要依據，與依賴抽象原則的現代理性可說有相當落差。朱氏雖然並
不像亞氏一般嚴謹且詳細區別「慎思」、「覺知」、「抉擇」、「行動」等概念，
特別是比較缺乏明確的概念語言來談論抉擇問題（而且似乎也從沒意識到目的的多樣
性），但他的倫理學思考與德性倫理學以及新亞里斯多德主義所關照的實踐概念有
不謀而合之處。

柒、結論

透過以上的論述，筆者試圖凸顯朱氏與當代亞里斯多德實踐哲學的關係。比較
哲學是一種艱難且有時難免有些零碎的理論模式，但不可否認任何一哲學系統必須
對其他哲學傳統保持開放的態度，才能繼續發展，因此我們自然有必要進行比較工
作。當代新儒家目前致力於與康德哲學的對話，試圖展現心性論的價值與意義，這

---

❸❼ 陳淳這樣解釋「志」：「一直去求討要，必得這個物事，便是志。若中間有作輟或退轉底意，便
不得謂之志。」（《北溪字義》，頁 15）

就華語哲學發展邏輯而言或許是一個有必要發展的方向；不過，筆者相信亞里斯多德以及其在二十世紀所刺激的創造性的轉化與再詮釋，亦可提供豐富的理論資源，使儒家傳統從更廣闊的角度面對現代世界的諸多問題，以便避免古典儒學在現代脈絡中的化約。我們不但要避免只談儒學諸多德性的超越與崇高，最好也避免任何權威或老生常談的論述，而該積極面對現代資本主義社會的弊病，同時也重新思考身體的精神層面如何能在具體的實踐脈絡中發揮力量，形成一種富有批判力量及昇華能力的實踐場域。

引用書目

一、傳統文獻

陳淳（2009〔1983〕）。《北溪字義》，北京：中華書局。

朱熹（1983）。《四書章句集注》，北京：中華書局）。

朱熹、呂祖謙（編）、陳榮捷（注）（1992）。《近思錄詳註集評》，臺北：臺灣
　　　學生書局）。

朱熹（著）、陳俊民（校訂）（2000）。《朱子文集》，臺北：德復文教基金會出
　　　版。

黎靖德（編）（1994）。《朱子語類》，北京：中華書局。

二、近人論著

陳來（2000〔1987〕）。《朱子哲學研究》，上海：華東師範大學出版社。

陳士誠（2009.2）。〈牟宗三先生論道德惡與自由抉意〉，《揭諦》第十六期，頁
　　　29-68。

馮耀明（1989）。《中國哲學的方法論問題》，臺北：允晨出版社。

何淑靜（2000）。〈亞里士多德與孟子：幸福與成聖〉，載《中國文化月刊》239
　　　期，頁21-44。

金春峰（1998）。《朱熹哲學思想》，臺北：東大圖書公司。

勞思光（2007）。《新編中國哲學史》，臺北：三民書局。

李明輝（1990）。《儒家與康德》，臺北：聯經出版公司。

李明輝（1991）。《儒學與現代社會》，臺北：文津出版社。

李明輝（1994）。《康德倫理學與孟子道德思考之重建》，臺北：中央研究院中國
　　文哲研究所。

李明輝（2001）。《當代儒學的自我轉化》，北京：中國社會科學出版社。

李明輝（2005）。《儒家視野下的政治思想》，臺北：臺灣大學出版中心。

林美惠（2009）。《朱子的政治禮攝系統》，臺南：復文圖書。

林維杰（2008）。《朱熹與經典詮釋》，臺北：臺大出版中心。

劉述先（1982）。《朱子哲學思想的發展與完成》，臺北：臺灣學生書局。

蒙培元（1997）。《理學範疇系統》，北京：人民出版社。

孟淑慧（2003）。《朱熹及其門人的教化理念與實踐》，臺北：國立臺灣大學文史
　　叢刊。

牟宗三（1996〔1985〕）。《圓善論》，臺北：臺灣學生書局。

牟宗三（2006〔1968〕）。《心體與性體》，臺北：正中書局。

錢穆（1994）。《朱子新學案》，收入《錢賓四先生全集》，第十至第十四冊，臺
　　北：聯經出版公司。

錢永祥（2008.1）。〈如何理解儒家的『道德內在說』：以泰勒為對比〉，載《國
　　立政治大學哲學學報》，第十九期，頁 1-32。

Salkever, Stephen G.（著），詹康（譯）（2007.1）。〈當代西方實踐哲學中的新
　　亞里斯多德主義〉，載《國立政治大學哲學學報》第 17 期，頁 1-20。

沈松勤（2005）。《南宋文人與黨爭》，北京：人民大學出版社。

田智忠（2007）。《朱子論「曾點氣象」研究》，成都：巴蜀書社。

吳啟超（2008）。〈朱子對「知言養氣說」的詮釋：方法與睿見〉，載《中國哲學
　　與文化》第三輯（「經典詮釋之定向」），頁 341-358。

王健（2007）。《在現實真實與價值真實之間──朱熹思想研究》，上海：華東師
　　範大學出版社。

楊伯峻（2006）。《論語譯釋》，北京：中華書局。

楊儒賓（1996）。《儒家身體觀》，臺北：中央研究院中國文哲研究所。

楊澤波（2006）。《牟宗三三系論論衡》，上海：復旦大學出版社。

英冠球（2010.7）。〈【論語】反映的倫理學形態：從德性倫理學的觀點看〉，載

《國立政治大學哲學學報》第二十四期，頁 107-136。

余英時（2003）。《朱熹的歷史世界》，臺北：允晨文化公司。

余英時（2004）。《現代儒學的回顧與展望》，北京：三聯書店。

張鼎國（1997）。〈「實踐智」與新亞里斯多德主義〉，《哲學雜誌》，第十九
　　期，頁 66-84。

張崑將（2004）。〈朱子對《論語‧顏淵》「克己復禮」章的詮釋及其繼起爭
　　議〉，收入黃俊傑（編），《中日【四書】：詮釋傳統初探》，臺北：臺灣
　　大學出版中心，頁 159-211。

鄭宗義（2002）。〈論朱子對經典解釋的看法〉，收入鄭彩均（主編），《朱子學
　　的開展——學術篇》，臺北：漢學研究中心，頁 95-131。

三、外文資料

Angle, Steven C. (1998). "Zhu Xi, The Possibility of Sagehood: Reverence and Ethical
　　Perfection in Zhu Xi's thought," *Journal of Chinese Philosophy*, 25:3, pp. 281-
　　303.

Angle, Steven C. (2009). *Sagehood. The Contemporary Significance of Neo-Confucian
　　Philosophy*. Oxford, London: Oxford University Press.

Annas, Julia (1993). *The Morality of Happiness.* New York, Oxford: Oxford University
　　Press.

Anscombe, Elisabeth (1997). "Modern Moral Philosophy," in: *Virtue Ethics*, ed. by
　　Roger Crisp and Michael Slote, Oxford: Oxford University Press, 26-44.

Arendt, Hannah (1998). *The Human Condition.* Chicago: The University of Chicago
　　Press (originally 1958).

Bostock, David (2000). *Aristotle's Ethics*, Oxford: Oxford University Press.

Ferrarin, Alfredo (2002). *Hegel and Aristotle*, Cambridge: Cambridge University Press.

Hobbes, Thomas (1998). *On the Citizen*, ed. by Richard Tuck and Michael Silverthrone,
　　Cambridge: Cambridge University Press.

Hursthouse, Rosalind (1997). "Virtue Theory and Abortion," in: *Virtue Ethics*, ed. by
　　Roger Crisp and Michael Slote, Oxford: Oxford University Press, 217-238.

Ivanhoe, J.P. (2000). *Confucian Moral Self Cultivation.* Indianapolis: Hackett Publishing (rev. ed.).

Jedan, Christoph (2000). *Willensfreiheit bei Aristoteles?* (Neue Studien zur Philosophie 15) Göttingen: Vandenhoeck und Ruprecht.

Jullien, François, 2007. *Vital Nourishment. Departing from Happiness*, Transl. by Arthur Goldhammer, New York: Zone Books.

Knight, Kelvin, 2007. *Aristotelian Philosophy. Ethics and Politics From Aristotle to MacIntyre.* Cambridge: Polity.

Kupperman (2002). "Naturalness Revisited: Why Western Philosophers Should Study Confucius," in: *Confucius and the Analects: New Essays*, ed. by Bryan W. van Norden, Oxford, New York: Oxford University Press, 39-52.

Lau, D.C., transl. and ed. (2003). *Mencius.* Revised Edition. London: Penguin Books (originally 1970).

Lehmann, Olf (2003). *Zur Moralmetaphysischen Grundlegung einer Konfuzianischen Moderne., Philosophisierung' der Tradition und, Konfuzianisierung' der Aufklärung bei Mou Zongsan.* Leipzig: Leipziger Universitätsverlag.

MacIntyre, Alasdair (1984). *After Virtue, A Study in Moral Theory*, Notre Dame: University of Notre Dame Press (second edition, originally 1981).

MacIntyre, Alasdair (1988). *Whose Justice? Which Rationality?*, Notre Dame: University of Notre Dame Press.

MacIntyre, Alasdair (1991). "Incommensurability, Truth, and the Conversation Between Confucians and Aristotelians about the Virtues," in *Culture and Modernity*, ed. by Eliot Deutsch, Honolulu: University of Hawaii Press, 1991, pp. 104-22.

van Norden, Bryan W. (2007). *Virtue Ethics and Consequentialism in Early Chinese Philosophy.* Cambridge: Cambridge University Press.

Nussbaum, Martha (1997). "Aristotle on Human Nature and the Foundations of Ethics," in: J. E. G. Altham, Ross Harrison, eds., *World, Mind, and Ethics: Essays on the philosophy of Bernard Williams.* Cambridge: Cambridge University Press, pp. 86-

131.

Ritter, Joachim (2003). *Metaphysik und Politik*. Erweiterte Neuausgabe. Frankfurt a.M.: Suhrkamp.

Schmidt, Stefan (2008). ",Der große Chinese von Königsberg'. Kants Rolle und Funktion im Kontext der Modernisierung konfuzianischen Denkens im 20. Jahrhundert," in: *Allgemeine Zeitschrift für Philosophie*, 33.1, pp. 5-29.

Sherman, Nancy (1997). *Making a Necessity of Virtue: Aristotle and Kant on Virtue*. Cambridge: Cambridge University Press.

Shun, Kwong-loi (1997). *Mencius and Early Chinese Thought*, Stanford: Stanford University Press.

Sim, May (2007). *Remastering Morals with Aristotle and Confucius*. New York: Cambridge University Press.

Strauss, Leo (1952). *The Political Philosophy of Hobbes, Its Basis and Its Genesis*, Chicago: The University of Chicago Press, 1952 (originally 1936).

Taylor, Charles (1989). *Sources of the Self: The Making of the Modern Identity*. Cambridge: Harvard University Press.

Tillman, Hoyt C. (1992). *Confucian Discourse and Chu Hsi's Ascendancy*. Honolulu: University of Hawaii Press.

Yearley, Lee H. (1990). *Mencius and Aquinas. Theories of Virtue and Conceptions of Courage*. Albany: State University of New York Press.

Yu, Jiyuan (2007). The Ethics of Confucius and Aristotle: Mirrors of Virtue, New York / London: Routledge.

Yong, Huang (2003, 9/12). "Cheng Brothers' Neo-Confucian Virtue Ethics: The Identity of Virtue and Nature," *Journal of Chinese Philosophy* 30:3 & 4, pp. 451-467.

Zhu Xi's Practical Philosophy Reconsidered: The Neo-Aristotelian and Virtue-Ethicist Approach

*Kai Marchal**

Abstract

During the past years the role of virtues and virtuous action has received increasing attention in the academic debate on ethics and politics. The relationship between virtues and moral action is much debated still, but both Neo-Aristotelians and Virtue-Ethicists have tended to downplay the role of abstract rules and decision-procedures, preferring instead the more contextualized, situational nature of the virtue of "practical wisdom" (*phronesis*). In my essay, I take this contemporary Western development as the background for my inquiry into the practical philosophy of Zhu Xi (1130-1200). First, I argue that Zhu Xi's understanding of the relationship between virtue and action shares certain similarities with the Aristotelian account. Second, I compare Zhu's concept of the "heart-mind" (*xin*) to the Aristotelian notion of "practical wisdom". And, third, I examine the nature of the teleological argument both in Zhu and Aristotle. I conclude that by comparing these two highly different philosophical contexts we will gain a better understanding of the contemporary meaning of Chinese philosophy.

Keywords: Zhu Xi, Neo-Confucianism, Virtue Ethics, Action, Virtues

---

* Assistant Professor, Department of Philosophy, Soochow University

語言、世界與一念心：
智顗與高達美思想的比較*

郭朝順**

摘　要

高達美（Hans-Georg Gadamer 1900-2002）的哲學詮釋學，與其說是作為一種詮釋文本的方法，倒不如說是透過理解與詮釋活動的反省，揭露人類生存活動的特殊性質，高達美由認識與理解活動的詮釋學經驗，看到了詮釋活動的歷史性，指出所謂的「效果歷史原則」，進而論述承自海德格「語言乃存有之家」「語言即是世界」的觀點。然而就天台佛學而言，智顗（538-597）雖不似唯識學從名言熏習的心識種子出發，以論述眾生所生存的三界之虛妄性，而是從一念心之迷悟經驗入手，論述迷悟經驗中所展開的一切生存世界，即所謂的三千世間。智顗依佛教緣起論的基礎，主張心境無始以來的互具，故雖「介爾有心即具三千」，但心與世界是互具地存在，故一念心、語言與世界也可以是互具的存在。故若只把握語言的歷史性及其所建構的存有世界，這樣的世界只是心念的某個特殊向度的顯現，智顗不認為可以逕自安立下來，語言的存有性與歷史性都須經歷一種「由假入空」的否定活

*　本文為國科會專題研究計劃成果之一（詮釋學與中國哲學——天台智顗「觀心詮釋理論」向高達美「哲學詮釋學」的辯證詢問 III-II 96-2411-H-211-002-），初次發表於 2008/5/22-23，嘉義：南華大學哲學系，第九屆比較哲學會議：生命與哲學；再次受邀 2008/06/15 中國哲學的現代詮釋工作坊（一）詮釋的回顧與展望，政大哲學系主辦，政大文學院會議廳。
**　華梵大學哲學系副教授

動之後，才能「由空入假」來予以安立；在此立破之間的核心，即是中道佛性，唯由此處出發，並且開顯眾生的各種可能世界，才能建構一個足以安立生存的歷史性存有，同時也可以避免生存及語言歷史所帶來的無明與遮蔽。

關鍵詞：語言　世界　一念三千　心具　擁有

壹、智顗與高達美的可比較性及本文的切入點

比較哲學之論述，首先必須面對的問題是，為何要選擇眼前的這些對象來進行比較，以及為何它們之間是可以比較的，其次才是比較所使用的方法、進路，還有比較所欲達到的目的。本文並不是一篇純就比較哲學之理論來進行純粹反省的論文，也不為了建立普遍之比較哲學之操作模式，因此僅對本文所涉及之比較對象智顗與高達美之間可比較性問題進行論述，其餘相關的意見，則可能散見於文章中；雖然，我認為比較哲學的哲學理論是有建立之必要，但高達美對本文之寫作的啟示是：通過對話以形成視域融合，進而達成某種理解；真理乃在對話的過程中逐步被開顯出來，而非經過一定的方法論操作而被產生出來。

天台智顗（538-597），一位活躍於西元第六世紀的南方中國佛教學者，他最大的貢獻即是以《妙法蓮華經》的教化思想為核心，綜合重整佛教經論為一完整圓融的體系，建構理論（教）與實踐（觀）一致的系統，對佛教經論進行系統性的詮釋與開展，解決南北朝佛教之教觀分裂，義理分歧等種種現象，其圓融中道思想更奠立中國佛教宗派哲學的典範，也影響了日後中國文化的價值方向。❶

高達美（Hans-Georg Gadamer 1900-2002），二十世紀哲學詮釋學的建立者，其對於詮釋學的討論，已超越了經典解釋之方法論意義，將詮釋學發展為考察理解之進行的學問，認為真理乃在理解的活動之下，不斷被開顯出來的，而非一具有固定不變內容之事物，並非可以依於一定方法被操作得出，故真理不僅是一種知識的內容，更是存有的本質，與存有活動息息相關。高達美的思想對於當代哲學之發展產生重大的影響力，是故哲學詮釋學遂成為人文學之一個重要的解釋與研究的重大理路。

然而，一東一西，一古一今，一佛學一哲學，兩位存在著極度差異的人物，我們何從進行其對比？在佛教詮釋學的相關論述而言，傅偉勳是較早的提出者。但他的重點在於修改高達美的詮釋學論點，提出一種方法論意義的創造性詮釋學，並將之運用於佛教經典文本的詮釋，以揭示一文或者理論當中，不同層次的涵義。❷近

---

❶　參見郭朝順，2008b: 81-114。

❷　傅氏自述其「創造的詮釋學」的來源：「雖然吸收了海德格到伽達瑪的新派詮釋學理論的探討成

年來與佛教詮釋學相關的論述則有吳汝鈞、賴賢宗、林鎮國與呂凱文等人的研究。其中林鎮國與呂凱文未特別就天台佛學與詮釋學的關連來談，因此暫且不表。吳汝鈞在《法華玄義的哲學與綱領》一書的第一章〈詮釋學與天台哲學〉中指出，天台哲學與源自海德格的「此在詮釋學」（Dasein Hermeneutik）傳統之高達美的「哲學詮釋學」（philosophische Hermeneutik）或「本體詮釋學」，二者之間的可對比性，他說：

> 葛達瑪的哲學詮釋學有把傳統的詮釋學從方法論和認識論的研究轉化為宗教的、形上學的或存有論的研究的傾向。他多次強調詮釋學與對真理的經驗（亦可說是開顯）（Erfahrung von Wahrheit）的密切關係，亦說明詮釋學現象不是方法論問題。他是視詮釋學是一種哲學的，故有所謂「詮釋學哲學」（hermeneutische Philosophie）。這種詮釋學哲學可視為有關真理與生命世界的現象學（Phänomenlogie），也可以說，它涉及生命與存在的真理與導向。在這一點上，海德格的此在詮釋學可作為顯例。在這種詮釋哲學中，人的生命存在是被展露的世界泉源，而理解亦被提升至本體論的層次，與人的生命的本質和表現密切聯繫著。❸

賴賢宗在他《佛教詮釋學》（2003）一書中，採取的也是偏向高達美哲學詮釋學的進路❹，但他更強調「本體詮釋學」一語的使用。此一概念是源自成中英所創，在佛教詮釋學的脈絡中，賴賢宗明顯地要將「本體」與「佛性」概念連接起來使用，其重點不在於比較而在於貫穿地使用。❺

換言之，觀察到高達美詮釋學的理論與天台學的可比較性，並非我個人獨自的

果，卻已袪除原有的特定哲學觀點（譬如海德格的存在論見地或伽達瑪偏重傳統的繼承而缺批判的超克功夫的保守立場），並加以一般化的過濾之後，與他們的特定詮釋學進路大異其趣。」（傅偉勳，1990：9）。其揭示詮釋方面的五個層次分別為：1.實謂，2.意謂，3.蘊謂，4.當謂，5.必謂。（傅偉勳，1990：10）

❸ 吳汝鈞，《法華玄義的哲學與綱領》，頁10。
❹ 賴賢宗，2003：29。
❺ 賴賢宗，2005：241-243。

見解，但吳汝鈞與賴賢宗所關注的是一種存有論的本體問題，尤其是存有與佛性思想被一起關連起來思考的時候。但筆者個人之前的研究，是偏重於天台思想當中關於經典之理解與解釋問題的相關性❻，本文依循此一方向，但嘗試從另一個向度開始來進行智顗與高達美思想的比較。那就是「世界」的問題。

為何要從「世界」問題著手？因為無論智顗與高達美的哲學，皆一同肯定其各自所處理的問題，都與人在世界的存在活動息息相關，換句話說，人作為生存於世界的「眾生」，或者「在世存有」的「此在」（Dasein），二位哲人都是基於此一相同的「前見」（Vorurteil）而進行論述的。❼當我們將焦點轉向所生存活動的「世界」或者「法界」、「世間」時，關於「世界」概念的差異性認知，便可以為我們指出智顗與高達美在於存在活動之理解上之異與同。

「世界」概念作為一研究的起點，高達美指出世界的語言性，但智顗雖不致反對此，卻對語言包持著佛教的一貫性的「離言」態度，與由《法華》所得到的「依言」教化觀點，最後則歸於觀心法門上的操作以得其中道；可是高達美由主體哲學的立場上出走，反對高估主體的重要性，更重視揭露主體的有限性問題，這是否又與智顗對於觀心的重視是對立的嗎？

從「世界」、「語言」到「一心」，智顗與高達美之間的思想雖看似遙遙相對，但在相對的間距之上，正好呈顯對於相關議題的殊異觀點，但也正因於此相對相望，使得二者之思想間存在著可以彼此相互觀看視域，進而形成相互對話辯證的可能性，而對話不就是真理開顯的重要歷程？

貳、高達美的「世界」與天台智顗的「三千世間」

一、人所「擁有」（verfügen）的「世界」（Welt）

高達美區別「環境」（Umwelt）與「世界」（Welt）兩種概念的不同，為了說明

---

❻　郭朝順：2004。

❼　郭朝順，2008a：129-161。

「世界」是為人類所「擁有」，但「環境」是一切生物生存於其中，為所「依賴」：

> 的確，環境概念首先為人類環境而使用，而且也只為人類環境而使用。環境就是人們生活於其中的「周圍世界」（Milieu），……。環境概念最初是一個社會概念，這個概念將揭示個體對於社會世界的依賴性，因此這個概念只同人類相關聯。環境概念可以在廣義上運用於一切生物，以便概括出這些生物的此在所依賴的條件。但在這種情況下我們也可以清楚看出，人類同所有其他的生物不同，因為人擁有「世界」，而生物則並不具有同樣意義上的同世界的關係，它們似乎是被置於它的環境之中。❽

高達美從環境（Umwelt）的詞義入手，說明環境概念中，um（在其中）-Welt（世界），意謂處於 Welt 之中，因此環境意謂著生物生存所依的條件之整體，但生物是被「置於」其中，卻不可說是「擁有」（verfügen），因為被置於其中的生物是無法主動地決定環境，相反的，是由現有的環境所決定。高達美指出人類與其他生物的不同，在於人類之外生物只是依賴於環境，人類才能「擁有」世界，人類之所以可以「擁有」世界的理由，則在於「世界就是語言地組織起來的經驗與之相關的整體」❾，換言之高達美的「世界」概念，不是一般無特定指涉意義的泛稱，而是指涉由語言所構造而存的語言世界。這概念無疑的是深受胡塞爾「生活世界」（Lebenswelt）的影響，高達美即說：

> 與「生活世界」相反的概念，即是引起這個新概念的第一次創造的概念，無疑是「科學世界」。實際上，胡塞爾現象學研究的第一個具有特徵的應用（通過現象學的研究，他使自己的理論與當時佔統治地位的新康德主義相對立）已表明，論證知識合理性的任務並不是指科學知識，更多的是指我們關於世界的自然

---

❽　Hans-George Gadamer, 洪漢鼎譯，1993:566。
❾　Hans-George Gadamer, 洪漢鼎譯，1993:571。

經驗的總體。❿

　　高達美順著胡塞爾所強調「自然經驗的總體」之「生活世界」，而將之重點集中於語言活動以及語言活動所帶來對世界的命名及理解活動之整體，論述「世界」的性質及與此相關的人類之存有活動，即是語言活動的延伸，或更好說是存有活動即是語言活動的經驗性質。高達美：

> 同一切其他生物相反，人類世界關係是通過無環境性（Umweltfreiheit）來表現其特徵的。這種無環境性包括了對世界的語言表述性（die sprachliche Verfasstheit der Welt）。這兩者是互相隸屬的。使自己超越於由世界湧來的熙熙攘攘的相遇物就意味著：擁有語言和世界。……只要語言和人存在，那就不僅有超越（Erhebung）或脫離（Erhobenheit）世界之壓力的自由──而且無環境性也同我們賦予事物的名稱的自由相聯繫，正如深刻的宗教註釋所說，亞當就是以此為根據，而從上帝那兒接受了制定名稱的全權。⓫

　　以語言命名表述人類所面對的「環境」，使得人類不僅僅是生存於其中同時也承擔起建構「世界」的任務，這個解釋乃是高達美引用基督教聖經，神賦予亞當以對萬物的命名權，以資證明，其中是否顯示高達美對神學思想的接受姑且不論，但人類對於環境以語言命名的事實，便是高達美說明人之所以「擁有」世界的理由。而「世界」正是通過人類的命名活動被顯示於人類的理解範疇之中，且構成吾人理解之基礎，而我們的理解也正是對我們所命名出來的世界作為對象以進行，理解與詮釋的循環如是地進行：

> 在共同生活中向我們顯現的、包容一切東西的並且我們的相互理解指向的正

---

❿　Hans-George Gadamer, 夏鎮平，宋建平譯，2005:153-154。

⓫　Hans-George Gadamer, 洪漢鼎譯，1993:566-567。

是世界。❷

二、介爾有心即「具」「三千」

相對於高達美之「世界」概念，筆者在此要用以對比的是天台智顗的「三千世間」。所謂「三千世間」是指十法界互具成百法界，百法界再各具三世間成三百世間，三百世間再各具十種如是，即成三千世間。十法界眾生即：地獄、餓鬼、畜牲、人、修羅、天、聲聞、緣覺、菩薩、佛等六凡四聖十類眾生，各類眾生彼此互具，這即是指地獄界也有地獄中的地獄眾生乃至地獄中的佛，乃至佛界中也有佛界中的地獄眾生以至佛界中的佛；每一法界之眾生又各皆本具各自的五陰世間、眾生世間及國土世間；每一眾生又各具有如《法華經》中所稱之「十如是」：「如是相、如是性、如是體、如是力、如是作、如是因、如是緣、如是果、如是報、如是本末究竟等。」❸而此三千世間即在一時於一念心中具：

> 夫一心具十法界，一法界又具十法界，百法界，一界具三十種世間，百法界即具三千種世間。❹

所謂五陰世間是指眾生各自之身心而言其為一世間，至於同一群類的眾生稱為眾生世間，一類眾生所居之國土則稱為國土世間。十法界的區別，原本是佛教的宇宙論式的說法，指生存於不同界域的十類眾生；但這又不僅僅是宇宙論（這不是佛教或天台學的重點），十法界還指涉十類關於迷悟程度不同之眾生。佛教的宇宙論自然不同於現代之自然宇宙論，十法界依現代的角度視之，如天、修羅、地獄、餓鬼等，並無法證成彼等為真實的存在，乃至佛菩薩等法界眾生是否別有真實國土或者異於人類五陰的存在等，也是無法證成的。但是如若從十類迷悟眾生及其又各自呈

---

❷ Hans-George Gadamer, 洪漢鼎譯，1993:570。

❸ 鳩摩羅什譯，《妙法蓮華經》，T.9, No.262, p.5c.

❹ 智顗，《摩訶止觀》，T46, No.1911, p.54a.

現不同型態的迷悟之時，以此角度詮釋「十界互具」的說法：眾生十界互具成百法界，便可謂是說明因於不同迷悟而存在的十類不同的現實眾生，以及其所顯現的生存活動之特殊樣貌，也就是屬於任一法界中的眾生，同時也會呈現出其他法界眾生的迷悟型態，因此每一類型的存在樣態，都具有同時呈現其他存在樣態轉化的現實及向其他存在樣態轉化的可能；例如人而佛，人而畜牲，或者畜牲而人，畜牲而菩薩。迷悟在此不是僅指主觀的心理活動，還涉及他自己的身心及與其他同類眾生相關，且必有其生存活動的場域，故眾生必定具身心五陰、眾生群類與及生存國土等三世間。如是百法界再加上三世間即成三百世間，這三百世間所描繪的是眾生生存脈絡的整體緣起結構，至於十如是，則是就這三百世間之任一法之真相之各種緣起條件內容的掌握。

天台智顗所言之「三千世間」，可說是依於眾生迷悟之不同所顯現之不同理解之全部的內容。眾生因於迷悟而顯示其獨特的現實生存樣態，但同時又因為其理解與意向而展現此身界域之現實性而貞定本身之存在屬性，或者實現朝向另外界域存生存活動，故在一念心中同時呈現三千世間的現實與開展活動。智顗所強調的「一念心」，便是指出心之當下及其活動，與三千世間之呈現的當下性，目的即在說明任一剎那的心念，皆會具有其現實的內容與不可離於其它世間的緣起脈絡。

三、語言性的「世界」與迷悟經驗的「三千」

當高達美指出存有的特質即是「理解」，這個令佛教學者精神為之一振的宣稱時：

> 支配我們對某個文本理解的那種意義預期，並不是一種主觀活動，而是那種把我們與流傳物聯繫在一起的共同性所規定。但是這種共同性是在我們與流傳物的關係中，在經常不斷的教化過程中被把握的。這種共同性並不只是我們已經總是有的前提條件，而是我們自己把他生產出來，因為我們理解、參與流傳物的進程，並因而繼續規定流傳物的進程。所以理解的循環一般不是

一種「方法論的」循環，而是描述了一種理解中的存有論的結構要素。⓯

　　但高達美絕對也會迅速地被佛教學者們斷定為：不幸地落入對於語言所構築的世界不加思索地予以接受的危險。⓰佛教自創始以來，即對於語言的不真實的虛妄性格，帶有強烈的警惕——雖說這一點要推論：是對婆羅門教之「吠陀天啟」之語言實體形上學預設的反動，尚須更多證據以證明；但至少在大乘的中觀學派及唯識學派中，關於對語言的虛妄性的批判是明確而深刻的，中觀學派以「假言施設」唯識學派以「名言熏習」的論點分別展開。中觀學主張，一切存在的諸法，並無真實的實體，不外是因於語言而被施設的假有；唯識學的「名言熏習」則進一步指出意識透過名言業種的不斷熏習累積，進而轉變出其面對之虛妄世界，並且生存於其中而不斷輪迴流轉；上述兩種說法都同意世界的語言性，但也同時批判其虛妄性與遮蔽性格。⓱但佛學之中，並不是以人類為唯一對象來進行論述的，尤其是唯識學中的名言種熏的說法，是通論一切眾生意識活動的虛妄性而言。

　　雖然智顗對關於唯識學之繼承方面的線索較諸對中觀學而言相當不明確，未如唯識學之就「名言熏習」來論述三千世間，但從其就眾生當下之「一念心」言此三千世間具於一心，並且預設其對大乘佛學的繼承，至少可知其乃視此三千世間為一心迷悟不同之所顯。何以知此三千世間乃指一心之迷悟經驗？因為「一念三千」乃是作為天台智顗圓頓止觀之一心三觀實踐之前提，止觀之目的即是為了照見諸法本真之實相，但天台最大的特色即在於說此實相為迷悟互具交參而成，故智顗：

> 無明即法性，法性即無明。無明亦非止非不止，而喚無明為不止；法性亦非
> 止非不止，而喚法性為止。此待無明之不止，喚法性而為止。……無明即法
> 性，法性即無明。無明非觀非不觀，而喚無明為不觀；法性亦非觀非不觀，

⓯　Hans-George Gadamer, 洪漢鼎譯，1993:385。

⓰　例如林鎮國所提及的惡性循環與解脫詮釋學即是針對相關問題而發的。見林鎮國（2002：211）。

⓱　兩種論點詳見郭朝順，2007：97-130。

而喚法性為觀。⓲

　　無明是迷，法性即是悟，但「法性」與「無明」乃是相即而成，相待而說的
「概念」；故三千世間之互具，也即此而說迷說悟，乃至說此迷悟之互具性。故天
台之三千世間，雖可視為承繼中觀與唯識學由名言業種施設轉變的世間諸法的說
法，但天台學最重要的貢獻，乃在積極說此三千世間非只具有虛妄性，同時也具有
解脫性；換言之，語言也不是只有遮蔽性，也有方便救度的價值與功能；因而語言
性的世界既是輪迴的場域也是解脫的道場。

　　不過對天台智顗而言，他承繼佛教一貫的主張，主張人類與其他眾生相較並沒
有特權，人只是十法界眾生之一環，迷悟之覺知所顯之三千世間，是一切眾生普遍
的生存活動之整體經驗，──從唯識學的角度加以解說，名言種子可區分為顯境
（認識）及表義（言說的）二類名言；這是相當廣義的名言概念，因為任何一類眾
生，都可以具有顯境名言的認識活動及非嚴格義的表義名言這二類名言活動。因
此，沒有那類眾生不依於某種名言而建立起自己的生存世界。以此之故，天台學所
強調的任一法界眾生所具的五陰、眾生及國土三世間，便是指出一切眾生存在的特
殊脈絡性而言。

　　只是相對於高達美所承繼胡塞爾以來之「生活世界」的概念而言，天台佛學此
處所強調的一念心之世間經驗，並不是「自然經驗」也不是「語言經驗」，而是心
之「迷悟經驗」。所謂迷悟經驗，可以說是就眾生對自我經言假名所施設出之世間
之執與無執來分判，愈是執著虛假的語言世間，便愈是傾向於無明所成的迷的世
間；相對的，對眾生自己所施設出來的世間的不執著與觀破，便呈現出覺悟者的生
存及與世間。在高達美的世界概念中，並不明顯如天台哲學所強調的迷悟之價值取
向，但是一種開顯真理的理解與相反之理解，是否也可意謂相似的含義？相對而
言，天台的一念三千也同樣意謂著眾生不僅「處於環境」，是一個依賴者的角色，
同時也依其身心之所處、所認知及所意向的，主動展開生存環境的世界化活動（就
唯識學而言，這就是唯識所現），而且，不是僅有人類具有如此的能力，智顗認為實際

⓲　智顗，《摩訶止觀》，T.46, No.1911, p.21b-c。

上，每一類眾生都具有相同的能力，但這是就眾生之於對境的迷悟察覺不同上說，不是就人類特殊命名的權力上說。

四、「擁有」（verfügen）與「具」之差別

天台言「三千世間」時，說一念心「具」。「具」這個概念，看來彷彿與高達美所說的人類「擁有」世界的「擁有」相似，但「擁有」（verfügen）這個字眼，帶有「規定」與「支配」的涵義，所以當高達美就人類對於萬物之命名的特殊權力上說：「人擁有世界」。高達美的說法預設了人類語言活動的特殊性，以及人類在存有中的特別地位。此說明顯源自基督宗教信仰中「人類是萬物之靈」的說法外，他也還到海德格 Dasein（此在）作為開顯 Sein（存有）的觀點的影響。這些觀點都一樣強調人作為與世界（特別是語言世界）相對之主體的性格。

反觀佛教，如唯識學的「名言」概念，由於內涵是過於模糊，故其外延是過於廣大，故看不出佛學中對於人類語言採取任何特殊的觀點，只見到其一般性的觀點。但從這種一般性的觀點，卻也可以推論出，智顗何以分辨其所謂的「心具」❶⑨與初期中國唯識學之攝、地論師所主張之「心生」、「心含」二法的不同，「生」是根源地說，「含」是統攝地說，智顗以為這並不是心與世間關係之最佳說明，因為這二種說法還是將「心」與「法」分別且對立地說，他主張：

> 此三千在一念心，若無心而已，介爾有心，即具三千。亦不言一心在前，一法在後，亦不言一切法在前，一心在後。例如八相遷物，物在相前，物不被遷；相在物前，亦不被遷。前亦不可，後亦不可。祇物論相遷，祇相遷論物。今心亦如是，若從一心生一切法者，此則是縱，若心含一切法者，此即是橫，縱亦不可，橫亦不可，祇心是一切法，一切法是心故。非縱非橫，非

---

❶⑨　「具」字也只是勉強相對「生」「含」說，智顗在其他地方也有反對「心具」之說；但湛然則為了標榜天台宗義之特殊性，故大大強調「具」字的重要性，湛然，《止觀輔行傳弘決》：「一家觀門永異諸說，該攝一切十方三世若凡若聖一切因果者，良由觀具。具即是假，具即空中。理性雖爾。若不觀之，但言觀心則不稱理，小乘奚嘗不觀心耶？但迷一心具諸法耳。」T46, No.1912, p.289c。

一非異，玄妙深絕，非識所識，非言所言，所以稱為不可思議境。❷⓪

換言之，「生」「含」乃至高達美的「擁有」，都具有一種主客對立的結構，具有主體活動乃是主宰或者建構世界的意味，故天台智顗以「具」來說明心與三千世間的關係時，即是為了描述一心的特質即是普遍的言說的迷悟性格，以此之故，天台反對唯識學中的能所／主客結構的理解與表述。

就智顗看來，名言建構出「無明」與「法性」兩個概念，但此二者因為都是一念心之言說性（即假名施設，也即是空），故無明與法性是相即互具（即是中）。也因於此，故一念心具之三千世界，即是一念心之迷悟言說所顯之世界的全體，而三千世間並不即是待於此心為所建構的內容，而是心之活動之本身。因為一念心並不是空無內容的抽象本體，而是不停止的活動本身，所以世間即是一心之自身，不是外於一心之對境。心境相對是一種「方便」的虛說，更基於前一方便，天台之「心境互具」則是對諸法實相的更進一層的「方便」說。其實說心說境，都只為了說明因緣交互緣起的實相，故「境」固然是虛說，「一念心」也非是實有，心、境交互緣起，交互成就，才是真正的真相。

高達美說人對世界的「擁有」（verfügen），還涉及高達美的「世界」概念，乃透過語言及其時間性與歷史性而言其真實存有論預論。唯識的熏習說，只隱約而模糊地說習氣之相承，因其最終目的乃是為了從所變現的世界中脫離出來以了斷生死，故時間與歷史也都被歸於某種意識活動之中❷①，乃至心識自身都只是種熏變現的假有；天台學就其從迷悟經驗的三千世間來看，天台的三千世間中雖言及任一眾生之生存領域之相性體力等等，但在其中的確見不到對時間性與歷史性的重視。一般而言，佛教本身即是視世界為假名施設或由名言熏習之意識種子轉變而成，因而不視世界為真實之存有，故人與世界皆非絕對真實，更遑論：人擁有世界。

天台學相較而言，雖然言及「不捨一法」「即九界而成佛」，因而被視為對於

---

❷⓪　《摩訶止觀》，T46, No.1911, p.54a。

❷①　無著，真諦譯《攝大乘論》：「本識種子，虛妄分別所攝識識差別。何者為差別？謂身識、身者識、受者識、應受識、正受識、世識、數識、處識、言說識、自他差別識、善惡兩道生死識。」T31, No.1593, p.118a。

世界諸法之存在，較為重視❷。然其所謂的三千世間，乃指涉一念心之迷悟經驗自身，故其重點不在世界的存在，而在於對迷悟經驗的觀照。對天台而言，名言假有之世間雖非絕對真實但也非絕對虛妄，而是因於迷悟經驗而顯現為相對的真實（同時也是相對的虛妄），故迷悟經驗的觀照，是優位於世界的真實肯定的形上學預設，這與高達美立足於對世界真實性的肯定之前見上，而強調語言的經驗事實，當然是截然有異的。且由於此，在高達美的立場上，可以由於人類語言特殊的歷史性，以言人類「擁有」世界，因為人類的語言建構人類的文化成為獨特的生活世界，在這個人類的歷史經驗中，人類既承繼了歷史，同時也開展了歷史。是故高達美即便「效果歷史原則」下談論人類的語言發展，以及存有活動。所以他便宣稱人類「擁有」世界，當然人也可說是被世界所「擁有」。

佛學則立於世界乃是迷悟所現的經驗內容，故對於「歷史」及「歷史性」皆不十分重視，若有所重視則多在強調歷史對於迷悟問題的啟示，因而佛教可謂只在教化眾生的角度上，強調歷史的價值，但對歷史自身的性質及問題，並未進行深刻的探討。印度佛學之發展，尤其是大乘佛教的出現，本身即帶著強烈地對歷史改寫的風格；中國佛教雖然看似較為重視歷史，但一般重視的亦僅是法脈宗譜的傳承問題，也一樣未對歷史性與時間性探取視為真實對象加以處理。對於虛妄意識所成之歷史，人類如何可能真正「擁有」？進而言之，由歷史性的語言所構作的世界，乃由無明所成，故縱使人類看似「擁有」世界，對於佛學角度而言，其實是人類被世界所擁有；人生活於世界，但要力圖不要被語言所施設出來的世界所擁有。世界擁有人類即意謂「境之轉心」，人類擁有世界，則意謂「心之轉境」，但強調心境互具之天台思想，認為心境互轉才是生存的事實，偏於一心或偏於境，都是某種挾帶偏見的不如實觀。

參、語言、離言與依言

語言或者言說（vyavahāra）在佛教的思想中，大體總是被認為是一種必須被捨離

---

❷　牟宗三因而特別強調天台「圓具存有論」的性格。見牟宗三（1984：739-760）。

的事物，因為它即是世俗的（saṃvṛti），saṃvṛti 就其字源的拆解即是 sam（普遍的）-動詞字根 vṛ（遮蔽），故世俗或者言語即意謂著一種遮蔽的狀態，因此佛教從不認為：語言即是世界的全部，或藉由語言經驗的反省，可以達致真理的掌握；又縱使佛教不全然反對語言，但在達致最高覺悟經驗之前，對於語言的捨離是一必要之事。

語言對於佛教來說，作為一須被揭露的對象，天台學雖未直接探討語言的特質，但對於語言的教化功能天台學從未加以否定，這從天台「開權顯實」的思想中即可得到明證。關於語言自身的特質，般若經有三假之說，唯識學則有名言熏習的說法。三假說是論述假名施設（prajñapti）的三種型態：名假、受假、法假，《般若經》的指出，不論名言自身（名有）、由名言所起的認識覺受（受有），以及名言所指涉之法的存在（法有）等，都只一種名言施設的假有，因此除了名言的施設活動之外，沒有任何真實的、獨立自存的存有，故《般若經》：

> 佛告須菩提「般若波羅蜜亦但有名字，名為般若波羅蜜，菩薩、菩薩字亦但有名字，是名字不在內、不在外、不在中間。」㉓

關於名言的類型，唯識學區分成兩種，一為表述的語言，一為意念分別的語言：

> 名言有二：一表義名言，即能詮義音聲差別；二顯境名言，即能了境、心、心所法。隨二名言所熏成種作有為法各別因緣。㉔

唯識學未曾區分人類的表述語言與其他眾生之表述語言上之不同，至於顯境名言之意念分別，則也是如此。唯識學對名言的分析，旨在說明眾生是由上述二種名言活動所產生的習氣之累積，構成阿賴耶識之內容，眾生的阿賴耶識再進而由此轉

㉓　鳩摩羅什譯，《摩訶般若波羅蜜經》，T8, No.0223，p.230c。
㉔　護法等著，玄奘譯，《成唯識論》，T31, No.1585, p.43b。

變出我法——主客觀內外在世界。所以世界之性質，是以名言熏習為其特質的，而且是無始以來相續流轉的。

　　上述唯識學的觀點，如就名言熏習從無始以來的相續流轉來看，是與高達美所提及的存在的歷史性相關，但唯識佛教所談的名言熏習所成的世界，畢竟是一虛妄的遍計所執的世界，而高達美對於世界的語言表述性的價值，不是批判而是肯定其價值。高達美：

> 我們的整個世界經驗以及特別是詮釋學經驗都是從語言這個中心出發展開的。……唯有語言中心，這種同存在物的總體相關的語言中心，才能使人類有限－歷史的本質同自己及世界相調解。㉕

　　人類作為一有限的存有者，即指人乃作為一歷史性的存有，可是個別存在個人的有限性卻是透過歷史流傳的活動而得以延伸而突破自身的有限，所以有限之個人遂得以參與無限之歷史，故個人之存有即調和了有限與無限性而生存著，至於使得歷史可以延續下來的即是由於人類的語言。所以他進一步說：

> 語言形式和流傳的內容在詮釋學經驗中是不可分離的。假如每一種語言都是一種世界觀，那麼語言從根本上說，首先就不是作為一種確定的語言類型（就如語言學家對語言的看法），相反，語言是由這種語言中所述說的內容而流傳下來的。㉖

　　語言作為一種世界觀的意思，並不是僅指語言的工具性地位，因為語言不是僅由固定不變的字彙、文法等條件所構成的，如果我們一思考到語言也包含了其所傳遞的內容，以及這內容必然包含了由過往累積至今的人類歷史經驗時，例如一個字彙、概念、語法，無不具有著不斷演化的歷程，並通過吾人之理解而呈現為如斯之

㉕　Hans-George Gadamer, 洪漢鼎譯，1993:583。

㉖　Hans-George Gadamer, 洪漢鼎譯，1993:563。

面貌，是以當我們使用任一概念或者字彙乃至述說一個句子之時，我們從不是割裂而是連帶整個語言背後的歷史發展，並將此歷史帶入當下的說話或者寫作的表述之中，如此我們就可以理解高達美所說：

> 語言並非只是一種生活在世界上的人類所適於使用的裝備，相反，以語言作為基礎，並在語言中得以表現的是，人擁有世界。對於人來說，世界就是存在在這裡的世界，正如對於無生命的物質來說世界也有其他的此在，但世界對於人的這個此在卻是通過語言而表述的。❷⁷

通過語言的表述的這個世界，是為一歷史性的世界，高達美肯定這歷史性的價值，因為它為人類的有限性帶來了在歷史發展中所含具的無限性的可能，使得人類可以有限的存有者的身份，卻參與了無限。但佛學卻會以為正是因為世界是由名言業力所熏成的輪迴業海，是一個亟待脫離其束縛場域，故無限的世界，不論其為名言性或者歷史性的，都是有待捨離的；至於其無限性則反倒顯示輪迴世界之對於人類之束縛的強大與深刻。因而若要解脫，不是從語言的再傳衍這個方向可以達成的，而是必須從其相反的道路上進行，故佛教總是強調離言以證真如。

不過佛教之離言傾向，到了中國的天台學中有了明顯的轉變，就天台學的角度來看，語言依然有其價值，只是這價值不是源於語言自身，而是來自語言當中所可能含具的救度眾生之功能，這個思想我以為乃是源自《妙法蓮華經》方便救度的精神：

> 吾從成佛已來，種種因緣，種種譬喻，廣演言教，無數方便引導眾生，令離諸著。所以者何？如來方便知見波羅蜜皆已足，舍利弗！如來知見廣大深遠，無量無礙力無所畏，禪定解脫三昧，深入無際，成就一切未曾有法。舍利弗！如來能種種分別巧說諸法。言辭柔軟悅可眾心。❷⁸

---

❷⁷　Hans-George Gadamer, 洪漢鼎譯，1993:565。

❷⁸　鳩摩羅什譯，《妙法蓮華經》，T.9, No.262, p.5b-c。

《法華經》是天台思想之最重要依據，天台智顗，將之解讀為「開權顯實」「會三歸一」，這即是意味關於佛教三乘之一切語言的教化，都同樣只是方便權宜的度世手段，成佛覺悟方為佛教究竟性的目的。雖然語言只是方便手段，但是沒有此一方便權宜，成佛之實際目的還是無以達成，故天台學非常強調權法之重要性與必要性。

此外，智顗對於龍樹《中論》之著名偈頌的解讀，尤其是對於「假諦」之突顯，使從二諦進而形成三諦思想，也顯示天台智顗對於語言及世俗世界之存有並非採取截然否定的立場。《中論》鳩摩羅什的譯本：

> 眾因緣生法，我說即是空，亦為是假名，亦是中道義。❷❾

依據梵文原文來考察，智顗的將本偈解為三諦偈是有問題的，因為原文乃指空亦為假名，是為中道義，但鳩摩羅什的譯本則將空、假名、中道義並列，故造成緣生法具有三諦義的解讀。❸⓿除此之外，天台學當然還結合《大般涅槃經》之「三德不縱不橫」，《維摩詰經》之「不斷斷」等說法；但種種說法之中，《法華經》方便救度權實互具的精神無礙的，是作為其思想的最主要重心，智顗對於其餘經論的闡釋，無不在於強調或者論證《法華經》的思想而進行。基於上述之思想發展，智顗遂稱：

> 一切諸法無非中道，無離文字而說解脫，文字性離即是解脫，一切所說即理而妙。❸❶

從離言至依言說而解脫，這既是自度，也是為了救度眾生之故，因為離言、離於文字之自性，才能不為文字之虛妄所困，但唯有能夠自在地施設語言以救度眾

---

❷❾　龍樹，鳩摩羅什譯，《中論》，T30, No.1564, p.33b。

❸⓿　見吳汝鈞，1997：459-466。

❸❶　智顗，《妙法蓮華經玄義》，T.33, No.1716, p.754c.

生，方才能夠說是真解脫。於是文字便具有自度與化他兩重向度而為中道，但這是就「即」中道之理的人而言，若不能如是符合中道之理來理解文字及運用語言的話，這時語言文字便純只是束縛罷了，既是自縛也用以縛人。因此語言便具有相對的雙重性格，即是既開顯覺悟的真理性，也同時障惑解脫之真理，因此智顗強調語言與文字的運用，須以「即立即破」為原則：

> 若為盲人說乳：若貝、若粖、若雪、若鶴，盲聞諸說，即得解乳，即世諦是第一義諦。當知終日說，終日不說；終日不說，終日說。終日雙遮，終日雙照，即破即立，即立即破。經論皆爾。㉜

順著智顗的思路，反觀高達美的語言及世界，高達美似乎固於樂觀於由語言所建立的歷史及人類世界，對語言與歷史世界所帶來的可能遮蔽效果，毋寧是較不強調。㉝但智顗之立破不二的主張，則強調一切名言世界的救度性與遮蔽性兩端，乃是同時成立的，故須相對地不斷即立即破，如此才能免除一切救度行為之遮蔽後果，同時也能避免僅是默然離言，而喪失語言名說的救度功能。

肆、觀心的立破辯證與問答的辯證邏輯

不過，要說高達美完全肯定語言世界的價值，這種說法也不甚準確，因為高達美所重視的語言，並不是任何一種固定不變的語言，而是強調一種活生生的對話性的語言，因而由此種語言所形成的世界，是一種不斷在變化開展的世界：

㉜　智顗，《摩訶止觀》，T46, No.1911, p.55a。

㉝　這由高達美引述海德格關於詮釋循環的說法可知：「我們將再次考察海德格對詮釋循環的描述，以便使循環結構在這裡所獲得的新的根本意義對於我們的目的更富有作效。海德格寫道：『循環不可以被貶低為一種惡性的循環，即使被認為是一種可以容忍的惡性循環也不行。在這種循環中包藏著最原始認識的一種積極的可能性。……』」見 Hans-George Gadamer, 洪漢鼎譯，（1993:353）。

儘管人類精神的有限性總是同絕對存在的無限統一性相關，但卻必然會找到它積極的合法性。這種觀點被包含在 comlicatio（綜合、概括）這個概念之中，從這個角度出發則語言現象也獲得了一種新的因素。這就是既進行綜合（Zusammenfassen）又進行展開（Entfalten）的人類精神。在談話的多樣性之中進行的展開並非只是一種概念的展開，這種展開而是一直延伸到語言性之中。這就是可能命名的多樣性——即根據語言的不同性——這種多樣性增加了語言的差異性。**❸❹**

　　高達美對語言現象的分析，一方面說明了語言現象的特性，同時也說明精神活動由有限走向無限的歷程，這二者對高達美而言是一體的。高達美不像黑格爾以精神（Geist）自身的辯證活動說明精神活動的歷程，他是從語言現象的特色來描繪，他的作法除去了絕對精神的形上學預設，貼近理解及言說經驗的事實。所謂語言的現象就是「概括」及「展開」，從命名上的多樣性，例如一物可以種種不同的名稱稱之**❸❺**。在東西方哲學的例子，我們可以見的顯著例子，例如道與 Logos，在佛教思想上則如真如、實相、法性等等，也顯示相似的情況。命名的多樣性，對高達美而言，不僅不是一種負面的涵義，而是人類語言活動之多樣性之內容呈現的理由。在概括與展開之間，語言間的對話正進行著，而精神的活動也隨之開展。

　　高達美所強調的對話，尤其是指問答之間的往返：

　　提問和理解之間所表現的密切關係給予詮釋學經驗以其真正的向度。誰想理解，誰就可能如此強烈地對於所意指東西的真理猶豫不決。……提問總是顯示出處於懸而未決之中的可能性。……因為提出問題，就是打開了意義的可

---

❸❹　Hans-George Gadamer, 洪漢鼎譯，1993:567。Zusammenfassen, 洪漢鼎譯為「概括」，今依審查委員之建議將之改為「綜合」，以與「展開」（Entfalten）相對顯。

❸❺　Hans-George Gadamer, 夏鎮平、宋建平譯，2005:61：「人類語言的標誌在於，它不像動物的表達標誌那樣僵硬，而是保持著可變性。這種可變性不光表現在人類有多種語言，還在於人能用相同的語言與相同的詞句表達不同的事物，或者用不同的詞句表達同一事物。」

能性，因而就讓有意義的東西進入自己的意見中。❸

　　在問答之中，高達美指出真理便在其中逐步被開顯出來，但這並未意謂著有一種已預定的答案，就藏在某處等著人們去把它給取出，可是也不是意謂著答案只是一種任意的解答，問答的邏輯是語言性的，而語言性即是隨著歷史的經驗而出現的，故高達美又說：

> 我們這些尋求理解的人必須通過我們自身使它講話，但是我們卻發現這樣一種理解上的使文本講話（solches verstehendes Zum-Reden-Bringen），並不是一種任意的出於我們自己根源的做法，而本身就是一個與文本中所期待的回答相關的提問。期待一個回答本身就已經預先假定了，提問人的從屬於傳統並接受傳統的呼喚（der Fragende von Überlieferung erreicht und aufgerufen ist）。這就是效果歷史意識的真理。經驗歷史的意識由於放棄完全領悟的幻想，所以它對歷史經驗是敞開的。我們把它的實現方式描述為理解視域之交融，這就是在文本和解釋者之間起中介作用的東西。❸

　　高達美對於語言經驗的分析，最特別的是，他從不孤立地來看語言的現象，而是將整個人類的歷史活動與語言聯繫在一起說的，這個說法與唯識學之名言熏習之說頗有相似之處，但是唯識學視名言種子所成之世界乃是一虛妄計執的世界，除非引入法界等流正聞熏習之清淨種子，否則無以轉染成淨。高達美的語言經驗之分析，並沒有染淨迷悟這類的說法，因此只在語言之時間性與歷史性上與唯識學相似，但對語言世界的態度是完全不同的。

　　唯識學的名言熏習之說，天台學沒有非常強調地使用，對於染淨問題，也沒有如唯識學另立與雜染種子與清淨種子相對之說。相對於對語言現象的考察，天台智顗對於「世界」的觀照重點，是集中在於對一念心之迷悟經驗的辯證思考。

---

❸　Hans-George Gadamer, 洪漢鼎譯，1993:485。
❸　Hans-George Gadamer, 洪漢鼎譯，1993:488。

在前文所述之一念三千的觀念中，三千世間，可說是迷悟經驗之整體內容，它與一念心是同時具起，若是分析地來說其為一心之所生或為一心之所含，這都是把一心誤解為主體，而將三千世間錯解為客體的主客二元的說法，同時也將迷悟經驗解讀為一般的認知活動，因此智顗不斷強調一念心與三千世間之非縱非橫、非一非異的關係，他將之稱為「不思議境」。對智顗而言，世界即是一念心之迷悟經驗整體，此一整體若以能所主客對立的方式去掌握之，都不能真正說明心之迷悟經驗之不同於認知活動上之不同。不思議境並不是指有某一種特殊的境（對象）是不可思議的，而是一切境自身都是緣起地不可思議的，故都須以不思議的方式來觀照它們，這才可以使得所觀照之境的不可思議性對觀照者開顯。而不可思議之觀照方式的第一項原則便是，不可以用對象性的思維來面對觀者當前的境；其次則是要把握觀照之時須以一心三觀的觀法，令觀者對境之時體悟空假圓融之中道境而無所偏執。換言之，天台認為迷悟的重點不在於是否觀照了特殊的叫做真如實相的境，而在於觀境者是否用了正確的方式去觀照一切所經驗到的境——若以分別思維的觀照方式，產生迷境的狀態，決定了對境者的生存方式；若以不思議非分別的觀照方式，則將產生悟境的覺知，這同樣會決定對境者以覺悟之姿出現並從而也展現世間之自為嚴淨（莊嚴與清淨）。

不用對象性思維觀照所面對之境，就是不以心為主、為能知之主體，以境為從、為所知之客體的能所相對之方式「認知」事物，而以心與境互具、互為緣起的方式體照事物。在這種觀照之下，境不是外在於心的對象，心也非絕對異於境的純粹觀察者，如此觀照之方式，使觀者不會將所觀之境視為一種可被隔絕、拆解、控制、改變的對象，而想要妄加宰制；反而可以理解到境同時也是圍繞於觀者的實際處境，時時刻刻都持續作為觀者之心的因緣而產生影響力。

在《摩訶止觀》中智顗便舉出十境：(1)陰、入、界境(2)煩惱境(3)病患境(4)業相境(5)魔事境(6)禪定境(7)諸見境(8)增上慢境(9)二乘境(10)菩薩境，分別從思議境的角度及與不思議境的角度，對十境進行觀照說明。❸❽例如在觀煩惱境時，智顗先以貪欲

---

❸❽　詳見郭朝順，2010:109-145。

分析煩惱之思議境❸，說明由六道眾生及二乘、藏通別三教菩薩等，乃各自由於對於貪欲的覺觀不同而生現；智顗說明煩惱之不思議境須以圓教三觀來操作，這三觀是要人圓融地觀照煩惱在不同情境當中的意義並有不同的面對方式：

> 煩惱即空故，不住不調伏。煩惱即假，故不住調伏。煩惱即中故，不住亦調伏亦不調伏，雙照煩惱故，不住非調伏非不調伏。❹

如此一來，煩惱作為一種動態的事件被經歷觀照，也就是說在不同因緣條件下，煩惱具有不同的可被經歷體證的內涵，而惟當其充份地被經歷不同的意義之後，觀照者才真能體察其不思議性，圓融無礙地照察煩惱與諸境的相即，充分了悟其意義，方始能由一句一境入於其所含蘊的諸句一切境之義：

> 不偏觀一句故，一句即諸句。一切法趣貪欲故，貪欲是諸法所都故。用此意歷一切句，所謂計貪欲是有，名住不調伏；計之為無，住於調伏。如是等自在說（云云）❹

「一即一切」或者「貪欲即是道」等圓融相即之說，在智顗的觀點中，是須經歷觀照修證活動來證成的，如若不能掌握所對之境的緣起性、歷程性，體會諸境時時處於無常變動之中，將無法真正證悟諸法之實相。故面對動態存有的諸法實相中，智顗提出一心三觀，作為可以如實觀照實相的手段，一心三觀即所謂「從假入空觀」、「從空入假觀」及「中道第一義觀」。這三觀即是描述觀境者須以一種往返巡視的方式，進行對境相的動態觀照，藉由空假中三種視野的變換，從而獲得對境相的完整理解。觀照者的視野變換，看似存在著時間次第，但是觀解之完成都是在完整理解視域的融合之際，於一時之間頓時出現，因此在練習三觀之觀照時的次

---

❸ 智顗，《摩訶止觀》，T46, No.1911, p.103a-b。

❹ 智顗，《摩訶止觀》，T46, No.1911, p.103c-104a。

❹ 智顗，《摩訶止觀》，T46, No.1911 p.104a。

第性,稱之為次第三觀;在三觀理解視域融合、空有融合而不偏於彼此的中道之成就之際,這才是觀修者圓融地理解一切諸法緣起實相的正確模式,方稱之為一心三觀。

觀心之辯證意義,即在於視域的轉換操作中,原有視域的瓦解與突破的經驗。「由假入空」,即描述突破了世俗之假有而入於一空寂清淨的無所有的狀態;但這個狀態又因慈悲救度的要求,必須再走出「由空入假」地建立或者面對原來的假名世界同時即賦予新的理解;然而新建的假有又可能會再一次的造成沈滯的迷執,故又得重新入於空寂;如是循環往復直至將原有的分別思維蕩破盡盡方臻圓融,但是一心三觀的圓融思維也不是空掛的圓融,而是在種種差別之中把握諸法差別的互具圓融。

從觀心辯證活動之動態義來看,智顗也有著與高達美同樣的,對於理解活動的辯證性予以相同的重視,可是高達美所重視的是在歷史性的逐步向前開展,但智顗更強調在立破間的不斷操作以完成視域的圓滿整全,而這圓整性是要立於一切所緣所歷的對象,但又要求不陷溺於所立地重建入於人間之可立足處,時時立之又時時破之。就形式上而言,二者皆同樣強調辯證的開顯真理,就內容上,高達美從不質疑理解活動所依之先見,但智顗卻要在教化救度的前提上批判地使用假名或假有。

伍、結論:迷悟經驗與詮釋經驗的交互參照

智顗就迷悟經驗所開啟之觀心思想,與高達美就語言現象反省推求的詮釋經驗,這二者之間當然存在顯著的差異,但同時二者之間也存在著極為有趣的可參照線索。本文並無意論證二者之為相同的思維(那是化約論的說法),但在智顗對迷悟經驗中的觀照活動,與高達美對於詮釋經驗的描述,確有許多可以交互參照之處。

智顗對迷悟經驗的反省,不是從語言的現象分析著手,而是就於心之覺迷的活動經驗,與對此經驗進行辯證觀照的歷程進行開展。天台三觀的辯證觀照,頗為符合高達美對於從語言的問答中開顯真理的描述,至少就形式上而言是一致的,然而對於語言世界乃至歷史世界的樂觀看待,是高達美不從迷悟的覺照角度看待世界的結果。可是智顗之三觀,由於不強調人類特殊的語言經驗,因此不能更細緻地勾勒

出人類理解經驗的活動細節，只能集中於對生存的迷悟經驗作原則性的操作，更進一步的迷悟現象之分析則尚未完成。

迷悟經驗與語言經驗是對於生活世界的不同角度之理解，在迷悟經驗之中，生活不僅是所須面對的境相，同時更是具有價值抉擇的義涵，但在種種生存法界的抉擇判斷中，智顗並不是提倡絕對唯一的價值獨斷論。相對的，在其中道佛性的思考中，慈悲思想是其肯定一切生存法界之價值的主要理由。❷在此精神之下，智顗：

> 繫緣法界，一念法界，一色一香無非中道，己界及佛界、眾生界亦然。陰入皆如，無苦可捨；無明塵勞即菩提，無集可斷；邊邪皆中正，無道可修；生死即涅槃，無滅可證。無苦無集故無世間，無道無滅故無出世間，純一實相，實相外更無別法。❸

世界對於智顗而言，不僅是須面對的對象，更是生存活動自身。就這一觀點而言，確實可以見到與高達美關於前見的歷史性說法的相似性，就如高達美所說：

> 歷史對於我們來說是作為實際歷史性的東西而存在，即根本地說，理性不是它自己的主人，而總是經常依賴於它所活動的被給予的環境。❹

但高達美從詮釋經驗入手，並不要求追尋生活世界之外的不同價值，對他而言，人類生活世界之外的價值及其抉擇，應是不可思議之事，可是人類自身的生存價值，難道沒有可以被質疑之處，或者說高達美還是一個潛在的理性中心論者，縱使他已經意識到人類存在基礎的有限性，但以人類語言為核心的真理開展活動，至多只能在人類的語言活動歷史上由時間之無限延續說明其為無限，但這並不是價值本身的無限性，而僅是在時間性與歷史性上說語言活動的無限性。故高達美由歷史

---

❷　詳見郭朝順，2008b:81-114。

❸　智顗，《摩訶止觀》，T46, No.1911, p.1c-2a.

❹　Hans-George Gadamer, 洪漢鼎譯，1993:364-365。

文化傳統以保障理解活動的真理性，在其真理與偏見之間的辯證，總還是理解性的、智識性的——也就是智顗所謂的「思議境」式的，並不能包含生存經驗之全體的、相互緣起的涵義。反之，智顗的「不思議境」或者「一心三觀」的觀心操作，對於高達美而言，則是過於原則性，並未對於生存經驗現象作更細密的描繪，觀心之操作又可能流於一種固定的方法論涵義，使得生存的迷悟經驗被僵化地加以解讀。

對於經驗之重視是智顗與高達美間最明顯的共同點，迷悟經驗能否進一步作詮釋性的解讀，而詮釋經驗能否向迷悟價值議題開展？我以為二者皆有此可能。在上述的交錯辯證中，筆者並無意形成一項優劣比較的論斷。關於迷悟經驗的世界與詮釋經驗的世界，在智顗與高達美之間，更多交相辯證的可能以及新視域的開展，尚有待進一步地透過更深刻的對話加以呈現，本文目前只是一個開端。

參考文獻

鳩摩羅什譯。《摩訶般若波羅蜜經》，T8, No.0223。

鳩摩羅什譯。《妙法蓮華經》，T.9, No.262。

無著，真諦譯。《攝大乘論》，T31, No.1593。

龍樹，鳩摩羅什譯。《中論》，T30, No.1564。

護法等著，玄奘譯。《成唯識論》，T31, No.1585。

智顗。《妙法蓮華經玄義》，T.33, No.1716。

智顗。《摩訶止觀》，T46, No.1911。

湛然。《止觀輔行傳弘決》，T46, No.1912。

Hans-George Gadamer, 洪漢鼎譯（1993）。《真理與方法》，臺北：時報文化出版公司。

Hans-George Gadamer, 夏鎮平，宋建平譯（2005）。《哲學詮釋學》，上海：上海譯文出版社。

牟宗三（1984）。《佛性與般若》，臺北：臺灣學生書局。

吳汝鈞（1997）。《龍樹中論的哲學解讀》，臺北：臺灣商務印書館。

吳汝鈞（2002）。《法華玄義的哲學與綱領》，臺北：文津出版社。

林鎮國（2002）。《辯證的行旅》，臺北：立緒文化公司。

郭朝順（2004）。《天台智顗的詮釋理論》，臺北：里仁書局。

傅偉勳（1990）。《從創造的詮釋學與大乘佛教》，臺北：東大書局。

賴賢宗（2003）。《佛教詮釋學》，臺北：新文豐出版公司。

賴賢宗（2005）。〈本體與詮釋：從成中英的本體詮釋學到佛教詮釋〉，潘德榮、賴賢宗主編，《東西哲學與本體詮釋──成中英先生七十壽誕論文集》，臺北：康德出版社，頁 221-251。

郭朝順（2007）。〈從「假名施設」與「名言熏習」試論佛教文化哲學──以勞思光教授的部份觀點為討論起點〉，《佛學中心學報》13 期，頁 97-130。

郭朝順（2008a）。〈論天台觀心詮釋的「理解」與「前見」問題〉，《法鼓佛學學報》2 期，頁 129-161。

郭朝順（2008b）。〈天台中道佛性思想與文化價值世界的安立〉，《玄奘佛學研究》10 期，頁 81-114。

郭朝順（2010）。〈天台智顗《摩訶止觀》的「十境」與其身心觀〉，《跨文化視野下的東亞宗教傳統：體用修證篇》，頁 109-145。

Language, World and One Single Momentary Thought: A Comparative Studying of Zhiyi (538-597) and Gadamer (1900-2002)

Kuo, Chao-Shun[*]

Abstract

Hans-Georg Gadamer's philosophical hermeneutics is a rethinking which through the hermeneutical experience of knowing and understanding to show the special character of existing act of human beings rather than a methodology of the interpretation of text. Gadamer pointed his insight of hermeneutical experience, the principle of effective-history, that means understanding always has its own historicality. Further, accorded to Heidergger 'Language is the place for be[-ing]' Gadamer declared 'Language as experience of the world'. But Tiantai Zhiyi followed another way to declare 'Three thousands worlds in One Single Momentary Thought'. It is different from *Yogācāra* Buddhism who used the theory of *ālaya-vijñāna* to explain how the illusion world *exists from* (生) karma seeds of consciousness. Zhiyi obeyed the principle of *pratītya-samutpāda* (緣起), did not answer what is the origin of the world but describe how it exists: The world has three thousands fold which just *exist along with* (具) One Single Momentary Thought. World does not have the priority than One Single Momentary

---

[*]   Associate Professor, Department of Philosophy, Huafan University

Thought, and vice versa. As world is the appearance of blinded or awaken experiences of One Single Momentary Thought. Zhiyi disapproved there are any ontological substances in the world, but approved there are only the living worlds of blinded or awaken experiences. The living worlds could not only limit in the linguistic historicality of human being, for it is the temporal or conventional dimension of the Thought. The conventional linguistic worlds could not be the real place to be exhibited but to be withdrawn away. Linguistic historicality needs to be faced by entering emptiness from its conventional existence to relieve the prejudice, and entering conventional existence from emptiness to establish a new conventional world but escape its prejudice; through such twofold entrance the Buddha nature of middle path is shown. The Buddha nature of middle path as the starting point to insure every possible worlds which all of historical sentient beings could live in, but prevent their blindness and prejudice in the same time.

Keywords: Language, World, Three Thousands Worlds in One Single Momentary Thought, To Exist Along With (*Ji* 具), *Verfügen* (to have)

做爲人學機制的儒學***

艾斯克・莫卡德***

摘　要

　　儒家是人文主義的一種，但卻預設有一種區分人與非人的做法。本文顯示分別人與非人是孟子道德心理學的中心主旨，並論證在喬吉爾・阿岡本（Giorgio Agamben）思想的意義下，儒家人文主義是一個人學的機制。接著我討論早期道家對於儒家人文主義的批判，並藉由梅爾維爾（Herman Melville）所寫的〈抄寫員巴托比〉（Bartleby the Scrivener）以彰顯孟子道德意志的限制。最後，我參考一個近來攫獲中國網民注意的事件，並由此顯示儒家人文主義在當代中國所具有的受人質疑的影響。

關鍵詞：禽獸　孟子　莊子　梅爾維爾　范美忠

---

*　　本文英文版已發表於 *Asian Philosophy*, 20: 2 (2010): 127-140.

**　　陳漢傑（國立中正大學歷史研究所博士班）譯，詹康（國立政治大學哲學系副教授）校訂

***　美國羅德島大學哲學系助理教授

壹、儒家人文主義

人們普遍認為儒家是一種不排除超越性或宗教性的人文主義，也就是說儒家是一個「人文主義式的宗教」（Yao 2000: 45），或者是一個「承認天人合一」的人文主義（Chan 1969: 3），或是一個在人化宇宙觀中包含超越者的「包容性的人文主義」（Tu 1989: 116f.）。這個對於儒家的普遍看法或許正確，但此一看法隱藏了某種區分的做法，而這個區分是儒家人文主義之所以可能的條件。

關於儒家人文主義混合世俗界與神聖界，有個社會學上的解釋。中國古代的帝王不僅是親族領袖，也是宗教領袖而且國家是兼具宗教、家族與政治性質的體制。因此儒家人文主義「所立基的社會和親族關係是以宗教性預設加以神聖化」（Keightley 1990: 31-32）。此一人文主義立基於神聖化的親族關係，預設了我們（親族）與他人（非親族）的區分。親族之間自然傾向於仁慈相待，不是同親族的就不仁慈相待。親族是人，非親族不是人。一如孟子所說的，「親親」即是「仁」，而「仁」即是成為「人」（《孟子》7A15、7B16）。正如我們將看到的，這種對人與非人的區分造成一種具有戰鬥性格的人文主義。

在儒家的人文主義中，人道首先體現在位居「宗教－家族」之國家中心的仁君聖王身上。聖王廣被他的仁德到親族與一般大眾，再進而擴及到非人的生物：所謂的非人就是位處文化國度邊緣地帶的蠻族與更遠離中央的野生動物。人文的擴張是個無止境的過程，因為人與非人之間的界線不斷地改變。非人可能被人化，而且人也可能成為禽獸。

儒家對君主擴展仁道的任務提供建言。的確，儒者以其聖智首先建制出人與禽獸之間的不同。區分人與非人的創建行動從未完成而且必須時時更新。孟子把歷史看成人與禽獸之間持續的爭鬥，在這個過程中聖王必須不斷地介入以拯救人類。根據孟子的觀點，歷史有特定的韻律，那就是「一治一亂」。在亂世的時代，人與禽獸（例如蛇、虎、豹、犀、象）之間的區別消失，而且禽獸取代了人類的世界。唯有當聖人再度將禽獸從人當中分離出來，秩序才會來臨。儒家這種沒有禽獸的人類世界之理想深植於中國人的心態中。康有為（1858-1927）在十九世紀末描述一個理想的社會（大同之世）是：

全地之獸，皆及治之。其惡毒而噬人者，絕其種焉。各地皆有生物院，或留其一二種，以考物種。……蓋全地之大，自生物院而外，無復有猛獸者矣，只有馴獸耳。……鳥盈天空，既戒殺生，則聽其飛翔歌舞，以流暢天機之行，點綴空中之畫，皆供人之樂也。（康有為，1991，435-436）

由於人與獸的區別並非生物性而是社會－倫理性的，這個世界觀引起的危險在於某些人可能被歸類成動物，並因而被當成動物對待。

孟子把他的哲學論敵楊朱和墨子的邪說視為只適用於動物。根據孟子所言，楊朱教導「為我」的學說將導致「無君」，墨子所教授的「兼愛」則會導致「無父」。孟子說：「無父無君，是禽獸也。」（《孟子》3B9）假如儒家的仁義之道受制於楊墨的學說，那麼禽獸將凌虐人類，而且很快地人類也將變成禽獸並吞噬掉其他人。在這樣危險的處境下，孟子企圖繼踵前賢之道，藉由反對楊、墨的學說來區分人類與禽獸（《孟子》3B9）。

儒家區分人與禽獸，不是在生物的意義上，而是在道德和政治的意義上。瞭解這個社會－倫理意義上的區分並能和文化之國和諧相處的人就是人類；而不知道這種區分並拒絕共處的人就不是人類（Sterckx 2002: 88f.）。在孟子的觀點裡，聖君驅逐猛獸：他攻打夷狄等蠻族，並且斥責不尊君的叛徒與不敬父親的逆子。這幾種具有道德－政治意義的行為都是區分人和禽獸的創建行動的例子。

蠻族介在人與禽獸之間不斷變動的界線之上，也就是說他們可能外表是禽獸但內在是人，或者具有人類外表的禽獸。在中文裡，這些人的名字通常具有動物的偏旁，例如「犭」或「虫」。蠻族有「動物的內在特性」且其外表是「戴甲穿鱗」，其穿著與中國文化之邦人所穿的「衣和袍」相對立（Sterckx 2002: 159）。對蠻族而言，他們有兩個可能的發展。其一，他們可以服從「具有去禽獸轉化能力的中國」並且把他們從野獸轉化為「中央聖王治下有文化的子民」；或者把他們當做「不配成為聖君所彰顯之人類的一部份」（Sterckx 2002: 161-163）。

轉化非人的這個觀念「提供了一個人類可以從社會、政治與道德方面統治個宇宙的模式」（Sterckx 2002: 163）。區分人與非人是儒家人文宇宙觀之所以可能的條件：仁從家庭拓展到國家，再進一步達到宇宙的境界。儒家將世界分割成人與非

人，然後開始源源不斷地把人的領域擴張到非人，這是儒家人文主義偉大的工程。知名學者和改革者梁啟超（1873-1929）很恰當地描述道：

有一件大事，是我們五千年來祖宗繼續努力，從沒有間斷過的。近五十年，依然猛烈進行，而且很有成績，是件什麼事呢？我起他一個名，叫做「中華民族之擴大」。原來我們中華民族，起初不過是小小幾個部落，在山東河南等處地方得些根據地，幾千年間慢慢地長……長……長成一個碩大無朋的巨族，建設這泱泱雄風的大國。他長的方法有兩途：第一是把境內境外無數的異族叫他同化於我；第二是本族的人年年向邊境移殖，把領土擴大了。五千年來的歷史，都是向這條路線進行，我也不必搬多少故事來做證了。近五十年對於這件事有幾方面成功很大，待我說來：
一、洪楊亂後，跟著西南地方有苗亂，蔓延很廣，費了十幾年工夫纔萍定下來。這一次平定，卻帶幾分根本解決性質，從此以後，我敢保證中國再不會有「苗匪」這名詞了。……（梁啟超，〈五十年中國進化概論〉，《飲冰室合集》第五冊，北京：中華書局，頁 40-41）

然而，解決蠻族問題的最終方案無法實現。禽獸般的蠻族可以加以轉化，此一至關重要的觀念是中國文化之邦擴張、亦即仁的延伸在邏輯上的前提。蠻族是文化之邦的威脅，且基於相同的理由可以證成文化邦國的文明化力量所具有的帝國權力及其拓展。根據這種中華文化之邦擴張的內在邏輯以持續馴化蠻族並掌控他們，但他們卻始終未曾從帝國的境域中消失（Fiskesjö, 2006）。相似地，基於這個儒家固有的邏輯，禽獸（非人類）持續地被人化，卻從未消亡。即使完全落實了儒家的人文宇宙的世界觀，而且整個世界及居住其間的各種生物皆化而為人，禽獸還是會從地平線上再次出現，好讓儒家的人文主義長存。

借用義大利哲學家阿岡本（Giorgio Agamben）的語詞，儒學是一個人學的機制（anthropological machine）。根據阿岡本的說法，人和禽獸之間的分別並非先天給定的，而總是由人學機制在政治和哲學上製造出來的。在西方文化裡，人學機制變化出兩種形式，一個是古代的、一個是現代的，但是這兩者製造出人類，同時也製造

了非人類。現代的機制透過「孤立人當中的非人，以將某種人類禽獸化」的方式，製造出非人類，例如它把猶太人製成「人中所製成的非人」。古代的人學機制則「將禽獸人化」以製造非人類——它製成了「奴隸、蠻族以及異邦人，即有人形的禽獸」（Agamben 2004: 37）。

這兩個機制運作上的差別不是很重要，因為就如阿岡本說的：「面對極端的人與非人的人物，探討這兩個機制（或是同一個機制的兩種變型）那個比較好或比較有效——或誰較不致命與血腥——已無關宏旨；重要的是瞭解它們如何運作以便我們能夠阻止它們。」（Agamben 2004: 38）同樣的，問題不在於儒家的機制比起西方的是更加血腥或較不血腥，而是瞭解它如何運作。

為此，我將仔細審視儒家的人學機制如何在孟子的道德心理學中運作。孟子以「心」來說明「仁」和道德意志成為儒家傳統的主調，而且正如我們所知的，在孟子的道德圖像中人禽之分是相當基本的。然而在中國古代，儒家人文主義即已受到質疑，我將論及《莊子》之中對於儒家人文主義犀利批判的文章。這一批判聚焦於儒家人文主義做為人學機制時的核心問題。最後，為了提醒我們自己這個問題並非遠古的問題，而和現在的我們息息相關，我將討論兩個人物，一是虛構的而另一則是當代的中國人，他們都以自己的方式反對人學機制所產生的人與非人之間的分裂。

貳、孟子道德心理學中的「非人」

孟子以「正人心」來落實區別人與動物的聖人工作（《孟子》3B9），並且發展他的道德心理學去解釋和支持這個工作。孟子宣稱「人皆有不忍人之心」，並為支持此一宣稱，進一步宣稱以所有人看到將掉落井中的孩童皆會感到心疼（惻隱）。孟子說，惻隱之心即是「仁之端」（《孟子》2A6）。

孟子強調，惻隱之心的產生不是為了迎合他人，或者為了贏得他人的讚賞；也不是因為人們不喜歡孩子的哭聲。孟子從康德所說的病理的內容中，淨化出此種引發仁道的情感，並將仁道之情放置於人心幽微處。引發仁道的情感是人心最基本的情感反應或「情」（本質）（《孟子》6A6）。

　　由於這種情感幾乎隱晦難尋，而且在性質上不同於追求財富、權力或性交的一般欲望，因此我們很難覺察到它。我們有此情感，但不會注意到（思）它（《孟子》6A:15）。孟子的工作就是使我們注意它，且他與諸侯談話時中，會把心的激情——這是仁和王道的開端——提出來讓國王知道（《孟子》1A7）。

　　孟子就在心的這個最底層的地方來區分人與禽獸，因為他說，如果你無法感受到做為仁之端的惻隱之心，那麼你就不是人（「非人也」）。同理也可說明儒家的其他主要德性：假如你沒有做為義之端的羞惡心，那麼你就不是人；假如你們沒有做為禮之端的辭讓心，那麼你就不是人；假如你沒有做為智之端的是非心，那麼你就不是人（《孟子》2A6）。

　　我們就在這裡見到了儒家人學機制的運作。在孟子的道德心理學中，引發出儒家主要德性的道德情感能夠劃分人與非人。假如一個人不具有能夠開展成儒家主要德性的道德情感，那麼此人不僅從某一特定的道德景象掉出去，且更被擯除於人類之外。例如，你若是楊朱或墨子的追隨者，那你根本就不是人。

　　此外，即使你是人，並因此具備儒家式的道德情感，還是時時有墮入非人的危險。倘若你不注意（思）你的道德情感，不立於它、不推擴它、不據以行動，你便會再次墮入禽獸。對孟子而言，成為人類不是一個生物性的狀態，不是一個存有的狀態，而是持續的決定按照道德情感去行動。

　　好消息是我們只需要花很少的工夫就能按照道德情感行動，並因而成為人。壞消息是我們連這一點小小的力氣都不願意花，因而淪為禽獸。

　　孟子說，人人都有儒家的重要德性之開端，就如同人有四肢（《孟子》2A6）。因此，說有人「不能」依其道德情感之發用而行動的人，就是說有人無法運用四肢。這就如同你擁有手臂的全部力量卻說：「我想要舉起我的手臂，但我不能」。很顯然是你在禁止自己。你採用了一些執拗的禁令，以阻礙意願自然流向行動，並使你自己無法舉起手臂。

　　孟子不同情這樣的軟弱，而且他無暇理會這些執拗的、說有人「不能」做什麼的說法。倘若有人要求某人去禮讓老者（對儒家而言，這就像舉起你的手臂般容易），但他卻說「我無能為力」，那麼我們應該試著瞭解他的奇怪病因，好原諒他嗎？孟子說：不用！因為這顯而易見地只是一個執拗「不為」的問題罷了（《孟

子》1A7）。

如果你說想舉起手臂卻無能為力，那麼你比砍掉自己手臂的人還不如。因此孟子說，無法按照道德情感來行動的人相當於「自賊」（自殘）。這在儒家的脈絡中是極為嚴厲的批評，因為就儒家另一個仁的來源「孝」而言，「孝」要求人們保全自己的身體，而自殘則是把自己推到仁的限度之外。

正因為依據道德情感而行動是這麼容易，所以拒絕這麼做的話勢必受到最苛刻的道德譴責：「你不是人而是動物！」就算是君王也無法倖免於這種孟子式的評價。當有人問孟子是否允許弒君時，他回答：如果統治者殘害仁與義，如果他不依據道德情感而行動的話，那麼他就是「一夫」，而殺害「一夫」不是弒君（《孟子》1B8）。換句話說，不做道德行動的人不是真正的人，而是一個被「宗教－家庭之國」逐出的人，因此殺害他不會產生惡果。

根據孟子所言，再沒有比依據道德情感而行動更容易的事情了，因為此時意願和作為相一致。一個人不需要學而後愛自己的父母與敬自己的兄長，他自然就能夠做這麼做，且在做之前連想都不用想（《孟子》7A15）。因此孟子提出以下循環邏輯式的道德格言：「無為其所不為，無欲其所不欲，如此而已矣。」（《孟子》7A17）我們的所做所欲同時出於我們的道德情感。至少對人而言，不可能不這麼做。

讓我們回想一下孟子所舉童子將入於井的例子。根據孟子的觀點，任何人看到此景皆會有惻隱之心，而這種感覺就是仁的發端。西方評論者由於受到傳統上給予意志軟弱較多空間的影響，立即指出孟子並沒有說看此情景而心生惻隱的人會立即跳下去救人（Gardner 2007: 66-67; Van Norden 2007: 219）。沒有錯，但孟子確實認為依於仁之發軔而採取行動是非常容易的，沒有人做不到；假如你不這麼做的話，就等於是自殘，這將使你成為非人。換言之，如果你終究還是人的話，你不僅會有道德情感，而且還會根據它而行動。王陽明以其著名的學說「知行合一」將孟子的道德心理學推到一個邏輯上必然的結局：假如一個人還要繼續做人的話，道德知識必然立即轉化成行動。

孟子從未無視其道德心理學的政治意含，一個能夠化道德情感為行動並推廣他自己的仁道的君主將能「蒞中國而撫四夷」（《孟子》1A7），這是儒家人文主義的偉大工程。儒家人文主義是建立於一種「道德－政治」行動之上，這個行動首先區

分出人與非人，再將人延展入非人。這個區分的行為也是威權性國家的基礎，且又如魯威儀（Mark Edward Lewis）所指出的，由聖王將人和禽獸區分開來的此一主張正是「有史以來為了得到政治權威所做過的最極端主張」，因為它意味了沒有統治者的話「一般大眾只是一群禽獸」，還有「子民只有通過他們的主人的權威才是人」。中國的精英「將他們的政治權力證成為人類的定義本身，也即文明世界與禽獸的野蠻世界唯一的屏障或分界線」（Lewis 1990: 212）。孟子將此種社會暴力內化到、也將人與禽獸的區分轉移到人心深處。

參、早期道家對儒家人文主義的批判

儒家的人文主義遠遠不是中國早期文化裏毫無爭議的價值，它遭到強烈反對。在歸於莊子名下的文集中，可以發現對於儒家人文主義最激烈的批判。我在此摘要出這一批判的要點，我們將會看到某些要點直接回應了孟子的道德心理學。

首先，儒家人文主義全然是政治性的並且支持統治者。統治者不過是大盜——話說得好：「竊鉤者誅，竊國者為侯。」——而且他們仰賴儒家的聖知來守護贓物（《莊子·胠篋》）。雖然孟子批評當代統治者並不比別人少，但他像所有的儒者一樣，相信仁必須先在統治者身上覺醒，接著統治者應該推展他的仁道到其族人，再到一般民眾，並透過「仁政」擴大他的國家，再到蠻族與野獸身上。然而從《莊子》作者的觀點來看，儒家人文化的過程是帝國主義的一部分與一個面相，亦即一個大掠奪。

其二，真正的仁不應和「宗教－家庭之國」中親族間產生的情感互相混淆。《莊子》一書論辯說：「有親非仁也。」（《莊子·大宗師》）真正的仁與同家、同族、同文化的人之間的情感和親密關係徹底不同，因此《莊子》說：「大仁不仁。」（《莊子·齊物論》）這是否意謂著，這種比較崇高的仁道會否定親親最為基本的形式——「孝」呢？一點也不，此處我們來到論證當中的關鍵之處，這會在其他脈絡中一再出現。大仁確實比親親還要崇高，因此它超越孝，但不會否定孝。大仁對於孝的問題不感興趣，因為它和孝無關（《莊子·天運》；比較 Cao1982: 207）。批判性的哲學可能會摧毀我們的倫理生活，但大仁不會以同樣方式摧毀孝，而且良善

的儒者可以不受干擾而繼續盡孝，只是他不應該把特殊實踐行為所激起的情感當做仁的本質。

其三，孟子主張人性是善的，因為人性的本質（情）可以變成善的（「為善」）。根據孟子所言，人性的本質是道德情感，後者是儒家德性的開端，因此他說這四種主要德性是在人之內的（「故」，《孟子》6A5）。《莊子》反對仁與義是人之本質（情）這整個觀念（《莊子·駢拇》），根據莊子的看法，孟子將儒家的偏見加諸人性之上，而去宣稱你所珍視的特殊情感是在人之內與普遍共有的，這實在是弄錯了（《莊子·齊物論》）。根據莊子作者的看法，我們的本質不是一套道德情感，而是我們之所以為我們的整體。借用梅維垣（Victor H. Mair）對「德」在道家脈絡的適當翻譯，此即我們的「整全性」（integrity）（Mair 1990: 133-135）。善不能被侷限在特定的情感、德性與行動，而是人之整體，包括具有是或不是什麼、做或不做什麼的全副潛力。人無法主宰這個具有無限潛力者的整全性，因此只能當做性和命來加以感受。《莊子》說：「吾所謂臧者，非所謂仁義之謂也，臧於其德而已矣；吾所謂臧者，非所謂仁義之謂也，任其性命之情而已矣。」（《莊子·駢拇》）在《莊子》裡，本質（情）並不是本質性的，而是我們怎麼變成我們是什麼的過程（the coming-into-being of who we are）。當無限的潛能發動之時，即是整全性（德）的活動。

儒家倫理學和《莊子》倫理學的根本差異就在這裏。在儒家倫理學中，自我是眾多關係的中心，並藉此而被銘刻於符號秩序中。因此人做出道德行動就會得到他人所得到的（「得人之得」），也就是獲得眾人普遍接受的德性（仁、義等等）。《莊子》的倫理學對社會鍵（social bonds）淡漠視之，對由社會鍵所中介的「自－他」關係也淡漠視之。《莊子》中的倫理學是為自己得到自己的得（「自得其得」）。這個深刻的說法意味了人不要去實現這個或那個工作（培養仁、義等等）而是去達成或保有自己去得的潛能，並由於其為潛能，所以也包括不去得的潛能（《莊子·駢拇》）。我在下節會回到這個重要論點。

其四，《莊子》反對儒家區分君子及小人。君子和小人皆汲汲營營於其他人所盼望的東西，一個追求德性，另一個追求財富，但推動這兩種人的欲望是模仿性的，他們都未能得到他們去得的潛能，這也就是說，他們皆未能變成他們自己，他

們沒有整全性（德）。從這個角度來看，有德的伯夷和可惡的盜跖沒有差別（《莊子·馬蹄》）。事實上，盜跖獲取財物時所用到的恰是伯夷所培養的德性：「入先，勇也；出後，義也；知可否，知也；分均，仁也。」（《莊子·胠篋》）竊盜行為和儒家的道德都是要去完成的工作，而我們在實現這些工作時失去了整全性。

其五，《莊子》對於人與禽獸的區分淡漠視之，而那正是創建儒家人文主義成為人學機制的根基。這不是因為《莊子》看不到人與禽獸有差別，相反地，至人與禽獸的分別是絕對的，而且《莊子》並不像有人認為的、鼓吹人退化到動物的自然反應（Møllgaard 2007: 124-125）。《莊子》堅持人與禽獸有嚴格的分別，然而不像儒家建議動物的領域必須透過諸如禮樂的方式來加以人化（Sterckx 2002: 136-137）。《莊子》反倒認為，我們應放任萬物依其獨特的整全性和潛能而存在。假使我們可以如此，便會生活在一個有共同整全性（「同德」）和天然自由（「天放」）的世界（Mair 1994: 81；《莊子·馬蹄》），在這個世界中有不同的差異，但人人皆對這些差異淡漠視之。因此人與禽獸的差別和莊子對於完美境界的看法毫無關係，人學的機制無力啟動它血腥的運作。

《莊子》批判儒家人文主義的基礎：人與非人的分歧，和將非人者化而為人以克服分歧的後續運動。此外，在直接反對孟子的道德心理學這方面，《莊子》的作者拒絕接受下述的觀念：要成為一個人，你必須把某種假定為界定你之所以為人的本質付諸行動。對這些作者而言，成人反而是保住既可作為也可不作為的潛在能力。為了進一步釐清這個觀念，我現在要轉向梅爾維爾的一則中篇小說。

肆、「抄寫員巴托比」（*Bartleby the Scrivener*）

在近代歐洲哲學中，梅爾維爾（Herman Melville）所寫的〈抄寫員巴托比〉引起了相當深入的批判性反省。這個故事發生於紐約城華爾街一帶，故事敘述者經營抄寫法律文件的小本生意。他聘僱兩位抄寫員，有一天又聘了第三位抄寫員：巴托比。然而巴托比和其他抄寫員徹底地不同。他非常擅於謄寫，但當老闆要求他去做其他交付的工作時，他始終回答：「我寧可不去」。

在梅爾維爾的故事中，這位老闆是個謹守法律的人。他就像一位優良的儒家，

把倫理要求理解為服從一個符號秩序，此事輕而易舉、毫無困難；但巴托比以其獨有的方式拒絕這麼做。當老闆要求巴托比去郵局辦事，他以其慣常地方式回答：「我寧可不去。」老闆將巴托比所說的「寧可」解釋為意願的問題，並反問：「你『不想』去嗎？」但是我們等一下會見到，以意願來詮釋巴托比的拒絕之辭，無法切中要點。

當然，老闆內心充滿了驚愕，但他發現自己實在無法對巴托比動怒。巴托比的行為怪異且難以解釋。巴托比就像個斯多噶學派的人，或可能是道家的至人，儀態非常靜止，而且似乎不受雜事干擾。最令人不知怎麼辦的是：「*他總是在那裡。*（*He was always there.*）」（Melville 2004: 27，強調字體為原有）巴托比不像故事裡的一個角色，而像是一個存在的現象。

其他抄寫員對巴托比很不滿，甚至威脅要毆打他並把他趕出辦公室。世上再沒有比拒絕能夠輕易完成職責的人更令我們氣憤了。老闆試著理解和適應巴托比，但沒有用，到頭來老闆為了甩掉令人不知怎麼辦的巴托比，得把整個辦公室搬到別的區才行。

阿岡本把巴托比理解成具有純粹潛能的人，也就是說，具有超越道德意志而能夠做與不做的潛能。當老闆要求巴托比去郵局，這是件簡單容易的差事，就好像對儒家而言，敬老也是很簡單的事情。沒有人辦不到，因此這位老闆就如同孟子的想法，把巴托比的拒絕視為一個意願的問題。然而對巴托比而言，這不是意願的問題，卻是關乎保持其做與不做之純粹潛能的問題，而且此一潛能遠比僅是實踐能為之潛能的道德意志更有力量。阿岡本解釋說：「相信意志有力量凌駕潛能，相信通向實現的過程是做出決定並終止潛能的模糊性（這包括能作為和不能作為）之結果──這是對於道德長久以來的幻覺。」（Agamben 1999: 254）巴托比拒絕老闆並非是拗執的自我禁止：我想要敬老、舉手、去郵局辦事等等，卻無能為力。就拒絕這件事而言，巴托比事實上*做*了某事，而且他做的事在倫理意義上、從質而言高於孟子的決斷論（decisionism），因為在後者的想法中，去做的意志立即實現為作為，而巴托比就如阿岡本所說，「不是用想的，便成功做到了絕對層次的可以（和不可以）」。

實現個人意志而去做，和實現個人去做與不去做的潛能，這兩者的差異即是孟

子和《莊子》倫理學之間的全部差別。根據孟子所說，你只做你會做的事（敬老）而「你不做不會做的事」（不敬老）。順從於這個符號秩序很簡單，如同舉起手來：行動立即隨著意願而來。然而根據《莊子》的觀點，由於每個人都順服於同樣的律則，這麼做只是「得他人之所得」，而且失去你的整全性。

就莊子而言，倫理要求不是順服於符號秩序。莊子中的典範人格就如孔子所承認的，是居於「方之外」（《莊子·大宗師》），亦即外於這個象徵秩序。倫理是關於保存整全性（德）的事，整全性是造成一個人是什麼的完整潛能，包含了既可做什麼也不做什麼的兩方面能力。為了保存此潛能，意志一定不會像孟子所說的，立即在行動中實現潛能當中能做的那部份，反而是一個人應該在行動中保持他能夠不去做的潛能，而這要靠《莊子》所謂的「無為」來做到（Møllgaard 2007: 52f），這是因為在無為裡，人不會去獲取這個或那個目標或對象，反倒像《莊子》精確指出的，人得到了去得與不去得的潛能，也就是他的整全性。

這種整全性在倫理上的力量遠比儒家的道德意志要來得大，因此莊子有句道德格言說：「相為於無相為。」（《莊子·大宗師》）此格言完美地總結了巴托比對他老闆所造成的奇特影響，這位老闆瞭解（即使只是朦朧地瞭解）巴托比為他做的，已經遠超過跑腿的差事。巴托比就像莊子所說的至人，他使我們從意志與行動的主宰下獲得救贖，並且把我們釋放到既可做也可不做的完整潛能中。

可能有人抗辯說，拒絕去郵局跑腿這樣簡單的要求沒什麼大不了，但假如巴托比或莊子看到童子將入於井，他們是否也會以更高但模糊的整全性為名而拒絕行動？關於莊子的部份，我們可以指出的是無為並非意味著什麼都不做，而是做事的方式不會危害我們的整全性、也即既可做也可不做的能力。這意味著當莊子救了小孩，他不會用此一意願和行動來界定他的仁，也不會用他不想和不做的潛能去界定他的不仁。這兩種觀點都會限制了他的整全性。因此莊子的倫理學中不會出現人與非人的分裂，儒家的人學機制也無法在其中開始運作。

像孟子一樣的道德學家把世界想像成沒有一個人能夠不救落井的小孩，但這樣的世界真的很人性嗎？為了釐清這個問題，讓我們轉到一個近來備受中國網民討論的事件。

伍、范跑跑

　　二〇〇八年四川省的大地震為北京政權提供了一個重振紀律與民族熱情的機會。在媒體上充斥的救災工作中英雄主義和犧牲奉獻的事蹟中間，有一則故事引起中國民眾的注意。當地震發生時，一位中學教師范美忠對他的學生喊說：「不要慌，地震，沒事！」然後他沒想到要救他的學生，便逕自跑出門外（Telegraph 2008 年 6 月 2 日）。後來范美忠相當魯直地在網路上發表自己對事件的說法：「我瞬間反應過來──大地震！然後以猛然向樓梯衝過去，在下樓的時候甚至摔了一跤，……然後連滾帶爬地以最快速度衝到了教學樓旁邊的足球場中央！我發現自己居然是第一個到達足球場的人。……這時我注意看，上我課的學生還沒有出來。」幸運的是他的學生都逃出來了，而且當他們遇見老師還問他：「老師，你怎麼不把我們帶出來才走啊？」范美忠回答道：「我從來不是一個勇於獻身的人，只關心自己的生命。」（Telegraph 2008 年 6 月 2 日）范美忠如同現代的楊朱（按照孟子描述的話），彷彿是提倡自私，而不支持社會與倫理秩序。

　　毫不意外的，范美忠受到中國網民的咒罵，為他取名「范跑跑」並且稱他為最無恥的老師、沒有良心、「右派份子」（中國共產黨所使用令人恐懼的標籤）以及禽獸。然而范美忠並非懦夫，而且不斷為自己辯護。他受邀出席電視的談話節目，在那裡他遭受媒體人物和關心此事的知識份子攻擊，這些人扮演了正直和關心世事的儒家角色，指責逾越道德的人。

　　范美忠被問及他是否認為老師不是一個神聖的職業，這個問題反映出傳統儒家的觀念：社會秩序是神聖的，並充滿了絕對的道德要求。然而，范美忠坦率地回答：對他而言，沒有哪一職業是神聖的，而且他徹底拒絕神聖這個概念。接著范美忠被問到，他是否知道在學校裡，老師下令之前學生不會行動，因此他們要靠老師的領導來逃難。這個問題反映出儒家的觀點：在社會中若沒有統治階層，那什麼事都做不成。然而范美忠解釋說，他不要求學生對他有這種服從，而且他們只要想離開教室就可自由離開，毋須老師同意。

　　關心此事的知識份子面對范美忠的豁達，批判起來變得更是嚴厲。有人對范美忠說，假如他的行為對老師的角色是適宜的話，那麼兔子都可以當老師了。范美忠

這個懦夫拋棄身為老師的職責！假如軍人在前線放下他們的武器並逃亡，范美忠會怎麼想？社會會陷入混亂！范美忠對於這樣嚴厲的批判，回答一成不變：「我感到非常高興，因為中國有這麼道德高尚的人。」（東南西北 2008: 6）范美忠用這個回答來消解對手的崇高憂慮，而不用直接攻擊他們，後者只會更讓他們更冒火。

范美忠解釋說，當他未想到學生便跑出教室的時候，他是本能地反應。這當然與孟子的主張相反，孟子聲稱當一個人看到童子將入於井的時候，會本能地感到心疼，而且人總是能夠依此情感產生行動，再說，一個反對范美忠的人表示「老師保護他的學生是一種高級本能」，這話也很有孟子的精神（東南西北 2008: 11）。范美忠這邊則堅持拯救自己生命的本能性衝動勝過拯救孩童的衝動。

范美忠不像孟子主張儒家的道德情感有普遍地位，他不主張他保護自己生命的特殊衝動可以用來界定全體人類。他說他尊敬那些在地震期間因為拯救學生而犧牲生命的英勇老師，「但我自己做不到，我更愛我的生命」。此外，他指出要求你犧牲生命只能責求自己，不能責求他人。總而言之，范氏並沒有說自己的行為值得讚揚，他訴求的只是把他的行為看成人類一種可能的反應。

為何這個范跑跑的故事會擄獲中國人的注意呢？有很多原因。在中國，當一個人遭受嚴厲的公開批評時，通常的反應都是懺悔，而范美忠到處宣揚和辯護自己錯誤行為時所顯出的勇氣，令一些人印象深刻。范美忠顯出了身為個人是什麼意思，也就是有自私的自由。還有一種感覺，就是范氏揭穿了一些偽善者、「不誠懇的眼淚」和利用災難事故蓄意製造英雄的做法（Telegraph 2008 年 6 月 2 日）。有些人指出，民眾只是口頭上附和媒體所宣導的官樣道德，但事實上他們只想到自己，甚至電視節目的主持人都感到必須提出范美忠是否被這種「過份的高道德」所「綁架」。范美忠將這種「過份的高道德」溯至儒家，他覺得儒家製造「一批完美的偽君子」和真正道德的一場「表演」罷了（Fool's Mountain 2008）。

最後，最重要的議題是：為何范忠美被批評得這麼兇，兇到被稱為畜牲？有一位評論者說，這是「因為我們整個社會不成熟」。另一位說：「我們這個社會能不能容忍異端？我們能不能給異端以基本的人權？」在當代中國，異議份子的議題是深沉且重要的，而且它也是儒家人文主義尚未解決的議題。儒家人文主義做為人學機制是以非人的形式製造出異議份子，而范跑跑事件顯示了儒家人文主義對當代中

國的影響既是持續的，也是受到爭議的。中國現今對於儒家的興趣也許可以鼓勵人們反省如何解除儒家人文主義做為人學機制這件事，這樣的反省不僅對中國大大有利，也對它的鄰邦和整個世界都有好處。

參考文獻

梁啟超（1989）。〈五十年中國進化概論〉，《飲冰室合集》第五冊，北京：中華書局。

康有為（1991）。《大同書》，《民國叢書》第三編第七冊，上海：上海書店。

曹礎基（1982）。《莊子淺注》，北京：中華書局。

劉殿爵主編（2000）。《莊子逐字索引》，香港：商務印書館。

《東南西北》（2008 年 6 月 8 日），部分論辯內容引自鳳凰衛視（2008 年 6 月 7 日）。

《青年周末》，內容取自 http://www.zonaeuropa.com/20080615_1.htm（2008 年 8 月 28 日）。

Agamben, G. (1999). "Bartleby, or On Contingency". In D. Heller-Roazen (ed.), *Potentialities: Collected Essays in Philosophy*. Stanford, CA: Stanford University Press. pp. 243-271.

Agamben, G. (2004). *The Open: Man and Animal*. Stanford, CA: Stanford University Press.

Chan, Wing-tsit (1969). *A Source Book in Chinese Philosophy*. Princeton, NJ: Princeton University Press.

Fiskesjö, M. (2006). "Rescuing the Empire: Chinese Nation-Building in the Twentieth Century". *European Journal of East Asian Studies*, 5(1), 15-44.

Fool's Mountain (2008, June 8). "'Running Fan': The Freedom to Be Selfish."，取自網路： http://blog.foolsmountain.com/2008/06/02/running-fan-the-freedom-to-be-selfish/（2009 年 7 月 16 日）。

Gardner, D. K. (2007). *The Four Books: The Basic Teachings of the Later Confucian Tradition*. Indianapolis, IA: Hackett.

Keightley, D. N. (1990). "Early Civilization in China: Reflections on How it Became Chinese". In P. S. Ropp (ed.), *Heritage of China: Contemporary Perspectives on Chinese Civilization*. Berkeley: University of California Press. pp. 15-54.

Lau, D. C. (1984). *Mencius*. Hong Kong: The Chinese University Press.

Lewis, M. E. (1990). *Sanctioned Violence in Early China*. Albany: State University of New York Press.

Mair, V. H. (1990). *Tao Te Ching: The Classic Book of Integrity and the Way*. New York: Bantam Books.

Mair, V. H. (1994). *Wandering on the Way: Early Taoist Tales and Parables of Chuang Tzu*. New York: Bantam Books.

Melville, H. (2004). *Bartleby the Scrivener*. Hoboken, NJ: Melville House.

Møllgaard, E. (2007). *An Introduction to Daoist Thought: Action, Language, and Ethics in Zhuangzi*. London: Routledge.

Sterckx, R. (2002). *The Animal and the Daemon in Early China*. Albany: State University of New York Press.

Telegraph. (2008, June 2). "China Earthquake: Teacher Admits Leaving Pupils Behind as He Fled Chinese Earthquake." Retrieved August 6, 2008, from http://www.telegraph.co.uk/news/worldnews/asia/china/2064945/China-teacher-admits-leaving-pupils-behind-as-he-fled-Chinese-earthquake.html

Tu, Wei-ming (1989). *Centrality and Commonality: An Essay on Confucian Religiousness*. Albany: State University of New York Press.

Van Norden, B. W. (2007). *Virtue Ethics and Consequentialism in Early Chinese Philosophy*. Cambridge: Cambridge University Press.

Yao, Xinzhong (2000). *An Introduction to Confucianism*. Cambridge: Cambridge University Press.

Confucianism as Anthropological Machine

Eske Møllgaard[*]

Abstract

Confucianism is a kind of humanism. Confucian humanism presupposes, however, a divisive act that separates human and nonhuman. This paper shows that the split between the human and the nonhuman is central to Mencius' moral psychology, and it argues that Confucianism is an anthropological machine in the sense of the term used by Giorgio Agamben. I consider the main points of early Daoist critique of Confucian humanism. A comparative analysis of Herman Melville's novella 'Bartleby the Scrivener' reveals the limitation of the moral will in Mencius. Finally, I refer to an incident that recently captured the imagination of Chinese netizens, and shows the contested influence of Confucian humanism in contemporary China.

Keywords: Animals,   Mencius,   Zhuangzi,   Herman Melville,   Fan Meizhong

---

[*]   Assistant Professor, the University of Rhode Island

義利之辨的若干問題

張汝倫*

摘　要

　　義利之辨構成了倫理學最核心、最基本的問題。它不僅僅是中國哲學史上的一個重要命題，而且也應該是一般道德哲學的基本命題。義利問題的關鍵在「義」，在儒家那裡，它是規定人的行為的道德要求和準則，它不是主觀的，而是超越的。孟子在討論「義」時，混淆了它的主觀義和客觀義，但孟子的道德哲學並非康德式的自律倫理學。義是道德判斷的原則，而不是它的標準。道德判斷對於道德具有極為重要的意義，它使人真正得以在道德上自主。由於道德原則並非完全主觀的，道德實際上是天人共主的。承認道德規範必然有例外，不會導致相對主義。現代西方倫理學無法真正處理義利問題，人類迫切需要一種新的道德哲學，這種道德哲學將以現代條件下的義利之辨作為自己的主要論題。

關鍵詞：義利之辨　儒家倫理學　道德判斷　道德原則　西方倫理學

＊　　復旦大學哲學系教授

在《理想國》第二卷中，格勞孔（Glaukon）在列出了三種善，即(1)僅為其自身的善；(2)為其自身也為其結果的善；(3)僅為其結果的善之後，問蘇格拉底（Socrates），他以為正義屬於哪一種善。蘇格拉底的回答是，正義是屬於第二種善，也是最好的一種，即既是因為它本身，也是因為它的結果。但格勞孔馬上指出，一般人卻不是這樣想的，他們做正義的事是為了這能給他們帶來利益。至於正義本身，他們是害怕並回避的。正義是出於追求各自利益的人的協商。如果不正義能不被發現因而免受懲罰的話，人們都會做不義之事來為自己謀利。那些正義者，也往往是因為行正義能給他們帶來好名聲，而好名聲不但能帶來利，而且本身也是一種利。他的兄弟阿得曼托斯（Adeimantos）也談到，一般家長教育孩子要正義。不是為了正義本身，而是為了正義能帶來的好名聲，以及由此產生的種種好處。從古到今，沒有一個人真正歌頌正義，譴責不正義，就是肯歌頌正義或前者不正義，也不外乎是從名聲、榮譽、利祿這些方面來說的。❶格勞孔和阿得曼托斯兄弟並不贊成他們講述的一般人對正義的態度，他們是希望蘇格拉底能向他們論證正義本身是什麼，即正義自身即為善。可是，蘇格拉底卻承認，他無能為力。❷柏拉圖（Plato）顯然看到了道德與利益的關係問題是一個非常棘手的問題。

道德是人類共同生活的規則或準則，這大概不會有什麼爭論，因此，它必須是超越我們自身利益之上的東西。那也就是說，道德原則經常會與我們自身的利益相衝突。如果道德與我們的利益無關，為什麼還要道德？不應該殺人是因為殺人不符合我們的最大利益，還是因為它本身就是不對的？那麼，正當防衛，或為了保護無辜的生命而殺人呢？另一方面，為什麼有時道德原則顯然與我們自身的利益相抵牾，我們還必須遵守它們？這些問題實際涉及了倫理學最基本的問題，就是道德的根據及其正當性問題。這些問題都可以納入中國哲學義利之辨的視域裡面來思考，西方倫理學義務論與後果論之爭，未嘗不可以視為義利之辨的西方版；而德性倫理學同樣必須以自己的義利觀為基礎。無論人們認為道德是相對的還是絕對的，都不能改變道德往往與個人利益相衝突這個構成一切道德的基本特徵的事實，都無法回

---

❶　柏拉圖：《理想國》，357a-366e。

❷　同上，368b。

避「一個人為什麼應該違背他的自我利益而去遵守道德原則」這個基本問題。

總之，義利之辨構成了倫理學最核心、最基本的問題，離開這個基本問題，我們就無法真正理解道德的意義、根據和性質。今天，現代性和全球化帶來的種種全球性危機，更加凸顯了義利問題對於道德哲學和倫理學和道德本身的基礎性意義，離開這個問題，不討論義利之辨，全球倫理只是一句空話。因為今天的種種危機，歸根結底是由於「熙熙攘攘，皆為利往。」❸因此，義利之辨就不僅僅是中國哲學史上的一個命題，而也應該是一般道德哲學的基本命題。本文即從一般道德哲學的立場，從傳統義利之辨的討論出發，來探討此一命題的若干內在問題及其普遍意義。因此，它不是一個純粹哲學史或思想史的研究，而是一個道德哲學的基本研究。

壹、儒家對義利之辨的基本論述

我們的古人對義利問題遠比現代人敏感，義利問題始終是中國古代思想史中的一個重要問題，尤其在儒家那裡。儒家向把此一問題視為自己最基本的問題之一。張栻在《孟子講義》的序中稱：「學者潛心孔孟，必得其門而入，愚以為莫先於義利之辨。」象山教人，以義利之辨為先。❹朱子更是說：「義利之說乃儒者第一義。」❺不但儒家的很多論題如「人禽之辨」、「王霸之辨」、「君子小人之辨」、「經與權」的問題等，都與義利問題有關，甚至可以說是圍繞著這個核心問題展開的，而且儒家也以此來理解和評判中國歷史，最典型的一個例子就是朱子與陳亮關於「漢宋功過論」的爭論。

雖然義利問題在中國古代思想史中有如此重要的意義，卻一直未能得到現代學

---

❸　《太平御覽》卷四四九引《周書》。

❹　「傅子淵自此歸其家，陳正己問之曰：『陸先生教人何先？』對曰：『辨志。』正己復問：『何辨？』對曰：『義利之辨。』若子淵之對，可謂切要。」（陸九淵：《陸九淵集》，中華書局，2008 年，頁 398）

❺　朱熹：〈與延平李先生書〉，《朱子全書》（上海古籍出版社，安徽教育出版社，2002 年），第二十一冊，頁 1082。

者的足夠重視，這是耐人尋味的。然而，人們對它的冷漠，不能消解它本身的重要意義。義利問題的意義，決不限於古代。隨著現代性的弊病日顯，現代道德哲學危機日迫，人們可能不得不重新將它作為倫理學的基本問題予以重視。

作為倫理學的基本問題，義利問題的關鍵在「義」。雖然現代學者往往把「義」等同於道德原則，❻但義利之辨中的「義」，卻並不那麼簡單。雖然義的觀念在孔子之前已經出現，但一般認為，只是在孔子那裡，「義」才成為一個重要的哲學觀念。❼雖然「義」與「利」的概念在殷周就已出現，但也許是孔子最早把義和利作為一對對立的概念加以提出：「君子喻於義，小人喻於利。」（〈里仁〉）。歷來對《論語》中「義」的解釋都為「適宜」或「合宜」。如皇侃釋「見義不為，無勇也」（〈為政〉）的「義」字為：「義謂所宜為也」。❽何晏《集解》引孔安國語：「義者，所宜為也。」❾皇侃並釋「信近於義」（〈學而〉）中的「義」字為：「義，合宜也。」❿朱子《集注》則釋為：「義者，事之宜也。」⓫又釋「君子喻於義，小人喻於利」中的「義」為：「義者，天理之宜也。」⓬從這些古人對《論語》中「義」的觀念的詮釋中，我們無法得出「義」在孔子思想中也指與「他人」相對的「自我」⓭的結論，因為這些詮釋很清楚，「義」就是「應當」和事理、天理之當然（「宜」）。也因此，我們很難從中看出「義」在孔子那裡是「作為個人修養之一部分」。⓮

事實上，「義」在《論語》中出現凡二十四次，無一是作「自我」，或「個人

---

❻　如葛榮晉：《中國哲學範疇通論》（首都師範大學出版社，2001 年），頁 532。張岱年稱「義即當然」，亦即「應當」（見氏：《中國哲學大綱》，中國社會科學出版社，1982 年，頁 386），實際也是把「義」理解為道德原則。

❼　見張岱年：《中國哲學大綱》，頁 386；黃俊傑：〈「義利之辨」及其思想史的定位〉，苑淑婭編：《中國觀念史》（中州古籍出版社，2005 年），頁 310。

❽　皇侃：《論語義疏》，卷一。

❾　何晏：《論語集解》，卷一。

❿　皇侃：《論語義疏》，卷一。

⓫　朱熹：《四書集注》（中華書局，2001 年），頁 52。

⓬　同上，頁 73。

⓭　見黃俊傑：〈「義利之辨」及其思想史的定位〉，頁 329。

⓮　同上，頁 330。

修養之一部分」講。在孔子那裡，「義」大致有五個意思：⑴「應當」，「正當」，如「見義不為，無勇也」（〈為政〉）。⑵「合適」，「合理」如「義之與比」（〈里仁〉）。⑶「天理之宜」，「事之當然」，如「君子喻於義」（〈里仁〉）。⑷「善」，如「聞義不能徙」（〈述而〉）、「徙義」（〈顏淵〉）。⑸「道理」、「意義」，如「群居終日，言不及義」（〈衛靈公〉）。這 5 個意思實際上有著內在的關聯，從其中一個可以引申出其餘四個。概括而言，「義」在孔子那裡是指一般的道德準則，其順乎人情，合乎事理，通乎天理，是指導和判斷人行為的道理與意義，其基本特徵是合情合理。由此可見，「義」在孔子那裡並非主觀的東西，它的根據和基礎，它的合理性，建立在天理和事理的基礎上。自然，具體何事為宜，須主觀的判斷，但「義」本身並非出於主觀，而是客觀的行為準則。惟其如此，它才能與「利」構成一對對立的範疇，夫子才能要求人「見利思義」（〈憲問〉）。

《左傳》上記載的兩則故事也可說明上述觀點。一是昭公十四年，叔向「治國制刑，不隱於親，三數叔魚之惡，不為末減。」子曰：「義也夫，可謂直也。」❶昭公二十八年，魏獻子在晉國為政，以賢能舉徐吾、趙超、韓固、魏戊等四人，以功起用叔向。「仲尼聞魏子之舉也，以為義，曰：『近不失親，遠不失舉，可謂義矣』。」❶在這兩個例子中，孔子顯然是將「義」作為正確行為的標準來用的。

然而，據黃俊傑先生說，「義」的這種意思是孔子從西周以降「義」的傳統含義因襲而來的，孔子思想中的義有其創新義，這就是「義」與「君子」觀念的密切結合，由此得出結論說：「『義』與『我』有密切關係，是完美人格所必具的德性，有普遍性，是所有完美的人共具之美德。」❶他的文本根據則是「君子義以為質」這句話。從表面上看，這句句子中的「義」可以當美德講。但古人卻不這麼理解。鄭康成云：「義以為質謂操行」。此操行非德性，乃行義也。程子曰：「義以為質，如質幹然。禮行此，孫出此，信成此。……以義為本。」朱子對這句話的解

---

❶ 《左傳‧昭公十四年》。

❶ 《左傳‧昭公二十八年》。

❶ 見黃俊傑：〈「義利之辨」及其思想史的定位〉，頁332。

釋完全秉承程子：「義者制事之本，故以為質幹。而行之必有節文，出之必以退遜，成之必在試實。」⑱劉寶楠《論語正義》也把「義以為質」解釋為「行義」：「『義以為質』者，義者，宜也，人行事所宜也。〈禮運〉云：『何謂人義？父慈子孝，兄良弟弟，夫義婦聽，長惠幼順，君仁臣忠，十者謂之人義。講信修睦謂之人利，爭奪相殺謂之人患。故聖人之所以治人七情，修十義。講信修睦，尚辭讓，去爭奪，舍禮何以治之？』……是凡禮皆以行義也。」⑲黃式三對「義以為質」的解釋是：「事得其宜之為義，即《易》所謂『推行盡利』，《中庸》所謂『時措之宜』也。」⑳今人程石泉對此處「義」字的訓解是：「義者，宜也，人之言行所宜也。」㉑這些詮釋者都把此句中的「義」當「宜」或「正確行為的準則」，而不是當「美德」講。

　　如果「義」是「適宜」和「適當性」的話，那麼它究竟蘊含在哪裡？顯然，這種「適宜」和「適當性」不外是指人的行為的適宜或適當。什麼樣的行為算是適宜或適當的？自然是符合事物的實際情況和當然之理的行為，按照道德「應當」和人倫大義行事的行為才是適宜或適當的。並且，適宜或適當與否，還要隨具體情況而定，決不是死板固定的。因此，它不可能「蘊含在所有的人及其各種行為之中，為人類普遍共有，有其普遍性」。㉒如果那樣的話，就不會有不適宜的行為了。人可以用內心來判斷一個行為是否適宜，但適宜本身卻不在「任何一個成德的人格（君子）的心中」，㉓而在事情本身的事理中，事情和天理決定適宜與否。例如，父慈子孝是一種「義」，人心中可以有此義，但它並不源於人心，而是源自人的社會存在。孔子從來也沒有強調過「義」的「內在性」，而是始終在公共生活的脈絡下說「義」，他要人「見利思義」，「見德思義」，恰恰是因為「義」代表了社會性的道德要求，具有規範和引導行為的普遍意義，因而不僅僅是內心的德性。義固然需

---

⑱　朱熹：《四書集注》，頁 165。

⑲　劉寶楠：《論語正義》（中華書局，2007 年），下冊，頁 629。

⑳　黃式三：《論語後案》（鳳凰出版社，2008 年），頁 447。

㉑　程石泉：《論語讀訓》（上海古籍出版社，2005 年），頁 281。

㉒　黃俊傑：〈「義利之辨」及其思想史的定位〉，頁 335。

㉓　同上，頁 339。

要人的道德自覺才能實現，但它本身不是道德自覺，而是道德自覺所覺悟者。

　　義作為規定人行為的道德要求和準則，具有普遍性的特徵，即它對於所有人都是有效的，是區分君子與小人的標準，因此，不能說義內在於每一個人的心中。對於孔子來說，君子與小人不是天生的，而是後天養成的，成德是一個漫長的，甚至是終身的過程。夫子本人也到了七十才「從心所欲，不逾矩。」因此，「義」不可能先天就在每一個人心裡，那就不會有君子小人之分了。我們可以說「義」是在每一個成德的人格（君子）的心中，但不能說後天成為君子的人天生心中就有義，而是當他成為君子時，義的觀念進入了他的心中。義在君子心中，只是說君子有自覺的「義」（道德）的意識，而不能說他產生了「義」，因為「義」決不僅僅涉及個人行為，也涉及集體行為和國家行為（《大學》有云：「國不以利為利，以義為利也。」），如果它只是個人主觀的產物，就沒有道德律令必具的普遍性和絕對性。「義」始終有超越的性格。

　　與此相反，「利」在任何時候，任何情況下都是個別的、特殊的，哪怕它是某個集體（家庭、部落、團體、國家、民族）之利，它總是與「我」有關才能是「利」。他者之利或全體之利屬於義，而不是與義相對的那個「利」。《左傳・襄公九年》上固然有「利，義之和也」的說法，但那個「利」是「利物」，即按事物之所宜行事，而不是「利己」，那才能「足以和義」。[24]利物物必利，這樣的「利」是一切事物所由成的根本，一切事物之善（Good），所以在古人看來「夫利，百物之所生也，天地之所載也，……天地百物，皆將取也。」[25]但是，孔子時代的人也已經看到人總想獨佔利益，以及由此而生的危害：「而或專之，其害多矣。」[26]從而提出：「利不可強，思義為愈。義，利之本也。」[27]只有以義為本，才能人人得利：「民之有君，以治義也，義以生利，利以豐民。」[28]按天理事宜辦事，是全民之

---

[24]　「利」不是指「利己」而是指合乎事宜在《左傳》中還有一個例子，成公十六年傳曰：「……義以建利，禮以順時，信以守物。……用利而事節，時順而物成。」

[25]　《國語・周語上》。

[26]　同上。

[27]　《左傳・昭公十年》。

[28]　《國語・晉語一》。

利，這是理之所然，「義所以生利也」，㉙是在這個意義上講的，而非將義理解為個人獲利的工具。總之，義固然要通過每個人的道德覺悟和修養來實現，但在孔子及其同時代人那裡，卻決非是個人（我）的產物，而恰恰是在「我」之上的東西；而「利」逐漸與「我」有非常密切的關係。

貳、孟子義內說辨

談傳統的義利之辨的思想，不能繞過孟子，不僅因為他在孔子思想的基礎上「更進一步嚴義利之辨」，㉚更因為通過考察他關於義利之辨的思想，可以澄清其中蘊含的一些重要問題。首先，對於孟子來說，義源於何處？在許多人看來，這根本不是一個問題，因為孟子說得很清楚：「仁義禮智根於心」（〈盡心上〉）；而且他在與告子辯論時明確說：「羞惡之心，義也；……仁義禮智，非由外鑠我也，我固有之也」（〈告子上〉）；並因此批評告子，說他「未嘗知義，以其外之也」（〈公孫丑上〉）。然而，孟子在〈公孫丑上〉中，卻說：「羞惡之心，義之端也，」它與惻隱之心、辭讓之心、是非之心一起，構成了人之四端，即善或道德意識的萌芽。它們是人達到仁義禮智四德目的內在潛能，但本身還不是這四德目。必須加以擴充，才能成善，「苟能充之，足以保四海；苟不充之，不足以事父母」（〈公孫丑上〉）。孟子的性善論決非是主張「人之初，性本善」，而是說人性中有為善成德的潛能，但這只是一種可能，而不是現實，雖說它構成了人性的本質，構成了人與禽獸的根本區別。從人本身的現實條件（生物欲望），從人的實然之性（自然之性）來說，「人之所以異於禽獸者幾希」（〈離婁下〉），人只有通過存心養性的工夫，才能求其放心。人雖都有良心，這是人之為人的先天條件，但不等於現實條件，否則就不會有不義之人和不義之事了。由於人本身的現實生存狀況，大多數人都失其本心，要經過自覺的努力，也就是「求」，才能找回本心即良心，「求則得之，舍者失之」（〈盡心上〉）。孔門的學問在一定意義上可說就是求此放心之學：

㉙　《國語·周語中》。

㉚　黃俊傑：〈「義利之辨」及其思想史的定位〉，頁311。

「學問之道無他，求其放心而已矣」（〈告子上〉）。

那麼，如何來解釋「羞惡之心，義也」，以及「仁義禮智根於心」的說法？有論者認為，〈告子上〉中「羞惡之心，義也」這段話，行文有省略。後面「或相倍蓰而無算者，不能盡其才也」中的「才」字可以解釋為「初生之質」，剛好與「端」字的意思相近，因此，「不能盡其才也就是不能擴充四端的意思。❸這個解釋顯然是正確的，〈告子上〉的這段話與〈公孫丑上〉的那段話的意思應該是基本一致的，孟子的確並不認為惻隱、羞惡、辭讓、是非等四心就是仁義禮智本身，它們只能達成這四德目的潛能，這是他人性論的一個最基本的觀點。至於說〈告子上〉的這段話是否「行文有省略」，則恐未必。因為孟子在說了四心就是仁義禮智後，緊接著就得出結論說：「仁義禮智，非由外鑠我也，我固有之也，弗思耳。」這段話加上「仁義禮智根於心」，表明孟子的確主張仁義內在說，❸千百年來學者對此都無異議。

如果仁義內在說與成德是一（需要通過自覺的道德努力才能完成的）過程同屬孟子的基本思想，那麼孟子說：「惻隱之心，仁也；羞惡之心，義也；辭讓之心，禮也；是非之心，智也」就未必是「行文有省略」。孟子之所以在〈公孫丑上〉中把四心稱為四端，而此處直接將它們等同於仁義禮智，朱子的解釋是：「前篇言是四者為仁義禮智之端，而此不言端者，彼欲其擴而充之，此直因著其本體，故言有不同耳。」❸朱子的這個解釋頗有道理，孟子在這裡不是「行文有省略」，而是著重點與前篇有所不同，前篇強調的是仁義禮智的可能性，而這裡是要彰顯四心擴充之後所達成者，即所謂要「著其本體」。對於孟子來說，沒有四心，或者說，沒有良心或本心，就沒有仁義禮智，因此說：「仁義禮智根於心」，心是仁義禮智之「根」，是其本源。

那麼，孟子的「良心」究竟何指？從《孟子》中有關的文字中可以發現，孟子

---

❸ 楊澤波：《孟子性善論研究》（中國社會科學出版社，1995 年），頁 46。

❸ 劉述先回憶他在大學求學期間請教牟宗三孟子思想的綱領為何，牟氏答以「仁義內在，性由心顯」八字。見劉述先：〈孟子心性論的再反思〉，載〔美〕江文思、安樂哲編，梁溪譯：《孟子心性之學》（社會科學文獻出版社，2005 年），頁 194。

❸ 朱熹：《四書集注》，頁 328。

基本訴諸道德情感來說明良心，從齊宣王見釁鐘之牛而生不忍之心，到見孺子落井而生怵惕惻隱之心，無不是一種道德情感，羞惡之心自然也是。並且，如果良心主要是道德情感的話，那麼辭讓之心、是非之心也都是出於道德情感。就此而言，我們未嘗不可認為道德情感構成了孟子道德哲學的一個重要基礎。道德離不開情感，甚至起於道德情感，在這點上孟子與近代英國的道德情感論者頗為相似。休謨（David Hume）明確指出：「道德可以說是被人感覺到的，而不是被人判斷出來的。」❸❹沙夫茨伯里（Shaftsbury）三世伯爵和哈奇森（Francis Hutcheson）提出，道德義務來自像愛和憐憫這樣的仁愛（benevolent）情感，它們像妒忌、貪婪和自我保存的衝動這樣的傾向一樣是自然和普遍的。此外，人有一種道德感，它在為公善的行為中得到滿足。這種道德情感使我們不去追求快樂而履行對他人的義務。休謨和亞當·斯密（Adam Smith）也都認為同情心是道德的基礎。但為什麼會有那樣的道德感？在此問題上孟子就與英國道德情感論者很不一樣了。他們不是把它歸結為自然的人性和心理機制與結構的話，就是將它與功利性掛鉤。而孟子剛好相反，道德情感雖然也是先天的人性，但不是如妒忌、貪婪、自保這樣自然傾向意義上的人性，那在儒家看來實際是人欲，而非人性，道德情感是人之為人之本質規定意義上的人性，它並不是純然的心理機制，而是其中有道：「蓋上世未有不葬其親者，其親死，則舉而委之於壑。他日過之，狐狸食之，蠅蚋姑嘬之。其顙有泚，睨而不視。夫泚也，非為人泚，中心達於面目，蓋歸反虆梩而掩之。掩之誠是也，則孝子仁人之掩其親，亦必有道矣」（〈滕文公上〉）。其次，道德情感無關功利目的。

然而，就像種子還不等於植物本身一樣，作為仁義禮智四端的四心，也不就是仁義禮智。它們經過擴充後，可以產生仁義禮智的行為，但不能說它們（哪怕擴充後）就是仁義禮智。仁、義與智既可以是德性，也可以是道德準則、行為規範。否則孟子就無法區分行以仁義行和行仁義了（〈離婁下〉）。「行仁義」是做符合仁義要求的行為，卻未必是出於仁義的德性；而「以仁義行」卻是出於仁義之心（仁義的德性）的行動。至於「禮」可以說本身不是德性修為，而是普遍的行為儀軌和制度性規定。我們說某人「有禮」時，只是說他的行為舉止符合「禮」的要求和規

---

❸❹　休謨著，關文運譯：《人性論》（商務印書館，1980 年），頁 510。

定。孟子顯然沒有注意仁義禮智本身的多義性。

告子主張「仁內義外」，其實不無道理。因為「義」的本義就是「適宜」和「正當合理」。固然，何為「適宜」或「正當合理」，需要人的主觀判斷，朱子後來就著重把「義」解為主觀道德判斷：「義者，人心之制裁。」❸但並未放棄將它同時理解為「天理之所宜。」因為道德判斷雖出於本心，卻必須訴諸非主觀的事情本身。程子云：「處物為義。」❸正是這個意思。孟子在與告子辯論義內還是義外時，恰恰暴露了他由於忽略了「義」「天理之宜」和「事物之宜」的原始意義而產生的混亂。

告子主張義外的理由是：我們尊敬年長的人，是因為他們本身年長，就像我們認一物為白色，是因為它本身白一樣。這個論證如果讓現代西方的倫理學家來看，會說他混淆了道德行為與客觀認知。告子也沒有注意尊敬這個道德行為的主觀因素，但我們尊敬年長的人的前提和根據是他的確是長者，這點是無論如何無法推翻的。否則「長」不「長」就沒有意義了。然而孟子的回答卻是：「不識長馬之長也，無以異於長人之長與？且謂長者義乎？長之者義乎？」（〈告子上〉）意即我們對老馬的憐憫與對長者的尊敬是不同的，這不同是由於我們，而不是由於我們所「長」的物件。但他卻忘了，無論是馬還是人，首先必須有客觀「長」的性質，我們才會去「長」他們。孟子此論證的關鍵點是，既然「長」（對老馬和老人的一種行為態度）是出於我們，即「長者」，那麼「義」也應該是在「長者」，即在內，而不在「長之者」（被「長」的對象）。可他忘了，我們只有「長」了一個客觀是「長」的物件（長馬、長人），此一行為才稱得上「義」，因為它是「合適的」、「正當合理的」；否則便是不義。告子接下來的進一步論證比開始的論證更為恰當：「吾弟則愛之，秦人之弟則不愛也，是以我為悅者也，故謂之內。長楚人之長，亦長吾之長，是以長為悅者也，故謂之外也。」（〈告子上〉）愛人（仁）的標準在我（在實際生活中愛上一個不該愛或不能愛的人是常有的事），所以說「仁內」。而尊敬年長者卻有一個先決條件，即被「長」者必須是長者，不管他是楚人還是家人，人們決不會去

---

❸　朱熹：《四書集注》，頁231。
❸　同上，頁330。

「長」一個黃口小兒，所以說「義外」。孟子的回答十分無力，根本無法正對告子的論證，只是重複對待事物態度是出於主觀：「耆秦人之炙，無以異於耆吾炙，夫物則亦有然者也。然耆炙亦有外與？」（〈告子上〉）這實在是一個糟糕的論證，因為「耆炙」只是主觀欲望和喜好，而不是道德態度和行為，根本不能用來證明「義」之內外。這個混亂的論證雖不能完全顛覆仁義內在說，但至少說明它在理論上是有困難的。

　　孟子仁義內在說的一個主要問題是，他在討論「義」❸時，雖然在不同的語境中在不同的語義上使用「義」，但為了強調「義內」，卻有意無意混淆了它的主觀義和客觀義。其實，在《孟子》中，「義」在許多地方就是指作為一個客觀的道德目標，而不是純粹內在的東西，如：「生，我所欲也；義，亦我所欲也，二者不可得兼，捨生取義者也」（〈告子上〉）和「理義之悅我心，猶芻豢之悅我口」（〈告子上〉）中的「義」，就是這樣。捨生取義，固然是自由意志的行為，但「義」本身卻不就是自由意志，否則就沒有捨生取義的嚴酷和悲壯了。將禮義比作芻豢，顯然不自覺地將它們當作自身外的東西了。另外，「先生以仁義說秦楚之王，秦楚之王悅以仁義」（〈告子下〉）中的「仁義」，也肯定是指一整套仁義的道理和原則。「義」又指人的行為準則與指導原則，如「居仁由義」（〈盡心上〉），它是人生之正路。「義」又指「道理」和「意義」，如「孔子曰：『其義則丘竊取之矣』」（〈離婁下〉）和「敢問不見諸侯，何義也」（〈萬章下〉）之「義」。最後，「義」又指合乎「義」的事情或行為，如「行一不義」（〈公孫丑上〉）和「春秋無義戰」之「義」，都是此義。無論是「客觀的道德目標」；「一整套倫理道理和原則」；「人的行為準則和指導原則」；「道理和意義」還是「符合義的事情和行為」，都不能是純粹內在的；而是普遍和公共的，是客觀的，不以堯存，不以桀亡。孟子由於未能區分「義」的不同意義，未能區分義的人性潛能和作為道德理想的義的客觀存在，未能區分作為道德判斷的「義」和作為「天理之宜」和「事物之理」的「義」，只注重「義」之實現的主觀因素，因而主張義內而非義外。

---

❸　鑒於本文的主題，本文主要討論孟子「義」的觀念。

參、儒家倫理學在什麼意義上是自律倫理學？

孟子主張義內而不是義外，當然不能視為由於語義學的錯誤而導致的道德哲學的錯誤，畢竟，道德有其內在的根源：道德意識、道德判斷、道德選擇、道德行為，無不出內而不緣於外，即出於行為者的主觀因素而不是外在的強迫。即便是各種外在論的道德哲學，如功利主義和實用主義的道德觀，也不能完全抹殺這主觀（內）的因素，雖然在這些道德理論那裡，人們的道德行為歸根結底是出於種種利害的考慮，因而可以說是被迫的。但道德並不僅僅是由道德意識或道德情感構成的，還必須有道德原則、道德規範和道德標準，即一整套人們共同生活的原則和準則。沒有這一整套的人們共同生活的原則和準則，道德意識、道德情感、道德選擇、道德判斷、道德行為，都是無意義的，也是不可能的。無論道德意識和道德行為是出於主動還是出於被動，都以道德原則和準則的存在為前提，如果沒有「不得殺人」的道德規範在，殺人與不殺人同樣無所謂道德不道德，或者說義不義。這恐怕不會有異義。

問題在於，道德原則與準則源於何處？是源於本心、自由意志或理性；還是出於一個超越的存在，如上帝，或外在的社會存在——文化傳統、社會狀況或共同體的約定或契約規定；或根本就是出於功利的考慮，這就人言言殊了。道德（仁義）究竟是出於內還是出於外，構成了倫理學討論的一個中心話題。

在西方倫理學史上，道德內在說最著名的代表當數康德（Immanuel Kant），康德倫理學理論的核心可以說就是主張道德根源於人本身，而不是任何外在的權威或超驗者，即所謂的自律說。康德道德自律說大致意為：原則上人不需要別人告訴他就都知道應該做什麼，因為種種道德要求不是別人強加於他，而是他自己加於自己的。道德法則是理性，確切說，理性的意志自己給自己的立法，每個理性的人自己給自己發出道德命令，他服從的不是別人，正是他自己，因為道德法則是他自己的理性意志自己規定的。但這並不意味著道德法則是主觀相對的，因為人人皆有理性意志，人同此心，心同此理，因而我的理性意義規定的東西可以普遍化為一般法則。

康德的自律說很容易使人聯想在孟子的仁義內在說，並把它也解釋為是一種道德自律理論。而孟子的「仁義禮智根於心」、「仁義禮智，非由外鑠我也，我固有

之也」的說法，似乎也足以證明孟子的倫理學也是自律倫理學。自牟宗三先生以康德的「自律」概念來解釋儒家倫理思想，提倡儒家倫理學亦是一種自律的道德哲學後，從者如雲，幾成不刊之論。但亦有提出異議者，如黃進興先生。黃先生在他的大文〈所謂「道德自主性」：以西方觀念解釋中國思想之限制的例證〉中，提出了康德道德哲學與儒家學說的諸多不同，以表明若以西方思想來比附中國思想，將使中國思想研究淪為各種西方思想利器或意識形態的實驗場，而使中文典籍的本體地位蕩然無存。❸文中他以孟子的四端說為例，來說明儒家倫理在出發點上就與康德哲學不同。❹但卻沒有正面回應主張儒家倫理學說也是一種自律（即自主性）者的兩個主要論據，即孟子的「仁義禮智根於心」、「仁義禮智，非由外鑠我也，我固有之也」這兩段話，反而認為「仁義禮智，非由外鑠我也，我固有之」表明「中國儒家的學說中誠然有某些部分可以與康德的道德哲學相通。」❹

眾所周知，康德道德哲學「自律說」的要義便是道德內在說，即道德起源於人的理性意志，而非任何其他的東西，包括人的道德情感，因為在康德看來，道德情感屬於經驗領域，不能作為具有普遍性的道德法則的基礎。當黃進興先生以孟子的「四端說」為例來說明儒家思想與康德道德哲學的出發點根本不同時，的確擊中了主張儒家倫理思想也是一種道德自律或自主性理論者的軟肋。儘管牟宗三也曾說：「……惻隱、羞惡、辭讓、是非等心，是情，也是理。理固然是超越的、普遍的、先天的，但這理不只是抽象地普遍的，而且即在具體的心與情中見，故為具體地普遍的；而心情與情亦因其即為理之具體而真實的表現，故亦上提為超越的、普遍的、亦主亦客的，不是實然層上的純主觀，其為具體是超然而普遍的具體，其為特殊亦是超越而普遍的特殊，不是實然層上的純具體、純特殊。」❹這恐怕是他自己的理解，而決不會是孟子的意思。照牟先生上述說法，惻隱等四心即是理。既然已是理，就無須再在就是其本身的「心與情中見」了，就無須再煞費苦心說它「不是

---

❸ 黃進興：〈所謂「道德自主性」：以西方觀念解釋中國思想之限制的例證〉，載氏《優入聖域：權力、信仰與正當性》（陝西師範大學出版社，1998 年），頁 9-33。

❹ 黃進興：〈所謂「道德自主性」：以西方觀念解釋中國思想之限制的例證〉，頁 18-19。

❹ 同上，頁 17。

❹ 牟宗三：《心體與性體》（臺北：正中書局，1973 年），第一冊，頁 127。

實然層上的純主觀，……不是實然層上的純具體了。」然而，對於孟子來說，四心就是「實然層上的純具體」，我們從他舉的說明四心的例子就可以看出。四心總是因具體事情，如牛將釁鐘、孺子落井、親人暴屍郊外等而生。也就是說，它們一定總是在經驗、實然層面。

李明輝教授為了證明四端不屬與理性相區分的經驗領域，借用謝勒（Max Scheler）「精神底情感性」理論，說四端也屬於此一領域。❷「精神底情感性」是謝勒為了反對西方自古以來理性與感性經驗二分，尤其在康德哲學中的二分而提出的一個思想。「精神情感」是不同於通常所說的理性與感性之外第三種精神能力，它的領域也是一個不同於理性和感性領域之外的又一個領域，它「與整個感性領域，本身甚至與明顯不同於此領域的生命或身體的種種行為方面毫不相干。」❸它把握的是情感中的先天內容，即所謂「心的秩序」。但孟子的四端顯然不是與感性領域和生命與身體的行為方面毫不相干，而是不能絲毫分離，因為它不是「價值直觀」，而是道德行為的起始，必須最終達成道德行為，離開了在感性領域的生命與身體的行為，即力行，如事親從兄，就無仁義可言，四端也就毫無意義。牟先生所謂「具體地普遍的」，說白了就是表現為經驗事實的普遍。四端的經驗相關性，是無法否認的。

其實，只有像康德那樣把理論建立在本體與現象，理性與感性二分的理論，才需要嚴格區分本體界與現象界，理性與感性。儒家思想從來就沒有這種西方特有的二元論，也不可能有一個嚴格非經驗的領域。孟子的四端，與其說是謝勒的「精神底情感」，不如說更近於近代英國道德情感論者的「道德情感」。

按照康德的道德哲學，道德自主性或者說道德自律是以排除經驗因素為前提的，因為道德只能是純粹實踐理性的產物，是人理性自由的產物。道德法則表現為要求無條件服從的絕對命令，它本身就是目的，而不能是手段。經驗必然有損道德的普遍性和無條件性。康德這種純粹理性的道德哲學，是他試圖回答當時各種道德哲學產生的問題的特殊語境使然，也是他自己哲學體系的特殊性使然。孟子既然面

---

❷　李明輝：《儒家與康德》（臺北：聯經出版事業公司，1990 年），頁 136。

❸　Scheler, *Der Formalismus in der Ethik und die materiale Wertethik,* Gesammelte Werke, Bd. 2（Bern: Francke, 1954), S. 85.

對的問題與康德很不一樣，傳統也根本不同，他不太可能像康德那樣運思。設想他和康德一樣，將經驗完全排除在道德的起點之外未免有點失之牽強。

但是，孟子並未將經驗排除在道德的起點外，也不等於就能否定他的道德哲學不是一種自律倫理學，關鍵還是要看他是在什麼意義上說「仁義禮智根於心」和「仁義禮智，非由外鑠我也，我固有之也」，以及它們是否與康德的道德哲學相通。孟子並未像康德那樣，明確表明仁義禮智是心自己的立法或規定。「根於」和「固有」究竟是什麼意思？顯然，將「根於」和「固有」解釋為「心為立法者」❹有點詮釋過度。將它們解釋為「產生」，即心產生道德法則，似乎順理成章，實質未必。《孟子》中還有一句非常有名的話，與此二句相似，這就是「萬物皆備於我」（〈盡心上〉）。朱子對詞句的解釋是：「此言理之本然也。大則君臣父子，小則事物細微，其當然之理，無一不具於性分之內也。」❺但趙岐則注為：「皆備知天下萬物。」❻將這兩個注聯繫起來看，未嘗不能將「固有」、「皆備」、「具於」都理解為心有知仁義禮智（即「理之本然」）的可能，即有道德意識的可能。這種可能性屬人的性分，是先天必然的，是人就有這種可能性。但在實然層面，良心（道德意識）很可能缺席，故要存要求，「求則得之，舍者失之」。善與不善，端在於此。

另一方面，「非外鑠我也」的意思顯然不是「非外部產生」或「外部權威規定」的意思。「鑠」原義為熔化金屬的意思，《說文》：「鑠，銷金也。」轉義為灼爍，通明透亮，如玄應《一切經音義》：「鑠如，閃鑠也。言忽霍暫明也。」《六書故·地理一》：「鑠，火洞明因謂之鑠，別作爍。」因此，「非外鑠我也」的意思是說，仁義禮智不是由於外界的啟發才為我們所知，而是我們本身具有能洞察它們的道德意識（良心）。這裡「鑠」的意思，接近英文的 lighten 和 enlighten。人有四心（良心），亦即道德意識，故能知仁義禮智。宋儒程頤對此說得很清楚：「因其惻隱之心，知其有仁。」❼明儒高攀龍也有類似的看法：「人性因感而發，

---

❹ 李明輝：《儒家與康德》，頁 89。

❺ 朱熹：《四書集注》，頁 350。

❻ 《十三經注疏·孟子注疏》（北京大學出版社，1999 年），頁 353。

❼ 程顥、程頤：《二程集》，上冊，中華書局，頁 168。

有惻隱、羞惡、辭讓、是非，方知有仁義禮智。」❹這都表明，儒家認為，仁義禮智乃由我們自身的道德意識所體察，而非由外界得到啟發。這與康德的理性意志自我立法，規定道德法則的自律說有明顯的不同。

四心只是道德的起始，道德的萌芽，並不必然變成道德，更談不上規定道德法則，如齊宣王縱然有不忍之心，卻未必行不忍之事。良心只是道德的基礎與可能性，必須通過存養擴充才能成為道德。另一方面，對於儒家來說，沒有像基督教十誡那樣明確規定的行為戒條。仁義禮智只是指點行為方向，而不是行為的具體規定。故伊川曰：「性中只有仁義禮智四者，幾曾有孝弟來？」❹如何行事，端看天理之所宜。「言不必信，行不必果，惟義所在」（〈離婁下〉）說的就是這個道理。這就使得道德判斷，即作為「人心之制裁」的「義」十分重要了，因為「宜」與「不宜」，那是裁斷後才知道，「宜字乃裁斷後字。」❺就此而言，亦可說「義內」，即指導我們行動的道德判斷出於內，而非外。

孟子之所以要堅持仁義內在，並不僅僅因為道德意識與道德判斷是道德得以實現的關鍵，離開這二者，道德云云只是一句空話；更因為他要以此來強調道德是我們的內在要求。儒家思想家清醒地看到，道德的一個基本特徵就是與個人的自然欲望有衝突，也就是義與利之間存在著緊張關係。出於任何外在考慮（利益的誘惑或害怕懲罰）的行為嚴格說都已經談不上道德了。宋明儒將義利之辨尖銳化為天理人欲之爭，即要突出問題的嚴峻。道德是社會得以健康存在，人們得以和諧相處的基本條件，但它又是與人欲（私利）相衝突的。在這種情況下，只能訴諸人的道德自覺，否則必定會將道德還原為非道德的東西（刑罰或功利）。基於此種考慮，儒家必須堅持道德的自覺性和自主性，即道德必須是出於非功利的自覺，而非任何功利的考慮。僅此一點，儒家的確與康德有相通處。儒家倫理學也可稱為自律倫理學；但此「自律」的意思，並非意志或道德主體給自己立法，自己規定道德法則，而是有道德自覺，能自己約束自己也。

---

❹　高攀龍：《高子遺書》，卷三，轉引自黃進興：〈孟子的「四端說」與「道德感說」〉，《優入聖域：權力、信仰與正當性》，頁 45。

❹　程顥、程頤：《二程集》，上冊，頁 183。

❺　陳淳：《北溪字義》（中華書局，2009 年），頁 19。

肆、天人共律的儒家道德

然而，道德行為總是包含對事情和行為義與不義或善與惡的判斷，而要進行判斷；而判斷就最終還要有個標準，否則判斷就沒有意義，就大可不必。判斷的標準越明確，判斷就越簡單，甚至可以不要判斷，只要照章辦事就行了。康德的倫理學雖然人稱「形式主義倫理學」，但對基本道德準則的規定卻十分明確，毫不含糊到了絕對沒有商量（斟酌）的地步，因而無須判斷，更不必斟酌，只要刻板照辦就為道德。在一篇題為〈論假定的出於仁愛動機的說謊的權利〉的回應法國思想家貢斯當的文章中，康德就向我們表明了，當我發現一個道德命令，即絕對命令（der kategorische Imperativ）時，我們是發現了一條沒有例外的規則。針對貢斯當提出的「善意的謊言」的問題，康德舉例說，假定有人問我他欲加害的人在何處，而我為救那人撒了謊。那麼那個欲殺人者就會照我所指的方向去找那被害者，可我卻不知，那被害者這時正好將藏身之處換到了我告訴欲殺人者的地方。結果，兇手恰恰因為我的謊言而得逞了，而我恰恰因為我的謊言而也有責任。但如果我說真話的話，不管發生什麼，我都不會有責任。因為我的義務是服從道德命令（不要撒謊），而不是考慮後果。**❺**

儒家倫理學正好與此相反，它沒有非常明確的行為規則和戒律，只有指點行為方向的原則，如仁義禮智。但何為仁義禮智，則不是一個知性或理論的問題，而要在實踐中，根據不同的道德處境，通過道德判斷和選擇，來具體回答，沒有一定之規。「子貢欲去告朔之餼羊，是計較無益之費，便是利。孔子愛其禮不愛其養，便是義。」**❺**言信行果也不是絕對的，端視義在所在。攘羊固然不對，但父為子隱，子為父隱，夫子卻以為「直」。但這並不意味著儒家思想是一種道德相對主義或情境倫理學（situational ethics），以道德主體的意志或實際處境為轉移，沒有超越道德主體的客觀統一的、普遍的、絕對的價值標準，道德是因人因事而異。在強調道德

---

❺ Cf. Alasdair Macintyre, *A Short History of Ethics* (London, Melbourne & Henley: Routledge & Kegan Paul, 1967), p. 195.

❺ 陳淳：《北溪字義》，頁 55。

判斷的特殊性這點上，儒家與現代德性倫理學頗為相似。不過，儒家倫理有一個超越道德主體的最終標準，這就是義。

義者，宜也。但此「宜」卻不是對某個道德主體而「宜」，而首先是「天理之宜」，具有超主體的權威，必要時得犧牲生命服從這個權威，捨生取義即此義也。義利之辨之「義」，也是這個「天理之宜」，這個天理之宜有時往往對個人並不「適宜」。即便如此，還是要義不容辭，義無反顧。作為天理之宜的「義」，不是任何人能決定的，但卻無條件地決定行為的宜（義）與不宜（不義）。所謂「非義之義」（〈離婁下〉），就是有違天理，卻以「義」的面貌出現的東西。孟子把「義」喻為「人之正路」（〈離婁上〉），路即道也，❺❸人只有遵道而行才能達到仁義的目的。路不是由人任意開闢的，而是由目的所最終決定的。天理或天道非人所能決定，它以其不為堯存，不為桀亡的性格，具有絕對的客觀性，人能聞道知理，但不能產生道和理，道與理屬天，「誠者，天之道；思誠者，人之道也」（〈離婁上〉），說的就是這個道理。人能思天聞道，也不完全是由於自己的主體性，「此天之所與我者」（〈告子上〉）。

然而，天道天理並非像西方哲學中的自然客體那樣是絕對的超越者，而是必然體現為人道，人道人理來源於天道天理。《詩》云：「天生烝民，有物有則；民之秉彝，好是懿德。」❺❹孟子對此闡釋道：「孔子曰：為此詩者其知道乎！故有物必有則。民之秉彝也，故好是懿德」（〈告子上〉）。有物必有則，事物的法則來自於天，則天法地，方有人間的禮義。❺❺孟子雖然講盡性知性知天，但確如張岱年先生所言：「語焉不詳，論證不晰，沒有舉出充分的理據。」❺❻可是，經過一些現代論

---

❺❸ 《禮記·表記》云：「道者義也。」朱子也將「行天下之大道」（〈滕文公下〉）]中的「大道」釋為「義」（朱熹：《四書集注》，頁266）。

❺❹ 《詩經·大雅·蕩之什》。

❺❺ 《左傳·昭公二十五年》：「吉也聞諸先大夫子產曰：夫禮，天之經也，地之義也，民之行也。天地之經，而民實則之。則天之明，因地之性，生其六氣，用其五行……為君臣上下以則地義。為夫婦外內，以經二物。為父子兄弟姑姊甥舅以象天明。……哀有哭泣，樂有歌舞。……哀樂不失，乃能協於天地之性，是以長久。……禮，上下之紀、天地之經緯也，民之所以生也，是以先王尚之。」

❺❻ 張岱年：〈「天人合一」思想的剖析〉，《中國觀念史》，頁27。

者借用西方主體性觀念的過度詮釋，孟子似乎成了中國主體性哲學的開山，而他的「盡心知性知天」說也一再被用來證明儒家哲學是一種主體性哲學，儒家倫理學是自律倫理學。但無論如何，在孟子那裡，絕無作為天之基礎的主體，孟子從未否認天對於人的絕對決定性，從根本上說，人不但對天無能為力，❺❼他知天的能力也是天之所與。

宋明儒儘管在天人關係上重心確有移動，即通過合天人由天移向人，但從未否定過天是道德的最終根據。張載一方面說：「禮之原在心」；另一方面馬上又說：「禮不必皆出於人，至如無人，天地之禮自然而有，何假於人？天之生物便有尊卑大小之象，人順之而已，此所以為禮也。學者有專以禮出於人，而不知禮本之天之自然，告子專以義外，而不是所以行義由內也，皆非也，當合內外之道。」❺❽這是對義內與義外問題的一個最好的說明。孟子說「義內」，意思只是「行義由內」，並非即是主張心為自己立法，義由心所規定。義出於天，所以要合內外之道，方有禮義，即道德。程顥也主張「合內外之道」，具體的途徑是「一天人」。❺❾他認為張載過於強調天的優位，不免陷於「二本」；❻❶而他「一天人」的方法卻是將心等同於天：「只心便是天，盡之便知性，知性便知天，當處便認取，更不可外求。」❻❶但他這麼說，卻並非是要以心為天，而是要進一步明確仁義道德的切己性：「仁者以天地萬物為一體，莫非己也。認得為己，何所不至？若不有諸己，自不與己相干。」❻❷他仍然堅持道德善惡非人為之理，實出於天：「事有善有惡，皆天理也。」❻❸甚至良知良能，都源自於天：「良能良知，皆無所由，乃出於天，不系於人。」❻❹伊川雖然說：「一人之心即天地之心」，❻❺但這決不意味著他主張任何意

---

❺❼ 「舜、禹、益相去久遠，其子之賢不肖，皆天也，非人之所能為也。莫之為而為者，天也；莫之致而至者命也。」（〈萬章上〉）

❺❽ 張載：《經學理窟·禮樂》，《張載集》（中華書局，1978 年），頁 264。

❺❾ 程顥、程頤：《二程集》，上冊，頁 59。

❻❶ 同上，頁 117-118。

❻❶ 同上，頁 15。

❻❷ 同上。

❻❸ 同上，頁 17。

❻❹ 同上，頁 20。

義的主體主義，相反，他堅持認為：「道未始有天人之別，但在天則為天道，在地則為地道，在人則為人道。」❻❻天道人道既為一道，自然源出於天，而非源出於人心。朱子同樣堅持道德源出於天，他在解釋《周易》乾卦「元亨利貞」時說：「元者，生物之始，天地之德莫先於此，故於時為春，於人則為仁，而眾善之長也。亨者，生物之通，物至於此莫不嘉美，故於時為夏，於人則為禮，而眾美之會也。利者，生物之遂，物各得宜，不相妨害，故於時為秋，於人則為義，而得其分之和。貞者，生物之成，實理具備，隨在各足，故於時為冬，於人則為知，而為眾事之幹。幹，木之身，枝葉所依以立者也。」❻❼

現代用「道德自主性」或自律說來解釋儒家思想的人，無不以陸王心學為理據。心學在現代得到許多學者的偏好，但往往是出於種種現代性的考慮，用西方的主體性思想來詮釋心學，結果似是而非，在挺立了所謂「主體性」，闡揚了「內在超越」的同時，卻失本來面目。即以象山為例，象山為學要發明本心自然不錯，可當人們用主體去格義此「本心」時，卻把本心變成了主體。其實，象山與二程、朱子一樣，也是要一天人。「一天人」在他那裡的說法就是「宇宙便是吾心，吾心便是宇宙。」可是，這並不是說，宇宙乃吾心之產物，天地萬物都可還原於心。相反，心並非最終本源，心源於道，道在人曰心：「道塞宇宙，非有所隱遁，在天曰陰陽，在地曰柔剛，在人曰仁義。故仁義者，人之本心也。」❻❽可以說，在天人關係上，象山與二程、朱子是基本一致的。他那作為仁義的本心，不過就是朱子講的「人道」。主張「心即理」，恰恰是要暗示心的超越根源，只有與此超越根源掛鉤，心學的基本主張才講得通。從「仁義者，人之本心也」不能得出心學是一種道德自主性的學說，因為超越的宇宙之理具有對任何人的絕對權威：「此理塞宇宙，誰能逃之，順之者吉，逆之者凶。」❻❾人絕不是道德立法者，而是順從者：「此理在宇宙間，未嘗有所隱遁，天地之所以為天地者，順此理而無私焉。人與天地並立

---

❻❺　同上，頁 13。

❻❻　同上，頁 282。

❻❼　朱熹：《周易本義》，《朱子全書》，第一冊，頁 146。

❻❽　陸九淵：《陸九淵集》（中華書局，2008 年），頁 9。

❻❾　同上，頁 257。

為三極，安得自私而不順從此理哉？」⑦

　　陸王向來並稱，但象山與陽明的思想並不一致。⑦陽明的思想似乎的確可以視為一種「道德自主性」學說。「象山只講無心外之理，陽明則更講心外無物，心外無事。」⑦在他看來：「人者，天地萬物之心也；心者，天地萬物之主也。心即天，言心則天地萬物皆舉之矣。」⑦心「虛靈不昧，眾理具而萬事出。心外無理，心外無事。」⑦「心，一而已。以其全體惻怛而言謂之仁，以其得宜而言謂之義，以其條理而言謂之理。」⑦然而，如果我們懸置唯心論的成見仔細考察的話，就會發現陽明思想並非西方意義上的唯心論。西方唯心論的共同特點是心為宇宙最後的根據，它決定自己也決定萬物。而在陽明那裡，心為天所命：「天之所以命於為者，心也，性也，吾但存之而不敢失，養之而不敢害，如父母全而生之、子全而歸之也。」⑦他之所以要說「心即天」，無非是同樣是要「合內外之道」，明天地萬物為一體之理，所以他也堅決反對內外之分。「夫理無內外，性無內外，故學無內外；講習討論，未嘗非內也；反觀內省，未嘗遺外也。夫謂學必資於外求，是以己性為有外也，是義外也，用智者也；謂反觀內省為求之於內，是以己性為有內也，是有我也，自私者也：是皆不知性之無內外也。」⑦分內外，辨人己，則「分隔隘陋猶小人矣。」⑦將心提到天的高度，是要人「去其私欲之蔽，以自明其明德，復其天地萬物一體之本然耳；非能於本體之外而有所增益。」⑦也就是說，道德不是主體自我立法，自我規定，而是一個「天地萬物一體」這個宇宙論事實之「本然」

---

⑦　同上，頁 142。

⑦　參看張岱年：《中國哲學大綱》，頁 70-71。

⑦　同上，頁 71。

⑦　王守仁：《王陽明全集》（上海古籍出版社，1992 年），上冊，頁 214。

⑦　同上，頁 15。

⑦　同上，頁 43。

⑦　同上，頁 44。

⑦　同上，頁 76。

⑦　王守仁：《王陽明全集》（上海古籍出版社，1992 年），下冊，頁 968。

⑦　同上。

之用。⑧所以他和其他儒家思想家一樣，認為道德倫理實乃天理：「天地感而萬物化，聖人感人心而天下和平，至誠發見也。……觀天地交感之理，聖人感人心之道，不過於一貞，而萬物生，天下和平焉，則天地萬物之情可見矣。」⑧陽明的心學決不是貝克萊（George Berkeley）式的唯心論，決不是「不知覺即不存在，人不感物即無物；受知覺然後為存在，感物然後有物。」⑧他心學的意思只是說，事物總是被在我們以某種方式感知才呈現而不是才存在。事物的存在是我們感知的前提：「目無體，以萬物之色為體；耳無體，以萬物之聲為體；鼻無體，以萬物之臭為體；口無體，以萬物之味為體；心無體，以天地感應之是非為體。」⑧如果「心無體，以天地萬物感應之是非為體」的話，我們能說心為自己立法嗎？

陽明之「心」的概念與西方唯心論之「心」的概念之最大區別，在於前者恰恰要去「我」，無我；而後者的實質就是「我」。當陽明說：「人心是天淵。心之本體無所不該，原是一個天」時，⑧他的意思是要以天去心之「我」（私）。與康德的道德哲學不同，他的道德哲學以心為體，不是出於理論的考慮，而是出於實踐的考慮：「諸君要識得我立言宗旨。我如今說個心即理是如何，只為世人分心與理為二故，便有許多病痛。如五伯攘夷狄，尊周室，都是一個私心，便不當理。人卻說他做得當理，只心有未純，往往悅慕其所為，要來外面做得好看，卻與心全不相干。分心與理為二，其流至於伯道之偽而不自知。故我說個心即理，要使知心理是一個，便來心上做工夫，不去襲義於義，便是王道之真。」⑧主張心即理，是為了

---

⑧ 「明明德者，立其天地萬物一體之體也。親民者，達其天地萬物一體之用也。故明明德必在於親民，而親民乃所以明其明德也。是故親吾之父，及人之父，以及天下人之父，而後吾之仁實與吾之父、人之父與天下人之父而為一體矣；實與之為一體，而後孝之明德始明矣。親吾之兄，以及人之兄，以及天下人之兄，而後吾之仁實與吾之兄、人之兄與天下人之兄而為一體矣；實與為之一體，而後弟之明德始明矣！君臣也，夫婦也，朋友也，以至於山川鬼神鳥獸草木也，莫不實有以親之，以達吾一體之仁，然後吾之明德始無不明，而真能以天地萬物為一體矣」（王守仁：《王陽明全集》，下冊，頁 968-969）。

⑧ 王守仁：《王陽明全集》，下冊，頁 978。

⑧ 張岱年：《中國哲學大綱》，頁 79。

⑧ 王守仁：《王陽明全集》，上冊，頁 108。

⑧ 同上，頁 95。

⑧ 同上，頁 121。

強調道德並在於做了什麼，而在於有道德意識。對於主張知行合一的陽明來說，心的工夫到了自然舉手投足莫非義，否則，善行未必出於善心，那種善行即孟子所謂不義之義。

總之，由於天人合一是儒家思想基本的存在論預設，我們在儒家思想家中找不到康德式的「道德自主性」或道德自律學說，道德的根據源出於天，道德的實現則由於人。如果一定要說道德由何者規定的話，我們可以說，在儒家那裡，道德是天人共律。天規定了道德的一般方向，具體的發用卻取決於人。仁義禮智只是指示道德實踐的方向，不是明確的行為規則，需要行動者根據具體情況作出正確的判斷和決定，沒有一定之規，「義理無定在，無窮盡。」❽因而，道德判斷（義）對於儒家倫理學來說便十分重要。

伍、義利之辨與道德判斷

休謨說：「道德可以說是被人感覺到的，而不是被人判斷出來的。」由於他的道德哲學沒有給予道德判斷以適當的地位，他的道德哲學充其量說明道德的動機，卻沒有說明人們為什麼這樣做而不那樣做。亞當・斯密雖然也將道德情感作為道德的基礎，但他不同意休謨關於道德的功利觀點。當我們在道德上贊同一個人的行為時，我們贊同它主要是因為它合適（宜），而不是因為它有用。道德情感能使我們產生道德的衝動，但卻不能告訴我們何種行為為宜，尤其是在各不相同的特殊情況下如何行事為宜（義），這就離不開道德判斷。道德判斷將提供我們道德決斷和行動的理由，以及對行為方式的選擇。

儒家從孔子開始就認為道德不是對號入座、照章辦事那麼簡單的事情。道德行為總是在一定的特殊情境和條件下發生，在實施方式（而不是原則）上沒有一定之規，孔子說他「無可無不可」（〈微子〉）就是這個意思。儒家倫理學只有一般的道德方向，而沒有像摩西十誡這樣明確的行為規定，因而道德判斷就更形重要，人們必須根據自己的實際處境來決定何者為宜，如何行動，道德規範不是絕對的。儒家

---

❽　同上，頁 12。

把道德判斷稱為「權」，經權關係問題構成了儒家思想史上的一個重要問題。「權」有「權變」和「權衡」二義。後者可直接理解為道德判斷；前者雖不能說是純粹的道德判斷，但亦不是完全沒有道德判斷的成分。例如，《春秋公羊傳》在評論祭仲行權（權變）時說：「行權有道，自貶損以行權，不害人以行權。殺人以生，亡人以存，君子不為也。」❽很顯然，在《公羊傳》的作者看來，只有含有道德考慮的權變，才算是「權」。在儒家那裡，權變不可能完全無關道德判斷。

孔子最早看到道德判斷的至關重要性，「可與共學，未可與適道；可與適道，未可與立；可與立，未可與權。」（〈子罕〉）每個人面臨的情況都不一樣，必須自己根據實際情況作出正確的判斷，道德判斷是成德的關鍵。「權」不能簡單理解為「權變」，而應該理解為道德判斷。因為「權」決不違背原則，而是在特殊情況下以適當的方式堅持原則：「夫權雖反經，亦必在可以然之域；不在可以然之域，故雖死亡，終弗為也。」❽董仲舒對作為道德判斷的「權」的特徵有精闢的論述：「凡人之有為也，前枉而後義者，謂之中權。」❽例如《孟子·離婁上》中「嫂溺援之以手」那一章就充分表明了儒家在這個問題上的立場。「男女授受不親」是一般的道德規範，但在嫂溺的情況下就要作罷。不僅如此，「天下溺，援之以道；嫂溺，援之以手」，不同情況要有不同的行為方式，像康德在任何情況下都絕對照道德規範行事，在儒家是不可想像的。

董仲舒對作為道德判斷的「權」的特徵有精闢的論述：「凡人之有為也，前枉而後義者，謂之中權。」❾例如《孟子·離婁上》中「嫂溺援之以手」那一章就充分表明了儒家在這個問題上的立場。「男女授受不親」是一般的道德規範，但在嫂溺的情況下就要作罷。不僅如此，「天下溺，援之以道；嫂溺，援之以手」，不同情況要有不同的行為方式，像康德在任何情況下都絕對照道德規範行事，在儒家是不可想像的。

然而，在朱子看來，伊川太偏重於經，未能區分經與權，倒不如「漢儒『反經

---

❽　《春秋公羊傳·桓公十一年》。

❽　董仲舒：《春秋繁露·玉英篇》，《董仲舒集》（學苑出版社，2003 年），頁 76。

❽　董仲舒：《春秋繁露·竹林篇》，《董仲舒集》，頁 64。

❾　董仲舒：《春秋繁露·竹林篇》，《董仲舒集》，頁 64。

合道』之說，卻說得『經』、『權』兩字分曉。」**❾1**朱子對「權」的道德判斷的意義有很好的理解：「以義權之，而後得中。義似秤，權是將這秤去稱量，中是物得其平處。」**❾2**「權之者，即是經之要妙處也。」**❾3**儘管如此，儘管朱子也批評伊川「說經字太重，若偏了，」**❾4**他自己也不免如此，他雖然承認權的意義，卻將它理解為不得已而為之的權宜之計：「經是萬世常行之道，權是不得已而用之，須是合義也。如湯放桀、武王伐紂、伊尹放太甲，此是權也；若日日時時用之，則成甚世界了？」**❾5**「蓋權是不常用底物事。」**❾6**朱熹的高第陳淳雖然也覺得權是「古今之通義」，但還是秉承師說，說權「非可以常行。」**❾7**如果「權」只是特殊情況下採取的特殊手段，那它的重要性就大打折扣。由於認為「合於權，便自與經無已」，**❾8**一些理學家很容易走向執理無權的立場。

然而，力倡知行合一的陽明，卻對道德判斷極為重視，其致良知的學說之精髓，即在道德判斷力的培養。現實生活中，節目時變不可預定，須人時時憑其良知作出正確的判斷和決定：「夫良知之於節目時變，猶規矩尺度之於方圓長短也。節目時變之不可預定，猶方圓長短之不可勝窮也。故規矩誠立，則不可欺以方圓，而天下方圓不可勝用矣；尺度誠陳，則不可欺以長短，而天下之長短不可勝用矣；良知誠致，則不可欺以節目時變，而天下節目時變不可勝應矣。」**❾9**然而，良知並非如規矩尺度那般僵硬的東西，而是能「精察義理於此心感應酬酢之間，」「權輕重之宜。」**⓿**致良知可以說就是致道德判斷力。

船山對於「權」即道德判斷有非常深刻的認識。「經者天下之體也，權者吾心

---

❾1 朱熹：《朱子語類》，卷三十七，《朱子全書》，第十五冊，頁 1376。

❾2 同上，頁 1374。

❾3 同上，頁 1381。

❾4 同上，頁 1374。

❾5 同上，頁 1378。

❾6 同上，頁 1379。

❾7 陳淳：《北溪字義》，頁 51。

❾8 朱熹：《朱子語類》，卷三十七，《朱子全書》，第十五冊，頁 1379。

❾9 王守仁：《王陽明全集》，上冊，頁 50。

⓿ 同上。

之用也。」⑩經是道德本體，權是道德判斷。他同意朱子權是「於精微曲折處曲盡其宜」的說法，⑩但他堅決反對權是不常用的物事的觀點；權也不僅僅只用於變，「聖賢之權，每用之常而不用之變。」⑩因為「萬事交於身，萬理交於事，事與物之輕重無常，待審於權者正等。目前天理爛漫，人事推移，即在和樂安平之中，而已不勝其繁雜，奚待不得已之時，而後需用權耶？」⑩也就是說，道德判斷是日常實踐不可或缺者。

道德判斷不僅是日常實踐不可或缺者，而且它也是任何道德學說不可或缺者。道德學說如果只講「理」而不講「權」，「理」就會變成「死理」，甚至變成殺人之利器。戴震在《孟子字義疏證》中首先抉發此義。在他看來，宋儒機械地將理與欲截然對立，不知無私並非無欲，無欲並非無私；只是一味以自信之理為理，「謂『不出於理則出於欲，不出於欲則出於理』，……此理欲之辨，適成忍而殘殺之具。」⑩然「聖賢之學，由博學、審問、慎思、明辨而後篤行，則行者，行其人倫日用之不敝者也，非如彼之舍人倫日用，以無欲為能篤行也。人倫日用，聖人以通天下之情，遂天下之欲，權之而分理不爽，是謂理。」⑩在聖人那裡，理本身就是權，即道德判斷的結果。

道德判斷使得人真正得以在道德上自主，道德原則雖非源於人的主體性，不是人的理性意志的自我規定，但卻要通過道德判斷來實現，所以道德其實是天人共主。人的道德自主性不是體現在道德立法上，而是體現在道德判斷上。沒有任何外在的權威能夠決定人在他特殊的處境下具體應該怎麼做，舜不告而娶，武不葬而興師，正是出於他們的道德判斷，即他們的道德自主性。道德判斷真正體現了人的理性意志，體現了人的道德責任。相反，康德的「義務」（Pflicht）概念由於完全忽略它與一個實現一個特殊角色或執行某種特殊職責諸功能的根本聯繫，完全不顧道德

⑩　王夫之：《讀四書大全說》（中華書局，1975 年），上冊，頁 247。

⑩　同上，頁 346。

⑩　王夫之：《讀四書大全說》，上冊，頁 349。

⑩　同上。

⑩　戴震：《孟子字義疏證》，《戴震全書》（黃山書社，1995 年），第六冊，頁 216。

⑩　戴震：《孟子字義疏證》，《戴震全書》（黃山書社，1995 年），第六冊，頁 211。

實踐的具體性和特殊性，它沒有給道德判斷和道德選擇留下任何餘地。它只是對道德命令的絕對服從，只是包含形式的「應該」的行為規定。它實際上只是告訴我們不該做什麼（如不要殺人、不要毀約、不要撒謊、不要自殺，等等），卻絲毫沒有道德行為永遠是在特殊的情況下發生的。不顧具體條件和情況，無條件地機械服從道德禁令，在很多情況下會將導致「以理殺人」。例如，蓋世太保在搜尋藏匿的猶太人時詢問知情者，知情者是否該說實話？康德式自由的道德主體與懾於懲罰而被迫道德行事的人，在一定意義上同樣缺乏自由意志，因為他們都不能道德判斷。

也許在康德看來，在道德中一旦承認「權」道德判斷的地位，道德的普遍性要求就沒法保障了，道德的絕對命令不考慮偶然事件和需要，不管社會環境和條件，也是出於道德普遍性要求的考慮。在康德看來，道德的普遍性是通過道德命令和道德義務的無條件性來保證的，絕對命令就是能普遍化的行為準則。康德堅持道德的普遍性顯然是正確的，普遍性應該是一切倫理學堅持的原則，沒有普遍性就沒有倫理學。那麼，給予道德判斷以實現道德的重要地位的倫理學，更確切地說，承認一般的道德規範可以有例外和必然有例外，會不會陷於相對主義而失去普遍性？

我們的回答是否定的。西方倫理學的主流除了康德主義之外，功利主義也是一種普遍主義倫理學，它的基本原則──最大多數人的最大幸福就是一個普遍主義的原則。功利主義又分為行動功利主義和規則功利主義。前者根據行動的後果評估個別行動；後者根據相應類型的行為的價值來決定一個行為的價值，通過如果人們追求這個行為就會產生的結果來評價這種類型的行為。康德的立場與行動功利主義的立場的根本不同在於：康德不能證明在完全義務中可以有例外；❼而對於功利主義者來說，較普遍的善就可證明任何損害個人的行為是合理的。例如，如果殺一個人能救許多人的命的話，對於行動功利主義來說不僅沒有問題，而且必須這麼做。同樣，康德決不要撒謊的禁令對行動功利主義來說也不是那麼絕對。但是，允許為了救人而殺人或撒謊並不與普遍主義不相容，因為這本身可以成為一個普遍的道德原

---

❼ 康德把義務分為完全義務和不完全義務，前者沒有任何商量的餘地；而後者留有一定的活動空間。

則。⑩

　　同樣，主張道德必須通過道德判斷來實現，道德判斷（權）應該是道德實踐的基本要素，也不會與普遍主義不相容。如果說行動功利主義是把功利作為道德行為的最終指標的話，那麼儒家倫理學就是把「義」作為行動的最高目標，「惟義所在」。它們都承認道德義務，只是義務對它們來說是有條件，而不是無條件的。但這並不會使得這兩種倫理學變成一門假言命令（hypothetische Imperativ）的科學。假言命令規定的是：如果你要 a，你必須做 b。但行動功利主義和儒家倫理學的有條件義務論的義務，其有效性完全不取決於個人可能的目標，雖然它不是絕對的，即是有條件的，但卻是客觀的，因為前者的條件是多數人的利益；後者則是義。但是，功利主義正是由於其功利概念而備受爭議。那麼，「義」的概念又當如何？

陸、義利之辨的現代意義

　　如果義利問題是倫理學最根本的問題的話，⑩那麼「義」的概念在倫理學中顯然具有極其重要的意義。儒家對「義」的概念並沒有比較細緻的論述，它一方面將它理解為道德判斷，另一方面又將它理解為最高的道德原則。但是，義又是主觀道德意識、道德判斷與客觀道德法則和原則的總稱：「義可以總括經、權，不可將來對權。」⑩這些在當代關於義利問題的思考中都可以繼續有效。由於儒家倫理學與西方主流倫理學——道義論倫理學、功利主義倫理學和德性倫理學都有相契之處，因為，它的義利學說可以作為一種新的融合現有各種倫理學的普遍倫理學或全球倫理學的基礎。然而，欲達此目的，亦必須揚棄儒家學說的特殊性，而將它的智慧洞見放在全球化的世界語境中來考察和闡發。但這不是本文的任務。本文的目的只想探討一下義利之辨的現代意義。

　　歷來儒家在義利問題上並不盡同，大致可分為三種立場，即：⑴別義、利為

---

⑩　Cf. Vittorio Hösle, *Morals and Politics* (Notre Dame,Indiana: University of Notre Dame, 2004), pp. 108-109.

⑩　動機論與後果論；義務論與功利主義，西方主流倫理學的這種分殊就表明了這一點。

⑩　朱熹：《朱子語類》，卷三十七，頁 1379。

二，義、利截然對立；⑵尚義但不排斥利；⑶兼重義利。但不管哪一種立場，在義先利後這點上基本是一致的。除了極個別的人，如陳淳，認為「義與利相對而實相反」外，⓫少有人認為義與利是絕對無法相容的。相反，儒家極少有對利絕對否定的。如果以西方道義論倫理學和目的論倫理學的範疇來劃分的話，儒家倫理學恐怕是介於二者之間，而非可以沒有問題就歸於上述二者的任何一個。⓬但這並不是本文所要討論的問題，本文只是要指出，儒家倫理學的這種特徵使得我們有理由相信，可以有義務論和功利論之外第三種倫理學立場。但這第三種立場應該不是與上述兩種立場並列的第三種立場，而是超越這兩種立場，與之有根本不同的第三種立場。

現代倫理學的兩大主流（義務論和功利論）無論有多麼不同，但在普遍主義這一點上是完全一致的。現代倫理學的根本目的不是像古代倫理學那樣討論人如何成德或如何是好生活，而是關注個人的權利和義務，權力與義務普遍適用並且必須是一般的，不管這些權利和義務以什麼組成（無論是理性追求自利、最大多數人的最大幸福，或可普遍化的準則）。另一方面，與現代理論科學的發展不無關係，現代倫理學越來越理論化。⓭現代科學高度抽象的特徵同樣也是現代倫理學的特徵。現代德性倫理學對康德倫理學和功利主義的批評的一個基本策略就是以具體和特殊（情感、心理結構、人的分離性、道德運氣，等等）來指出這兩種普遍主義理論的疏漏。高度的理論化和抽象化也使得倫理學越來越只是學術工業的一個部門，而漸漸脫離了人們的道德實踐。從而一邊是倫理學家多如牛毛的專業會議和著作；另一方面是全球性的道德危機與失範。拿康德倫理學來說，他給予的絕對命令（定言命令）的典型例子都是告訴我們不做什麼，如不要毀約、不要自殺、不要撒謊，等等；卻不告訴我們應該從事

⓫　陳淳：《北溪字義》，頁 53。

⓬　拿孟子為例，「行一不義，殺一不辜，而得天下，皆不為也」（〈公孫丑上〉）與「非所以內交於孺子之父母也，非所要譽於鄉黨朋友也，非惡其聲而然也」（〈公孫丑上〉）這些話固然可以證明他是道義論者；但「未有仁而遺其親者也，未有義而後其君者也」（〈梁惠王上〉）和「是君臣、父子、兄弟去利，懷仁義以相接也，然而不王者，未之有也」（〈告子下〉）這些話，又可以說他是功利主義者。

⓭　參看徐向東：〈道德要求與現代道德哲學〉，氏編：《美德倫理與道德要求》（江蘇人民出版社，2007 年），頁 11。

什麼活動，應該追求什麼目標。道德只是給我們生活的方式和手段設下限制，卻不給生活以方向。這樣，任何與守約、講真話等道德限制一致的生活方式，道德都會同意。❿這種類型的倫理學實際上無法真正處理義利問題。

從表面上看，行動功利主義恰恰是提出了一個明確可行的處理義利問題的方案。功利主義認為，整體利益高於個人利益，當個人利益與整體利益相衝突時，個人利益必須讓步，哪怕因此受到損害。然而，功利主義同樣是一種類似近代自然科學的理論，它從一個中立不倚的旁觀者的眼光來看人的需要和滿足，以一種與近代自然科學和資本主義完全一致的量化方式，來處理義利問題。❾這種理論認為，「能夠影響道德重要性的東西是一個行動可能產生利益和可能造成負擔的量，而不是它們的具體分配。」❾此外，雖然某種功利主義者也承認利有不同的質，但最終還是要將質變成量以計算它們的相對值。這就根本無法有一個可以制約一切利的追逐的、不能還原為最大量，而是一種質的義。然而，按照整體大於部分和的道理，整體利益是無法計算的，它其實屬於質的範疇，而不是量。因此，義不能是任何意義的最大量，而應該是某種質的東西。

倫理學要回答的是「我應該做什麼」的問題。假定理性可以告訴我應該做的是什麼，但為何我應該做我應該做的事？但很少有人會這麼問，因為這是一個偽問題。除非在我的意識結構中已經有某種確信：我做我應該做的**的確很要緊**，我才會問我應該做什麼。「應該」有一個必要的預設，這種預設揭示了對某種生存形式先天的承諾。所有道德命令或倫理學理解都預設了，我們認識到人能負責任、有罪責或能為自己辯護。除非我們預設了這一點，否則道德就根本沒有理由。因為，我們不能用一個未來的希望（如果你善，你將幸福）來目的論地回答「為何應該」的問題。「為什麼善」是一個比「為了善我應該做什麼」更深刻的問題。

現代倫理學一般都著重在用理性來說明和證明道德原則、道德義務和道德行為，並由此匯出行為的規則。但理性本身也無法回答「為什麼善」的問題，各種理

---

❿　Alasdair Macintyre, *A Short History of Ethics*, p. 197.

❾　Cf. Vittorio Hösle, *Philosophie der ökologischen Krise* (München: C.H. Beck, 1991), S. 55, 63.

❾　徐向東：《道德要求與現代道德哲學》，頁 26。

性主義道德哲學儘管提出了許多精緻的理論，都沒有最終解決這個問題部分證明了這一點。但這決不意味道德沒有理由和根據，而只是說明，它的根據要先於理性。道德情感或道德意識都是前理性的東西，它不學而能，不慮而知，不需要經過理性的反思才有。那麼道德情感或道德意識是從那裡來的？我們的古人認為這是人的天性，而某些現代西方學者會將其歸結為人的心理結構或別的什麼非理性的東西。但天性也好，心理結構還是旁的什麼也好，總之，它是我們生存的基本條件（basic condition）。而道德始終是與這種先天條件聯繫在一起的。

柏拉圖的蘇格拉底認為，沒有人會明知故犯去作惡，因為惡行不僅傷害行為物件，也始終傷害行為者自己。因此，沒人會自願選擇為惡，如果他知道正確的、善的行為為何的話。這聽上去很像是後來功利主義計算利害的思路：惡行的後果總是還要落到始作俑者頭上。因此，為善是聰明的做法。可柏拉圖走的其實是一條完全不同於後來功利主義的路。柏拉圖的倫理學並不著眼於自我保存的個人利益，而是著眼於超越個人的至高之善。當我們通過理性引導的認識掌握了在一個具體行為處境下道德上正確和善的事情後，我們也就對善的客觀原則有所知曉。它使人理智信服的力量使我們沒有別的選擇，只能遵從它，不僅因為這對我們更好，而且還因為它本身更好。這就是柏拉圖的蘇格拉底要堅持善既是因為其本身，也是因為它所帶來的利益而值得追求。

用義利模式來解讀柏拉圖的倫理學的話，從表面上看，他好像是合義利為一。實質剛好相反。眾所周知，柏拉圖哲學的一個特徵就是嚴意見和真理之辨。這種做法落實在倫理學上，就是要區分我們以為是善的和真是善的。重要的完全不是我們是否在經驗上始終正確作出這個區別。重要的是如果我們不能以此區分為基礎的話，我們就無法給我們的行為提供標準和準繩。⓱因此，柏拉圖的倫理學實質上是主張先義後利，但義蘊含利。

如果我們不採納極端實用主義或工具主義的道德觀，即認為道德純粹是為了我們共同生活而制定的遊戲規則，沒有自身的基礎的話，那麼，可以說，先義後利是

⓱　Cf. Gerhard Schweppenhäuser, *Grundbegriffe der Ethik zur Einführung* (Hamburg: Janius, 2003), SS. 32-36.

道德（但不是所有道德哲學）的基本特點和基本要求；而倫理學的基本任務也應該是明義利之辨。這裡說的「義」，不是一般道德法則意義上的「義」，而是作為一般道德法則之根據的「義」，也就是至善。這個「義」絕不是任何外在超越權威的規定，也不是主體內在的立法，而是人生存的基本條件，雖然百姓日用而不知。也因為是人生存的基本條件，所以不能把「義」理解為具體的行為準則，而應理解為倫理的存在方式。它是一種現實的可能性，而不是一種外部規定的應該。按照形式邏輯，「現實的可能性」本身是個悖論，「可能」就意味著還不「現實」。但是，形式邏輯不是無限有效的，其實，只有那些偶然的可能才是不能說是「現實的」。在我們的生存中，有些是我們生存條件的可能永遠存在，如死亡。就它們永遠存在而言，它們就是「現實的可能性」。「義」就是這樣的現實的可能性。人類並不總是適當合宜（義）地生存著，它可以居仁由義，也可以假仁假義，甚至不仁不義。人類歷史和我們的生活不斷在證明這一點。因此，義利之辨其實不僅僅是個道德判斷，更是一個生存論決斷，即我們究竟要怎樣生活？這似乎回到被現代人遺忘了的古希臘倫理學關注的好生活的問題。

　　古代人不像現代倫理學家那樣一味討論「應該」與否，在他們看來，道德義務是與生活方式或存在方式分不開的。Ethics 一詞來自古希臘文 éthos，它就指一般生活方式中流行的風俗習慣和社會道德倫常，它們基本決定了一個社會的「應該」。⑱所以在前現代的中國，沒有人對三綱五常本身提出疑問。現代倫理學的抽象化特徵使得人們習慣脫離生活方式和存在方式來討論道德規範和道德義務，似乎道德只是有關個人行為之事，而忘了它從來就與我們的存在方式有關。近代以來世風日下顯然主要與人類的存在方式有關，而非僅僅由於個人的道德意識日趨薄弱。道德原本首先是要保障整體存在的健康與和諧，而非製造個別潔身自好者。所以管仲雖然量小、不儉、不知禮，孔子卻給他極高的評價，許之以「仁」，因為管仲維護了一種仁義的存在方式：「管仲相桓公，霸諸侯，一匡天下，民到於今受其賜。

---

⑱　在亞里斯多德那裡 ethos 還寫成 êthos，被用作一個道德哲學的基本術語，指成年主體的這樣一種態度：有著道德判斷能力，因而不再單純遵循習慣方式，而是能運用實踐理性，在具體的處境中獨立理性地決定什麼是道德上正確的。判斷能力和洞見構成了他的道德能力（Cf. Gerhard Schweppenhäuser, *Grundbegriffe der Ethik zur Einführung*, SS. 15-16）。

微管仲，吾其被髮左衽矣」（〈憲問〉）。僅僅在個人行為方面來理解義利問題和討論何者為「義」，是沒有看到道德問題真正的基礎所在，而會失去正確的方向。

　　事實上，很多大惡往往私德謹飭卻危害極巨，例如三鹿事件的製造者們，也許在其私人生活中，都規規矩矩，無可指摘；可卻根本無視社會公德。用功利主義計算利害大小的方法只能說明他們不道德，卻不能深入思考和說明私人行為與社會行為和集體行為的脫節。在今天的世界，對人類生存構成最大威脅的，已經不是個別的罪犯，而是人類的集體行為。但由於現代道德哲學主要關注個人的權利和義務，使得集體不道德在現有的道德體系中根本得不到認真考慮。在資本和技術提供了足以毀滅人類和地球的手段之後，一部分人、一些集團、一些國家，或任何群體單位，都可能為了自身的利益而置人類於死地。即便是人類今天的生活方式，無論用何種尺度來衡量都是很不道德的。在此語境下，人類迫切需要一種新的道德哲學，這種道德哲學將以現代條件下的義利之辨作為自己的主要論題。否則，倫理學將只是少數專家的專業，而非對現實生活的批判思考。

附言：本文承蒙匿名審稿人提出很好的評審意見，使拙作得以進一步修改完善，謹致謝忱。

參考文獻

一、專書論文

張岱年（2005）。〈「天人合一」思想的剖析〉，苑淑婭編：《中國觀念史》，鄭州：中州古籍出版社，頁 24-37。

黃俊傑（2005）。〈「義利之辨」及其思想史的定位〉，苑淑婭編：《中國觀念史》，鄭州：中州古籍出版社，頁 309-354。

劉述先（2005）。〈孟子心性論的再反思〉，江文思、安樂哲編，梁溪譯：《孟子心性之學》，北京：中國社會科學出版社，頁 205。

黃進興（1998）。〈所謂「道德自主性」：以西方觀念解釋中國思想之限制的例證〉，氏：《優入聖域：權力、信仰與正當性》，西安：陝西師範大學出版社，頁 9-33。

二、專書

《孟子》

《左傳》

《國語》

《太平御覽》

董仲舒（2003）。《董仲舒集》，北京：學苑出版社。

何晏：《論語集解》

皇侃：《論語義疏》

張載（1978）。《張載集》，北京：中華書局。

程顥、程頤（2004）。《二程集》，北京：中華書局。

朱熹（2002）。《朱子全書》，上海、合肥：上海古籍出版社、安徽教育出版社。

陸九淵（2008）。《陸九淵集》，北京：中華書局。

陳淳（2009）。《北溪字義》，北京：中華書局。

王守仁（1992）。《王陽明集》，上海：上海古籍出版社。

王夫之（1975）。《讀四書大全說》，北京：中華書局。

戴震（1995）。《戴震全書》，合肥：黃山書社。

劉寶楠（2007）。《論語正義》，北京：中華書局。

黃式三（2008）。《論語後案》，南京：鳳凰出版社。

張岱年（1982）。《中國哲學大綱》，北京：中國社會科學出版社。

牟宗三（1973）。《心體與性體》，臺北：正中書局。

葛榮晉（2001）。《中國哲學範疇通論》，北京：首都師範大學出版社。

程石泉（2005）。《論語讀訓》，上海：上海古籍出版社。

李明輝（1990）。《儒家與康德》，臺北：聯經出版事業公司。

楊澤波（1995）。《孟子性善論研究》，北京：中國社會科學出版社。

柏拉圖（1986）。《理想國》，郭斌和、張竹明 譯，北京：商務印書館。

休謨（1980）。《人性論》，關文運譯，北京：商務印書館。

Max Scheler (1954). *Der Formalismus in der Ethik und die materiale Wertethik*, Gesammelte Werke, Bd. 2, Bern: Francke.

Alasdair Macintyre (1967). *A History of Ethics*. London, Melbourne & Henley: Rouledge & Kegan Paul.

Vittorio Hösle (2004). *Morals and Politics*, Notre Dame, Indiana: University of Notre Dame.

Gerhard Schweppenhäuse (2003). *Grundbegriffe der Ethik zur Einführung*, Hamburg: Janius.

Some Problems on the Distinction between Rightness and Profit

*Zhang, Rulun**

Abstract

Telling *yi* (rightness) from *li* (profit) composes the most fundamental thesis of ethics. It is not only a significant thesis in the history of Chinese philosophy, but also should be the basic problematic of ethics in general. The crux of this matter lies in *yi*. In Confucianism, it is moral requirement and principle which guides human actions. It is not merely subjective, but transcendental. Mencius mixes up *yi* in subjective sense and in objective sense while discussing the concept *yi*. Nevertheless, his ethics is not a Kantian automatic ethics. *Yi* is the principle instead of criterion of moral judgment. Moral judgment makes us truly automatic in moral. Moral is co-determined by *tian* (Heaven) and *ren* (humans). The acknowledgment of exception in moral norms will not lead to relativism. Modern western ethics cannot tell *yi* from *li*. Mankind needs a new kind of moral philosophy urgently, the main task of which is to tell *yi* form *li* in the contemporary conditions.

Keywords: Distinction between Rightness and Profit, Confucian Ethics, Moral Judgment, Moral Principle, Western Ethics

---

* Professor, Department of Philosophy, Fudan University

為什麼中國書法能成為藝術？
——書法美的現象學分析

張祥龍*

摘　要

　　中文書法是有深刻美感的原本藝術，而西方書法則遠達不到這個境界。胡塞爾對於文字的看法，以及他與海德格爾對於「藝術」和「美」的觀點，提供了討論的出發點。中文書法成為藝術的原因在於漢字與西方拼音文字結構上的不同，漢語的非屈折語特點造成的全語境化傾向，以及毛筆與吸墨紙的遭遇所導致的時機化書寫。因此，書法漢字處於物理對象和感覺材料之間，與語義和字形有關但又是非對象化的，在閱讀眼光中有自己的象結構身體，能夠引出富於美感的居中體驗。

關鍵詞：筆劃的構意性　漢字的對交結構　書法美與語義的關係　非對象化的自身
　　　　　存在　筆墨時性

---

*　北京大學哲學系暨外國哲學研究所教授

書法是將文字寫得好看或有味道的技巧。中國書法自古以來就被視為最重要的藝術之一，書法家或書法作品的地位絕不在畫家、音樂家及其作品的地位之下。「書畫同源」❶早已是被人公認的見解。與此相對，西方文化中的書法卻只被看作構造美術字的技巧，❷更多地與實用相關，而與正經的藝術如繪畫、雕塑、音樂等不可同日而語。為什麼會出現這種差異？換言之，為什麼中國書法能夠成為一種原本藝術？

壹、文字與繪畫的關係

文字是一種可視圖像，交通標誌是圖像，（傳統的）繪畫也是一種圖像。它們都與自然的物理圖像，比如一塊岩石的紋理結構、一棵古樹的形狀、鳥的足跡不同，因為它們是人構造出來的，儘管兩者都有意義，或可以都有意義。這其中，文字與繪畫又有獨特之處，即它們可能喚出深刻的美感。交通指示圖像可以被表現得正確不正確、端正或不端正，甚至漂亮或不漂亮，但是沒有美不美的問題。可是，文字（如果考慮到中文的話）和繪畫就有這個問題。

文字與繪畫的差異何在呢？從表面上看，繪畫直接去描畫或表現某個東西，或

---

❶ 比如唐人張彥遠《歷代名畫記》：「是故知書畫異名而同體也。」宋人鄭樵《通志》三十一卷：「書與畫同出。」明人王世貞《藝苑巵言》一百五十五卷附錄四：「及覽韓退之〈送高閑上人序〉，李陽冰〈上李大夫書〉，則書尤與畫通者也。」

❷ 簡・弗・比勒特（Jean F. Billeter）在其著作《中國的書寫藝術》（*The Chinese Art of Writing*, New York: Rizzoli International Publication, INC., 1990）中寫道：「在中國，書寫藝術一直被當作純粹的優美藝術（fine arts）的一種，與音樂、詩歌和繪畫比肩而立，有時甚至享有更高的地位。……中國書法與歐洲叫做書法（calligraphy）的東西沒有多少關係，後者指一種程式風格化的、煞費苦心的和極其規矩的書寫之法（penmanship），或者說是一種被花字化雕琢或其他那些附加裝飾的書寫之法。在另外的情況下，它也指以阿波黎那（Apollinaire）的《畫詩》（*Calligrammes*, 將詩文排列成與詩的主題有關的圖畫）為典範的奇特的排印效果。這種書法是一種二三流的藝術（a minor art），靠的是一種用心的技巧、趣味和愉快的拾得。總之，西方書法是非個性的（impersonal）。」（Jean F. Billeter, *The Chinese Art of Writing*, p.11）「這些〔現代中文的〕美術字以某種方式相當於西方的書法。」（Jean F. Billeter, *The Chinese Art of Writing*, p.12）

某個狀態，而文字只要是文字，就不僅僅是象形了。不管它的前身與象形可能有什麼聯繫，一旦它成為語言的書面形式，象形就要退居邊緣，儘管還可能在某些文字裏起作用。語言、包括文字首先有語意（linguistic meaning, sprachliche Bedeutung），而不是直接從表現某個東西來得到意義。通過語意，它表達、指稱或暗示某個東西、某種狀態。胡塞爾（Edmund Husserl）說：

> 如果我們將興趣首先轉向自在的符號，例如轉向被印刷出來的語詞本身，……那麼我們便具有一個和其他外感知並無兩樣的外感知（或者說，一個外在的、直觀的表像），而這個外感知的對象失去了語詞的性質。如果它又作為語詞起作用，那麼對它的表像的性質便完全改變了。儘管語詞（作為外在的個體）對我們來說還是當下的，它還顯現著；但我們並不朝向它，在真正的意義上，它已經不再是我們「心理活動」的對象。我們的興趣、我們的意向、我們的意指——對此有一系列適當的表述——僅僅朝向在意義給予行為中被意指的實事。（胡塞爾，1998：42）❸

　　這也就是說，文字作為單純的物理符號，與一般的外感知對象或者說是物理圖像那樣的對象沒有什麼區別；但如果它作為語詞或文字起作用，那麼對於它的表像方式或意向行為的方式就「完全改變了」。這時，意向行為不再朝向它，但也不是完全沒有它，而是通過它但不注意它本身，獲得意指的能力、意義給予的能力，並憑藉這能力來意指向某個東西或事態。胡塞爾這裏對於文字的語詞化的現象學描述

---

❸　這一段的德文原文是："[W]enn wir unser Interesse zunächst dem Zeichen für sich zuwenden, etwa dem gedruckten Wort als solchem … so haben wir eine äußere Wahrnehmung (bzw. eine äußere, anschauliche Vorstellung) wie irgendeine andere, und ihr Gegenstand verliert den Charakter des Wortes. Fungiert es dann wieder als Wort, so ist der Charakter seiner Vorstellung total geändert. Das Wort (als äußeres Individuum) ist uns zwar noch anschaulich gegenwärtig, es erscheint noch; aber wir haben es darauf nicht abgesehen, im eigentlichen Sinne ist es jetzt nicht mehr der Gegenstand unserer 'psychischen Betätigung'. Unser Interesse, unsere Intention, unser Vermeinen – bei passender Weite lauter gleichbedeutende Ausdrücke – geht ausschließlich auf die im sinngebenden Akt gemeinte Sache." (Edmund Husserl, 1984, S. A40/B40)

是不是完整和合適，我們以後會討論，但他的這個看法是成立的，即作為單純物理圖像的文字與作為語詞的文字有重大的不同。由此可見，文字要比繪畫多一層，即語意的構造層。

但不管怎麼說，兩者都要去表現某種狀態，而且兩者都有一個表現得美不美的問題。這也就意味著，它們的表現方式的不同會產生重大後果。在分析這種不同及其後果之前，很明顯，我們必須先說清楚本文在什麼意義上使用「美」這個字。

貳、什麼是美？

這是一個巨大的、被古今中外的哲學家們、美學家們爭論不休的問題。由於本文所做的是現象學分析，所以就僅在這個視野中來給出一個簡略的提示或說明。

胡塞爾在他致德國詩人霍夫曼斯塔爾（Hugo von Hoffmanstahl）的一封信（1907 年 1 月 12 日）中寫道：「現象學的直觀與『純粹』藝術中的美學直觀是相近的。」（胡塞爾，1997：1202）兩者都「要求嚴格排除所有存在性的執態」。（胡塞爾，1997：1203）其含義是：美學直觀與現象學直觀都要排除任何對於現象的存在預設，比如認定這個現象是個物理對象，那個是個心理對象；或這個只是個體，那個是個普遍者，等等；而是只就現象的純粹顯現方式來直接地觀察它、理解它。所以他又寫道：「一部藝術作品從自身出發對存在性表態要求得越多（例如，藝術作品甚至作為自然主義的感官假像：攝影的自然真實性），這部作品在美學上便越是不純。」（胡塞爾，1997：1202）

總結胡塞爾的意思，就是藝術美一定要擺脫任何純顯現之外的存在預定，也就是說，**美不是任何純顯現之外的對象**，不管是物理對象、精神對象，還是波普爾（Karl Popper）講的「世界 3」中的對象。美只能在人的顯現體驗之中出現或被當場構成。那麼，美可能是在這種純體驗之中被構成的意向對象（noema）嗎？或者說，可能通過這種意向對象或意向觀念被直接體驗到嗎？胡塞爾沒有討論。他的現象學思想中，既有非對象的（objektlos）重要學說，比如內時間意識流和後期發生現象學的被動綜合的學說，又有意向對象式的，即所有有認知意義的構成都要以意向對象為客體化成果的學說。他之所以很少對於美學問題發表意見，其中的一個原因可能

就是他在這兩種傾向間的猶豫不定。

海德格爾（Martin Heidegger）完全贊同胡塞爾的這樣兩個主張，即：首先，美不來自心理現象，而是來自意義和現象的原本被構成態；其次，美的出現一定不能落實到現成存在的對象上。而且，海德格爾將後一個思路大大徹底化或存在論化了；對於他，美感也不能落實到任何意向對象上來。所以，他在《林中路·藝術作品的本源》中認為：

> 藝術就是真理的生成和發生（*Dann ist die Kunst ein Werden und Geschehen der Wahrheit*）。（海德格爾，1996：292）（Martin Heidegger, 1977: 59）

我們知道，海德格爾反對真理的符合論（即主張真理是命題與其表達對象——比如事態——的符合），認為真理是揭開遮蔽（a-letheia）的當場發生：

> 真理唯作為在世界與大地的對抗中的澄明與遮蔽之間的爭執〔遭遇、二對生〕而現身。（海德格爾，1996：283）❹

> 爭執被帶入裂隙，因而被置回到大地之中並且被固定起來，這種爭執乃是*形態*（Gestalt）。……形態乃是構造（Gefuege），裂隙作為這個構造而自行嵌合。被嵌合的裂隙乃是真理之閃耀的嵌合（Fuge）。（海德格爾，1996：284-285）❺

這種真理出現的途徑是，藝術作品創造和保留了某種裂隙（Riβ）或形態

---

❹ 引語的德文是："Wahrheit west nur als der Streit zwischen Lichtung und Verbergung in der Gegenwendigkeit von Welt und Erde." (Martin Heidegger, 1977: 50)

❺ 德文是："Der in den Riβ gebrachte und so in die Erde zurückgestellte und damit festgestellte Streit ist die *Gestalt*. Geschaffensein des Werkes heiβt: Festgestelltsein der Wahrheit in die Gestalt. Sie ist das Gefüge, als welches der Riβ sich fügt. Der gefügte Riβ ist die Fuge des Scheinens der Wahrheit." (Martin Heidegger, 1977: 51)

（Gestalt，格式塔構形），而這裂隙引起了兩極——比如大地與世界、遮蔽與敞開，或陰與陽——的爭執與對抗，於是一個生動的敞開領域（Offene）或澄明（Lichtung）在深黑的隱藏背景中出現了。所以，凡·高（Van Gogh）畫鞋的油畫，就它是一件真正的藝術品而言，既不只是引出心理的遐想，也不只是在道出鞋的有用性，而首先是開啟出這鞋的原本真理。「凡·高的油畫揭開了這器具即一雙農鞋真正是什麼。這個存在者進入它的存在之無蔽之中。希臘人稱存在者之無蔽為 *aletheia*。」（海德格爾，1996：256）

這種從遮蔽中閃現出來的澄明之光就是美。海德格爾寫道：

> 如此這般形成的光亮，把它的閃耀嵌入作品之中。這種被嵌入作品之中的閃耀（Scheinen）就是美。美是作為無蔽的真理的一種現身方式。（海德格爾，1996：276）❻

美既然是由藝術作品引發的真理現身方式，即去蔽時的澄明閃耀，那麼它絕不可能被落實為任何意向對象，也跟胡塞爾講的先驗主體性、柏拉圖（Plato）講的美理念或經驗主義者們講的由經驗對象形式引起的愉悅感無關。美是人體驗到的原初真理噴發出的輝煌光彩。

總結胡塞爾和海德格爾的觀點，可以看出美的這樣幾個特點：(1)它在藝術作品製造的裂隙處閃現。(2)它是真理的現身方式，或真理出現時的光輝；讓人認同，讓人被它征服。(3)它是徹底非對象的，純境域發生的；也就是說，它永遠超出可對象化的概念思維或形象思維，不可被確定為某一個意義，而是那讓人被充溢的豐富意義的同時湧現。(4)它是居中（Zwischen）的，處於遮蔽與敞開、大地與世界、陰與陽之間。後期海德格爾稱這種原引發的居中為「自身的緣發生」（Ereignis），它就是存在的真理及其表現方式。

---

❻ 德文原文是："Das so geartete Licht fügt sein Scheinen ins Werk. Das ins Werk gefügte Scheinen ist das Schöne. *Schönheit ist eine Weise, wie Wahrheit als Unverborgenheit west.*" (Martin Heidegger, 1977: 43)

參、漢字字形與西文字母的不同

西方的拼音文字以字母為基本單位。字母以造成經濟的辨別形式、以便代現語音為目的，所以其筆劃很簡單。以英語或德語為例，字母一共不超過三十個，每個字母由一至三筆寫成，手寫體筆劃更少，近乎一筆書。一個單詞由一些字母按線性排列組成。中文漢字則由筆劃組成，「永」字八法顯示最基本的八種筆劃，但它們的組合方式極其多樣，是非線性的，構造一種類似《易》卦象那樣的、但又更豐富得多的空間。一個漢字，可以由一筆到三十來筆構成，因為漢字有構意（指事、象形、會意等）和代現語音（形聲字的一半）的功能。可見，漢字與西方拼音文字的筆劃豐富性不可同日而語。

而且，筆劃的組合方式，字母要呆板得多。字母的筆劃關係大多只是接觸，交叉較少，分離的更少（似乎只有 "j" 與 "i" 的那一點）。漢字筆劃的結合和組合方式，可謂千變萬化。而且，字母用來表音，用來組詞，本身無意義，所代表的單音一般也無意義。漢字筆劃本身就可能有意（如「一」、「乙」），其組合更是既構意（如「木」、「林」、「森」；「火」、「炎」、「焱」），又構音（如「城」、「楓」）。

所以，漢字筆劃與組成字母的筆劃不同，與組成詞的字母也不同，也不等同於由字母組成的、有意義的詞，它是根本不同的另一種構意方式，更近乎語音學上講的「區別性特徵」（distinctive features）。❼這種區別性特徵是一對對的發音特徵，比

---

❼ 參見 R. 雅各布森（Jakobson）：《語音分析初探：區別性特徵及其相關者》（*Preliminaries to Speech Analysis: The Distinctive Features and their Correlates*, The M.I.T. Press, 1952 年），特別是 1、3 節。他發展了布拉格學派的看法，認為：被人們當作語音的基本單位的音位（phoneme，用音標記錄）其實也不是最根本的結構因數，因為每一個音位都是由一束區別性特徵所構成的。每個區別性特徵是一個發音特徵的對立，比如升音對非升音、送氣對不送氣、鼻音對口音、受阻對不受阻、緊張對鬆馳、鈍音對銳音、帶聲對不帶聲等。這些區別性特徵都可以被表示為「A 對非 A」或「A／非 A」。「就說話而言，這樣一套二分（binary）選擇對於交流過程是固有的」（9 頁）。不多的一些區別性特徵就可以構造出一個語言的語音音位系統。當人們說話時，一般並不意識到區別性特徵的存在和運作。它們以隱蔽的、「邊緣域」的方式參與著語音的構成。這些思路啟發了後來的法國結構主義者，比如闡發結構人類學的萊維—斯特勞斯。雅各森著作的中文譯本有《雅各布森文集》，錢軍、王力譯注（長沙：湖南教育出版社，2001 年）。其中有上述《初探》的大部分內容的中譯文。

如送氣還是不送氣、阻塞還是不阻塞、帶聲還是不帶聲。漢字筆劃**從根本上講也是一對一對的**，橫對豎、撇對捺、左勾對右勾、點對提，等等。正是由於這種根本的「對交」性，當我們看前人的書論，在它們講到字的形勢、結體乃至篇章行間的安排時，常常會看到如陰陽般相對互補而構勢取象的表述。比如漢代蔡邕的〈九勢〉講：「夫書肇于自然，自然既立，陰陽生矣，陰陽既生，形勢出矣。……凡落筆結字，上皆覆下，下以承上，使其形勢遞相映帶，無使勢背。轉筆，宜左右回顧，無使節目孤露。藏鋒，點畫出入之跡，欲左先右，至回左亦爾。」（《漢魏六朝書畫論》，1997：45）唐人歐陽詢〈八訣〉則有「分間布白，勿令偏側。……不可頭輕尾重，無令左短右長，斜正如人，上稱下載，東映西帶」（《初唐書論》，1997：3）之類的對交制衡的建議，以及〈三十六法〉的「穿插」、「向背」、「相讓」、「粘合」、「救應」等結構考慮。（《初唐書論》，1997：13－15）唐代大書論家張懷瓘在〈書斷序〉中寫道：「固其發跡多端，觸變成態，或分鋒各讓，或合勢交侵，亦猶五常之於五行，雖相克而相生，亦相反而相成。」（《張懷瓘書論》，1997：57）

因此，漢字有內在的動態衝動和構造空間。比如「寶」的上部（寶蓋）一旦寫出，就引動著下部的出現與應合；「北」的左邊引發右邊。這樣，當我們看一個已經寫成的字時，就有上下左右的呼應感和結構感，所謂「上稱下載，東映西帶」也。字母內部沒有或很缺少這種陰陽構勢，傾向於靜態。一旦寫出字母的形狀，如"a"、"b"、"c"，它就落定在那條水準橫線上，既不吸引什麼，也不追求什麼。漢字卻有性別和性感，相互吸引，有時也相互排斥。嘀嘀咕咕，參差左右，裏邊含有無數氤氳曲折。如「女」字，「人」字，本身就是字，但一旦處於左邊或上邊，則邀請另一邊或下邊。所以漢字的構形本身就有構意的可能。許慎講漢字的「六書」構字法，以「指事」為首，比如「上下」，因為「指事者，視而可識，察而可見」（《說文解字記》），有直接的顯意性，而象形（如日月）、形聲（如江河）、會意（如武信）、轉注（如考老）、假借（如令長）都在其次。

筆劃與區別性特徵有一個不同，即單個的筆劃也可能是字，而僅僅一對區別性特徵不能構成音位。

肆、文字的書法美與文字的意義有關嗎？

　　漢字本身有天然的構意衝動，但是，漢字書法之美與漢字的意義有關嗎？或廣而言之，文字的書法與文字的意義有關嗎？看來是有關的。一個完全不懂漢語的人，或雖聽得懂漢語但不識漢字的人，能欣賞漢字的書法美嗎？似乎是不可能的。❽那樣的話，漢字對於他只是一種奇怪的形狀，就像阿拉伯字、滿文對於一個清朝的儒士那樣。我上個世紀八十年代中期到美國留學時，雖然早已在電影中見過外國人，在北京的大街上偶然見過外國人，但在初到美國的頭一年，完全不能欣賞校園裏的「漂亮的」美國女學生，看誰都差不多。這樣說來，文字的書法美與文字的意義有內在的相關性，我們欣賞書法時並不是將它們只當作一種純形式來欣賞。這一點與欣賞繪畫就有所不同，儘管欣賞繪畫也不只是在欣賞其純粹的物理形式，也有文化的潛在意域的托持。

　　可是，書法的美與文字的觀念化意義，或「可道」出的意義卻沒有什麼關係。從來沒有聽到古今的書法家或書論家講，某個字因其字義而多麼美，某個字又因此而多麼醜。即便「美」字也不一定美，「醜」字也不一定醜。但繁體字與簡體字卻有書法上的後果。減少筆劃，影響了漢字的書法美，所以主張漢字改革「必須走世界文字共同的拼音方向」（《第一次全國文字改革會議文件彙編》，1957：14）❾的毛澤東，他寫自己詩詞的書法體時，終身用繁體字或正體字，從來不用他提倡的簡體字。而拼音化後的漢字，無疑將完全失去其書法藝術。到目前為止，還沒有見過成功的簡體字書法作品，儘管中國人歷史上的書寫，也用行書、草書和某些簡體，但那是出自歷史與書寫脈絡本身的風氣所致，與行政頒佈的硬性簡體字系統大大不同。

---

❽　不少人一再講，音樂是超民族和文化的普遍人類語言，誰都能欣賞。首先，書法與音樂的表現形式不同；其次，音樂是超文化的嗎？一位清朝的儒士，一聽巴赫所作樂曲，就會被打動嗎？或一位維多利亞時代的英國紳士，會一聽中國的古琴曲，就悠然神往嗎？我懷疑，並傾向否定這種可能。

❾　毛的具體建議是先搞簡體字，為漢字的拼音化或完全廢除漢字做準備。見同頁吳玉章所引毛澤東的話。

可見，書法家在創作時，或人們在欣賞書法作品時，他們必須既懂漢語、識漢字，但又絕不只是在觀念對象化、語義（semantic）和語法（syntactic）層次上的懂。反過來，書法肯定與漢字的結構講究有關，很多書論家都討論「結體」、「書勢」的問題，但又絕不只與這結構的可對象化的純形式有關。漢字字體的變異或變更（Variation）的可能性極大，虞世南〈筆髓論〉曰：「故兵無常陣，字無常體矣；謂如水火，勢多不定，故云字無常定也。」（《初唐書論》，1997：75）所以也無法確認一種理想美的漢字形式，就像畢達哥拉斯（Pythagoras）確認「一切立體圖形中最美的是球形，一切圖形中最美的是圓形」（《古希臘羅馬哲學》，1961：36）那樣。

這樣的話，漢字之美就既與它的語義和字形內在有關，但又都不能在任何對象化、觀念化的意義上來理解這義與形。漢字美與其義相關，也就隱含著與這語言、特別是這文字的真理性相關，但這真理如海德格爾所言，不可首先作符合某個對象或事態來理解，而要作非對象化的「揭蔽」式的理解，而這樣的真理就與語言的原本的創構（dichten，詩化）式的語境意義無何區別了。漢字與其形相關，表明它與空間相關，但這不是去描摹某個對象、甚至是理想對象的線條和構架，所以它既不是西方繪畫的素描，也不是字母美術字的線條，而是與時間不可分的「勢多不定」的時－空完形（Gestalten），起到海德格爾講的裂隙（Riβ）的作用，引發出陰陽相對的爭鬥和全新感受的當場生成。

伍、漢字書寫如何導致居中體驗？
（一）引發構意時的邊緣存在

除了以上所涉及的美感體驗的前三個特點（裂隙處閃現、真理之光、非對象化）之外，漢字如何使美感經驗所須要的「居中」性實現出來的呢？要說明它，可以從以上第一節引用的胡塞爾《邏輯研究》中的那段話入手。胡塞爾認為人們打量文字的方式有兩種，一種是將文字當作物理對象來打量，就像我們這些不懂阿拉伯文的人看那些「奇怪的圖符」（我小時候，隨母親多次去一家清真飯館，門上的招牌中就有這種圖像）一樣，這時這文字就是與其他物理對象並無兩樣的東西。另一種打量方式是將文字當作語詞來看，「那麼對它的表像的性質便完全改變了」（胡塞爾，1998：42），即

從一個尋常的物理對象轉換成了一個激發語意的文字元。它一下子喪失了它的直接對象性，退居到意識的邊緣，「它還顯現著；但我們並不朝向它，在真正的意義上，它已經不再是我們『心理活動』的對象。我們的興趣、我們的意向、我們的意指……僅僅朝向在意義給予行為中被意指的實事。」（胡塞爾，1998：42）這時候，這文字的可辨識結構只起到一個引出賦意行為，從而讓語意和意向對象出現於意識之中的作用。它成了意識的墊腳石，踩著它去朝向語意的對象。在這種情況下，這文字**結構本身的表現特點**就完全不被注意了。如果情況是這樣，那麼這文字的書法美就幾乎不可能被體驗到。

那麼，如果我們回到打量文字的第一種形態，即關注它本身的物理特點、形式特點，美的體驗有可能出現嗎？還是不可能，因為按照胡塞爾，那時這文字與其他物理對象無何區別，也就是與它的語符身份無關；而按我們前面的分析，這種對象化的東西，這種非語符或者這種為觀看者所不懂的外國字，無法引出書法美感來。「水」不是對水的繪畫，它的物理形式本身與美感無涉。可見，胡塞爾向我們描述的文字被意識體驗的兩種形態，都達不到書法美，因為它們或者是物理對象化的，或者是物理**銷象**化的。所謂「銷象」指物理對象性在注意力中被銷去，原來構成物理對象的形式降為參與語義構成的意向要素，其自身的象（Bild）結構完全不被注意。這種「銷象」與美感要求的「非對象化」不同，它是注意力中的「對象」的正反面，即對象形態的無「痕跡」（Spur，德里達）的退場，實際上成為了「被立義」意義上的邊緣對象（即材料，hyle 或 Stoff）；而非對象化是指該對象被現象學還原，其存在執態或確定形態被懸置，從而暴露出它的各種表現可能。它介於被直接注意的物理對象和不被注意的感覺材料之間，實際上是一種更原初的狀態，可大致比擬於康德和海德格爾講的「純象」（reines Bild）狀態。（Immanuel Kant, 2003: 243; A142/B182）（Martin Heidegger, 1929: §20-22, §32-35）❿

這裏的要害是，要讓文字的書法美出現，就必須在將文字當作有意義的語符

---

❿ 有關此「純象」的討論，可參見拙著《海德格：二十世紀最原創的思想家》（臺北：康德出版社，2005 年），第十一章；或《海德格爾思想與中國天道》（北京：三聯書店，1996 年，2007年（精裝）），第四章。

時，不讓它完全消失在對於意指功能的激發上；而是讓它本身的形式結構的特點還有存在的餘地，並以非對象化的方式被保留在文字的語詞形態中。也就是說，文字即便在作為文字、而非僅僅的物理對象引起我們的注意時，也不止是一堆引發意向行為和相應的意向對象的墊腳材料，而是與意義一起被共同構成者，一種非對象化的被構成者。西方文字的書法之所以不能成為重要藝術，就是因為西方文字的特點以及西方人的思維方式（這方式與其語言和文字的特點有內在關係），使得文字本身在參與構意時，其象結構的非對象化的顯身不可能，或相當微弱，充其量只能在一會兒是物理對象、一會兒是構意材料的「一僕二主」兩棲變更中達到美術字的程度。而漢字，由於上兩節所闡發的那些特點，就可能在作為語符起作用時仍保有自己的活的身體（lebendiger Leib, living body），而不只是一個物理對象、文字軀體（Koerper）的消失。

漢字筆劃的構意性，使得漢字在「閱讀眼光」中也有**自身的**存在，儘管是邊緣化的。比如「一」、「二」、「三」，「木」、「林」、「森」，其字形的象結構在閱讀中也要參與意義的構成；「政者正也」（《論語·顏淵》），「仁也者人也」（《孟子·盡心下》），「道可道，非常道」（《老子》1 章），「王道通三」（《春秋繁露·王道通三》），其字形甚至可能在構意時暫時突顯一下；等等。而且，這種自身存在不是對象化的，或者起碼可以成為非對象化的。以上講到的漢字筆劃的陰陽本性，使其更多地作為互補對生的區別性特徵而非構字原子而起作用，所以「木」、「林」、「森」的筆劃不是在繪畫般地象形，而也是「指事」和「會意」，其中有動態的生成。我們的注意即便在轉向它們的字形本身時，也不是轉向這些筆劃的物理對象形式，而是轉向它們正在參與構成的意義形成過程。換言之，漢字的陰陽化的筆劃，其本身就既不是對象化的，因為它本身總在隱匿；但又不是銷象的，因為它的結體方式在影響著意義的構成。筆劃的裂隙性就在於此，它總在無形有象之間，引出賦意，包括對於自身的賦意。字母卻沒有這種裂隙式的居中性，因為它本身追逐語音，代替語音，沒有直接賦意功能，也就不可能在賦意時有反身的賦意。所以，當它們被當作對象打量時，就是物理形式的對象；而被當作語音符號時，就是被銷象化了的材料。

陸、漢字書寫如何導致居中體驗？
（二）漢字全方位的語境化

一、漢字的境象性、氣象性

漢語的非屈折語的（non-inflectional）或「單字形式不變」（character-formal-invariability）的特點，使漢字獲得語境的整體意義生命。西方語言比如希臘語、拉丁語、德語、俄語等是屈折語，它們的詞形會隨詞性、詞類、單複數、語態、人稱、時態等改變，有時是相當繁複的改變，比如希臘語的動詞變化，由此而傳達出語法乃至語義上的資訊。由於這種單詞詞形層次上的形式變換，造成了一定程度上的單詞獨立性，減少了語境或上下文對於句義乃至篇義的影響。比如一個由冠詞和詞根形式變化定位了的名詞，可以放在句子中的不同位置上（例如句末或句首），而不改變句子的基本含義。又比如，詞性的形式區別使得詞與句有原則區別，無動詞不能成句，系動詞構成判斷句；句子與篇章也有原則區別，句子被不少語言哲學家認為有自身的意義，等等。這些都減少了單詞、句子的語境融入能力，增大了單詞、句子的形式獨立性，由此也增加了對於標點符號的依靠，因為語境本身無法有效地決定句讀的節奏。

漢語沒有所有這些形式上的變換，所以漢字對於語境的依賴和融入是全方位的。漢字不是「單詞」，它們都是意義不飽和的構意趨勢，從根本上等待語境來完形成意。一個「紅」字、「道」字，可以是西方語法分類中的動詞、形容詞、副詞、名詞等，由不同語境構成不同的表現型。一個字就可以是一個句子，似乎只是名詞片語，也可成句，如「枯藤老樹昏鴉」。所以，對於漢語，語境就是一切。字的順序、句子的陰陽對仗結構等等，都實質性地參與意義和句子的構成。無須標點符號，因為語境本身就有自己的構意節奏。「推敲」一字，或可使一整篇煥然一新。儘管漢語表述的意思可以非常恢宏、詩意，但也可以非常準確仔細。只有外行人，如黑格爾，才會懷疑漢字說不清道理。從漢字書寫的角度看，則一筆可以是一字，一字也可以有二十多筆；一字（如「竹」）可以由不同部分組成，而它又可以是其他字的部分（如「簇」）。

　　總之，漢字無論是就它的構成方式，還是由漢語賦予的特色，都是全語境化的（radically contextualized）。這樣，單個漢字的物理形式的對象性就被大大淡化。儘管如上所言，漢字在構意時不銷象，而是以自身的結構特點參與語意的構成，並且同時也被構成，但這種參與構意的象結構，還要被更充分地語境化、篇章化。〈念奴嬌·赤壁懷古〉起頭的「大江」兩字，只是一個牽引和造勢，其書體與後邊全詞全篇的書體一氣相通，而好的書法作品必是全篇風波相盪，左右映帶，上下感激的。正是由於漢字本身這種語境化特性，才會有那充分體現此特性的草書境界。如竇冀形容懷素：「粉壁長廊數十間，興來小豁胸中氣。然後絕叫三五聲，滿壁縱橫千萬字。」（《中晚唐五代書論》，1997：232）杜甫〈八仙歌〉形容張旭：「張旭三杯草聖傳，脫帽露頂王公前，揮毫落紙如雲煙。」這與西方那種經營於一個個字母的線條裝飾的「書法」，完全是兩個天地。以這些特點，漢字書法的確能夠在才者手中成為居中風行的暢遊，在物理形象與完全無象之間獲得境象、氣象，以真、行、草等變化無端的顯現方式來「雲行雨施，品物流形」（《易傳·乾·彖》）

二、毛筆的書法效應：構造內在之勢及時機化的揭示

　　最後，漢字書法的美感生成與毛筆書寫亦有內在關係。硬筆書寫，靜則一點，動則一線一形；其點其線本身無內結構，只是描摹成形而已。毛筆則不同，筆端是一束有韌性的軟毛，沾水墨而書於吸墨之紙，所以充滿了內在的動態造勢和時機化的能力。蔡邕的〈九勢〉講：「陰陽既生，形勢出矣。藏頭護尾，力在其中，下筆用力，肌膚之麗。故曰：勢來不可止，勢去不可遏，惟筆軟則奇怪生焉。」（《漢魏六朝書畫論》，1997：45）讓毛筆藏頭護尾，含筆鋒於點劃書寫之內，委曲轉折，則所書之點劃，有「力在其中」。就像衛夫人〈筆陣圖〉所言，每書一橫，「如千里陣雲，隱隱然其實有形」；每書一點，「如高峰墜石，磕磕然實如崩也」；每寫一豎，如「萬歲枯藤」之懸臨；每作一鉤，如「百鈞弩發」；等等。（《漢魏六朝書畫論》，1997：95）之所以能這樣，其重要原因之一就是「筆軟」：「惟筆軟則奇怪生焉」，其筆劃中可含絕大勢態，並讓人有「肌膚之麗」這樣的感受。這是硬筆書法做夢也想不到的。而且，此含墨之毛筆與吸墨之紙張風雲際會、陰陽相生，片刻不可遲疑，不可反思重來，唯乘時造勢而開出一番新天地不可，不然便成墨豬汙跡。

筆墨之**時義**大矣哉!

「故知多力豐筋者聖,無力無筋者病,一一從其〔即筆墨〕消息而用之,由是更妙。」(《漢魏六朝書畫論》,1997:51)由此鐘繇(三國時魏國人)知用筆勢之妙,也就是讓筆墨在乘勢、構勢的運用之中,牽引激發出只有當時即刻(Jeweiligkeit)才能揭示者。於是他說:「故用筆者天也,流美者地也。」(《漢魏六朝書畫論》,1997:51)筆如遊龍行於天,則有美感湧流於地。

這種書寫就是真正的時機化(zeitigen)創作(dichten),讓人的天才在當場即時的揮灑中發揮出來。張懷瓘這樣來說此創作:「及乎意與靈通,筆與冥運,神將化合,變出無方,……幽思入於毫間,逸氣彌於宇內;鬼出神入,追虛捕微:則非言象筌蹄所能存亡也。」(《張懷瓘書論》,1997:60)這樣的「時中」筆意就先行於反思之前,掙脫「言象筌蹄」的物理形式束縛,達到去蔽傳神的黎明境界。「範圍無體,應會無方,考沖漠以立形,齊萬殊而一貫,合冥契,吸至精,資運動於風神,頤〔養〕浩然於潤色。爾其終之彰也,流芳液於筆端,忽飛騰而光赫。」(《張懷瓘書論》,1997:54)鐘繇則寫道:「點如山摧陷,摘〔鉤〕如雨驟;〔牽帶出的痕跡〕纖如絲毫,輕如雲霧;去若鳴鳳之遊雲漢,來若遊女之入花林,燦燦分明,遙遙遠映者矣。」(《漢魏六朝書畫論》,1997:51)運筆的勢與時,構造出讓風雲際會的裂隙,讓真理在陰陽相合中來臨,閃發出「燦燦……遠映」的曙光。

柒、結語

以上講到的這些漢字及漢字書寫的特徵,相互內在關聯。比如漢字筆劃的特徵,像陰陽相對的構意性,構意方式的多維豐富性、變換性等,與漢語的非屈折語的或語境化特徵,就既不同,又有某種相須相持的關聯。而且,像我們這個缺少構詞和語法的形式變化指標的語言,如果像文字改革主義者們主張的,用拼音來書寫,就必面臨大量的同音異義字,使得那種拼音化的漢語文字不堪卒讀,只能表達最日常口語化的東西。又比如,漢字筆劃的多維豐富性和可變換性,只有通過水墨毛筆的書寫,才能發揮到無微不至和充滿生機靈氣的程度。

由於這些特徵的有機共存,終使得漢字書寫在才子手中成為藝術,他們的書法

作品揭示出了漢字的真理，就像凡高的畫揭示出一雙鞋子的真理所在。漢字的原發豐富的構意能力使它能在扮演語符的角色時，隱藏或保存住了自身的邊緣存在，總能留下語境化和勢態化的痕跡，總在進行潛在構勢的「被動綜合」。而毛筆水墨與宣紙遭遇，以純時機化方式洩露出漢字的匿名隱藏，筆與冥運，追虛捕微，牽帶揮灑出非對象化的字暈書雲，迎來漢字真理的噴薄日出。

己丑春祥龍書於北大暢春園望山齋

參考文獻

《中晚唐五代書論》（1997）。潘運告編著，長沙：湖南美術出版社。

《古希臘羅馬哲學》（1961）。北京大學哲學系外國哲學史教研室編譯，北京：商務印書館。

《初唐書論》（1997）。蕭元編著，長沙：湖南美術出版社。

胡塞爾（1997）。《胡塞爾選集》，倪梁康選編，上海：上海三聯書店，1997 年。

胡塞爾（1998），埃德蒙德。《邏輯研究》第二卷第一部分，倪梁康譯，上海：上海譯文出版社。（Edmund Husserl: *Logische Untersuchungen*, Zweiter Band, Erster Teil, The Hague: Martinus Nijhoff Publishers, 1984.）

海德格爾（1996）。《海德格爾選集》上卷，孫周興選編，上海：上海三聯書店。

《第一次全國文字改革會議文件彙編》（1957）。全國文字改革會議秘書處編，北京：文字改革出版社。

《張懷瓘書論》（1997）。潘運告編著，長沙：湖南美術出版社。

《漢魏六朝書畫論》（1997）。潘運告編著，長沙：湖南美術出版社。

Martin Heidegger (1929). *Kant und das Problem der Metaphysik*, Bonn: Friedrich Cohen.

Martin Heidegger (1977). *Holzwege, Gesamtausgabe*, Band 5, Frankfurt am Main: V. Klostermann.

Edmund Husserl (1984). *Logische Untersuchungen*, Zweiter Band, Erster Teil, The Hague: Martinus Nijhoff Publishers.

Immanuel Kant (2003). *Kritik der reinen Vernunft*, Hamburg: Felix Meiner.

Why Can Chinese Calligraphy Become Art? – A Phenomenological Analysis of Calligraphic Beauty

*Zhang, Xianglong**

Abstract

Chinese art of writing, differing from Western calligraphy, is a primary art with deep and moving sense of beauty. E. Husserl's discussion of writing and his as well as M. Heidegger's views of "art" and "beauty" provide a starting point for the following inquiry. The reasons of Chinese calligraphy becoming art consist in the unique structure of Chinese characters, the radical contextualizing tendency of Chinese caused by non-inflectional linguistic quality, and the timely performance of writing necessitated by the meeting of Chinese brush and blotting paper. Therefore, the writing characters exist between physical objects and sensational matters, and relate to the meanings and forms of words in an objectless way. They, having their own body of image (Bild) structure, can evoke the in-between feelings of aesthetic beauty.

Keywords: Meaning-Constitution of Strokes,   Oppositional-Complementary Structure of Characters,   Relation of Calligraphic Beauty with Semantic Dimension,   Objectless Self-Existence,   Timeliness in the Meeting of Brush-Ink with Water-Absorbing Paper

---

*   Professor, Institute of Foreign Philosophy & Department of Philosophy, Peking University

評萬百安《中國早期哲學的
德行倫理學與結果論》[*]

邁克爾‧斯洛特^{**}

摘　要

　　本文對萬百安《中國早期哲學的德行倫理學與結果論》的評論分為兩部份。第一部份是關於儒家倫理學和德性倫理學的關係，萬百安著重儒家與亞里斯多德式的德性倫理學之比較，忽略了孟子與情感主義式德性倫理學的相似性。第二部份是關於墨子的結果論倫理學，萬百安和墨子的許多論點都忽略了倫理學可以建立在對他人無私關懷之上。

關鍵詞：德性倫理學　結果論　移情　墨子　孟子　亞里斯多德　休謨

---

* 　劉育兆（國立政治大學哲學系博士班）譯，詹康（國立政治大學哲學系副教授）校訂
** 　邁阿密大學倫理學 UST 講座教授

我從萬百安（Bryan Van Norden）的這本新書獲益匪淺。由於我並不研究中國哲學，是以我至今仍有許多需要向該領域的學者學習之處，而對於像我這樣長久投身於德行倫理學、且又對結果論（consequentialism）長期懷有興趣和理論關注的哲學家來說，他們所講的東西大多十分有意思。中國人先提出了許多後來我們在西方所學到並加以發展的東西，更重要的或許是，他們對於當代西方結果論者與德行倫理學家所專注的種種議題有其獨到的看法或觀點。就如同我所說的，我們尚待學習之處還很多。

但今天我想看看我能否對那些學者有所助益。我認為萬百安在強調儒家倫理學和亞里斯多德（Aritotle）式德行倫理學之間可做的有效比較時，低估了、甚至忽略了我們也可以把中國早期思想拿來和另一種在歷史上重要且現今受矚目的德行倫理學做比較，後者也就是由休謨（David Hume）和其他英國的道德情感主義者（moral sentimentalists）所開創的那種德行倫理學。我認為萬百安在其書中錯失了進行這種比較的機會，而我想稍微說明這種比較會（或者可能會）是什麼樣子的。其次，我想要對他關於墨子結果論的論述加以評論並略做補充，我認為其中也錯失了和西方觀點做比較的機會，我尤其想要指出的是，萬百安的許多論點、甚至也包括墨子的許多論點都忽略了把倫理學建立在對他人無私關懷之上的可能性，而這就等於是一種拒斥結果論的德行倫理學。

壹、孟子和情感主義式的德行倫理學

在西方近年來德行倫理學復興的這段期間，亞里斯多德式或新亞里斯多德式的想法固然有領軍開路之功，不過以合理的當代方式來研究德行倫理學的其他進路近年亦嶄露頭角。現在有些學者有興趣復興斯多噶（Stoicism）學派，例如 Julia Annas 便趨向此途；而就如同我和其他一些人最近所極力鼓吹的：我們也有可能以休謨或道德情感主義的方式來構思德行倫理學，而毋需依循著相對上較接近亞里斯多德的那些方式。（我並不清楚最近是否有誰想認真復興柏拉圖（Plato）或伊比鳩魯學派（Epicureanism）。）在此我也應該提及關懷倫理學（ethics of care），它也是情感主義式的，且很接近情感主義式的德行倫理學，不過兩者不盡相同。

　　情感主義式的德行倫理學無論是在早期或更晚近的具體呈現內容都與中國早期哲學在若干方面有顯著的相似之處，而在我加以詳述之前，且讓我對德行倫理學在休謨式／情感主義式進路與亞里斯多德式進路之間的差別提出兩個很概略的描述。這兩者最大的差別牽涉到倫理的或道德的理性主義與情感主義之間的分野。亞里斯多德把倫理的思想、態度以及行為看做是從我們本性的理性那面所生發的，而休謨則確實持相反的主張。但進一步來說，我們也有可能把亞里斯多德關於德行的說明視做是建立在一種關於幸福（eudaimonia）的理論之上，亦即一種關於怎樣算是過著良善個人生活的理論。根據這種詮釋，只有在那些人格特質促進了或構成了擁有這些特質的人之良善生活的部份時，亞里斯多德才視它們為德行，而有些當代的亞里斯多德式德行倫理學家（像是 Rosalind Hursthouse 至少在她早年的著作中）也接受了這種形式的「幸福論」（eudaimonism）。相較之下，休謨則似乎想把德行與對人類福祉更為普遍的貢獻密切連繫起來，就此而言他已先一步想到效益主義倫理學的論點並對之產生了影響。但為了避免有人以為最好把休謨當做是一位原始的效益主義者（proto-utilitarian）而非任何一種德行倫理學家，我們要記得休謨聲稱行為唯有表現出或顯示出我們認為是好的態度或動機才有道德上的優點。在這點上，休謨的看法類似於那些一般被歸為亞里斯多德的看法，且吾人即是以這個看法為基礎而把後者認做是對道德問題採取一種獨特的德性倫理學進路。

　　不過最後我們可以藉由更進一步比較亞里斯多德和休謨（或情感主義）來思考休謨所非常強調的憐憫（compassion）、同情（sympathy）和仁慈（benevolence）乃是道德思維與行動的基礎這件事。在亞里斯多德的思想中，這些情感或動機頂多只扮演著次要的角色，對一個在道德生活上採取強勢的理性主義立場的人來說，這無足為奇。這就是亞里斯多德和休謨主要的差別，也是他們在當代的代表者間的不同之處（儘管差異沒那麼極端）。這麼一來，我們（至少）有兩種發展或陳述德行倫理學的方式，因而我們必須問說，是否這兩種方式在中國早期哲學中都得到展現，抑或我們在儒家的（諸）傳統中只能發現類似於亞里斯多德的思想。

　　萬百安在他的書中強調儒家倫理學和亞里斯多德倫理學的相似之處。其中雖然提到了休謨，卻不是把他的思想看成是已發展出一種德行倫理學形式，並可能與我們在儒家傳統中看到的任一部份相似。正如我之前所說的，我認為這意味著錯失了

一次良機。依我之見，萬百安很成功的說明孔子先提出了類似於亞里斯多德式的德行倫理學。如果我們接受萬百安對中國古代文獻的解讀與詮釋的話，那麼孔子和亞里斯多德似乎都強調人的福祉和良善生活，也都強調德行的觀念與「什麼事物對有德者什麼是好的」的想法這兩者之間有密切的關聯。我確實沒有立場反對上述任何說法，而為了讚美他的書，我還想要說的是，對於像我這樣對中國哲學外行、且只具有亞里斯多德或西方德行倫理學相關知識的讀者而言，萬百安對孔子思想的詮釋似乎是令人信服的。不過他關於孟子的討論卻讓我感到猶豫，因為他對孟子的說法似乎至少讓我更聯想到休謨而非亞里斯多德。讓我解釋一下理由為何。

我並不太熟悉中國哲學的經典，但我這幾個月讀了《孟子》和《墨子》。儘管大家稍後會看到，我對於萬百安如何呈現墨子的結果論會有些挑剔，接下來我要講的東西卻憑藉了他對孟子哲學的說明。他所提供的孟子圖像是你們中間多數人熟悉的，而我想再度把焦點放在一些重要論點上，這些重要論點在我看來會影響到我們如何才能對他的德行倫理學進路的特色做最好的說明。

孟子以「仁」為倫理學的核心，而就我所學到的，「仁」可以翻譯為仁慈、同情或人道（humaneness）。萬百安也指出或主張——我不清楚這在中國哲學學者間有或者會有多大爭議——「仁」具有更廣泛的或更大的意含，它大致上等同於道德整體、等同於是道德的或正當的。萬百安說，在孔子那裡可以發現後一種意含，但孟子似乎更常用「仁」這個字來指仁慈、憐憫等，因而孟子的倫理學比孔子更加圍繞在仁慈和／或其他這些動機／情感上。根據我先前所述的以及大多哲學家對休謨的認識，這讓孟子的說法與休謨的相似程度似乎大過於與亞里斯多德。對亞里斯多德而言，這些溫暖的情感並不是主要的，而孟子對仁的強調則讓他的哲學似乎更順理成章被歸類為是一種情感主義而非理性主義。若他所建構的是德行倫理學，而萬百安也同意如此，則那會是一種類似於休謨的情感主義式德行倫理學，而非亞里斯多德的那種德行倫理學。可是萬百安完全沒有指出這一點。

與我剛才所言相符的是，萬百安對孔子的說明強調德行的角色在於確保個人良善或成功的生活，而他討論孟子時卻沒有同樣強調這種亞里斯多德式的想法。這再次讓孟子的思想比孔子的更不像亞里斯多德的思想。而我們也要考慮到孟子道德觀中所固有的愛有差等的構想（partialism）（當然，孔子也相信愛有差等）。孟子強調

我們對於我們所認識的人要比不認識的人有更強的義務，而儘管他強調的東西——像是我們對於兄長的感情與義務——與休謨或任何西方人所言的並無相應之處，其輪廓仍相當是休謨式的。

　　休謨瞭解到並講說，我們對於那些在時空上或者在家族或友善關係上與我們接近者，要比在這些方面與我們不相干者有更強的義務，且他利用聯想主義（associationism）／經驗主義的觀念去解釋怎麼樣會這樣、和為什麼（我們覺得）是這樣。他那個論述使用了移情（empathy）的觀念，不過「移情」這個語彙要到二十世紀才發明，休謨實際上用的語彙是「同情」（sympathy），但就如萬百安明智地告訴我們的那樣，我們不能假定由於我們沒有對應於某個觀念的（單一的或不模糊的）語詞，它在人們的思想中就不存在或不起作用，且休謨在〈關於對名聲的愛〉（"Of the love of fame"）的小章節和後來的《人性論》中也說，移情／同情機制、一個人對另一個人「注入」（infusion）感情的機制是有賴於親近性和相似性的問題而進行的。這麼一來，休謨實際上比孟子更明確表明或更加瞭解移情這種機制，不過我馬上就要講到中國哲學中有一個地方是我認為確實先提出了移情這一想法。而在此我的論點是，休謨和孟子都相信，大致上依他人和我們有多麼親近而定的那種對他人循序漸進的、愛有差等式的關懷絕對是位於道德的核心，而亞里斯多德對德性和德性做為中庸選擇的習慣之看法則迥異於此，他並不關注我們對他人循序漸進的義務，也不把對他人同情的關懷當做道德的主要基礎。基於所有這些理由，我認為把孟子的德性倫理學比擬為休謨或其他晚近的情感主義式德性倫理學形式（像是我之前對這些議題所採取的進路），要比突顯它和亞里斯多德的比較更有意義。誠然他與亞里斯多德有相似之處，但我認為這大多是因孟子和亞里斯多德都是德性倫理學家而非結果論者或原初的康德學派之故。然而，一旦涉及到孟子思想中的德性倫理學的種類時，我認為稱之為休謨式的或情感主義式的要比說它有亞里斯多德式的特色更為確切。

　　有些其他重要的事實或因素可以有力地強化這個結論。例如，休謨把仁慈說成是人心的原始傾向（而依同樣的說法，惡意則否），這非常像是孟子那種認為人基本上是道德上善的或有此傾向的觀點。相較之下，孔子和亞里斯多德雖都把人性看做是（在不同程度上且以不同方式）道德上可塑的，但人性卻也是道德上中性的。

此外，我希望能有時間詳述這一點，即孟子對人的羞恥感和他人的認可（human approval）的說明令人驚訝地（或許沒那麼令人驚訝地）類似於休謨對這些主題的說法（休謨用「羞愧」（humility）這個字來指羞恥）。有些學者注意到孟子與休謨的相似之處而不把他們當做德性倫理學家，但我同意萬百安的看法，亦即把孟子視為德性倫理學家是合理的，我不同意的只是他把孟子看成哪一種德性倫理學家。在這點上我應該要表明我絕非第一個主張孟子是情感主義式德性倫理學家的人。在一篇我所指導、艾文賀（P. J. Ivanhoe）做外審者的學位論文中，羅軾融（Shirong Luo）就曾替這個論點加以辯護了，不過他比我還傾向於把孔子視做是一位情感主義者。（此意見不一乃是另一個主題了。）

最後，讓我簡短提及倪德衛（David Nivison）幫我們進一步瞭解孟子和休謨的相似之處及孟子與亞里斯多德的差別。倪德衛在〈孟子的動機與道德行為〉（"Motivation and Moral Action in Mencius"）一文中說：「孟子與亞里斯多德對有德行為的『內在性』（internality）的看法有天壤之別。對孟子來說，除非一個人是出於適當的動機而行動，否則他不能做出（真正）有德的行為。相比之下，對亞里斯多德而言，有德的行為只需要是有德的人會做出的行為就夠了。」❶倪德衛繼續說，缺乏德性與有德動機的人可以做出有德的人會做的行為；這麼一來，孟子在這方面就很接近休謨而非亞里斯多德，因為休謨的確說過有德的行為需要有德的動機。不幸的是，倪德衛在這個連結點上並未提到休謨，而讓我覺得似乎錯失了一個指出孟子和「亞里斯多德之外的德性倫理學家」間有何相似處的大好時機。我認為，中國的種種觀點和英國道德情感主義間的相似之處太常在混亂當中遭到忽略了。

獲得這些結論之後，現在若我可以回到移情這個主題，讓我如之前承諾的那樣，談一下我學到的一個地方（我是從萬百安的書中得知該處的），在那裡很明白地講到移情，或者至少講到一個與移情的關係比與仁慈、同情、憐憫和可憐（commiseration）的關係更加密切的現象。在當代的用法中，我們是把後面這些觀念與移情區分開來的，讓我簡短解釋一下我想我們是如何做的。就拿柯林頓風格的

---

❶　這篇文章可以在倪德衛的 *The Ways of Confucianism: Investigations in Chinese Philosophy* (ed. by Bryan Van Norden, Chicago: Open Court, 1996) 一書中找到，引文見頁 116。

「我感受到你的痛苦」和「我對你遭受痛苦這件事感到很難過而想要盡我所能予以幫助」之間的差別為例，說日常英語的人若被問到這兩個陳述中哪個會聯想到移情，而哪個會聯想到同情，大多會把第一個陳述看做是與移情有關，而第二個則與同情、仁慈、可憐或憐憫有關。當萬百安討論孟子對仁的說法時，他並未提到任何明顯喚起移情而非憐憫、仁慈等觀念的事實或現象；而儘管我們現今（有關道德發展的心理學文獻大肆強調這點）認為仁慈和憐憫依移情而生，孟子卻並未提出這點，且至少如萬百安所呈現他的想法那樣，他沒直接說到至少就我看來是移情或任何有關移情的事情。

然而，萬百安對孟子的討論到後面，提到一位時代晚很多的中國倫理學家王陽明，他對仁慈的說法超越了孟子的說法。王陽明說，當我們對動物或他人仁慈對待時，我們的仁慈與那些他者「成為一體」。（他也說到與植物和物體成為一體，但我在此將不細談。）今天談論移情的人有時會指出，當我們移情於某人時，我們會感到與他人有同一性（identity）、或感到與他人成為一。（他們對仁慈或同情本身不會這麼說。）不過，與某些人共享同一性的想法非常類似於與他們成為一體（不那麼照字面理解）的想法，所以我傾向於認為，王陽明在休謨之前兩百多年就切中了移情這個觀念。這是我所知道關於移情現象第一個哲學的（或文學的）出處或典故。（Malebranche 在某種程度上先於休謨提出移情，但也遠晚於王陽明。）

這種對王陽明的詮釋可從倪德衛的論文〈中國道德哲學中的金律論證〉（"Golden Rule Arguments in Chinese Moral Philosophy"）得到一些支持。倪德衛主張，王陽明與他人成為一體的想法涉及了「同情地認同他人，使我們把他人徹底當做是個體，並置身於他們自身的處境而帶著他們自身的觀點」❷。此描述並未使用「移情」這個字眼，不過它頗能具體表現那些想談移情的人所想到的移情所涉及的（特定）內涵。如果倪德衛的詮釋是正確的話，那麼它就支持了王陽明比休謨更先談論到移情

---

❷　這篇文章亦可在前述倪德衛的書中找到，引文見頁 70。倪德衛的文章提到康德與金律論證的關聯，但他未瞭解到或至少沒有講到，與他人一體的觀念讓我們更容易想到休謨，而較不會想到康德。事實上，儘管文章的標題是那樣，也不管其康德式的／互惠主義式的（reciprocalist）意含，倪德衛有關「仁」、關於對他人懷有人道情感與注意他人感受的討論（見頁 70），也較是傾向休謨情感主義，而不是康德或任何其他理性主義者。

且與休謨有重要的共同見解的這個看法。然而，我認為現在是該講一下萬百安對墨家式結果論的論述的時候了。

貳、墨子和結果論

首先，我要指出有些評論者把墨子不只當成結果論者且還是效益主義者（utilitarian），但基於本場演講的時間限制，我打算把此議題擱到一旁。我想要談的是，一個人決意做到無私關懷或兼愛與一個人決意做到直接的結果論有何差別。墨子同時接納兩者為其哲學內涵，而萬百安討論墨家時承認，人能主張無私關懷而不必主張結果論。但他沒有對這個論點多加發揮，我認為這讓他低估了證成墨家立場所涉及的種種困難。當然，他主張墨家比儒家略遜一籌，因為墨家沒有認清我們對他人之道德義務的力量強弱乃是取決他人與我們有什麼樣的關係，在此我的看法並未與他相左。不過一旦我們瞭解到，一個人決意做到無私關懷與一個人採取德行倫理學的進路來看待道德與道德理論，這兩者甚至是可以相容的，那麼墨家比萬百安所告訴我們的還更加可疑且也肯定更為薄弱就昭然若揭了。

但你們會問，無私的做法如何能引導我們朝向德行倫理學？這個嘛，不是每種德行倫理學都需要強調或接受愛有差等。正確的行為可以建立於無私的動機與（尤其是）關懷等理想之上，且儘管這個想法看起來有些眼生，你們卻可能對它已有幾分熟悉。黑爾（Hare）和其他人曾把基督教的博愛當做是一種相當近似於效益主義的倫理理想，而它的確是。但博愛的倫理主張毋需用結果來評價行為；它可以強調（且最有可能會被看做是強調）行為背後的動機——它可以說，就行為體現和發揚博愛而言，而非就行為實際上或可望達到這種博愛的目標而言，那種行為是對的。這是一種無私式的德行倫理學，而如果你們允許我把話題從愛轉移到仁慈或關懷，那麼我在說的是，我們是可以論述一種依行為有多好或多切近地展現或反映無私的仁慈或關懷來評定其價值的德行倫理學，且為之辯護的。

我在《源於動機的道德》（*Morals from Motives*）一書中，提到了主張這種德行倫理學的可能性，並指出了要證明它比不上效益論式的結果論會遇到哪些困難。我在那裡所說的話與萬百安的論述有關，因為萬百安藉由舉出墨家的結果論的特色所提

出的許多東西並不能真的得出墨家哲學。例如他說：「墨子提供我們一種決定何者為對的一般規則：無私地追求利益極大化。」（頁139）但這個描述也適用於《源於動機的道德》書中所謂的「以普遍仁慈為道德」（我們也可按照萬百安的術語就直接稱之為「以無私關懷為道德」）的德行倫理學。以普遍仁慈為道德，也要求我們無私地追求利益極大化，但它不同於墨家或當代結果論之處在於，它把對行為的道德評價與其根本動機聯繫起來，而不是與其結果聯繫起來。當一個行為是由對人類的漠不關心或懷有惡意所激起的，就算它出乎意料地或偶然地以某種方式產生了最佳的結果，它仍然是錯的。萬百安也說墨家似乎「把無私的仁慈視為對錯的基本標準」（頁146），但同樣的，這對結果論和以普遍仁慈或無私關懷為道德的對立來說仍然是中性的。

我並非要說德行倫理學上的「以無私關懷為道德」優於結果論，我只是說我們難以證明並非如此。誠然如萬百安所指出的那樣，墨家認為其學說要比他人更能為對錯提出清楚的判準；且有人可能會說，以好的動機來取代好的結果以後，「道德做為無私關懷」這種想法並沒有提供我們評估行為的清楚方法。畢竟動機可能比結果（的善）更難評估。但我們完全看不出來墨家有資格這麼說。畢竟萬百安指出了墨家對於什麼是好的結果之特色是很模糊的，這是由於墨家提出了三個不同因素來評估結果，而沒有提出平衡這些因素的清楚（或者任何）方法。也許更重要的是從辨證的角度來說，墨子本人強調需要去教導或發展無私的仁慈，若他們又對自己用來論述動機的講法的清淅度有所抱怨，那就更奇怪了。

就我能力所能確定的範圍來說，萬百安在其書中對墨家特色的描述和引用的原文無一可推導出墨家是一種結果論式的學說，那些特色描述和引文在結果論和無私關懷／普遍仁慈的德行倫理學的對立之間乃是中性的。不過事實上墨子有若干段落的確主張結果論而非德行倫理學，他說偏私會造成災禍，所以是錯的，這正可避免說出普遍仁慈的德行倫理學一般會講的「以偏私做為一個動機或一系列動機是大錯特錯的」這句話。墨子又說，值得稱讚的是那種有幫助的或有用的事物，最後他還說，由於兼愛對世界產生很大的利益，所以是對的。

這些講法（在此我是使用梅貽寶的墨子英譯本）都很清楚推導出結果論，或至少較支持結果論式的詮釋而較不支持無私的德行倫理學式的詮釋。但我們還必須考

慮，墨子是否有隻字片語能夠證成他所主張的較是（無私主義式的）結果論而較不是德行倫理學式的無私主義。我覺得他沒有說過，而就算他自己或許沒意識到「以普遍仁慈為道德」乃是一種獨立的可能項，一旦我們曉得了，我們便有了超出萬百安所言之外的理由，來質疑墨子所主張的結果論。

在作結論之前，讓我對一般性的比較研究提一點，這一點與各種學說或理論的長處如何的問題無關。我冒著被指控帶有優越偏見的歐洲中心主義的不小風險，要說令我印象十分深刻的是，墨子先想到後來西方的效益主義，孟子也先想到後來西方的道德情感主義，二人都比西方早二千多年。反之，孔子的德行倫理學並沒有比亞里斯多德的德行倫理學早多久出現，所以儘管他那些想法在中國比其他任何人影響更大，那些想法在歷史上出現的事實卻似乎不是那麼突出。

我此次演講要說的結論是，萬百安的書努力增進中國和西方思想的比較性理解，但他只把我們帶到半途。和亞里斯多德與亞里斯多德式德行倫理學做比較是非常非常重要的，因為晚近西方關於德行倫理學的論述係歸功於亞里斯多德之處勝過任何其他哲學家，這是其一。但現在休謨式的、和更一般而言的情感主義式的德行倫理學愈來愈被看好，且被視做是相關的理論可能出路，因此我覺得需要對儒家、乃至於墨家他們如何與此一取徑相似，做更多的討論。就如司萬頓（Christine Swanton）提出有關德行倫理學式道德情感主義近來出現和發展的很好論點，德行倫理學被證明是一個類（genus），而不是一個種（species）。亞里斯多德只是從事德行倫理學研究的途徑之一，因此任何試圖思考西方德行倫理學與中國倫理學相似之處的人都必須涵括亞里斯多德和休謨以及受到他們影響的那些人。

參考文獻

Nivison, Davis S. (1996). *The Ways of Confucianism: Investigations in Chinese Philosophy*. Ed. by Bryan Van Norden. Chicago: Open Court.

Van Norden, Bryan W. (2007). *Virtue Ethics and Consequentialism in Early Chinese Philosophy*. Cambridge: Cambridge University Press.

Comments on Bryan Van Norden's
Virtue Ethics and Consequentialism in Early Chinese Philosophy

*Michael Slote**

Abstract

My comments on Bryan van Norden's *Virtue Ethics and Consequentialism in Early Chinese Philosophy* are divided into two sections. The first section deals with the symmetry between early Confucian ethics and Western virtue ethics, the latter of which for van Norden is predominately Aristotelian. He failed to realize the parallels between Mencius and the Humean sentimentalist virtue ethics. The second section comments on Mozi's consequentialism and van Norden's account of it. Both of them are unaware of the possibility of basing ethics on impartial caring for others.

Keywords: Virtue Ethics, Consequentialism, Empathy, Mencius, Mozi, Aristotle, Hume

---

* UST Professor of Ethics at the University of Miami

對尼采系譜學兩種詮釋的探究：
兼論勞思光先生《哲學問題源流論》
是否爲系譜學研究

劉若韶*

摘　要

　　勞思光先生大著《哲學問題源流論》的英文書名為 *Genealogy of Philosophical Problems*。Genealogy 一詞較常見的中文翻譯卻是「系譜學」。眾所周知，系譜學作為一種哲學方法，起於尼采，但是在當代學者中，傅柯與威廉斯對尼采系譜學的詮釋卻大相逕庭。系譜學對傅柯而言是一種歷史的回溯，藉以顯示現存事物之過去歷史的不延續性，動搖現存事物的合法性或正當性。但是，威廉斯卻嘗試應用系譜學方法來說明真誠的價值，宣稱系譜學可以有證成的效力，而且系譜學所勾劃的歷史可以是虛構的。本文嘗試藉由追溯系譜學一詞在西方哲學中的意義，與中文所謂源流論相對照，從而分辨勞先生的《源流論》是否為一系譜學研究。

關鍵詞：系譜學　尼采　傅柯　威廉斯

---

*　　國立政治大學哲學系助理教授

筆者偶然翻閱勞思光先生大著《哲學問題源流論》（2001 [1956-7]），發現該書英文譯名為 *Genealogy of Philosophical Problems*。❶筆者剛好接到第五屆南北論壇的邀稿通知，此書英文書名引起了筆者的興趣，希望可以藉這個機會釐清系譜學探究（genealogy）是甚麼，以及勞先生的源流論在甚麼意義下是一種系譜學探究（genealogy）。

壹、「系譜學」的詞典性定義

據《牛津英文詞典》（*Oxford English Dictionary*）所載，"genealogy" 一詞在希臘文為 *genealogia*，由字根 *genea*（種族、世代）和 *logos*（言說、研究）組成，意謂對家族世系的追溯。（"genealogy" 1989）在西元前五世紀的希臘作家赫卡泰厄斯（Hecataeus of Miletus）曾著有《系譜》（*Genealogia*）一書，追溯希臘神話中神明和英雄的家譜（Starr, 1997: 42）。按照《牛津英文詞典》，"genealogy" 一詞有四個意義：一、宗譜，即對某個個人或家族的世系的說明；二、世系或血統，即從列祖列宗到某個人的血緣關係；三、後裔；四、追索宗譜、世系的一門學問。此外，《牛津英文詞典》也指出 "genealogy" 在生物學的用法，即某種動物或植物的演化譜系（例如從始祖馬至真馬的不同演化階段，構成了馬的演化譜系（genealogy of the horse））。（"genealogy", 1989）

《牛津英文詞典》並未列出 "genealogy" 一詞在哲學中的用法。一般認為，系譜學作為一種哲學方法，始於尼采（Friedrich Nietzsche, 1844-1900）。（Geuss, 1999: 1, Leiter, 2002: 165）但是，「系譜學」這個語詞既非尼采所創，尼采也不是第一位在哲學論述中使用「系譜學」這個語詞的哲學家。康德（Immanuel Kant, 1724-1804）在《純粹理性批判》（*Critique of Pure Reason*）第一版的前言中就曾使用這個語詞，用來形容洛克（John Locke, 1632-1704）的理論。康德在書中提到，洛克提出一套人類悟性的生理

---

❶ 筆者本來猜想，此英文書名若非為勞先生本人所定，大概也獲得勞先生本人的認同。後來筆者在第五屆南北論壇的會場上宣讀本文初稿，得《哲學問題源流論》的編者劉國英教授告知，該書英文書名是劉教授所取，事前並未告知勞先生。

學，追溯形上學主張在人類共同經驗中的起源，從而質疑形上學的權威。但是康德認為，洛克的批評並不真正足以推翻形上學的權威，因為洛克的這樣一套「系譜學」是假的。（Kant, 1996 [1781]: A ix, p. 6）筆者認為，康德所以將洛克對形上學的批評稱為「系譜學」，是因為形上學在過去曾被稱為一切學科的皇后，而洛克用經驗世界中的因素來解釋形上學的超驗主張如何產生，在康德看來就好像系譜學家回溯某個尊貴家族的世系，結果發現那個家族源自某個卑微的祖先一般。這似乎只是一種引伸或類比的說法，康德不見得真把洛克的理論視為一套系譜學。

尼采直接把他的一本著作命名為《道德系譜學》（*Zur Genealogie der Moral*，英文譯名 *On the Genealogy of Morals*）。他在這本書的〈前言〉中提到，該書所要探究的主題是近代西方人道德偏見的起源。（1989 [1887]: Preface: 2, p. 15）由此看來，尼采似乎用「系譜學」一詞來指稱對起源的探究。❷尼采在《道德系譜學》第一卷提到，英格蘭心理學者（English psychologists）是在他以前唯一嘗試對道德的起源作歷史探究的一些人（1989 [1887]: I: 1, p. 24）。❸尼采也用「道德系譜學」指稱他們的探究。（Ibid.: I: 2, p. 25）在該書的〈前言〉中，尼采也提到瑞伊（Paul Rée）的《道德感受的起源》（*Ursprung der Moralischen Empfindungen*，英文譯名 *The Origin of the Moral Sensations*）一書是觸發他出版道德起源探究著作的一個契機，而瑞伊對道德起源的探究所採取的正是「英格蘭道德系譜學者」（English moral genealogists）的進路。（Ibid.: Preface: 4, pp. 17-18）由此

---

❷ 斯密（Shawn J. Smith, 1996: 487）認為，尼采只說道德偏見的起源是《道德系譜學》一書的主題，並沒有說他的方法是要探究道德偏見的起源。主題不等於方法。因此，尼采並沒有將「系譜學」理解為對起源的探究。換言之，系譜學可以用在起源以外的其他課題。筆者對斯密的觀點有些懷疑：如果系譜學不是指對起源的探究，英格蘭心理學者又是在甚麼意義下被尼采稱為道德系譜學者呢？

❸ 尼采並未明白點出，所謂「英格蘭心理學者」實際指的是哪幾位人物。根據柴契爾（David Thatcher, 1989: 588）的考證，在這些人當中包括赫哲森（Francis Hutcheson, 1694-1746）、哈特萊（David Hartley, 1705-1751）、休謨（David Hume, 1711-1776）、邊沁（Jeremy Bentham, 1748-1832）、彌爾（John Stuart Mill, 1806-1873）等英國哲學家。由於休謨是蘇格蘭人而非英格蘭人，柴契爾認為尼采使用「英格蘭心理學者」一詞有欠嚴謹，應為「不列顛心理學者」（British psychologists）之誤。克拉克及史文森（Maudemarie Clark and Alan Swensen, 1998: 129）則認為，休謨被列入「英格蘭心理學者」，這反而顯示，「英格蘭心理學者」指的是採取某種進路的哲學家，尼采本人並沒有把這個名詞的適用對象限定在英格蘭人的意思。

可見，「道德系譜學」這個語詞不是專指尼采本人的研究方法或進路，而是泛指對道德起源的歷史探究。儘管尼采批評瑞伊及英格蘭心理學者缺乏歷史精神（historical spirit）（Ibid.: I: 2, p. 25），他們在尼采眼中仍然是道德系譜學者。「系譜學」一詞專指尼采在其道德探究中所採用的方法，或許是傅柯（Michel Foucault, 1926-1984）倡導的緣故。傅柯在一九七一年發表〈尼采、系譜學、歷史〉（"Nietzsche, Généalogie, Histoire"，英文譯名"Nietzsche, Genealogy, History"）一文，直接用「系譜學」指稱尼采的方法。（1984 [1971]）由於傅柯在其後撰寫的《規訓與懲罰》（*Surveiller et punir*, 1977 [1975]）、《性史》（*Histoire de la sexualité*, 1988-90 [1976]）等著作應用這種方法，「系譜學」一詞更為人所知。在當代哲學學界中，這個語詞就被用來專指尼采與傅柯採用的那個哲學方法。（例如 Hill, 1998: 1; Bunnin & Yu, 2004: 278-279）

根據萊特（Brian Leiter, 2002: 1-3）的說法，尼采對當代西方哲學的影響有一個特色，那就是許多彼此極端分歧的觀點都宣稱是尼采的繼承者。其中尤以兩派觀點最值得注意。一是以佛洛伊德（Sigmund Freud, 1856-1939）為代表的自然主義觀點，一是以傅柯為代表的後現代主義觀點。從自然主義觀點看來，尼采的哲學挖掘在人性中深層的、隱藏的事實，用以對我們以及我們的信念作解釋。但是從後現代主義的觀點看來，事物背後並沒有本質存在。所謂意義或者事實都不過是詮釋，是適然地建構出來的東西。尼采是後現代觀點的先驅，他教導我們的正是，並沒有人性背後的深層事實。

上述兩派觀點對尼采的詮釋顯然大異其趣。當代學者對尼采的系譜學的理解，也大致上可以區分為後現代主義與自然主義兩種詮釋。傅柯將系譜學理解為一套與後現代主義觀點一致的哲學方法。另一方面，雖然萊特以佛洛伊德為尼采哲學自然主義詮釋的代表人物，但是佛洛伊德並未針對系譜學進行探究。將系譜學理解為一種自然主義的說明，當以威廉斯（Bernard Williams, 1929-2003）的詮釋最有代表性。

貳、傅柯對尼采系譜學的後現代主義詮釋

傅柯是後現代主義的代表人物之一。按照艾爾斯沃斯（Gary Aylesworth, 2009）的說法，雖然「後現代主義」幾乎被公認是無法定義的，它卻可以被描述為質疑諸如

同一性（identity）、歷史進程（historical progress）、知識確定性（epistemic certainty）、意義單義性（univocity of meaning）等概念的一些行動。就筆者的粗淺理解，傅柯等後現代主義者所以對上述概念提出質疑，是因為這些概念都是承載理論（theory-laden）的，它們都預設了西方傳統形上學。根據一九八四年的一篇訪問，傅柯以尼采主義者（Nietzschean）自居，他指出自己嘗試在尼采著作的協助下處理哲學問題，即使不贊同尼采的某些觀點，他所持的反對意見仍然是尼采主義的。（Sluga, 2003: 210）在傅柯看來，尼采不但是西方傳統形上學的批判者，對於後現代主義所反對的上述概念也提出了質疑。

傅柯的〈尼采、系譜學、歷史〉可以說是在當代論述尼采系譜學的論文中最著名的一篇。傅柯在這篇論文中，將「起源」（origin）區分為 *Ursprung* 與 *Herkunft* 這兩種概念，主張系譜學所探究的是 *Herkunft* 而非 *Ursprung*。這個說法廣為人知，但是安克斯密（F. R. Ankersmit, 2003: 256）卻認為，就傅柯所言 *Ursprung* 和 *Herkunft* 二者的差異來說，其確切性質為何，並不容易掌握。筆者認為，傅柯的這篇文章並不容易閱讀。除了安克斯密所提及的兩個概念之外，許多在文章中出現的關鍵概念，以及這些概念之間的關係，傅柯其實也沒有解釋清楚。筆者猜想，傅柯在這篇文章最後列了大量附注，點出了尼采原典相關段落的出處，大概預期讀者可以透過閱讀尼采的著作，自行領會與印證他的論點，因此，傅柯只提出了他對系譜學的一些理解，卻未有進一步論述清楚。除此之外，有一些傅柯用來解說尼采系譜學的關鍵語詞（例如線性發展、延續性／不延續性等），並非尼采本人所提出，而是傅柯自己所使用的詞彙。這也進一步對一般讀者在閱讀文章時造成困難。筆者認為，讀者先對尼采及傅柯的哲學理念有初步的認識，再來理解〈尼采、系譜學、歷史〉這篇文章，比起讀者嘗試直接透過這篇文章理解尼采及傅柯的哲學理念，恐怕要容易許多。就筆者接觸到研究尼采、傅柯或系譜學的有限資料來說，研究者常提到〈尼采、系譜學、歷史〉這篇文章，但是往往僅是或者概述其大意，或者擷取其中的一二概念或觀點加以分析或檢討，未見對這整篇文章作分析或注解的論述。筆者在下面將嘗試對這篇文章和其中的論點作初步的疏理。

傅柯的這篇論文大致上可以分為三個部分。在論文第一部分（第一節），傅柯將瑞伊的道德起源探究與尼采的系譜學作對比，指出前者將道德的歷史理解為單線

的發展，而後者則強調對資料的搜集和對細節的認知。在論文的第二部分（第二至四節），傅柯將德文中與「起源」相關的語詞區分開來，指出系譜學的真正目的並不是要探究 *Ursprung*，而是要探究 *Herkunft* 與 *Entstehung*。在論文的第三部分（第五節起），傅柯比較傳統的歷史與系譜學所要探究的「有效的歷史」（effective history）。他認為傳統的歷史採取一個超歷史的觀點，系譜學的「有效的歷史」才是具有歷史感的研究進路。史魯格（Hans Sluga, 2003: 225-228）曾就系譜學的性質、目的及涵蘊意義三部分，論述傅柯贊同尼采的哪些觀點。史魯格從傅柯的這篇文章所徵引的文字，恰好分別對應著這三個部分。這可能會引起誤解，讓人以為傅柯在這三個部分中分別論述系譜學的性質、目的及涵蘊意義。筆者認為，對系譜學性質與目的的說明很可能是分不開的，而史魯格所說的涵蘊意義（對永恆的真理及人的同一性的否定）儘管在傅柯看來確實是系譜學的重要特色，其實在前面的段落中就已經提到。就筆者的理解，〈尼采、系譜學、歷史〉第一部分是傅柯對系譜學說明的總述，第二、三部分則是就系譜學的真正目的，以及系譜學作為一種歷史探究的特色作進一步論述。

一、系譜學與英格蘭探究進路的對比

〈尼采、系譜學、歷史〉是以「系譜學是灰色的、謹慎細緻和耐心紀實的」（"Genealogy is gray, meticulous, and patiently documentary."）❹這個語句開始的。（Foucault, 1984 [1971]: 76）筆者認為這個語句是傅柯對系譜學的總述。尼采在《道德系譜學》一書中，分別用藍色和灰色來形容英格蘭心理學者和他自己對道德起源的探究。（1989 [1887]: Preface: 7, p. 21）系譜學的灰色是與英格蘭心理學者的道德起源探究的藍色相對，換句話說，系譜學是有別於英格蘭心理學者的探究的另一種探究型式。因此，傅柯在文章第一節就系譜學提出總述以後，隨即將瑞伊的道德探究與尼采的系譜學作對比，對這個總述作進一步說明。

根據尼采在《道德系譜學》第一卷的描述，英格蘭心理學者嘗試對「善」概念

---

❹ "documentary" 這個語詞可以指「紀實的」，也可以指「文獻的」。筆者不能確定傅柯使用的是哪個意義，又或者是否兩種意義兼有。

以及使用這個概念的價值判斷的起源作說明。他們主張從前人們因為發現不求己利的行為（unegoistic actions）對他們是有用的，所以視那些行為是善的，但是，人們逐漸忘記那些行為所以被稱為善的原初理由，他們對那些行為的評價卻未有改變，便以為那些行為本身是善的。尼采批評英格蘭心理學者的思維是非歷史的（unhistorical），缺乏歷史精神（historical spirit）。（1989 [1887]: I:1, p. 25）尼采的描述雖然針對所有英格蘭心理學者，其實是以瑞伊的《道德感受的起源》為依據。（Janaway, 2007: 25）尼采在《道德系譜學》的〈前言〉針對瑞伊的道德探究提出建言，他認為瑞伊應該往「道德的真實歷史」或「道德的有效歷史」（*wirklichen Historie der Moral*）❺這個方向來進行道德探究，這才是尋找答案更好的方法。道德系譜學需要的是灰色，而不是英格蘭心理學者的藍色。按照尼采的解釋，「灰色」是指「可以被記錄下來成為文獻、可以被實際肯認、事實上曾經存在的東西；簡言之，整個關於人類的道德過去的冗長的、像象形文字般難以解讀的記載」。（1989 [1887]: Preface: 7, p. 21）

　　傅柯詮釋尼采反對英格蘭心理學者道德探究進路的理由，他指出瑞伊用對效益（utility）的關注來說明道德的歷史與起源，是在追隨英格蘭心理學者的錯誤進路，用一種線性的發展（linear development）來描述道德的歷史。（1984 [1971]: 76）但是，何謂「線性發展的歷史」？瑞伊對道德起源的說明如何把道德的歷史描述為線性的發展？這種線性發展的道德歷史觀為甚麼是錯誤的？對於這些問題，傅柯至少在文章的第一部分中都沒有清楚交待。筆者在此嘗試先就「線性發展的歷史」加以說明。

　　筆者認為，所謂「線性的發展」是指「線性的先後更替」（linear succession）（Foucault, 1972 [1969]: 3）：正如直線是許多的點連接而成，歷史中的眾多個別事件可以連接在一起，構成一個發展的歷程。反過來說，歷史中的個別事件是整體發展過程的一部分，需要透過這個整體發展過程來理解。但是，「先後更替」與「發展」這兩個概念其實並不完全等同。如果僅是前一階段的一個事物被後一階段的另一事物取代，這不是嚴格意義的發展。嚴格意義的發展涵衍在先後兩個階段中有同一個

---

❺ 在《道德系譜學》的英文譯本和相關研究中，*wirkliche Historie* 通常翻譯為 real history 或 actual history，但是 Foucault 把這個概念翻譯為 effective history。

事物存在，這兩個階段是同一個事物的先後兩個階段。換言之，嚴格意義的「線性發展」有延續性（continuity）。在傅柯看來，瑞伊的錯誤在於把道德的歷史視為一個有延續性的過程，而系譜學有別於瑞伊的英格蘭心理學者進路，注意到歷史中的不延續性（discontinuity）。所謂「歷史中的不延續性」，廣義地說是指歷史中存在一些獨立於一個整體發展過程之外的個別事件，狹義地說則是指歷史中的個別事件各自獨立，並不構成整體發展的歷程。根據安德森（Niels Akerstrøm Andersen, 2003: 17）對傅柯系譜學的詮釋，延續性與不延續性的差異正是系譜學看待事情的基本架構。

尼采在《道德系譜學》第一卷指出，英格蘭心理學者的錯誤在於未能認識到「善」這個語詞在歷史中經過一個概念轉化（conceptual transformation）的過程，以致於將「善」概念及「善」判斷的起源錯置。「善」（「好」）（good）原來是從「貴族的」（noble, aristocratic）發展出來的概念，這個語詞最初不是用來描述行為，而是用來描述貴族本身，它的相反詞是「壞」（bad），後者是從「賤民的」（common, plebeian, low）發展出來的概念。「好」變成與「惡」（evil）相反的「善」，被用來評價行為，都是在歷史後來的階段才出現的變化。（1989 [1887]: I:2-4, pp. 25-28）按照尼采在《道德系譜學》第一卷所提出的歷史敘述，不僅「善」概念的意義經過改變，西方現代道德也不是自始就存在。在它以前有一套主人道德存在。西方現代道德是弱者發展出來用以取代主人道德（master morality）的一套奴隸道德（slave morality）。由此看來，尼采的歷史敘述似乎告訴我們，從前的道德是主人的道德，現代的道德是奴隸的道德，二者各擁有自己的一套語言和價值評價的方法，並不是同一套道德，道德的歷史沒有延續性，並不是線性的發展。

傅柯除了用「線性發展的道德歷史」來詮釋瑞伊的道德探究，還指出這個進路有幾個有問題的假設：第一，語詞的意義總是維持不變。第二，種種欲求指向單一的方向。第三，觀念的邏輯不變。筆者不能確定「觀念的邏輯」中的「邏輯」指的是甚麼。這個語詞除了意指推理、論證、以及研究論證有效性的學科（邏輯學）之外，也可以意指理由、原則或思維方式。筆者猜想，「觀念的邏輯不變」是指觀念的內涵、預設、以及觀念背後的思維方式不變。總而言之，傅柯認為瑞伊假設語詞的意義、人類的欲求和觀念的邏輯都是沒有變化的。傅柯認為，除了要拋開把道德歷史理解為線性發展的觀點，上述有問題的假設也是系譜學想要避免的。（1984

[1971]: 76）

　　傅柯沒有說明，上述三個假設為甚麼是有問題的，以及它們與線性發展的道德歷史觀有甚麼關係。筆者認為，語詞的意義不變，人類的欲求不變，觀念的邏輯不變，這三個假設的相同點就在「不變」，都肯定有些東西是沒有變化的。另一方面，如前所述，線性發展的歷史意謂歷史具有延續性，延續性的基礎在於歷史中的事物具有同一性。儘管歷史中的事物在變化，卻仍有不變的部分，作為變化的底基（substratum），那就是它的同一性。同一性的基礎又在哪裡呢？一個可能的看法是這樣的：事物之所以被認為具有同一性，在於它們具有不變的本質。筆者認為，在傅柯看來，線性發展的道德歷史觀和上述三個假設所以是錯誤的，在於它們都預設了西方傳統形上學。按照西方傳統形上學的觀點，經驗世界是一個生成變化的世界（world of becoming）。本質被認為是永恆的事物，先於歷史中的種種變異而存在。因此，本質存在於經驗世界背後的另一個世界，那個世界是存有的世界（world of being）。存有的世界才是最實在的世界，生成的世界不過是存有世界的表象。

　　尼采是西方傳統形上學的激烈批評者，他的反形上學立場也被傅柯所認同。在尼采看來，缺乏歷史精神並不是英格蘭心理學者才有的缺點。在《人性的，太人性的》（Human, All Too Human）及《偶像的黃昏》（Twilight of the Idols）二書中，尼采都宣稱缺乏歷史感（historical sense）是所有哲學家的通病。在他看來，我們生活和經驗的世界是一個雜多和變異的世界，形上學的產生在於有些人無法在這個變異的世界中安頓自己，這些無法安身立命的人就是哲學家。尼采用「埃及主義」（Egyptianism）形容哲學家，他們排斥生成變化，要求將事物去歷史化（dehistorize），就如同崇拜木乃伊的僵化一般。他們把生成與存有對立起來，於是設想在生成的世界背後有另一個存有的世界。（1996 [1879]: I: 2, pp. 12-13; 1997 [1889]: III: 1, p. 18）尼采宣稱同一性是理性的偏見虛構出來的，有恆久的事物存在同樣是一個錯誤的信念。（1997 [1889]: III: 5, p. 20; 2001 [1882]: 110）

　　傅柯指出，系譜學既然要拋開線性發展的道德歷史觀和上述三個有問題的假設，它要在一堆雜亂的文獻中下功夫，嘗試「在任何不變的目的之外去記錄事件的

特異性」❻，因此要求耐心、對細節的瞭解與博學。（1984 [1971]: 76）就筆者的理解，所謂「記錄事件的特異性」有幾重意義：第一，特異性是與目的對立。西方傳統形上學往往把歷史理解為一個走向某個目的的發展歷程，即使不必然以為整個歷史發展事實上將以某個目的的實現為終點，也往往把歷史理解為一個向前進步（progress）的過程。進步意謂向更好的狀態發展。西方傳統形上學通常以一個最高的理想作為價值判斷的判準，歷史向前進步也就意謂向一個理想目的接近。在傅柯看來，系譜學反對這種目的論的歷史觀。所謂「記錄事件的特異性」，就是要藉由歷史事件的收集與檢示，否定歷史是走向某個終極目的或向前進步的歷程。第二，在筆者看來，瑞伊對道德起源的說明似乎並不是一種目的論的歷史敘述。但是，瑞伊仍然是用線性發展描述道德的歷史。將歷史視為線性的發展，並不涵衍對歷史採取目的論的詮釋。筆者認為，特異性的第二個意義是指不延續性。就這個意義來說，系譜學想要顯示，個別的歷史事件並不構成一個具延續性的發展過程。第三，特異性是與歷史的常項（historical constant）相對立。傅柯把系譜學稱為「事件化」（eventualization），按照他的說法，事件化就是「在那些存在著讓人喚起歷史常項的誘惑的地方揭示特異性。」（Foucault, 1991: 76）系譜學想要透過歷史事件的搜集和檢視，顯示歷史中並沒有恆常的事物。德雷福斯與拉比諾（Hubert Dreyfus and Paul Rabinow）就是以「對系譜學者來說，沒有固定的本質，沒有在底下的法則，沒有形而上的目的」來詮釋「在任何不變的目的之外去記錄事件的特異性」這句話。（1983: 106）固定的本質、在底下的法則、形而上的目的都是歷史的常項。

　　為甚麼系譜學要求耐心與對細節的瞭解呢？筆者認為，這是就系譜學與瑞伊的英格蘭心理學者進路的對比來說的。英格蘭心理學者用一個發展過程詮釋歷史，往往就會忽略甚至扭曲歷史事件的特異性。系譜學者要注意到歷史事件的特異性，就需要比英格蘭心理學者更多的耐心與對細節的瞭解。

　　傅柯在〈尼采、系譜學、歷史〉第一節結束時，宣稱系譜學與歷史產生對立的地方，在於系譜學反對尋找『起源』（origin）。」（1984 [1971]: 77）傅柯關於系譜學

---

❻　本文初稿將 "singularity of events" 譯為「事件的單一性」，現採用審查委員建議，改譯為「事件的特異性」。

是與歷史對立的言論，引起了尼哈瑪斯（Alexander Nehamas）和萊特等學者的批評。尼哈瑪斯等認為系譜學對尼采而言，其實就是正確的歷史方法，因此系譜學與歷史並不對立。（Nehamas, 1985: 246, n. 1; Leiter, 2002: 166）尼哈瑪斯等所言是有根據的，尼采提到道德探究需要著眼「道德的真實歷史」，顯然並不認為他的方法與歷史對立。筆者認為，傅柯關於系譜學與歷史對立的說法，可能只是用語不夠嚴謹。傅柯在文章第五節清楚提到尼采把系譜學理解為 *wirkliche Historie*，也提到尼采用歷史精神或歷史感形容系譜學，傅柯隨即談論系譜學與傳統意義的歷史二者的關係。（1984 [1971]: 86）由此看來，傅柯所要說的其實是：系譜學是與傳統歷史方法對立。傅柯在第一節把瑞伊的道德起源探究與系譜學作比較，在該節結束時卻突然把系譜學與（傳統）歷史對立起來，顯然認為瑞伊的探究應用了傳統歷史方法。傅柯認為瑞伊的道德探究是在尋找道德的起源，而系譜學則反對這種對起源的探究。

二、*Ursprung*、*Herkunft* 及 *Entstehung*

傅柯宣稱系譜學「反對尋找起源」。乍看起來，這與尼采宣稱《道德系譜學》是以探究道德偏見的起源為目的，似乎並不一致。傅柯在文章的第二部分，透過 *Ursprung* 與 *Herkunft* 及 *Entstehung* 的區分來對尼采的系譜學方法作說明。在德文的詞彙中，*Ursprung*、*Herkunft* 和 *Entstehung* 都有「起源」的涵義。傅柯認為尼采在使用這些語詞時，有兩種不同的用法。在《道德系譜學》的正文中，*Entstehung*、*Herkunft* 與 *Ursprung* 常常可以彼此替換，用來指稱事物（例如義務、罪咎等道德概念）的起源。這是一種不加強調（unstressed）的用法。但是傅柯認為，在該書的〈前言〉中，尼采有意把 *Herkunft* 與 *Ursprung* 區分開來，作為兩種道德起源探究的對比。這是一種強調（stressed）的用法。或許因為瑞伊的著作《道德感受的起源》的德文名稱正是 *Ursprung der Moralischen Empfindungen*，尼采將英格蘭心理學者（包括瑞伊在內）所要探究的道德起源稱為 *Ursprung*，另把自己所要探究的道德起源稱為 *Herkunft*。由此可見，系譜學所反對的並非泛指任何起源，而是單指 *Ursprung*。

傅柯指出，對 *Ursprung* 的探究有幾個特色：第一，對 *Ursprung* 的追溯嘗試探求事物的本質。這類探究有一形上學的預設，即事物的本質先於變異的外在世界而

存在，事物的本質才是真貌，事物在歷史中的種種變遷則如同一張張面具，可能將本質掩蓋。對 *Ursprung* 的追溯就是要移開面具，還原事物的本貌。第二，根據 *Ursprung* 概念背後的這個形上學預設，事物的本質是其價值所在，事物在誕生時最能體現其本質，是最尊貴的，*Ursprung* 因此被認為具有莊嚴性。第三，*Ursprung* 被認為是真理所在。*Ursprung* 是事物的真理與關於事物的真誠言說相符應的地方。在歷史發展的過程中，我們關於事物的言說逐漸失去它的真誠（truthfulness），不再與事物的真理符應。對 *Ursprung* 的探究乃是以找回關於事物真理的知識為目的。傅柯指出，尼采反對這種對 *Ursprung* 的探究，至少當尼采真是一位系譜學者時是如此。（[1971] 1984: 78-80）由此看來，根據傅柯的理解，尼采之所以反對 *Ursprung* 的探究，是因為系譜學反對藉由探索事物的起源尋找本質，反對將事物的起源視為價值的基礎或來源，也反對將事物的起源視為真理的所在。

　　傅柯指出，如果系譜學者可以聆聽歷史，拒絕把他的信念延伸至形上學，就會發現或者在事物背後並不存在本質，或者事物的本質是由來自外來形式的因素拼湊而成。（Ibid.: 78）傅柯顯然認為，尼采因為否定本質（至少否定固定不變的本質），所以反對 *Ursprung* 的探究。值得注意的是，傅柯並沒有引用尼采談論本質的話語。他提到 *Ursprung* 的探究把本質理解為不動的形式，先於偶然與變化的世界而存在。大概是有見於尼采批判西方傳統形上學，否定生成的世界背後有一個永恆的世界，傅柯認為尼采也否定先於生成世界的永恆本質。既然沒有永恆的世界，一切事物都在變動的世界中，都是歷史的產物，任何永恆的事物（包括本質）都是不存在的。事實上，尼采確實在《人性的，太人性的》宣稱，沒有永恆的事實，也沒有絕對的真理。尼采指出，哲學家的欠缺歷史感表現在把人視為「永真之物」（*aeterna veritas*），將人在某個短暫的時間段落中表現出來的樣子視為人類所擁有的固定形式。（Nietzsche, 1996 [1879]: I: 2, pp. 12-13）

　　為甚麼 *Ursprung* 的探究會將事物的起源視為價值的基礎呢？尼采在《道德系譜學》第二卷指出，從前的道德系譜學者（英格蘭心理學者）在進行道德探究時，先在對象事物（例如懲罰）身上找出某個「目的」或「意義」，然後把這個目的放置在對象事物開始存在的時刻，視為事物起源的原因（*causa fiendi*）。尼采認為，這些道德系譜學者將事物的目的等同於事物起源的原因，乃是一種錯誤。（1989 [1887]: II:12, pp. 76-77）尼采也在《偶像的黃昏》提到，哲學家在埃及主義之外的另一個通病，就是把歷史的開始與結束混淆。他們把自己以為最崇高的概念視為歷史的目的和終點，卻又因為厭惡變化，拒絕承認崇高的事物是在歷史中從較低下的事物發展出來的，於是又把這些事物放在歷史的開始。（1997 [1889]: III: 4, p. 19）尼采在《人性的，太人性的》指出，由於人們把在一切事物開始時存在的東西視為最有價值和最本質的，他們就把起源視為崇高。（1996 [1879]: Wanderer: 3, p. 302）尼采批評這樣的觀點混淆了起源與目的，混淆了開始與結束。用德雷福斯與拉比諾（Dreyfus & Rabinow, 1983: 118）的用語來說，尼采認為英格蘭心理學者犯了現在主義（presentism）與目的主義（finalism）的謬誤。❼德雷福斯與拉比諾認為現在主義與目的主義其實是一體的兩面。按照德雷福斯與拉比諾的解釋，歷史家著眼於現在的某個對象（例如概念、機構建制、感受、符號象徵等），然後認為這個對象在過去亦有相同的意義，就是犯了現在主義謬誤。歷史家相信現在的本質或核心（kernel）就存在於過去的某個時間點，從過去那個時間點到現在的歷史是一個必然發展過程的完成，就是犯了目的主義。瑞德（Hans Radder, 1997: 644, n.7）把德雷福斯與拉比諾的說明簡化為以下定義：用現在來解釋過去，就是現在主義；認為過去是現在的起始階段（prehistory），必然走向現在，就是目的主義。

尼采在《道德系譜學》第三卷對苦修理想（ascetic ideal）進行批判。但是，有些人儘管反對苦修理想，他們卻把真理視為最高價值。尼采在《道德系譜學》第三卷的後半部分指出，人們需要對真理意志（will to truth）進行批判。這種無條件的真理意志本身其實就是對苦修理想的信仰。（Nietzsche, 1989 [1887]: III: 24-25, pp. 148-156）如前所述，尼采在更早期的《人性的，太人性的》宣稱，沒有永恆的事實和絕對的真理。（1996 [1879]: I: 2, p. 13）由此看來，尼采不僅質疑真理的價值，而且似乎質疑真理本身的存在。如果尼采確實反對真理的存在，他是基於甚麼理由呢？在《道德系譜學》第三卷，尼采描述苦修主義者否定自身世界的實在性，宣稱另有一個真理與

---

❼　傅柯（Foucault, [1975] 1977: 31）區分「用現在敘述過去的歷史」（history of the past in terms of the present）與「現在的歷史」（history of the present），宣稱自己所撰寫關於監獄的歷史是屬於後者。德雷福斯與拉比諾用「現在主義」和「目的主義」來說明「用現在敘述過去的歷史」的錯誤。

存有的世界。（1989 [1887]: III: 12, pp. 118-119）真理似乎有兩種意義。第一種意義是指真誠的言說或信念；人們的言說或信念與實在世界符應，就稱為真理。第二種意義是指真誠的言說或信念所符應的實在。或許從苦修主義者看來，第二種意義才是「真理」的最原初意義。尼采反對西方傳統形上學，否定經驗世界背後有一個本體的世界，也就否定了實在世界，否定了第二種意義的真理。否定那個真理與存有的世界，就沒有實在可以與言說符應。如此一來，第一種意義的真理也不存在。

傅柯指出，系譜學的目的（對起源的探究）以德文 *Herkunft* 與 *Entstehung* 來表達較為準確，但是儘管 *Herkunft* 與 *Entstehung* 都可以翻譯為「起源」，我們必須重新建立這兩個語詞的恰當用法。（1984 [1971]: 80）傅柯顯然認為這兩個語詞的意義不同於 *Ursprung*，而且它們並不擁有上述與 *Ursprung* 有關的幾個有問題的預設。

傅柯指出，*Herkunft* 意謂「祖先」或「世系」（stock, descent）。按照傅柯的說法，對 *Herkunft* 的探究有幾個特點。第一，這種探究並不假定對象事物和它的 *Herkunft* 擁有相同的特性。以民族為例，今天的希臘人、英格蘭人或日耳曼人儘管與他們的祖先有著血緣關係，這並不意謂他們的血液或基因與祖先是相同的。對 *Herkunft* 的探究也不是要把某種通性（例如某種情感或觀念）視為希臘人的民族性所在。這種探究反而可能顯示，希臘人和他們的祖先擁有極大的差異。另一方面，這種探究也可能發現，今天的某個民族其實源自許多不同的祖先。換言之，對 *Herkunft* 的探究可能發現，對象事物並不只有一個起始，而是擁有數不盡的起始。傅柯進一步指出，對 *Herkunft* 的探究可能導致「自我」的分解（dissociation of the self）。由於對 *Herkunft* 的探究可能顯示，在過去和現在之間存在著的不是相似性（resemblance），而是差異性（disparity），人們因此無法藉著回溯起源找到對象事物的本質。在這種情況下，既然本質被認為是事物同一性的基礎，這種探究會導致事物同一性的否定。西方現代的道德和哲學肯定自我、主體或靈魂的存在，把自我理解為具同一性的實體。*Herkunft* 的探究卻可能讓我們認識到，在「自我」背後存在的是異質性（homogeneity）而非同一性，「自我」只是「空洞的綜合」（empty synthesis），這種認識會導致「自我」的解體。（1984 [1971]: 80-81）

第二，對 *Herkunft* 的探究容許我們發現，對象事物是歷史的不延續性而非延續性的產物。對 *Herkunft* 的探究與對 *Ursprung* 的探究不同，後者假定事物的過去

在現在仍然存在，而且積極發揮作用：事物的起源藉著一個先在的形式限制了事物的可能變化，因而決定了事物的歷史發展。因此，對 *Ursprung* 的探究想要藉著探溯對象事物的過去，掌握對象事物歷史發展的延續性，也就是把對象事物的進化過程或命運勾劃出來。但是，對 *Herkunft* 的探究卻要辨識種種個別與分散的事件，這些事件是偶然的，或者與原來的歷史走向不相干，或者偏離原來的歷史走向，甚至與原來歷史走向相反，它們最後卻導致了對象事物的存在。傅柯指出，*Ursprung* 被認為是對象事物的價值基礎，因此具有莊嚴性。*Herkunft* 卻與 *Ursprung* 不同，並非對象事物的價值基礎，因此不被視為是神聖。對 *Herkunft* 的分析由於拋開了價值基礎這個預設，就可以用來批判對象事物的價值。（1984 [1971]: 81-82）

　　第三，對 *Herkunft* 的分析從身體來說明對象事物。要就對象事物（例如某個道德概念或道德理想）存在的原因和價值作反省，需要從身體的狀態和需要、以及與身體有關的因素（例如食物、氣候與土壤）來說明。（1984 [1971]: 82-83）筆者認為，傅柯並未清楚說明為甚麼對 *Herkunft* 的分析需要從身體來說明對象事物。但是尼采在《歡愉的智慧》和《瞧！這個人》中都提到，上述種種因素與道德觀念有關。（2001 [1882]: I: 7, p. 34; 1989 [1908]: II: 1-5, pp. 237-248）馬漢（Michael Mahon, 1992: 111）嘗試對傅柯的論點作出解釋，他認為系譜學對尼采與傅柯而言是一種對理性的批判。這所謂對理性的批判指的並非尋找理性的限度以確立知識的基礎，而是要揭開理性的虛假面具。尼采曾經指出，排斥生成變化是哲學家缺乏歷史感的表現。由於感官經驗所接觸到的是變化，那些哲學家將經驗貶抑為幻覺。他們認為存有是不變的，人透過理性可以掌握存有。理性被認為是認知活動的可能性基礎。尼采指出「『理性』是我們否定感官證據的原因」。（1997 [1889]: III: 2）❽哲學家認為理性可以獨立於感覺與慾望之外，以一種客觀的方式觀照實在世界。尼采卻認為理性的無私利性（disinterestedness）是一個謊言。「每一個動物都本能地追求最有利的條件，好讓他（牠）可以釋放出自身的力量，並且獲得對自身力量的最大感受」。（1989 [1887]: III:

---

❽　克拉克（Clark, 1990: 106-107）認為，尼采為此句引文中的「理性」一詞加上引號，這顯示尼采所要批判的並非人們實際擁有的理性能力，而是哲學家對理性的一種詮釋，後者把理性理解為獲得先然知識（*a priori* knowledge）的能力。哲學家相信人藉著理性，就可以不憑藉經驗而獲得實在世界的知識，並以此種知識作為批判感官經驗的依據。

7, p. 107）尼采把這種追求釋放和體驗力量的本能稱為權力意志（will to power）。權力意志是一切行為背後的動機。馬漢指出，尼采認為哲學家之所以判定存有優於生成變化，以及理性優於感官，其實都是出於背後的某種權力意志。馬漢認為對 Herkunft 的分析強調身體，是為了批判理性，顯示出背後的權力意志。筆者認為，馬漢的進一步說明仍然是不夠清晰的。他並沒有清楚解釋，為甚麼為了批判理性和顯示權力意志就需要強調身體。就筆者的理解，身體是權力意志展現的場所。尼采曾在他的筆記中提到，每一個軀體都極力嘗試主宰所有的空間和伸展他的力量，這就是他的權力意志。（1968: 636）身體和環境的因素會影響權力意志的方向，因此，要揭示理性背後的權力意志，需要檢示與身體相關的種種因素。

傅柯認為，系譜學所要探究的起源除了應該用 Herkunft 來表達之外，也應該用 Entstehung 來理解。Entstehung 意指「出現」（emergence），也就是事物開始存在的時刻。傅柯指出對 Entstehung 的探究有幾個特色。第一，這種探究並不從目的論的角度思考歷史。形上學家往往從當前的需要來思考事物的起源，將事物的 Entstehung 理解為 Ursprung。他們因著當前的需要建構事物的價值，將事物的這種價值視為永恆不變，而且是事物存在的目的。他們相信這個價值在事物開始存在的那一刻獲得實現，因此將事物的出現或起源視為一個歷史發展的高峰。但是，系譜學者對 Entstehung 的理解與形上學家不同：事物的意義或價值並不是一成不變的，某個事物或許可以滿足現代人的需要，因而對現代人有意義或價值，但這並不表示那個事物在過去也擁有同樣的意義。以懲罰為例，正如尼采所敘述，懲罰在不同時代被用來因應不同的需要，例如報復、排除入侵者、補償受害者、製造恐懼等等。事物在今天擁有的意義或價值往往並不是它在過去開始存在的原因。因此，系譜學者並不將事物的出現（Entstehung）視為歷史發展的「最後定語」或「高峰」。

第二，事物的出現（Entstehung）永遠不是某種本質、價值或目的在歷史中的體現，而是諸般力量相互衝突對抗的結果。對尼采而言，權力意志（will to power）是在所有事件背後運作的力量，道德的歷史是不同群體的不同權力意志所推動，而西方現代道德則是這個道德歷史的某階段產物。尼采在《道德系譜學》第一卷提到，意志（will）與意欲行為（willing）本來是同一個東西。就好像有些人把閃電和它的光芒區分開來，以為前者是真正存在的東西，而後者則是前者的表象和活動，一般人也

把力量和力量的表達區分開來，假定強者（擁有力量者）背後有一個稱做「主體」或「靈魂」的底基或實體。這個實體被視為是中性的，即擁有行為的自由，可以選擇表達或不表達他的力量。但是尼采認為，這個基礎或實體是不存在的，在生成的背後並無存有，添加到行為後面的所謂「行為者」，只是虛構出來的東西。（1989 [1887]: I: 13, pp. 45-46）西方傳統形上學往往把個體事物理解為實體，把實體理解為力量的底基。但是，對 *Entstehung* 的探究剛好把個體事物與力量的關係倒置：個體事物永遠是歷史中的產物，是諸般力量衝突的適然結果。系譜學作為對 *Entstehung* 的分析，就是要辨識眾多力量的互動和衝突如何導致對象事物的出現。

第三，對 *Entstehung* 的分析並不是要揭示對象事物的本質意義，而是要記錄由一系列的征服所構成的歷史。尼采認為，「任何存在著的事物，在不論以任何方式生成以後，一次又一次的被某種高於它的力量為了新的目的而被重新詮釋、被接管、被改造、被引領往新的方向；在生命體的世界中，所有事件都是一種征服，都是一種成為主人。」（Ibid.: II:12, p. 77）換言之，事物的意義並非其本身所有，而是被支配者所賦予。當新的支配者出現，舊有的意義就被取代或改造。對象事物的每一次被征服，都可以說是對象事物一次新的出現。系譜學作為對 *Entstehung* 的分析，就是要辨識對象事物這些不同的出現點（point of emergence）。

三、傳統的歷史與有效的歷史

傅柯在文章的第三部分，將系譜學與傳統的歷史作比較。尼采宣稱系譜學要探究「道德的真實歷史」（*wirklichen Historie der Moral*），傅柯將 *wirkliche Historie* 翻譯為「有效的歷史」（effective history）。傅柯認為傳統的歷史總是假定一種超歷史的觀點（suprahistorical perspective）。這種觀點假定我們找到一個在時間之外的觀察點，可以從而綜觀整個歷史。歷史的功能被認為是要將時間中的多樣性化約為一個封閉的整體，換言之，要把歷史中的眾多個別事件組合成一個整體的發展歷程。傅柯指出，這種觀點所以可能，是因為它相信永恆真理、靈魂不朽，以及意識的本性與自身同一。換言之，傅柯認為超歷史的觀點預設了西方傳統形上學。

傅柯指出，有效的歷史不同於傳統的歷史的地方有以下幾點：第一，在有效的歷史中並沒有常項。（1984 [1971]: 87）有效的歷史把一切與人有關被認為是沒有變化

的東西都放置在變化的歷程中來理解。許多人認為人的本能和情感都是一些不變的東西，認為它們的作用和影響是固定的。人們也以為身體完全服從生理學的法則，因此不受歷史影響。但是尼采卻在《歡愉的智慧》（*The Gay Science*）中指出，道德問題的研究者必須針對情感逐一研究，並且要追溯它們的歷史以及在不同民族和個人身上的表現和影響。除此之外，他們也要研究法律、生活作息的安排、飲食習慣、社群生活的型態、不同職業和社會階層的習慣等因素的歷史。（2001 [1882]: I: 7, p. 34）按照傅柯的詮釋，尼采看到本能、情感、甚至身體其實都是有歷史的，因著適然因素的改變，它們也會有不同的面貌。在傅柯看來，傳統的歷史假定人透過回溯過去，可以重新發現自己、認識自己。有效的歷史藉著辨識情感、本能、身體的種種不同面貌，顯示人的存有具有不延續性。簡言之，知識對傳統的歷史而言是為了理解，對有效的歷史而言卻是為了切割。

第二，傳統的歷史要在事件變化的歷程中發現必然性，有效的歷史在這個歷程中看到的卻是機遇（chance）。（1984 [1971]: 88-89）傳統的歷史（例如神學或理性主義的歷史傳統）有一個目的，即試圖把眾多個別的事件融入一個理想的延續性歷程中，把這個歷程視為目的論的或自然的歷程。在歷史中產生作用的力量被認為是受命運或自然的機制所掌控。有效的歷史卻重視每一個事件本身的個別性和獨立性。事件是眾多力量衝突的產物，但是那些力量背後並無命運、上帝的安排或目的因在操控。力量的衝突產生何種結果，完全是機遇。

第三，傳統的歷史因為預設與依賴形上學，它設定某些高尚、輝煌但遙遠的時代，然後想盡辦法靠近；有效的歷史卻關注最靠近的階段和東西，對於看來崇高的年代和事物反而抱持懷疑的態度。（1984 [1971]: 89-90）

第四，有效的歷史肯定知識是觀點性的（knowledge as perspective）。（1984 [1971]: 90）傳統的歷史以提出客觀真實的歷史判斷為目的，因此，採取這種探究模式的歷史家嘗試否認自身是從特定具體時空詮釋歷史，否認自身在某些利害和關注的衝突中是有偏好和立場的。有效的歷史卻勇於承認，它是從某個視角看待歷史，而且是有偏好、不公正的。

筆者認為，傅柯在〈尼采、系譜學、歷史〉第五節指出有效的歷史肯定知識是觀點性的，他的說明比較偏重強調這種歷史探究並非價值中立（disinterested）。但

是，知識是觀點性的這個觀點對傅柯而言還有一個重點，那就是知識和知識對象不能截然二分。傅柯在《知識考古學》一書的〈導言〉部分，將晚近歷史研究的發展與傳統的形式作比較。（Foucault, 1972 [1969]: 7）他指出新舊兩種歷史探究的一個重要差異，在於對文獻（document）與值得紀念事物（monument）之關係的理解不同。（就筆者的理解，monument 是指有紀念意義的東西。）傅柯認為，傳統歷史探究以「記憶過去的值得紀念事物」（memorize the monuments of the past）為目的，要「將值得紀念事物轉化為文獻」（transform monuments into documents）。文獻的功用在描述、呈現值得紀念事物。換言之，文獻與值得紀念事物二者就傳統歷史探究來說是表象者與被表象者的關係。理解值得紀念事物才是傳統歷史探究的目的，文獻則只是工具和手段。（由於歷史研究者無法直接經驗在過去的值得紀念事物，很多時候需要透過從前遺流下來的文獻來理解。在理解過去之後，還是需要把這些理解透過文字呈現，也就是用今天的文獻記憶過去的值得紀念事物。無論是過去的文獻或今天的文獻，都是表象過去值得紀念事物的工具。）這種對文獻與值得紀念事物關係的理解有一種形上學的預設，那就是值得紀念事物先於文獻而存在，可以獨立於文獻之外。既然如此，超越文獻而直接理解值得紀念事物便成為傳統歷史探究的理想標的。但是，歷史研究的晚近發展卻是以「將文獻轉化為值得紀念事物」（transform documents into monuments）為目的。按照對文獻與值得紀念事物關係的一種新的理解，值得紀念事物都是文獻詮釋的產物。獨立於文獻之外的值得紀念事物被認為僅是形上學虛構出來的概念，超越文獻而直接理解值得紀念事物也被認為是矛盾、不可能的想法。筆者認為，傅柯在《知識考古學》對新舊歷史探究的所作的上述對比，正是絕對知識與觀點性知識二者的差異。我們可以把文獻理解為歷史知識的記錄，而值得紀念事物則是歷史知識的對象。絕對知識的觀點假定知識對象獨立存在於實在世界中，知識是對知識對象的真實表象。這種知識觀點預設了實在世界與表象世界的二分。觀點性知識的觀點則認為知識都是詮釋，否定實在世界與表象世界的二分，否定知識對象獨立存在於個別詮釋之外。

這種觀點主義（perspectivism）有一個可能的理論後果，那就是對知識的高度不信任。筆者並非傅柯專家，就筆者的粗淺理解，傅柯對任何理論都不信任，認為只要我們肯定任何理論而不加保留或懷疑，一定都會出問題。後現代主義在傅柯看來並不是理論（theory），而是經濟學（economy）。「經濟學」一詞在傅柯的用法意指

監督與整治，也就是要避免理論的宰制。（Foucault, 1983: 210）從後現代主義的觀點看來，系譜學是要提出一個新的看法，顛覆我們原有的看法。這個新的看法並不是真理或知識，而是顛覆舊有看法的工具。或許基於這個理由，傅柯把 *wirkliche Historie* 翻譯為「有效的歷史」（*l'histoire effective*，英譯 *effective history*），不願意翻譯為「真實的歷史」。傅柯把有效的歷史描述為「揭開一系列面具的面具」（1984 [1971]: 93-94），就筆者的理解，這意謂有效的歷史揭開真理的假象，將理論還原為詮釋，但是有效的歷史本身仍是詮釋，同樣不是真理。

四、對傅柯的系譜學詮釋的挑戰

筆者嘗試將傅柯對系譜學的說明概括如下：系譜學是建構關於某個對象事物的 *Herkunft* 與 *Entstehung* 的有效歷史。系譜學是對象事物起源的歷史探究，這種探究嘗試擺脫西方傳統形上學的種種預設（例如本質、實體、同一性等），避免現在主義與目的主義的思維，探討對象事物在歷史中如何被種種力量所形塑，因而在歷史的不同階段中呈現不同的面貌。

傅柯對系譜學的說明儘管被許多人接受和引用，這套說明至少從兩方面受到挑戰。首先，這套說明是否忠於尼采是受到質疑的。按照傅柯的詮釋，尼采將 *Ursprung* 與 *Herkunft* 和 *Entstehung* 對立起來，系譜學的真正目的是要探索對象事物的 *Herkunft* 和 *Entstehung*，並且批判和否定 *Ursprung*。但是皮札（John Pizer, 1989: 464-476）徵引尼采的著作，指出這個說法與尼采對這些語詞的實際用法並不完全相符。皮札指出，尼采有時候會用 *Entstehung* 來稱述涵蘊對象事物的歷史是一具延續性之進步歷程的起源說明（Nietzsche 2001 [1882]: 348），將他要批判的起源說明稱為 *Herkunft*（Nietzsche 2001 [1882]: 348, p. 207），也會用 *Ursprung* 來稱述事物的「出現」，或將 *Ursprung* 視為不同力量出現、競爭、衝突、宰制的場所。（Nietzsche 1956 [1871]: 7, pp. 46-52; 2001 [1882]: 353, p. 210; 1989 [1887]: II: 8, pp. 70-71）這與傅柯的說法是不相符的。在《人性的，太人性的》的起首，尼采對形上學的哲學（metaphysical philosophy）與歷史的哲學（historical philosophy）作出批判，他認為這些哲學都忽略了關於「世系」與「開端」的問題（questions of *Herkunft* and *Anfänge*）。尼采認為這些問題擁有一個相同的形式：「某事物如何可能源於其對立面？」形上學家取消這些問題的方式，是假定

事物的「奇蹟性起源」（Wunderursprung）在物自身，否認事物源自其對立面；歷史的哲學取消問題的方式則是否認對立的存在。（1996 [1879]: I: 1, p. 12）❾皮札指出，尼采確實認為有歷史感的哲學應該探究 *Herkunft* 而非 *Wunderursprung*，但是在這裡與 *Herkunft* 對立的是 *Wunderursprung*，並不是 *Ursprung*。皮札認為，尼采常用 *Ursprung* 來稱述對「起源」的正確理解，他在《人性的，太人性的》中點出了對 *Ursprung* 的探究應該要研究 *Herkunft* 與 *Anfänge* 問題。（Pizer, 1989: 472-474）簡言之，皮札認為傅柯在尼采原典的解讀上並不是非常精準的。事實上，德雷福斯與拉比諾儘管是傅柯系譜學的擁護者，他們宣稱在傅柯對尼采原典的解讀是否準確這個問題上持中立態度。（Dreyfus & Rabinow, 1983: 106）

其次，傅柯的後現代主義詮釋受到對尼采哲學的另一套詮釋（自然主義詮釋）的挑戰。由傅柯的後現代主義詮釋看來，由於反對西方傳統形上學將表象世界與實在世界二分的預設，系譜學似乎否定知識、真理、本質、實在、本性等概念。但是，尼采本人卻在好一些著作中使用「真理」（Nietzsche, 2002 [1886]: 128, p. 66; 1989 [1908]: III: *Genealogy of Morals*, p. 312; Ibid.: IV: 1, p. 326）、「實在」（1954 [1894]: 15, pp. 581-582）、「本質」（2002 [1886]: 259, p. 153; 1989 [1887]: I: 13, p. 46; Ibid.: II: 12, p. 79）、「本性」（2001 [1882]: 256）等語詞。這對尼采哲學的詮釋構成困難：尼采是否相信他那些包含「真理」、「實在」、「本質」、「本性」等語詞的判斷是真的？如果他相信那些判斷是真的，他豈不肯定真理、本質、本性的存在？尼采的想法是否自我矛盾？又或者他並不真正否定真理和本質？如果他不相信那些判斷是真的，「真理」、「實在」、「本質」、「本性」等語詞在這些判斷中意指甚麼呢？

支持傅柯詮釋的學者要如何回應這些問題呢？首先，他們或許可以說，尼采在某些段落承認真理、本質或本性的存在，犯了自我不融貫的謬誤。他們自然要反對尼采承認真理、本質或本性的言論。用傅柯的話來說，他們是用尼采主義的觀點來反對尼采的這些主張。

其次，他們或許可以說，任何語言都是承載著觀點的。尼采所以使用「真

---

❾ 對尼采而言，所謂 historical philosophy（Nietzsche , [1879] 1996: I: 1, p. 12）仍是缺乏歷史感的哲學，不同於真正擁有歷史感的 historical philosophizing（[1879] 1996: I: 2, p. 13）。

理」、「實在」、「本質」、「本性」等語詞，是因為這是他在完成對西方傳統形上學的顛覆以前唯一能使用的語言。西方傳統形上學的觀點已經滲透到這套語言的文法中。尼采使用由形上學提供的語言來顛覆形上學。借用傅柯的話來說，尼采那些包含「真理」、「實在」、「本質」、「本性」等語詞的語句只是「揭開一系列面具的面具」，尼采並不認為這話語是真理。❿

筆者認為，當我們在理解或詮釋某位哲學家的思想時遇到困難，如非必要，最好不要用「這是哲學家的自我不一致」來取消問題。因此，在上述兩種可能的回應中，筆者認為後一種回應比較好。但是另一方面，對尼采持自然主義詮釋的學者有不一樣的回應方式。他們認為尼采並不完全否定真理和本質。

根據克拉克（Maudemarie Clark, 1990: 77-125）的說法，尼采對真理與知識的看法是有改變的，這個改變的過程與尼采本人在〈「真實世界」如何最終成為虛構〉（"How the 'True World' Finally Became a Fiction"）一文中所描述的「真實世界」概念的轉變過程相合。（Nietzsche, 1997 [1889]: IV, pp. 23-24）尼采在早期的看法受西方傳統形上學影響，認為真理就是與在表象世界背後的真實世界（本體世界）符應。尼采發現，人的知識是由語詞概念構成，但是語詞概念是表象世界的一部分，尼采因此質疑真理的可能性。在稍後的階段，尼采開始質疑在表象世界背後的「真實世界」這樣的概念。尼采在更後的階段（在撰寫《道德系譜學》的時候）想到，既然取消了本體世界，原來所謂表象世界就是唯一的世界，「表象」卻是相對於「本體」來說的，這個世界因此不再是表象世界，而「人的知識是真實或虛妄」這個問題亦不復存在。換言之，尼采只反對西方傳統形上學對「真理」概念的詮釋（因為這種詮釋預設了本體與現象二分、存有與生成二分等種種有問題的想法），最終並沒有否定「真理」概念。⓫筆者認

---

❿ 這個論點最早是由德希達（Jacques Derrida）所提出。見 Clark, 1990: 13-14。筆者並未讀過德希達的著作。

⓫ 考夫曼（Walter Kaufmann）與威爾考斯（John Wilcox）都認為，尼采否定的是真實世界（true world）和形上真理（metaphysical truths），對經驗真理（empirical truths）的存在卻是肯定的。見 Kaufmann, 1974: 357-360; Wilcox, 1974: 155-170。萊特認同克拉克對尼采的真理觀經歷不同階段的說法，他認為尼采最終否定的是非觀點性真理（non-perspectival truth），並非徹底否定任何真理。見 Leiter, 2002: 13-22。

為，尼采在後期對「本質」、「實在」、「本性」等概念的看法或許也類似。萊特（Leiter, 2002: 8, 25-26, 81-83）就認為，尼采並不否定本質或本性。尼采確實強調人的發展受許多適然因素的影響，並不具有絕對的必然性。但是，每一個人都有某種固定的心理與物理構造（fixed psycho-physical constitution），這種構造會界定他是屬於哪種類型（type）的人。萊特把與這種心理與物理構造相關的事實稱為類型事實（type-facts）或本質性自然事實（essential natural facts）。這些類型事實就構成尼采所謂人的本性或本質。人的本性和本質並不決定一個人實際上如何發展，但是卻決定了（限制了）他能夠有的可能發展軌跡。

　　針對上述關於尼采對真理和本質的看法的表面矛盾，後現代主義詮釋的第二種回應方式是主張尼采並不真正相信真理和本質，自然主義詮釋則認為尼采並不完全否定真理和本質，他只否定傳統形上學對真理和本質的定義。筆者非尼采專家，並不準備對這兩種回應的優劣下最後斷語。但是，筆者也認為在詮釋哲學家的思想時，除非有充分的反面理據，最好假定哲學家的話語是他提出來的真理主張。因此，儘管筆者並不否定後現代主義詮釋的可能回應，但是到現在為止筆者比較認同自然主義詮釋，認為尼采並不完全否定真理和本質。筆者認為，就對歷史延續性及起源作為價值基礎等概念的批判來說，尼采確實是後現代主義的先驅，但是，他並沒有持否定真理與本質這樣的後現代主義看法。除了傅柯以及稍後要介紹的威廉斯之外，葛斯（Raymond Geuss, 1999）對系譜學的說明也被許多人提及。葛斯對系譜學的說明接近傅柯的看法，但是從筆者看來，似乎比傅柯更貼近尼采本人的看法。

五、系譜學與宗譜學的對比

　　按照葛斯（Geuss, 1999: 1-5）的看法，對尼采而言提出系譜學說明（giving a genealogy）是與追溯宗譜說明（tracing a pedigree）剛好相反的作為。宗譜說明有五個特徵：第一，宗譜說明是以肯定某個人、機構或事物的合法性（legitimizing some person, institution or thing）為目的。第二，宗譜說明是從一單一源頭開始。第三，此單一源頭是該事物價值的來源。第四，宗譜說明追溯從源頭到該事物不曾中斷的傳承。第五，在不曾中斷的傳承過程中，價值得以保存甚至獲得強化。系譜學說明在這五方面都與宗譜說明相反：第一，系譜學說明並非以肯定或強化某些個人、機構或事物

的合法性為目的。第二，發現對象事物的單一源頭並非系譜學說明的特色。反之，系譜學說明往往顯示，某事物可能是好一些本來各自獨立的發展歷程適然地交會與互動的結果。如果從這些獨立的發展歷程往前回溯，會發現這些歷程本身也是更多獨立發展歷程交會與互動的結果。這個往前回溯的歷程可以不斷繼續下去，也因此顯示並沒有一個單一的起點存在，可以作為對象事物單一的源頭。第三，系譜學說明越往前回溯，往往就越難發現擁有與對象事物相同價值的東西。換言之，即使可以回溯至某些勉強稱為源頭的東西，這個東西可能也不擁有與該事物相同的價值。第四，在系譜學說明中描述的歷史並非不中斷的傳承過程。反之，在歷史中常常出現的是激烈的突變而非和平的過渡與轉型。第五，系譜學說明也並不顯示，價值在傳承過程中獲得保存與強化。

簡言之，按照葛斯的理解，系譜學對事物的存在和價值來自單一的源頭持懷疑態度，嘗試在產生對象事物的歷史過程中，辨識種種適然因素。這個說法與傅柯所言系譜學不用線性的發展描述對象事物的歷史是一致的，但是沒有否定事物的本質或知識的可能性。

參、威廉斯對尼采系譜學的自然主義詮釋

按照威廉斯（Williams, 2000; 2002: 20-40）的看法，系譜學是為達到自然主義的目的所採取的一種手段。（2002: 22）威廉斯認為「自然主義」在倫理學中有兩個意義。第一個是摩爾（George Edward Moore, 1873-1958）在「自然主義謬誤」（naturalistic fallacy）一詞中所採用的意義，指將價值化約為事實的嘗試。⑫第二個意義來自較傳統的用法，指「按照某些恰當與相關的解釋判準，用自然的其他部分（the rest of nature）來解釋一個現象」（2000: 150）這兩個意義並不相同：如果我們用上帝來說明道德，就是將道德化約為事實，按照第一個意義，我們所提出的是一個自然主義的說明；但是如果採取第二個意義，由於上帝是超自然的存有者，並非自然世界的一部分，我

---

⑫　威廉斯指出，這種將價值與事實對立的表述方式可能需要進一步商榷，因為對摩爾而言價值也是事實的一種。（Williams, 2000: 148）

們所提出的就不是自然主義的說明。（2000: 148）

　　與系譜學相關的自然主義是指後者。這種自然主義是一種觀點：我們所能探究的都是自然世界中的事物，我們也必須用自然世界中的因素來對這些對象事物作說明。如果說沒有任何事物可以自我說明，那麼，我們就只能用自然在對象事物之外的其他部分來解釋。

　　根據威廉斯的表述，自然主義「按照某些恰當與相關的解釋判準」來解釋事物。這顯示「解釋」的判準可以有不止一種，而且這些判準並非都適用於所有對象事物的解釋。我們也可以說，有許多不同種類的「解釋」。以我們自己為例，我們既是自然物，又是生物，又是動物，也是人。簡言之，我們是同時隸屬好幾個層面的存有者。威廉斯指出，我們沒有理由相信，不同層面的解釋（例如解釋自然物和解釋人）是同一類東西。（2000: 150）

　　此外，所謂「自然的其他部分」指的不是人以外的自然（例如動物界），而是人的心理在與倫理實踐相關的動機以外的其他部分。（2000: 154）威廉斯認為，人與其他動物在行為模式上的主要差異，在於人是在文化底下生活（living under culture）。我們不可能拋開文化而對人作動物行為學的描述（ethological description）。文化會對人的本能衝動（instinctual drives）和它們的表達方式造成影響。事實上，某個本能或衝動在一物種中如何呈現，受到該物種的生活方式影響，這在動物行為學中也並不是甚麼新奇的說法。（2000: 153）由於人與其他動物在行為模式上的這種主要差異，我們似乎不宜用對其他動物的本能衝動或行為模式的動物行為學研究來解釋人的現象。

　　儘管人類的眾多文化存在許多差異，但是人有一種在不同文化中都展現出來的能力，那就是在規範和價值底下生活（living under rules and values），亦即在一倫理系統中生活（living in an ethical system）。人可以在沒有外力直接監管、沒有獎賞的勸誘和懲罰的壓力下，卻仍按照社會的期待行動。倫理系統作為文化的一部分，既然有許多不同的文化，也有許多不同的倫理系統存在。在倫理系統中生活，要求人有一套相應的心理反應（psychology）。不同的倫理系統往往要求不同的心理反應。與某個倫理系統相應的一套心理反應，成為一套自然主義說明的課題。這套自然主義說明想要探討的是，人性的其他部分如何與人的倫理生活以及相應的心理反應相關。儘

管人的某些基本的本能衝動會受文化影響，它們在功能上仍與其他動物的本能衝動相似。自然主義說明嘗試用這些基本本能衝動和它們的功能，來對與道德相應的一套心理反應作解釋。換句話說，自然主義說明嘗試掌握在倫理觀念出現以前的人性，藉以理解人的倫理動機與實踐。

威廉斯認為，對倫理系統及相應心理反應的自然主義說明，在某些時候最好借助於某種歷史或準歷史的探究。這種歷史或準歷史探究對於現代倫理生活（the ethical life of modernity）的說明而言尤其重要。威廉斯對這種重要性提出了兩點說明。（2000: 155-156）首先，就西方現代的倫理系統來說，那些倫理觀念往往是「眾多不同傳統和社會力量的複合沈積物」（a complex deposit of many different traditions and social forces），而這個沈積物本身又被「那些事實的自覺表象（self-conscious representations of those facts）所形塑。」（2000: 155）就筆者猜想，威廉斯所謂「那些事實的自覺表象」指的是我們所理解的歷史。換言之，我們對與倫理觀念相關的歷史的主觀理解，會進一步改變我們的倫理觀念。

其次，生活在現代倫理系統底下的人對這套現代倫理觀點的理解，在某個程度上會掩蓋住產生這些倫理觀點的那些歷史過程的影響。現代倫理觀點要求我們承認這套倫理系統的權威，但是，一個真誠的歷史敘述可能顯示，一方面這些現代倫理觀點本身不是必然如此的，另一方面，產生這些現代倫理觀點的歷史變化，不見得能為這些現代倫理觀點提供基礎或者支持。簡言之，歷史中的適然性與現代倫理系統的權威有某種程度的衝突。

威廉斯指出，系譜學就是這樣一種提供歷史或準歷史故事的說明。系譜學所提出的歷史敘述不必然需要是真實的，也可以是想像的，而一個典型的系譜學說明，通常同時包括真實和虛構的歷史敘述。（2000: 157）以尼采的《道德系譜學》為例，威廉斯認為其中包含兩部分真實的歷史敘述。（2000: 158）第一部分是關於現代道德的諸般問題和弊端的歷史敘述，另一部分則是關於現代道德出現以前西方世界的歷史敘述。威廉斯指出，除了這兩部分以外，尼采的系譜學也對另一部分真實歷史敘述的可能性開放，那就是關於如何從古代世界轉移至現代西方人的存在處境的真實歷史敘述。但是，威廉斯認為尼采的說明中最關鍵的部分其實是一個虛構的歷史敘述。尼采所描述從古代倫理情境到現代倫理情境的轉變過程，是一個心理過程。心

理過程是在個人身上發生，但是，倫理道德是「在社會上獲得合法性的信念」（socially legitimated beliefs），因此，倫理觀念和實踐的改變是一個社會過程，並不是眾多個人心理過程的累積結果。儘管如此，威廉斯認為虛構的歷史敘述仍可以有解釋的功能。（2000: 156, 159, 160）這個歷史敘述所針對的是一個去除具體的社會和文化個別性的簡化情境。在這個想像的簡化情境中，人仍然保有某些基本的本能衝動、需要和能力（威廉斯認為我們可以合理相信人「無論如何（anyway）」都會擁有它們。）這些本能衝動、需要和能力構成行為的理由。虛構的歷史敘述告訴我們，概念、價值或機制如何可能在這個想像的簡化情境中產生出來。它透過將概念、價值或機制和人的基本的本能衝動、需要和能力關聯起來，對那些概念、價值或機制提出解釋。

威廉斯認為，雖然尼采本人的系譜學說明並不具有肯證效力（vindatory），但這不表示系譜學說明不可能具有肯證效力。舉例來說，當我們透過一個虛構的系譜學歷史敘述理解一個價值概念（例如正義）以後，我們仍然維持對那個價值概念的敬意，甚至這種敬意因為這個歷史敘述中所包含的準功能說明而獲得強化，在這種情況下，我們可以說這個系譜學說明是有肯證效力的。（Williams, 2002: 37, 36）

後現代主義者對威廉斯這種對系譜學的自然主義詮釋很可能持質疑態度。威廉斯認為系譜學是要藉由建構真實或虛構的歷史，使用人的基本本能衝動來對人文現象（例如道德）的存在和價值作說明。後現代主義者很可能會質疑「人的基本本能衝動」這個概念，認為這是形上學所虛構出來的。後現代主義者否定普遍的人性，認為人完全是歷史的產物。系譜學如傅柯所言是要消解永恆事物的概念，把人的一切放回歷史的變化過程中來理解。

但是，或許從自然主義者的觀點看來，要否定西方傳統形上學的預設，並不需要完全否定人的某些基本本能或本質。這些人類基本本能衝動在不同的環境中會有不同表現，我們不能離開它們在適然情境中的表現來認識它們，這並不等於說人類基本本能衝動並不存在。我們對事物的理解必然是詮釋，這不等於說事物完全是個別詮釋的觀點所建構。我們還是可以假定事物可以有某種獨立性，相信同一個事物可以容許從不同的觀點作出不同的詮釋。我們也相信，藉著不同觀點和詮釋的比較，可以加深我們對事物的理解。

兩點補充說明

本文在起首採用萊特的說法，區分對尼采哲學的後現代主義詮釋和自然主義詮釋。筆者隨後也區分對系譜學的後現代主義說明和自然主義說明，分別以傅柯和威廉斯作為代表。但是，對尼采哲學採自然主義詮釋的學者，對系譜學的理解不必然採用威廉斯的說明。以萊特為例，他認為尼采是一位自然主義者而非後現代主義者，但是萊特對系譜學的說明幾乎完全採用葛斯的論點，只是加上了「對自然主義的認同」（commitment to naturalism）作為系譜學的另一個特徵。（Leiter, 2002: 166-172）萊特並未提及威廉斯對系譜學的說明，但是威廉斯認為系譜學可以應用虛構的歷史，也可能有肯證的效力，筆者懷疑萊特是否會同意威廉斯的這兩點主張。

既然萊特將尼采詮釋為自然主義者，卻就系譜學採取葛斯的說明，葛斯對系譜學的詮釋要如何歸類呢？葛斯並沒有把系譜學理解為一套自然主義說明，因此把葛斯對系譜學的分析歸類為自然主義詮釋是不恰當的。但是，葛斯也沒有主張否定真理和本質是系譜學的預設或目的，這卻是後現代主義者的一個主要論點，由此看來，將葛斯的分析歸類為後現代主義詮釋是否恰當，好像也是值得商榷的。筆者認為，在人文社會科學哲學中有所謂實證論和觀念論觀點的對立。實證論者認為，人文社會科學與自然科學既同為科學，它們應用的是同一套科學方法；但是按照所謂觀念論論點，人文社會科學與自然科學的方法是非常不同的。後一套論點其實與觀念論本身沒有直接關係，只是因為這個論點最先是由一些觀念論者所倡導，才被稱為觀念論論點。有見於此，筆者認為葛斯對系譜學的分析可以被歸類為後現代主義說明。葛斯強調系譜學對單一源頭和歷史延續性的質疑，這點與傅柯的說明大體上是一致，並非葛斯的創見。既然葛斯的分析承襲自後現代主義者傅柯的某些說法，基於與人文社會科學哲學同樣的邏輯，葛斯的分析似乎也可以被歸類為後現代主義說明。

此外，本文僅對系譜學的兩種理解作闡述，並沒有嘗試進一步加以比較和評價，也沒有嘗試化解彼此的矛盾。這除了是因筆者學力有限外，還有另一個理由。筆者認為，儘管是同一套哲學的不同詮釋之間的對立，這其中存在著某種程度的概念不可共量性（conceptual incommensurability）。不僅對同一個語詞的意義可以有不同解

讀和定義，某一個語詞概念與其他語詞概念之間的關係為何？某一個概念在整套思想中佔有甚麼位置？不同詮釋對這些問題也可以有不同理解。麥金泰爾（Alasdair MacIntyre, 1988: 166）就曾經提過，兩套對立的思想或兩個對立的傳統不僅有著不同的主張和語詞概念，關於這兩套思想或傳統如何分歧對立，這本身往往也成為爭議的一部分。因此，應該從那裡入手、應該從甚麼角度將兩套詮釋作比較，這本身就是一個值得探討的問題。就系譜學的這兩套詮釋要如何比較，筆者仍需要時間作反省。

對系譜學的後現代主義詮釋與自然主義詮釋要如何可能進行理性辯論，這是一個有趣的問題。按照後現代主義者的看法，客觀普遍的理性標準恐怕也是不存在的，理性只能是某種個別詮釋的產物。如此一來，不同詮釋的辯論無法藉由訴諸一套共同的理性標準來進行。就筆者所知，麥金泰爾（MacIntyre, 1988; 1990）對這個問題有一套看法。本文旨在釐清系譜學的意義，對這個問題不作處理。筆者在下一節將要釐清，勞先生的「源流論」在甚麼意義下是系譜學。

肆、勞思光的源流論

勞思光先生所謂的「源流」指的是「發源與支流主流」（2001 [1956-7]: 19）。顧名思義，勞先生的《哲學問題源流論》是要追溯哲學問題的「發源與支流主流」。勞先生贊同柯林烏（Robin George Collingwood, 1889-1943）的看法，認為任何命題所以有意義，在於它是對某個問題的答覆。因為人的心靈方向不同，他所關心的問題亦不盡相同。勞先生主張，人的思考研究成果可以用一組命題表示，而人的心靈方向則可以用一個或一組問題表示。他的源流論是「由代表心靈方向的基始問題下手，將由此問題而產生的問題，作一理論脈絡之整理。另一面，則將此理論脈絡在歷史中的實現過程如實描述出來。」（2001: 19）勞先生在〈《哲學問題源流論》新編版自序〉（2001: xiv）中指出，他在此書中所採用的正是後來在《新編中國哲學史（一）》（勞思光，1984: 14-17）中所提到的「基源問題研究法」。由此可見，基始問題即基源問題，「源流論」即「基源問題研究法」。勞先生認為，「基源問題研究法」在展現一個哲學學說的理論結構上是強而有力的方法，但就「哲學思維的重重反省的進

程」而言，並不是「基源問題」所能完全涵蓋，因此勞先生認為「『基源問題研究法』應為哲學史研究的方法」。（勞思光，2001: xiv）

勞思光先生在《新編中國哲學史（一）》中指出，「基源問題研究法」包含三個步驟。第一個步驟就是「邏輯意義的理論還原」，即「從〔哲學家或哲學學派〕的許多論證中逐步反溯其根本意向所在」，掌握基源問題並加以表述。（1984: 15）「邏輯意義的理論還原」需要「以史學考證工作為助力」，也就是要求理論還原不能妨礙歷史材料的真實性。第二個步驟就是哲學理論的重新展示，就是從基源問題逐步引出次級的問題。將這些一層層的問題和解答組織起來，就完成整體理論的展示工作。第三個步驟則是要將各個時代的基源問題排列起來，掌握整個哲學史的理論趨勢，並且提出評價。

簡言之，勞先生的「源流論」或「基源問題研究法」是以展示哲學學說的理論架構與哲學史的發展趨向為目的。那麼，這種方法是否可以稱為系譜學方法呢？

首先，系譜學方法是要透過一個或一組歷史敘述，對某個待解釋事物（例如概念、價值、機制等）提出解釋。相較起來，勞先生的「源流論」主要是一種「邏輯意義的理論還原」，即從哲學家的主張和論證，回溯他們所要回應的基源問題。這種方法是要應用在哲學史的鋪陳上。「源流論」所產生的解釋是要用來鋪陳歷史敘述，而不是用歷史敘述來建構解釋。就這點來說，源流論不同於系譜學。

其次，系譜學的回溯是一種真實（或虛構）歷史的回溯；源流論的回溯則是一種邏輯意義的回溯。二者並不相同。

第三，勞先生的源流論要從哲學論述回溯至問題的源頭，預設了問題單一源頭（基源問題）的存在。按照傅柯與葛斯的理解，系譜學方法嘗試要展現的是，對象事物（例如現代倫理觀點）是許多適然因素交會互動的結果，並不存在單一的源頭。源流論肯定單一源頭的存在，系譜學則否定（或質疑）源頭的存在，二者的預設似乎相反。但是嚴謹地說，源流論與系譜學的預設並非相反，而是不可共量；源流論所肯定的源頭是問題的源頭，系譜學所質疑的源頭是某個概念或信念（答案）的源頭。可以肯定的是，勞先生的源流論既非要發現在歷史發展中產生作用的眾多適然因素，亦非以解構價值為目的，因此並非傅柯與葛斯所理解的系譜學。

第四，按照威廉斯的理解，系譜學嘗試透過真實或虛構的歷史敘述，點出某個

概念或價值信念如何可能從人的基本本能和需要產生出來。但是勞先生的源流論並沒有從人性的本能、傾向或需要來解釋或肯證任何哲學理論。借用勞先生的用語來說，威廉斯所理解的系譜學如果用在解釋哲學理論上面，這套解釋是對哲學命題（亦即哲學答案）本身的解釋。勞先生對哲學理論的解釋，其實是要點出哲學理論所要回應的問題，而不是對哲學答案本身如何產生或肯證的解釋。由此可見，勞先生的源流論並非一套自然主義解釋，不同於威廉斯所理解的系譜學。

伍、結語

勞先生的源流論既非傅柯和葛斯所理解的系譜學，亦非威廉斯所理解的系譜學，而是一種哲學史的研究方法。或許，《哲學問題源流論》英文書名中的 "Genealogy" 一詞，並非指稱某套特殊的哲學方法，而只是指追溯源頭。筆者認為，這似乎與尼采對這個語詞的用法是一致的。但是，這個用法既沒有出現在一般的英文辭典，也與哲學辭典中所列意義不同。筆者建議，為了避免讀者誤解，《哲學問題源流論》一書若有再版可能，或許可以更改英文書名，或許可以在原來英文書名後面添加副標題，以釐清英文書名中 "Genealogy" 一詞的意義。

參考文獻

勞思光（2001〔1956-7〕）。《哲學問題源流論》。劉國英、張燦輝合編。香港：中文大學出版社。

勞思光（1984）。《新編中國哲學史(一)》。臺北市：三民書局。

Andersen, Niels Akerstrøm (2003). *Discursive Analytical Strategies*. Bristol: Policy Press.

Ankersmit, F. R. (2003). "An Appeal from the New to the Old Historicists." *History and Theory* 42: 253-270.

Aylesworth, Gary (2009). "Postmodernism." *The Stanford Encyclopedia Of Philosophy* (Winter 2009 Edition). From http://plato.stanford.edu/archives/win2009/entries/postmodernism/.

Bunnin, Nicolas, & Jiyuan Yu (2004). "Genealogy." In Bunnin & Yu (Ed.), *The*

Blackwell Dictionary of Western Philosophy (278-279). Malden, Masschusetts: Blackwell.

Clark, Maudemarie (1990). *Nietzsche on Truth and Philosophy*. Cambridge: Cambridge University Press.

Clark, Maudemarie, & Alan Swensen (1998). "End Notes." In Friedrich Nietzsche, *On the Genealogy of Morality* (119-168). Indianapolis, Indiana: Hackett.

Dreyfus, Hubert L., & Paul Rabinow (1983). *Beyond Structuralism and Hermeneutics* (2nd ed.), *With an Afterword by and an Interview with Michel Foucault*. Chicago: University of Chicago Press.

Foucault, Michel (1972 [1969]). *The Archaeology of Knowledge*. New York: Pantheon Books.

Foucault, Michel (1984 [1971]). "Nietzsche, Genealogy, History." In P. Rabinow (Ed.), *The Foucault Reader* (76-100). New York: Pantheon.

Foucault, Michel (1977 [1975]). *Discipline and Punish: The Birth of the Prison* (A. Sheridan, Trans.). New York: Pantheon Books.

Foucault, Michel (1983). "The Subject and Power." In Dreyfus & Rabinow (1983): 208-226.

Foucault, Michel (1991). "Questions of Method." In Graham Burchell, Colin Gordon, & Peter Miller (Eds.), *The Foucault Effect: Studies in Governmentality, With two Lectures by and an Interview with Michel Foucault* (73-86). Chicago: University of Chicago Press.

"genealogy." (1989). *The Oxford English Dictionary*. 2nd ed. *OED Online*. Retrieved August 30, 2009, from http://dictionary.oed.com/cgi/entry_main/50093538.

Geuss, Raymond (1999). *Morality, Culture, and History*. Cambridge: Cambridge University Press.

Hill, R. Kevin (1998). "Genealogy." In Edward Craig (Ed.), *Routledge Encyclopedia of Philosophy* (Vol. 4, 1-5). London: Routledge.

Janaway, Christopher (2007). *Beyond Selflessness: Reading Nietzsche's Genealogy.*

Oxford: Oxford University Press.

Kant, Immanuel (1996 [1781]). *Critique of Pure Reason* (Werner S. Pluhar, Trans.). Indianapolis: Hackett.

Kaufmann, Walter (1974). *Nietzsche: Philosopher, Psychologist, Antichrist* (4th ed.). Princeton, New Jersey: Princeton University Press.

Leiter, Brian (2002). *Nietzsche on Morality*. London: Routledge.

MacIntyre, Alasdair (1988). *Whose Justice? Which Rationality?*. Notre Dame, Indiana: University of Notre Dame Press.

MacIntyre, Alasdair (1990). *Three Rival Versions of Moral Enquiry: Encyclopedia, Genealogy, and Tradition*. Notre Dame, Indiana: University of Notre Dame Press.

Mahon, Michael (1992). *Foucault's Nietzschean Genealogy: Truth, Power and the Subject*. Albany: State University of New York.

Nehamas, Alexander (1985). *Nietzsche: Life as Literature*. Cambridge, Massachusetts: Harvard University Press.

Nietzsche, Friedrich (1956 [1871]). *The Birth of Tragedy*. In *The Birth of Tragedy and The Genealogy of Morals* (Francis Golffing, Trans.). Garden City, New York: Doubleday.

Nietzsche, Friedrich (1996 [1879]). *Human, All Too Human: A Book for Free Spirits* (R. J. Hollingdale, Trans.). Cambridge: Cambridge University Press.

Nietzsche, Friedrich (2001 [1882]). *The Gay Science: With a Prelude in German Rhymes and an Appendix of Songs* (Josefine Nauckhoff, Trans.). Cambridge: Cambridge University Press.

Nietzsche, Friedrich (2002 [1886]). *Beyond Good and Evil: Prelude to a Philosophy of the Future* (Judith Norman, Trans.). Cambridge: Cambridge University Press.

Nietzsche, Friedrich (1989 [1887]). *On The Genealogy of Morals*. In *On The Genealogy of Morals and Ecco Homo* (Walter Kaufmann and R. J. Hollingdale, Trans.). New York: Vintage Books.

Nietzsche, Friedrich (1997 [1889]). *Twilight of the Idols: Or, How to Philosophize with the Hammer* (Richard Polt, Trans.). Indianapolis: Hackett.

Nietzsche, Friedrich (1954 [1894]). *The Antichrist*. In *The Portable Nietzsche* (Walter Kaufmann, Trans.). New York: Viking Press.

Nietzsche, Friedrich (1989 [1908]). *Ecco Homo*. In *On The Genealogy of Morals and Ecco Homo* (Walter Kaufmann and R. J. Hollingdale, Trans.). New York: Vintage Books.

Nietzsche, Friedrich (1968). *The Will to Power* (Walter Kaufmann and R. J. Hollingdale, Trans.). New York: Vintage Books.

Pizer, John (1989). "The Use and Abuse of 'Ursprung': On Foucault's Reading of Nietzsche." *Nietzsche-Studien* 19: 462-478.

Radder, Hans (1997). "Philosophy and History of Science: Beyond the Kuhnian Paradigm." *Studies in History and Philosophy of Science* Vol. 28, 4: 633-655.

Sluga, Hans (2003). "Foucault's Encounter with Heidegger and Nietzsche." In Gary Gutting (Ed.), *The Cambridge Companion to Foucault* (210-239). Cambridge: Cambridge University Press.

Smith, Shawn J. (1996). "Nietzsche's Genealogy." *Philosophy Today* 40, 4: 486-495.

Starr, Chester G. (1997). "Hecataeus of Miletus." In *The Encyclopedia Americana* (International Edition) (Vol. 14, 42). Danbury, Connecticut: Grolier Incorporated.

Thatcher, David S. (1989). "*Zur Genealogie der Moral*: Some Textual Annotations." *Nietzsche-Studien* 18: 587-599.

Wilcox, John T. (1974). *Truth and Value in Nietzsche*. Ann Arbor, Michigan: University of Michigan Press.

Williams, Bernard (2000). "Naturalism and Generalogy." In Edward Harcourt (Ed.), *Morality, Reflection and Ideology* (148-161). Oxford: Oxford University Press.

Williams, Bernard (2002). *Truth and Truthfulness: An Essay in Genealogy*. Princeton, New Jersey: Princeton University Press.

On Two Interpretations of Nietzsche's Genealogy and whether Lao Sze-Kwong's *Zhe xue wen ti yuan liu lun* is a Work of Genealogical Inquiry

*Lau, Edward Yeuk Siu**

Abstract

The title of Lao Sze-Kwong's philosophical work, *Zhe xue wen ti yuan liu lu* has been rendered into English as *Genealogy of Philosophical Problems*.   This article aims at determining whether and in what sense Lao's book may be considered a work of genealogical inquiry.   It is a widely accepted belief that Nietzsche had invented a methodological approach to philosophy called "genealogy."   But it seems difficult to determine the exact nature of Nietzsche's genealogical method.   Two influential interpretations have been proposed, namely, a postmodernist interpretation put forward by Michel Foucault and a naturalist interpretation by Bernard Williams.   By examining these two interpretations, I argue that the philosophical approach adopted by Lao in his book is not a genealogical one in either sense.

Keywords: Genealogy,   Nietzsche,   Michel Foucault,   Bernard Williams

---

*   Assistant Professor, Department of Philosophy, National Chengchi University

智顗的天台佛教的詮釋學與
「四句說無生」的詮釋理解

賴賢宗*

摘　要

　　本文闡明天台佛學的「判教」可以作為當代的詮釋學（Hermeneutik）而開展，本文解釋此一開展的意義與重要性。本文綜合運用了語言分析、文獻整理和哲學詮釋的佛學研究方法，來建構東亞佛教的解脫詮釋學，解明天台佛學的佛教詮釋學的當代意義。天台智顗對於「四句不可說」說「無生義」的詮釋，這是智顗將本於《大般涅槃經》的「四句不可說」，結合到天台判教的化法四教與四種四諦，用來解釋無生的深意，這是天台詮釋學中的關於解脫體驗的詮釋。簡言之，天台佛教對於「四句不可說」說「無生」的解釋是關於解脫體驗的不同階段的詮釋理解，包含了「解脫詮釋學」（emancipatory hermeneutics，hermeneutics of soteriology）的思想內涵於其中。

關鍵詞：天台佛學　四句不可說　佛教詮釋學　智顗　摩訶止觀

＊　　國立臺北大學中文系教授暨系主任

導　論

　　漢傳佛教是世界宗教文化重要的一環，也是世界文化的重要組成部分。如何詮釋作為漢傳佛教的思想基盤的佛性論，而發揮漢傳佛教哲學在二十一世紀的特殊意義，是吾人當前的重要工作，而天台佛性思想就是此種佛性論的重要根源之一。

　　天台判教與天台圓教，不能侷限於《法華玄義》等書的教相判釋。判教所判之教是佛陀對於有情眾生的實存的啟悟教示，所以教相判釋必須回歸到「教」的體驗根源，也就是說必須從解脫論、實踐論的立場，才能暢明佛陀本懷。因此，《摩訶止觀》從解脫論、實踐論的立場來解釋判教與圓教實有其必要，不可加以漠視。又，歷來的天台佛學研究多局限於佛教研究之內部，而鮮能發揮其哲學詮釋的普遍性與其在「跨文化溝通」（Interkulturelle Kommunikation）上的意義，很少能從其超越於天台宗一宗的侷限性，進而從普遍意義和當代意義來加以發揮，本文發揮天台佛學的詮釋理論、詮釋學，嘗試彌補此一缺失。在研究方法上，本文綜合運用了語言分析、文獻整理和哲學詮釋等等三種佛學研究方法，來釐清天台佛學的判教理論的意義，建構東亞佛教的解脫詮釋學，藉以解明天台佛學的佛教詮釋學的當代意義。本文的方法論進路是「詮釋學」（Hermeneutik）的進路，在此一詮釋學進路之中運用了語言分析、文獻整理的研究方法，也在此一詮釋學進路之中闡明天台的判教理論為何可以不是獨斷論的（dogmatic）、護教式的，而是具有開放溝通和批判的功能。

　　從解脫論和實踐論的立場來解釋天台判教與圓教，進而探討天台四句說無生的詮釋理論、詮釋學之意義，從而闡明此一天台佛學之詮釋的當代意義——在此背景中，闡明天台四句說無生的詮釋理論具有開放溝通和批判的功能，本研究具有佛學研究之當代意義。

　　天台佛學為第一個漢傳佛教的自己的成熟體系，在日本佛教史之中，比叡山堪稱是日本佛教的總本山，後來日本佛教各宗派的思想發展都直接受到天台佛學的影響，或許此一影響呈現為對於傳統天台佛教的反動（如道元之批評本覺論），但是也正因此而更加見出天台佛教在日本的影響力之深廣。復次，許多當代臺灣的天台學者

出身於哲學系，對於天台佛學的哲學闡釋素具興趣，如牟宗三❶、李志夫❷、陳英善❸、尤惠貞❹、郭朝順❺、Hans Kantor。近來又有學者對於天台佛學和當代哲學詮釋學加以對比，甚至發展出天台佛教的詮釋學（例如 2003 出版來發表的《佛教詮釋學》❻和吳汝鈞的相關著作❼）。從這個趨勢看來，反思天台佛學的詮釋理論、詮釋學，不僅可以釐清東亞佛學的根本問題，也可以邁向未來的跨文化哲學與宗教對話。

本文從解脫論、實踐論的立場來解釋台判教與圓教，可以補足一般從教相判釋來探討天台圓教的抽象與偏枯。本文又對比天台四句與龍樹四句，有助於吾人釐清印度大乘佛學轉化為中國佛學的關鍵。本文進而探討天台四句說無生的詮釋理論、詮釋學，重檢天台思想史的相關討論，闡述了印度大乘佛學轉化為中國佛學的關鍵。以圓教的佛性論來闡明緣起的深意，從而闡明此一詮釋的當代意義。此外，也可以對當代如來藏思想的諍議，提出一個延續傳統而又開出新意的解答。

筆者在另文之中，討論「攝自行因果，化他能所」的悟理深淺之說明」，整理了智顗四句不可說之所破惑與所顯解脫境界的討論，這則是一種天台佛教的解脫詮釋學的斷惑證真的詮釋。又，筆者在另文之中，討論了《摩訶止觀》的「破法遍」之中對於「四句不可說」說「無生義」的詮釋。「破法遍」的目的在於深化修行者對於「無生義」的意義理解，從而導向更為深刻的解脫實踐。以上這些研究合而觀之，是筆者結合天台的判教理論與當代詮釋學研究，建構天台佛學的解脫詮釋學的一個嘗試。

關於「天台四句說無生及其與天台圓教之關係」的直接研討，在中文世界的主要天台學者的研究之中，如牟宗三、吳汝鈞、釋慧嶽、李志夫、尤惠貞、陳英善、潘桂明、林志遠、董平等人，以及日本的關口真大、佐藤哲英、池田魯參，都對於

---

❶ 牟宗三，《佛性與般若》，臺北，臺灣學生書局，1977。

❷ 李志夫，《法華玄義之研究》、《摩訶止觀之研究》，臺北，法鼓文化。

❸ 陳英善，《天台緣起中道實相論》，臺北，東初出版社，1995。

❹ 尤惠貞，《天台宗性具圓教之研究》，臺北，文津出版社，1993。

❺ 郭朝順，《天台智顗的詮釋理論》，臺北，里仁書局，2004。

❻ 賴賢宗，《佛教詮釋學》，臺北，新文豐出版公司，2003。

❼ 吳汝鈞，《法華玄義的哲學與綱領》，臺北，文津出版社，2002。

天台佛學有深入研究，但是比較缺乏這一課題（「天台四句說無生及其與天台圓教之關係」）的詳細討論。

但是間接有關者，例如對於天台圓教的當代闡釋之課題，則不乏其人，首先必須注意的是牟宗三以「無執的存有論」來進行詮釋。又，吳汝鈞在《法華玄義的哲學與綱領》❽及其他論文中，並未把重點放在存有論方面，而是把重點放在實踐論、解脫論方面，循著此一趨勢，他在《純粹力動現象學》❾一巨著也可以說是展開了他自己的「解脫詮釋學」。然而，牟宗三的相關討論有其開創意義，但相關的佛教詮釋學的基本模型，仍有待進一步展開。吳汝鈞雖注意到了天台圓教的實踐論、救贖論方面的意義，論述頗見精采之處，但是卻沒有討論本研究所強調的《摩訶止觀》等文本所闡明的「天台四句不可說說無生」，以及此課題所包含的天台佛教的解脫詮釋學。吳汝鈞認為他自己的純粹力動現象學要更優勝於佛教的相關理論，因為後者還是一種「非實體主義」。

又，關於天台止觀的研究，潘桂明、董平、李志夫、關口真大、佐藤哲英、池田魯參、玉城康四郎、新田雅章等人都頗有佳績，但大部份都偏重於文獻分析，但並未對天台止觀與天台判教的關係加以詳細探討，也比較缺乏相關的當代哲學意義的反省。由此看來，筆者在本文所提示的研究進路尚頗有發揮的空間。

壹、判教的淵源

大乘佛法、小乘佛法經典相繼流入中國而譯為漢文之後，於中國南北朝時代帶起興盛的佛學研究風氣。由於跨越了不同時間層而先後傳譯到中國的佛教經論乃是包含了許多不同層次的理論，所以必須對佛陀一代時教的大小乘經義加以體系化，做出所謂的教相判釋。理解的體系化（systematical understanding）的佛法佛學的教相判釋也就是所謂的「判教」。「判教」並不是漢語佛學才有的，在部派佛教、西藏佛教都有很多「判教」的論書。部派佛教就有其判教，例如《異部宗輪論》一書。印

---

❽　吳汝鈞，《法華玄義的哲學與綱領》，臺北，文津出版社，2002。

❾　吳汝鈞，《純粹力動現象學》，臺北，臺灣商務印書館，2005。

度大乘佛教已經有「判教」，例如《解深密經》卷二的三時教判。西藏佛教的密宗的各個宗派更是流行其各自的判教，就是各種宗義寶鬘論書的創作。所以，「判教」並不是漢傳佛教才有的現象，而是普遍的佛教世界之中的文化現象。在漢傳佛教之中，判教不僅是對於先後流傳到東亞的佛教經典的判攝，也包含了對於中國自己所創設的宗派的理論地位的說明，有些甚至包含了對於三教比較研究的解說。

判教的理論往往頗為抽象，難以讓一般人理解，也為了讓人能夠接受判教的功能在於開放溝通與會歸一切教法於究竟解脫的一味，所以常以「比喻」（譬喻）來加以表達。下列印度傳來的大乘經典的關於判教的比喻，是後來中國發展判教理論的經證：1.《大般涅槃經》卷十四〈聖行品〉的「五味喻」所隱含的「五時教」。2.《大般涅槃經》卷五〈如來性品第四之二〉的「長子教子喻」所隱含的「半字教」、「滿字教」。3.《華嚴經》〈性起品〉的「日照高山喻」所隱含的頓教、漸教等各類的判教之說。4.《維摩詰所說經》〈佛國品第一〉的「佛以一音演說法，眾生隨類各聽解」所隱含的「圓教」的說法。5.《法華經》的「三車喻」、「窮子喻」、「三草二木喻」、「化城喻」等等譬喻所隱含的「三乘判教」和「會三歸一」（會通三乘歸於一乘的思想）的思想。6.《勝鬘經》的「大地四重重擔喻」、「大地有四種寶藏喻」所隱含的「如來藏」概念與三乘歸於一乘的思想。

以上這五點都影響到天台智顗的「五時八教」的判教思想。傳統中國佛教的判教活動，以天台智顗為高峰，但是實則淵遠流長，在六朝之中有其長遠的發展史❿。底下分為三項來加以討論：

首先，在思想史上，首先出現於中國的判教理論，是關於頓漸（頓教與漸教）的討論，最為著名的是道生所主張的頓悟之說。站在道生的對立面的有慧觀法師。後者主張相對於華嚴法界的頓教，人間充滿了煩惱業障，不可能頓悟成佛，只能地地漸修，所以人間佛陀所傳的是漸教。以傳法的逐步發展的階段作為討論核心的「五時判教」，應該是起源於慧觀法師。慧觀法師首先區別漸教與華嚴經的頓教，漸教之內又開為「五時」，「五時」也就是：1.三乘別教，2.《般若經》是「三乘通教」，3.《淨名經》與《思益經》是「抑揚教」，4.《法華經》是「同歸教」，5.

---

❿　以下可以參閱藍日昌，《六朝判教論的發展與演變》，臺北，文津出版社，2003。

《涅槃經》是「常住教」。❶ 又，劉虯有五時七階判教之論，這是在五時判教的基礎之上，增加了人天教和彼時新近翻譯為漢文的《無量義經》。天台佛學的判教的五時之說和化儀四教之說是在批判這些理論的基礎之上，而有的新的理論開展。

其次，就佛陀傳法的真理內容來從事判教者有北方的地論師，以「滿字教／半字教」、「大乘教／小乘教」、「菩薩藏／聲聞藏」的方式來判教。又有慧光（光統）律師則是採用四宗判教的觀點來判攝所有的佛典，也就是 1.「因緣宗」（毘曇六因四緣）、2.「假名宗」（成論三假）、3.「誑相宗」（大品三論）、4.「常宗」（涅槃、法華）❷。此外，淨影寺慧遠法師（523-591）則認為佛陀隨宜說法，教門可以有頓漸之分，但是以前後次序來分四時、五時，如此強分深淺則又不洽當。慧遠法師轉而以經典旨趣來分類，從而立下了「性宗」、「破性宗」、「破相宗」、「顯實宗」等四大宗。❸慧光和淨影寺慧遠的判教理論從佛法的四大宗旨來作判教，就佛陀傳法的真理內容來從事判教，判教思想至此已經很成熟精密，影響頗大。

此外，道生（355-434）、僧肇（384-414）、法雲（467-529）、智正關於「會三歸一」（會通三乘歸於一乘的思想）如何解釋的問題，進行討論。僧肇認為「三乘」的分別是虛假的，最後都會入於唯一真實的實相。根據此一唯一真實的實相，僧肇認為是佛法在實際上（第一義）只有一乘，但是卻有三種名字。又，法雲則認為「佛乘」並不是菩薩乘的另一個名字，而是有一個不同於前面三乘的第四乘。類似於此，智正也主張「四乘」之說。天台智顗的「權實」之說是基於他對法雲的說法之批判。「權實」的說法是對於教法的真理性質的一種詮釋學的理解，強調關於「佛性」的理解方式的不同乃是「權實」的區判之所在，如此在理論的高度上已經超越了「三乘」或「四乘」的只是著眼於「數量」上的計算，從而天台智顗得以創造天台的圓教理論的判教思想高峰。比智顗稍晚的三論宗的吉藏（549-623），則是採取

---

❶ 吉藏，《三論玄義》，此處的討論參見，大正藏第 45 卷，頁 5 中。相關討論參見藍日昌《六朝判教論的發展與演變》，頁 96-98。

❷ 《法華玄義》卷十上，大正藏第 33 卷，頁 801。相關討論參見藍日昌《六朝判教論的發展與演變》，頁 144。

❸ 相關討論參見藍日昌，《六朝判教論的發展與演變》，臺北，文津出版社，2003，頁 154-155。

更為傳統的中觀派之想法，反對四乘的理論，而贊成三乘的理論。❹

隋唐佛學的天台宗和華嚴宗的判教是建立在上述的判教思想史的基礎之上，而有的繼起創造。智顗的《法華玄義》卷十上討論了「南三北七」的十種判教觀念，對於他那個時代的判教理論，加以抉擇整理與批判。天台智顗所謂的「五時八教」，是站在這樣的判教思想史的基礎之上而有的革新，因為它具有特殊的詮釋學的理解，所以顯示出自己理論的創造性。關口真大儘管批判了「五時八教」之說在智顗自己的文本之中並無這樣的名詞用法。但是，天台佛學的「五時八教」的判教思想對於那個時代的判教思想史的批判與發展，以及天台判教思想和立基於佛性論與般若學的詮釋學，這些實質的理論內涵的重要性，是不可加以忽略的，所以關口真大的批判有其盲點與侷限，只侷限再文獻學研究之終。正如迦達默（Hans-Georg Gadamer）所說的詮釋理解的「效果歷史性」以及詮釋的存有學向度，乃是詮釋學不可加以忽略的考察向度，天台佛學的所謂的「五時八教」的判教思想是一種具有效果歷史性的詮釋理解，並呈現出解脫體驗的詮釋佛教存有學（Buddhist ontology）向度。

貳、天台判教與三法圓融的天台佛教詮釋學

天台判教之中所謂的「圓教」，是意謂為一種究竟圓滿之教理，天台佛學所謂的權實、本跡，都是「佛以一圓音說法，眾生隨類各聽解」，並不只是高揚己宗為最高的教法，而是在於闡明一切教法都是針對某一種眾生的需要而有的解脫法門，不同教法都是為了「一大事因緣」，在不同的收受過程之中，開顯了實相的某一個面向。所以，天台佛學的判教並不只是高揚己宗，不只是判攝他宗於自己的系統之內的護教活動而已，而是就有情生命的實存活動的不同層次，就佛法和存有真理的不同面向，加以闡明，做出系統的理解（systematic understanding），使得一切眾生在生命的不同基本情境，都能夠得到解脫，因此「判教」具有普遍的哲學意義。在這個

---

❹ Brook Ziporyn（任博克），〈計算想像：《法華經》中「不存在的車的圖景」表現性的闡釋〉，收於《寺院財富與世俗供養》，頁 48-56，這裡的討論參見頁 49-50。

意義之下，「判教」可以說是一種「詮釋學」（Hermeneutik），「判教」可以說是一種有情眾生的實際生存的「詮釋學」，或說是海德格（Martin Heidegger）所說的「此有的詮釋學」（Hermeneutik des Daseins）。

就此而言，「判教」作為一種詮釋學，具有下列重大意義。

首先，「判教」作為一種詮釋學是意味著「判教」理論的當代發展。「判教」作為一種詮釋學，具有下列三項重大意義。「判教」一詞出現於佛教傳統之中，是一傳統之中的佛教內部的理論，是一種佛教的詮釋理論，將佛教的「判教」發展成為一種佛教的「詮釋學」，則是使之具有普遍的理論意義。

其次，這也是將傳統之中的可能是封閉式的判教，轉變成一種當代的開放的詮釋理論。「判教」顯示了經典詮釋的普遍需要，有其文化流史上成立的理由。判教可以不是獨斷論的教義宣示、護教式（apology）的判攝他教，而是跨文化溝通的過程之中視域融合（fusion of horizons）的必然產生現象。

最後，將「判教」發展成為一種佛教詮釋學，意味著佛學詮釋理論和西方當代的哲學詮釋學（海德格、迦達默等人）的交談，甚至也包含了和批判詮釋學（J. Habermas 等人）的交談的涵義在內。

從跨文化溝通的過程之中視域融合的現象，來研究天台佛教的「圓教」和「判教」，那麼，這些都可以是開放的佛教詮釋。

底下，筆者針對天台佛學所謂的「五時八教」以及關口真大對此一理論的批判❶，作一探討，以重新檢視五時八教之說，並收攝於天台詮釋學之中。在傳統的天台佛學中，認為天台智顗的判教是所謂的「五時八教」，「五時」也就是華嚴時、阿含時、方等時、般若時、法華涅槃時，「八教」也就是「頓、漸、秘密、不定」的「化儀四教」，和「藏、通、別、圓」的「化法四教」。關口真大卻認為，「五時八教」的定型說法是來自於宋朝的諦觀法師的《天台四教儀》❶，此一新解引起佛學界的一番爭論。

「五時教」在天台智顗的文本中，確實並不多見，確實天台智顗較常闡釋的是

---

❶ 關口真大，《天台教學の研究》，東京，大東出版社，昭和五十三年。

❶ 關口真大，《天台教學の研究》，東京，大東出版社，昭和五十三年，頁 84-95。

五味教（乳、酪、生蘇、熟蘇、醍醐），而非五時教，但是《法華玄義》卷一和卷十對於五時教的討論已經相當明確。「化儀四教」在天台智顗的文本中，也較難找到直接的文本說明，或許此一說法的定型與發揮是出之於後來天台學人自己研讀心得的整理。相對於「化法四教」是闡明佛法的真理內容，而提出針對教學方法而有的「化儀四教」，這樣的設想也在天台思想上有其貢獻。

真正能代表天台智顗的判教理論的是「化法四教」，智顗學說應該以他自己親筆所寫的晚年定論《維摩經玄義》來加以衡定，《維摩經玄義》卷四以五味教和化法四教來解說天台判教。筆者認為，關口真大對於「五時八教」的重檢在文獻學上頗具意義，應該說「化法四教」才是天台智顗的判教理論的核心，而「五味教」是比較起「五時教」是較無爭議的說法。又，「化法四教」完全可以搭配於筆者所闡釋的天台詮釋學的三個環節，是此一天台詮釋學的重要理論來源。另一方面，「五時八教」的在東亞佛教史之中的影響史，以及此一理論所包含的哲學意義，仍不可忽視。就哲學意義的詮釋而言，天台判教的「五時八教」之說仍有其合理性。底下先對此一合理性，加以解釋。然後，再對「化法四教」所蘊含的天台詮釋學，從四句說無生的角度，來加以解說。

天台判教的「五時」是就佛陀說法的先後順序來對經典做一歸類，並指出其教化的對象之不同。從今天的文獻學研究的眼光看來，「五時」的說法顯然並不符合於佛教文獻發生史的基本事實，也就是原始佛教、部派佛教、早晚期大乘佛教的歷史先後的發生次序。但是，從宗教的詮釋學的觀點來討論，「五時」的判教的意義並不是在於以佛教文獻流傳於人間的歷史事實為觀點，來對經典出現的先後做出論斷；而毋寧是在描述佛陀的宗教體驗的詮釋和收受的過程，「五時」意謂著兩個精神世界的融合過程，是如同迦達默詮釋學所強調的「讀者的收受」以及其「運用」（Anwendung）❿。因此，在「五時」的說法之中，佛陀的詮釋活動首先是先由「華嚴世界的不退轉大士」來收受釋迦佛所開顯的毘盧遮那佛的究竟法身之真理，也就是《華嚴經》所說的「日照高山」。然後才是以人間佛陀的詮釋方式，在不同的時

---

❿　Hans-Georg Gadamer 的 *Wahrheit und Methode* 一書 (Tübingen, 1990), p.312-317, Das hermeneutische Problem der Anwendung 一節。

候來開顯其他四味教法（阿含時、方等時、般若時、法華涅槃時），視學習者在不同時間與場所中的需要，進行不同的詮釋活動，讓學習者逐步學習佛法的各個側面，逐步導入圓滿的教理，在逐步收受過程之中，成為圓滿覺性的生命存在。這樣看來，「五時」的說法和佛教文獻的歷史的事實情況並無關係，應該說，「五時」是有情眾生的覺性生命的成熟過程，是詮釋理解與收受體驗的過程，所以指的是覺性生命的「存在的」、「內在的」時間，而不是「鐘錶的」、「外在的」時間。因此，「五味」應該是較為妥當的說法，「味」有「品味」、「味道」、「藥味」的意思，突出了有情眾生的收受體驗過程，「五時」的「時」則不免讓人誤解是「鐘錶的」、「外在的」時間。

天台判教的「化儀四教」是頓、漸、秘密、不定，在一般理解之中，這是就佛陀教法的方法形式而言，其實之所以會有頓、漸的差別，是因為學習者的根機不同而有能夠收受的或頓或漸的教法之不同，至於秘密、不定則是同一場合的佛陀教法因為收受過程的不同，而使得不同的生命個體有不同的理解和體驗。

天台圓教的「化法四教」（藏、通、別、圓）討論了佛陀教義的真理內涵的問題，天台判教之中最具有哲學詮釋之意義者為「化法四教」。「五時」和「化儀四教」的判教都在智顗之前的判教理論已經有許多類似的說法，智顗是在批判前賢的理論的過程之中，來建立自己的理論。

天台圓教的化法四教討論了佛陀教義的真理內涵的問題，認為藏、通、別、圓四教各有深淺，這樣的真理論，可以並不是排他論（Exclusivism），甚至也不是全包論（Inclusivism），而可以是希克（John Hick）的宗教多元論的哲學所說的「多元論」❶，從而是開放性的詮釋、良性的跨界溝通，是詮釋學的視域融合（fusion of

---

❶ 參見 Yong Huang（黃勇）, Religious pluralism and interfaith dialogue: Beyond universalism and particularism（宗教多元論與宗教對話：超越「共相論」與「殊相論」）對 John Hick 的介紹，收於 *International Journal for Philosophy of Religion 37*，頁 127-144。此處討論見頁 127。「排他論」認為（inclusivism），只有一種宗教的宗教真理是真的，其他的宗教的宗教真理都是假的。「全包論」（exclusivism）認為，只有一種宗教表現了絕對真理，其他宗教都僅只是對此種絕對宗教真理的部份表現。顯然地，所謂的「宗教對話」對「排他論」和「全包論」而言都只是一個使其他宗教改宗的手段而已，並不是一種真正的「宗教對話」。相對於此，John Hick 的「宗教多元論」則嘗試在承認宗教真理的多元性的前提下，進行平等的「宗教對話」。

horizons）的結果。

「三法圓融」是天台圓教的主要論述，也就是一般所說的天台佛教的「實相論」，例如《摩訶止觀》就是以「三法妙」為核心論述之一❶。三法圓融在類型上有所謂的「十類三法」，但是天台佛教在此處的重點，並不是有「幾種」「三法」，也不是把所有的存在都歸納為僵化的三的範疇底下。「三法圓融」顯示的是天台圓教的解脫體驗與宗教思想的基本模型，此中蘊含普遍的哲學意義，底下以空、假、中來例示「三法圓融」的思想模型。

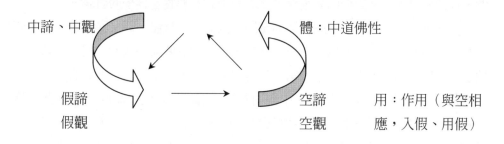

圖一　三法圓融

《大般涅槃經》解說「大涅槃」的三德祕密藏，用不縱不橫和伊字三點的三即一、一即三來說明之，合乎「如來藏三義」的根本結構。❷智顗採納《大般涅槃經》此一說法，並結合到從《仁王經》、《瓔珞經》和《中論》所讀出的空、假、中三諦和三觀，所以，圓融三諦乃是在解說如來藏說三義的根本結構，而不只是一種般若經系統的空的哲學，「三諦」之名只是取用自《仁王經》、《瓔珞經》而已，真正要解說的內容還是《大般涅槃經》關於如來藏的解說，以及智顗對於《法

---

❶ 智顗，《法華玄義》，大正藏第三十三冊，卷第五下，頁 b-c，討論「三法妙」。「三法妙者，謂總三法、縱三法、橫三法、不縱不橫三法、類通三法，皆祕密藏，故稱為『三法妙』。文云：佛自住大乘，如其所得法，定慧力莊嚴，大乘即真性，定即資成，慧即觀照，是為三法妙也。」。

❷ 賴賢宗，《如來藏說與唯識思想的交涉》，臺北，新文豐出版公司，2006 年 11 月。「如來藏三義」，如來藏概念的三層涵義，也就是：所攝藏，能攝藏，胎藏。

華經》的實相說、佛性思想的他自己的解讀。智顗將這樣的教理詮釋,用來解釋《法華經》的三轉讀,甚至更進一步發展了化法四教,用來解釋《法華經》所說的「會三歸一」的思想,不僅成就了天台佛學的特有的判教理論,也發展天台佛學特有的佛教真理觀,從而蘊含了筆者所探討的天台佛教的詮釋學。

天台意義理解的詮釋學的三個環節:1.三一一三,2.不縱不橫,3.性修不二。筆者曾在《佛教詮釋學》㉑第二部分第一章加以解說。底下則就止觀禪修的修持角度來加以解說,尤其是以《摩訶止觀》四種三昧的「非行非坐三昧」(覺意三昧)為例,以便於導入下文對於四句說無生之天台佛教的解脫詮釋學的討論。

首先,「三一一三」是說三法同屬同一個絕對、整體,而又必然透過三個辯證的側面來開顯這個絕對。例如在三觀之中,以空觀為觀點來入假、用假,體會緣起性空,與般若相應,而在與般若第一相應之中,開顯眾生與諸佛所共有的體性——中道佛性。所以,空觀、假觀、中觀同屬於一個修持行動(三即一),而此一修持行動又必須透過空觀、假觀、中觀三者來加以表現(一即三)。「三一一三」在止觀禪修上的表現,舉《摩訶止觀》四種三昧的「非行非坐三昧」為例,即是「一念心中具足三諦,住坐臥語默作作,亦復如是……今約一一事,各各論六【六度】……《大集》云:觀於心心,即此意也。如是行中,具三三昧。次觀破一切種種有相,不見內外,即空三昧。次觀能壞空相,明無相三昧。後觀不見作者,即無作三昧」㉒。

其次,「不縱不橫」是說「體」與「用」的「不縱不橫」,不是縱的法性生起諸法,也不是阿賴耶識的橫向的含攝諸法。在佛教思想史上,智顗所說的「不縱」是對於「地論師」的「縱」加以批判,遮撥地論師所說的法性生起諸法的縱向的創生;「不橫」則是對於「攝論師」的「橫」加以批判,遮撥攝論師所說的阿賴耶識的識轉變的橫向的含攝諸法。就修持的意義而言,「不縱」是不斷否定形上境界的存有論化、實體論化。「不橫」則是對於「萬法唯心」的橫攝的合一主體的更進一步的超越。

㉑ 賴賢宗,《佛教詮釋學》,臺北,新文豐出版公司,2003。

㉒ 《摩訶止觀》,卷第二下,大正藏第 46 冊,頁 16b-c。

「不縱不橫」在止觀禪修上的表現，舉《摩訶止觀》的四種三昧的「非行非坐三昧」為例，智顗的「不縱不橫」就是「非行非坐三昧」的「初明四運者【四運心】。夫心識無形不可見，約四相分別。謂未念、欲念、念、念已……若能了達此四，即入一相無相……行者既知心有四相，隨心所起善惡諸念，以無住著智，反照觀察也」❷。

後世禪宗所說的「不取不捨」（六祖惠能）、「不即不離」（黃檗希運），也是必須在體用論的思維角度之中，才能得其深意，「不取不捨」、「不即不離」不只是就橫列在前的現象之任心自在、如如不動而言，這樣的解釋太過於偏向於靜態，不能顯示大機大用。因此，此處所說的「不取不捨」應該是針對體與用（體性與作用，佛性體性與修持作用）的「不取不捨」、「不即不離」，進一步便能顯示大機大用，禪宗的「不取不捨」、「不即不離」其實也就是天台佛學的「不縱不橫」，是向上一機，悟身外身。

最後，「性修不二」是說：體性與修持的不二，中道佛性的體性與修持主體的作用的不二，簡言之也就是體用不二。在一念心的圓融動轉之中，上求菩提，下化眾生，煩惱即菩提。在後來的中國哲學史的發展中，「性修不二」也被說為是「本體即功夫，功夫即本體」。後來的禪宗馬祖道一所說的「作用見性」。在日常（平常心）的見聞覺知之中，顯現佛性的大用，可以說是「性修不二」的一種表達方式。「性修不二」在止觀禪修上的表現，舉《摩訶止觀》的四種三昧的「非行非坐三昧」為例，即是「觀四運與虛空等，即常。不受四運，即樂。不為四運起業即我。四運不能染，即淨。是佛法四運」，覺意三昧的四運心是從大佛性的常樂我淨而生起其作用，《摩訶止觀》接著說：「如是四運雖空，空中見種種四運，乃至遍見恆沙諸法，成摩訶衍，是為假名四運。若空不應，具十法界。法界從因緣生，體復非有，非有故空。不得空有，雙照空有，三諦宛然，備佛知見，於四運心具足明了。觀聲香味觸法五受四運心，圓覺三諦不可思議」❷。

前面所說：智顗所說的「不縱」是對於「地論師」的「縱」加以批判，「不

❷　智顗，《摩訶止觀》，卷第二上，大正藏第 46 冊，頁 15b-c。
❷　智顗，《摩訶止觀》卷第二下，大正藏第 46 冊，頁 16a。

横」則是對於「攝論師」的「横」加以批判，這是就佛教思想史上，來考察「不縱不横」的語意的思想史上的對應項。此義就其批判性而言，「不縱」是對於形上境界的存有論化、實體論化的不斷否定，「不横」則是對於「萬法唯心」的横攝的合一主體的更進一步的超越。今天看來，這個批判也仍然具有當代意義。日本當代佛學家袴谷憲昭、松本史朗等人的批判佛教所批判的「界論」（dhātu-vāda）❷，就是一種天台智顗所批判的法性生起諸法的縱，由此可見智顗也是頗具當代意義的批判意識。袴谷憲昭、松本史朗的批判佛教將天台佛學歸屬於「界論」，是將問題過份簡化，未能恰當了解天台佛學的本質。又，「不横」則可以是對於有些當代佛學將佛教理論簡化為一種西方哲學的主觀唯心論（例如英國經驗論者 Berkeley 的主張）之批判。從這個簡述看來，天台的解脫詮釋學也是一種批判的詮釋學（critical hermeneutics），具有「批判佛教」的當代批判精神。所謂的「批判佛教」是就是否具有「批判性」而言，「批判性」是就「對於意識型態的批判」與「知識的可能條件與界限的探究」而言，佛教詮釋學也可以具有相當的「批判性」，而不一定限定於袴谷憲昭、松本史朗等人的「批判佛教」。

　　經過以上的說明，讀者對天台佛教的詮釋學的三個環節（1.三――三，2.不縱不横，3.性修不二）與相關的止觀禪修的概況，應該可以具有較為清楚的了解。底下，進一步解說：化法四教如何搭配三法圓融，也就是判教和實相論的關係。先以下圖顯示其意義。

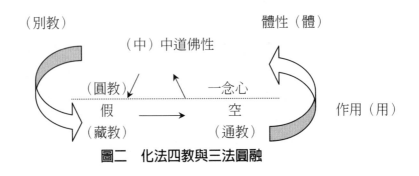

圖二　化法四教與三法圓融

❷　松本史朗，《緣起と空：如來藏思想批判》，東京，大藏出版社，1989，頁 5、312。袴谷憲昭，
　　《本覺思想批判》，東京，大藏出版社，1989。

　　在天台佛教的化法四教之判教之中，藏教的體證方式是「析法入空」，通教則為「體法入空」，別教則為「歷別入中」，圓教則為「圓頓入中」。「析法入空」、「體法入空」、「歷別入中」、「圓頓入中」分別是化法四教（藏、通、別、圓）的止觀法門的根本原理。❷❻其實，這也是四種體證真理的存在方式。吳汝鈞將這裡的解釋稱為「從實踐方法看化法四教」，相對於「從真理觀看化法四教」而加以解釋。「從真理觀看化法四教」是解釋化法四教對於「空」和「佛性」的不同理解，是「教理」的部份，「從實踐方法看化法四教」則是體驗真理的實踐方法的不同，此則為「觀行」的部份，合則為天台佛教的「教觀雙美」。❷❼

　　佛陀初轉法輪，即宣說「四諦」與「緣起」來解說根本的佛法。《摩訶止觀》卷一上以「四種四諦」來重新詮釋四諦的意義，也就是以「生滅四諦」、「無生四諦」、「無量四諦」、「無作四諦」分別解釋藏教、通教、別教、圓教，天台智顗在此是以般若學與佛性論來重新詮釋四諦法門。天台佛學的「四種四諦」是「四諦」的四種詮釋，是化法四教（藏、通、別、圓）的佛法真理內涵的不同階段。又，佛陀觀緣起而悟道，天台智顗也以天台圓教來解說緣起的深意，如所說的「十二因緣是三佛性」，就是以佛性論來重新詮釋十二因緣。❷❽《摩訶止觀》卷第五下，就「因緣」的深淺不同的真理內涵，以「四句不可說」與化法四教（藏、通、別、圓），加以展開。❷❾

---

❷❻　參照《法華玄義》卷三上對於「對境明智」的解釋，參見，大正藏第 33 冊，頁 710-711。

❷❼　吳汝鈞，〈天台宗的判教理論〉，收於《中國佛教的現代詮釋》，臺北，文津出版社，1995，此處的討論參見頁 46-50。

❷❽　《摩訶止觀》卷第九下，大正藏第 46 冊，頁 126c：「知十二緣是三佛性。若通觀十二緣真如實理，是正因佛性。觀十二因緣智慧，是了因佛性。觀十二緣心具足諸行，是緣因佛性。……三道是三德。性得因時，不縱不橫，名三佛性。修得果時不縱不橫，如世伊字，名三德涅槃。淨名云，一切眾生即大涅槃，即是佛即是菩提，乃此意也」。

❷❾　《摩訶止觀》卷第五下：「立聲教者。析愛取有起故感三藏教。是為生生不可說十因緣法。為生生作因。亦可得說。說生生也。體愛取有感於通教。是為生不生不可說十因緣法。為生不生作因。亦可得說。說生不生也。漸愛取有感於別教。是為不生生不可說十因緣法。為不生生作因。亦可得說。說不生生也。頓愛取有感於圓教。是為不生不生不可說十因緣法。為不生不生作因。亦可得說。說不生不生也」（《摩訶止觀》卷第五下，大正藏第 46 冊，頁 61b-61c）。又，《妙法蓮華經玄義》卷一下說：「大經云。生生不可說。乃至不生不生不可說。又云亦可得說十因緣

天台判教的生生、生不生、不生生、不生不生不可說的相關文本，則是從關於生和不生的種種分析，來詮釋化法四教的真理內涵和體證真理的方式，是一種「解脫詮釋學」。由此可以看出智顗的佛性論、實相論思想對於他的四句的表達方式的影響。筆者討論如下。

參、天台佛教的「四句說無生」的詮釋理解

一、龍樹四句的詮釋理解

「緣起性空」是佛教的基本原理，「二諦」（俗諦與聖諦）是中觀哲學的核心課題。此中，「俗諦」表達了「緣起性空」的「緣生」，萬事萬物都是互為條件而生起的。「聖諦」則是指寂滅、涅槃，則是「緣起性空」的「性空」。

《望月佛教大辭典》解說「四句」（catuskoti）在佛教傳統之中是指「以⑴肯定、⑵否定、⑶複肯定、⑷複否定的四句對諸法從事分類的形式」❸。例如：⑴有、⑵無、⑶亦有亦無、⑷非有非無。「四句」在印度經論的使用之中，以龍樹菩薩的《中論》的使用最為有名。

「四句」是中觀哲學的思想方法，是中觀哲學的表達方法。「四句」是通過語言，來破斥關連於語言的執著，從而體證「離言」的寂滅的涅槃實相。東西方學者從邏輯學與辯證法的角度，對於「四句」，進行了多方面的討論，關於這方面的討

法為生作因。亦可得說十因緣者。從無明至有此十成於眾生具四根性。能感如來說四種法若十因緣所成眾生。有下品樂欲。能生界內事善拙度。破惑析法入空。具此因緣者。如來則轉生滅四諦法輪。起三藏教也。若十因緣法所成眾生。有中品樂欲。能生界內理善巧度。破惑體法入空。具此因緣者。如來則轉無生四諦法輪。起通教也。若十因緣所成眾生。有上品樂欲。能生界外事善歷別破惑次第入中。具此因緣者。如來則轉無量四諦法輪。起別教也。若十因緣所成眾生。有上上品樂欲。能生界外理善。一破惑一切破惑圓頓入中。具此因緣者。如來則轉無作四諦法輪。起圓教也。」

❸ 《望月佛教大辭典》，日本，世界聖典刊行會，1932，第二冊，頁1757。

論情形，可以參看寇西（Ramendra Nath Ghose）、吳汝鈞、楊惠南等人的著作。❸印度的龍樹菩薩的《中論》之「四句」，可以由記號學（semiotics）的三個層面，也就是從語法學（syntactic）、語意學（semantic）和語用學（pragmatic）的三個層面❸，來加以考察。又，考察中觀哲學如何通過語言，來破斥關連於語言的執著，從而體證「離言」的寂滅的涅槃實相；必須從由語言的三大功能來觀察龍樹對於語言的使用，也就是說，語言具有描述的功能、情感表達的功能、啟悟的功能。龍樹菩薩的「四句」所執行的並不是一種描述的功能，而是情感表達的功能和啟悟的功能。現代佛學研究的許多關於中觀佛學的四句的邏輯語法的哲學討論，頗多精采，但是忽略了「四句」並不是「描述性」的語言，不能侷限在邏輯語法的層次來探討，而是要從語意學上，從語用學上來探討。從語意學上來探討，是必須探討「四句」所闡明的緣起的意義，以及所破斥的外道學派之實指為何。從語用學上來探討，是就「四句」的情感表達的語言功能和啟悟的語言功能而言。也就是說，在情感表達的語言功能上，四句是表達了緣起的深意的不可思議的令人產生情感上的無限驚歎。在啟悟表達的語言功能上，四句是表達了一種對於緣起的深意，吾人「必須」言語道斷地激發解脫體驗的實際行動，是一種類似於禪宗的吹唾、棒喝、逼拶的啟悟行動。

「四句」是中觀哲學的主要的思想方法，例如《中論》第十八品〈觀法品〉所說的「一切實非實，亦實亦非實，亦實亦非實，非實非非實」。〈觀法品〉這邊所破斥的是「實體」（substance）、「自性」（self-being）的邊見。❸這裡所表達者是「四句」的下列範式：(1)一切實，(2)一切非實，(3)一切實亦非實，(4)一切非實非非實。就語法的層面而言，如果以 P 代表「一切實」，而以－P 代表「一切非實」，

---

❸ Ramendra Nath Ghose 對印度與歐美學者的相關討論，加以考察，見他的 *The Dialectics of Nagarjuna*（Allahabad-India, 1987）一書，p.264-299，第九章 The Negation of four-fold Alternative。又，中文世界的討論：吳汝鈞〈從邏輯與辯證法看龍樹的論證〉，收於《佛教的概念方法》（臺北，臺灣商務印書館，1988）。吳汝鈞，《龍樹中論的邏輯解讀》（臺北，臺灣商務印書館，1997）。

❸ 何秀煌，《記號學導論》，臺北，1965。

❸ 關於龍樹對於「實體」（substance）、「自性」（self-being）的討論，參見 K. Venkata Ramanan 的 *Nagarjuna's Philosophy* 一書（Delhi, Motilal Banarsidass Publication, 1975）之中的 G. Substance and Attribute 一節，頁 207-208。

則此一四句可以表示為下列傳統邏輯的邏輯語法：(1) P，(2)－P，(3) P ∧ －P，(4) －（P ∧ －P）。❸

又，若是從事語意（Semantic）的說明，以 A 表示「虛無主義」（斷滅空），以 B 表示「實體主義」（惡取空），則上述四句之中：(1)第一句中的「一切實」的語意（Semantics）是對於「虛無主義」的否定，而「一切實」可以表示為「－A」。(2)若是以 B 表示「實體主義」（惡取空），則上述第二句中的「一切非實」的語意是對於「實體主義」的否定，而「一切非實」可以表示為「－B」。(3)在語意的闡明之中，上述第三句是表示對於「虛無主義」與「實體主義」（斷滅空與惡取空）的相繼否定，二者都加以否定，所以，「一切實亦非實」可以表示為「－A ∧ －B」。(4)在語意的闡明之中，上述第三句是表示對於「虛無主義」與「實體主義」的論題的相繼否定，也是對於斷滅空與惡取空的相繼否定。四句的第四句之中的「一切非實非非實」則是對第三句的否定，可以表示為「－（－A ∧ －B）」。所以，這裡的四句可以將其邏輯語法寫成是：(1)－A，(2)－B，(3)－A ∧ －B，(4)－（－A ∧ －B）。也就是：

$$-A$$
$$-B$$
$$-A \ \wedge \ -B$$
$$-（-A \ \wedge \ -B）$$

筆者上述符號化的表述，作為四句的邏輯記號表達之範式。因為它在形式上，具有兩個特點：(1)它的每一句都在前面呈現出否定符號，標舉了「空」的否定精神。(2)它相當明顯地顯示了對於 A 和 B 所代表的兩邊（兩種邊見）的否定，從而標舉了「空」是超越兩邊的「中道」。

又，在上述四句的語意（Semantics）的闡明之中，若是將論題在思想史的學派中找出其實際的對應項目，所謂的「虛無主義」與「實體主義」（斷滅空與惡取空）也

---

❸ 吳汝鈞，〈從邏輯與辯證法看龍樹的論證〉，收於《佛教的概念方法》，臺北，臺灣商務印書館，1988，此處以真值蘊函系統來表答四句，參見頁 52-53。吳汝鈞，《龍樹中論的邏輯解讀》，臺北，臺灣商務印書館，1997，頁 327-331。

可以是某一些對應的哲學學派。此中，「虛無主義」可以是指加爾瓦卡（Cārvākas）的唯物論，因為加爾瓦卡的唯物論主張世界只是物質原素的組合，死後並無靈魂的存在，所以是一種「虛無主義」。「實體主義」則是指正論派（Nyāya）、勝論派（Vaiseśika），因為正論派、勝論派主張永恆不變的精神實體的存在，人的肉體死後有永恆靈魂的存在，所以是一種「實體主義」。從佛教中觀哲學的觀點來看，加爾瓦卡和正論派、勝論派的這兩種見解分別落入「斷見」和「常見」。

以上是就語意學（Semantics）來闡明。復次，上述四句的每一句前面都有否定符號，就語用學（Pragmatics）的觀點而言，此一否定符號表示對於「去除執著」、「趣入寂靜涅槃」的啟悟和行動。這三句所強調的都是前面的否定符號，也就是去除執著的行動。第三句和第四句在語法（syntactic）的層次上，在傳統的亞里斯多德的邏輯上，這兩句是矛盾的（P 與 −P 不可同時為真），因此對這兩句的理解不能從語法上來理解，而必須要從語意和語法上來理解，因此處的第四句的加入，中觀學的「四句」強調了「趣入寂靜涅槃」的語用上的啟悟和對一切語言而有的執著的破斥。

又，就「生」的問題而言，《中論》第二十一品〈觀成壞品〉也有相關的四句的表達：「法不從自生，亦不從他生，不從自他生，云何而有生」。此一四句是否定下列四項：⑴自生，⑵他生，⑶自他生，⑷無因生。假若以 A 代表「自生」，以 B 代表「他生」，此中的的四句的邏輯形式是：⑴−A，⑵−B，⑶−A ∧ −B，⑷−（−A ∧ −B）。

就「不可說」而言，《中論》第二十二品〈觀如來品〉：「空則不可說，非空不可得，空不空叵說，但以假名說」，依據青目對此處的解釋，這裡是說⑴空，⑵非空，⑶空不空，⑷非空非不空，以上四者皆「不可說」，但是為了化度眾生，則可以「假名」而「方便」而說之。

以上所說《中論》之「四句」的三個例子（實非實、自生他生、空非空）都常常被天台智顗討論，尤其是前二者被引用的特別廣泛。智顗對於《中論》之「三是偈」也常以「有門」、「無門」、「亦有門亦無門」、「非有門非無門」的「四門」來探討，這是一種智顗自己所說的「四句」。除此之外，《摩訶止觀》又有「四種四

諦」。❸又，《三觀義》也提到《大涅槃經》的「四種十二因緣」。❸又，智顗的天台佛學所說的「四句」，還有他對於《大涅槃經》「四句不可說」說「無生義」的發揮。

以上這幾種是智顗自己獨特的關於「四句」的發揮，不僅是運用了《中論》之「四句」的形式，不僅是以⑴肯定、⑵否定、⑶複肯定、⑷複否定的四句對諸法從事分類的形式，而且是從佛性論的角度，來作為此一分類的內涵，這和龍樹《中論》之「四句」只是從般若學的角度來立言，有所不同。龍樹《中論》之「四句」從般若學的角度來立言，只是破斥吾人對於現象世界的執著，所謂的雙重否定（不……不……）是對於二元思考的兩種邊見的破斥，而天台佛學從佛性論的角度，來闡明「四句」，此中的雙重否定（不……不……），則是指「體性」（中道佛性之體）與「作用」的不縱不橫。

龍樹菩薩的《中論》之「四句」，智顗加以繼承，而另加發揮，可以由記號學的三個層面，也就是語法學（syntactic）、語意學（semantic）和語用學（pragmatic）的三個層面，來加以考察。智顗加以繼承者只是四句的邏輯形式，只是語法學（syntactic）的層次，也繼承了龍樹菩薩的緣起性空的義理，而又抉擇其深意。也就是說，智顗此處有取於如來藏說的經論所說的佛性思想的深意，這主要是來自於《大般涅槃經》的相關討論，發揮了大涅槃的三德秘密藏和四句說無生之說❸。例如《摩訶止觀》卷一下說：

> 或聞生滅。即解生滅不生滅非生滅非不生滅。雙照生滅不生滅。即一而三即三而一。法界祕密常樂具足。❸

---

❸ 大正藏 41 卷，頁 7-8。

❸ 《續藏》卷 99，頁 38，「十二因緣有四種觀……約十二因緣明四種境也。今一家明義，四諦既為四種，十二因緣亦為四種」。

❸ 賴賢宗，《佛教詮釋學》，臺北，新文豐出版公司，2003。賴賢宗，《如來藏說與唯識思想的交涉》，臺北，新文豐出版公司。真諦譯的《佛性論》所說的三種佛性對於智顗也應有相當的影響。

❸ 智顗，《摩訶止觀》，卷一下，大正藏 41 卷，頁 6c-7a。

此處之四句為：

生滅

不生滅

非生滅非不生滅

雙照生滅不生滅

智顗此處所說多了「雙照」，而不只是「雙泯」（龍樹菩薩的雙重否定）。將第四句表達成「雙照」，這顯示出智顗的天台佛學更為積極的一面。第一句是「有」，第二句是「空」，第三句是「非有非空」的「雙泯」，第四句則是「雙照」（雙照空有）。所謂的「雙照」，是由「中道佛性」來「雙照」。因此才有後面所說的「即一而三，即三而一。法界祕密，常樂具足」。於此，智顗是套用「中道佛性」的一三三一等詮釋理解的內涵於「二諦」與「四句」的形式之上。前者是內涵，後者只是形式。前者是目的；後者作為表達方法，只是暫時的工具而已。

智顗此處文本之後，繼續討論「四種四諦」（大正藏 41 卷，頁 7-8），就是以關於「三是偈」的四種不同的詮釋理解來進行，並且將之配合於藏通別圓的「化法四教」。

二、智顗從「四句」到「四句不可說說無生」

在智顗的解釋之中，《中論》的「三是偈」的四句話分別是「有門」、「無門」、「亦有門亦無門」、「非有門非無門」，所以「三是偈」是「四門」的表達。[39]顯然，這裡所說的「四門」就是運用了龍樹所說的「四句」。而這裡的重點還不在於智顗運用「四句」於「三是偈」之上，而是智顗此處「三是偈」的解說包含了一三三一的中道佛性的詮釋理解（本體詮釋學的理解），所以，「四句」也不只是形式上的思想方法而已，而是具有中道佛性的詮釋理解的含意。事實上，智顗將「化法四教」的詮釋理解搭配於「四句」來解說，這使得「四句」在智顗的天台佛學之中，具有深刻的詮釋理解，成就了天台佛學的本體詮釋學。而最明顯的例子，

---

[39] 四門與破法遍：《摩訶止觀》，卷五下，大正藏 41 卷，頁 59c。「一念心即空假中」，對「三是偈」的圓教式的解讀：《摩訶止觀》，卷一下，大正藏 41 卷，頁 8c-9a。

就是這裡要解說的「四句不可說」說「無生義」。

智顗的中國天台佛學所解說的「四句不可說」說「無生義」也只是借用龍樹菩薩的四句的語法形式，其語意（semantic）內涵雖然有所繼承於龍樹的空義，卻也有另有所本之處，智顗本於《大涅槃經》的佛性思想和自己對於「中道佛性」的領悟。例如，智顗的《維摩玄疏》卷一對於「四句不可說」的討論，如下：

> 於四不可說起四種說法教四種眾生也。此經淨名【維摩詰居士】默然杜口。即是《大涅槃經》明四不可說意也。四不可說者。一、生生不可說。二、生不生不可說。三、不生生不可說。四、不生不生不可說。此即是約心因緣生滅，即空即假即中，四句不可說也。而得有四說者。皆是悉檀因緣赴四機得有四說也。故《大涅槃經》云。十因緣法為生作因亦可得說。❹

上面引文說「此即是約心因緣生滅，即空即假即中，四句不可說也」，這是智顗將《大涅槃經》的「四句不可說說無生義」關連於龍樹《中論》的「三是偈」，使得《大涅槃經》的「四句」，和《中論》的「四句」，產生關連。智顗運用了「三是偈」和龍樹《中論》的「四句」，為的是證明自己所說的詮釋理解乃是有所本的，是來自於龍樹。

此中，筆者此文將重點放在天台佛學的解脫體驗的詮釋理解之背景知識、提出的必要性之闡明。在筆者另外兩文之中，再從對「四句不可說」說「無生義」的「斷惑證真」之討論之中，闡明天台佛學的解脫詮釋學，探討「四句不可說」的「否定型」與「肯定型」兩種詮釋模型及其融貫之道。

「四句不可說」說「無生義」有兩個詮釋的層次：1.「四句不可說」說「無生義」的詮釋理解的「否定型」的詮釋理解。2.「四句不可說」說「無生義」的詮釋理解的「肯定型」的詮釋理解，在「四句不可說」說「無生義」的「斷惑證真」的「解脫詮釋學」（emancipatory hermeneutics）之中，發展出「四句不可說」的「否定

---

❹　智顗，《維摩玄疏》卷一，大正藏 38 卷，521c-522a。

型」與「肯定型」兩種詮釋模型的融貫之道。④因此，智顗的四句除了「雙遮」之外，還要進一步探索「雙照」，才能真正成就所謂的「圓教」。

「四句不可說」說「無生義」的詮釋理解不只是一種教理的理解。在智顗「判教」的理論展開之中，此處主要是指「化法四教」。而「四句不可說」說「無生義」的詮釋理解說和一般的判教之不同之處在於它乃是對於「解脫體驗」的詮釋，將「解脫體驗」的深淺偏圓搭配於「化法四教」，而一般的判教只是針對教理而有的義理解釋而已。

復次，「四句不可說」說「無生義」的「斷惑證真」的「解脫詮釋學」則是一種解脫體驗和相關的斷惑證真的內涵的啟悟的妙說，涉及的不只是上述的語法學與語意學的層次，而更是語用學（pragmatics）的層次。四句不可說說「無生義」的詮釋理解首先是一種理論的建構，或者說是一種暫時假借安立之理論建構。而解脫詮釋學的斷惑證真則是一種妙言的假借安立，以支持《摩訶止觀》卷一開宗明義所說的圓信、圓行、圓證。在「四句不可說」說「無生義」的這些詮釋之中，於化法四教和四句不可說的解脫詮釋之間，存在著對應的關係，這正是筆者解說的重點所在。此一對應關係，也就是灌頂的《觀心論疏》卷二所說的：

　　生生即三藏教，生不生即通教，不生生即別教，不生不生即圓教。④

完整的表述應該寫為：生生不可說，即三藏教。生不生不可說，即通教。不生

---

④　林鎮國主張「對佛教來說，詮釋學必須是解脫詮釋學（emancipatory hermeneutics），以解脫生死，解放無明為目的」，參見林鎮國，《辯證的行旅》，臺北，立緒，2002，頁 211。又說：「事實上，若細察佛教對此問題的立場，便可發現其素來持論一致，視所有經典文獻為『法假安立』，緣起性空，本無自性。其為方便施設，旨在成就立教功能。因此，若迷執真有秘藏密意與密義的經典文獻為有，便是錯解。《解深密經》在〈分別瑜伽品〉提出『以楔出楔』的概念，即充分了解到文獻之建構與解構的兩層必要。……這是佛教詮釋學與西方基督教背景下的詮釋學最基本的差異。……所謂的『意義』便是如此法假安立下的產品，只有在解脫論下，『意義』才有意義」（頁 210-211）。「解脫詮釋學」（emancipatory hermeneutics）或可以說是「解脫學的詮釋學」（hermeneutics of soteriology）。

④　灌頂，《觀心論疏》卷二，大正 46 冊，頁 596b。

生不可說，即別教。不生不生不可說，即圓教。

灌頂的《觀心論疏》卷二的相關解說，如下：

> 總結自行化他法門，並在於一心。盡淨言語道斷也。偈云：四不可說者。
> 一、生生不可說，二、生不生不可說，三、不生生不可說，四、不生不生不
> 可說。論釋云：生生故生，生故不生，云何可說？令例此語者。生生故生，
> 不生生故不生不生。云何單可說失其圓旨也。
>
> 又，生生即三藏教，生不生即通教，不生生即別教，不生不生即圓教。是則
> 不但三句即一句，一句即三句。不可說亦即三教即一教。一教即三教。云何
> 可說？故論初云：四不可說次後辯其四教也。
>
> 又，經釋云：生生是有漏之法，故云生生。即是中論因緣所生法也。
>
> 生不生者。釋云：世諦死時名生不生，即中論我說即是空。
>
> 不生生者。釋云：初出胎名不生生，即中論亦名為假名。
>
> 不生不生者。釋云：大般涅槃有不生不生。即中論亦名中道義也。
>
> ……
>
> 又，經云：眾生身有毒草。復有妙藥王，毒草即六道界，藥王即四聖界，是
> 六道即生生也。二乘即生不生也。菩薩界即不生生，佛界即不生不生。結四
> 句即一句在乎一心，九界即一界在乎一念。文義合會結。六道界即生死。四
> 聖界即涅槃。涅槃即生死，生死即涅槃。九界即一界，一界即九界。即是不
> 可思議境。云何可說？
>
> ……
>
> 然四不可說等法，並須約一念。一念心即是因緣所生，即空即假即中。即
> 空，故是常寂。即假，故是常照。即中，故即非寂非照，因緣所生法亦得是
> 空假雙照。結此四句即四不可說。如前辯者。則寂照四句類之可知。既即寂
> 而照即照而寂，即寂照而非寂非照而雙寂照。一句即四句，是則理圓云何單
> 可說。故云四不可說也。❸

---

❸　灌頂，《觀心論疏》卷二，大正 46 冊，頁 596b。

　　下述的語意解釋，吾人必須加以注意：對於「不可說」的語意解釋：1.「不可說」解釋成「破」（否定、遮撥和對治）。2.「不可說」也可以當作「形容詞」，是奧妙而不可言宣的意思。此中，「所指」的對象是所否定者，而其「能指」則是修持主體的觀修內涵，也就是除了否定的對象之外，也在揚棄的過程之中有「棄」也有「揚」，統整了「肯定型」和「否定型」的兩類型詮釋，涉及解脫的斷惑證真內涵的這兩個面向。

　　細讀上述智顗的《維摩玄疏》卷一和《觀心論疏》卷二的文本，發現智顗的天台佛學的「四句不可說」說「無生義」有下列這兩種面向：1.「四句不可說」說「無生義」的「詮釋理解」，與2.「四句不可說」說「無生義」的「斷惑證真」的「解脫詮釋學」。在各自的上下文都是具有足以清晰判明的語義脈絡，可以看出：將「不可說」解釋成「破」（否定、遮撥和對治），佔大多數。將上述智顗的《維摩玄疏》卷一和《觀心論疏》卷二的文本所說「四句不可說」說「無生義」所涉及的各個要項，列出如下。「不可說」在此是「破」的意思：

　　　藏教－生滅四諦－思議生滅十二因緣－生生不可說（藏教破斥凡夫對於「生生」的業惑煩惱，故云「生生不可說」）

　　　通教－不生滅四諦－思議不生滅十二因緣－生不生不可說（通教破斥藏教的「不生生」，故云「生不生不可說」）

　　　別教－無量四諦－非生滅非不生滅四諦－不思議十二因緣－不生生不可說（別教破斥通教的「不生生」，故云「不生生不可說」）

　　　圓教－無作四諦－雙照生滅與非不生滅－不思議不生滅十二因緣－不生不生不可說（圓教破斥別教的「不生不生」，故云「不生不生不可說」）

　　所謂的天台佛教的「教觀雙美」，就是對應這兩個解釋層次。應該注意的是「四句說無生」不只是一種「意義理解活動」（一般意義中的判教），不應該限定於只是一種意義理解的教理詮釋，它更彰顯的是一種「解脫體驗的詮釋理解」，是「化法四教」所破的惑和所對應的境界（破惑證真）。它不只是一種意義理解的教理詮釋，也應該成為一種「解脫詮釋學」。所以，考慮到語用（pragmatic）的層面，或說是考慮到康德（I. Kant）所說的「實踐理性的優先性」，應該說：從「意義理解的詮釋」到解脫體驗的詮釋理解和解脫詮釋學，此一過渡是一個必須的運動。

　　綜合以上的討論：考慮到語法學的層次，智顗的「四句不可說」說「無生義」的「四句」的語法，是來自龍樹的中觀哲學。又，考慮到語意學的層次，智顗的「四句不可說」說「無生義」是一種佛性論、關於佛性的哲學詮釋，主要是來自《大涅槃經》等如來藏思想和智顗自己對於中道佛性的領悟，在這裡我們可以進行天台佛學的本體詮釋學（Onto-Hermeneutik）的詮釋。

　　最後，考慮到語用學的層次，智顗的「四句不可說」說「無生義」具有「四句不可說」的「否定型」與「肯定型」兩種詮釋模型與其統整之道。這裡的詮釋不應該只是停留在一般的教理的判教、意義理解的詮釋活動，還應該在實修實證之中，進一步成為解脫體驗的詮釋理解和解脫學的詮釋活動與實踐行動。

結　論

　　本文主要方法是哲學詮釋學與文獻研究的雙軌並進的進路，先通過文獻學的相關檢證，也使用了語言分析的研究方法，和記號學的語法學、語意學、語用學的研究角度，來釐清龍樹與智顗「四句」的含意以及智顗發展至「四句不可說說無生」的詮釋理解。

　　本文區分語法學、語義學、語用學的不同層次，釐清龍樹與智顗關於「四句」外表上不一致之處，整理其紛紜繁難的思想脈絡；闡明智顗的佛性論、實相論思想對於他的四句的表達方式的影響。筆者檢視傳統的天台詮釋文獻關於「四句」與「判教」、「圓教」的討論。

　　在筆者另文之中，闡明智顗「四句不可說說無生」在解脫詮釋學的斷惑證真的思想層次。經過這些文章的處理之後，或許可以釐清佛教的本體詮釋學內涵。

　　本文對比天台四句與龍樹四句，有助於吾人釐清印度大乘佛學轉化為中國佛學的關鍵，尤其是天台智顗以圓教佛性論顯化了緣起的深意，提昇了四句之辯證的境界，以圓教的佛性論來闡明緣起的深意，從而闡明此一本體詮釋的當代意義，也對當代如來藏思想的諍議，提出一個延續傳統而又具有開展性的進路。傳統的天台佛學研究多局限於佛教研究之內部，缺少從世界哲學來討論的觀點，因此，比較欠缺從其超越於一教一宗而能發揮天台思想的普遍意義和當代意義者，筆者這幾篇文章

對於天台佛學的解脫詮釋學的闡明，結合於已經出版的《佛教詮釋學》之所說，乃是研究發揮天台佛學的本體詮釋學，嘗試彌補此一欠缺。

後記：此稿的一部分初稿（〈天台佛學的三諦說：佛典的翻譯與詮釋溝通〉）曾發表於「詮釋與翻譯學術研討會」（臺北大學「東西哲學與詮釋學研究中心」主辦，協辦單位：國科會人文學研究中心，會議日期：2007 年 12 月 1、2 日）。今稿乃是大幅修改過後的新稿。

參考資料

專書論文

Brook Ziporyn（任博克）（2003）。〈計算想像：《法華經》中「不存在的車的圖景」表現性的闡釋〉，收於《寺院財富與世俗供養》，頁 48-56。

Hans-Georg Gadamer (1990). "Das hermeneutische Problem der Anwendung", *Wahrheit und Methode*, p.312-317.

K. Venkata Ramanan (1975). "G. Substance and Attribute", *Nagarjuna's Philosophy*, p.207-208.

Ramendra Nath Ghose (1987). Ch9, "The Negation of four-fold Alternative", *The Dialectics of Nagarjuna*, p.264-299.

Yong Huang（黃勇）(1995). "Religious pluralism and interfaith dialogue: Beyond universalism and particularism"（〈宗教多元論與宗教對話：超越「共相論」與「殊相論」〉), *International Journal for Philosophy of Religion, 37*, p.127-144.

吳汝鈞（1988）。〈從邏輯與辯證法看龍樹的論證〉，《佛教的概念方法》，臺北：臺灣商務印書館，頁 52-53。

吳汝鈞（1995）。〈天台宗的判教理論〉，《中國佛教的現代詮釋》，臺北：文津出版，頁 46-50。

專書

尤惠貞（1993）。《天台宗性具圓教之研究》，臺北：文津出版社。

牟宗三（1977）。《佛性與般若》，臺北：臺灣學生書局。

何秀煌（1965）。《記號學導論》，臺北：水牛出版社。

吳汝鈞（1997）。《龍樹中論的邏輯解讀》，臺北：臺灣商務印書館。

吳汝鈞（2002）。《法華玄義的哲學與綱領》，臺北：文津出版社。

吳汝鈞（2005）。《純粹力動現象學》，臺北：臺灣商務印書館。

吳汝鈞（1997）。《龍樹中論的邏輯解讀》，臺北：臺灣商務印書館。

松本史朗（1989）。《緣起と空：如來藏思想批判》，東京：大藏出版。

林鎮國（2002）。《辯證的行旅》，臺北：立緒出版社。

李志夫，《法華玄義之研究》、《摩訶止觀之研究》，臺北：法鼓文化。

郭朝順（2004）。《天台智顗的詮釋理論》，臺北：里仁書局。

陳英善（1995）。《天台緣起中道實相論》，臺北：東初出版社。

袴谷憲昭（1989）。《本覺思想批判》，東京：大藏出版。

賴賢宗（2003）。《佛教詮釋學》，臺北：新文豐出版公司。

賴賢宗（2006）。《如來藏說與唯識思想的交涉》，臺北：新文豐出版公司。

藍日昌（2003）。《六朝判教論的發展與演變》，臺北：文津出版社。

吉藏，《三論玄義》，大正藏第 45 卷。

智顗，《法華玄義》，大正藏第 33 卷。

智顗，《維摩玄疏》，大正藏第 38 卷。

智顗，《摩訶止觀》，大正藏第 41 卷。

灌頂，《觀心論疏》，大正藏第 46 冊。

On T'ien-t'ai's Emancipatory Interpretation on "The Negation of four-fold Alternative"

*Lai, Shen-Chon**

Abstract

The systematic understanding of the teaching of Buddha (panjiao) (判教) in T'ien-t'ai (538-597 智顗) Buddhism is one kind of Buddhist hermeneutics. Hermeneutics of Chinese philosophy is an important topic of the current discussion of Chinese Philosophy. T'ien-t'ai Zhiyi's panjiao is important for us to construct the hermeneutics of Chinese philosophy. T'ien-t'ai Zhiyi's Mohe-zhiguan (《摩訶止觀》) and the other text from Zhiyi and others T'ien-t'ain master exposit the thought of "The Negation of four-fold Alternative" about No-arising (四句說無生) in order to interpret the emancipatory experience. My article exposits the syntactic, semantic ,and pragmatic dimension of "the Negation of four-fold Alternative" of nagajurna. I explain how can Zhiyi use the form of "the Negation of four-fold Alternative" about No-arising to construct the Buddhist hermeneutics.

Keywords: "The four-fold Alternative", T'ien-t'ai's Buddhism, No-arising, Emancipatory Hermeneutics, Zhiyi, *Mohe-zhiguan*

---

* Professor and Chair of the Department of Chinese Language and Literature, National Taipei University

康德與應用倫理學[*]

李翰林[**]

摘　要

　　現時仍有不少人認為，康德的定然律令可對任何實用倫理學問題提供答案。然而，機械地運用定然律令，不見得可以解決應用倫理學的難題。本文乃關注定然律令的第二個版本，即「人性公式」，並論證斯坎倫對定然律令——尤其是人性公式——的理解，優勝於「人性公式是一種可在任何情況下適用的機械演算方式」的觀點。

關鍵詞：康德　定然律令　人性公式　斯坎倫　應用倫理學　實用倫理學

[*]　本文原稿以英語撰寫，翻譯過程中，得到李敬恆協助，謹致謝忱。

[**]　香港中文大學哲學系教授；哈佛大學哲學系傅爾布萊特資深訪問學者

關於康德倫理學的論著可謂汗牛充棟，然而對於如何把它落實應用於具體道德議題上的討論卻不多。我希望在本文探討一下這個問題。

我的出發點是康德的人性公式（Formula of Humanity, FH），即一個人必須把自己與其他人「視為目的而永不能純粹視為工具來看待」❶。康德的定然律令（Categorical Imperative）的這個版本時常被認為是其眾多版本中最重要的一個❷。其中一個原因，是 FH 不需面對定然律令的第一個版本——普遍律則公式（Formula of Universal Law, FUL）❸或它的變種自然律公式（Formula of Law of Nature, FLN）——的問題。FUL 有時被指責為過於空洞，有時又被指會產生虛假否定（false negatives）和虛假肯定（false positives）❹。

壹

人性（humanity）作為目的本身之公式（或簡稱人性公式 FH）宣稱：

「你應當這樣作出行動，即在任何情況下，將人性——不管是你自己的或是任何其他人的人性——永遠同時視為目的而不純粹視為工具來看待。」

一個較為簡單的表達方式可以是：

---

❶ 參看 Kant, *Groundwork for the Metaphysics of Morals*, 4:429，以及 Allen Wood, *Kantian Ethics* (Cambridge: Cambridge University Press, 2008), p. 66。

❷ Christine Korsgaard 與 Allen Wood 是這個看法的支持者。參看 Christine Korsgaard, *The Kingdom of Ends*, New York: Cambridge University Press，與及 Allen Wood, *Kantian Ethics*, Cambridge University Press, 2008。

❸ FUL（普遍律則公式）宣稱：「只根據你可以意欲其成為一條普遍律則的准則行動」（Groundwork for the Metaphysics of Morals, G: 4: 421）。FLN（自然律公式）宣稱：「以彷彿你的行動准則會通過你的意志而成為普遍自然律的方式行動。」（G 4: 421）。參看 Allen Wood, Kantian Ethics, p.66。

❹ 參看 Allen Wood, op. cit., chap. 4。

「無論在任何情況下，你都必須把自己和其他人視為目的，而永遠不可以純
粹視為工具來看待。」

　　首先應該注意的是，對康德而言，「把某人視為一個目的來看待」跟「不把某
人純粹視為一個工具來看待」並不完全相同。康德分別運用這兩個觀念來規定「不
完全義務」❺（imperfect duty）與「完全義務」❻（perfect duty）❼。假如我因為忙於趕
往演講室上課而沒有嘗試拯救一個在池塘中遇溺的小孩，那麼，雖然我沒有把那個
小孩視為工具，但我依然沒有把他視為一個目的。

　　那麼，究竟把一個人「視為工具」（treat someone as a means）、「視為目的」
（treat someone as an end）以及「把他*純粹*視為工具」（treat someone *merely* as a means）是甚
麼意思？這些都是一些專門用語。對康德而言，在任何情況下我們都應該把人視為
一個目的，即是把他視為一個人❽，因為「人性……是值得尊重的」❾。康德的意
思是一個人擁有理性，因此，「一個人就是一個能夠把他的行動歸因於（imputed
to）他的主體。道德人格因此正是依循道德律的理性個體的自由……由此可見，一
個人只會受制於自己……給予自己的律則」。❿換言之，人就是可以和必須為自己

---

❺　不完全義務包括幫助他人的義務，與發展自己才能的義務。由於總會有進一步改善的空間，所以
　　這些義務是「不完全的」。
❻　完全義務包括不要傷害他人的義務與不要傷害自己的義務（例如：不要自殺）。由於這些義務總
　　能夠被完全地履行的，所以是「完全的」。
❼　參看 Kant, *Groundwork for the Metaphysics of Morals*, in Mary Gregor, tran & ed., *Practical
　　Philosophy* (Cambridge: Cambridge University Press, 1996), 第二節, pp. 73-75 [4:422-3], pp.80-81
　　[4:429-30]。
❽　參看 Kant, *Lectures on Ethics*, Peter Heath and J. B. Schneewind eds., (Cambridge: Cambridge
　　University Press, 1997), p. 147 [27: 373]。
❾　參看 Kant, *Lectures on Ethics*, Peter Heath and J. B. Schneewind eds., (Cambridge: Cambridge
　　University Press, 1997), p. 147 [27: 373]。
❿　康德說：「一個人就是一個能夠把他的行動歸因於他的主體。道德人格因此正是依循道德律的理
　　性存在者的自由（而心理人格只是意識到在不同情況下自己存在的同一性的能力）。由此可見，
　　一個人只會受制於自己（單獨或至少和其他人一起）給予自己的律則」（Kant, *The Metaphysics of
　　Morals*, *Practical Philosophy*, op. cit., p. 378 [6:223]）。

的行為負責。人因為擁有這能力，所以有尊嚴，而尊嚴是一種內在價值，或非衍生價值（non-derivative value），即一種內在於其作為理性行動者這個特性的價值。一個人正是基於這樣一種內在價值而應該受到尊重⓫。

另一方面，只要一個人對其他人有用，她便可以成為達成他人目的的工具。作為工具跟作為目的兩者並不互相排斥。由於她是一個擁有理性能力的人，所以她具有衍生價值的同時亦具有非衍生價值⓬。

但是，「作為*純粹*工具」（或「*純粹作為工具*」）跟「作為目的」卻是互相排斥的。在康德眼中，由於非人類動物沒有人所擁有的理性能力，因此，牠們與死物一樣，都只是「物件」而已。理由是康德認為：「一個物件就是一些不能把任何事情歸因於它的東西。任何本身沒有自由的自由選擇的對象因此都被稱為一個物件（*res corporalis*）」。⓭康德的意思是，說動物沒有可以把事情歸因的能力，就是說牠們不是行為者（agent），因而沒有值得我們尊重的內在或非衍生價值（「尊嚴」），所以牠們最多只具有衍生價值。因此，他認為把動物純粹視為工具、亦即把牠們純粹視為「物件」來看待，是完全沒有問題的，但這樣對待人卻是道德上不容許的⓮。

⓫ 一個不同的看法，認為由於一個人（或者一隻非人類的哺乳類動物或甚至一隻雀鳥）具有經驗感受的能力，所以具有內在價值。請參看拙作：Hon-Lam Li, "Animal Research, Non-vegetarianism, and the Moral Status of Animals – Understanding the Impasse of the Animal Rights Problem," *Journal of Medicine and Philosophy*, 2002, vol. 27, no. 5, pp. 589-615, esp. pp. 593-95; 和 Hon-Lam Li, "Towards Quasi-vegetarianism," Hon-Lam Li & Anthony Yeung, eds., *New Essays in Applied Ethics: Animal Rights, Personhood, and the Ethics of Killing*, UK: Palgrave Macmillan, 2007, pp. 64-90, esp. pp. 65-71。

⓬ 斯坎倫在他的 *Moral Dimension: Permissibility, Meaning, Blame*（Cambridge, Mass.: Belknap Press, 2008, p. 91-3）中亦使用「衍生」與「非衍生」價值（或理由的根源）這對概念。也請參看拙作：Hon-Lam Li, "Animal Research, Non-vegetarianism, and the Moral Status of Animals – Understanding the Impasse of the Animal Rights Problem," *Journal of Medicine and Philosophy*, 2002, vol. 27, no. 5, pp. 589-615, esp. p. 610, notes 2 & 3。

⓭ 參看 Kant, *The Metaphysics of Morals*, op. cit., p. 378, [6:223]。

⓮ 在這個問題上，斯坎倫的看法跟康德有所不同。斯坎倫認為價值或理由的根源在「我們互相之間的虧欠」的情況與我們跟非人類動物和植物的關係的情況不一樣，但是，牠們都可以有內在價值。另一個看法是認為非衍生價值的根源是一個人（或一個個體）的經驗感受能力，而只要非人類動物——當然包括哺乳動物與雀鳥——擁有這些能力，牠們亦具有非衍生價值。請參拙作：

貳

斯坎倫（T. M. Scanlon）有力地論證說，關於把人視為目的看待的問題，一方面可以被理解為關於道德允許（permissibility）的問題，而另一方面也可以理解為關於行動的意義（meaning）的問題❶。以第一種——即 *客觀*——的方式來理解❶，一個行動把人視為目的來看待，當且僅當這是一個道德允許的行動。而一個行動是道德允許的，當且僅當作出該行動的理由凌駕於、或抵銷了反對它的理由❶。這些理由產生於相關處境中的客觀獨特情況，而獨立於行動者的主觀信念與意圖。

> *當且僅當一個行動是道德允許的，這個行動便是、並且才算是把人視為目的而不純粹視為工具來看待。*❶

換句話說，當且僅當一個行動是道德允許的，這個行動便是、並且才算是通過 FH。

選擇以這個方式來表達 FH 與道德允許的關係的理由是，正如我在第壹節提

Hon-Lam Li, "Animal Research, Non-vegetarianism, and the Moral Status of Animals – Understanding the Impasse of the Animal Rights Problem," *Journal of Medicine and Philosophy*, *op. cit*, pp. 593-95; 和 Hon-Lam Li, "Towards Quasi-vegetarianism," *op. cit.*, pp. 65-71。

❶ T. M. Scanlon, *Moral Dimension* (Cambridge, Mass.: Belknap Press, 2008), chap. 3, esp. pp. 99-105.

❶ 斯坎倫並沒有用「客觀」與「主觀」來描述人性公式的兩個理解方式。客觀理解方式之所以可以被合理地稱為「客觀」，是因為人性公式並不牽涉行動者的理由。而「主觀」理解則是針對行動者的理由或態度。

❶ 如果一個理由比另一個理由更有份量，那麼我們說前者凌駕後者。如果一個理由的出現會使另一個理由喪失它的所有份量，那麼我們便說前者沉默了（silences）後者。對一個有德性之人，通姦帶來的快樂在他的考慮中不會佔有任何份量。這點是亞里士多德在 *Nicomachean Ethics* 第二卷中提出來的。較近期的例子，John McDowell 在他的 "Are Moral Reasons Hypothetical Imperatives?" *Proceedings of the Aristotelian Society 52* (1978), pp. 13-29 中也提出類似的觀點。斯坎倫亦在他的 *What We Owe to Each Other* (Cambridge, Mass.: Belknap, 1998), p. 157 提出相同的論點。

❶ 康德說：「*責任*（Obligation）是一個依循理性的定然律令的自由行動的必然性……一個沒有跟責任衝突的行動是*允許*（licitum）的……」(Kant, *The Metaphysics of Morals*, in his *Practical Philosophy*, tran. & ed. by Mary J Gregor, Cambridge University Press, 1996,p.377 [6:222])。

出，對於康德而言，「把人視為目的」與「永遠不把人純粹視為工具」對應於兩種不同的義務，即不完全義務與完全義務。斯坎倫本人亦承認，一個人可以在沒有違反他對一個陌生人的完全義務的情況下，未能履行他需要幫助她的不完全義務❶。

但是，FH 亦可以被理解為針對行動的意義，即行動者本人的理由、意圖或態度。以這種主觀的方式來理解，FH 便會成一個關於我們應該擁有甚麼態度的指導性原則。換言之，即使一個人的行動是道德允許的，只要他在態度（或行動的理由）上把人純粹當成工具來看待，我們也可以說他把人純粹視為工具來看待，因而他的態度仍然是道德上引起反對的。因此，假設有一個黑幫份子，他只是把某咖啡店的店員純粹視為工具，而且只要有需要，他會毫不猶疑把她射殺❷。但為了避免不必要的麻煩，他每天還是禮貌地對待那位店員。這個黑幫份子沒有作出任何道德不允許的事情，但他的態度是道德上引起反對的。但是，引起反對與否並非跟他的行動是否*道德允許*有關，而是跟他的行動的*意義*有關。

正如斯坎倫指出，這個主觀與客觀理解方式的二重性出現在康德的道德著作中❸。假設兩位店主同時為顧客正確地找贖，但第一位店主是為了保障自己的個人利益，而第二位店主則是基於義務或理性的要求而如此做。那麼，雖然他們的行動同樣是道德允許的，可是只有第二位店主的行動擁有道德價值（moral worth）。對康德而言，由於第一位店主的態度，他的行動並沒有任何道德價值，因為一個行動單單「與義務相符」（in conformity with duty）（即斯坎倫所說的「道德允許」）並不足以令它擁有「道德價值」；它必須要是「基於義務而作出」（done from duty）的。而在斯坎倫看來，道德價值屬於意義的範疇❹，因為只有當一個人基於道德理由或「出於義務」──而不是個人利益或甚至自然傾向──作出一個行動時，該行動才會有道德

---

❶　T. M. Scanlon, *Moral Dimensions*, *op. cit.*, p. 90.

❷　T. M. Scanlon, *Moral Dimensions*, *op. cit.*, p. 99。這個例子原先是由 Derek Parfit 採用的，見 *On What Matters* (Oxford: Oxford University Press, forthcoming), 第 26 節。

❸　T. M. Scanlon, *Moral Dimensions*, *op. cit.*, pp. 100-1.

❹　同上，p. 101。

價值。㉓

　　採納斯坎倫的客觀與主觀理解的區分的同時，我們必須指出，兩者中以客觀理解方式更為重要，因為定然律令是「對道德的解釋說明的核心」㉔，這種道德命令我們不要作出道德不允許的行為，而又容許我們作出道德允許的行動㉕。

參

　　讓我澄清康德的定然律令，尤其是 FH 的地位。斯坎倫有力地論證康德在《道德形上學的基礎》（*Groundwork for the Metaphysics of Morals*）中所進行的工作其實屬於廣義的後設倫理學——即不限於採用道德語言分析的方法㉖——的範疇，而為揭示道德本質，康德提出他的定然律令及其後設倫理學的理論。正如斯坎倫說：

> 「康德有時被認為提出了一個意圖回答所有關於對錯問題的全面性原則，但我認為這個解釋是錯誤的，而且難以跟他在《道德形上學》的實際工作相符。把定然律令看成是關於道德的哲學解釋的核心，比起把它看成是——在毋需直覺判斷力幫助下——一個用作道德決定機制的原則可信得多。」㉗

　　即使定然律令是一個後設倫理學理論的核心，亦不能因此而推斷出它在「對道

㉓　參看 Kant, *Groundwork for the Metaphysics of Morals*, Allen Wood, ed. & tran., Yale University Press, 2002, pp. 13-17 [4: 397-401]。

㉔　T. M. Scanlon, "The Aims and Authority of Moral Theory," *Oxford Journal of Legal Studies*, vol. 12, no. 1 (Spring 1992), p. 11.

㉕　因此，康德說：「道德因此是行動與意志自律——即通過意志的准則而達致的可能的普遍立法——的關係。能夠與意志自律並存的行動便是道德允許的；而跟它違背的則是道德不允許的。」（*Groundwork for the Metaphysics of Morals*, Ak 4:439, Allen Wood, ed. and tran., *op. cit.*, p. 57）。

㉖　T. M. Scanlon, "The Aims and Authority of Moral Theory," *Oxford Journal of Legal Studies*, vol. 12, no. 1 (Spring 1992), p.5.

㉗　同上，p. 11。

德的具體內容完全開放」㉘的意義下沒有任何對行動規範的涵蘊——即由該後設倫理學理論所引申出對規範行動方面的要求。斯坎倫有力地論證說,只要一個後設倫理學理論支持某些、而排除另外一些規範性理論,它便有行動規範涵蘊㉙。因此,斯坎倫辯稱,如果我們接受了「哲學效益主義」(philosophical utilitarianism)——即認為在倫理學中只有個人福祉才是道德上唯一重要的東西的這種後設倫理學理論,那麼我們便很難不接受某些版本的「規範性效益主義」(normative utilitarianism),例如行動效益主義或規則效益主義,而剩下的問題只是究竟應該接受哪一個版本而已。但如果我們認為,公平及其他非後果主義式的觀念,對於道德思考亦十分相干及重要的話,因而拒絕接受哲學效益主義,那麼,即使我們仍然會認為福祉在道德考慮中非常重要,卻不會把它視為道德的全部內容㉚。

康德的定然律令的不同版本與及斯坎倫的契約主義㉛,都應該被看成為一個後設倫理學的理論基礎,而在這個基礎上去接受或否決任何規範性原則及它們在特定處境中的應用。這個關於定然律令的看法得到艾倫·活特(Allen Wood)的支持。在活特看來,康德認為道德哲學建基於斯坎倫所謂的後設倫理理論,或「道德最高原則——這個原則是先驗的,但我們所有道德義務,皆是把這個先驗原則,應用到我們從經驗中得知有關人的特性(human nature)及人類生活狀況之後所得到的結果」㉜。道德最高原則的任何表達方式,包括康德定然律令的不同版本(以及斯坎倫的契約主義)都應該被視為道德最高原則——或正確的後設倫理理論——的臨時表達方式,因為任何表達方式,如活特所說,都可以被進一步修正改良。在這個意義下,

---

㉘　同上,p. 5。

㉙　尤其參看 T. M. Scanlon, "Contractualism and Utilitarianism," in Amartya Sen and Bernard Williams, ed., *Utilitarianism and Beyond*, Cambridge: Cambridge University Press, pp. 103-128. Also relevant is T. M. Scanlon, *What We Owe to Each Other*, Cambridge, MA: Harvard University Press, 1998, chaps. 4 and 5。

㉚　參看 T. M. Scanlon, "Contractualism and Utilitarianism," *op. cit.*

㉛　斯坎倫的後設倫理理論(即契約主義)認為,一個行動如果被任何一套沒有任何人能夠合理反對的道德原則所禁制的話,它便是錯誤或道德不允許的。參看 *What We Owe to Each Other*, op. cit., p. 153。

㉜　Allen Wood, *Kantian Ethics*, Cambridge: *Cambridge University Press*, 2008, p. 61。

我們應該把任何特定的表達方式視為暫時性的佔位符（placeholder）[33]。

正如斯坎倫與活特指出，定然律令並沒有提供一套演算程序（algorithm），或一個用來決定在一個特定處境應該做甚麼的決策程序[34]。以活特的方式來說，「認為康德把任何道德律的公式，說成是用來作為在所有情況作出我們應該做甚麼、甚至甚麼是道德上允許的決定的嚴格演繹程序的嚴格判準，都是毫無根據的。」[35]關於自律公式（the Formula of Autonomy），活特認為這是不同版本的定然律令中較為完備的一個，他說：「它所給予我們的，是一種讓我們思考如何行動的精神，而不是一個用來推演出行動、或行動所依循的原則的程序。正如我已經說過，康德式倫理學根本否認可能有這樣一個程序。」[36]

依活特之見，我們必須通過「詮釋」與「判斷」來決定究竟一個個人的行為准則（maxim）能否通過定然律令，或究竟某個在特定情況下的行動能否通過人性公式。這跟斯坎倫認為，在決定究竟一個第一序（first-order）原則，在特定情況下是否可以接受時，我們需要「直覺判斷力」的看法相似。（事實上，根據康德的看法，在特定情況時，怎樣去應用一個原則，是需要判斷力的[37]；而當不同的可普遍化的行動准則（universalizable maxims）互相衝突時，就更加需要運用實踐判斷力[38]。）

我認為，以斯坎倫與活特的方式來理解的定然律令，比認為定然律令是一個以一些毫無例外的規則，在任何情況下都可作出決策的演算程序，合理得多[39]——後

---

[33] 同上，p. 77。

[34] Onora O'Neill 亦有類似的看法。參看她的 "Kant: Rationality as Practical Reason," in Alfred . Mele and Piers Rawling, eds., *The Oxford Handbook of Rationality*, Oxford University Press, Oxford, 2004, pp. 93-109。

[35] Allen Wood, *Kantian Ethics*, *op. cit*, p. 72.

[36] 同上，p. 78。

[37] 參看 Kant, *Critique of Pure Reason*, A134/B173。

[38] 參看 Kant, *Lectures on Anthropology*, 7:199, 227-8; 25:204, 403-13, 以及 *The Metaphysics of Morals*, 6:411。正如活特指出：「『由於把道德原則看成是定然律令，因此康德式倫理學必須接受認同有無例外的規則』這個看法是基於最粗淺的誤解。說定然律令是無條件的，是指它的理性有效性並不預設任何獨立於該律令、通過遵從它而達到的目的。但我們不能從這一點推論出個別特定的道德規則或義務賦予責任的能力亦是無條件的。」(*Kantian Ethics*, op. cit., 63)。

[39] 參看 O'Neill, *op. cit.*, p. 72。

者牽涉多重錯誤。

那麼，FH 怎樣可以幫助我們決定一個行動是否道德允許的呢？一個方法，就是去考慮究竟這個行動是否「跟我們作為目的之人性（humanity）可以融洽」，或者去考慮究竟這個行動是否跟 FH（或任何跟 FH 一致的第一序行動原則）相凝聚。假設有人有以下的看法：

人只不過是快樂與痛苦的接收器，而只要快樂減掉痛苦之後的總量相同，快樂與痛苦的分配方式在道德上是無關重要的。

這個看法的精神跟任何與 FH 相凝聚的第一序原則背道而馳。因為，把人看成只是快樂與痛苦的接收器，並沒有把人視為人、或視為擁有尊嚴的主體。因此，如果有人基於此看法去行事的話，他就會違反任何與 FH 相凝聚的第一序原則。

這裡還有另一條稍為不同、但通常更為直接有效的路可走。由於究竟一個行動能否通過 FH 的道德要求須視乎它是否道德允許，我們可以穩當地說：

⑴當且僅當一個行動（在客觀意義下）通過 FH，該行動便是、並且才算是道德允許的。

⑵當且僅當有理由認為一個行動是道德允許的，並且如果有任何反對理由（去認為該行動是道德不允許）的話，這些理由會抵銷或凌駕於該反對理由，該行動便是、並且才算是道德允許的。

（結論）當且僅當有理由認為一個行動是道德允許的，並且如果有任何反對理由的話，這些理由會抵銷或凌駕於該反對理由，該行動便是、並且才算是通過 FH。

因此，如果我們可以找到一些好的理由，去認為一個行動是道德允許的，並且這些理由會抵銷或凌駕於反對的理由，那麼這個行動必然（在客觀意義下）能夠通過 FH。現在的問題是：我們為甚麼要走這條路？

其中一個理由是，康德本人亦曾經採用這個進路。在《道德形上學》（*The Metaphysics of Morals*）中，康德自由地採用不同的理由，去論證不同行為道理上允許與否，而不是透過 FH，去達到某個行為是否道德允許的結論。例如，在反對納妾（concubinage）以及「在個別情況下聘用一個人來提供〔性〕享樂（*pactum fornicationis*）」時❹，康德論證說這些類型的行動是道德上不允許的。❹在反對納妾時，康德提出理由證明為何納妾是道德上有問題的。他論證說「這些性交易」是「不平等」的「契約」，接著他歸結出納妾是「道德不允許的」以及妾侍是「被視為物件來使用」的結論。❹在關於一個男人在婚姻關係中擁有兩個妻子究竟是否道德允許的問題上，康德的答案是「不允許」，因為這樣一種「契約」是「不平等」的❹，理由是：「沒有人能夠擁有兩個妻子，否則每一個妻子都只能得到半個丈夫，而由於她把自己整個完全交予他，故此對他亦有完全的權利」。❹在這兩個個案中，康德運用一些獨立於——至少是認知上獨立於（epistemically independent）❹——FH 的理由、理據或論證去支持某個做法是道德錯誤的結論。❹在《道德形上學》中，康德類似的做法——即某行為違反 FH 是結論而不是前提——多不勝數。

另一個理由是，在很多富爭議性的個案中，我們不能肯定究竟在作出一個行動 X 時，我們是把人「視為工具」還是「**純粹**視為工具」。（同樣道理，我們不肯定在某些情況下究竟我們是否把人視為目的看待。）然而，「純粹」這個字卻又極為重要，因為就是靠它把道德允許與道德不允許的行動區別開來。因此我建議，我們可以考慮嘗

---

❹　參 Kant, *The Metaphysics of Morals*, op. cit., p. 428 [6: 278]。

❹　參看 Kant, *Lectures on Ethics*, ed. Peter Heath and J. B. Schneewind, Cambridge University Press, p. 158; 27:387-9。康德說：「一個人用去納妾的方法去滿足自己的慾望是允許的嗎？……這個方法去滿足自己的慾望在道德上是不允許的。」參看 Kant, *The Metaphysics of Morals*, op. cit., pp. 427-8 [6:278-9]。

❹　同上，p. 158; 27:387。

❹　同上，p. 159; 27:388。

❹　同上，p. 159; 27:389。

❹　當我說「X 認知上獨立於 Y」時，究竟是甚麼意思呢？假設我知道有啟明星，但我沒有留意到有長庚星。由於它們實質上是同一顆星（金星），因此亦可以說我知道——至少在形上意義上（metaphysically）——有長庚星。但其實我在認知上（epistemically）並不知道有長庚星。因此，我對於啟明星的知識在認知上獨立於長庚星的存在。關於進一步的討論，可參看 Saul Kripke, *Naming and Necessity*, Mass., Cambridge: 1980, 第二章，尤其是頁 80 與頁 103，以及頁 152。

❹　明顯地，康德所用的其中一個反對納妾的論證跟把人作為工具利用這個觀念有密切關係，尤其是他那聲名狼藉的論證：單單因為一個人被利用來滿足性傾向便足以證明她被視為物件。但這個疏漏的論證是他誤解了自己（較好的）看法——即 FH——的真義的結果。他錯誤地詮釋了是甚麼構成一個純粹工具。無論如何，康德亦有運用跟這個觀念或 FH 無關的理由或論證。

試論證某行為 X 是否道德不允許，並且由此直接得出有關 X 是否違反 FH 的結論。（這也是康德在《道德形上學》普遍的做法。）

首先，把人「視為工具」與「純粹視為工具」的真正分別，恰恰就是道德允許與道德不允許的分別，而非關乎「純粹」這個詞的言辭之別。因此，沒有任何針對「純粹」這個觀念的「概念分析」能夠推導出 X 究竟有否違反 FH 的結論。相反，要決定 X 是否違反 FH，我們必須考慮究竟 X 是否道德允許。雖然，在《道德形上學的基礎》中，康德好像是從定然律令推導出某些行動是道德不允許的，但正如活特指出❹，康德並沒有在任何嚴格的邏輯意義下「推導」出那四種義務❺。反而，康德闡明（illustrates）這四種義務如何能夠被理解為遵從了定然律令，因為他認為我們本來已經知道我們擁有這些義務。我們贊同康德，同意作出虛假承諾是錯誤的行動，但這是因為我們本來已經知道如此做是錯誤的。並且，對大多數人而言，我們早已經獨立於──至少認知上（epistemically）獨立於──FH，知道作出虛假承諾是錯誤的。（事實上，我們甚至在聽聞康德的大名之前，便已經知道很多類型的行動是錯誤的。）我們亦知道蓄奴會違反 FH，因為我們早已經獨立於──至少認知上獨立於──FH 知道蓄奴是錯誤的。在*富爭議性的*個案中，例如賣淫、人體器官買賣、代孕母的問題、以及以極低工資聘請勞工，由於我們不肯定所考慮的行動是否道德允許，於是我們便不是那麼肯定究竟有沒有任何人被*純粹*視為工具來看待。因此，只要我們認為當面對痛苦的末期病症時，我們有獲得協助自殺的權利，我們便會認為康德對於「不應自殺」這個關於自我的完全義務所作出的「推導」是有商榷的餘地的。

肆

如果到目前為止，我所說的都是正確的話，那麼認為 FH 可以清楚直接告訴我們，在碰到困難的道德議題時該如何做，將會大錯特錯。當然，FH 可以告訴我們

---

❹　參看 Allen Wood, *Kantian Ethics*, op. cit., chaps. 4 and 5。

❺　四類義務是關於他人的完全義務（例如：不要作虛假承諾的義務）、關於自我的完全義務（例如：不要自殺的義務）、關於他人的不完全義務（例如：幫助別人的義務）、與及關於自我的不完全義務（例如：培養自己才華的義務）。

由於人類有內在價值，所以不要把他們視為物件。但假設一個人在自願同意、兼且被保證會得到一個合理回報的情況下，簽訂合約把自己其中一個腎賣掉（或成為一個代孕母），那麼他（或她）到底是被視為一個物件、還是一個人來看待，則不大清楚。因此，我的建議是：在考慮任何這些困難的道德議題時，我們都應該運用與考慮所有類型的理由與論證。

如果我們把 FH 理解為一個後設倫理原則，那麼即使 FH 對行動有規範性指引，我們亦不應該期望 FH 可以清楚直接告訴我們，在碰到困難的道德議題時該如何去抉擇。我們亦因而會明白到，發展我們自己的規範性論證，去解決應用倫理學中富爭議性的難題，是完全恰當、並且與康德本人的進路完全一致。

如果我提出的觀點是正確的話，那麼，康德的進路，對於我們在困難的議題中，應該如何抉擇，所能提供的清晰明確指引，將會比一直以來大家以為的為少，而我們則有比較大的自由度去發展自己的論證，去應付困難的議題。例如，我相信我們有好的理由去證明——至少在一個所有人經濟上相對平等，以致沒有任何一個社會階級要面對過度犯罪壓力的社會中——一般性阻嚇（general deterrence）是刑事懲罰的一個重要目的。這個論證建基於對後果的考慮，但並非後果主義式（因為這個論證並沒有預設或涵蘊後果是道德考慮中唯一相干的因素）。雖然我不能在此詳細討論這一點，但我相信一個康德主義者應該接受，即使後果並非道德考慮中的*唯*一相干因素，它仍然是十分重要的。

如果我們發展自己的論證，很可能會在性倫理的問題上——如自慰、同性戀與婚前性行為——或在其他的議題上，跟康德的看法有所抵觸、甚至達到完全相反的結論。我們在這些議題上跟康德有所不同的看法，並非由於我們不贊同他的 FH，而是由我們對於在某個特定議題上甚麼才構成對 FH 的違反，跟他有不同的意見。

參考文獻

Aristotle (1999). *Nicomachean Ethics*, Terence Irwin, tran., Second Edition. Indianapolis: Hackett Publishing Company.

Kant, Immanuel (1996 [1785]). *Groundwork for the Metaphysics of Morals*. Mary J. Gregor, tran. & ed., *Practical Philosophy*. Cambridge: Cambridge University

Press.

Kant, Immanuel (2002 [1785]). *Groundwork for the Metaphysics of Morals*. Allen Wood, ed. & tran. New Haven: Yale University Press.

Kant, Immanuel (1787). *Critique of Pure Reason*. Paul Guyer & Allen Wood, eds. Cambridge: Cambridge University Press.

Kant, Immanuel (1797). *The Metaphysics of Morals*. Mary J. Gregor, tran. & ed., *Practical Philosophy*. Cambridge: Cambridge University Press.

Kant, Immanuel (1798). *Lectures on Anthropology*, Allen Wood R. B. Louden, eds., Cambridge University Press, *forthcoming*.

Kant, Immanuel (1997). *Lectures on Ethics*, Peter Heath, tran.; Peter Heath & J. B. Schneewind, eds. Cambridge: Cambridge University Press.

Korsgaard, Christine (1996). *Creating the Kingdom of Ends*. New York: Cambridge University Press.

Kripke, Saul (1980). *Naming and Necessity*. Mass., Cambridge: Harvard University Press.

Li, Hon-Lam (2002). "Animal Research, Non-vegetarianism, and the Moral Status of Animals – Understanding the Impasse of the Animal Rights Problem," *Journal of Medicine and Philosophy*, vol. 27, no. 5, 589-615.

Li, Hon-Lam (2007). "Towards Quasi-vegetarianism," Hon-Lam Li & Anthony Yeung, eds., *New Essays in Applied Ethics: Animal Rights, Personhood, and the Ethics of Killing*. Houndmills, Hampshire, UK: Palgrave Macmillan, 64-90.

McDowell, John (1978). "Are Moral Reasons Hypothetical Imperatives?" *Proceedings of the Aristotelian Society 52*, 13-29.

O'Neill, Onora (2004). "Kant: Rationality as Practical Reason," in Alfred Mele and Piers Rawling, eds., *The Oxford Handbook of Rationality*, 93-109. Oxford: Oxford University Press.

Parfit, Derek (forthcoming). *On What Matters*. Oxford: Oxford University Press.

Scanlon, T. M. (1982). "Contractualism and Utilitarianism," in Amartya Sen and Bernard Williams, eds., *Utilitarianism and Beyond*, 103-128. Cambridge: Cambridge

University Press.

Scanlon, T. M. (1992/Spring). "The Aims and Authority of Moral Theory," *Oxford Journal of Legal Studies*, vol. 12, no. 1, 1-23.

Scanlon, T. M. (1998). *What We Owe to Each Other*. Cambridge, Mass.: Belknap Press.

Scanlon, T. M. (2008). *Moral Dimension: Permissibility, Meaning, Blame.* Cambridge, Mass.: Belknap Press.

Wood, Allen (2008). *Kantian Ethics*. Cambridge: Cambridge University Press.

Kant and Applied Ethics

Li, Hon-Lam *

Abstract

It is still rather common to interpret Kant's Categorical Imperative as a way to generate solutions to practical questions of ethics in all circumstances. However, hard questions of applied ethics do not seem solvable by mechanically applying the Categorical Imperative. In this paper, I focus on the Second Version of the Categorical Imperative, known as the Formula of Humanity (FH). I argue that Scanlon's way of understanding the Categorical Imperative in general, and FH in particular, as a metaethical doctrine makes much better sense than the still-common view of understanding FH as an algorithm for generating ethical solutions in all situations.

Keywords: Kant, Categorical Imperative, Formula of Humanity, T. M. Scanlon, Applied Ethics, Practical Ethics

---

* Professor, Department of Philosophy, Chinese University of Hong Kong; Fulbright Senior Scholar, Department of Philosophy, Harvard University

文明何以腐蝕道德？
——讀盧梭的《論科學與藝術》

尚新建*

摘　要

　　盧梭通過對科學與藝術的分析試圖告誡我們，當今的文明社會扼殺人的自由與平等，刺激人的邪惡欲念，違反人的善良天性，潛伏著許多弊端與危險。為這種制度安排所驅使，文明（科學與藝術）的發展非但不會敦風化俗，反而必將傷風敗俗。從長遠看，單純的繁榮昌盛、國富兵強未必是福。

關鍵詞：道德　文明　科學　藝術　自由

---

*　　北京大學外國哲學研究所、北京大學哲學系教授

「科學與藝術的復興是否有助於敦風化俗？」這個問題是 258 年前第戎學院的一個徵文題目。盧梭（Jean-jacques Rousseau）偶然看見徵文啟示，於是心血來潮，思緒萬千，欣然命筆，寫就了《論科學與藝術》❶。論文的結論是否定的：科學與藝術的復興無助於敦風化俗，而是導致傷風敗俗。

一石激起千層浪。盧梭的觀點和立場引起學界的巨大反響，啟蒙學者紛紛口誅筆伐，捍衛文明。儘管盧梭奮力抗擊，陸續出版了一系列著作，闡述和發揮自己的觀點，為自己的立場辯護，從而形成一套完整的理論體系，不過，他看上去好像是螳臂擋車，自然無法抵擋雄健有力的文明步伐。盧梭成了一位倍受爭議的學者，其思想資源為不同（甚至相反的）思想流派所榨取，因而從未得到西方主流思想的完全承認。他反對文明的言論，只有當西方人反思和批判自己的啟蒙文化時，才重新被提起。至於我國學界對盧梭的認識，那是隨著西學東漸的過程深化和展開的，一開始便以強國（現代化）為主要目標，因而很少認真對待盧梭攻擊文明的觀點，其理解往往流於浮淺。

然而，今天的現實似乎逼迫我們重新返回第戎學院提出的問題，重新思考盧梭得出的結論。不容否認，我國的開放改革使我們進入現代化的正常軌道，經過幾十年的努力，經濟日益增長，國力大大加強，人民的生活水平得到大幅度提高。但是，同樣不容否認，伴隨經濟的迅猛發展，國民的道德水平亦迅速下降，紙醉金迷，腐化墮落，幾乎到了禮崩樂壞的程度。難怪近年有許多學者呼籲重建中國的人文精神，甚至連黨的總書記也要親自披挂上陣，指點國民何為光榮，何為恥辱，勸誡人們不要恬不知恥哩。現實局面不能不讓人思忖：難道真像盧梭所說，文明的發展將導致傷風敗俗？倘若如此，人類的出路何在呢？

當然，因為時代與環境大不相同，盧梭對文明（科學與藝術）的分析與批判未必能夠解決我們目前的問題。不過，考察一下在盧梭眼裏，文明何以會腐蝕道德，文

---

❶ 該文於 1750 年（一說於 1751 年）正式出版，原名為《1750 年第戎學院獲獎論文：論第戎學院提出的問題：科學與藝術的復興是否有助於敦風化俗？》（*Discourse Which Won the Prize of the Academy of Dijon, In the year 1750, On the Question proposed by that Academy: Whether the restoration of the Sciences and Arts has contributed to the purification of morals?*）。後稱作《論科學與藝術》（*Discourse on the Sciences and Arts*）或簡稱「一論」（*First Discourse*）。

明究竟潛伏著什麼危險與弊端，有無辦法避免道德敗壞的結局，至少可以為我們提供理論上的啟迪。本文試圖在這方面做出一些努力。

壹

盧梭的時代是啟蒙的時代。文藝復興使歐洲重新接續古代的文明，理性之光衝破中世紀的黑暗，照亮美好的前景。世界是嶄新的，生活是進取的。人心豁然開朗，憑藉無限的想象力和創造力，做出前所未有的重大發明，取得驚天動地的偉大成就。人類每時每刻都在進步。盧梭清楚地看到這一點，他指出：

> 看看人類如何通過自己的努力而擺脫一無所有之境；如何憑藉自己的理性之光而突破自然包裹他的陰霾；如何超越自身；如何神馳于諸天的靈境；如何像太陽一樣，以巨人的步伐遨遊於廣闊無垠的宇宙，那真是一幅宏偉壯麗的景象。而且，返觀自我，以求研究人類，認識人類的性質、責任和歸宿，那將是更加宏偉，更加難能可貴的。所有這些奇跡，都在最近幾代人身上重新發生。（Rousseau, 1997a, 6; p.6）

對這段文字，學者有不同理解。不過，這至少暗示，盧梭看到文藝復興以來人類文明取得的偉大進步。首先是文學藝術的復興。1453 年，穆罕默德二世率領奧斯曼王朝 15 萬大軍攻陷君士坦丁堡，標誌著東羅馬帝國的滅亡。許多精通古典文藝的拜占庭學者和教師逃亡義大利，直接刺激了義大利的文藝復興運動。後來法國人侵入義大利，將其文藝復興的成果輸往法國。「不久，科學便追蹤文學而來，於是，除了寫作的藝術，又加上思維的藝術。」（Rousseau, 1997a, 6; p.7）藝術與科學使人類獲得巨大的利益。正是這種文明，不僅恢復了往昔的繁榮昌盛，而且「毫無疑問，使我們的世紀與我們的國家超越一切時代與一切民族」。（Rousseau, 1997a, 7; p.8）應該指出的是，盧梭所說的「藝術」與「科學」，都是廣義的。「藝術」（arts）不僅指繪畫、雕塑、建築、詩歌、音樂等美藝術，也包括技藝與工藝；「科學」（sciences）並非單純的「自然科學」，甚或「社會科學」，而是泛指一般的

「知識」或「學問」。

現在的問題是：給人帶來巨大利益的文明（科學與藝術），是否必將為人類造福？是否必然給人以光明的未來？隨著文明的進步，人類真會走進美妙無比的天堂？❷

如前所述，盧梭的答案是否定的，因為按照他的觀點，文明（科學與藝術）的發展必將腐蝕人類的道德。

這裏的「道德」（morals）一詞是法語「moeurs」的翻譯。許多譯者承認，「moeurs」內涵複雜，很難翻譯。它並非單純表示個人的道德行為，而更側重社團、制度、群體的價值取向，體現一個整體共同的信念、意見、態度、判斷和習性，因而，更像是社會的一種「生活方式」。所以，布盧姆（Allan Bloom）主張用「manners」（風俗、行為方式）一詞對譯，以表達倫理評價與行為描述的一種結合。然而，馬斯特（R. D. Masters）不同意，認為這種譯法不足以表現「moeurs」一詞的微妙之處。古雷維奇（V. Gourevitch）也不贊成，指出盧梭關注的始終是行為方式的道德內核，並非一般的習俗，況且，盧梭明確地將「manners」與習慣（custom）加以區分，因而還是應該將「moeurs」譯成「morals」。❸不管爭論的結果如何，有一點必須承認，「道德」一詞不足以完全表達「moeurs」的意思。我們應該記住，在盧梭那裏，「moeurs」的最普通含義是指「自然的或後天的行善或作惡的習慣」。它不完全等同於道德，因為道德是一套支配行為的規則，而「moeurs」則指踐行（好的或壞的）的那些規則。好的「moeurs」就是踐行道德。（參見馬斯特的注，見 Rousseau, 1992, 204）

按照這種理解，科學與藝術何以腐蝕道德呢？

---

❷ 第戎科學院提出徵文題目，目的是為了紀念中世紀黑暗時代之後的文藝復興，無意對近代文明的發展進行反思。盧梭改變了院士們的原意，把文章重點放在科學和藝術究竟是**純潔風俗**，還是**敗壞風俗**上。

❸ 關於「moeurs」一詞的翻譯問題，參見 Victor Gourevitch, "A note on the translations", in Rousseau, *The Discourses and Other Earlier Political Writings*, ed. by Victor Gourevitch, pp. xliv-xlvi; 馬斯特的注, in Rousseau, *Discourses on the Sciences and Arts,* ed. by Roger D. Masters and Christopher Kelly, Hanover: University Press of New England, 1992, pp.203-4; Roger D. Masters, *The Political Philosophy of Rousseau*, Princeton: Princeton University Press, 1968, p.205.

　　盧梭的「一論」第二部分，分別剖析了「科學」與「藝術」潛在的弊端。

　　首先，盧梭從根源、目的、過程、效果等四個方面，揭示科學本身潛伏著腐蝕人類道德的因素。從根源上看，科學並不像人們通常以為的那樣，出於什麼純潔、崇高的理想，而是產生於罪惡。「天文學誕生於迷信；辯論術誕生於野心、仇恨、諂媚和撒謊；幾何學誕生於貪婪；物理學誕生於空虛的好奇心；這一切，甚至倫理學本身，都誕生於人類的驕傲。」（Rousseau, 1997a, 16; p.21）科學固然能夠給人以巨大利益，但是，它從誕生之日起，便帶有罪惡的烙印，因而，其用處究竟是好是壞，是禍是福，很值得懷疑。即便科學用於正途，也擺脫不掉與罪惡的聯繫。人們所以研究法律及其理論依據（法理學），是因為人間有不公道，試圖立法加以緩解；研究人類社會的發展過程（歷史學），是因為世間充滿戰爭、暴君、陰謀，以史為鑒，可避免重蹈覆轍。人類的一些知識或科學，似乎總是與人類的罪惡相伴而行，甚至可以說，人的罪惡是其存在的理由，儘管目的是消除罪惡。（Rousseau, 1997a, 16; p.21）更何況，有些知識，其目的就是應用或激發人類的邪惡，諸如厚黑學、詭辯術、權術、等等。至於科學探索的過程，更是撲朔迷離，很難將其保持在真理的軌道上。「因為錯誤可能有無數種結合，真理卻只有一種存在方式。」（Rousseau, 1997a, 16-7; p.21）要獲得一條真理，人們需要經歷多少錯誤啊！錯誤的風險比真理的用處大千百倍！更嚴重的問題還在於，真理的標準是什麼？誰是判定真理的裁判官？人類有多少罪惡行徑，不正是在維護真理的旗幟下實施的？因此，科學產生的效果，往往充滿危險。「科學產生於閒暇（懶惰），反過來又滋長閒暇；它們對社會必然造成的第一損害，就是無可彌補的時間損失……不做好事就是一樁大罪過，因而，一無所用的公民可以被看作一個有害的人。」（Rousseau, 1997a, 17; p.22）倘若科學僅僅浪費時間，滋長遊手好閒的惡習，倒也情有可原，科學技術的發展畢竟為人類贏得時間。在盧梭眼裏，更可怕的則在於：

　　〔那些〕空虛無用的空談家用致命的詭辯武裝起來，四處點火，八方冒煙，動搖信仰的基礎，毀滅德行。他們鄙夷地嘲笑「祖國」、「宗教」這類古老的字眼，將他們的才智和哲學用於破壞和玷污人間一切神聖的事物。這倒不是因為他們從心底仇恨德行或我們的信條，而是因為他們敵視公眾的意見；

為了使他們回到神壇的腳下，只要把他們流放到無神論那裏就行了。專求標新立異的人，還有什麼事情做不出來呢？（Rousseau, 1997a, 17-8; p.22）

即便將科學本身看作客觀的、中立的，從事科學活動與利用科學成果的人都從善良的願望出發，科學亦無法保證自身結果不會腐蝕人的道德，不會誘發人的邪惡，至少，不會給人的道德以任何改善或提高。

藝術生長的土壤是奢侈，同時又助長奢侈。盧梭指出：「藝術如果缺少把它培育起來的奢侈，那麼我們又要藝術做什麼呢？」（Rousseau, 1997a, 16; p.21）沒有奢侈，藝術很難生存，沒有藝術，奢侈也很難發展。藝術與奢侈總是相生相長，相伴而行。

在古代，「奢侈」的概念與「外國」聯繫在一起，主要與進口的貴重商品相關，諸如絲綢、象牙、琥珀、香料等等。這些稀有物品的貿易與消費，僅限於少數貴族，一方面因為他們有財力購買，另一方面則因為他們有特權躲避國家的節約法令（禁止奢侈消費）。這種狀況反過來更加強化嚴格的等級制度。因此，「奢侈」與財富、地位、權力密不可分，從道德上講，則與貴族的紙醉金迷、荒淫無恥聯繫在一起。16-18 世紀，隨著新興資本主義經濟的發展，「奢侈」的概念逐漸發生變化，開始與商業、功利、趣味、舒適等因素聯繫起來。至於這種奢侈的道德性質如何，則引起廣泛的爭論。盧梭堅持奢侈即道德腐敗的一種表現，「與善良的風尚背道而馳」，因而堅決反對。藝術既然助長奢侈，其發展只能傷風敗俗。❹

奢侈或許是財富的象徵，甚至有助於增殖財富。然而，「當人們不惜任何代價，只求發財致富的時候，德行又會變成什麼樣子呢」？（Rousseau, 1997a, 18; p.23-24）富裕的國家未必是強國，沒有德行的國家肯定是弱國。歷史給我們提供的前車之鑒難道還少嗎？

---

❹ 關於「奢侈」概念的演變及其爭論，見 Maxine Berg and Elizabeth Eger, "Rise and Fall of the Luxury Debates", in Maxine Berg and Elizabeth Eger (ed.), *Luxury in the Eighteenth Century: Debates, Desires and Delectable Goods*, Palgrave Macmillan Ltd, 2003, pp. 7-27; Christopher J. Berry, *The Idea of Luxury: A Conceptual and Historical Investigation*, Cambridge: Cambridge University press, 1994.

居魯士的王國是被一個比最渺小的波斯鎮守使還窮得多的君主用三萬人所征服的；而塞種人，一切民族中最貧困的民族，卻抵抗了世上最強有力的君主。兩個有名的共和國爭奪全世界，其中一個富庶，另一個卻一無所有；那麼必將是後者摧毀前者。羅馬帝國吞噬了全世界的財富，然後就輪到自己成為別人的戰利品，那些人，甚至連財富是什麼都不知道。法蘭克人征服高盧人，撒克遜人征服英國，他們除了勇武和貧窮之外，沒有任何別的財寶。一群貧窮的山裏人，其全部奢望不過幾張羊皮，卻在制服奧國的橫行之後，居然又摧毀了那個巨富而強盛，使全歐洲的王侯聞風喪膽的勃艮地王朝。最後，查理第五後裔的全部勢力和全部智慧，雖然有印度群島的全部財富為後盾，卻竟被一小撮捕青魚的漁夫所粉碎。（Rousseau, 1997a, 18-9; p.24-25）

道理很簡單：「人們雖然可以用金錢買到一切，但決不能用金錢換取風尚與公民。」（Rousseau, 1997a, 19; p.25）恰恰相反，奢侈必然瓦解風尚。因為奢侈的實質是追求風光，炫耀輝煌。一個喜歡炫耀的人，還有什麼正直可言？❺為了博得大眾的讚賞，不惜迎合輕浮的世風。於是，藝術家為了矯揉造作的外表，犧牲雄渾壯美的氣質；為了猥瑣的蠅頭小事，犧牲宏偉的百年大業。我們的風尚流行著一種邪惡與虛偽，每個人精神仿佛都是用一個模子鑄出來的。倘若這一切還與金錢聯繫在一起，那麼，趣味的腐敗是必然的：民風日衰，人心不古，金錢至上，賄賂公行，厚顏無恥。這個時代，若還有個別「堅定的靈魂而不肯阿世媚俗，不肯以幼稚的作品玷污自己，那他可就要不幸了！他准會死於貧困潦倒和默默無聞」。（Rousseau, 1997a, 20; p.26）正如尼采所說，一滴清水掉入污水之中，便消失了。高尚、正直、節制、人道、勇敢這些美好的名詞，不是被人遺忘，就是變成空洞無物的虛名。因此，「當生活日益舒適，藝術繁榮，奢侈之風盛行之時，真正的勇敢便會削弱，尚武的德行便會消失」，而這些都是科學與藝術暗中作用的結果。（Rousseau, 1997a, 20; p.27）

盧梭清楚地表明，科學與藝術本身隱含了腐蝕道德的種種要素。一旦有機會，

---

❺ 盧梭說：「喜歡炫耀與愛好正直，二者很難結合在一個靈魂裡。」（Rousseau, 1997a, 19; p.25）

這些要素便發生實際效用，腐蝕人類的道德。因此，科學與藝術的發展非但不會敦風化俗，甚或只能傷風敗俗哩！

貳

　　盧梭的論述立即遭到啟蒙學者及其他學者的猛烈抨擊。依照特魯松的記載：「反對它的人真不少，說這篇文章不是奇談怪論又是什麼？說文章中的話，連作者本人也不會相信。有些人向他指出他的看法錯了，有些人說他的文章自相矛盾，有些人批評他過分誇獎古人的風尚。有些人憤怒地斥責他鼓吹戰爭和軍國精神。所有的學界人士都大吃一驚：竟有人詆毀科學和藝術，這不能不提高警惕。」（特魯松，1998 年，頁 141）盧梭讓學者最為惱火的，莫過於反對文明，認為科學與藝術的進步會傷風敗俗。人類的知識多了，反而不善良了，社會發達了，反而不公正了。物質建設似乎始終與精神建設相衝突。波蘭王斯塔尼斯勞斯（Stanislaus Leszczynski）的反駁頗具代表性：

> 科學的作用是讓人們認識真理、善良以及各類用途，即一種寶貴的知識，通過開啟民智，應該自然地淳化道德。這個命題蘊含的真理，一經展示便令人信服。
>
> ……怎麼可能因為理性開啟得越多，道德越不純潔呢？就好像為我們指路的火把越明亮，我們怎麼反而越難發現道路，越難追隨而行了呢？
>
> ……正是憑藉反思和研究，我們才成功地將可以覺察的事物安排在我們的掌控之下，糾正感官的錯誤，讓身體服從心靈的帝國，指引不朽的精神實體（靈魂）認識自己的職責及目的。（Leszczynski, 1992, 29-30）

　　波蘭王這番話，反映當時啟蒙學者的樂觀主義立場以及對理性充滿信心。他們認為，單憑傳統的宗教戒律和道德說教，無法約束人的破壞欲望，因而必然造成破壞性後果。為了驅使人們關心整個社會，熱心於公益事業，必須採取更科學、更積極的途徑，即依靠理性的張揚和教育的普及。大眾一旦獲得知識，便自動放棄粗俗

和愚昧，開始附和「高雅」，提高「品味」，要求建設一個更合理、更正義、更幸福的社會。物質越豐富，社會越文明，道德就完善。文明與道德相輔相成。

這種信念深受 17-18 世紀「甜蜜交易說」（theory of doux commerce）的影響，其著名代表人物有孟德斯鳩（Baron de Montesquieu）、曼德維爾（Bernard Mandeville）、梅龍（Melon）、休謨（David Hume）等。法語 "douceur" 一詞多義，包含甜蜜、溫柔、文雅、平和、舒適、愉悅等意義；法語 "commerce" 一詞，當時不僅指商業貿易，也意味著一般的社會交流與交往，往往同時兼有經濟與社會兩方面的內涵。當這兩個詞連在一起用，表明「兩個主要原則：⑴通過經濟貿易，人的物質生活越來越美好，即更加舒適，甚或更加奢侈；⑵通過社會交往，人越來越文雅，即更加仁慈，彬彬有禮」。（Rosenblatt, 1997, 52-3）總之，物質進步是道德完善的前提條件。那些尚未擺脫貧困的蠻夷民族，才缺乏社會公德。用曼德維爾的話說：

> 當我……拿原始世界的粗鄙和無知，還有未開化的民族以及非洲和美洲，與文明國家享有的知識和人生加以對照，尤其與基督教世界的賢人雅士加以對照時，不能不考慮，我們應當如何感激那些為公益做出貢獻的人：正是他們，現實地改善其自然本性，從我們現在看到黑人和其他野蠻人具有的那種奴顏婢膝、厚顏無恥的狀態，逐步提升，致使他們的後代享受我們今天的福祉。（轉引自 Jack, 1989, 61）

難道盧梭真的想讓人們返回茹毛飲血的原始生活？返回粗鄙無知的蒙昧狀態？盧梭的批評者似乎這樣理解。例如，雷納爾（Raynal）認為，盧梭「寧願回到歐洲復興科學之前的境況」，科學的時代比「無知的」歷史之初更糟糕。（Raynal, 1992, 23）波蘭王也指責盧梭把「無知」當「美德」，事實上，「他們〔野蠻人〕的威武不過是兇惡，他們的勇氣不過是殘忍，他們的征服不過是慘無人道」。（Leszczynski, 1992, 35）

盧梭為此答辯說，有兩類「無知」：

> 一類是殘酷的、野蠻的無知，產生於惡毒的心腸和欺詐的心靈；這是一種罪

> 惡的無知，竟然對人的義務一無所知，它滋生邪惡，貶低理性，腐蝕靈魂，
> 將人混同於野獸……另一類是合理的無知，在於將人的好奇心限制在現有的
> 能力範圍；這是一種謙恭的無知，產生於對美德的熱愛，凡於人心毫無價值
> 的東西，凡不能讓人受益的東西，統統漠然置之；這是一種文雅而珍貴的無
> 知，是純粹、自足的靈魂的寶藏，它發現，自己的全部福氣在於回歸自身，
> 在於堅守自身的純潔，無須聽從他人的規勸，追求什麼虛假的幸福。這就是
> 我所讚賞的無知，就是我請求上天作為處罰而降臨於我的無知，以懲治我公
> 然蔑視人類科學，詆毀飽學之士。（Rousseau, 1997c, 49）

看來，盧梭並非讓現代人返回野蠻時代，而是想讓他們明白，美德不是文明帶來的，而是天然的，是人的本性使然。在野蠻時代，原始人極端無知，但絕無腐敗和墮落，因為那時尚無產生腐敗的根源。當然，嚴格地說，沒有社會亦沒有道德，因而原始人沒有善惡、好壞之類的價值判斷。不過，從後來文明人的視角看，仍然可以給出善與惡的判決。盧梭的意思是說，無知是人的自然狀態，既不阻止善，也不阻止惡，不過，人天然是純潔的，因而，無知最初與今天所說的德行相伴而行，彼此融洽。人並非因無知而道德敗壞。恰恰相反，人回歸自身，堅守自身最初的純潔，當彰顯真正的人性。

啟蒙學者以及盧梭，都試圖按照人的本來面目描述人性。因為馬基雅維利（Machiavelli）開啟的近代政治哲學意識到，現實的國家理論離不開人性的知識。以往的道德哲學家和政治哲學家只是從想象出發，虛構理想的國家制度，「未能為君主所必須治理的現實世界提供指導。這就要求後來的科學的、實證的探討，要從國王延伸至個人，從國家的本性延伸至人性」。（赫希曼，2003 年，頁 7）按照近代思想家的觀點，只有充分理解人的行為動機和過程，統治者才能找到並實施行之有效的措施，藉以獲取和鞏固政權，維持安定和諧的社會。如果說古代缺乏探究真實人性的條件，那麼，近代「數學和天文學的發展，使得發現人的行為動機和規律成為可能」。（赫希曼，2003 年，頁 7）因為自然是齊一的，自然的作用和力量遵循齊一的自然規律和法則，因而，應該用同一種方法去理解一切事物的性質。人同機器一樣，遵循相同的自然規律和法則，因此，可以依照力學和數學的法則理解人及其欲望。

難怪斯賓諾莎理直氣壯地說：「我將要考察人類的行為和欲望，如同我考察線、面和體積一樣。」（斯賓諾莎，1981 年，頁 90）

然而，人的本來面目如何？什麼才是真正的人性？學者們的理解大相徑庭。

例如，霍布斯（Thomas Hobbes）、普芬道夫（Samuel Pufendorf）等人認為，凡自然秩序中的物體都是自保的，即竭力保存自身的內部組織，並為此與外界發生複雜的相互作用。用這種法則觀察人，每個人必然追求自己的利益，甚至以犧牲他人的利益為代價，因為這是自然界的普遍規律。人類尚未進入社會的自然狀態，最明顯地反映出這種追求和維護私利的人性。處於自然狀態的人沒有任何社會律法的限制，彼此間就其綜合能力而言基本相等，且不遺餘力地為生存奮鬥。因而自保成為個人生存的首要原則。人們為了爭奪生存的資源相互衝突，其結果自然導致「每個人反對每個人的戰爭」，人的生活充滿危險、恐懼和死亡，到處都是孤獨、貧窮和殘忍。這種悲慘的狀況是由人性造成的，所以需要人為地建立國家，壓抑人的有害的自然衝動。（參見霍布斯，1985 年，第一部分）

前面所說的「甜蜜交易說」，也建立在這種人性論的基礎上。例如，曼德維爾將人的自愛推向極端，認為人天生就是一個自私的動物。人的行為，無論在外人眼裏是否高尚，無論是否有助於公益，其動機都是自私的，都為邪惡的激情或欲望所支配。正如他指出的：「一切人都為激情所驅使，並完全為激情所掌控……即便其行為最符合知識，最遵從理性指揮的那些人，同樣也得服從驅使他們的這種或那種激情，絲毫不比背離知識和理性的人，即我們稱之為激情的奴隸的那些人差。」（轉引自 Jack, 1989, 40）沒有任何力量能夠消除這種自私的激情。不過，與霍布斯不同，曼德維爾認為，這種自私的本性具有潛在的社會性。例如，人的貪婪與虛榮固然是與生俱來的，如同原罪，難以克服，但是，這種欲望亦包括要求他人的讚賞與恭維，於是便驅使人們克制那些最自私的衝動。也就是說，人的自愛儘管根源於邪惡，卻非常實用，因而可以教育。人的社會化過程就是對其激情的教育過程。這裏並非出於道德原則去壓抑激情，而是為了更大的利益，為了更重要的激情去壓抑別的激情。這是通過社會的方式疏導人的邪惡欲望，雖然動機出於個人的惡德，結果卻有助於社會的公益。

盧梭則反對上述人性論，認為它們反映的不是人的本來面目，沒有把握真正的

人性。原因在於「人在社會環境中，由於持續發生的千百種原因，由於獲得大量的知識和謬見，由於身體結構發生變化，由於情欲不斷地激蕩，其靈魂變質了，甚至可以說，已經變得幾乎無法認識了。人們現在所看到的一切，不再是始終依照確定不變的原則而行動的人，不再是創造者賦予的那種崇高而莊嚴的淳樸，而只是自以為合理的情欲與處於錯亂狀態的理智的畸形對立。更加不幸的是，人類取得的每一個進步，不斷地讓他與自己的原始狀態背道而馳，我們越積累新的知識，便越讓自己失去獲得最重要知識的途徑。從某種意義上說，正是由於努力研究人，才使得我們無法認識人」。（Rousseau, 1997b, 124; p.62-63）後天的因素與變化遮掩了人的天然本性。包括霍布斯和普芬道夫在內的自然法學家的錯誤，就在於將後來的社會人、理性人，當作了自然人。在盧梭看來，人類天然的本性遵循兩個原則：一個是自愛，另一個是憐憫。（參見 Rousseau, 1997b, 127; p.67）兩個原則均是人的本能使然，並不依賴理性。

自愛是一種自然衝動，引導每個動物（包括原始人）尋求自保，即竭力保存自身的生命及內部組織，維護本來的性質。這一點與霍布斯等人並無多大區別。然而，盧梭與霍布斯不同，他認為自愛的行為是自然的善。任何生物都竭力自保，使自身能夠在現實的環境下健康發展，其行為試圖發揮身心的固有功能，適合自然秩序，此乃天經地義，並無什麼邪惡，亦沒有什麼殘忍。即便某個動物出於自保與其他動物發生衝突，那也不過是短暫的插曲，並非惡意相爭。至於人，則還有憐憫心（惻隱之心）的驅使。更重要的是，自愛只是自保，並不欲求征服他人，戰勝他人，高於他人。由於這種自愛，我們的好善厭惡之心也是天然的，並非後天學來的。自愛（amour de soi）不同於虛榮（amour-propre），儘管有的英譯者將這兩個詞分別譯作 "love of oneself" 與 "self-love"（亦有人將其譯作 Vanity），都有「自愛」、「愛自己」的意思。按照盧梭的區別，自愛是天然的，即個人一旦獲得生存的必需之物，便心滿意足；在一定條件下，倘若為理性所指導，為憐憫所節制，便產生仁慈和美德。虛榮則無法得到滿足，因為這種情感總想出人頭地，高居於他人之上，不惜犧牲他人利益甚至生命，於是引發人與人之間的彼此爭鬥傷害；這種情感完全是人為的，社會的，在真正的自然狀態中並不存在。（Rousseau, 1997b, 218; p.184）霍布斯等人的錯誤，就在於將虛榮當作真實的人性，於是誤以為自然狀態的人是狼，其本性是邪

惡的。

　　既然人最初的本性是善的，那麼，惡便是人為的，後天造成的。既然自然的善伴隨淳樸無知的原始人，那麼，善的根基便不是文明，不是科學與藝術，更不是經濟與貿易。盧梭頌揚無知，是要尋找一個超越人類社會的制高點，從純粹「自然的」視角透視人，把握真正的人性，藉以評判科學與藝術的道德功過。這也就不難理解，他為什麼在「一論」開篇便申明自己的立場，即站在「一無所知，但並不因此而妄自菲薄的誠實人」一邊。（Rousseau, 1997a, 5; p.5）盧梭將簡陋與雅致、農村與城市、野蠻與文明對立起來，其意圖並非是讚賞前者，否定後者，而是反對啟蒙學者的一個主流信念，即以為物質越豐富，文明越發達，社會便越自由、越公正，道德便越完善。盧梭認為，恰恰相反，蒙昧無知的自然狀態更適合人的善良本性，更容易展現人的自由。

　　不難看出，在「一論」中，盧梭試圖以自己的人性論為依託，分析科學與藝術在人類公共生活中所起的作用。文明（科學與藝術）包含著腐蝕人類的危險，而且已經成為現實，歐洲文明的發展史證明這一點：凡講究禮儀與風雅的民族，最終都為自己頹廢、腐敗的道德所坑害；而那些貧窮而愚昧的民族，則保持人的單純與清白，充滿勇氣與活力。究其原因，就在於能否保留或維護天然的人性，即自然之善。盧梭似乎有一個潛在的原則：凡自然的就是好的、善的；任何制度安排和行為規範，凡維護並張揚人的天性，便是好的、道德的，凡背離並損害人的天性，便是壞的，邪惡的。

　　科學與藝術的危險便在於遠離人的天性。當它們尚未塑造我們的生活方式，尚未進入日常語言之前，我們的風尚雖然粗獷而簡樸，卻是自然的，誠實且安定。科學與藝術一旦進入人們的生活，便有可能以矯揉造作扼殺真實的自然本性：

> 今天，更精微的研究和更細膩的趣味已經把取悅的技藝歸結成一套原則。我們流行的風尚千篇一律，充滿邪惡與虛偽，每個人的心靈仿佛是用同一個模子鑄出來的：禮貌不斷地施以強迫，禮儀不斷發佈命令，人們則不斷遵循這些習俗，而永遠不能遵循自己的天性。人再不敢表現本來的面目；在這種永恒的束縛下，那些組成所謂「社會」群體的那些人，既然處於同樣的環境

中，也就以相同的方式行為，除非有更強烈的動機把他們拉開……

是怎樣一長串的罪惡必然伴隨著這種人心莫測啊！再也沒有誠懇的友情，再也沒有衷心的尊重，再也沒有深深的信任了！懷疑、猜忌、恐懼、冷漠、戒備、仇恨與背叛，將永遠隱藏在禮儀這種漂亮而虛偽的面紗下，隱藏在我們誇耀為時代啟蒙之果實的文雅背後。（Rousseau, 1997a, 8; p.9-10）

如果說，科學與藝術是讓人們知書達禮，那麼，在盧梭看來，這種「禮」（或道德）並非人性天然的善。這個「禮」以社會規範為準繩，是後天的、人為的，因而外在於人的天然本性。既然不是與生俱來的，而是「外在的」，就有可能背離或扼殺人的天然本性。至少在盧梭眼裏，當時的文明社會設立的種種「禮」，非但沒有維護人的自愛與憐憫，沒有強化人的平等與自由，反而背道而馳，因此損害了人的天然本性。從這個意義上說，知識的增長與藝術的繁榮不一定敦風化俗，而必然傷風敗俗。此處的「風俗」或「道德」，並非外表的禮儀或文雅，恰恰相反，是指人的善良本性。文明之禮與天然本性形成一種緊張關係：雖然禮節能夠使人類走向文明，但同時亦提供了背離人之天性的機會，很有可能流於虛偽，追求虛榮、浮華和奢侈。科學與藝術就像「禮」一樣，恰恰處於這種張力之中，潛在地隱含著傷風敗俗的危險。因此，盧梭再三強調，他「攻擊的不是科學本身」，（Rousseau, 1997a, 8; p.10）「科學本身非常好，這很明顯」，（Rousseau, 1997c, 33）同時卻指出：

科學究其根源既然那麼純潔，目的既然那麼值得贊許，何以產生了那麼多的褻瀆，那麼多的異端，那麼多的錯誤，那麼多的荒謬體系，那麼多的煩惱，那麼多的愚蠢，那麼多的尖酸刻薄，那麼多的悲慘愛情，那麼多放蕩的詩篇，那麼多污穢的書籍；那些培育科學的人，又何以那麼傲慢，那麼貪婪，那麼惡毒，那麼陰險，那麼妒嫉，說那麼多謊話，做那麼多壞事，那樣大肆誹謗，那樣膽小懦弱，那樣無恥地阿諛奉承？我說過，這是因為，科學無論多麼美麗，無論多麼神聖，並不是為人類創造的；人的心靈（mind）有限，無法借科學取得很多進步；人的心腸（heart）充滿情欲，無法避免濫用科學。（Rousseau, 1997c, 33）

於是，盧梭鄭重告誡人們，科學充滿了危險：

> 人們啊！你們應該知道，自然是想保護你們才不讓你們去碰科學，正像一個
> 母親從孩子手裏奪下危險的武器一樣；她向你們隱藏起來的一切秘密，正是
> 她要防止你們做的壞事，你們求知遇到的困難，並非她的薄情寡恩。人是邪
> 惡的；假如他們不幸天生就有知識的話，那就更壞了。（Rousseau, 1997a, 14;
> p.19-20）

這裏的「人」指現代人、文明人。人類的社會、文明的制度、物質的富饒等條
件，已經嚴重污染了他們，使他們遠離天然本性。對他們來說，科學與藝術不僅具
有潛在的危險，而且早已經成為嚴峻的現實。

參

上面所說的「已經成為嚴峻的現實」，意味著從歷史上看，科學與藝術已經對
道德造成危害，潛在的危險已經成為現實的結果；環境已經變化，人性已經變質。
儘管「一論」沒有提供這種蛻化過程的完整論述，但是，二論以及後來的一些著
作，卻給予詳細的描述。在盧梭眼裏，人性的蛻變並非單純的理論假設，而且也是
歷史的事實。所以有人說，盧梭首先發現了歷史：我們現在知道的人類（普遍的壞）
完全不同於原始人類（自然的善）；現代人類是從原始人類演變而來的。（Melzer, 1990,
50）

倘若如此，我們目前的問題是：既然愚昧無知的原始人本性是善的，那麼，究
竟什麼歷史法則將文明（科學和藝術）的發展與道德的腐敗聯繫在一起呢？要詳細回
答這個問題，需要涉及更為廣闊的歷史進化過程，這已超出本文的範圍和容量。為
了方便起見，我們僅僅探討盧梭得出的結論。

盧梭認為，原始人的自然善所以能夠發揮，其條件是個人完全自由，而且人與
人之間彼此平等。因為善（自愛）是人最屬於自己的東西，即自身的存在，其最充
分的表現無須「秩序」，甚至無須什麼目的和本質，然而，卻始終需要保持個體的

自由與原始衝動，堅持內在的唯一性和特殊性（by being itself）。每個人都是自足的，包含自身幸福的源泉，包含自身的存在，與身外之物沒有本質的聯繫。因而，人的本性是非社會的（asocial），孤獨的。自由就是個人在毫無外力干擾的情況下施展自保能力。用盧梭後來《愛彌兒》的話說：

> 你的自然能力有多大，你的自由和權力就有多大，不會超越這個限度。其他一切都是奴役、虛幻和欺騙……你真正的權威絕不超過你自身的能力……凡實現自己意志的人，絕不需要借用他人之手來實現自己的意志；由此可見，一切財富中最可貴的不是權威，而是自由。真正自由的人，只要他能夠得到的東西，只做他喜歡做的事情。這就是我的基本準則。（Rousseau, 1979, 83-84; p.79-80）

個人的自由與其天然的善良本性是一致的，個人自由即保存個體統一的存在。

然而，「社會使人變得軟弱，原因不僅在於社會剝奪了個人運用自己力量的權利，而且還在於它使個人的力量無法滿足自己的需要」。（Rousseau, 1979, 84; p.81）人們一旦需要他人幫助，罪惡便產生，沈淪從此開始。因為人的依賴與個人的自由相矛盾：不僅服從是奴役，控制也是奴役。因為依賴他人使個人產生非自然的欲望，喪失自足性，使人喪失個體存在的統一性。依賴他人意味著利用工具來間接滿足自己的欲望，於是必然讓我們遠離真正的需要和自我。只有自然人才能始終堅持自己的力量，始終與自我保持同一。運用工具至少意味著暫時離開自然傾向和目的。控制意味著服從，即必須服從工具，從而破壞個人自身的自由與統一。這種新的人與人的關係構成社會，造成經濟與政治的不平等，形成貧富、高下、主奴之別，成為一切邪惡和奴役的根源。在這裏，盧梭發現了人的構造與社會結構之間「秘密的對立」，社會具有的腐蝕效應，並非來自個人能力的發展，亦非人的邪惡潛力的發揮，而是社會本身使然。歷史給我們提供確鑿的證據：世界上一切民族，越是接近自然的，便越為善所統治，反之，人越是聚合在一起，便越腐敗。自然人過著幸福而安寧的生活，社會人則因為自己的種種不幸抱怨甚多。人為的社會扭曲了人性。（Melzer, 1990, 52-4）

科學與藝術的腐蝕作用，正是從破壞個人的自由與平等發源的：

> 邪惡的源頭是不平等；從不平等中產生了富有；「窮」與「富」是相對而言
> 的。在人與人之間平等的地方，既沒有富有，也沒有貧窮。從富有產生出奢
> 侈與閒暇〔懶惰〕；奢侈產生了藝術，閒暇〔懶惰〕產生了科學。（Rousseau,
> 1997c, 45）

由此不難得出結論：既然社會本身損害個人的自由，壓抑個人的自然善，那
麼，在人類的文明社會中，科學與藝術的發展只能傷風敗俗。馬斯特甚至說：「從
盧梭的視角看，健康的文明社會是個悖論，因為文明傾向於摧毀健康的社會。的
確，一切社會都有道德腐敗和墮落的危險……」（Masters, 1968, 250）因為迄今為止人
類經歷的文明社會，均以相互需要、個人利益為基礎。盧梭這樣描述：

> 我們的一切作家都認為，這個世紀政治學的巨大貢獻是科學、藝術、奢華、
> 商業、法律，及其他紐帶，通過個人利益將社會環節聯繫在一起，將它們置
> 於相互依存的地位，讓它們彼此需要，形成共同利益，迫使每個人為了自己
> 的安定，為其他每個人的幸福做出貢獻。這些確實是好想法……然而，一旦
> 細緻考察它們，不偏不依，它們最初表現的優點都證明站不住腳，需要批
> 判。讓人們生活在一起，卻不能免除彼此妨礙、排擠、欺騙、背叛、消滅，
> 那是多麼美妙的事啊！從現在起，我們絕不在乎別人將自己看成這樣：因為
> 對於兩個利益一致的人，或許有成千上萬的人與他們相對抗，要想成功，唯
> 一的方式或者是欺騙，或者是搞掉所有這些人。這是暴力、背叛、欺騙和一
> 切恐怖事件的最終源泉，每個人都假裝為他人利益和名譽而工作，卻都是企
> 圖個人出人頭地，用他人作代價。（Rousseau, 1997d, 100）

社會的本質就是通過個人相互依賴的矛盾性將人聚集在一起的，從人的自私性
衍生出人的無私性與社會性。社會的紐帶確實將人們聚集起來，然而，因為它是矛
盾，讓人與他人衝突，與自己衝突，結果產生出不義與分裂。社會性產生於自私

性，這是社會固有的矛盾，因此，人既不利於自己，亦不利於他人。因為人既是社會的，也是自私的，所以缺乏統一；因為人既是自私的，也是社會的，所以缺乏正義。不義和不統一是同一硬幣的兩面，社會即是二者的原因。盧梭的結論應該是：當今的文明社會是腐蝕人性、腐蝕道德之根源。

倘若如此，道德墮落難道是人類的必然歸宿？不然的話，出路難道真是毀滅文明，返回原始的自然狀態？

> 自然狀態肯定回不去了。盧梭明確宣稱：「從愚昧到文明僅一步之遙；而且，一些國家常常從這一狀態到那一狀態；不過，我從沒有看見過哪個民族，一朝腐化之後，又恢復德行的。你們枉然力圖根除罪惡之源；枉然要消除虛榮、懶惰和奢侈品；甚至枉然地讓人返回最初的平等，即純潔無暇的守護者和一切德行的根源。然而，人心一旦蛻化，便覆水難收，永遠如此了。」（Rousseau, 1997c, 50）

人類難道非墮落不成？

未必！盧梭在其後來的著作中開出濟世良方：尋求合理的制度安排，建立並恢復每個人的需求與資源支配之間的平衡，使每個人能夠滿足自己的需要而不以犧牲他人的利益為代價。儘管個人可能會產生利用他人、傷害他人的念頭，但社會的制度安排能夠有效地制止他這麼做。這種力量不僅僅是政治與法律這類剛性手段，更主要的則是社會氛圍，是無形的傳統與習俗的力量。當然，後者依賴於剛性的結構是否合理。

在盧梭看來，合理或合法的制度安排體現在社會契約中。社會契約就是「要尋找一種結合形式，傾其所有共同力量，捍衛和保護每一個結合者的人身與財富，並通過這種結合，使每一個與全體相結合的人，依然只服從自己，像以往那樣自由」。（Rousseau, 1997e, 49-50; p.23）這種社會契約的建立不完全是外在的協定和制度，同時還需要每個立約人道德與心理的變化，認同自己是這個政治社群的一員，承擔一定的社會義務。這是人與自身關係的最重要的變化。合理的制度安排有其道德準則，即「避免我們的義務與我們的利益發生衝突，避免從別人的痛苦中獲取我

們自己的幸福」。一旦這種準則不再停留在政治家的口頭，而體現在制度安排中，便能促進社會成員的公民意識，培育成員的道德感，反過來，良好的公民意識和道德直接推動各項法規的順利實施，二者相輔相成。

然而，這種理想的社會秩序以保存每一個人的自由為前提，使每一個人「依然只服從自己，像以往那樣自由」。真能像以前那樣自由嗎？這讓人想起盧梭膾炙人口的名言：「人生而是自由的，卻無往不在枷鎖之中。」這裏所說的「自由」指天然自由，是人性的體現，也是幸福的條件和要素。在文明社會中，這種天然自由作為自我保全的手段已不再可能，充其量為社會契約提供的「約定自由」所替代。儘管有約束（戴上某種枷鎖），但還保留了一定的自由。「然而，在盧梭看來，天然自由作為幸福要素，則沒有什麼能夠取而代之。」（吉爾丁，2006 年，頁 11）這種自由就像一個外在的參照系，衡量人類的社會制度，提供好與壞的標準，並成為人們追求的目標，儘管可能永遠也無法達到。倘若一個社會，並非人人自由，社會亦不平等，人的利益便與義務發生衝突，利益遲早戰勝義務，導致道德敗壞，社會無序。然而，世間的統治者決策立法，往往側重國家（甚至少數人）的財富與強盛，卻忽略了人人應當享有的自由平等，結果必然導致物欲橫流，貪污腐化，禮崩樂壞，危機四伏，最後走向毀滅。這樣的歷史教訓難道還少嗎？

盧梭通過對科學與藝術的分析試圖告誡我們，當今的文明社會扼殺人的自由與平等，刺激人的邪惡欲念，違反人的善良天性，潛伏著許多弊端與危險。為這種制度安排所驅使，文明（科學與藝術）的發展非但不會敦風化俗，反而必將傷風敗俗。從長遠看，單純的繁榮昌盛、國富兵強未必是福。

參考文獻

一、盧梭著作

Rousseau, Jean-Jacques (1979). *Emile, or, On Education*, Translated by Allan Bloom, New York: Basic Books, II; 中譯參見盧梭：《愛彌兒》，李平漚譯，北京：商務印書館，上卷。

Rousseau, Jean-Jacques (1992). *Discourses on the Sciences and Arts,* ed. by Roger D. Masters and Christopher Kelly, Hanover: University Press of New England.

Rousseau, Jean-Jacques (1997a). *Discourse on the Sciences and Arts*, in *The Discourses and Other Earlier Political Writings*, ed. by Victor Gourevitch, Cambridge: Cambridge University Press；中譯參見盧梭（1997）。《論科學與藝術》，何兆武譯，北京：商務印書館。

Rousseau, Jean-Jacques (1997b). *Discourse on the Origin and the Foundations of Inequality among Men*, in *The Discourses and Other Earlier Political Writings*, ed. by Victor Gourevitch, Cambridge: Cambridge University Press；中譯參見盧梭（1979）。《論人類不平等的起源和基礎》，李常山譯，北京：商務印書館。

Rousseau, Jean-Jacques (1997c). "Observations by Jean-Jacques Rousseau of Geneva", in *The Discourses and Other Earlier Political Writings*, ed. by Victor Gourevitch, Cambridge: Cambridge University Press.

Rousseau, Jean-Jacques (1997d). "Preface to Narcissus", in *The Discourses and Other Earlier Political Writings*, ed. by Victor Gourevitch, Cambridge: Cambridge University Press.

Rousseau, Jean-Jacques (1997e). *The Social Contract and Other Later Political Writings*, ed. by Victor Gourevitch, Cambridge: Cambridge University Press；中譯參見盧梭（1980）。《社會契約論》，何兆武譯，北京：商務印書館。

二、其他文獻

中文：

赫希曼（2003）。《欲望與利益：資本主義趨向勝利前的政治爭論》，李新華、朱進東譯，上海：上海文藝出版社。

霍布斯（1985）。《利維坦》，黎思複、黎遷弼譯，北京：商務印書館。

吉爾丁（2006）。《設計論證——盧梭的〈社會契約論〉》，尚新建，王淩雲譯，北京：華夏出版社。

特魯松（1998）。《盧梭傳》，李平漚、何三雅譯，北京：商務印書館。

斯賓諾莎（1981）。《倫理學》，賀麟譯，北京：商務印書館。

英文：

Jack, M. (1989). *Corruption and Progress: The Eighteenth-Century Debate*, New York: AMS Press.

Leszczynski, Stanislaus (the King of Poland) (1992). "Reply to the Discourse which was awarded the prize of the Academy of Dijon", in Rousseau, *Discourses on the Sciences and Arts,* ed. by Roger D. Masters and Christopher Kelly, Hanover: University Press of New England.

Masters, Roger D. (1968). *The Political Philosophy of Rousseau*, Princeton: Princeton University Press.

Melzer, A. M. (1990). *The Natural Goodness of Man: On the System of Rousseau's Thought*, Chicago: The University of Chicago Press.

Raynal (1992). "Observations on the Discourse which was awarded the first prize at Dijon", in Rousseau, *Discourses on the Sciences and Arts,* ed. by Roger D. Masters and Christopher Kelly, Hanover: University Press of New England.

Rosenblatt, H. (1997). *Rousseau and Geneva: From the* First Discourse *to the* Social Contract, *1749-1762*, Cambridge: Cambridge University Press.

Why Does Civilization Corrupt Morals?
– Reading Rousseau's *Discourse on the Sciences and Arts*

*Shang, Xinjian**

Abstract

By analyzing the nature of sciences and arts, Rousseau intends to warn us that civilized society today can strangle the freedom and equality of human beings, arouse their evil thought, deviate from their good nature, and contain a lot of latent crisis and danger. The development of civilization (sciences and arts), urged by this arrangement of institutions, cannot contribute to the purification of morals, but to their corruption. From a long-term point of view, it is not necessarily well-being for us merely to make our country rich and build up its military power.

Keywords: Moral, Civilization, Science, Art, Freedom

---

* Professor, Institute of Foreign Philosophy, Department of Philosophy, Peking University

糾正正義與弱勢群體問題

陳少峰*

摘　要

　　本論文以糾正正義的視角，研究並界定一個社會中的弱勢群體的概念，並提出如何通過實施糾正正義的制度建設和政策措施，來幫助恢復弱勢群體應得的基本正義權利，以及如何解決弱勢群體惡性循環的問題。論文以中國國情為背景，針對基於某些政策錯誤導致弱勢群體陷入惡性循環的特點，提出如何實施糾正正義的基本方法及其若干具體的對策建議。

關鍵詞：正義　公平　糾正正義　弱勢群體

*　　北京大學哲學系教授

壹、新的界定

本文是根據我所撰寫的《正義的公平》（北京：人民出版社 2009 年版）一書中的第十二章「貧富差距與弱勢群體」、第十三章「社會保障」和第十四章「糾正的正義」等內容的基礎上修改而成的。在《正義的公平》一書中，我認為，只有確定正義的基本權利結構體系的制度化框架，才能實施旨在平衡平等與自由價值、公平競爭與公平分配等具體政策措施。我在使用「糾正正義」的概念時，著重賦予了其有關「基於某些社會成員的正義基本權利受到不同程度的侵犯或者忽視，因而政府需要通過實施某種糾錯式的舉措來恢復這些社會成員的應得權利」的內涵。

人們通常所理解的糾正正義主要是指法律上的懲罰正義。懲罰正義的目標是對於加害者的懲罰和對於受害者的補償，它是實現各社會成員之應得的基本制度形態。我對糾正正義的理解與僅僅將之解釋為懲罰正義的觀點不同。我認為，糾正正義應當包含四個基本層面的內涵。一是法律正義上的懲罰的正義；二是對於其他不應得的糾正，包括給予和懲罰；三是對於歷史上受到不公平對待的糾正或者補償；四是糾正優先正義，即對痛苦的解除應優先於福利的增加。

法律中的糾正正義即懲罰正義是基本的，但它的範圍是有限的，它只能涉及公民的基本權利和義務領域。因此，在其他領域，應當擴展糾正正義的範圍，即應包括以上所涉及到的糾正正義的第二個層面的內涵。對於法律上的懲罰正義需要更加深入的討論；而對於非法律領域的問題也需要進行必要的糾正。從法律上來說，有時法律過於嚴苛了，需要進行某種糾正。如果對於盜竊財產和販賣及傳播淫穢物品都要判處死刑，那麼，這種法律本身就可能過於嚴苛了，因此，需要糾正其嚴苛因而不夠人道的部分。此外，在法律懲罰的刑期上也需要考慮進行某種改進。例如，死刑判決中採取了很多的緩刑，這是沒有意義的，因為緩刑者一定會被收押，他不可能再犯與死刑相關的罪行，因此，要麼判處死刑，要麼判處無期徒刑；可是，無期徒刑的罪犯一般很快就會轉為有期徒刑，因此，最好的辦法是取消無期徒刑，而改為若干年的有期徒刑（如幾十年甚至幾百年的徒刑），這樣，有些罪大者雖然不至於達到死刑，但也應當判處終身監禁，否則，在量刑上就難以達到具體執行刑期上的公平。

　　至於非法律領域的懲罰正義，也應當看到其複雜性。例如，在道德領域，一方面，人們對於不應得總是會出現某種要對其予以懲罰的正義感；這種正義感並不是法律意義上的正義感，而是道德意義上的正義感。例如，對於不孝子女，人們一般都覺得應當予以懲罰，如令其支付贍養費以便讓他的父母可以用來支付給那些照顧自己的人。另一方面，在道德懲罰上，由於中國傳統文化的影響，人們往往會出現某種義憤，而由這種義憤所導致的行為有時會偏於嚴厲（如抓小偷的人出於義憤而打死小偷等）；這對於被懲罰物件而言是不公平的，它屬於懲罰過當的做法，需要予以糾正——如打傷小偷者應給小偷以賠償，因打傷、打殺人而觸犯法律的應給予刑事懲罰（如判刑）。

　　對於糾正正義的第三個層面的內涵而言，糾正正義還涉及到對既往所存在問題的糾正和對未來的某種前瞻性的考慮。例如，對於農民以前所受到的不公平對待，在一些領域裏應當作為政策中的優先事項予以考慮，以實現某種糾正正義。再如，對於獨生子女未來生活中的義務過重的問題，應當採取一種機制來解決，如應及早設立財政盈餘儲備金的保障制度，以便為嚴重困難的獨生子女提供救助或幫助。又如，就農村問題而言，如果將我國目前所實施的農村改革只是視為擴大內需的舉措，那麼顯然是不夠的；應該從城市財政中撥出一部分來反哺農村，並且應給予進城的農民工以國民待遇。從某個角度上來說，我認為對基本正義權利的保障與糾正正義的是一體兩面的關係。也是從這個意義上來說，可以認為實施廉租房這種住房保障制度的正義價值遠高於那些抑制房價的政策措施。

　　從糾正正義的第四個層面的內涵來看，只有通過優先解除痛苦的糾正正義的政策價值觀的指導，才能基於人道的基本目標優先解決弱勢群體的問題（包括由於他們的弱勢地位所造成的饑餓、無故的人身束縛、人身不安全乃至受到制度性的歧視因而沒有能力享受均等機會等不正義問題），也才能合理地安排社會資源，以滿足人們實現正義的基本權利的要求。就此而言，對於造成人們痛苦的不正義制度的糾正應優先於對福利的增進。解除痛苦的要求應優先於增加福利的要求的理據在於，研究發現，如果一個人受到不公平的待遇，即使增加了他的經濟福利或其他福利，也補償不了他所遭受的痛苦。此外，在人性論或心理學上有一個經驗的現象：人得到痛苦與得到快樂對心理的影響或效應是不一樣的。比如說，一個人得到了一些快樂，但他很容易就忘記

了；但一個人要是得到了某種痛苦，卻可能念念不忘。人們受到一點表揚，或許不久就忘了，但受到當眾的批評，卻可能記上一輩子。幸福的時光過得特別快，而痛苦的時光卻十分難熬。這就是說，痛苦與快樂對於人的影響或份量是不一樣的；得到快樂的時候並沒有像人們想象的那麼快樂，但是所得到的痛苦卻往往會在很長的時間裏難以擺脫——人們在這些基本的心理反應上都是類似的。不同境況的人們面對同樣的得失所感受到的快樂或痛苦的強度也是很不一樣的；例如，很富的人再增加一點財富，他的福利只增加了一點點，但是對於窮人來說，同樣的一點財富卻能使得他擺脫饑餓等折磨。同樣，鼓勵富人捐助金錢而予以表揚，可能會帶給他一些快樂（至少不會給他帶來痛苦），但是如果無辜剝奪他一點點財富，這種不公平的做法所帶來的痛苦的程度是很深的。所以，我們應該優先去關注如何去幫助人們擺脫痛苦，同時考慮去增進人們的快樂。作為一種正義的制度，在同等狀態下的優先性的安排上，緊迫的、糾正的正義應優先於分配的、獲得的正義。

　　一些領域的不正義有時難以用其他領域的不正義來彌補，因此，糾正正義首先要確定其欲糾正的要素，然後再通過其他補償措施予以補償。例如，如果確定了某個商家有惡意欺詐消費者的行為，那麼，僅僅給予消費者經濟補償是不夠的；應當同時剝奪商家的經營權，這樣才能體現糾正正義的本質。

　　糾正正義要求建立各個層級的制度性的糾錯機制。如果出於集體利益或公共利益的立場而對於個體做出了某種傷害或其他的不正義的行為，就應對受害者進行賠償，並對施害者進行懲罰。國家賠償制度的建設（包括相應的立法），將是一個重要的制度上的成就。如果糾正正義的機制涉及到跨地區的事務，就需要更高層級的糾錯機制來實施糾錯。例如，由於某些地方採取地方保護主義，凡是涉及本行政區域內的公民與區域之外的公民的糾紛，一概在司法上判處區域外的公民敗訴。那麼，對於這種情況就需要更高一級的巡迴法院來解決這種糾紛，並制止該區域法院隨意拘捕和關押與此糾紛有關的本區域外的公民。此外，有關的糾錯機制還應當包含一般的糾正機制和階段性的動態的糾正機制。以交通肇事的賠償機制為例，政府應當及時更新和調整法律中對於賠償標準的規定，而不能總是根據那些較早時期制定的低標準的法律標準來執行。在與糾正正義有關的制度中，福利補償（或賠償）應當作為一種有效的實現糾正正義的機制。特別是對於弱勢群體中的受害者而言，在許

多情況下，福利補償（而不是對加害者的刑事懲罰）是他們可以接受的更優先的選擇。

貳、層次性的糾正

　　糾正正義包含著不同領域、不同性質層次的內涵；其中，在正義的基本權利這一最基本的部分，需要思考如何能夠及時做到位，以避免新舊問題糾纏，避免悲劇復發。顯然，對生命價值的保護是最重要的領域，這個領域又受到國民具體生計條件的制約，而一些悲劇就是因為國民沒有能力解決困局而造成的；例如，有媒體報道，有人在自己努力之後，還是不能解決有關經濟或費用問題，只好殺死自己患有重病的子女親屬等，並因此而受到了法律的懲罰。由此，我們發現，一個真正滿足人道要求的正義制度，必須使保護生命成為相關的制度保障體系的基礎（當然，對於生命價值的重視與相應的教育，應當成為一個重視保護生命的正義制度的基礎）。從這個意義上來說，糾正錯誤的觀念具有糾正正義基礎理論的地位。當然，除了中央政府的重視以外，各級地方政府必須建立專門基金，用以保護遭受生命和生計嚴重威脅的國民。

　　在制度建設中，也存在具體的糾正正義措施的層次性；由於它可能涉及到施政中的公平和效率，因此，它就變得更為重要。例如，在解決行政不作為或者糾正正義不力的措施中，幹部權力合法化、公開化是一個重大問題，因此，人事上選拔幹部的方式問題就變得很突出。例如，為什麼存在某些幹部買官賣官，或者某些幹部不關心民生疾苦而專注 GDP 增長？就是因為對幹部行使權力的制約、監管以及考核制度上的不合理；因而需要對這些制度進行改進。傳統上民眾中所頌揚的「青天大老爺」的概念雖然不適合今天的幹部形象，但是，民眾所認可的好幹部的概念和具體內涵是十分清晰的。如果一個幹部在關心民生疾苦上做得更出色，就應為其加分，就如同他的其他政績能獲得加分一樣；而基於這種要求的幹部選拔制度將有助於促進正義制度的建設（包括糾正正義的實現）。

　　層次性的糾正正義中存在許多衝突的問題。對於這一點，一方面需要在各個領域中重視具體問題上的糾正措施的落實，另一方面需要解決各種導致弱勢群體陷入惡性循環的因素；或者需要防止在落實糾正正義時，其中的某些具體做法對其他無

辜者所可能造成的損害。例如，為了減少通貨膨脹對於弱勢群體所帶來的損害，需要控制金融領域的支出，或者採取緊縮的宏觀政策；但是，以 2008 年為例，當時中國政府的做法是，「主要靠提高存款準備金率來沖消外匯占款，及通過信貸控制來減緩信貸擴張；但這些措施無助於推動銀行體系的進一步市場化。」❶這就是說，政府可能通過限制銀行的經營行為來轉移社會責任，將問題銀行與優秀銀行一視同仁。實際上，這種措施也將妨礙銀行之間的公平競爭。因此，銀行存款準備金不應隨意變動，而是應根據各銀行的呆壞賬比例來要求其是否應當提高準備金率。

在正義的制度建設（包括落實糾正正義）的社會實踐中，還應當注重應用中道的原理。例如，從公平競爭的角度來看，在某些群體和個人擁有壟斷地位或特權領域，應當加大改革力度，以保障公平競爭的實現。如果缺乏公平競爭，所有人對於所得到的分配結果就都會產生不滿。受到優惠照顧的一方會認為自己的特權或者所得的照顧是理所當然的，而對於自己所受到的約束方面就會產生嚴重的不滿。以電力公司限價為例，雖然電力公司的薪酬已經是社會平均工資的好幾倍，實際上是拜壟斷之賜，但是他們對於限制電力價格的有關政策仍然存在著很大的不滿。石油領域的價格管制也是如此；如果限制其價格，就讓石油煉油企業不滿。由於現有的石油煉油企業大多是同一個集團下的企業，其壟斷利潤很高。在此情況下，就應放開市場准入制度，通過市場競爭來大幅減少其壟斷利潤，如此一來，煉油企業的工資收入可能會降低，但是他們的公平感反而會提高，而其他企業的公平感會得到更大的提高。實際上，目前所實施的燃油油價限制和政府所做的某些補貼這兩個部分都是不合理的。例如，政府對於計程車的補貼就是不公平的，因為其實它是在補貼那些經濟上富裕因而坐得起計程車的人群；而從市場化的公平競爭的角度來說，解決問題可以有其他的更合理的途徑，比如說，計程車可以通過提高其運價來解決問題，也可以通過由計程車公司去補貼計程車的燃油費來解決問題。總之，公平競爭有助於糾正正義的實現。

當然，在各種符合正義的政策措施的要求中，也存在著重要性上的差別，應採取相應的分別不同層次的對待。例如，如果某些法律內容不符合當前實際，而從當

---

❶ 世界銀行《中國經濟季報》2008 年 6 月 19 日，轉引自《財經》2008 年第 13 期。

事人的福利的角度來說，需要採取差別對待，那麼，在這種情況下也需要在堅持原則的前提下，採取一定的靈活對待的措施。

參、程式正義與糾正正義的平衡

程式正義的要求有時與糾正正義的要求之間存在著衝突；這需要審慎對待。以拆遷中的「釘子戶」問題為例，由於目前的政策缺乏程式正義與糾正正義相結合的系統化的機制設計，因而往往存在著補償標準上不統一、強勢者得利而老實人受損害的情形。從道理上說，一塊土地上的建築物的拆遷，首先應當符合程式正義的要求，而程式正義又依賴於糾正正義，即它是否應當拆遷，以及拆遷中的補償標準設計。如果拆遷符合公共利益原則，並且是迫切需要解決的公共利益，那麼，就應當設計出合理的補償和賠償機制；並且，拆遷的過程也應該是合乎法律規定的。但是，由於公益性拆遷中的任何形式的政府補償或賠償標準往往都不能滿足拆遷戶的期待或其他要求，因此，拆遷的補償標準不應當完全根據拆遷戶的要求來制定，而是應當根據以下三個條件來制定：一是確定土地所在區域的價格的中間價，以作為標準；二是土地應先公開拍賣；三是補償標準應獲得半數以上住戶的接受。如果符合以上條件而不能解決拆遷問題時，就應該通過法律途徑來解決。在此種情況下，法律對於釘子戶的處理和強制執行，只要循正確的程式，由法院來強制，就是符合程式正義要求的。如果因為存在釘子戶，而釘子戶獲得了更多的賠償或補償，其他住戶則接受了所規定的統一價格，從而使得賠償標準變得不一致，這就違背了糾正正義中的公平的要求。但是，如果土地拆遷建設是商業行為，那就必須根據自主同意原則來具體商談補償標準；這時，拆遷戶所獲得的補償或者賠償存在著不同的標準就是合理的，而要求拆遷戶強制接受商家的標準就是不正義的。就我國目前的情況而言，程式正義與糾正正義之間的主要衝突在於，一些政府在確定公益性措施方面存在著問題，即有時公益性措施是無效的。例如，新建博物館的目的並不是為了民眾利益而是為了政績，那麼，即使在具體的做法上符合程式正義，但是，在這個過程中，對於拆遷戶如果補償過低，那就是不正義的。當然，某個城市把拆遷任務轉移給行政人員，甚至規定如果釘子戶的親屬是行政人員，就必須負責釘子戶的說

服工作，否則就要採取停職等處分措施——這顯然是違背程式正義的行政上的任意干預手段的實施，是不合理的。

程式正義往往強調標準的統一性，而糾正正義則既要求統一性也要求差別對待，由此，會出現某種不一致或差別。以經濟制裁為例，對於程式正義而言，同等違法行為所受到的懲罰是一樣的，但是，這些懲罰對於被懲罰者的實質上懲罰因為他們的經濟收入的不同，其結果是不一樣的。例如，對於違法生育問題，有些地區是要求一定額度的罰款，結果，這樣的懲罰措施對於富裕人群的生活幾乎沒有多少實質性的影響，但是，它對於貧困家庭則可能影響很大，甚至會導致其生活的破產。正因為如此，在我的調研中，許多企業主或個體工商戶都存在著多生育（即超生）現象。因此，根據糾正正義的要求，不應在任何情況下都根據同一個標準來進行經濟懲罰，而是應根據當事人經濟收入的比例來進行懲罰，這樣就可以兼顧或平衡程式正義與糾正正義這兩個層次的正義要求。又以繳納保釋金的保釋制度為例，保釋金制度是符合程式正義的，但是它並不符合糾正正義的要求，因為繳納保釋金而免於被拘禁的懲罰，實際上只有那些經濟收入較高的強勢群體才能享受到這種權利，而且，那些高收入的違法者或嫌疑人因此就可以逃避懲罰，或者說，他們並沒有能夠受到與經濟收入較低的人群同等的處罰。由此，我認為，對於保釋金制度來說，只有針對經濟領域裏的犯罪時（特別是對於擁有大量財產的嫌疑人），這種制度才是合理的。

在一些領域，糾正正義應優先於程式正義。例如，如果某人因過失而導致非重大性質的犯罪，而該罪犯又需要贍養父母，那麼，就可以考慮允許該罪犯監外服刑，或者在監獄中進行可以獲取收入的勞動改造。這種安排是特殊照顧性質的，並不符合一般的程式正義，但它卻是對糾正正義的優先性的體現。從這一點上也可以看到，糾正正義對於程式公平的優先性在一些領域裏是可以得到支援的。

肆、弱勢群體問題

弱勢群體問題是指在實現正義的基本權利時，各種權利之間是彼此對立關係而不是乘數效應，因而進入惡性循環；例如，為了看病就不能解決溫飽問題，或者就

不能讓小孩上學——這就是惡性循環❷。造成弱勢群體問題的原因有兩個主要的類別。一類是他們自己的原因所造成的,是自己所造成的某種處境,如嗜賭或者炒股失敗,或者是不努力,這些都是很典型的原因。另一類是外在的原因造成的,即他們沒有得到應得的對待,或者是受到了不公平的對待(如被歧視等),例如,兒童失學通常就是屬於外在原因所造成的。那麼,從正義的角度來說,對於前一類情況需要救助,即源於人道的情懷(也是從新仁學的視角來看待問題);對於後一類則需要對不正義進行某種糾正,包括應給受到了不公平對待的人以應得的補償。這是正義的價值觀在涉及到國民正義基本權利的實現問題時所要考慮的兩個方面的內容。

在研究弱勢群體現象時,我們需要思考我們這個社會中有沒有一種共同的正義(或公正)的概念來作為我們這個社會的基本價值觀(比如說,反對暴力或者反對倚強凌弱);我想這個價值觀不僅存在,而且還很強烈。之所以思考這個問題,是因為我發現需要把我們的價值觀做一個統一的梳理。一方面,我認為我們的正義感往往很注重懲罰,而對於懲罰的力度並沒有明確的意識,這將導致以譴責性的思路而不是建設性的思路來思考問題。另一方面,人們認為存在差距的地方,一定存在恃強凌弱的現象,而這實際上並不是必然的——如貧富差距問題就是一個例子。人們很重視貧富差距問題,卻沒有去進行具體的分析——弱勢群體中的一些人其實正是造成另外一些人弱勢的原因,或者,是他們自身造成了自身的弱勢處境,如小偷、如投機、如暴力、如不學習、如不借鑒,等等之類的情況都是這樣的。之所以進行分析,是因為要澄清究竟是什麼原因導致了弱勢群體的存在,又應當如何解決改變他們的處境的問題。

另外一個需要思考的問題,就是要把貧富差距和弱勢群體問題區別開來。我們過去在思考公平問題時,著眼點多集中在「貧富差距」的問題上,而實際上問題並不在於貧富差距問題,而是在於弱勢群體問題。「弱勢群體」這個概念往往反映了這個群體實際上所受到的不公正的對待的一面,因而需要把它糾正過來。我認為這

---

❷ 弱勢群體的「弱」是指達不到正常狀態,而不是與強勢群體相對比而言的弱。強勢群體的「強」則是指超正常狀態即擁有特權的狀態。就此而言,強勢群體與弱勢群體的存在都是制度上的不正義的表現。當然,有時強勢群體的強勢的獲得是以犧牲弱勢群體的權利為基礎的。

是一個最為核心的問題。我們總是在爭論貧富差距問題,而貧富差距實際上只是正義問題的一種表現形式,而不是它的本質;本質在於有這樣的一批人即弱勢群體,他們沒有受到平等或公平的對待,因此沒有辦法去實現他們應當獲得的那些權利;並且,由於他們的這些應當獲得的權利的喪失,使得他們在收入上同樣處於一種弱勢狀態;他們沒有辦法提高他們的收入水平,因此就一直處於貧困的狀態。所以,他們的境況是由外在的不公正的對待從而使他們處於弱勢狀態所造成的。反過來,又由於他們的弱勢的處境,使得他們很難得到公平的對待。例如,在法律上,如果是強勢群體的社會成員的孩子在違法犯罪而面臨訴訟時,他們可以找法官,來干預司法的進程;但是,作為一個普通的老百姓的孩子,他們能做些什麼?央視《焦點訪談》報道過一件事,一位婦女種了幾十畝林木,長大後,她砍伐了部分林木作為蓋房用,但是按照《林業法》,除非獲得主管部門的批准,否則即使是自家的林木也不能隨意砍伐。因此,當這位農民砍伐林木時,有一批人就前來阻擋,結果就發生了衝突。等那些人走了後,這位農民又繼續砍伐,最終她被抓了起來,罰了款,還判了幾年徒刑。那麼,這裏就有兩個問題。第一,這位婦女實際上對於有關規定是不知道的,她並不知道有這個不准砍伐自家林木的法律的存在;第二,即使是知道有這個法律,她也不認可這個法律,因為她認為這個法律沒有道理——我自己種的樹,為什麼要經過你的批准?第三,我認為當局對她的懲罰也太過嚴厲了,因為雖然她沒有經過批准,違背了法律,但是畢竟是她自家的樹木,是她自己種的森林,她並不是在亂砍別人的,而且那些森林又不是屬於防止水土流失之類的。總的來說,導致這位農民受到罰款並入獄的原因一方面固然是因為她的無知,但另一方面更是因為她的弱勢處境,即主管部門並沒有在承包林地時就告訴她即使是她自家的林木也是不能隨便砍伐的。所以,在本質上,是因為她的弱勢處境導致了這樣的結果。

　　我所討論的對弱勢群體的公平對待問題,主要涉及到平等對待的公平和差別對待的公平兩個方面。我的「弱勢群體」概念在某種意義上有點對應於西方人所說的「處境最差者」（雖然在有些方面不太一樣）;這些人需要以特殊照顧的方式來對待,所以,有「差別對待」的意思在其中。不過,必須先解決平等對待,然後再給予差別對待。例如,城市中的下崗的固然有可能是弱勢群體,但一些沒下崗的也可能是

弱勢群體（如在環境惡劣工廠裏工作的一些工人等）。又如，一些供不起孩子上學的稱為貧窮的人，其中的一些人則是弱勢群體。再如，在我國，有一些人能夠享受到一些好的社會資源，而另一些人則沒有機會享受到。比如說，在農村，收入都差不多，但一些人是村幹部，他的處境就要好得多。所以，弱勢群體是一個變化的概念；它並不只是指貧窮，它還與機會有關，或者說，與是否受到不平等對待因而有沒有能力獲得這種平等機會有關。比如說，一些農村的孩子很容易走向犯罪，因為他們初中畢業後，無法走向工作，一些孩子就跑到附近的城市裏，其中的一些人就開始幹壞事，然後被抓住甚至被判刑；在審判中，他們也並沒有辦法為自己爭取應有的對待方式，因為他們無法聘請好的律師為自己辯護。所以，弱勢群體是指一個社會中享受不到平等的法律、社會或政治權利，也包括無法解決溫飽問題需要救助的群體。對於這個群體，如果沒有受到平等對待，即使他們受到了救助，也會很快陷入新的惡性循環。

弱勢群體的境況部分是歷史上某些錯誤的政策造成的，包括在歷史上受到了某些不公平對待所積累而成的結果；部分是自身的行為造成的結果。舉例來說，同為農民，有些農民的境況就比較好，而另一些則比較差；有些農民就比較老實，而另一些農民就老是不走正道，比如去賭博，把家當都輸光了。此外，弱勢群體相互之間會有牽連，會使得弱勢群體的境況越來越差，這也是一個重要原因。比如說，小偷多半出在弱勢群體聚居的地方；一些窮人的孩子變成了小偷，他們又去偷窮人的東西；農村常會出現械鬥；此外，一些黑社會或者謀殺也常會出現在弱勢群體所在的人群中。再比如說，北京的小偷總是在偷坐公共汽車的人，偷來偷去總是在偷盜收入較低的上班族乃至退休的大爺大娘。所以，解決弱勢群體問題一方面要依靠制度正義，另一方面同時要提升弱勢群體自身的素質，當然，其中有些如教育水平的提高等也需要通過公共政策來實現。

在解決弱勢群體問題時，兒童保護是其中的重中之重。兒童是比老人更加弱勢的群體。因為兒童常不能很好地表達他的需求，不能很好地照顧自己。而老人雖然在行動上也常不能很好地照顧自己，但是他有思想，可以去影響別人；但兒童連這種思想的能力也沒有。所以，兒童的權利是一個很大的問題。我一直在想，我們中國現在的兒童，基本上就沒有多少快樂的日子；他們的壓力很大，競爭很激烈。大

家都是在爭取更優秀，在爭取那屬於少數人的更優秀的「份額」，而不是因為人越來越多。我們的一些父母現在把兒童幾乎當成了一種實現某種事業的工具；表面上看是要為兒童的未來好，實際上是父母想滿足虛榮心。此外，現在存在著很多虐待、拐賣兒童等問題。總的來說，需要重視兒童的人權保障，比如挨父母打的問題。兒童作為弱勢群體，我們過去對他們的福利並沒有給予足夠的保障和重視。

解決對弱勢群體的公平對待問題的關鍵之一，是要提高他們平等獲得機會的能力。這是非常重要的問題。雖然政策已經走出了一些步子，但是離我們所講的解決這些弱勢群體的問題還有很大距離。弱勢群體不僅僅是一個貧窮的問題，還有一個權利的問題——它如果總是陷入惡性循環，問題仍將依舊。好的公共政策是要使得他們有希望去擺脫現有的處境。所以，我覺得，我們國家的大的企事業單位的一些好的職位應該有一半用來照顧農民出身的大學生。比如收入高的壟斷企業每年不管招收的人數多少，它都應該公佈招收了多少比例的家庭貧困的大學生（而在現實中，這種比例是很低的）。因此，國家應當將好的工作機會在不同群體中進行強制性的分配（如來自農村的大學畢業生一定要佔據一定比例的好的工作崗位）；當然，來自農村的大學畢業生之間仍然是一種競爭的關係，因此，這種強制性的分配不會影響到擇優錄取的公平競爭的要求。在就業上的這種安排有很重要的意義；這種就業機會上的保障措施有助於弱勢群體擺脫惡性循環。另外，如果政府在每個縣裏辦一所大學，延長中學的學習時限，不要讓農村的孩子僅僅是上到初中，而要上到高中，最好是能夠上到大學。那怕他出來後還是失業了，他的素質也會比較高些，犯罪的可能也會小些，被社會歧視的可能性也會小些；他也會更有機會擺脫弱勢群體的命運，或者說，會更有機會擺脫這種惡性循環。可以說，關注並努力解決規模很大的「窮二代」問題（他們實際上就是陷入惡性循環處境的弱勢群體），就是我們今後實施糾正正義的重要課題。

遷徙自由（或某種合理的戶籍政策）有助於提升弱勢群體獲得平等對待的機會。雖然現在人們的遷徙行為比以前多了很多，但是，政府尚沒有把遷徙作為一種自由或機會均等的制度來對待，還沒有讓人們能夠自由地遷徙。戶籍管制使得鄉下人被剝奪了獲取好的教育的機會。此外，如果一個人想遷到大城市工作，但是沒有戶口，很多事情都沒法辦理。很多到城市工作的人要辦點什麼事情還要回到當地去開證明

去。就算是不給正式的戶口，給一個綠卡也行；就是說，他不一定有正式的戶籍，但是他也能享受到公民的待遇，大多數事情也就能在城市裏辦了。這樣也就能避免出現諸如學生就業的戶口辦理等等問題。現行的戶籍政策限制了人們的遷徙自由，因此，遷徙自由與戶籍改革是相互連帶的關係。一些人擔心，戶籍改革後，很多人都到城裏來了，那怎麼辦？我認為，在實施遷徙自由的情況下，應該發展衛星城市，建起新的郊區，並與城區有很好的交通連接，使得人們樂於住在郊區，這樣就不會加劇城市裏的擁擠狀態。對遷徙條件的規定是對公民的一個很大的限制；這體現了一種不公平。在這種限制自由遷徙的政策下，鄉下人在事實上就成了二等公民。自由遷徙政策應伴隨著相應的公民權利的落實；比如說，義務教育就應該辦到遷徙地來；福利保障也應該是可流動的。

總之，對於弱勢群體，在公共政策上應當包括：實現更平等對待的政策，糾正對於他們不正義的做法，對於某些涉及他們永久地位的機會進行某種強制性安排以避免強勢群體擁有特權，進行必要的救助（其中也包括比較完善的社會保障制度的建設），等等。

On Corrective Justice and Disadvantaged Group

Chen, Shaofeng[*]

Abstract

This paper studies and defines the concept of the disadvantage group in the society from the perspective of corrective justice，and proposes a suggestion on how to help the disadvantage group to restore their basic justice right which they deserve through the way of implementing the institution construction and policy measures of the corrective justice, what is more, to solve the vicious circle problem of this group. Taking the China's condition as the background，the paper proposes basic approaches on how to realize the corrective justice and holds some specific suggestions, so as to correct some erroneous policies which cause the vicious circle of the disadvantage group.

Keywords: Justice, Fairness, Corrective Justice, Disadvantaged Group

---

[*]   Professor, Department of Philosophy, Peking University

倫理的閱讀：
依據列維納斯構想的一種閱讀

張國賢*

摘　要

　　本文試圖按照列維納斯而構想一種閱讀方式：倫理的閱讀。藉由打破「說話行為」與「所說的話」的互相關聯，列維納斯啟發我們將閱讀主體構想為一個「有血有肉」，能感受，能被打動的被動主體。這種閱讀主體非但不是起源主體，反而是在一種逆反關係當中產生。閱讀主體誕生於在閱讀活動當中感受他者，被他者激發而不得不回應他者，為他者給出意涵。閱讀的心理現象正是他者在我的愛撫式的閱讀當中體現所造成的結果。只有在「親近」的倫理運動當中，他者才可能穿破意識的表象活動，在我的閱讀活動當中顯身。

關鍵詞：列維納斯　倫理　閱讀　說話行為（le Dire）　所說的話（le Dit）

＊　　國立政治大學哲學系助理教授

壹、前言

對古今中外各種文本進行表述、轉譯或詮釋之前，也許還涉及一個更為根本的問題：閱讀。閱讀一部作品是怎樣的一種活動？

主張不同文化之間可以互相滲透的多元文化主義，按照列維納斯的看法，也許只是在各種不同的封閉整體之間進行，這些封閉整體雖說互相碰撞、彼此滲透，也因此產生各式各樣目不暇給的意涵（significations），但這些意涵卻可能是彼此隔離的。理由在於文化交流必須建立在源初事件的基礎上才可能，亦即，建立在與他者的對話關係之上❶。對於列維納斯來說，這種關係是屬於從同一的封閉整體走向他者的一種倫理運動。閱讀作品（oeuvre）即是與他者產生對話關係。但這種關係不再是從封閉整體的內在，透過符號所固定下來的意涵系統來掌握外在的他者，相反，在這種對話的倫理關係當中，他者具有權威，他者反過來要求對意涵系統進行還原。

當代另一些哲學家並不願接受起源的形上學，不論起源採取的是同一的模式還是他者的模式。根據德勒茲（Gilles Deleuze）與瓜達希（Félix Guattari），我們可以主張一種「強度閱讀」（lecture en intensité; intensive way of reading）：閱讀並不是在書的內部尋求書中意涵的詮釋或翻譯活動。讀書並不在於對書中文字進行解碼。反之，寧可把一本書當成是一部「非意指性的小機器」（une petite machine a-signifiante; a little non-signifying machine），當成與域外（Dehors）連繫的一個小小齒輪❷。這種「強度閱讀」所彰顯的並非列維納斯式的倫理向度，而是包含某種政治向度在內的其他向度。因為對德勒茲與瓜達希來說，閱讀一篇文章並不在尋找文本的所指（signifiés），更不會是為了尋求某個能指（signifiant）而從事的一項高度文本性的工作。反之，強度閱

---

❶ C.f., Emmanuel Lévinas, *Humanisme de l'autre homme* (**HA**), pp.38-40, éd., Le Livre de Poche Biblio, n°4058, Paris, 1996.

❷ Gilles Deleuze & Félix Guattari, *Mille plateaux* (**MP**), pp.9-16, Minuit, Paris, 1980 ; Gilles Deleuze, *Pourparlers*, pp.17-18, Minuit, Paris, 1990. 德勒茲在 *Pourparlers* 一書中有「強度閱讀」的說法，本文用以指稱德勒茲與瓜達希二人所呈現的閱讀方式。

讀是一種精神分裂式的訓練，訓練「從文本當中得出文本的革命力量」❸。列維納斯、德勒茲與瓜達希等人雖未曾提出一套完整的閱讀理論，但在著作中透露出兩種截然不同的閱讀方式。兩種閱讀之分歧的關鍵在於：列維納斯致力於打破「說話行為」與「所說的話」之間的互相關聯，而德勒茲與瓜達希承認行為（acte）與述句（énoncé）的關聯，卻致力於探索二者如何聯繫。本文先通過列維納斯來探討閱讀可以是如何的一種活動，至於德勒茲與瓜達希則另文探討之。

貳、意涵系統

我們的日常活動少不了閱讀，舉凡閱讀廣告、海報、交通號誌、查字典、電話簿、使用手冊、各類指南、乃至報章、雜誌、書籍等等。我們的閱讀活動正是在各種意涵系統當中進行，透過閱讀活動，我取得我的存在所需要的各種資訊，將之化為我的知識經驗，形成我的整體之構成部分。這裡的「意涵系統」（le système des significations）可以理解為，各種不同的詞項（termes）和諧共存於某個論題（thème）當中，融貫一致，沒有矛盾。不僅如此，詞項還必須以下列的方式來呈現：

> 「一項意指他項（l'un signifiant l'autre）——一個詞項作為另一個詞項的符號——一個詞項就像是為了在另一個詞項那裡死去而放棄它的形貌一般。」列維納斯乾脆把這種情形說成：「一・為・他構造出意涵或可理解性」（l'un-pour-l'autre constitue la signification ou l'intelligibilité）。❹

「查字典」是最好的例子，一本字典即是一部融貫的系統，在這個系統當中，一個字詞的意涵總是由別的字詞所定義出來，總是涉及其他字詞，而這些字詞又輪到他們需要被另一些字詞所定義，因而涉及另一些字詞，這種指涉遊戲可以一直不

---

❸ Gilles Deleuze & Félix Guattari, *L'Anti-Œdipe* (**AOE**), pp.125-126, Minuit, Paris, 1972/1973.

❹ Voir Emmanuel Lévinas, *Autrement qu'être ou au-dela de l'essence* (**AE**), p.257, Le Livre de Poche Biblio, n°4121, Paris, 1996.

斷繼續進行下去。因此可以說，單獨的字詞是不存在的，字詞沒有「在己的存在」（l'être en soi），或者說，字詞「本身」（en soi）並不存在，因為一*個*字詞（l'un）的存在總是*為了*（pour）化為*其他字詞*（l'autre）的參照指涉（référence），如此才構造出意涵，使得字詞可以理解❺。

　　但是這樣的想法還忽略了一件事實：單獨的「字詞本身」不存在，其實意味著單獨的「意涵本身」並不存在。而「意涵本身」不存在，不僅意味著意涵產生於系統，產生於詞項之間的「關係」當中，更值得注意的是，意涵必須相對於閱讀，產生於閱讀活動當中。這種情形就像我們談到價值必須相對於評價一樣，我們只能接受某一事物對於「某人」或「某一群人」甚至是對「大部分的人」而言具有價值，卻難以說服我們此物對「所有的人」而言都具有價值。這是因為價值產生於每一個人的評價活動，不能獨立於評價，自行宣稱具有普世性。意涵的情形也是如此，不同的閱讀產生不同的意涵，我們不能不考慮到閱讀活動，而閱讀活動則與閱讀主體——讀者有關。主體的閱讀活動使得論題（thème）浮現，而在論題的呈現當中，某一字詞才指涉另一字詞。不同的論題當中，字詞指涉到不同的字詞，因此具有不同的意涵。如此的說明當然可以用來解釋同一本著作，何以因不同的閱讀，而有不同意涵。但我們這裡的問題是，字詞之所以具有意涵，或者換成上述的表達方式來講，不同的詞項之所以能夠進入指涉關係，是取決於論題的浮現。因為論題使得本來是各自分散的不同詞項聚集起來，同時呈現在論題當中。套用列維納斯的術語，我們可以說，論題使得不同的詞項「同時化」（synchroniser），而「同時化」正是詞項之間的指涉遊戲以及因此所構造出來的意涵系統之所以可能的條件。

　　首先，我們注意到，這裡的閱讀主體的形象可以是一個使「論題浮現」的胡塞爾式的意識主體。正如同藉由「扣留」（rétention）與「延長」（protention）讓不同時的聲音可以聚集起來，同時出現在「界域」（percevoir par horizon）當中，因而聆聽到

---

❺　意涵系統當中，一詞必涉及他詞。列維納斯據以批評胡塞爾「意識必為某物之意識」之說法並不比意涵系統有更多新意。C.f., AE, p.113.; p.112: «Dans le système, la signification tient à la définition des termes les uns par les autres dans la synchronie de la totalité ... Dans le Dit, avoir une signification, c'est, pour un élément, être de manière à s'en aller en références à d'autres éléments et, réciproquement, pour d'autres, c'est être évoqués par l'un.»

一段旋律一般❻，這個意識主體在閱讀時，也是讓不同的詞項聚集起來，同時進入意識領域，不同詞項同時出現在論題當中。其次，這個閱讀主體的形象也可以是一個海德格式的詮釋學主體，「把話題（die Rede, la parole）所及的存有者從其隱蔽狀態（Verborgenheit）取出，讓人把它當作去除隱蔽的東西（Unverborgenes, aléthés）來看」❼。亦即，使話題所說的事物從一種不可見的、難以述說的隱蔽狀態中彰顯出來❽，而「話題正是（詞項之）可理解性的聚集聯結，因此，話題已經是解釋與陳述的根據」❾。

我們說過，意涵必須相對於閱讀，產生於閱讀活動當中。而這裡的意識主體或詮釋學主體的閱讀活動則在於去除隱蔽狀態，使論題浮現，因此使不同的詞項得以「同時化」，也才可能讓不同的詞項聚集聯結，互相指涉，綜合成具有可理解性的意涵系統，成為解釋與陳述的根據。總之，使論題浮現，使隱蔽事物彰顯，正是這類閱讀主體所進行的閱讀「活動」。這類閱讀主體具有一種主動性，可以使不同的詞項能夠同時出現在論題中，進入意涵系統，因而沒有任何事物可以超出論題之外，繼續停留在不可見、難以述說，不被同時化的隱蔽狀態而不被彰顯，至多也只能處於「隱蔽」與「去除隱蔽」的辯證遊戲當中❿，成為一種無止境的詮釋活動的對象。但是，使「不可見、難以述說，不被同時化的隱蔽狀態」彰顯為論題而進入意涵系統，不就是閱讀主體對於處於「不可見、難以述說，不被同時化之隱蔽狀態」的他者的理解與詮釋？這種閱讀活動使隱蔽事物彰顯為論題，不正是一種翻譯（traduire）？這個翻譯活動在顯露出他者的同時，會不會也正是對他者的背叛（trahir）？⓫

---

❻　C.f., Edmund Husserl, *Leçons pour une phénoménologie de la conscience intime du temps*, §11-§16, tr., Henri Dussort, PUF, Paris, 1964.

❼　Heidegger, *Sein und Zeit*, §7, B, S.33; §7, C. S.38, tr., François Vezin, Gallimard, Paris, 2004.

❽　C.f., Heidegger, *History of the concept of time*, p.84, tr. Theodore Kisiel, Indiana UP, Bloomington, 1992.

❾　*Sein und Zeit*, op. cit., §34, S.161.

❿　海德格正是以隱蔽與去除隱蔽的辯證遊戲來定義作品 (oeuvre), voir, *L'origine de l'oeuvre d'art*, in *Chemins qui ne mènent nulle part*, Gallimard, Paris, 1999.

⓫　C.f., AE, pp.18-20, 81-82.

參、系統外的意涵

　　相反於上述閱讀主體使論題浮現，使隱蔽事物彰顯，以作為意涵系統的可能性條件，列維納斯卻考慮到系統以外的意涵，考慮到超出主體的有限整體之理解以外，不被同時化因而超越論題之「他者」。此一思路啟發我們去構想另一種閱讀「活動」。但假如只有根據建立在意涵系統之上的哲學命題才能進行哲學研究的話，我們又如何能夠思考系統外的意涵呢？列維納斯提醒我們，或許哲學全力圍剿，但總是在沉寂一段時期之後又會死灰復燃，如影隨形般，讓哲學始終擺脫不掉的懷疑論，能提供我們一些線索❷。讓我們思考一下辯士學派高爾吉亞（Gorgias de Léontium, v.478-v.380 av. J.-C.）的懷疑論主張：

　　1.沒有任何事物存在
　　2.即使有物存在也不可認知
　　3.即使可以認知也無法傳達給他人❸

　　既然高爾吉亞認為傳達是不可能的，為何還要大費周章向我們傳達呢？高爾吉亞是如此地言行不一，他所說的話否定了溝通，但是他的說話行為卻又肯定了溝通的可能性。難道身為優秀修辭學家的高爾吉亞，竟連他的說話行為與他所說的話之間如此顯而易見的矛盾也沒有發現？還是說，我們其實應該要反過來重新去思考矛盾的所在？我們之所以會認為高爾吉亞所說的話與他的說話行為之間會有矛盾，是因為我們認定說話行為與所說的話之間必須互相關聯（corrélation）。但是說話行為與所說的話之間若是有差距而不是互相關聯的話，矛盾也就不存在❹。

　　事實上，「說話行為」（le Dire）與「所說的話」（le Dit）之間的區別，正是列

---

❷　C.f., AE, pp.38, 76, 242, 260-261.

❸　Voir, *Les Présocratiques*, pp.1022-1026, Gallimard, Paris, 1988; c.f., Gilbert Romeyer Dherbey, *Les Sophistes*, pp.37-39, PUF, Paris, 1985.

❹　列維納斯強調必須打破此一相關聯而不是將「說話行為」當成只是「所說的話」之主動形式而已。C.f., AE, p.74.

維納斯的致力所在。列維納斯甚至認為在西方哲學的思想傳統裡，「說話行為」在「所說的話」當中消亡殆盡❺；在西方哲學語言命題式的系統運作之下，「說話行為」被吸進「所說的話」裡，消逝於其中❻。反觀我們自己的文學傳統，甚至像道家、禪宗等等哲學思想裡，對於「說話行為」與「所說的話」之間的區別其實並不陌生。即使在我們日常語言的使用上，「說話行為」與「所說的話」之間也是經常有落差的。舉例來說，東方女子的含蓄是出了名的，她們對心儀對象「所說的話」，切不可從字面上的意涵系統來理解成漠不關心，反倒是她們的「說話行為」本身背叛了她們而洩露出實情。

> 承認「說話行為」與「所說的話」之間的不同，也就是承認「說話行為」的意涵超出了「所說的話」，「說話行為」給出了系統外的意涵。❼

由此看來，不考慮「說話行為」，僅僅藉由意識主體或詮釋學主體所彰顯之論題而建立的意涵系統，來理解與詮釋「所說的話」，適足以造成前述文化多元主義之「隔離」；反之，按照列維納斯，「所說的話」之所以能夠得到解釋，不能從意涵系統，反而必須先從「說話行為」入手❽。因為「說話行為」先於語言符號系統❾，「說話行為」的意涵，先於封閉的整體對其所思對象的「意義賦予」（Sinngebung）❿。而「說話行為」給予意涵的方式，卻是與哲學傳統上的思維主體（sujet pensant）或說話主體（sujet parlant）之「意義賦予」的方式迥然不同。

我們前面說，東方女子「所說的話」不可從字面上的意涵系統來理解成漠不關

---

❺ AE, p.260.

❻ 相關聯的結果就是讓「說話行為」服從「所說的話」，服從語言系統。C.f., AE, pp.17, 64.

❼ AE, p.66: «Or, la signification du Dire va au-delà du Dit: ce n'est pas l'ontologie qui suscite le sujet parlant. Et c'est, au contraire, la signifiance du Dire allant au-delà de l'essence rassemblée dans le Dit qui pourra justifier l'exposition de l'être ou l'ontologie.»

❽ AE, p.77: «Par contre, à partir de la subjectivité du Dire, la signification du Dit pourra s'interpréter.»

❾ C.f., AE, p.17.

❿ 列維納斯多處提到此意涵先於意義賦予 C.f., *Totalité et infini* (**TI**), pp.44, 96, 227, 292, 326, 330, Le Livre de Poche Biblio, n°4120, Paris, 1996.

心。因為她們的「說話行為」是親近（la proximité）㉑，而並非漠不關心（la non-indifférence）㉒，甚至可以說，非但不是漠不關心，而且還是因為受到他人的激發（inspiration），心有所感，不惜放下一切身段，敞開自身㉓，將自己暴露於他人㉔。此一「說話行為」並不具有陳述命題之說話主體的主動性，反而是對於他人之影響（affection），對於他人之親近的忠誠回應（réponse）與應承（responsabilité）㉕。而這種被動的回應與應承就像是「細胞感應刺激」一樣，一旦對他人心有所感，便不可能繼續保持沉默而不回應㉖，真誠得令人出醜㉗。總而言之，「說話行為」首先並不是藉由意涵系統主動發出訊息，而是親近他人，回應他人。因為親近與回應不再是漠不關心的認知活動，因此才讓超越於我的封閉整體以外的他人得以顯現（épiphanie）。「說話行為」的意涵超出了「所說的話」，因為這個意涵是從我對他人的感受而來㉘，是我為他人而給出的意涵（la signification de l'un-pour-l'autre）。而作為「說話行為」之主體的我，並不是源自於自我意識的自我肯定，反之，這個主體是由於感受他人，讓他人在我身上體現（incarnation）的結果㉙。進一步可以說，「說話行為」並不是以類比或並現（appésentation）的「同時化」方式將他人放進意識所指向的領域。相反地，「說話行為」是藉由回應與應承而見證了無限㉚，見證了超

㉑　「說話行為」具有親近他人的倫理意涵。親近意味著不以現象學距離來掌握他人，將他人放進意識的同時化領域。C.f., AE, pp.17, 142.

㉒　漠不關心的接近不是親近，只是時、空、關係上的接近。

㉓　親近即是敞開自身，只有敞開自身才能超越存有的本質而受到激發。C.f., AE, p.182.

㉔　AE, p.85: «... c'est-à-dire exposition à l'autre, sans dérobade possible, le Dire, dans sa sincérité de signe donné à Autrui, m'absout de toute identité...» (n.s.)

㉕　AE, p.47: «Allégeance qui se décrira comme responsabilité du Même pour l'Autre, comme réponse à sa proximité d'avant toute question...» (n.s.)

㉖　列維納斯將這種被他人所感而不得不回應的情形形容成我被他人傳喚（assignation）、受到他人糾纏附身（obsession）。c.f., AE, p.159.

㉗　C.f., AE, p.224.

㉘　AE, p.124: «La signification est ainsi pensée à partir de l'un-pour-l'autre de la sensibilité...»

㉙　C.f., AE, p.127.

㉚　C.f., AE, p.224, n.3.; p.231: «De soi le Dire est témoignage...»; p.233: «...dans le Dire sans Dit de la sincérité..., je témoigne de l'Infini.»; p.236.

越於主體之有限整體以外的他人。「說話行為」是我為他人所給出的意涵，而這個意涵不同於「所說的話」，因此不在意涵系統當中。至於「所說的話」情形就不一樣了，因為：

> 「所說的話」並不僅只是某個意義的符號或表達：它將此（ceci）宣稱為彼（cela），將此當作彼來接受。❸

　　語言文字的命名功能就在這裡，因為語言文字將「此一感受到的事物」（ceci），用「早已說過的話」（un déjà dit），用「既有的意見」（une doxa préalable）來加以辨識（identification）❸。當然，這必須依靠思想的自發性，語言才能到達可感事物（le sensible），也才能產生知識❸。但是如此一來，「此一感受到的事物」（ceci）卻喪失其感性（sensibilité）的模糊狀態，「不可見、難以述說，不被同時化的隱蔽狀態」早已化為觀念，早已失去可感事物的純粹被動性❸。換句話說，「所說的話」早已超過可感事物而在可感事物以外了❸。前面說過，「說話行為」的意涵是從我對他人的感受而來，而一旦將此一感受，用「早已說過的話」或「既有的意見」來加以辨識，也就喪失此一感受，從此「說話行為」與「所說的話」互相關聯起來，不再有所區別。反過來講，想要打破「說話行為」與「所說的話」之間的互相關聯，想要從「所說的話」還原到「說話行為」的意涵❸，乃致於去構想一種不同於意識主體或詮釋學主體式的閱讀「活動」，關鍵也許就在此一感性（sensibilité）之上。

---

❸　AE, p.62. Voir aussi p.64.

❸　Ibid.

❸　C.f., AE, pp.62-63.

❸　C.f., AE, pp.100-101.

❸　C.f., AE, p.102.

❸　C.f., AE, pp.75-77.

肆、兩種感性

前述的意識主體或詮釋學主體可以看成是一種起源主體（un sujet-origine）：在主體尚未去除隱蔽狀態，使論題浮現之前，詞項不具可理解性，無法構成意涵系統及命題。閱讀主體在這裡被當成是意涵的起源，具備主動性與悟性之自發性（spontanéité de l'entendement），但卻忽略了主體在閱讀時是一個「有血有肉」的主體❸，對他者的激發（inspiration）心有所感，具有被動性與感性之接受性（réceptivité de la sensibilité）的心理現象（psychisme）。「感性」（sensibilité）一詞於是成為我們這裡必須重新思考的問題。在知識論的哲學傳統上，「直觀」（intuition）指的是我們不藉由抽象推理的方式，而是藉由直接接觸對象的方式所產生的一種認識。但是對象必須先作用於我們的感官，影響我們的心靈，我們才能夠通過直觀而產生對象的表象。

> 「通過對象影響我們的方式而接受表象的能力（接受性）稱之為感性。藉由感性，對象才呈現給我們，也只有感性才能提供我們直觀。」❸而對象作用於感性所產生的結果即是感覺（sensation）❸。

但是對列維納斯來說，這個認識過程當中的「直觀」並不是真正的「直接接觸」可感事物，因為「直觀」已經是將「此一感受到的事物」（ceci）表象為彼（cela），換句話說，「直觀」已經是在「所說的話」的行列當中。「直觀」雖然由感性所提供，但這個感性卻已經變成觀念❹，「直觀」所接觸到的其實是概念化的可感事物，因此「直觀」也已經是從概念化的可感事物而來❹。換言之，感性直觀

---

❸ «Un sujet de chair et de sang», c.f., AE, pp.125-126.

❸ Kant, *Critique de la raison pure*, A19/B33, tr., Alain Renaut, éd., Aubier, p.117, Paris, 1997.

❸ C.f., ibid., B34/A20.

❹ AE, p.100: «l'intuition est déjà la sensibilité se faisant idée,..»

❹ AE, p.103.

當中已經包含了悟性的自發性，卻早已失去可感事物的直接性❷。如果說透過感性直觀而產生的感覺並不是真正直接接觸可感事物的話，那麼怎樣才能算是直接接觸？列維納斯提醒我們，感覺不可化約為我們從感覺當中抽取出來的清晰觀念，原因並不在於感覺的晦暗不明。而是因為感覺首先就不是將可感事物放置在觀看主體的面前，被悟性之自發性宣稱此為彼，反而是在親近中被可感事物打動。感覺即是可以被「此一感受到的事物」打動的能力，感覺即是「能被打動」（vulnérabilité）❸。但這種能被可感事物所打動的直接接觸，在整個知識的過程當中已經麻痺，被壓抑下來或者置之不理。對列維納斯而言，感性直觀並不是直接接觸，「能被打動」才是。因此他認為：

> 感性的主要意涵在「能被打動」之中察覺到，並且也會在親近的應承當中顯露出來……❹

味覺也許可以作為不錯的例子。我們品嚐美酒首先並不在於意識到杯中的某個味道，形成此味道之觀念來表象此味道，因而完成對於此味道的認識，品嚐美酒當然也不在於找尋某個味道而讓空洞意向性獲得充實。因為這些是品酒師的工作，不是對美酒的品嚐。品嚐美酒不一樣的地方，就在於這種品嚐當中含有某種渴求，而不是對於味道漠不關心的認識。這種渴求在品嚐美酒的味覺當中獲得滿足，因此跳脫出對某個味道之意識（la conscience de...）所形成的影像。渴求急於被滿足，等不及意識的認知工作，已經處於品嚐者（sentant）與品嚐物（senti）融合不分的狀態中，吞噬掉意識所造成主客之間的距離❺。這種享受（jouissance）先於意識的反思，處於我與他者不分的融合狀態，因此可以說是消除了距離的直接接觸。感性即是享受，即是不需要感性直觀介入的直接接觸。這種感性告訴我們，只有在親近他者，直接

---

❷　C.f., AE, p.102.

❸　AE, p.103.

❹　AE, p.104.

❺　C.f., AE, p.117.

接觸他者當中，才可能感受他者，也才可能被打動而暴露於他人❻。總之，感性即是回到「能被打動」的直接接觸當中❼。

伍、愛撫式的閱讀

前面談到了意識主體或詮釋學主體這類不考慮「說話行為」與「所說的話」之間的不一致，但具有主動性與自發性之閱讀主體，相對於此，我們試圖依循列維納斯的思索，去構想一種親近他者，對他者的激發有所感受的被動式閱讀。前一節所論述的直接接觸的感性也許可以提供我們線索。

剛才我們討論到，感性直觀並不是真正的「直接」接觸對象，因為感性直觀已經是將「此一感受到的事物」（ceci）表象為彼（cela），已經包含了悟性的自發性，因此失去可感事物的直接性。但另一方面，我們或許還可以注意到感性直觀直接「接觸」對象的方式：這種「接觸」不在於親近，而在於轉變成為對某物的意識（la conscience de...）；這種「接觸」在於進入論題，成為對象（物體、生物體或人體）之表面的知識❽。用醫生的觸診大約可以說明這種直接「接觸」對象的方式。醫生的手指接觸病人身體的表面，是為了讓手指所「感受到的事物」（ceci）可以進入討論的話題當中，也因此進入意涵系統。並且在通常的情形下，醫生會接著使用醫學知識系統當中「早已說過的話」或「既有的意見」，來對手指所「感受到的事物」加以辨識。佛經寓言當中「瞎子摸象」的故事雖然諷刺，但拿來形容這類「接觸」仍不失貼切。

「接觸」當然不是只有觸診的主動模式，「愛撫」（la caresse）也許可以提供一種親近他者，對他者的激發有所感受的被動式「接觸」。愛撫不同於觸診的地方，首先在於親近關係。一旦親近變成漠不關心的接近，則愛撫不再，愛撫頓時化為僅

---

❻ AE, p.119: «La jouissance... est la condition du pour-l'autre de la sensibilité et de sa vulnérabilité en tant qu'exposition à Autrui. (...) La sensibilité ne peut être vulnérabilité ou exposition à l'autre ou Dire que parce qu'elle est jouissance.»

❼ C.f., AE, p.121.

❽ C.f., AE, p.122.

只是觸摸❹。觸診的情況是，觸診之意識主體（醫生），藉由主動性或自發性，將手指所「感受到的事物」，與意涵系統當中「所說的話」互相關聯起來（corrélation），使手指所「感受到的事物」被定位，納入醫療知識的範疇，因此獲得一種確定性。但在愛撫當中則永遠無法獲得這種確定性，因為愛撫當中，柔嫩的肌膚所隔開的是接近與被接近者的差距、不一致、不同時❺。我們無法透過愛撫而認識他人，將他人定位，反而是承認他人超出我的認識範圍，不可在我的認識中被「同時化」。愛撫的手指所「感受到的事物」並不是藉由「互相關聯」而納入我的認識範疇，反而是被當成認識不到的東西，當成不在場的東西來追尋❺。被愛撫的皮膚似乎成了皮膚隱身而去所留下的痕跡，「皮膚成了皺紋，成了皮膚自己的痕跡」❺。但此一「被拋棄的存在」卻強迫我，召喚我，命令我，我的愛撫成了我為他人而愛撫，成了對他人的回應與應承，讓他人在我的指尖上「體現」（incarnation）。這一切只有在親近的關係當中才可能，一旦親近成了漠不關心的接近，他人不再顯身（épiphanie），而只顯現（apparoir）為意識主體之意向關聯物❺，顯現為觸診當中所呈現的表象。

我們這裡所設想的閱讀「活動」，不再是起源於主體，不考慮「說話行為」與「所說的話」的不同時，僅藉由主體所彰顯之論題而建立的意涵系統，來進行理解與詮釋「所說的話」，最後結束於多元文化意涵系統之「隔離」。相反地，此處所構想的閱讀「活動」是一種愛撫。而被愛撫的文字卻強迫我，召喚我，命令我去回應。閱讀主體不再作為起源，而是回應他者，讓他者在我的閱讀當中體現所造成的結果。而這一切只有在「親近」的直接接觸，而不是漠不關心的接近才可能。「親近」並不是認知運動，而是倫理運動。只有在親近的直接接觸當中，才可能穿破意識的表象活動，感受他者，也才可能被打動，被激發，回應他者，為他者給出意

---

❹　C.f., AE, pp.131-132.

❺　C.f., AE, p.144.

❺　TI, p.288: «La caresse consiste... à solliciter ce qui se dérobe comme s'il *n'étant pas encore*. Elle *cherche*, elle fouille. Ce n'est pas une intentionnalité de dévoilement, mais de recherche: marche à l'invisible.»

❺　AE, p.145: «peau à rides, trace d'elle-même...»

❺　C.f., AE, p.241.

涵。可以閱讀的東西當然還包含廣義的文字：符號、徵候、徵狀、徵兆，或者簡單的說，「痕跡」。一位醫生（特別是心理醫師）可以採取我們所討論這兩種模式的任一種來閱讀病人，當然，這端看他將醫病關係視為認知關係還是倫理關係。

陸、結論

　　使論題浮現，使隱蔽事物彰顯，是意識主體或詮釋學主體這類閱讀主體所進行的閱讀「活動」，此一「活動」是意涵系統的可能性條件——閱讀主體的主動性讓不同的詞項聚集聯結，互相指涉，綜合成具有可理解性的意涵系統。但如果我們承認「說話行為」與「所說的話」之間是有差距的，那麼僅僅考慮意涵系統的可能性條件是不足夠的。藉由列維納斯打破「說話行為」與「所說的話」互相關聯的思索，啟發我們將閱讀主體構想為一個「有血有肉」、能感受他人、被他人打動的被動主體。按照列維納斯，這種閱讀主體非但不是起源主體，反而是在一種逆反關係當中產生。閱讀主體誕生於在閱讀活動當中感受他者，被他者激發而不得不回應他者，為他者給出意涵。閱讀的心理現象正是他者在我的愛撫式的閱讀當中體現所造成的結果。只有在「親近」的倫理運動當中，他者才可能穿破意識的表象活動，在我的閱讀活動當中顯身——在這種閱讀活動當中，他者具有權威，迫使我不得不回應，閱讀成為一種被動式的「活動」（或者是一種被迫害妄想？）。❺❹

---

❺❹　我特別要感謝兩位匿名審查先生針對本文所提之綜合意見。審查先生精確指出，在列維納斯思想當中，「『愛撫』與『黑夜』的關係是不可忽略的，甚至是不同於光與認識關係的另外一個場域」。事實上，列維納斯從早期《De l'existence à l'existant》以來，即相當強調不可能藉助於任何具有光線特性之關係，來掌握他人之他異性。（De l'existence à l'existant, pp.144-145, éd., J. Vrin, Paris, 1993.）這條思想線索一直延伸到成熟期的《Totalité et infini》等及晚期的《Autrement qu'être ou au-dela de l'essence》等各時期著作，皆有不同之側重討論。作者希望日後有機會可以延續此一線索繼續探討。至於另一個重要問題「閱讀能力的獲取方面，是否也有倫理的獲取方式和漠不關心的獲取方式之區分？」我想，這是一個可以留給讀者自行探索的空間，因為我們前面談到，可以閱讀的東西包含廣義的文字：符號、徵候、徵狀、徵兆，甚至一切在意涵系統之外的人、事、物。留給讀者的是，什麼是閱讀？是否有所謂閱讀的倫理向度及其他向度？

參考文獻

Emmanuel Lévinas (1996). *Humanisme de l'autre homme*, Le Livre de Poche Biblio, n°4058, Paris.

Emmanuel Lévinas (1996). *Autrement qu'être ou au-dela de l'essence*, Le Livre de Poche Biblio, n°4121, Paris.

Emmanuel Lévinas (1996). *Totalité et infini*, Le Livre de Poche Biblio, n°4120, Paris.

Edmund Husserl (1964). *Leçons pour une phénoménologie de la conscience intime du temps*, tr., Henri Dussort, PUF, Paris.

Martin Heidegger (2004). *Sein und Zeit*, tr., François Vezin, Gallimard, Paris.

Martin Heidegger (1999). *L'origine de l'oeuvre d'art, in Chemins qui ne mènent nulle part*, Gallimard, Paris.

Martin Heidegger (1988). *Les Présocratiques*, éd., Gallimard, Paris.

Gilbert Romeyer Dherbey (1985). *Les Sophistes*, PUF, Paris.

Immanuel Kant (1997). *Critique de la raison pure*, tr., Alain Renaut, éd., Aubier, Paris.

Ethical Reading: A Manner of Reading Conceived According to Levinas

*Chang, Kuo-Hsien**

Abstract

This article intends to conceive of the possibility of an ethical reading according to Levinas. By breaking the correlation between the saying and the said, we are inspired to conceive how the reading subject could be a subject of flesh and blood, of sensibility and vulnerability. This reading subject is not a subject-origin, on the contrary, it is produced "à rebours". In reading, the identity of the subject takes form by sensibility, by inspiration of the other which oblige it to reply, and by "bailler significance" for-the-other. The psyche involved in reading results from the incarnation of the other in my caress-reading. The other could penetrate the representation of the consciousness and make itself an epiphany in my activity of reading only in the ethical movement of *proximity*.

Keywords: Levinas,   Ethics,   Reading,   the Saying (le Dire),   the Said (le Dit)

---

*   Assistant Professor, Department of Philosophy, National Chengchi University

傅柯的倫理技術

蔡錚雲*

摘　要

　　由於傅柯擺明了他所謂的情慾倫理與慾望無關,而是去考量「自我技術」的問題,本文便從倫理與技術這兩個方向,來說明這個與當代倫理的基調頗有出入的傅柯倫理學。這其間最重要的議題在於知識的科學性與倫理的實踐性之間無法消彌的落差。我們的工作是論證他如何從早先的知識到權力的思維,轉化為自我技術的考量,以跨越古人的困境(理論與實踐的鴻溝),開創出另一個倫理學的天地。

關鍵詞:情慾倫理　自我技術　知識　權力

---

*　　國立政治大學哲學系教授

當傅柯晚年在《性史》中提出倫理的訴求時，令學界大吃一驚。這不僅和他先前的議題不太一致，也和當代倫理的基調頗有出入。❶更叫人丈二摸不著頭的是，幾次訪談中，他堅決否認和存在主義的倫理態度有任何關連（因此，我們不能按照英美與歐陸傳統的對立面去詮釋之），反而與他早先從知識到權力的思維一脈相傳（這顯然仍是個知識屬性的問題）。於是，傅柯的倫理學倒底談的是什麼呢？畢竟，知識的科學性與倫理的實踐性有很大的落差，更何況傅柯擺明了他所謂的情慾倫理（Sexual Ethics）與慾望（eros）無關，而是去考量「自我技術」（Technology of Self）的問題。這麼一來，在傅柯思想中，倫理學與知識論究竟是個什麼樣的關係？憑什麼他可以用權力（power）這個角度，跨越古人的困境（理論與實踐的鴻溝），開創出另一個倫理學的天地？❷本文便是從倫理與技術這兩個方向來說明。

壹、關切自己的倫理

儘管傅柯的倫理轉向出現在《性史冊一》到《性史冊二》漫長的空窗期，且在來不及完整的論述之前，就撒手人寰；但其間不乏種種訪談，以及如今陸陸續續出版中的法蘭西學院講稿。❸這些資料給了我們一定程度上有效的文獻去探討傅柯的想法，即便系統性的論述依舊闕如。這其中，除了《性史冊二》精簡扼要的導言之外，就屬〈倫理系譜學〉與〈關切自己為自由實踐的倫理學〉兩篇訪談，直接論及

---

❶　當代所發展出的倫理學，按英美哲學的觀點，是以康德道德律為主的後設倫理與規範倫理做為主軸，有關實際田野的描述倫理則交付另有專職的社會學與心理學來處理。可是，這麼一來，具有實踐性格的倫理知識被強行切割開來。這會不會使得倫理意涵流失呢？對實踐行為而言，沒有倫理意涵的規範不就變成一種管理工具嗎？然而，另一方面，現代社會的形成使得宏觀的社會正義愈來愈比微觀的個人道德來得重要，社會正義的效益也遠比個人修養更適於知識的衡量。於是，研究倫理知識的需求並不因此被貶抑，相反的，如何形成有效益的倫理知識，卻又不讓倫理意涵不見蹤跡？成為重要的課題；而這正是傅柯倫理學的動機所在。

❷　眾所周知，馬克思主義對此致力甚深，但傅柯的看法與他們的強調有所出入差距；這反映在倫理學上尤為突出。參見 A. Honneth, *The Critique of Power*, Cambridge: MIT Press, 1991; M. Kelly ed., *Critique and Power*, Cambridge: MIT Press, 1994.

❸　M. Foucault, *The History of Sexuality, vol. I. Introduction, vol. II. The Use of Pleasure, vol. III. The Care of the Self*, N. Y.: Vintage Books, 1978, 1985, 1986. 傅柯的原始計畫是要寫六冊。

倫理議題。❹前者提供了一個有關情慾倫理的基本藍圖，後者則挑明了其倫理學的核心價值——自由。

在〈倫理系譜學〉中，傅柯開宗明義地指出，情慾倫理無關情慾，而在於自我技術上。（I, 254）可是，這個自我技術又與當前一般以為對情慾（特別像是精神分析）的看法無關，❺而是用古希臘與基督教兩種不同的技術來刻畫這其中的轉變。前者顯示一種存在美學（aesthetics of existence），後者則表達一種宗教情操。這是怎麼一回事？原來，古希臘的倫理目的在歡愉，而非性慾（那而是十七世紀之後的觀點了），基督宗教則在避免縱欲，有礙健康。由於目的的不同，倫理技術的操作自然也不盡相同。前者針對的是個人，後者才具有規範意涵。不過，這不盡然是情慾轉向自我技術的由來。相反的，傅柯如此做是要指出，即便是情慾也離不開「關切自己」（care of self, *epimeleia heautou*）的大前提。因為，如果倫理學指的是善惡之別，並且誠如亞里士多德、多瑪斯（St. Thomas）所講「趨善避惡」的話，那麼，倫理的善，包括情慾的滿足在內，應有其自身的基礎以別於知識上的正確；否則，它無法自主地趨善，有待知識做正確地指引。可是，這麼一來，它會變成披著倫理學外衣的知識論罷了。至於這個倫理的自身基礎，傅柯主張，誠如古希臘人所示，就是照顧自己（*soucie-toi de toi-même*）。它與基督宗教的不同只是其目的不在來世永恆的幸福，而在當下生命的美好。❻

然而，如此的區別並不意味著古希臘的倫理學要比基督宗教的倫理學來得更高明。傅柯之所以藉此涉及情慾的問題而是要去突顯倫理行動的必要性，以合乎照顧自己的倫理需求。言下之意，倫理的善不光是由掛空的和諧所能窮盡，而要透過性議題所引發的推己及人之歡愉來證成。只不過，古希臘人提醒我們，這個落實的過

---

❹ "Preface to the History of Sexuality, vol. II," "On the Genealogy of Ethics: An Overview of Work in Progress," "The Ethics of the Concern of the Self as a Practice of Freedom," in M. Foucault, *The Essential Works of Foucault, 1954-1984, Vol. I, Ethics*, P. Rabinow ed., N. Y.: The New Press, 1997, pp. 204-5, 253-80, 281-301. 爾後本文所出現該書的引文簡稱 II，及伴隨頁數。

❺ 傅柯認為精神分析的解釋——基於情慾的壓抑，才經由說「不」的法則顯示出權力來——太消極了，他本身則重視情慾引發的樂趣、知識與言說。In "Truth and Power," （II, 120）出處見註 11。

❻ 對此，傅柯指出當今的自由主義便是缺乏這一層深度考量，而深陷科學知識的泥沼之中。（I, 256）

程不是立竿見影的，相反的，歡愉與健康往往是相互抵觸的。這就是為什麼傅柯倫理學會選擇自我技術而論，而不是倫理法則。畢竟，只有在身體力行中，我們才能感受到法則所不及的歡愉。由此而來，古希臘與基督宗教自我技術就在於情慾不同態度所展開的行動上。對古希臘人來說，性行為是自然主動的，對基督徒來說，那是被動的，原罪的懲罰。（I, 259）換言之，自我技術就如同食物一般，有益健康的料理不在於如何烹調，而在食物的選樣上。於是，倫理的歡愉與一般所謂的慾望無關。今日在自然科學的影響下，我們總以為，技術指的是事物的考察與管理，如何達到更有效的運用。不過，技術在此不是用在事物上，而是在人身上，或更清楚地說，用在生活上（techné tou biou）。（I, 260）的確，在這個基礎上，才有因實踐而產生倫理意涵的自我技術可言。然而，它是如何可能的？特別是當代生物醫學的長足進步，正好與這個想法背道而馳之際。❼

對這個問題的知識面討論將在下一節詳細處理，在這裡，我們先要說明的是其倫理面向。根據上述，傅柯的意思顯然是說，在古希臘人的生活世界中，倫理的好壞不是對錯之別，而是讓生活變得更好，猶如藝術一般。或更清楚地說，只有善，沒有惡。為了美好的生活，我們才要學習控制自己，不要過與不及。並且，唯有在這個前提上，才有善惡可言。反之，倫理的善惡變成知識性的對錯，錯失了技術運用所在的實踐層面。事實上，就他對古希臘倫理學的考察，自我技術確實是由生活藝術慢慢演變出來的。不錯，一般而言，倫理行為來自人們面對倫理規範的態度，但規範於此不同於後來的律令；後者有鼓舞或禁止的強制性，而前者只是彰顯積極或消極的價值。一旦，規範失去原有的指導性質，「照顧自己」自然便成為生活選擇的依據。尤有甚著，為了能夠選擇，人必須先有自由；而在自由抉擇的情況下，倫理意涵才能保留住。在如此嚴格區分了對錯的規範與好壞的規範之後，傅柯才能進一步地說明自我技術的內涵：「自我的關係」（rapport à soi）。（I, 263）也就是說，我是如何成為決定我自己行為的道德主體。

---

❼ 當代醫療倫理的研究愈來愈偏離臨床的本色，像是基因倫理的研究。其方法操作的哲學基礎與傅柯的想法有天壤之別。參見蔡錚雲，〈規範倫理與臨床倫理之別〉，「臨床倫理研討會」，高雄醫學大學，2007.06.16。

　　隨即，傅柯闡明了這個曾出現在《性史冊二》中自我倫理關係的四個向度。❽
首先是倫理實體（Substance éthique），即，那個在我們身上與倫理判斷有關的部分，
諸如，康德所謂的意向。但，對古希臘人來說，那就是歡愉（aphrodisia），對基督
徒來說，則是肉慾（flesh）。接著是由此所引發他們認識道德義務的從屬模式（mode
d'assujettissement）。那是一種因應更高價值實際的不得不，但未必一定是康德式的義
務。前者是個別的，後者是普遍的。此舉使得倫理知識從知識形式的偏差中修正回
實踐領域。再下來，便是形成倫理主體之自我修練（pratique de soi）的方式，苦行便
是其中之一。最後，即我們渴望達到的目的（téléologie），不論是行為的自制，還是
形上的自由。總之，不論是個人的倫理行為或是倫理規範都是由這個自我關係的四
個向度展現出來的。（I, 264-5）由於它們之間彼此有關，卻相互獨立，因而成為倫
理知識討論的必要形式。換言之，儘管倫理知識有別於科學知識，仍不乏客觀面向
的技術可言。因為所有的倫理論述都要納入這個程序來檢驗，故又被稱之為自我技
術。

　　若不用這套程序技術去檢驗，傅柯認為，光是道德禁令的論述是無法反應出倫
理學實際內涵的演變。畢竟，倫理規範自始至終大同小異，沒有太大的變更，但古
希臘人與基督徒自我技術所構成的倫理卻大不相同。對古希臘人來說，為了美好的
生存（歡愉），他們必須從事個別的抉擇。可是，隨後的發展起了重大的變化。斯
多亞學派（Stoicism）認為這個選擇的理由，由於我們是有理性的動物，是不得不然
之故，並非為了求歡。正因為如此，當基督宗教承繼他們自我修練的技術時，儘管
是為了宗教禁欲的目的，其實際的禁令模式則是採納律法的形式。隨後，到了十八
世紀，由於社會的變遷，一旦連這宗教意涵也消失之後，就只剩下律法，而與科學
一爭長短。這之間的變化豈是簡單的倫理規範所能涵蓋。無怪乎，傅柯要透過自我
技術的程序詳加審視這其中細微的變化。可是，這麼一來，後者顯然變成用來決定
我們怎麼去衡量倫理規範的依據，而這才是傅柯倫理學轉向自我技術的重點。因
為，這麼一來，自我技術絕非輔助性的工具，而是決定倫理規範實質內容的構成要

---

❽　M. Foucault, *The History of Sexuality, Vol. II, The Use of Pleasure*, N. Y.: Vintage Books, 1985, pp. 25-
32.

素。

舉個例子來說，隨著希臘城邦的消失，構成倫理行為的從屬模式必然有所調整。古希臘重視的是自我的修練，而非對他人的管理，但當斯多亞視自身為普遍存有時，這種個人與他人的關係注入了一個前所未有的平等意涵。這使得追求美好生存的倫理實體產生意想不到的內在質變，向外的學習變成向內的自省。這也就是為什麼，到了基督宗教時，自我技術不再是自身的檢驗，而變成對自身的解讀（詮釋上帝的意旨）。因為我們不再是追求當下的美好，而是永恆的聖潔。由此觀之，我們不難明瞭為什麼性慾先前是歡愉的，而到了這個時候卻變成不潔的。並且，在這個說明之下，我們也才能破解當今性慾帶來的迷思。以往，我們總以為慾望的滿足就是樂趣。可是，按照傅柯的倫理系譜學來看，完全不是這個樣子。在我們所繼承的基督宗教倫理學中，當性慾只為了傳宗接代，它便只剩下一個空殼子，實在沒有樂趣可言。經由這個說明，慾望的解放也只是為了理論上的需求，並沒有實質的意義。畢竟，缺乏具體實踐的認識，我們又如何去體會這其中的歡愉呢？

那麼，這個變化是怎麼來的呢？傅柯發現，正是因為具有倫理意涵的「照顧自己」在這個轉變中消失之故。古希臘人的「照顧自己」不是今日功利主義觀點下的自利，而是去強調自身的實踐與著力。相照之下，今日的功利主義所採用的是知識工具，如何運用科學知識而有利於我。可是，古希臘人的「照顧自己」卻是為此而去追求科學知識。❾因此，可以說，前者的自利是基於內心的惶恐不按，有賴科學知識的撫慰。後者則是自信滿滿地去追尋科學知識的真理，因而沒有濫用之虞。回到性慾的問題本身來看，慾望所促使的是美好的追求，而不是達到空虛的滿足。因此，慾望的實踐是歡愉，而非樂趣。相較之下，今日官能上的滿足頂多只能刺激更大的欲求，從來沒有歡愉可言。不過，純粹從技術的角度去看，兩者之間的關係反而因此被證實。原來，基督宗教的禁欲源自於古希臘的養生，只因為目標對象不同，造成有堅毅與寬容兩種截然不同感受。這種不同接著發展出藝術性知識與科學性知識之別，它充分顯示在不同自我的對待上。傅柯特別用美國加州對自我狂熱的

---

❾　傅柯在〈自我技術〉一文中，論古希臘人「認識自我」與「照顧自己」的關係時，便是如此看待。（I, 226）

看待為例。（I, 271）那是一種藉由心理科學之助，發掘出真實的自我。然而，導致這樣的看待方式不是源自希臘的「照顧自己」，相反的，它是基於基督宗教彰顯上帝、貶抑自我而來的。

接著，這個做為倫理知識的自我技術是怎麼進行的？傅柯認為古希臘人是用書寫來鍛鍊自己的。當記事簿（*hupomnémata*）用來輔助我們的記憶時，它的明確掌握，就如同今日電腦對我們日常生活的影響一般，開啟了不同以往的對待方式。我們面對自身關係的美德由此轉變為自我的管理（govern）。過去形上的論證此刻變成實質的記憶，以便做進一步更精確的掌握。無疑的，倫理知識因此自我技術化。因為，我們可以據此不斷地練習（askésis），達到潛移默化的生活技藝之效。不過，傅柯指出，由於它立基於倫理主體，而和基督徒的心靈洗滌不同；後者是去開啟未知的來世，前者只是重整已知的過去。因此，代表自我技術的記事簿並不直接涉及倫理價值判斷，而是著重在知識蒐集彙整的層面（技術的知識面由此揭曉）。只不過，它所造成的效益不在真相的發掘，卻是自我關係的完善。❿職是之故，古希臘的倫理學所表現的自持（self-domination）與基督倫理學所強調的聖潔（purity）相去甚遠。簡言之，前者意在身體的成就，後者則在身體的揚棄。

無論如何，儘管兩者本質上的差別，但彼此的聯繫依然可見。基督徒是用同樣的練習去抗拒惡魔的侵入。當聖安東尼（St. Anthony）沿用記事簿將夜夢的種種記錄下來，以便隔日找人解釋，他便是如此去描繪自己。（I, 275）雖然柏拉圖也用過這種經由他人認識自己的方式，但傅柯很清楚，那種形上的倫理知識不同於此處心理學的自我技術。因為，柏拉圖追求的是知識的真理，而基督徒的自我技術卻是在檢驗良心。由此，我們可以看出知識與技術的不同屬性。前者是本質性的，後者只是功能性的。一直到十六世紀，基督徒的自我技術才又回到斯多亞的實踐方法中看待自我的經驗，問到：我們是如何運用我們的自由來決定自己，而不是一味地找尋自身中隱而未彰的真理。不過，即便如此，古希臘與基督宗教的不同方向不曾因此消失。傅柯在此特別指出，伊比諦陀（Epictetus）的散步練習便是為了提醒自己是否自持，而對基督徒來說，同樣的練習卻是在解釋上帝的恩寵。在這個差別下，自我技

---

❿ 無怪乎，這之間的轉圜有待下述權力問題的介入。

術的意義截然不同；前者完全依靠人自身，而後者在完全仰賴上帝之餘，人本身便是一無可取了。（I, 276-7）

然則，就其自身而言，雖然記事簿是一種自我技術的應用，但不是所有的文字書寫都是倫理實踐。文學與敘事並非目的於照顧自己上，因此，談不上倫理效益。換言之，自我技術做為客觀知識，雖然是一種符號的運用，但它的功能性不在符號本身，而在符號象徵的自我經驗上。只不過，這個自我經驗也不會因此染上形上色彩。由此可見，自我技術的知識性格是相當獨特的。儘管人人都在用，但用法皆有所不同。傅柯對此的解釋是說，因為自我技術沒有實質對象的產生，於是往往是隱而不彰的；其次，它常常和對他人的技術連在一起，容易混淆在其中。例如，基督宗教就是用對牧師的懺悔（照顧他人，*epimeleia tón allón*）替代自我技術的照顧自己。當然，到了文藝復興時，這個關係又改變了。但是，在自我實踐的過程中，所形構的不是道德主體，而是認知主體（笛卡兒便是如是說）。這和過去的傳統大相逕庭，過去總認為「真理不是沒有代價的；沒有不勞而獲的真理。」（I, 279）可是，對笛卡兒而言，真理的明證性取代了身體力行的練習。從此以後，倫理知識才由過去的藝術知識轉變為今日的科學知識。如此認知主體與倫理主體的分離一直要到康德的手中才再度恢復，但到了那時候倫理實體業已不同於傳統以降的主體了。

無疑的，〈倫理系譜學〉所刻畫的情慾倫理其實就是自我技術的客觀知識，它之所以和倫理有關而是在自我修練的自由上。接著，在〈關切自己為自由實踐的倫理學〉中，傅柯便要說明這個自我技術基礎所在的自由。一般總以為，既然討論的是倫理自由，用解放（liberation）一詞來凸顯其實踐意涵是再恰當不過了。然而，這麼一來，我們不知不覺中賦予它過度的形上色彩（傅柯稱此為意識型態）。反之，傅柯認為自由真正的問題在於解放之後。為了積極地處理自由，而非消極的對待，他於是回到其中期思想的核心議題——權力（power）——去找線索。在權力鬥爭中，被壓制的一方自然需要被解放。但被解放之後，不見得是以完滿的結局收場，近代殖民史層出不窮的案例早已證實如此。用在情慾的問題上，我們的性解放之後，不是就此自由了，而是由與伴侶愉快的相處，學習到如何合宜地去行為。就此而言，傅柯清楚地指出：「自由是倫理的形上條件；而倫理則是自由在反省中所採的深思熟慮形式。」（I, 284）就因為自由如此的自律形式，他不像基督徒所憂慮的那樣，擔

心自由會變成自利的結果，反而是比照古希臘人，要在這個自由的基礎上修練自己，以便認識自己、塑造自己。當此之際，照顧自己便涉及自我技術的客觀知識，因為實際修練與行為規範、真理原則有關。所以，自我修練中不是考慮善惡的問題，而是如何自制的知識問題。只不過，不同於科學知識，在這個自制的行為之中卻可以達到潛移默化的善果，而非仰賴知識真理來指導。換言之，傅柯心目中的倫理學就是存有與行為的方式（*ethós*）。對古希臘人來說，這才是自由具體的形式，不是那虛無飄渺的解放。

經由上述，我們可以清楚看到知識與權力的關連。照顧自己的目的是自由自在地過美好生活。這樣的目的需要修練的知識（管理藝術），但知識的目標在倫理上是用來照顧自己的權力，而非政治上的管理他人。雖然前者不排除後者，但前者先於後者。唯獨如此，才能杜絕權力的濫用。因為將心比心，才能達到管理之善，不至於妄自菲薄。相反的，藉由統治他人而達到照顧自己之效，才會有妄自尊大的情形發生。基於後者，我們才要像基督徒一般，用揚棄自我的方式來照顧自己（放下世俗的自我，迎向受上帝恩寵的真實自我）。畢竟，一旦經由他人之手，失去自由，就難保沒有濫權之虞。傅柯甚至認為基督宗教救贖性的照顧自己本質上也是一種揚棄。**⓫** 故，他強調，即便是斯多亞用接受死亡的方式來榮耀生命，也不會像基督徒的救贖終究還是一種苟且偷生。由此可見，倫理知識的對象不是被動的實體（substance），而是主動的主體（subject）。在修練中，他雖然面對生活處境去學習，但真正知識的產生在這個如何面對外在我所造就出的自我關係。故，自我技術的對象其實是學習過程中的主體實踐，而非客觀事物；這個主體的實踐則顯示在權力關係中所形成的生活模式中。眾所周知，權力關係在人文現實裡是無所不在且變動不已的。一旦，一方的宰制伴隨著另一方的抗拒，自由業已誕生於其中，而不在於我們是否藉由科學之助在其中獲得自由。傅柯稱此權力關係中的自由乃真理遊戲。（I, 295）這個遊戲無關乎輸贏，而是自我修練達到真理的程序。（I, 297）因此，可以說，傅柯的自我技術是這個真理遊戲中的策略運用所形成的管理技術。若沒有這種自主性，它就

⓫ 傅柯說：「弔詭地很，認識自我乃自我揚棄的方式。」in "Technologies of the Self"（I, 228）出處見註 10。

變成政治或社會建制所賦予的權利（right），倫理主體於此因為失去倫理意涵質變為法律主體。畢竟，由於律法的清楚界定，自由所產生的權力關係變成不再帶有真理遊戲的空洞與蒼白。

貳、權力知識的技術

從上述情慾倫理到自我技術的斷簡殘篇中，我們明白了傅柯倫理學的重點何以在倫理技術上。但是，這個倫理技術的知識屬性究竟為何？鑑於其不同時期的關注有所不同，我們要回到他早先的思想替這個時期的缺憾補上答案。所以，我們接著要以他在法蘭西學院的課程大綱：〈意在知識〉（The Will to Knowledge）的線索做為追溯的起點。⓬再由〈主體與權力〉（Subject and Power）與〈真理與權力〉（Truth and Power）的對照，釐清倫理技術的知識屬性。⓭最後，用〈科學考古學〉（On the Archaeology of the Sciences）一文來確定這知識的內涵。⓮

在〈意在知識〉的課程大綱裡，傅柯清楚地交代這個知識既非科學知識（connaisance），亦非經驗知識（savoir），而是一種論述實踐（discursive practice）的考古學（archaeology）。（I, 11-2）那是什麼呢？傅柯說：「無名、多元型態對知識的意志，得以掌握變化的規則，並在發生的關係中辨認出來。」（I, 12）為了使這個過於簡潔的論述實踐更加清楚，傅柯隨之用哲學史上的兩種知識類型為例。一是亞里士多德，另一是尼采。前者假定了感覺與樂趣的關係，再由求知慾，推展出理論反省樂趣下的系統知識。後者則建立在面對事件（event）的本能應用中，透過真偽之別的反證（falsification）方式產生出真理知識。顯然，這兩種知識類型對應著上述的

⓬ "Will to Knowledge", in M. Foucault, *The Essential Works of Foucault, 1954-1984, Vol. I, Ethics*, op. cit., pp. 11-6.

⓭ "Subject and Power", "Truth and Power," in M. Foucault, *The Essential Works of Foucault, 1954-1984, Vol III, Power*, J. D. Faubion ed., N. Y.: Penguin Books, 1994, pp. 326-46, pp. 111-33. 爾後內文中對該書的引用簡稱 III，並伴隨頁數。

⓮ "On the Archaeology of the Sciences: Response to the Epistemology Circle", in M. Foucault, *The Essential Works of Foucault, 1954-1984, Vol. II*, J. D. Faubion ed., N. Y.: Penguin Books, 1998, pp. 297-333. 爾後內文中對該書的引用簡稱 II，並伴隨頁數。

科學知識與經驗知識之別。他原本也打算從古希臘對正義形式的討論中找出與經驗知識的連結，但實際上發展出來的卻是對權力的研究與倫理的轉向。故我們將依此從〈主體與權力〉與〈真理與權力〉兩文勾勒出倫理技術的知識屬性。

　　〈真理與權力〉一文發表在 1976 年，〈主體與權力〉則在 1982 年。在時間點上，正好與《性史冊一》到《性史冊二》的變遷相互呼應。因此，比較這兩篇文章所處理的議題可以反映出傅柯如何從知識與權力的關係發展出倫理技術。在〈真理與權力〉中，他清楚地指出考古學到系譜學的轉折乃科學命題的定位問題，因為造成重大影響的科學命題不是外在的力量，而是內在的權力。（III, 114）也就是說，這個發生變化的事件不是單純的，而是內含種種不同關係的連結。因此，我們不能再用本質論的方式，以為可以找出一個一勞永逸的結構，將變化整理出一個系統來，而必須針對力量的策略發展分析出其關係系譜。換言之，我們不能再像以往那樣仰賴語言的意義來確認這其中錯綜複雜的紛紛擾擾，而是直接就事件來描述其中的權力關係。因為，相反英國經驗論的主張，他們認為代表真理的知識才產生出力量，傅柯認為，造就出事物，形成知識、引起樂趣正是權力。（III, 120）過去總以負面的角度看待權力，因而要用律法導之以正。現在，傅柯視之為正面的，冠之為技術。不過，這不是傅柯異想天開的結果，而是根據他對歷史研究的發現，在十七、十八世紀時，我們便是以紀律（discipline）之名所產生的新技術。❸只是，受限於律法，我們總是用宏觀的角度來解釋這種生命權力（bio-power），忘卻了更根本的身體紀律在其中扮演的角色。這也就是為什麼傅柯後來會涉及性議題的誘因。因為，在實際操作中，人口控制的權力問題不能不觸及性議題。

　　對權力的處置而言，這種微觀的方向將先前「為天地立心、為生民立命」的使命落實在個別的處境之中。傅柯認為，這和二次世界大戰後專業人士出現的現象吻合。專業人士雖有專業上的權威，卻和普羅大眾一般生活在實際的情景中；尤有甚著，他還要面對統治階級的管轄。如此的上下相煎，他真正所代表的不是永恆的真理，而是生死之間策略的計算。可是，也因此，後者反映出前者的現實條件來。對這樣的權力知識，傅柯在這篇訪問稿的最後親自書寫補充道：

❸　Cf. M. Foucault, *Discipline and Punish*, N. Y.: Vintage Books, 1977.

「真理」被視為命題產生、規範、分配、循環運作有序程序下的系統。

「真理」是生產與延續的權力系統，以及權力所引發與延伸的效益之間，彼此連接，相互循環的關係——它自成一格（regime）。

這個體制不僅是意識型態或上層結構；它是資本主義形成與發展的條件。同樣的體制，在某些修正下，亦應用在社會主義的國家之中（……）。

知識份子的基本政治問題不是去批判所謂與科學相連的意識型態內容，或確保他本身的科學實踐是在正確的意識型態下，而是去確立形構新的真理政治的可能性。問題不再是改變人們的意識—或他們的想法—而是產生真理的政治、經濟、制度下的體制。

我們不是從每個權力系統中將真理解放出來（這是胡說八道的，因為真理早就是權力），而是將真理從今日運作的霸權、社會、經濟與文化的形式中拯救出來。

總之，政治問題不是錯誤、幻想、意識的異化或意識型態；它就是真理自身。由此可見尼采的重要性。（III, 132-3）

　　無疑的，傅柯倫理技術的知識屬性業已清楚彰顯為論述實踐。但它怎麼和倫理學產生關係？在〈主體與權力〉中，他說他研究的核心不是權力，而是主體。（III, 327）因為權力的定義只能在主體的落實中揭示出來，尤其當這個落實顯現在我們當前處境的歷史意義之中。由此，他質疑一般習慣所強調的理性化。那種討論都是掛空（抽象）地處理理性化過程，因此用其內在理性的觀點去分析權力。事實上，權力關係的分析是來自策略的對抗之中。於是，他就此觀察出權力技術的幾個特徵：1.它橫跨了個別的之間的鬥爭，2.其目標就在權力效益本身，3.它是立即直接的，4.它質疑個人的身份，抗拒「個別化的管理」，5.它反對知識的力量，而是去處理知識的運作，6.這些鬥爭圍繞著「我們究竟是誰」的問題而來。（III, 330-1）換言之，權力的形式就在使個人成為主體。可以說，權力的形式顯示為一種從屬關係（subject to）的抗拒。它從過去對宰制（domination）的抗拒到剝削（exploitation）的抗拒，演進到今日對主體性順從（submission）的抗拒。根據傅柯的研究，這不是沒有緣由的。十六世紀時，國家的出現便是承繼更早基督宗教的牧師權力（pastoral power），以綜合個別化技術與整體化程序。那原本是一種個人自身的真理形式，它用奉獻的方式確保個人來世的救贖。（III, 333）但到了十八世紀時，這其中的宗教意涵失落了。隨著今生取代來世，其目標亦從救贖轉向社會福利。職是之故，為了貫徹這個目標，警察的力量大增。牧師權力因而轉變為攸關人的知識。（III, 334-5）由此觀之，這個知識不再是概念性質的討論，而是權力策略的運用。傅柯認為，康德的《何謂啟蒙》便是問及這個歷史事件，我們不應該隨同一般的詮釋用笛卡兒的方式把它解釋為普遍的認知主體問題。他甚至因此主張今日的方向不是去發現我們是誰，而是去拒絕我們是誰（國家體制下的個人）。（III, 336）

在這個方向下，權力是如何操作的？傅柯認為重點不在於概念上如何說明它，而是說它如何使得個人的權力實際發生在別人身上。（III, 337）怎麼用要比是什麼更重要，因為清楚是什麼不見得會用。固然清楚是什麼有助於運用，但在權力上未必一定如此。畢竟，實際的狀況遠超過我們的預測能力。故，權力關係不是分析具體的對象，而是分析實施的場域。由於權力只有在實際運用中發生，我們不能只從其效益中去說明它。這麼一來，它也不是指直接用在他人身上的動作，而是指對他人行動的動作；可以說，是彼此間動作的互動，不論是同意還是相爭。在這個活動主體的行動中，才有實質各種可能性可言。因此，傅柯乾脆用行為（conducts）來說明這個權力關係的具體可能性。權力的操作不外乎行為中各種可能的管理。也就是說，權力的操作即治理（government）。❶那不只是在政治體制中，更在個人的行為舉止上。也因此，這才透露出權力的結構所在處。當我們如此地去看待權力時，自由的必要性便脫穎而出。若沒有自由，權力的操作便無條件可進行。此時，自由與權力不再是科學知識下對立的兩個範疇，而是倫理知識下相互依存的必要條件。

面對這種倫理技術的權力知識，我們是怎麼去分析的呢？傅柯這才將它與制度性的考察連在一起。社會科學便是對權力運作的管理架構加以研究，但它們受到方法學的限制，只重於權力運作的機制，導致法則的偏重，失去了原本做為現實條件的倫理意涵。因此，傅柯強調我們要從權力關係的角度去分析制度，而不是倒過來

---

❶ 參見"Governmentality,"（III, 201-22）。不過，傅柯在此處理的偏重於封建宗主性（sovereignty）轉變到十八世紀政治經濟學的管理技術。其源頭則是他後來研究的古希臘倫理學中之自我技術。

的說法，用制度的觀察來說明權力關係。所以，其倫理意涵彰顯在權力之為社會的樞紐上，而不是社會下的附屬架構。唯獨如此，倫理效益不會被規範取代。有鑑於此，傅柯認為權力關係的分析有下例幾個特質：1.分辨系統使得權力關係得以運行，2.多重目標，3.制度化的形式使得它能用在個人道德上，也同時能用在社會正義上，4.理性化的程度讓它不斷地對周遭情境加以調適。（III, 344-5）一旦，權力關係是如此根深蒂固地在社會整體架構上，無怪乎權力關係不斷地治理化，被國家機制來說明、理性化與中央集權化。面對這宏觀角度的僵化，傅柯才會強調策略的運用。當權力關係最後由穩定的機制取代相互競爭時的變化時，權力便遇到它極致的界限。這時候，從權力的觀點，它不是完全地征服，就是絕地反攻。就是這種截然不同的解讀點出了人文社會被自身宰制的情況。總之，傅柯並沒有否定對現代國家社會的社會科學研究，但他巧妙地避開它的困境；強調權力關係是離不開策略的進行，否則，便會本末倒置。

　　到目前為止，我們看到傅柯倫理技術的知識屬性。但是，做為知識，它的知識形式又為何呢？這個問題將由傅柯答覆巴黎知識論學圈的〈科學考古學〉（On the Archaeology of the Sciences）來說明。當人們問及這個所謂知識論斷裂（epistemological rupture）的知識型（episteme）倒底是什麼東西時，傅柯才首度將他過去的著作整理出一個系統來。那就是面對種種事件的言說（discourse）。這個言說不是去討論可認知的普遍本質，而是處理斷裂事件的論述實踐。那就是說，在科學的處置之前，所要處理的材料會出現為一般言說空間中的事件，因而我們必須對言說事實做純粹的描述。（II, 306）這不是關心形成命題的規則，而是想知道為什麼發生於此的是這個命題，而不是別的。（II, 307）因此，它直接面對單一事件下的命題，找出它存在的條件，並盡可能地為它立下界限，形成它和其他相關命題的關係，用以揭示被它排除在外其他說明的形式。故命題其實是個不可被意義窮盡的事件。因為，這麼一來，它不只是與發生的場景，產生的後果相連，也用不同的模式與前後的命題相連。當此之際，事件的說明不是如同一般知識論那般，要我們還原出它自身或開顯出其超越性，而是能夠自由地描繪它和其他系統一連串的關係。於是，它不在意於詮釋的清楚表達，而是對連續命題的共時分析，它們的相互關係、彼此的影響、其獨立性或相關的變化。總之，它指的是一種制度化系統中的言說。傅柯稱此為檔案

（archive）。只不過，這不是文件（documents）的歸檔，而是事件的遺跡（monuments）。此亦即考古學的由來。（II, 309-10）

一旦，我們對事件進行考古學地分析時，傅柯便用其《知識考古學》所建立的判準，說明論述的形成。❶那就是說，先是由其所有對象的形構規則，其次由所有語法類型的形構規則，再由所有語意元素的形構規則，最後由所有操作結果的形構規則，界定出言說的統一性。（II, 320）據此，當我們在命題中登錄其指示、不同的用法、理論的網絡與可能策略的場域時，這裡顯現的就是論述實踐的知識形式。不過，不同於一般命題分析之著力於意義的揭露或普遍形式的達成，它而是一種對差異與散佈有效控制的系統。故，對事件的處理，它不會遷就於知識形式的共同元素，而直接去表明其積極面（positivity）。（II, 321）為什麼要這麼做呢？相較於一般知識論的討論，傅柯認為言說的作用不是從元素中尋求統一性，而是從其歸屬（attribution）中形成統一性；概念的形成也不在思想的分析，而在說明（articulation）語句指意與符號象徵的關係上；其命名（designation）的動作不光是人為標記，亦包含自然表達；它所衍生（derivation）的東西因此涵蓋各種異質的因素。（II, 317）儘管這種空洞的結構性說明過於新穎，很難讓我們一窺究竟，但它多少還是滿足了我們對倫理技術知識形式的要求。事實上，在這個基礎上，我們才能明白論述實踐是如何在倫理技術形成客觀知識：

> 如此由積極性系統所形成的組合，顯示在論述形構的統一性中，就是所謂的一種知識（savoir）。知識不是各種科學知識（connaissances）的總和，因為它總是可以說後者是真是假、精確與否、大概還是明確、矛盾或一致；這些區分都不包含在描述性知識中，而是由這組元素（對象、形構類別、概念與理論選擇）從統一論述形構場域中的同一積極性裡形成的。（II, 324）

換言之，它的確實性不在於邏輯關係的一致上，而是實際積極性所顯示的。為了不被前者所遮蔽，我們才從斷裂事件的論述實踐中著手。至此，先前我們在倫理

---

❶　Cf. M. Foucault, *The Archaeology of Knowledge*, N. Y.: Pantheon Books, 1971.

實踐中所看到的自我技術，它用來檢驗的倫理實體、從屬模式、自我修練與倫理目的，皆不外這個論述實踐，因而獲得客觀的知識形式：

> 它可以也必須同時被分析為一個命題的形成（當考慮到一群做為其部分的論述事件）；一種積極性（當考慮到這些命題顯現的對象、形構類別、概念與意見，管理它們散佈之間的系統）；為一種知識（當考慮到科學、技術清單、制度、小說、法律或政治操作等等之中所投入的這些對象、形構類別、概念與意見）。知識（經驗性）不可被各種知識（科學性）分析；積極性亦不可被理性分析；論述形構更不能被科學分析。我們無法要求他們的描述等同於知識史、理性的緣起或科學的知識論。
> （II, 324-5）

參、結論

現在，我們終於可以窺伺傅柯自我技術所開創的倫理學新天地了。在當代倫理學的發展中，倫理知識一直受到科學知識的箝制，以致最終喪失了倫理意涵。另一方面，自然科技無遠弗屆的發展早已深植在我們的日常生活之中，包括我們的倫理實踐在內。這時候，過去倫理學的形上論述力不從心。如何在科技社會中挽回倫理的本來面目？成為當務之急。不過，這種應然的要求不能因此取代了實然的認識；否則，不是倫理的恢復，而是形上的宰制。傅柯的《性史》便在處理這個倫理實然的面向。但是，在客觀知識的要求下，如何讓這個實然的說明產生客觀的價值？對此，我們回到傅柯考古學的知識型詮釋自我技術的知識典範，好讓倫理知識保留其倫理意涵。雖然這個倫理技術的知識模型是否有效仍有待未來更多言說的檢驗，但經由傅柯得分析，被當代倫理學忽略的描述倫理重見天日。並且，在知識的形式下，他融合了科學與倫理不同的性質，反映出當代處境的現實條件，對未來倫理學的發展提供了哲學家應有的貢獻，而不是順從時代的潮流被科學家牽著鼻子走，也不是一味地排斥科學的影響。對倫理學而言，這似乎才是其原本的面貌。

參考文獻

M. Foucault (1971). *The Archaeology of Knowledge*, N. Y.: Pantheon Books.

M. Foucault (1977). *Discipline and Punish*, N. Y.: Vintage Books.

M. Foucault (1978). *The History of Sexuality, vol. I. Introduction*, N. Y.: Vintage Books.

M. Foucault (1985). *The History of Sexuality, Vol. II, The Use of Pleasure*, N. Y.: Vintage Books.

M. Foucault (1986). *The History of Sexuality, vol. III. The Care of the Self*, N. Y.: Vintage Books.

M. Foucault (1994). *The Essential Works of Foucault, 1954-1984, Vol III, Power*, J. D. Faubion ed., N. Y.: Penguin Books.

M. Foucault (1997). *The Essential Works of Foucault, 1954-1984, Vol. I, Ethics*, P. Rabinow ed., N. Y.: The New Press.

M. Foucault (1998). *The Essential Works of Foucault, 1954-1984, Vol. II*, J. D. Faubion ed., N. Y.: Penguin Books.

A. Honneth (1991). *The Critique of Power*, Cambridge: MIT Press.

M. Kelly (ed.) (1994). *Critique and Power*, Cambridge: MIT Press.

蔡錚雲（2007.6）。〈規範倫理與臨床倫理之別〉，「臨床倫理研討會」，高雄醫學大學。

Foucault's Technology of Ethics

*Tsai, Cheng-Yun**

Abstract

Since Fouault claimed that his sexual ethics has nothing to do with eros, but to consider the issue of technology of self, this paper is to expose this Foucault's ethics, which is different from the basic tone of contemporary ethics, from the orientation of both ethics and technic. The most important issue here is the unsolvable different between scientific nature of episteme and practical nature of ethics. Our argument is then to show how his earlier thought from knowledge to power is transformed into a consideration of technology of self, which opens a new territory of ethics as it crossed over the boundary of theory and practice in the past theories of ethics.

Keywords: Sexual Ethics,   Technology of Self,   Knowledge,   Power

---

*   Professor, Department of Philosophy, National Chengchi University

作者簡介

王中江

哲學博士，曾任中國社會科學院歷史研究所研究員、清華大學哲學系教授；現任北京大學哲學系教授；兼任中華孔子學會常務副會長。致力於中國哲學和思想研究，著作有《道家形而上學》、《視域變化中的中國人文和思想世界》、《進化主義在中國的興起———一個新的全能式世界觀（增補版）》、《簡帛文明與古代思想世界》等。

王靈康

政治大學哲學系博士，現任淡江大學通識與核心課程中心助理教授。

何乏筆（Fabian Heubel）

德國法蘭克福哥德大學漢學碩士（1995），德國達姆施塔特科技大學哲學博士（2000）。現任中央研究院中國文哲研究所副研究員。研究領域：跨文化研究、當代歐洲哲學、漢語哲學、美學。

何懷宏

祖籍江西清江，北京大學哲學系教授，主要從事倫理學及人生哲學、社會歷史等領域的研究和教學，學術著作有：《良心論》、《世襲社會》、《選舉社會》、《道德、上帝與人》等。另有譯著有羅爾斯《正義論》（合譯）、諾齊克《無政府，國家與烏托邦》及《道德箴言錄》、《沉思錄》、《倫理學導論》、《倫理學體系》、《西方公民不服從的傳統》（編）等。

耿晴

國立政治大學哲學系助理教授，美國哈佛大學宗教學博士。主要研究領域為印度與中國的唯識與如來藏思想，中國南北朝佛教思想。博士論文關注真諦三藏（499-569）「解性」概念的再檢討，主張真諦原本的思想，不同於由《大乘起信論》所代表的中國如來藏思想。未來將持續探討還原後的真諦思想如何幫助重新理解印度的唯識與如來藏思想。

張子立

東海大學哲學系客座助理教授，主要研究領域為儒家哲學、倫理學。

黃冠閔

法國巴黎索爾邦大學哲學史博士，現任中央研究院中國文哲研究所助研究員，政大哲學系合聘副教授。專長為謝林哲學、巴修拉哲學、當代法國哲學、比較哲學。近年研究主題以想像論、主體論、場所論、風景論為主，處理的問題主要涉及道德想像、倫理意象、身體主體、感通結構、身體、氛圍與情感等面向的感觸作用。

劉又銘

政治大學中國文學系博士、教授。早年研究馬浮思想、宋明理學。近十餘年從創造詮釋學、批判詮釋學進路研究荀子哲學與荀學哲學史；主張荀子哲學蘊涵著一個弱性善論，明清自然氣本論實為荀學一路，而當代新儒家應有接著明清自然氣本論講的當代新荀學一派。著有《理在氣中》暨其他論文若干篇。

劉千美（Johanna Liu）

比利時魯汶大學哲學博士，專研中西美學思想、藝術哲學、中國古典文學藝術理論。目前任職加拿大多倫多大學東亞系教授。重要出版品包括 Musique et Herméneutique、《藝術與實踐》、中西論文、以及與幽蘭合作主編《哲學與文化》月刊「美學與藝術專題」數種。

王慶節

現任香港中文大學哲學系教授。美國杜蘭大學哲學博士。曾任美國蒙大拿州立大學歷史哲學系助理教授，奧克拉荷馬州立大學哲學系助理教授、副教授。主要研究領域為當代歐陸哲學，特別是海德格哲學、東西方比較哲學、倫理學等。

沈清松

魯汶大學哲學博士，曾任政大哲學系教授，現任多倫多大學哲學系與東亞學系中國思想與文化講座教授。曾客座巴黎大學、維也納大學、魯汶大學、萊頓大學等。著有《現代哲學論衡》、《解除世界魔咒》、《物理之後》、*Confucianism, Taoism and Constructive Realism*、《呂格爾》、《對比、外推與交談》、《大學理念與外推精神》、《對他者的慷慨》等書。

林鎮國

美國天普大學哲學博士（宗教研究），政治大學哲學系特聘教授，政治大學宗教研究所合聘教授。2008-2009 年，臺灣哲學學會會長；2005 年，香港中文大學哲學系客座教授；2001-2005 年，政治大學哲學系主任；2000 年，美國哈佛大學訪問學者；1999-2000 年，荷蘭萊登大學歐洲漢學講座；2011 年，國科會特殊優秀人才獎；2011 年，國科會傑出研究獎。

孫小玲

1997 年在北京大學獲哲學碩士學位後赴美國留學，先後就學於美國西北大學與羅耀拉大學，獲哲學博士學位。現為復旦大學哲學學院副教授。主要研究現象學與英美倫理－政治哲學。曾發表〈敬重與本真存在〉、〈羅爾斯《正義論》中的主體際性維度〉等多篇論文，出版了討論胡塞爾與列維納斯哲學中的主體際性問題的專著一部。

幽蘭（Yolaine Escande）

巴黎第七大學博士，法國知名漢學家、書畫藝術家，專研中國書畫藝術理論、

中國美學思想。目前任職法國社會科學高等研究院藝術與語言研究所研究指導。重要出版品包括 *Montagnes et eaux. La culture du shanshui*（2005）、*Traités chinois de peinture et de calligraphie, Tome1*（2003）、*Tome II.*（2010），主編 *Culture du loisir, art et esthétique*（2010）等書，以及中西論文數十篇。

汪文聖

德國曼次（Mainz）大學哲學博士，現為國立政治大學哲學系教授，多年來以胡塞爾與海德格現象學為研究重點，今更從現象學與實務科學間的關係進而往倫理學與宗教去拓展現象學的研究領域，時而與中國哲學的相關議題做一比較對照。2011 年獲國科會特殊優秀人才獎，並為 2011-2012 年紐約佛丹（Fordham）大學哲學系傅爾布萊特資深訪問學者。

林維杰

東海大學哲學學士、碩士，德國波鴻魯爾大學哲學博士。曾任教南華大學哲學系，現任中央研究院中國文哲研究所副研究員。專長為詮釋學、宋明理學與比較哲學，並撰有《朱熹與經典詮釋》（專書）與論文十數篇。

林宏星

東方朔（1963-），原名林宏星，哲學博士，現任復旦大學哲學系教授。曾任哈佛大學、臺灣中央研究院、香港中文大學等校訪問學者。著有《戢山哲學研究》、《劉宗周評傳》、《從橫渠、明道到陽明》、《荀子精讀》等；編有《杜維明學術專題訪談錄》、《劉述先哲學論著選》。

信廣來

美國史丹福大學哲學系博士，曾任教於美國加州大學柏克萊分校，並曾擔任加拿大多倫多大學副校長，現為香港中文大學講座教授與冼為堅中國文化講座教授。主要研究儒家哲學與倫理學。著有 *Mencius and early Chinese thought*（1997）。

馬愷之（Kai Marchal）

東吳大學哲學系助理教授。慕尼黑大學漢學與哲學博士。研究領域為中國哲學史、宋明理學、倫理學以及政治哲學。已發表的論文包括 "Lü Zuqian's Political Philosophy"、〈歷史性、哲學與現代性的命運：勞思光的《中國哲學史》與列奧·施特勞斯〉、"Machtkämpfe und Tyrannenmord – Zur Theorie des Souveräns in Wang Bis (226-249) Yijing-Exegese"、"Über eine mögliche Verstaatlichung des Absoluten – Einige Gedanken zu Hegels Begriff des Staates zwischen Naturrechtsaufsatz und Phänomenologie des Geistes" 等；著作有 *Die Aufhebung des Politischen – Lü Zuqian und derAufstieg des Neukonfuzianismus*（Wiesbaden: Harrassowitz Publisher, 2011）。

郭朝順

中國文化大學哲學系研究所博士，曾任華梵大學哲學系主任，現任華梵大學哲學系副教授兼文學院院長，著有《佛學概論》（與林朝成教授合著，三民書局），《天台智顗的詮釋理論》（里仁書局）；並發表多篇關於天台、華嚴及佛教詮釋理論等領域之佛學論文。

艾斯克·莫卡德（Eske Møllgaard）

美國哈佛大學東亞語言暨文明系博士，現任教於美國羅德島大學哲學系，研究中國哲學與歐陸哲學，著有 *An Introduction to Daoist Thought: Action, language, and ethics in Zhuangzi*（2007）。

張汝倫

哲學博士，復旦大學特聘教授。

張祥龍

紐約州立布法羅（Buffalo）大學哲學博士。現為北京大學哲學系暨外國哲學研究所教授，北大儒學研究院研究員。專業方向或興趣包括：東西方哲學與宗教比較，現象學，儒家哲學；孝的哲理，中西神秘體驗的哲理，東西方美學問題。

邁克爾·斯洛特（Michael Slote）

美國哈佛大學哲學系博士，曾任愛爾蘭都柏林大學哲學系主任、美國馬里蘭大學哲學系主任，現為美國邁阿密大學倫理學 UST 講座教授、皇家愛爾蘭學院院士。專長為德性倫理學。著有 *From Morality to Virtue*、*Morals From Motives*、*The Ethics of Care and Empathy* 等書。

劉若韶

臺灣大學哲學博士，政治大學哲學系助理教授，從事基督宗教哲學神學研究，著有《柏拉圖理想國導讀》乙書。

賴賢宗

臺灣大學哲學學士、碩士、博士，1998 年獲德國慕尼黑大學（LMU，Ludwig-Maximilians-Universität München）哲學博士學位。現任國立臺北大學中文系教授暨系主任。曾任現代佛教學會理事長、《思與言：人文與社會科學雜誌》總主編。已出版《佛教詮釋學》、《意境美學與詮釋學》、《道家禪宗與海德格的交涉》等十餘本學術專書。

李翰林

普林斯頓大學哲學系文學士，牛津大學法理學系碩士，康奈爾大學哲學系博士；曾任科羅拉多學院哲學系助理教授，現為香港中文大學哲學系教授；研究範圍包括應用倫理、倫理學、政治哲學及法律哲學；論著曾發表於 *Journal of Medicine and Philosophy*、*Public Affairs Quarterly*、*World Policy Journal* 等國際學報；（與 Anthony Yeung）合編了 *New Essays in Applied Ethics: Animal Rights, Personhood and the Ethics of Killing*（UK: Palgrave Macmillan）。現為哈佛大學哲學系傅爾布萊特資深訪問學者（2010-2011）。

尚新建

畢業於北京大學哲學系，哲學博士，現為北京大學哲學系教授，北京大學外國

哲學研究所所長。多年來從事西方哲學的研究，主要著作有《回歸自我：20 世紀人道主義與反人道主義》（合著）、《美國世俗化的宗教與威廉‧詹姆斯的徹底經驗主義》、《重新發現直覺主義：柏格森哲學新探》、《笛卡爾傳》等。譯著十餘部，論文幾十篇。

陳少峰

1964 年生，哲學博士，北京大學哲學系教授、博士生導師，北京大學文化產業研究院副院長，研究倫理學、社會正義、管理哲學、文化產業，已經發表《中國倫理學》、《倫理學的意蘊》、《德意志》、《正義的公平》、《宋明理學與道家哲學》、《企業家的管理哲學》、《學而優則商》、《文化產業戰略與商業模式》、《文化產業讀本》等多部專著。

張國賢

巴黎第十大學哲學博士，政治大學哲學系助理教授，專長為當代法國哲學研究，興趣包含藝術哲學、語言哲學、倫理現象學、當代思潮等。近期發表有〈倫理的閱讀與強度的閱讀——列維納斯與德勒茲的兩種閱讀模式〉、〈語言，音樂與生命：一種超出現象學式的身體思考〉、〈德勒茲語言哲學的政治向度〉等論文。

蔡錚雲

政大哲學系教授，著有：《從現象學到後現代》（臺北：五南，2001）、《另類哲學：現代社會的後現代文化》（臺北：邊城／上海：人民出版社，2006）；譯有：《醫院裡的危機時刻》（詹納著，臺北：心靈工坊，2004）、《現象學導論》（德穆‧莫倫著，臺北：國立編譯館與桂冠，2005）、《倫理師的聲影》（詹納著，臺北：政大出版社，2008）。

國家圖書館出版品預行編目資料

漢語哲學新視域

汪文聖主編. – 初版. – 臺北市：臺灣學生，2011.08
面；公分

ISBN 978-957-15-1527-4 (精裝)

1. 哲學　2. 漢語　3. 文集

107　　　　　　　　　　　　　　　　　100010103

漢語哲學新視域　(全一冊)

主　　　編：汪　　　　　文　　　　　聖
出　版　者：臺 灣 學 生 書 局 有 限 公 司
發　行　人：楊　　　　　雲　　　　　龍
發　行　所：臺 灣 學 生 書 局 有 限 公 司
　　　　　　臺北市和平東路一段七十五巷十一號
　　　　　　郵 政 劃 撥 帳 號：00024668
　　　　　　電　話：(02)23928185
　　　　　　傳　真：(02)23928105
　　　　　　E-mail：student.book@msa.hinet.net
　　　　　　http://www.studentbook.com.tw

本 書 局 登
記 證 字 號：行政院新聞局局版北市業字第玖捌壹號

印　刷　所：長 欣 印 刷 企 業 社
　　　　　　新北市中和區永和路三六三巷四二號
　　　　　　電　話：(02)22268853

定價：精裝新臺幣一一〇〇元

西 元 二 〇 一 一 年 八 月 初 版

10702
ISBN 978-957-15-1527-4 (精裝)